KB220469

법명 해설 사전

법명 해설 사전
【法名 解說 辭典】

대한불교조계종 포교원

조계종
출판사

법명은 삶을 살아가는
지혜의 나침반이 될 것입니다

대한불교조계종은 1994년 포교원 별원을 시작으로 신도의 입교와 신도증 발급, 신도 교육 체계 마련 등 일련의 신도 종책을 실현·강화해 왔으며 2009년부터는 신도의 교육과 조직화를 바탕으로 한 신도 육성에 가치를 둔 신도 품계 제도를 시행해 왔습니다.

종단이 신도 육성 체계를 중심으로 신도 관련 제도를 안정화하고 이를 실행해 왔다고 한다면, 일선 사찰의 스님들은 교육과 신행 지도를 직접 담당하는 주체로 신도 종책을 현장에서 실현해 왔습니다. 주지 스님을 비롯하여 신도 사업을 담당하는 스님 및 사찰 대중들의 원력이 없었다면 신도 종책 실현은 쉽지 않았을 것입니다. 이번 『법명 해설 사전』 발간을 계기로 현장에서 정진하시는 사부대중들께 다시 한 번 감사의 말씀을 드립니다.

이번 『법명 해설 사전』 발간은 이러한 신도 교육과 신행 체계를 실현하는 과정에서 스님들께서 갖는 어려움을 해소하기 위한 취지로 시작되었습니다. 예전과 달리 사찰은 사회와 다양한 소통 창구를 갖는 등 그 역할이 확장되어 바삐 움직이고 있습니다. 반면 출가자의 수는 줄어들어 많은 사찰에서는 주지 스님 한 분 또는 몇 안 되는 스님들이 모든 행정과 법회, 신도 사업을 수행하고 있는 상황입니다. 이러다 보니 법명을 짓는 일도 '큰일'이 되었으며 포교 현장에 계신 스님들께서 많은 어려움을 호소하곤 했습니다. 이런 와중에 마침 직영사찰 봉은사에서 '신도 법명집'을 만들고 있다는 소식을 접하였습니다. 봉은사의 학술 기금으로 중앙승가대 김응철 교수께서 자료를 광범위하게 수집하여 '법명집'이 완성되고 있었습니다. 이에 포교원은 제방의 스님들이 봉은사와 같은 고민을 하고 있으며 이 자료가 봉은사뿐 아니라 종단에 널리 쓰이면 좋겠다는 생각으로 종단에 회향할 것을 봉은사 주지 스님께 요청하였고 봉은사 주지 스님은 이를 흔쾌히 받아 주셨습니다.

태어나면서 받은 이름이 육신(肉身)의 이름이라면 부처님의 제자가 된 후에 받는 이름은 정신적 이름입니다. 재가자가 재가오계나 보살계를 수지할 것을 서약하면서 법명을 받을 때 그들이 수지한 각각의 법명은 삶을 살아가는 지혜의 나침반이 될 것입니다. 이번 『법명 해설 사전』 발간으로 많은 신도들이 불자로서의 정체성을 확고히 갖고 부처님 법에 의지하여 바라밀을 실천해 갈 수 있도록 스님들께서 이 책을 널리 활용해 주시기를 부탁드립니다.

마지막으로 이 책이 발간되기까지 큰 노고가 있으셨던 봉은 사 주지 스님, 김응철 교수님께 깊은 감사를 드립니다. 아울 러 감수를 맡아 주신 스님들과 성우 스님을 비롯한 기 출간 된 법명집 저자들께도 감사드립니다.
신도 종책을 펼치기 위한 작은 노력이 모여 부처님의 지혜와 자비가 이 사회에 널리 퍼지기를 기원합니다.

불기 2559(2015)년 10월
대한불교조계종 포교원장 직무 대행 **송묵**

머리말

한중일 삼국의 불교계에서는 신도들에게 불교식 이름을 지어주는 전통이 계승되고 있다. 한국에서는 남자 재가불자인 우바새는 두 글자를, 여자 재가불자인 우바이에게는 세 글자를 지어주어 구별하는 경향이 있다. 반면에 중국이나 일본에서는 남녀 구분 없이 두 글자로 지어주는 문화가 계승되고 있다.

또한 불자의 불교식 이름에 대해서도 불명, 법명, 계명 등으로 호칭이 다르다. 한국불교계는 전통적으로 『법화경』의 영향을 받아 불명이라는 명칭을 사용하였는데 최근에는 법명이라는 명칭도 함께 사용한다. 반면에 중국에서는 법명(法名)으로 표현하고 있는데 비하여 일본에서는 계명(戒名)을 주로 사용하고 있으며, 정토진종과 같은 일부 종단에서 법명(法名)으로 칭하기도 한다.

이러한 불명, 법명, 계명을 부여하는 문화적 전통은 삼보명에서 유래되었다. 삼보명은 불법승 삼보에 대한 호칭으로 부여된 것으로 불명은 부처님에 대한 명호, 법명은 진리의 뜻을 담은 명호, 그리고 승명은 스님들의 명호로 붙여진 것이다. 그렇지만 이러한 명호들이 후대에 재가불자의 불교식 이름을 짓는 원리로 작용하면서 불교에 입문한 불자들의 불교식 이름으로 활용되기 시작하였다.

한국불교계에서는 오계를 수계한 불자들에게 불명을 부여하는 전통이 확립되어 전승되고 있다. 이것은 『법화경』에서 부처님의 수기성불을 설명하면서 자신이 불국토의 주인이 된다는 의미에서 불명을 부여한 기록에서 유래된 것으로 추측된다. 그렇지만 스님들의 경우는 출가하여 사미계를 받으면 승명을 부여하고 구족계를 받으면 법명을 부여하여 재가신도들과 구분하는 체계를 갖추고 있다.

최근 들어 조계종단에서는 종헌종법상에서 불명(佛名) 대신 법명(法名)이라는 명칭을 사용하고 있다. 불명이나 법명, 그리고 계명 등의 명칭의 차이에도 불구하고 한국과 중국, 그리고 일본 불교에서는 거의 유사한 이름들을 사용하고 있음을 알 수 있다. 이는 근본적으로 경전에서 이름을 추출하였기 때문에 나타난 공통적 현상으로 볼 수 있다. 다만 차이가 있다면 한국의 불자들은 불명의 의미에 대하여 궁금해 하고 그 뜻을 묻는 경향이 많은데 비하여 중국이나 일본에서는 굳이 그 의미를 해석하지 않는다. 일본의 계명사전에서는 뜻을 해석하지 않는다고 설명하는 경우들도 있다.

본 불명 연구 자료는 봉은사의 학술기금으로 연구된 것이다. 본 연구 자료는 성운 스님이 출간한 기존의 『불명사전』을 바탕으로 『중국불교인명사전』, 일본불교계에서 발간한 『계명사전』 등을 참고하여 만들었다. 또한 『화엄경』, 『법화경』, 『유마경』, 『금강경』 등 주요 대승경전에서 등장하는 표현들도 참고하여 불명에 포함시켰다.

다만 법명의 의미를 해석함에 있어서는 글자에 함축된 의미, 단어에 부가된 개념, 불교적 의미 등을 참고하고 대승불교의 바라밀행 실천에 초점을 맞추었다. 엄밀히 말하면 불명의 의미를 해석하기보다는 부처님의 가르침을 체득하고 불교적 실천을 강조하는 내용으로 설명을 붙였다.

본 법명 연구 자료는 완성된 것이 아니라 앞으로도 계속 다양한 불자들의 명호들을 수집하여 게재함으로써 불교적 이념과 가치관을 공유할 수 있도록 촉진할 필요가 있다. 법명은 부처님의 가르침을 전하고 바라밀의 실천을 강조하기 위한 방편으로 부여된다는 것을 상기할 필요가 있다. 향후 법명은 불자들의 별호가 되어 많은 사람들에게 회자되도록 활용하는 것이 바람직하다. 부처님의 명호를 많이 부르면 부를수록 불국토의 일원으로서 정체성을 갖고 그 명호에 부합하는 신구의 삼업을 형성하는데 일조할 수 있기 때문이다.

본 연구를 하는데 있어서 자료 수집과 입력 작업을 도와준 분당 석가사의 길상덕 곽명휘 보살님과 서울 법림사의 진성행 황경자 보살님의 노고에 진심으로 감사의 뜻을 전한다. 또한 본 연구에 물심양면으로 도움을 주신 봉은사 주지 스님과 사부대중 여러분께도 심심한 감사의 뜻을 전한다. 앞으로 더욱 보완하여 봉은학술기금을 지원한 큰 뜻이 실천될 수 있는 연구 성과를 거둘 수 있도록 부처님 전에 원력을 세우는 바이다.

불기 2559(2015)년 10월
송주 김응철 합장

목 차

1. 가행 —————— 14

2. 나행 —————— 42

3. 다행 —————— 45

4. 라행 · 마행 —————— 83

5. 바행 —————— 129

6. 사행 —————— 163

7. 아행 —————— 288

8. 자행 —————— 441

9. 차행 —————— 501

10. 카행 · 타행 · 파행 —— 521

11. 하행 —————— 524

법명 해설 사전

가
행

가공 · 加供 가지공양(加持供養)의 준말. 부처님과 여러 대승보살, 일체중생에게 올리는 공양을 갖추어 준비한다는 뜻. 신심과 공덕을 수지하여 더욱 공양에 힘써 정진하라.

가관 · 迦觀 바라밀행을 닦아 중생의 망령된 업을 선정으로 관찰하여 일체의 번뇌를 소멸시켜라.

가득 · 家得 바라밀행을 닦아 윤회하는 나그네인 중생에서 마음의 참된 고향으로 돌아올 수 있는 불자가 되어라.

가락 · 可樂 가히 살 만한 땅을 의미. 바라밀행으로 극락정토를 만들어 많은 사람을 이롭게 하라.

가련 · 家蓮 더러운 곳에 처해도 항상 청정한 연꽃처럼 수행하는 불자가 되어라.

가련화 · 家蓮華 처염상정(處染常淨)의 아름다움을 간직한 연꽃처럼 생활하는 불자가 되어라.

가명 · 家明 비록 세속에 살지만 참된 마음의 도리를 밝혀서 깨우치는 불자가 되어라.

가산 · 迦山 비록 산과 같이 두터운 업장이 가로 막고 있다 해도 바라밀을 실천하여 이를 극복하고, 지혜로 나아가라.

가산 · 可山 바라밀을 실천하여 가히 산이 그곳에 있는 의미를 체득하라. '산은 산이요, 물은 물이다.'라는 그 이치를 깨쳐라.

가섭 · 迦葉 두타행을 일상에서 실천하여 온갖 번뇌를 초월하는 불자가 되어라.

가성 · 家聖 부처님의 성스러운 가르침을 잘 닦아 불가를 빛내는 아라한의 경지를 체득하라.

가성덕 · 家聖德 일체의 번뇌와 산란을 멀리 여의고 청정하고 거룩한 불도를 닦아 화목한 가정을 이루고 성스러운 부처님의 가르침을 항상 행하라.

가성심 · 家聖心 일체의 번뇌와 산란한 마음에서 벗어나 청정하고 성스러운 부처님의 가르침에 의지하여 화목한 가정의 덕목을 성취하려는 마음을 갖추어라.

가성행 · 家聖行 일체의 번뇌와 산란을 멀리 여의고 청정하고 거룩한 불도를 닦아 화목한 가정을 성취하고, 거룩한 부처님의 가르침을 항상 지키고 행하라.

가성화 · 家聖華 일체의 번뇌와 산란을 멀리 여의고 청정하고 거룩한 불도를 닦아 화목한 가정을 성취하고, 거룩한 부처님의 가르침을 아름답게 꽃피우라.

가송 · 歌頌 아름다운 음성으로 부처님의 공덕을 찬탄하고, 더불어 불법(佛法)의 진리를 체득하라.

가애 · 可愛 바라밀행을 닦아 할 수 있는 한 언제나 자애로운 마음으로 이웃을 섭수하고, 진리의 가르침으로 이끌어 주어라.

가열 · 可悅 바라밀행을 닦아 정법의 이치를 깨우치기 위하여 항상 기쁘고 환희로운 마음으로 실천하라.

가영 · 歌詠 바라밀을 실천하며, 부처님의 가르침을 범음으로 불러 많은 사람을 이롭게 하라.

가의 · 可意 "여작전구(如作田溝) 근우대도(近于大道) 중생연화(中生蓮花) 향결가의(香潔可意)". 즉, "큰길가에 있는 하수구의 진흙 속에서 아름다운 연꽃은 피어 꽃다운 향기를 피운다." 라는 구절에서 온 단어. 바라밀을 실천하여 어디서든 연꽃과 같은 향기로 사바세계를 장엄하라.

가존 · 可尊 바라밀의 실천으로 어디서든 존경할 만한 불자가 되어라.

가지 · 家智 가(家)는 중생이 번뇌와 무명의 길에서 헤매다가 돌아온 마음의 고향을 의미. 중생이 돌아가야 할 근본 자리인 해탈의 지혜를 성취하라.

가탄 · 歌歎 노래로 많은 사람을 행복하게 하고, 부처님의 세계로 이끌 수 있도록 정진하라.

가행 · 加行 가행정진(加行精進)에서 유래. 평상적인 정진에 만족하지 말고 더욱 열심히 수행에 전념하라.

가행원 · 加行願 가행정진으로 중생계에 부처님의 가르침이 만개할 수 있는 원력을 세우고 실천하라.

가호 · 加護 부처님의 가피지력과 호념하심에 힘입어 모든 일을 원만 성취하라.

가화 · 家和 원만하게 가정의 화합을 이루어 온 누리를 가정과 같이 화목하게 이끌어 가라.

각관 · 覺觀 각(覺)은 마음의 총체적 작용으로 사고하는 것, 관(觀)은 매우 섬세한 관찰을 의미. 선정(禪定)바라밀행을 닦아 번뇌무명을 살펴서 끊고 마음의 해탈을 체득하라.

각덕 · 覺德 불법의 진리를 깨달은 공덕을 항상 일체중생에게 회향하여 덕을 성취하라.

각림 · 覺林 일체의 번뇌와 망집(妄執)을 벗어난 원만한 지혜를 성취함이 숲처럼 무성하게 되어라.

각만 · 覺滿 각행원만의 줄임말. 깨달음의 실천을 원만히 성취하라.

각명 · 覺明 바라밀행을 닦아 신해행증(信解行證)의 정진에 몰두하여 반야를 밝게 깨달아라.

각명덕 · 覺明德 인욕바라밀을 실천하여 반야를 깨쳐라.

각명득 · 覺明得 계정혜 삼학을 닦아 원력바라밀을 실천하라.

각명성 · 覺明性 인욕바라밀로 정진하여 반야의 성품을 갖추어라.

각명심 · 覺明心 선정바라밀로 정진하여 반야의 마음을 성취하라.

각명원 · 覺明願 바라밀행을 닦고 넓고 큰 서원을 세워 많은 사람을 이롭게 하라.

각명월 · 覺明月 방편바라밀로 갖가지 공덕을 쌓아 중생을 제도하라.

각명지 · 覺明智 지(智)바라밀로 신해행증의 지혜를 체득하고 항상 많은 공덕을 쌓아라.

각명행 · 覺明行 보시바라밀로 정진하여 반야를 깨치고 베풂을 실천하라.

각명향 · 覺明香 지계바라밀로 정진하여 온 누리에 덕향을 널리 펼쳐라.

각명화 · 覺明華 선정바라밀로 정진하여 반야의 마음을 성취하여 법의 꽃을 피워라.

각모 · 覺母 각모는 문수보살의 덕호(德號)를 상징함. 문수보살의 지혜를 따르고 배워, 내가 곧 모든 중생의 어버이임을 깨쳐라.

각문 · 覺門 바라밀을 실천하여 어디서든 깨달음의 문을 열고 중생계에 회향하라.

각밀 · 覺密 바라밀을 행하여 깨달음을 얻은 깨달음 그 자체의 만다라를 성취하라.

각선 · 覺禪 선의 깨달음을 성취하여 걸림 없는 지혜를 얻어라.

각선심 · 覺禪心 선정바라밀을 체득하여 원만한 지혜를 성취하라.

각선행 · 覺禪行 선정바라밀을 실천해 지혜를 성취할 수 있도록 정진하라.

각성 · 覺性 일체중생이 본래 구족하여 갖추고 있는 불성(佛性)을 깨우쳐 자신의 본래의 모습을 자각하

고 성불의 길로 나아가라.

각수 · 覺修 일체중생에게 본래 갖추어져 있는 불성을 분별하지 말고 그대로 닦아 최상의 수행을 성취하라.

각심 · 覺心 바라밀행을 닦아 자신의 마음을 잘 깨치고 자리이타의 대승보살도를 실천하라.

각심명 · 覺心明 지혜바라밀을 실천하여 자신의 진면목을 체득하고 널리 세상을 이롭게 하라.

각심행 · 覺心行 보시바라밀을 실천하여 자신의 진면목을 체득하고 널리 은혜를 베풀어라.

각심화 · 覺心華 선정바라밀을 실천하여 자신의 진면목을 체득하고 널리 세상을 불국토로 장엄하라.

각안 · 覺岸 바라밀행으로 깨달음을 얻어 번뇌와 망상을 여의고 해탈지견을 성취하여 많은 중생을 이롭게 하라.

각안명 · 覺岸明 지혜바라밀로 정진하여 해탈지견을 성취하고 많은 중생을 이롭게 하라.

각안성 · 覺岸性 인욕바라밀로 정진하여 번뇌망상을 여의고 해탈열반을 성취하라.

각안심 · 覺岸心 선정바라밀로 정진하여 번뇌망상을 여의고 해탈열반을 성취하라.

각안월 · 覺岸月 방편바라밀로 정진하여 해탈지견을 성취하고 많은 중생을 이롭게 하라.

각안행 · 覺岸行 보시바라밀로 정진하여 번뇌망상을 여의고 해탈열반을 성취하라.

각안향 · 覺岸香 지계바라밀로 정진하여 번뇌망상을 여의고 해탈열반을 성취하라.

각안혜 · 覺岸慧 지혜바라밀로 정진하여 번뇌망상을 여의고 해탈열반을 성취하라.

각연 · 覺緣 바라밀행을 닦아 제법(諸法)의 인연, 즉 연기(緣起)의 도리를 깨닫고 실천하라.

각연명 · 覺緣明 바라밀행을 닦아 어두움 속에서 헤매는 중생의 마음을 밝히는 밝은 지혜를 체득하라.

각연심 · 覺緣心 선정바라밀을 체득하여 법연을 맺고 중생의 우둔한 마음을 잘 조복시켜라.

각연행 · 覺緣行 보시바라밀로 선연을 맺어 많은 공덕을 쌓아라.

각오 · 覺悟 바라밀을 실천하여 닥쳐올 일을 미리 깨달아 살피고, 확고하게 마음을 결정할 수 있는 지혜를 체득하라.

각오성 · 覺悟性 모든 중생이 본래 갖추고 있는 불성을 깨우쳐 그 지혜를 실천하라.

각왕 · 覺王 바라밀행을 닦아 불도를 깨달은 자들의 왕, 즉 부처님을 따라 수행하라.

각우 · 覺愚 바라밀을 실천하여 스스로 얼마나 어리석은가를 깨치고 자신의 진면목을 찾아라.

각운 · 覺雲 어디에도 걸림이 없고 비를 내려 만물을 윤택하게 하는 구름처럼 깨달음의 구름이 되어 일체중생을 이롭게 하라.

각운심 · 覺雲心 하늘에 떠가는 흰 구름의 마음, 즉 무상의 이치를 잘 깨우쳐 중생을 이롭게 하라.

각운 · 覺雲智 청산백운(靑山白雲)의 이치를 잘 깨우쳐 많은 중생을 이롭게 하라.

각원 · 覺園 바라밀행을 닦고 쉼없는 정진으로 원만 무애한 해탈지견을 성취하라.

각원명 · 覺圓明 지혜바라밀로 정진하여 원만무애한 해탈지견을 성취하라.

각원성 · 覺圓性 인욕바라밀로 정진하여 원만무애한 해탈지견을 성취하라.

각원심 · 覺圓心 선정바라밀로 정진하여 원만무애한 해탈지견을 성취하라.

각원행 · 覺圓行 보시바라밀로 정진하여 원만무애한 해탈지견을 성취하라.

각원향 · 覺圓香 지계바라밀로 정진하여 원만무애한 해탈지견을 성취하라.

각월 · 覺月 바라밀행을 닦아 어두운 밤에도 밝은 빛으로 만물을 비추는 달처럼 깨달음의 빛을 발하라.

각월심 · 覺月心 바라밀행을 닦아 어두운 밤에도 널리 만물을 비추는 달의 마음처럼 선정을 닦고 열심히 정진하라.

각월향 · 覺月香 바라밀행을 닦아 어두운 밤에도 바람을 거슬러 퍼져가는 향기처럼 덕행을 널리 펼쳐라.

각의 · 覺意 바라밀행을 닦아 깨달음에 이르려는 마음을 일으켜 물러남이 없는 정진으로 지혜를 체득하라.

각의 · 覺義 바라밀행을 닦아 망념을 여읜 상이란 허공계와 같아서 두루하지 않는 것이 없어 법계일상(法界一相)이며 바로 여래의 평등한 법신이니 바로 이러한 이치를 깨쳐라.

각정 · 覺靜 깨달음에 이르려는 마음을 일으켜 매사에 마음을 고요히 하며 안주정려(安住靜慮)의 바라밀을 실천하라.

각주 · 覺住 바라밀을 실천하며 언제나 궁극의 깨달음에 도달하겠다는 마음에 머물러 정진하라.

각진 · 覺眞 바라밀을 실천하여 참다운 깨달음의 세계를 체득하라.

각징 · 覺澄 중국 명나라 때 승려. 시문에 능했으며 『약사과의』 『우화집』을 저술하였다. 맑고 청정한 깨달음을 성취하라.

각천 · 覺天 1세기경에 활동한 붓다데바(Buddhadeva)의 한역 불명. 바라밀을 실천하여 천상(天上)의 진리를 깨쳐라.

각철 · 覺澈 지혜바라밀을 실천하여 맑고 밝은 지혜를 체득하라.

각향 · 覺香 지킴과 나눔 그리고 배움의 실천을 통해서 깨달음의 향기를 체득하고 부처님의 가르침을 널리 펼쳐라.

각현 · 覺賢 선정을 닦아 깨달음을 성취하고 어진 자비를 함께 갖추어 이웃을 이롭게 하라.

각현수 · 覺賢修 정진바라밀로 깨달음을 성취하고 자비심으로 많은 이웃을 이롭게 하라.

각현월 · 覺賢月 갖가지 방편바라밀로 정진하여 깨달음을 성취하고 자비심으로 많은 이웃을 이롭게 하라.

각현지 · 覺賢智 지혜바라밀로 정진하여 깨달음을 성취하고 자비심으로 많은 이웃을 이롭게 하라.

각현행 · 覺賢行 보시바라밀로 정진하여 깨달음을 성취하고 자비심으로 많은 이웃을 이롭게 하라.

각혜 · 覺慧 '각성의 지혜'는 "몸의 도적[身賊]을 항복시키면 모든 애욕에 초연하여 요동치지 않는 선정과 능히 의적(意賊)을 조복하며 무명을 따르지 않는 지혜"를 갖춘 것을 의미한다. 바라밀을 실천하여 항상 '각성의 지혜'로 신적(身賊)과 의적(意賊)을 절복하라.

각화 · 覺華 보현보살의 행원과 불도의 완성을 설하는 『화엄경』의 진리를 깨닫고 실천하라.

각훈 · 覺訓 항상 바라밀을 행하여 선지식의 모범이 되어라.

간법 · 看法 바라밀행을 닦아 부처님의 가르침을 기록한 경전을 깊이 보고 보살행을 통해 널리 펴라.

감로 · 甘露 부처님의 가르침을 마시면 악업을 소멸하고 불사의 경지에 이른다는 음료에 비유하여 감로법(甘露法)이라고 한다. 불도에 정진하여 모든 사람의 번뇌의 갈증을 씻어내는 감로수가 되라.

감로법 · 甘露法 바라밀행을 닦아 청정한 마음으로 불도에 정진하여 번뇌와 망집(妄執)에 시달리는 일체중생의 갈증을 씻어내는 감로수를 베푸는 방편법(方便法)을 행하라.

감로성 · 甘露聖 바라밀행을 닦아 청정한 마음으로 불도에 정진하여 번뇌와 망집(妄執)에 시달리는 일체중생의 갈증을 씻어내는 감로수가 되어 거룩한 자비를 베풀어라.

감로수 · 甘露水 바라밀행을 닦아 청정한 마음으로 불도에 정진하여 번뇌와 망집(妄執)의 갈증에 시달리는 일체중생의 갈증을 씻어내는 감로수가 되어라.

감로심 · 甘露心 바라밀행을 닦아 청정한 마음으로 불도에 정진하여 번뇌와 망집(妄執)의 갈증에 시달리는 일체중생의 갈증을 씻어내는 자비심을 실천하라.

감로원 · 甘露院 바라밀행을 닦아 청정한 마음으로 불도에 정진하여 번뇌와 망집(妄執)의 갈증에 시달리는 일체중생의 갈증을 씻어내는 감로수를 베푸는 법당(法堂)이 되어라.

감로행 · 甘露行 불도(佛道)에 정진하여 모든 사람의 번뇌 갈등을 씻어내는 감로수가 되어라.

감로화 · 甘露華 불도(佛道)에 정진하여 번뇌와 망집(妄執)에 시달리는 일체중생의 갈증을 씻어내는 감로수와 같이 공덕을 성취하라.

감산 · 憨山 바라밀행을 닦아 항상 자신의 어리석음을 관찰하여 산처럼 움직임이 없는 선정력을 갖추어라.

감은 · 感恩 바라밀행을 닦아 매사에 불보살과 부모, 스승, 벗의 은혜에 감사하고 힘써 은혜에 보답하라.

감은성 · 感恩性 인욕바라밀을 실천하여 매사에 불보살과 부모, 스승, 벗의 은혜에 감사하고 힘써 보답하라.

감은지 · 感恩智 지혜바라밀을 실천하여 매사에 불보살과 부모, 스승, 벗의 은혜에 감사하고 힘써 보답하라.

감은행 · 感恩行 보시바라밀을 실천하여 매사에 불보살과 부모, 스승, 벗의 은혜에 감사하고 힘써 보답하라.

감은향 · 感恩香 지계바라밀을 실천하여 매사에 불보살과 부모, 스승, 벗의 은혜에 감사하고 힘써 보답하라.

감은화 · 感恩華 선정바라밀을 실천하여 매사에 불보살과 부모, 스승, 벗의 은혜에 감사하고 힘써 보답하라.

감응 · 感應 바라밀행을 닦고 청정한 수행과 기도로 부처님과 여러 큰 보살님의 감응을 입어라.

강생 · 降生 팔상도(八相圖)의 두 번째인 '비람강생상(毘藍降生相)'의 약어. 바라밀행을 닦아 부처님의 강생을 항상 기뻐하며 그 가르침을 따라 배우고 실천하라.

강생화 · 降生華 선정바라밀을 성

취하고, 부처님의 강생을 항상 기뻐하며 그 가르침을 따라 배우고 실천하라.

강설 · 強說 바라밀행에 의지하여 항상 굳세고 흔들림 없는 마음으로 지혜를 체득하고, 부처님의 가르침을 설하여 널리 전하라.

강천 · 江泉 강물이 작은 샘에서 도도히 흐르듯이 일체중생의 번뇌와 망집의 독기(毒氣)를 씻어낼 수 있는 지혜의 샘을 갖추어라.

강천원 · 江泉源 강물이 작은 샘에서 시작하여 도도히 흐르듯이 일체중생의 번뇌와 망집의 독기(毒氣)를 씻어낼 수 있는 지혜의 원천을 깨쳐라.

강청 · 江淸 바라밀행을 닦아 깊고 푸른 강이 도도히 흐르는 것처럼 침착하고 고요한 마음으로 산란함을 쉬어 매사에 임하라.

강청심 · 江淸心 깊고 푸른 강이 도도히 흐르는 것처럼 침착하고 고요한 마음으로 산란을 쉴 수 있는 선정바라밀을 체득하라.

강청월 · 江淸月 깊고 푸른 강이 도도히 흐르는 것처럼 침착하고 고요한 마음으로 산란을 쉴 수 있는 선정바라밀을 체득하고 방편으로 중생을 이롭게 하라.

강호 · 江祜 바라밀을 실천하여 언제나 마르지 않는 큰 강과 같이 흐르는 행복을 얻어 한량없는 중생에게 베풀어라.

개경 · 開經 바라밀행을 닦아 세상의 모든 진리가 담겨 있는 경전을 잘 수지(受持)하고 널리 전하라.

개법 · 開法 바라밀행을 닦아 부처님의 가르침을 깊이 닦고 깨달음을 열어서 걸림 없는 지혜를 널리 펴라.

개산 · 開山 바라밀행을 닦아 깊은 수행과 덕망으로 한 산에 터를 닦고 부처님의 도량을 연 큰 스님들처럼 세간을 불도를 닦는 도량으로 가꾸어라.

개선 · 開善 바라밀행을 닦아 번뇌와 망집(妄執)에 가려진 선(善)한 심성(心性)의 문을 열어라.

개선덕 · 開善德 인욕바라밀을 체득하여 자신만을 위한 명성과 이익을 추구하지 말고 부처님의 가르침과 계율을 항상 깊이 새겨서 선행의 공덕을 베풀고 일체중생을 이롭게 하는 부처님의 공덕장(功德藏)을 열어라.

개선심 · 開善心 선정바라밀을 체득

하여 자신만을 위한 명성과 이익을 추구하지 말고 부처님의 가르침과 계율을 항상 깊이 새겨서 선행을 베풀고 일체중생을 이롭게 하는 부처님의 공덕장(功德藏)을 열어라.

개선원 · 開善院 정진바라밀을 체득하여 편협하고 사소한 아집을 버리고 불도의 지혜와 자비를 널리 닦고 실천하여 아직 불도의 문에 들지 못한 일체중생에게 좋은 방편으로 부처님의 가르침을 널리 펴라.

개선행 · 開善行 보시바라밀을 성취하여 편협한 아집을 버리고 불도의 지혜와 자비를 널리 닦고 실천함으로써 아직 불도의 문에 들지 못한 일체중생에게 좋은 방편으로 부처님의 가르침을 널리 펴라.

개선화 · 開善華 선정바라밀을 성취하여 번뇌와 망집을 낳는 편협한 아집을 버리고 불도의 지혜와 자비를 널리 닦고 실천하여 아직 불도의 문에 들지 못한 일체중생에게 아름다운 방편문을 열어라.

개성 · 開聖 바라밀행을 닦아 항상 자신보다 남을 먼저 배려하는 보살도를 쌓고 부처님의 성스러운 지혜의 창고를 열어라.

개성법 · 開聖法 원력바라밀을 성취하여 번뇌와 망집을 극복하고 보살도의 진리를 투철히 깨달아 자신보다 남을 항상 배려하는 아름다운 보살도로 부처님의 성스러운 지혜의 창고를 열어라.

개성수 · 開聖水 갖가지 방편바라밀을 체득하여 항상 자신보다 남을 먼저 배려하는 보살도를 실천하고 부처님의 성스러운 지혜의 창고를 열어서 생사윤회의 고통 속에서 나고 죽는 중생들의 괴로움을 가시게 하는 감로수가 되어라.

개성심 · 開聖心 선정바라밀을 체득하여 번뇌와 망집을 극복하고 보살도의 진리를 투철히 깨달아 항상 자신보다 남을 먼저 배려하는 보살도를 실천하라.

개성원 · 開聖院 정진바라밀을 체득하여 번뇌와 망집을 극복하고 보살도의 진리를 투철히 깨달아 항상 자신보다 남을 먼저 배려하는 보살도를 실천하라.

개성행 · 開聖行 보시바라밀을 성취하여 번뇌와 망집을 극복하고 보살도의 진리를 투철히 깨달아 항상 자신보다 남을 먼저 배려하는 보살도를 실천하라.

개성화 · 開聖華 선정바라밀을 성취하여 번뇌와 망집을 극복하고 보살도의 진리를 투철히 깨달아 항상 자신보다 남을 먼저 배려하는 아름다운 보살도를 실천하라.

개심 · 開心 번뇌와 무명의 습기에 매어 있는 마음의 때를 벗겨서 불심을 열어라.

개심행 · 開心行 보시바라밀을 성취하여 번뇌와 무명의 습기에 매어 있는 마음의 때를 벗고 보살도를 널리 아름답게 행하라.

개심화 · 開心華 선정바라밀을 성취하여 번뇌와 무명의 습기에 매어 있는 마음의 때를 벗고 보살도를 널리 아름답게 행하라.

개안 · 開眼 바라밀행을 닦아 탐진치 삼독의 독기에 가려진 안목을 가다듬고 제법실상(諸法實相)을 바르게 관하는 혜안(慧眼)을 열어라.

개오 · 開悟 바라밀행을 닦아 탐진치 삼독의 독기에 가려진 안목을 가다듬어 제법실상(諸法實相)을 바르게 관하는 지혜를 성취하라.

개운 · 開雲 바라밀행을 닦아 구름을 헤치며 나타난 달처럼 일체중생이 본래 갖추고 있으나 번뇌의 오염에 의해서 가려진 불성을 계발하라.

개운월 · 開雲月 방편바라밀을 체득하여 구름을 헤치며 나타난 달처럼 일체중생이 본래 갖추고 있으나 번뇌의 오염에 의해서 가려진 불성을 계발하라.

개원 · 開院 정진바라밀에 의지하여 무명과 번뇌의 긴 꿈에서 깨어나 일체중생의 근원인 불성을 열고 닦아라.

개정 · 開定 바라밀행을 닦아 번뇌의 미망을 떨치고 해탈의 이법(理法)을 성취하는 선정의 법문을 열어서 걸림 없는 방편으로 불도를 닦고 펴라.

개청 · 開淸 선정바라밀로 정진하여 번뇌와 망집의 사슬에서 벗어나 일체중생의 본원인 자성청정심을 체득하라.

개현 · 開顯 바라밀을 행하여 지혜를 체득하고, 부처님의 가르침에 담겨진 진실한 의미를 열어서 드러내라.

개화 · 開華 선정바라밀을 체득하여 대승 화엄의 가르침을 항상 마음속에 되새기고 닦아서 일체중생에게 본래 갖추어져 있는 지혜광명의 문을 열어라.

개효 · 開曉 바라밀행에 집중하여 진리의 새벽을 열어라.

거민 · 居崏 바라밀행을 닦아 부처님의 가르침을 체득하고 실천하되 산과 같이 변함없는 모습을 갖추어라.

거연 · 巨然 바라밀행을 닦아 항상 큰마음, 의연한 자세로 부처님의 가르침을 체득하고 실천하라.

거한 · 居閑 바라밀을 실천하여 탐진치 삼독심을 내려놓고 걸림 없는 마음으로 한가롭게 머물러라.

건덕 · 健德 바라밀행을 닦아 매사에 주의 깊고 면밀한 수행으로 공덕을 쌓아 고통받는 중생들을 불도의 바른길로 이끌어 안락케 하고 건강한 마음으로 불도를 닦게 하라.

건법 · 健法 바라밀행을 닦아 항상 불법승(佛法僧) 삼보를 받들어 배우고 일체중생을 이롭게 하는 불법을 일으켜 세우라.

건성 · 建聖 바라밀행을 닦아 부처님의 성스러운 도를 굳세고 용맹한 의지로 정진하라.

건흥 · 健興 부처님과 여러 보살의 가피로 모든 장애를 떨치고, 굳세고 튼튼하게 서원하는 바를 모두 성취하여 일으키라.

견고림 · 堅固林 사라수(娑羅樹)의 번역어. 겨울에도 잎사귀가 시들거나 떨어짐이 없으므로 견고라 한다. 바라밀행을 닦아 보살이 계율을 지닐 때에 어떠한 유혹에도 움직이지 않는 굳건한 마음을 간직하라.

견고행 · 堅固行 바라밀행을 닦아 보살이 계율을 지닐 때에 어떠한 유혹에서도 움직일 수 없는 굳건한 마음을 간직하라.

견덕 · 見德 정진바라밀을 체득하여 덕행의 근본을 잘 살피고 많은 사람을 이롭게 하라.

견덕화 · 見德華 선정바라밀을 체득하여 매사 부처님의 가르침에 입각해서 보고 임해서 마치 진흙 못에서 피어난 연꽃이 진흙탕에 더럽혀지지 않는 것처럼 아름다운 마음으로 공덕을 행하라.

견도성 · 見道性 인욕바라밀을 체득하여 널리 선지식을 찾아뵙고 부처님의 가르침을 깊이 깨달아 다시는 흔들림 없는 신심과 지혜를 성취하라.

견도행 · 見道行 보시바라밀을 체득하여 널리 선지식을 찾아뵙고 부처님의 가르침을 깊이 깨달아 다시는 흔들림 없는 신심과 지혜를 확립하고 실천하라.

견만 · 堅滿 『법화경』에서 화광여

래에게 수기 성불을 받는 견만보살을 의미함. 바라밀 수행을 통해 언제나 굳고 변하지 않는 마음과 충만한 지혜로 보살행을 실천하라.

견문 · 見聞 바라밀의 실천으로 언제나 있는 그대로 보고[見], 듣고[聞], 깨닫고[覺], 활용[知]하는 견문각지의 수행을 잘 닦아라.

견법 · 見法 바라밀행에 집중하여 항상 부처님의 가르침을 생각하고 닦아라.

견법행 · 見法行 보시바라밀을 체득하여 항상 부처님의 가르침을 생각하고 널리 실천하라.

견법향 · 見法香 지계바라밀을 체득하여 항상 부처님의 가르침을 생각하고 법향이 널리 퍼지게 하라.

견법화 · 見法華 선정바라밀을 체득하여 항상 부처님의 가르침을 생각하고 법향이 널리 퍼지게 하라.

견불 · 見佛 바라밀 수행으로 자신의 내면에 있는 부처님을 깨치고 진리를 체득하여 삶 속에서 실천하라.

견월 · 見月 바라밀행을 닦아 달을 가리키는 손가락에 집착하지 말고 근본 마음자리를 체득하고 삶 속에서 실천하라.

결계 · 結界 바라밀을 실천하여 부처님의 가르침인 진리의 세계와 결연하여 청정한 마음으로 항상 장엄하라.

결연 · 結緣 바라밀을 실천하여 항상 중생들과 선한 인연을 맺어서 불도의 가르침으로 이끌어라.

경공 · 經供 바라밀의 정신과 실천력으로 부처님의 말씀을 기록한 경전을 수지하고 공양하는 공덕을 쌓아라.

경국 · 經國 바라밀의 정신과 실천력으로 온 나라에 부처님의 말씀이 담긴 경전을 널리 보시하고 설하는 법공양을 행하라.

경국화 · 經國華 방편바라밀을 성취하여 온 나라에 부처님의 말씀이 담긴 경전을 널리 보시하고 설하는 법공양을 행하라.

경담 · 鏡潭 바라밀행을 닦아 만상을 있는 그대로 비추는 거울과 잔잔한 연못의 수면과 같이 불법의 지혜로써 제법의 실상을 여실히 비추어 보라.

경당 · 經堂 바라밀을 실천하며, 경전의 수지 독송에 전념하여 불법의 진리를 널리 펴라.

경덕 · 鏡德 모든 사물을 있는 그대로 비추는 거울과 같이 맑은 마음의 공덕을 쌓아라.

경도 · 景道 바라밀행에 집중하여 유구하고 장엄한 대자연의 풍경에서 불도의 이법(理法)을 깨닫고 실천하라.

경륜 · 暻輪 바라밀의 실천으로 밝을 지혜를 체득하고 법륜을 굴려 삼독심에서 벗어나지 못하는 어리석은 중생을 제도하라.

경명 · 昊明 바라밀을 행하여 스스로 빛나는 지혜를 체득하고, 암울한 중생계를 밝게 비추어라.

경민 · 敬旼 바라밀을 행하여 부처님을 공경하고, 중생을 가족과 같이 생각하고, 화락(和樂)하게 살아라.

경산 · 俓山 바라밀을 실천하여 흔들림 없는 산과 같이 항상 마음을 유지하고, 많은 사람들에게 의지할 수 있는 산과 같은 친구가 되어라.

경선 · 鏡禪 선정바라밀을 실천하여 거울을 보는 것과 같이 자신의 내면을 관조하여 삼독심을 제거하는 참선 수행에 집중하라.

경성 · 慶聖 바라밀행을 닦아 부처님의 성스러운 가르침을 만난 인연

을 항상 경사스럽고 다행스럽게 받들고 실천하라.

경성덕 · 慶聖德 인욕바라밀을 성취하여 부처님의 성스러운 가르침을 만난 인연을 항상 경사스럽고 다행스럽게 받들고 실천하라.

경성월 · 慶聖月 방편바라밀을 성취하여 부처님의 성스러운 가르침을 만난 인연을 항상 경사스럽고 다행스럽게 받들고 실천하라.

경성지 · 慶聖智 지혜바라밀을 성취하여 부처님의 성스러운 가르침을 만난 인연을 항상 경사스럽고 다행스럽게 받들고 실천하라.

경성행 · 慶聖行 보시바라밀을 체득하여 부처님의 성스러운 가르침을 만난 인연을 항상 경사스럽고 다행스럽게 받들고 실천하라.

경성화 · 慶聖華 선정바라밀을 성취하여 부처님의 성스러운 가르침을 만난 인연을 항상 경사스럽고 다행스럽게 받들고 실천하라.

경순 · 景順 바라밀을 실천하여 태양과 같이 밝은 지혜를 체득하고 항상 진리에 수순하는 삶을 영위하라.

경신 · 敬信 『법화경』의 '상불경보살(常不輕菩薩)'과 같이 군세고 바

른 신심으로 항상 삼보를 공경하고, 일체중생을 항상 존경과 자비로 대하라.

경심 · 鏡心 바라밀행을 닦아 모든 사물을 있는 그대로 비추는 거울과 같이 맑은 마음을 간직하라.

경안 · 經安 바라밀행을 닦아 부처님의 가르침을 기록한 경전을 받들어 공부하고 지혜의 안목을 체득하여 마음의 평안을 얻어라.

경암 · 鏡岩 바라밀 수행으로 자신의 내면을 비추는 거울을 삼고, 바위와 같이 흔들림이 없는 선지식이 되어라.

경애 · 敬愛 바라밀을 실천하여 『법화경』의 '상불경보살(常不輕菩薩)'과 같이 일체중생을 항상 존경과 자비로 대하라.

경우 · 鏡牛 바라밀 수행으로 마음을 있는 그대로 비추는 거울과 같이 관조의 지혜를 체득하고, 소처럼 우직하고 흔들림이 없는 마음으로 중생을 이롭게 하라.

경운 · 耕雲 바라밀행을 닦아 만물을 윤택하게 자라게 하는 구름처럼 온갖 공덕과 지혜가 충만한 경전을 널리 익히고 독송하라.

경운 · 經蘊 부처님의 가르침을 기록한 경전을 받들어 공부하고 지혜의 안목을 체득하여 일체중생을 제도하라.

경원 · 鏡願 바라밀행을 닦아 모든 것을 있는 그대로 비추는 거울과 같이 밝은 지혜를 성취하려는 원력을 세우고 실천하라.

경원 · 庚圓 바라밀 수행으로 원만무애한 지혜를 체득하고 삶 속에서 실천하라.

경월 · 鏡月 모든 것을 있는 그대로 비추는 거울, 어둠을 밝히는 밝은 달과 같이 밝은 지혜를 성취하라.

경전 · 敬田 바라밀행을 닦아 항상 삼보를 받들어 공양하라. 경전(敬田)은 삼보를 받들어 공양하는 데 필요한 재물이며, 비전(悲田)은 곤궁하고 어려운 일체중생을 돕기 위한 재물을 의미한다.

경정 · 敬淨 바라밀 수행으로 삼보를 공경하고, 청정한 마음을 체득하라.

경조 · 鏡照 삼라만상을 있는 그대로 비추는 거울처럼 지혜로써 번뇌무명의 실상을 깨달아 반조하라.

경지 · 鏡智 대원경지(大圓鏡智)

의 준말. 모든 선악의 업이 저장되는 아뢰야식을 청정한 수행으로 깨우쳐 크고 원만한 거울처럼 빛나는 지혜를 체득하라.

경천 · 景遷 바라밀행으로 진리의 빛이 별자리를 옮겨 가듯 무량한 복덕과 지혜를 갖추어라.

경한 · 景閑 바라밀행을 닦아 대자연의 한적하고 아름다운 풍경에서 불도의 진리를 배우라.

경행 · 鏡行 바라밀행을 닦아 만물을 있는 그대로 비추는 맑은 거울처럼 장애 없이 수행하라.

경현 · 敬賢 바라밀을 실천하며 어진 선지식을 공경하고 따라 복덕과 지혜를 구족하라.

경혜 · 慶慧 바라밀 수행으로 환희심과 기쁨이 넘치는 슬기로운 지혜를 체득하고 실천하라.

경화 · 敬和 바라밀행을 닦아 언제나 자신을 낮추는 하심으로써 일체 중생의 반목과 대립을 화합하는 육화(六和)의 가르침을 실천하라.

계명 · 啓明 바라밀행을 닦아 부처님의 가르침을 체득하여 밝은 지혜를 성취하라.

계명심 · 啓明心 선정바라밀을 실천하여 부처님의 밝은 지혜를 성취하라.

계명심 · 戒明心 바라밀행을 닦고 계율을 잘 수지하여 청정한 마음의 등불을 밝혀라.

계성 · 鷄成 바라밀 수행으로 새벽을 알리는 닭과 같이 진리의 새벽을 열고 지혜를 성취하라.

계수 · 桂修 '계수(桂樹)의 한 가지에 불과한 것과 같은 마음'으로 빼어난 지혜를 가지고 있지만 겸손함을 버리지 말고 바라밀의 실천으로 많은 사람을 이롭게 하라.

계수 · 桂秀 바라밀행을 닦아 매우 빼어난 지혜와 우수한 능력을 갖추고 있지만 겸손함을 잃지 말고 교만한 마음이 없이 정진하라.

계심화 · 戒心華 바라밀행을 닦아 계율의 법을 지극정성으로 수지하여 아름답게 빛나라.

계전 · 戒田 바라밀을 실천하며 스승에게 나아가 묻고, 훈계를 실천하여 계율의 밭을 갈고 선근의 씨앗을 심어라.

계정 · 戒定 지계바라밀과 선정바라밀을 실천하여 성불의 씨앗을 심고 잘 가꾸어라.

계행 · 戒行 지계바라밀의 실천으로 복덕과 지혜의 씨앗을 뿌리고 가꾸어라.

계향 · 戒香 지계바라밀을 실천하여 지킴의 향기로 온 세상을 이롭게 하라.

계호 · 戒昊 지계바라밀을 실천하여 하늘을 우러러 한 점 부끄러움이 없는 선지식이 되어 중생을 제도하라.

계화 · 界華 바라밀행을 닦아 부처님과 중생이 하나가 되는 화엄의 법계를 꽃처럼 곱고 향기로운 보살행으로 장식하라.

계환 · 戒環 지계바라밀을 실천하여 윤회의 고리를 끊고 생사열반이 둘이 아님을 체득하라.

고견 · 古見 항상 옛 조사 스님의 지견을 탐구하여 드높은 지견을 체득하라.

고경 · 古鏡 '고경조심(古鏡照心)'의 준말. 바라밀행을 닦아 영원히 그 빛을 잃지 않는 옛 거울에 언제나 자신의 마음을 비추어 보라.

고공 · 古空 바라밀행을 닦아 옛 조사들이 설하신 공(空)의 법어를 되새기고 닦아서 반야의 지견을 갖추어라.

고광 · 高廣 바라밀행을 닦아 편협하고 사소한 자아의식에서 벗어나 넓고 의연한 품성을 닦도록 불도에 정진하라.

고달 · 高達 바라밀행을 닦아 항상 세밀하고 끊임없이 불도에 정진하여 낮고 비천한 번뇌의 세계에서 청정하고 드높은 해탈의 경지에 이르러라.

고덕 · 高德 바라밀행을 닦아 아상과 망집을 초월한 불법을 닦고 넓고 드높은 마음으로 일체중생을 이롭게 하는 공덕을 닦아라.

고덕행 · 高德行 바라밀행으로 학식과 덕망이 뛰어난 고승처럼 실천하라.

고법 · 高法 바라밀행을 닦아 번뇌와 망집에 집착하는 편협하고 사소한 소아(小我)에서 벗어난 넓고 의연한 품성을 닦도록 불도에 정진하라.

고봉 · 高峰 바라밀행을 닦아 높이 솟은 산봉우리처럼 세간의 명리와 이익에 집착하지 말고 의연한 마음으로 불도의 진수를 닦고 펴라.

고산 · 高山 탐욕과 번뇌의 구덩이에서는 세상의 오염을 잘 볼 수 없으므로 바라밀행을 닦아 지혜의 높은 언덕에 올라 큰마음으로 불도에 정진하라.

고선 · 高禪 바라밀행을 닦아 자신의 지식이나 재능에 자만하지 말고 생사일대사(生死一大事)를 해결하려는 높은 절개와 정진력으로 위없는 깨달음을 체득하라.

고성 · 高聖 바라밀을 행하여 생사윤회의 뿌리가 되는 저열한 업력의 지배에서 벗어나 높고 성스러운 부처님의 가르침을 한결 같은 마음으로 따르라.

고옥 · 古玉 바라밀을 실천하여 부처님의 가피력으로 한량없는 옛적부터 뿜어져 나오는 옥호광명(玉毫光明)의 지혜를 체득하라.

고우 · 古愚 바라밀로 정진하여 '한량없는 과거부터 이어져 오는 무명'에서 벗어나 광명의 지혜를 체득하라.

고운 · 高雲 바라밀을 실천하여 높은 가을 하늘에 떠서 아무런 걸림 없이 오가는 구름처럼 양심에 걸리는 일을 하지 않는 청정행을 닦아 대자유를 체득하라.

고한 · 古閑 목숨을 건 수행 끝에 깨달음을 체득한 조사 스님의 맑고 의젓한 가르침과 위의를 본받아 바라밀행으로 산란과 번뇌를 다스리라.

고행 · 高行 바라밀행을 닦아 자신만을 위한 명성과 이익을 초월하여 항상 일체중생이 따를 수 있는 높은 지혜와 자비로써 선지식의 소임을 실천하라.

고향 · 高香 무시이래의 숙업과 망집으로 말미암은 저열한 생존의 법칙에서 벗어나 오분향법(五分香法)을 닦아, 더욱 높은 불도의 지고한 경지에 이르러라.

곡우 · 谷牛 바라밀 수행으로 계곡에서 한가로이 풀을 뜯고 있는 소와 같이 번뇌 망상을 내려놓고 유유자적하라.

공경 · 恭敬 자신의 재능과 명리에 자만함이 없이 자신을 일체중생보다 낮추는 보살의 하심행을 닦아서 지극한 마음으로 삼보와 일체중생을 받들고 섬기라.

공관 · 空觀 지혜바라밀을 실천하여 공의 이치를 꿰뚫어 보아라.

공덕 · 功德 바라밀행을 닦아 매사에 부처님의 가르침을 잊지 않고 일체중생을 이롭게 하는 선(善)한 행위를 쌓아라.

공덕도 · 功德道 바라밀행을 닦아 진흙 연못에서 피어난 연꽃이 진흙탕에 더럽혀지지 않는 것처럼, 아름다운 마음으로 공덕을 행하는 것이 바로 불도를 닦는 근본임을 체득하라.

공덕림 · 功德林 진흙 연못에서 피어난 연꽃이 진흙탕에 더럽혀지지 않는 것처럼 청정한 마음으로 수행하여 공덕의 숲을 가꾸어라.

공덕문 · 功德門 진흙 연못에서 피어난 연꽃이 진흙탕에 더럽혀지지 않는 것처럼 청정한 마음으로 공덕을 쌓아 번뇌와 망집의 갈증에 시달리는 중생에게 지혜의 방편문을 열어 주어라.

공덕성 · 功德聖 매사에 부처님의 가르침을 잊지 않고 일체중생을 이롭게 하는 선(善)한 행위, 즉 거룩한 공덕을 성취하라.

공덕성 · 功德成 진흙 연못에서 피어난 연꽃이 진흙탕에 더럽혀지지 않는 것처럼 청정한 마음으로 공덕을 성취하여 번뇌와 망집의 갈증에 시달리는 중생에게 지혜를 일깨워 주어라.

공덕성 · 功德性 진흙 연못에서 피어난 연꽃이 진흙탕에 더럽혀지지 않는 것처럼 청정한 마음으로 공덕을 성취하여 번뇌와 망집의 갈증에 시달리는 중생에게 지혜를 행하라.

공덕수 · 功德水 청정한 마음으로 공덕을 쌓아 번뇌와 망집의 갈증에 시달리는 중생에게 지혜의 감로수(甘露水)를 베풀어라.

공덕심 · 功德心 진흙 연못에서 피어난 연꽃이 진흙탕에 더럽히지 않는 것처럼 언제나 아름다운 마음으로 공덕을 행하라.

공덕장 · 功德藏 한량없는 공덕을 성취하여 아무리 써도 줄지 않는 공덕의 창고를 채우고 삼보에 공양을 실천하라.

공덕전 · 功德田 삼보(三寶) 공양은 가장 큰 공덕을 짓는 밭이니, 언제나 공양을 올려서 무량한 공덕과 과보가 자라듯이 공덕의 밭을 가꾸고 수행하라.

공덕지 · 功德池 극락세계에 있는 연못을 상징. 바라밀행을 닦아 청랭(淸冷), 감미(甘美), 윤택(潤澤), 안화(安和) 등의 공덕을 갖춘 청정한 마음으로 베풀어라.

공덕해 · 功德海 바라밀행을 닦아 진흙 연못에서 피어난 연꽃이 진흙탕에 더럽히지 않는 것처럼 청정한 마음으로 마치 측량할 수 없이 깊고 넓은 바다와 같은 공덕을 항상 베풀어라.

공덕행 · 功德行 진흙 연못에서 피어난 연꽃이 진흙탕에 더럽히지 않는 것처럼 청정한 마음으로 한량없는 공덕을 행하라.

공덕화 · 功德華 진흙 연못에서 피어난 연꽃이 진흙탕에 더럽히지 않는 것처럼 아름다운 마음으로 공덕의 법화(法華)를 피우라.

공법 · 恭法 자신의 재능과 명리에 자만함이 없이 자신을 일체중생보다 낮추는 보살의 하심행을 닦아서 지극한 마음으로 삼보와 일체중생을 받들고 섬기는 방편바라밀을 닦아라.

공적 · 空寂 바라밀 수행으로 모든 번뇌와 무명에서 벗어나서 청정하고 고요한 마음의 해탈을 체득하라.

공한 · 空閑 바라밀 수행으로 번뇌 무명을 일으키는 일체의 산란함을 쉬고 청정하고 평화로운 선의 경지를 체득하라.

공해 · 空解 바라밀 수행으로 공(空)의 이치를 깨우쳐 반야를 성취하라.

공화 · 空華 바라밀 수행으로 허공에 핀 꽃은 중생의 망집분별로 인한 환상임을 깨치고 일체의 번뇌는 모두 이로 말미암아 일어난다는 것을 항상 깨달으라.

관각 · 觀覺 바라밀 수행으로 일체 현상의 진실을 관하는 선정을 닦아 해탈의 지혜를 성취하라.

관경 · 觀經 지혜바라밀로 정진하며 경전의 진리를 열심히 탐구하라. 경전은 육신의 눈으로 읽는 것이 아니라 마음의 눈으로 관하기 때문에 관경(觀經)이라고 한다.

관공 · 觀空 지혜바라밀을 실천하여 일체법의 공상(空相)을 관조하여 해탈의 지혜를 성취하라.

관념 · 觀念 정진바라밀로 수행하여 스스로 항상 일으키는 생각을 관하고 바른 지견을 갖도록 실천하라.

관도 · 觀道 바라밀 수행으로 항상 선정심을 체득하고 진리의 길을 관하라.

관도심 · 觀道心 불도(佛道)를 구하는 구도심을 발하여 선정의 법을 닦아 모든 법의 공한 모습을 꿰뚫어 보고, 부처님의 진리를 체득하라.

관득 · 觀得 선정(禪定)바라밀을

행하여 제법(諸法)의 실상(實相)을 관하여 불도(佛道)의 진리를 체득하라.

관득행 · 觀得行 염념(念念) 처처(處處)마다 번뇌를 일으키는 망집(妄執)을 쉬고, 일체현상의 진실을 관(觀)하는 선정을 닦아 해탈의 지혜를 성취하라.

관묘성 · 觀妙性 바라밀 수행을 통해 오묘한 자신의 성품을 관하여 자성이 곧 불성임을 자각하라.

관무 · 觀無 무상지(無上智)바라밀을 실천하여 모든 것이 곧 소멸하고 마는 무상(無常)의 도리를 관(觀)하라.

관문 · 觀門 선정바라밀을 실천하여 불도에 드는 방편문을 관(觀)하라.

관법 · 觀法 선정바라밀을 닦아 불법을 관(觀)하라.

관보 · 觀普 선정바라밀을 닦아 불법을 관(觀)하여 널리 펼치라.

관불 · 觀佛 지혜바라밀을 체득하여 항상 부처님의 장엄한 상호(相好)를 관(觀)하는 수행에 매진하라.

관불도 · 觀佛道 섭율의계(攝律儀戒)바라밀을 실천하여 항상 부처님의 장엄한 상호(相好)를 관(觀)하는 도(道)를 행하라.

관불심 · 觀佛心 안주정려(安住靜慮)의 선정바라밀을 실천하여 항상 부처님의 장엄한 상호(相好)를 관(觀)하여 마음을 닦아라.

관선 · 觀禪 선정바라밀을 실천하여 일체만법의 궁극적인 이법(理法)을 관(觀)하는 지혜를 체득하라.

관성 · 觀性 일체중생이 본래 구족한 불성(佛性)을 관(觀)하여 해탈의 이법(理法)을 체득하라.

관수 · 觀修 항상 제법의 실상(實相)을 관하는 선정바라밀을 닦아라.

관심 · 觀心 일체만법의 궁극적인 이법(理法)을 갈무리하고 작용시키는 마음을 관(觀)하는 선정(禪定)바라밀을 닦아라.

관심월 · 觀心月 마음은 일체만법의 주체로 모든 것은 마음과 관계된다. 그러므로 마음을 관조(觀照)하는 것은 곧 일체법을 보는 일이기 때문에 자기 마음의 본 성품을 바르게 살펴보라.

관음 · 觀音 관세음보살(觀世音菩薩)의 대자대비를 따라 배우고 실천하라.

관음덕 · 觀音德 불교의 자비문(慈悲門)을 대표하는 관세음보살을 항상 잊지 않고 선정바라밀을 실천하여 관세음보살의 대자대비를 따라 배우고 공덕을 행하라.

관음도 · 觀音道 불교의 자비문(慈悲門)을 대표하는 관세음보살을 항상 잊지 않고 염(念)하여 관세음보살의 대자대비를 따라 배우고 지계바라밀을 실천하라.

관음명 · 觀音明 불교의 자비문(慈悲門)을 대표하는 관세음보살을 항상 잊지 않고 염(念)하여 관세음보살의 대자대비를 따라 배워 세상을 밝혀라.

관음문 · 觀音門 불교의 자비문(慈悲門)을 대표하는 관세음보살을 항상 잊지 않고 염하여 관세음보살의 대자대비를 따라 배워서 섭선정진(攝善精進) 바라밀을 체득하라.

관음성 · 觀音性 불교의 자비문(慈悲門)을 대표하는 관세음보살을 항상 잊지 않고 염하여 안수고인(安受苦忍)의 인욕바라밀로 관세음보살의 대자대비를 따라 배우고 실천하라.

관음수 · 觀音水 일체중생의 번뇌와 망집(妄執)의 갈증을 쉬게 하는 감로수를 내려 주시는 관세음보살

을 항상 잊지 않고 염(念)하여 불사불수(不捨不受)의 방편바라밀을 체득하여 배우고 실천하라.

관음심 · 觀音心 관세음보살을 항상 잊지 않고 염하여 관세음보살의 대자대비를 따라 배우고 안주정려(安住靜慮)의 선정바라밀을 체득하라.

관음정 · 觀音定 관세음보살을 항상 잊지 말고 선정바라밀을 성취해 대자대비의 공덕을 행하라.

관음지 · 觀音智 불교의 자비문을 대표하는 관세음보살을 항상 잊지 않고 염하여 반야지혜바라밀을 성취하고 실천하라.

관음행 · 觀音行 불교의 자비문을 대표하는 관세음보살을 항상 잊지 않고 염하여 보시바라밀을 체득하고, 관세음보살의 대자대비를 따라 배우고 실천하라.

관적 · 觀寂 선정바라밀을 실천하여 번뇌 망집의 산란을 벗어난 해탈의 고요한 경지, 즉 열반적정의 경지를 관(觀)하라.

관정 · 觀正 바라밀을 실천하여 일체를 올바르게 꿰뚫어 볼 수 있는 지혜를 체득하고 실천하라.

관정 · 觀定 선정바라밀을 실천하

여 번뇌 망집으로 인한 모든 산란을 떨치고 제법의 실상을 바르게 관(觀)하는 선정을 닦아라.

관조 · 觀照 지혜바라밀을 완성하여 불도의 지혜를 마음에 비추어 새기고 뚜렷이 관(觀)하여 체득되는 해탈을 성취하라.

관조행 · 觀照行 보시바라밀을 실천하여 불도의 지혜를 마음에 비추어 새기고 뚜렷이 관(觀)하여 체득되는 해탈을 실천하라.

관지 · 觀智 부처님의 가르침을 깊이 새겨서 반야지혜로서 꿰뚫어 볼 수 있는 지혜를 성취하라.

관행 · 觀行 부처님의 가르침을 깊이 새겨서 반야지혜로써 관(觀)하는 선정(禪定)과 보살행을 두루 갖추어라.

관혜 · 觀慧 바라밀 수행으로 현상의 본말을 꿰뚫어 볼 수 있는 슬기로운 지혜를 체득하라.

관혜성 · 觀慧性 안수고인(安受苦忍)의 인욕바라밀을 실천하여 부처님의 진리를 관하는 지혜를 행하라.

관휴 · 貫休 사성제의 지혜로 세간의 이치를 꿰뚫어 마음의 동요가 없게 하라.

광경 · 光境 바라밀행을 닦아 모든 어둠을 두루 비추는 빛나는 마음의 깨달음과 그 빛을 받는 경계가 하나임을 체득하라.

광대 · 光大 바라밀을 실천하여 '큰 마음을 지니면 큰 지혜의 깨달음이 있음'을 깨쳐라.

광덕 · 光德 바라밀행을 닦아 번뇌의 어둠과 탐욕의 독기(毒氣)로 가득 찬 이 세상을 지혜광명과 공덕으로 널리 밝혀라

광덕화 · 廣德華 인발정려(引發靜慮)의 선정바라밀을 실천하여 번뇌의 어둠과 탐욕의 독기(毒氣)로 가득 찬 이 세상을 지혜광명과 공덕으로 아름답게 장엄하라.

광명 · 光明 불보살이 빛을 발하는 방광(放光)처럼 번뇌와 망집을 불러일으키는 어리석음을 밝게 비추는 지혜의 빛을 갈고 닦아라.

광명심 · 光明心 불보살이 빛을 발하는 것처럼 번뇌와 망집을 불러일으키는 어리석음을 밝게 비추는 지혜의 빛을 갈고 닦으며 실천하라.

광명행 · 光明行 불보살이 지혜의 빛을 발하는 것처럼 중생의 번뇌와 망집을 불러일으키는 어리석음을 제거할 수 있도록 지혜의 빛을 갈

고 닦으며 실천하라.

광법 · 光法 바라밀행을 닦아 일체의 어둠을 사라지게 하는 불법의 진리를 체득하여 중생들의 번뇌무명을 사라지게 하라.

광서 · 光瑞 바라밀행으로 상서로운 부처님의 지혜광명을 체득하고 실천하라.

광오 · 光悟 바라밀행으로 부처님의 지혜광명을 체득하고 도리를 깨우쳐 총명한 불자가 되어라.

광우 · 光雨 바라밀행으로 부처님의 지혜광명이 비처럼 중생계를 적시는 이치를 체득하고 한량없는 중생을 이롭게 하라.

광운 · 光雲 바라밀행을 닦아 만물을 윤택하게 하는 비를 내리는 구름처럼 부처님의 지혜광명이 일체중생에게 내리도록 불도에 정진하라.

광장 · 光長 무량광의 지혜바라밀을 닦아 넓고 큰 지혜를 체득하라.

광제 · 光濟 바라밀행을 닦아 도를 실천하는 보살이 모든 무연중생까지 제도하듯이 지혜와 공덕을 갖추어 모든 이웃들을 널리 이롭게 하라.

광조 · 廣照 바라밀 수행으로 편협한 소견을 버리고 반야로써 제법실상의 이치를 널리 관조하라.

광조 · 光照 바라밀행을 닦아 편협한 소견을 버리고 반야로써 제법(諸法)의 실상(實相)을 관조하라.

광진 · 廣眞 바라밀 수행으로 정진하여 일체를 드넓은 마음으로 넓게 생각하여 진실을 구하는 불자가 되어라.

광택 · 光宅 바라밀 수행으로 정진하여 지혜의 빛이 가득한 집과 같이 사바세계를 청정법계로 만들어라.

광평 · 光平 바라밀 수행으로 편협하고 사소한 소아(小我)에서 벗어나 넓고 의연한 품성을 닦도록 불도에 정진하라.

광혜 · 廣慧 번뇌와 무명을 불러일으키는 편협하고 사소한 소아(小我)에서 벗어나 넓고 의연한 지혜를 닦도록 불도에 정진하라.

구경 · 究竟 바라밀 수행으로 구경열반의 이치를 체득하고 널리 중생을 제도하라.

구공 · 俱空 지혜바라밀을 실천하여 자아(自我)와 현상[法]이 모두 공(空)함을 깨달아 아(我)와 법(法)이 청정한 반야지를 체득하라.

구도행 · 求道行 보시바라밀을 실천하여 성불의 길인 정도(正道)를 구하라.

구법 · 求法 매사에 부처님의 가르침을 생각하여 자신의 모든 행위가 불법의 진수를 갖추도록 바라밀행으로 정진하라.

구성 · 具聖 항상 자신을 가다듬고 매사에 성스러운 부처님의 가르침을 생각하여 자신의 모든 행위가 불법의 진수를 갖추도록 정진함으로써 일체중생이 모범으로 따르도록 하라.

구족 · 具足 바라밀행을 닦아 매사에 부처님의 가르침을 생각하고 실천하여 자신의 모든 행위가 불법의 진수를 모두 갖출 수 있도록 정진하라.

구족행 · 具足行 바라밀행을 닦아 매사에 부처님의 가르침을 생각하고 실천하여 자신의 모든 행위가 불법의 진수를 모두 갖추도록 정진하며 실천하라.

구지화 · 具智華 지혜를 구족하여 사바세계의 고통을 제거하고 진리의 꽃으로 장엄한 화장세계 구현에 앞장서라.

구해 · 龜海 바라밀을 실천하여 파도가 일지 않는 바다에서 천년의 역사를 묵묵히 지켜보는 거북이와 같이 평온한 세상을 만들기 위해 노력하라.

국성 · 國星 바라밀을 실천하여 나라의 별과 같이 존귀한 존재가 되어라.

극락성 · 極樂聖 지혜바라밀을 실천하여 극락정토를 체득하고 그 가르침을 항상 기쁘게 수지하며 중생들에게 부처님의 성스러운 가르침을 행하라.

극락수 · 極樂水 방편바라밀을 실천하여 극락정토를 체득하고 그 가르침을 항상 기쁘게 수지하며 중생들에게 부처님의 성스러운 가르침을 행하라.

극락심 · 極樂心 선정바라밀을 실천하여 극락정토를 체득하고 그 가르침을 항상 기쁘게 수지하며 중생에게 부처님의 성스러운 가르침을 행하라.

극락원 · 極樂院 정진바라밀을 실천하여 극락정토를 체득하고 그 가르침을 항상 기쁘게 수지하며 중생에게 부처님의 성스러운 가르침을 행하라.

극락화 · 極樂華 선정바라밀을 실

천하여 극락정토를 체득하고 그 가르침을 항상 기쁘게 수지하며 중생에게 부처님의 성스러운 가르침을 행하라.

근암 · 近巖 언제나 가까이서 볼 수 있는 바위가 묵묵히 세월을 지켜보는 것과 같이 세상을 관조할 수 있는 바라밀행을 닦아라.

근월 · 近月 언제나 가까이에서 은은하게 비추는 달과 같이 부처님의 공덕을 체득하고 이웃들과 화합하며 널리 공덕바라밀을 실천하라.

근일 · 勤日 바라밀을 실천하며 매일매일 쉬지 않고 부지런히 정진하라.

근행 · 勤行 생활 속에서도 쉬지 말고 부지런히 바라밀로 정진하고 수행하라.

금강 · 金剛 어떤 경우라도 결코 무너지거나 파괴되지 않은 금강과 같은 굳센 지혜와 공덕으로 번뇌와 망집의 사슬을 끊고 불도의 드높은 경지를 체득하라.

금강덕 · 金剛德 금강과 같은 굳센 신심(信心)으로써 번뇌와 망집(妄執)의 사슬을 끊고 성스러운 불도의 드높은 경지를 체득하여 무너지지 않는 공덕을 널리 행(行)하라.

금강문 · 金剛門 금강과 같은 굳센 신심(信心)으로써 번뇌와 망집(妄執)의 사슬을 끊고 불도의 드높은 경지를 체득하여 지혜방편의 문(門)을 열라.

금강성 · 金剛聖 금강과 같은 굳센 신심(信心)으로써 번뇌와 망집(妄執)의 사슬을 끊고 불도의 드높은 경지를 체득하여 널리 스스로 행하라.

금강수 · 金剛手 금강과 같은 굳센 신심(信心)으로써 번뇌와 망집(妄執)의 사슬을 끊고 불도의 드높은 경지를 체득하여 널리 행하라.

금강신 · 金剛信 금강과 같은 굳센 신심(信心)으로써 번뇌와 망집(妄執)의 사슬을 끊고 날카로운 지혜로써 성스러운 불도의 드높은 경지를 체득하여 무너지지 않는 공덕을 널리 행하라.

금강심 · 金剛心 금강과 같은 굳센 마음으로 번뇌와 망집(妄執)의 사슬을 끊고 불도의 드높은 경지를 체득하여 널리 행하라.

금강원 · 金剛院 금강과 같은 굳센 신심(信心)으로써 번뇌와 망집(妄執)의 사슬을 끊고 불도의 드높은 경지를 체득하여 널리 스스로 행하라.

금강장 · 金剛藏 금강과 같은 지혜

로 함장되어 있는 불성을 발현하여 성불의 길로 나아가라.

금강주 · 金剛珠 금강과 같은 굳센 신심(信心)으로써 밝게 빛나는 보석처럼 불도의 드높은 경지를 체득하여 널리 스스로 행하라.

금강지 · 金剛智 금강과 같은 굳센 신심(信心)으로써 번뇌와 망집(妄執)의 사슬을 끊고 성스러운 불도의 드높은 경지를 체득하여 무너지지 않는 공덕을 널리 행하라.

금강행 · 金剛行 금강과 같은 굳센 지혜와 공덕으로 번뇌와 망집의 사슬을 끊고 불도의 드높은 경지를 체득하여 널리 행하라.

금강혜 · 金剛慧 금강석과 같은 굳센 신심(信心)으로써 번뇌와 망집(妄執)의 사슬을 끊고 성스러운 불도의 드높은 경지를 체득하여 무너지지 않는 지혜공덕을 널리 행하라.

금강화 · 金剛華 금강과 같은 굳센 신심(信心)으로써 번뇌와 망집(妄執)의 사슬을 끊고 불도의 드높은 경지를 체득하라.

금광 · 金光 그 성질과 빛이 오랫동안 변하지 않는 금(金)의 빛처럼 광명을 발하는 부처님의 가르침을 더욱 갈고 닦아라.

금다향 · 錦茶香 아름다운 차의 바라밀행을 닦아 황금처럼 고귀하고 값있는 불도(佛道)에 대한 믿음을 가지라.

금암 · 錦岩 바라밀행을 닦아 황금 바위처럼 변치 않고 우뚝 솟아 지혜의 광명으로 세상을 지켜볼 수 있는 수행력을 갖추어라.

금원 · 金圓 바라밀행을 닦아 변치 않는 신심(信心)으로 불법을 닦아 지행(知行)을 원만히 성취하라.

금정 · 金井 바라밀을 실천하여 금정산의 샘물처럼 언제나 마르지 않는 복덕과 지혜를 체득하고 실천하라.

금진 · 金眞 보시바라밀을 체득하여 어떤 것보다도 가치 있으며 퇴색하지 않는 금처럼 영원히 빛나는 진실을 행하라.

금천 · 金泉 지혜바라밀을 체득하여 금처럼 귀한 물이 솟아오르는 샘처럼 지혜와 자비가 항상 솟아오르도록 정진하라.

금화 · 金華 지혜바라밀을 실천하여 찬란한 황금 꽃처럼 빛나는 지혜를 체득하라.

기연 · 起然 바라밀 수행으로 정진하여 지혜를 일으키고 공덕의 불꽃으로 삼독심을 모두 태워 버려라.

길상 · 吉祥 바라밀행을 닦아 부처님의 가피를 입어 행운과 번영을 성취하고, 삼보를 호지하여 많은 사람을 이롭게 하라.

길상덕 · 吉祥德 내원해인(耐怨害忍)의 인욕바라밀로 신심과 지혜를 닦아 제불보살의 가피(加被)를 입어 언제나 좋은 일을 성취하고, 항상 복덕이 함께 하라.

길상심 · 吉祥心 안주정려(安住靜慮)의 선정바라밀로 신심(信心)과 지혜를 닦고 제불보살의 가피(加被)를 입어 항상 복덕이 함께하라.

길상음 · 吉祥音 바라밀행을 닦아 신심과 지혜를 갖추고 제불보살의 가피를 입어 언제나 좋은 일을 성취하고, 항상 부처님의 법음을 전하라.

길상정 · 吉祥定 선정바라밀로 신심과 지혜를 닦아 제불보살의 가피를 입어 언제나 고요한 마음을 성취하라.

길상행 · 吉祥行 보시바라밀로 신심과 지혜를 닦아 제불보살의 가피를 입어 언제나 복덕과 지혜를 성취하고, 이웃과 함께 실천하라.

길상화 · 吉祥華 인발정려(引發靜慮)의 선정바라밀로 신심과 지혜를 닦아 제불보살의 가피를 입어 언제나 복덕과 지혜를 성취하고, 화장 세계를 성취하라.

길선화 · 吉善華 인발정려(引發靜慮)의 선정바라밀로 신심과 지혜를 닦아 제불보살의 가피를 입어 선법을 원만성취하여 부처님의 세계를 장엄하라.

02.

나
행

난승 · 難勝 바라밀 수행으로 도달하기 어려운 수승한 부처님의 가르침을 체득하고 보살의 자리에 올라 중생을 제도하라.

난행지 · 難行地 바라밀 수행으로 도달하기 어려운 부처님의 경지를 하루 빨리 성취하여 많은 사람을 이롭게 하라.

남두 · 南頭 보시바라밀로 정진하며, 기후와 산물이 풍성한 남방과 같이 부귀한 공덕을 일체중생에게 보시하라.

남명 · 南明 지혜바라밀을 실천하여 지축(地軸)의 남쪽을 밝히는 남극성과 같은 밝은 지혜의 안목을 갖춰라.

남선 · 南禪 지혜바라밀로 정진하여 선재동자가 남쪽으로 여행하며 불법을 구한 것처럼 널리 선(善)의 가르침을 구하고 닦아라.

남전 · 南泉 바라밀행을 닦아 조용하게 수행하면서 많은 제자를 배출하고, 마르지 않는 샘처럼 중생을 이롭게 하라. 천(泉)은 선문(禪門)의 통상적인 관용음에 따라서 '전'으로 읽음.

남정 · 南亭 바라밀행을 닦아 어떤 세파에도 흔들리지 않는 무위의 집에서 머물러라.

남정 · 南靜 바라밀행을 닦아 햇살이 밝고 고요하게 비추는 남향(南向)처럼 번뇌 망집의 어둠에서 벗어나 항상 열반적정을 성취하라.

남천·南天 바라밀로 정진하여 남쪽 하늘처럼 따스함과 온정이 있는 보살행을 실천하라.

남촌·南村 바라밀을 실천하여 남섬부주 보타락가의 불국토를 이 땅에 구현하라.

남파·南坡 바라밀 수행으로 남섬부주의 고개를 넘어 불국정토를 성취하라.

남해·南海 관세음보살의 진신(眞身)이 상주하는 보타락가 도량이 있는 남해에 주석하여 항상 친견하여 가피 입기를 발원하라.

남향·南香 바라밀행으로 정진하고, 만물을 무성하고 풍요롭게 키우는 남쪽의 온기처럼 향기로운 마음으로 덕향을 널리 전하라.

남호·南湖 깊이를 알 수 없는 남섬부주의 호수처럼 한량없는 지혜의 생명수로 중생을 섭수하라.

노현·老玄 바라밀행으로 정진하여 역사 안에서 다양한 모습으로 부처님의 가르침을 드러내어 실천하라. 현지우현(玄之又玄) 즉 오묘(奧妙)하고 또 오묘(奧妙)하다는 뜻으로, 도(道)의 광대(廣大) 무변함을 찬탄(讚歎)함.

녹원·綠園 바라밀행으로 정진하여 부처님께서 녹야원에서 초전법륜을 굴리셨듯이 어디서든 전법의 의무를 실천하라.

농암·聾庵 바라밀행을 닦아 "바위처럼 벙어리가 된다."는 마음으로 침묵하며 수행 정진하라.

능가·能嘉 바라밀 수행으로 능히 아름다운 정토세계를 이 땅에서 실현하라.

능가·能加 바라밀 수행으로 정진하여 능히 부처님의 가피력을 받아서 많은 사람을 이롭게 하라.

능도·能度 바라밀 수행으로 능히 부처님의 가피력을 얻어 많은 중생을 제도하라.

능선행·能禪行 바라밀행을 닦아 능히 부처님의 가피력으로 선정을 성취하고, 많은 사람을 안심입명토록 하라.

능선화·能善華 인발정려(引發靜慮)의 선정바라밀을 체득하여 능히 부처님의 가피력으로 선법을 성취하고 화장세계를 장엄하라.

능안·能眼 지혜바라밀로 정진하여 능히 지혜의 눈을 갖추어 삼라만상의 이치를 꿰뚫어 실천하라.

능엄 · 楞嚴 바라밀 수행으로 모든 번뇌와 망상을 타파하는 능엄삼매를 체득하고, 나고 죽는 윤회의 괴로움을 넘어선 생사일여의 경지를 실현하라.

능엄수 · 能嚴樹 바라밀행을 닦아 능히 부처님의 세계를 장엄하는 보리수와 같이 불법을 호지하고 전법을 행하라.

능여 · 能如 바라밀행을 닦아 능히 부처님의 여여부동심을 체득하여 어떤 경우에도 흔들림이 없이 여법함을 성취하라.

능운화 · 能雲華 바라밀행을 닦아 능히 부처님의 세계를 장엄하는 복덕과 지혜의 구름이 되어 불국토를 장엄하라.

능인 · 能仁 바라밀 수행으로 능히 모든 것을 행하는 부처님과 같이 불국토를 장엄하고, 불법을 전하는데 힘써 중생의 이익과 안락과 행복을 위해 헌신하라.

능인심 · 能仁心 바라밀행을 닦아 부처님의 마음과 다름없이 불법을 전하고, 중생의 이익과 안락과 행복을 위하여 노력하려는 마음을 갖고 실천하라.

능인행 · 能忍行 보시바라밀로 공덕을 지어 오탁악세(汚濁惡世)를 능히 넘어갈 수 있도록 참고 견디며 행하라.

능인행 · 能仁行 부처님의 마음과 다름없이 어질고 자비로운 마음으로 수행하여 오탁악세(汚濁惡世)에서 중생의 이익과 안락을 위해 어질게 행하라.

능인향 · 能仁香 바라밀행을 닦아 오탁악세(汚濁惡世)에서 능히 맑고 향기롭게 계를 잘 지키고 덕을 행하라.

능지향 · 能智香 바라밀행을 닦아 능히 부처님의 지혜와 덕행으로 온 천하를 향기롭게 장엄하라.

능행 · 能行 바라밀 수행에 집중하여 스스로 해야 할 일에 대하여 능히 행동으로 잘 실천하라.

능허 · 能虛 바라밀 수행에 집중하여 능히 진실불허의 지혜를 성취하고, 집착 없는 마음으로 진리를 행하라.

능현 · 能賢 지혜바라밀 수행에 집중하여, 능히 부처님의 지혜를 성취하여 어진 마음으로 중생을 제도하는 현성이 되어라.

능혜 · 能慧 바라밀 수행으로 스스로 지혜를 성취하고, 자리이타의 보살행을 실천하라.

다
행

다련화 · 茶蓮華 바라밀 수행으로 정진하여 연꽃 차의 향기로 사바세계를 정화시켜 불국토가 될 수 있도록 장엄하라.

다선 · 多禪 바라밀 수행으로 항상 언제나 어디서나 선정을 수행하여 걸림 없는 지혜를 성취하라.

다혜 · 多慧 바라밀 수행법으로 정진하여 부처님의 한량없는 지혜를 성취하여 많은 사람을 이롭게 하라.

단엄 · 端嚴 바라밀 수행법으로 정진하여 타인에게는 바르고 자신에게는 엄격한 불자가 되어라.

담교 · 潭教 바라밀 수행법으로 정진하여 깊고 넓은 부처님의 가르침을 체득하라.

담덕 · 潭德 바라밀 수행법으로 정진하여 맑은 물이 가득 찬 연못처럼 일체중생을 이롭게 하는 공덕을 가득 채우라.

담덕심 · 潭德心 선정바라밀을 실천하여 맑은 물이 가득 찬 연못처럼 일체중생을 이롭게 하라.

담덕원 · 潭德願 이타행의 원(願)바라밀을 실천하여 맑은 물이 가득 찬 연못처럼 일체중생을 이롭게 하라.

담덕월 · 潭德月 갖가지 방편바라밀을 체득하여 맑은 물이 가득 찬 연못처럼 일체중생을 이롭게 하라.

담덕행 · 潭德行 보시바라밀을 실천하여 맑은 물이 가득 찬 연못처럼 일체중생을 이롭게 하라.

담덕향 · 潭德香 지계바라밀을 실천하여 맑은 물이 가득 찬 연못처럼 일체중생을 이롭게 하라.

담법 · 潭法 바라밀 수행법으로 정진하여 모든 물줄기가 흘러드는 연못처럼 불법의 모든 가르침을 항상 듣고 수지하라.

담선 · 潭禪 바라밀 수행법으로 정진하여 맑고 투명한 물이 가득 찬 연못처럼 고요한 마음으로 선에 정진하여 번뇌와 망집에서 벗어나 모난 마음을 다스리고 걸림 없는 해탈의 경지를 체득하라.

담선덕 · 潭禪德 인욕바라밀을 실천하면서 맑고 투명한 물이 가득 찬 연못처럼 고요한 마음으로 선에 정진하여 번뇌와 망집에서 벗어나 모난 마음을 다스리고 걸림 없는 해탈의 경지를 체득하라.

담선심 · 潭禪心 선정바라밀을 실천하여 맑고 투명한 물이 가득 찬 연못처럼 고요한 마음으로 선에 정진하여 번뇌와 망집에서 벗어나 모난 마음을 다스리고 걸림 없는 해탈의 경지를 체득하라.

담선원 · 潭禪願 넓고 큰 서원을 세워 원력바라밀을 실천하면서 맑고 투명한 물이 가득 찬 연못처럼 고요한 마음으로 선에 정진하여 번

뇌와 망집에서 벗어나 모난 마음을 다스리고 걸림 없는 해탈의 경지를 체득하라.

담선원 · 潭禪圓 원만무애한 인욕바라밀을 실천하면서 맑고 투명한 물이 가득 찬 연못처럼 고요한 마음으로 선에 정진하여 번뇌와 망집에서 벗어나 모난 마음을 다스리고 걸림 없는 해탈의 경지를 체득하라.

담선월 · 潭禪月 갖가지 방편바라밀을 실천하면서 맑고 투명한 물이 가득 찬 연못처럼 고요한 마음으로 선에 정진하여 번뇌와 망집에서 벗어나 모난 마음을 다스리고 걸림 없는 해탈의 경지를 체득하라.

담선지 · 潭禪智 신해행증의 지혜를 체득하고, 맑고 투명한 물이 가득 찬 연못처럼 고요한 마음으로 선에 정진하여 번뇌와 망집에서 벗어나 모난 마음을 다스리고 걸림 없는 해탈의 경지를 체득하라.

담선행 · 潭禪行 보시바라밀을 실천하면서 맑고 투명한 물이 가득 찬 연못처럼 고요한 마음으로 선에 정진하여 번뇌와 망집에서 벗어나 모난 마음을 다스리고 걸림 없는 해탈의 경지를 체득하라.

담선향 · 潭禪香 지계바라밀을 실천하면서 맑고 투명한 물이 가득

찬 연못처럼 고요한 마음으로 선에 정진하여 번뇌와 망집에서 벗어나 모난 마음을 다스려 걸림 없는 해탈의 경지를 체득하라.

담선혜 · 潭禪慧 사성제의 지혜바라밀을 실천하면서 맑고 투명한 물이 가득 찬 연못처럼 고요한 마음으로 선에 정진하여 번뇌와 망집에서 벗어나 모난 마음을 다스리고 걸림 없는 해탈의 경지를 체득하라.

담수 · 潭水 바라밀 수행법으로 정진하여 깊고 맑고 투명한 연못의 물처럼 항상 청정한 본연의 불성을 비추어 보라.

담수성 · 潭水聖 지혜바라밀을 실천하며 수행 정진에 힘써, 깊고 맑고 투명한 연못의 물처럼 항상 청정한 본연의 불성을 비추어 보라.

담수심 · 潭水心 선정바라밀을 실천하며 수행 정진에 힘써, 맑고 투명한 연못의 물처럼 항상 청정한 본연의 불성을 비추어 보라.

담수행 · 潭水行 보시바라밀을 실천하며 수행 정진에 힘써, 맑고 투명한 연못의 물처럼 항상 청정한 본연의 불성을 비추어 보라.

담수향 · 潭水香 지계바라밀을 실선정바라밀을 실천하여 욕심이 없

고 청정한 마음을 성취하라.

담연월 · 湛然月 갖가지 방편바라밀을 실천하여 욕심이 없고 청정한 마음을 성취하라.

담연행 · 湛然行 보시바라밀을 실천하여 욕심이 없고 청정한 마음을 성취하라.

담연향 · 湛然香 지계바라밀을 실천하여 욕심이 없고 청정한 마음을 성취하라.

담연혜 · 湛然慧 이타행의 혜바라밀을 실천하여 욕심이 없고 청정한 마음을 성취하라.

담연화 · 潭然華 선정바라밀을 실천하여 욕심이 없고 청정한 마음으로 불국토를 법의 꽃으로 장엄하라.

담운 · 潭雲 맑은 물이 가득 찬 연못처럼 원융(圓融)한 지혜를 갈고 닦아 감로의 비를 내려서 만물을 키우는 구름처럼 자비를 베풀어라.

담월 · 潭月 바라밀 수행법으로 정진하여 푸르른 연못에 비치는 달처럼 걸림 없는 마음의 깨달음을 갈고 닦아라.

담월명 · 潭月明 지혜바라밀을 실천하여 푸르른 연못에 비치는 달처

럼 걸림 없는 마음의 깨달음을 갈고 닦아라.

담월문·潭月門 정진바라밀을 실천하여 푸르른 연못에 비치는 달처럼 걸림 없는 마음의 깨달음을 갈고 닦아라.

담월성·潭月性 인욕바라밀을 실천하여 푸르른 연못에 비치는 달처럼 걸림 없는 마음의 깨달음을 갈고 닦아라.

담월심·潭月心 선정바라밀을 실천하여 푸르른 연못에 비치는 달처럼 걸림 없는 마음의 깨달음을 갈고 닦아라.

담월행·潭月行 보시바라밀을 실천하여 푸르른 연못에 비치는 달처럼 걸림 없는 마음의 깨달음을 갈고 닦아라.

담월향·潭月香 지계바라밀을 실천하여 푸르른 연못에 비치는 달처럼 걸림 없는 마음의 깨달음을 갈고 닦아라.

담월혜·潭月慧 원력바라밀을 실천하여 푸르른 연못에 비치는 달처럼 걸림 없는 마음의 깨달음을 갈고 닦아라.

담월화·潭月華 매우 깊은 선정바

라밀을 실천하여 푸르른 연못에 비치는 달처럼 걸림 없는 마음의 깨달음을 갈고 닦아라.

담정·潭靜 바라밀 수행법을 닦아 맑은 물이 가득 찬 연못처럼 항상 고요하고 평화로운 마음을 지니라.

담지·潭池 어리석은 이는 반쯤 물을 채운 항아리 같고, 지혜로운 이는 물이 가득 찬 연못과 같다. 바라밀 수행법으로 정진하여 청정한 감로수가 가득 찬 깊은 연못처럼 지혜를 성취하라.

담행·潭行 바라밀 정진으로 일체의 번뇌와 망집을 다스리는 선정을 닦아 맑고 청정한 연못과 같은 마음으로 불도를 행하라.

담화·潭和 바라밀 정진으로 맑은 물이 가득 찬 연못처럼 원융하고 청정한 지혜로서 일체의 반목과 대립을 화합시키라.

담화·潭華 바라밀 정진으로 번뇌와 망집에서 벗어나 맑은 물이 가득 찬 연못에 핀 연꽃처럼 모난 마음을 다스려 걸림 없는 해탈의 경지를 체득하라.

대각·大覺 바라밀 정진으로 정진하여 일체의 번뇌무명을 타파하고 큰 깨달음을 얻으신 부처님과 같은 지혜를 얻어 용맹하고 굳센 마음으로 매사에 임하라.

대각덕 · 大覺德 인욕바라밀을 실천하여 세간의 명성과 이익에서 벗어나 위없는 무상의 공덕을 깨닫고 행하여 일체중생을 반목과 대립을 초월한 화합의 큰길로 인도하라.

대각도 · 大覺道 지계바라밀을 실천하여 세간의 명성과 이익의 집착에서 벗어나 불도의 진리에 대한 거룩한 신심과 깨달음을 얻어 일체중생을 반목과 대립을 초월한 화합의 큰길로 인도하라.

대각문 · 大覺門 정진바라밀을 실천하여 세간의 명성과 이익에 대한 집착에서 벗어나 크나큰 불도의 위없는 최상의 공덕을 체득하라.

대각성 · 大覺聖 지혜바라밀을 실천하여 세간의 명성과 이익에 대한 집착에서 벗어나 크나큰 불도의 진리에 대한 거룩한 신심과 깨달음을 성취하라.

대각수 · 大覺水 방편바라밀을 실천하여 세간의 명성과 이익에 대한 집착에서 벗어나 무상의 공덕을 깨우쳐 일체중생의 반목과 탐욕의 갈증을 씻어내는 부처님의 자비 감로수를 베풀어라.

대각신 · 大覺信 지계바라밀을 실천하여 세간의 명성과 이익에 대한 집착에서 벗어나 진리에 대한 굳센 신심과 깨달음으로 일체중생을 반목과 대립을 초월한 화합의 큰길로 인도하라.

대각심 · 大覺心 선정바라밀을 실천하여 세간의 명성과 이익에 대한 집착에서 벗어나 진리를 깨닫고 일체중생을 반목과 대립을 초월한 화합의 큰길로 인도하라.

대각원 · 大覺願 원력바라밀을 바로 세워 세간의 명성과 이익에 대한 집착에서 벗어나 굳센 신심과 깨달음으로 일체중생을 반목과 대립을 초월한 화합의 큰길로 인도하는 법당이 되어라.

대각행 · 大覺行 보시바라밀을 실천하여 세간의 명성과 이익에 대한 집착에서 벗어나 일체중생을 반목과 대립을 초월한 화합의 큰길로 인도하라.

대각화 · 大覺華 선정바라밀을 성취하여 세간의 명성과 이익에 대한 집착에서 벗어나 일체중생을 반목과 대립을 초월한 화합의 큰길로 인도하라.

대경 · 大鏡 크나큰 마음의 거울. 선가에서는 거울을 마음에 비유한다. 바라밀 수행법으로 정진하여 삼라만상의 모든 것을 있는 그대로 비추는 마음의 맑고 청정한 작용을 체득하라.

대공 · **大空** 대공은 우주를 말한다. 바라밀 수행법으로 정진하여 우주 삼라만상을 마음에 담을 수 있는 한량없는 지혜를 체득하라.

대길상 · **大吉詳** 부처님과 같은 복덕과 지혜를 성취하여 길상천녀처럼 다양하고 아름다운 변재(辯才)를 갖추고, 항상 불보살님께 중생의 행운과 공덕을 기원하라.

대길성 · **大吉聖** 지혜바라밀을 실천하여 부처님과 같은 복덕과 지혜를 성취하여 아름다운 변재를 갖추고, 항상 불보살님께 중생의 행운과 공덕을 기원하라.

대길심 · **大吉心** 선정바라밀을 실천하여 부처님과 같은 복덕과 지혜를 성취하여 아름다운 변재를 갖추고, 항상 불보살님께 중생의 행운과 공덕을 기원하라.

대길천 · **大吉天** 원력바라밀을 실천하여 부처님과 같은 복덕과 지혜를 성취하여 아름다운 변재를 갖추고, 항상 불보살님께 중생의 행운과 공덕을 기원하라.

대길행 · **大吉行** 보시바라밀을 실천하여 부처님과 같은 복덕과 지혜를 성취하여 아름다운 변재를 갖추고, 항상 불보살님께 중생의 행운과 공덕을 기원하라.

대덕 · **大德** 바라밀행으로 정진하여 큰마음으로 공덕을 닦아서 복덕과 지혜를 구족하는 깨달음에 도달하라.

대덕문 · **大德門** 정진바라밀을 실천하여 큰마음으로 공덕을 닦고, 큰 지혜의 깨달음을 얻어라.

대덕성 · **大德聖** 지혜바라밀을 실천하여 큰마음으로 공덕을 닦고, 큰 지혜의 깨달음을 얻어라.

대덕수 · **大德水** 갖가지 방편바라밀을 실천하여 큰마음으로 공덕을 닦고, 큰 지혜의 깨달음을 얻어라.

대덕신 · **大德信** 지계바라밀을 실천하여 큰마음과 큰 믿음으로 공덕을 닦아서 큰 지혜의 깨달음을 얻어라.

대덕심 · **大德心** 선정바라밀을 실천하여 큰마음으로 공덕을 닦아서 큰 지혜의 깨달음을 얻어라.

대덕원 · **大德圓** 원력바라밀을 실천하여 큰마음과 큰 믿음으로 공덕을 닦아서 큰 지혜의 깨달음을 얻어라.

대덕행 · 大德行 보시바라밀을 실천하여 큰마음으로 공덕을 닦아서 큰 지혜의 깨달음을 얻어라.

대덕화 · 大德華 선정바라밀을 실천하여 큰마음으로 공덕을 닦아서 큰 지혜의 깨달음을 얻어라.

대도문 · 大道門 정진바라밀을 실천하여 큰마음과 큰 믿음으로 공덕을 닦아서 큰 지혜의 깨달음을 얻어라.

대도신 · 大道信 지계바라밀을 실천하여 큰마음과 큰 믿음으로 공덕을 닦아서 큰 지혜의 깨달음을 얻어라.

대도심 · 大道心 선정바라밀을 실천하여 큰마음과 큰 믿음으로 공덕을 닦아서 큰 지혜의 깨달음을 얻어라.

대도행 · 大道行 보시바라밀을 실천하여 큰마음과 큰 믿음으로 공덕을 닦아서 큰 지혜의 깨달음을 얻어라.

대도화 · 大道華 선정바라밀을 실천하여 큰마음과 큰 믿음으로 공덕을 닦아서 큰 지혜의 깨달음을 얻어라.

대등화 · 大燈華 선정바라밀을 실천하여 큰마음과 큰 공덕을 닦아서 큰 지혜의 등불을 밝혀라.

대련 · 大蓮 바라밀행으로 정진하여 아름답게 핀 큰 연꽃처럼 더러움에 물들지 않고 불도의 향기를 발하라. 『유마경』의 "세간의 오염에 물들지 않는 연꽃처럼 항상 마음이 비고 고요한 해탈의 길을 걸어라.(不着世間如蓮華 常善入於空寂行)"라는 구절에서 인용함.

대련각 · 大蓮覺 지혜바라밀을 실천하여 아름답게 핀 큰 연꽃처럼 더러움에 물들지 말고 불도의 향기를 발하라.

대련명 · 大蓮明 이타행의 밝은 지혜바라밀을 실천하여 아름답게 핀 큰 연꽃처럼 더러움에 물들지 말고 불도의 향기를 발하라.

대련성 · 大蓮聖 이타행의 성스러운 지혜바라밀을 실천하여 아름답게 핀 큰 연꽃처럼 더러움에 물들지 말고 불도의 향기를 발하라.

대련성 · 大蓮性 인욕바라밀을 실천하여 아름답게 핀 큰 연꽃처럼 더러움에 물들지 말고 불도의 향기를 발하라.

대련수 · 大蓮修 정진바라밀을 실

천하여 아름답게 핀 큰 연꽃처럼 더러움에 물들지 말고 불도의 향기를 발하라.

대련심 · 大蓮心 선정바라밀을 실천하여 아름답게 핀 큰 연꽃처럼 더러움에 물들지 말고 불도의 향기를 발하라.

대련지 · 大蓮智 이타행의 큰 지혜바라밀을 실천하여 아름답게 핀 큰 연꽃처럼 더러움에 물들지 말고 불도의 향기를 발하라.

대련행 · 大蓮行 보시바라밀을 실천하여 아름답게 핀 큰 연꽃처럼 더러움에 물들지 말고 불도의 향기를 발하라.

대련향 · 大蓮香 지계바라밀을 실천하여 아름답게 핀 큰 연꽃처럼 더러움에 물들지 말고 불도의 향기를 발하라.

대련화 · 大蓮華 깊은 선정바라밀을 실천하여 아름답게 핀 큰 연꽃처럼 더러움에 물들지 말고 불도의 향기를 발하라.

대림 · 大林 바라밀행으로 정진하여 광대한 진리의 숲에서 중생을 제도할 수 있는 지혜를 체득하라.

대명 · 大明 바라밀행으로 정진하여 광대한 지혜광명을 체득하여 우주의 진리를 깨치고 세상의 어둠을 밝혀라.

대명각 · 大明覺 지혜바라밀을 성취하여 크나큰 지혜의 광명을 체득하여 큰마음으로 세상의 어둠을 밝혀라.

대명법 · 大明法 광대한 원력바라밀을 성취하여 크나큰 지혜의 광명을 체득하고 큰마음으로 세상의 어둠을 밝혀라.

대명성 · 大明聖 이타행의 성스러운 지혜바라밀을 성취하여 크나큰 지혜의 광명을 체득하고 큰마음으로 세상의 어둠을 밝혀라.

대명성 · 大明性 인욕바라밀을 성취하여 크나큰 지혜의 광명을 체득하고 큰마음으로 세상의 어둠을 밝혀라.

대명수 · 大明修 정진바라밀을 성취하여 크나큰 지혜의 광명을 체득하여 큰마음으로 세상의 어둠을 밝혀라.

대명신 · 大明信 지계바라밀을 성취하여 크나큰 지혜의 광명을 체득하고 큰마음으로 세상의 어둠을 밝혀라.

대명심 · 大明心 선정바라밀을 성취하여 크나큰 지혜의 광명을 체득하고 큰마음으로 세상의 어둠을 밝혀라.

대명원 · 大明願 원력바라밀을 성취하여 크나큰 지혜의 광명을 체득하고 큰마음으로 세상의 어둠을 밝혀라.

대명월 · 大明月 방편바라밀을 성취하여 크나큰 지혜의 광명을 체득하고 큰마음으로 세상의 어둠을 밝혀라.

대명지 · 大明智 이타행의 지혜바라밀을 성취하여 크나큰 지혜의 광명을 체득하고 큰마음으로 세상의 어둠을 밝혀라.

대명행 · 大明行 보시바라밀을 성취하여 크나큰 지혜의 광명을 체득하고 큰마음으로 세상의 어둠을 밝혀라.

대명화 · 大明華 깊은 선정바라밀을 성취하여 크나큰 지혜의 광명을 체득하고 큰마음으로 세상의 어둠을 밝혀라.

대문 · 大門 바라밀행으로 정진하여 광대한 진리의 문을 열어 삼법인의 진리를 체득하고 실천하라.

대범 · 大梵 바라밀행으로 정진하여 대범심원관음(大梵深遠觀音)을 체득하라. 신라의 승려로 650~655년 인도 대각사에서 유학하며 경론을 연구하고 중국에 돌아와서 교법을 폈다.

대범명 · 大梵明 이타행의 지혜바라밀을 실천하여 위대하고 청정한 관세음보살의 공덕을 성취하고 한량없는 중생을 제도하라.

대범성 · 大梵聖 이타행의 성스러운 지혜바라밀을 실천하여 위대하고 청정한 관세음보살의 공덕을 성취하고 한량없는 중생을 제도하라.

대범성 · 大梵性 인욕바라밀을 실천하여 위대하고 청정한 관세음보살의 공덕을 성취하고 한량없는 중생을 제도하라.

대범수 · 大梵修 정진바라밀을 실천하여 위대하고 청정한 관세음보살의 공덕을 성취하고 한량없는 중생을 제도하라.

대범심 · 大梵心 선정바라밀을 실천하여 위대하고 청정한 관세음보살의 공덕을 성취하고 한량없는 중생을 제도하라.

대범원 · 大梵願 원력바라밀을 실천하여 위대하고 청정한 관세음보살의 공덕을 성취하고 한량없는 중생을 제도하라.

대범월 · 大梵月 갖가지 방편바라밀을 실천하여 위대하고 청정한 관세음보살의 공덕을 성취하고 한량없는 중생을 제도하라.

대범행 · 大梵行 보시바라밀을 실천하여 위대하고 청정한 관세음보살의 공덕을 성취하고 한량없는 중생을 제도하라.

대범향 · 大梵香 지계바라밀을 실천하여 위대하고 청정한 관세음보살의 공덕을 성취하고 한량없는 중생을 제도하라.

대범혜 · 大梵慧 지혜바라밀을 실천하여 위대하고 청정한 관세음보살의 공덕을 성취하고 한량없는 중생을 제도하라.

대범화 · 大梵華 깊은 선정바라밀을 실천하여 위대하고 청정한 관세음보살의 공덕을 성취하고 한량없는 중생을 제도하라.

대법 · 大法 불법(佛法)을 높여 일컫는 말. 바라밀행으로 정진하여 대승의 교법을 체득하고 한량없는 중생에게 법륜을 굴려라.

대법성 · 大法成 보시바라밀을 실천하여 대승의 교법을 광대하게 펼 수 있는 부처님의 법을 성취하라.

대법신 · 大法信 지계바라밀을 실천하여 대승의 교법을 광대하게 펼 수 있는 부처님의 법을 성취하라.

대법심 · 大法心 선정바라밀을 실천하여 대승의 교법을 광대하게 펼 수 있는 부처님의 법을 성취하라.

대법행 · 大法行 한량없는 보시바라밀을 실천하여 대승의 교법을 광대하게 펼 수 있는 부처님의 법을 성취하라.

대법화 · 大法華 깊은 선정바라밀을 실천하여 대승의 교법을 광대하게 펼 수 있는 부처님의 법을 성취하고 걸림 없는 마음으로 사바세계를 교화하라.

대불심 · 大佛心 선정바라밀을 실천하여 지혜의 눈을 크게 떠서 부처님처럼 깨달음의 완성에 이르러라.

대비행 · 大悲行 보시바라밀을 실천하여 중생을 크게 가엾게 여기고 괴로움을 덜어 주어라.

대산 · 大山 바라밀행으로 정진하여 큰 산과 같이 어떤 세간의 조건에도 끄달림이 없는 여여한 마음자리를 체득하라.

대선 · 大宣 바라밀행으로 정진하여 자신의 재능과 신심을 다하여 불법을 구하고 불보살님께 기도하여 변재와 복덕을 성취하고 불법을 크게 펴라.

대선덕 · 大宣德 인욕바라밀을 실천하여 정법을 구하고, 깊은 신심과 원력으로 자신의 모든 재능을 다하여 널리 베풀어라.

대선명 · 大宣明 신해행증의 수행으로 이타행의 지혜바라밀을 실천하여 정법을 구하고, 깊은 신심과 원력으로 자신의 모든 재능을 다하여 널리 베풀어라.

대선법 · 大宣法 이타행의 원력바라밀을 실천하여 정법을 구하고, 깊은 신심과 원력으로 자신의 모든 재능을 다하여 널리 베풀어라.

대선성 · 大宣聖 이타행의 성스러운 지혜바라밀을 실천하여 정법을 구하고, 깊은 신심과 원력으로 자신의 모든 재능을 다하여 널리 베풀어라.

대선심 · 大宣心 선정바라밀을 실천하여 정법을 구하고, 깊은 신심과 원력으로 자신의 모든 재능을 다하여 널리 베풀어라.

대선원 · 大宣圓 인욕바라밀을 원

만하게 실천하여 정법을 구하고, 깊은 신심과 원력으로 자신의 모든 재능을 다하여 널리 베풀어라.

대선월 · 大宣月 방편바라밀을 실천하여 정법을 구하고, 깊은 신심과 원력으로 자신의 모든 재능을 다하여 널리 베풀어라.

대선지 · 大宣智 이타행의 지혜바라밀을 실천하여 정법을 구하고, 깊은 신심과 원력으로 자신의 모든 재능을 다하여 널리 베풀어라.

대선행 · 大宣行 보시바라밀을 실천하여 정법을 구하고, 깊은 신심과 원력으로 자신의 모든 재능을 다하여 널리 베풀어라.

대선행 · 大善行 보시바라밀을 실천하여 한량없는 중생에게 행복을 줄 수 있는 수승한 선행을 행하라.

대선향 · 大宣香 지계바라밀을 실천하여 정법을 구하고, 깊은 신심과 원력으로 자신의 모든 재능을 다하여 널리 베풀어라.

대선혜 · 大宣慧 지혜바라밀을 실천하여 정법을 구하고, 깊은 신심과 원력으로 자신의 모든 재능을 다하여 널리 베풀어라.

대선화 · 大宣華 깊은 선정바라밀

을 실천하여 정법을 구하고, 깊은 신심과 원력으로 자신의 모든 재능을 다하여 널리 베풀어라.

대성 · 大成 바라밀행으로 정진하여 광대한 불법의 진리를 완성하고 지혜를 체득하여 널리 전하라.

대성 · 大聖 바라밀행으로 정진하여 윤회의 굴레에서 벗어나 중생을 해탈로 이끄는 지혜와 자비를 베푸시는 부처님의 가르침을 체득하여 중생을 이롭게 하라.

대성명 · 大聖明 이타행의 지혜바라밀을 실천하여 윤회의 굴레에서 벗어나 중생을 해탈로 이끄시는 부처님의 가르침에 의지하여 중생을 이롭게 하라.

대성법 · 大聖法 정법으로 원력바라밀을 실천하여 윤회의 굴레에서 벗어나서 중생을 해탈로 이끄시는 부처님의 가르침에 의지하여 중생을 이롭게 하라.

대성심 · 大聖心 선정바라밀을 실천하여 윤회의 굴레에서 벗어나 중생을 해탈로 이끄시는 부처님의 가르침에 의지하여 중생을 이롭게 하라.

대성원 · 大聖願 원력바라밀을 실천하여 윤회의 굴레에서 벗어나 중생을 해탈로 이끄시는 부처님의 가르

침에 의지하여 중생을 이롭게 하라.

대성월 · 大聖月 방편바라밀을 실천하여 윤회의 굴레에서 벗어나 중생을 해탈로 이끄시는 부처님의 가르침에 의지하여 중생을 이롭게 하라.

대성은 · 大聖恩 지혜바라밀을 실천하여 윤회의 굴레에서 벗어나 중생을 해탈로 이끄시는 부처님의 가르침에 의지하여 중생을 이롭게 하라.

대성지 · 大聖智 이타행의 지혜바라밀을 실천하여 윤회의 굴레에서 벗어나 중생을 해탈로 이끄시는 부처님의 가르침에 의지하여 중생을 이롭게 하라.

대성행 · 大聖行 보시바라밀을 실천하여 윤회의 굴레에서 벗어나 중생을 해탈로 이끄시는 부처님의 가르침에 의지하여 중생을 이롭게 하라.

대성향 · 大聖香 지계바라밀을 실천하여 윤회의 굴레에서 벗어나 중생을 해탈로 이끄시는 부처님의 가르침에 의지하여 중생을 이롭게 하라.

대승 · 大勝 바라밀행으로 정진하여 중생을 제도하여 자신과 싸워 이기는 대승을 체험하고 나아가 미혹의 차안으로부터 벗어나 깨달음의 피안에 이르러라.

대승심 · 大乘心 선정바라밀을 체득하여 위로는 부처님의 진리를 깨닫기를 구하고 아래로는 중생교화에 진력하는 마음을 얻어라.

대시행 · 大施行 보시바라밀을 실천하여 고독하고 빈궁한 사람에게 크게 보시하라.

대안 · 大安 바라밀행으로 정진하여 번뇌와 불안에 괴로워하는 이웃들을 안정케 하는 여러 가지 방편으로 큰 무외시를 행하라.

대안화 · 大安華 선정바라밀을 체득하고, 번뇌와 불안에 괴로워하는 이웃들을 안정케 하는 여러 가지 방편으로 큰 무외시를 행하라.

대연 · 大然 바라밀을 실천하여 큰 믿음을 일으켜 물러남이 없는 마음으로 중생을 제도하라.

대연 · 大緣 바라밀행으로 정진하여 부처님과의 큰 인연을 바탕으로 밝고 큰 지혜를 성취하고 많은 사람을 이롭게 하라.

대연명 · 大緣明 지혜바라밀을 실천하여 부처님과의 큰 인연을 바탕으로 밝고 큰 지혜를 성취하여 많은 사람을 이롭게 하라.

대연문 · 大緣門 정진바라밀을 실천하여 부처님과의 큰 인연을 바탕으로 밝고 큰 지혜를 성취하여 많은 사람을 이롭게 하라.

대연성 · 大緣聖 이타행의 큰 지혜바라밀을 실천하여 부처님과의 큰 인연을 바탕으로 밝고 큰 지혜를 성취하여 많은 사람을 이롭게 하라.

대연성 · 大緣性 인욕바라밀을 실천하여 부처님과의 큰 인연을 바탕으로 밝고 큰 지혜를 성취하여 많은 사람을 이롭게 하라.

대연수 · 大緣修 깊은 정진바라밀을 실천하여 부처님과의 큰 인연을 바탕으로 밝고 큰 지혜를 성취하여 많은 사람을 이롭게 하라.

대연월 · 大緣月 방편바라밀을 실천하여 부처님과의 큰 인연을 바탕으로 밝고 큰 지혜를 성취하여 많은 사람을 이롭게 하라.

대연행 · 大緣行 보시바라밀을 실천하여 부처님과의 큰 인연을 바탕으로 밝고 큰 지혜를 성취하여 많은 사람을 이롭게 하라.

대연향 · 大緣香 지계바라밀을 실천하여 부처님과의 큰 인연을 맺고 밝고 큰 지혜를 성취하여 많은 사람을 이롭게 하라.

대연화 · 大緣華 선정바라밀을 실천하여 부처님과의 큰 인연을 맺고 밝고 큰 지혜를 성취하여 많은 사람을 이롭게 하라.

대오 · 大悟 바라밀행으로 정진하여 큰 깨우침을 체득하고, 많은 사람들을 깨달음의 세계로 인도하라.

대요 · 大饒 바라밀을 실천하여 대비심으로 큰 이로움을 베풀어 중생을 구제하라.

대요행 · 大饒行 보시바라밀을 실천하여 대비심으로 큰 이로움을 베풀어 중생을 구제하라.

대요익 · 大饒益 섭선정진(攝善精進)의 바라밀을 실천하여 대비심으로 큰 이로움을 베풀어 중생을 구제하라.

대요원 · 大饒圓 인욕바라밀을 실천하여 대비심으로 큰 이로움을 베풀어 중생을 구제하라.

대요심 · 大饒心 안주정려(安住靜慮)의 선정바라밀을 실천하여 대비심으로 큰 이로움을 베풀어 중생을 구제하라.

대요화 · 大饒華 인발정려(引發靜慮)의 선정바라밀을 실천하여 대비심으로 큰 이로움을 베풀어 중생을

구제하라.

대요명 · 大饒明 수용법락지(受用法樂智)의 지혜바라밀을 실천하여 대비심으로 큰 이로움을 베풀어 중생을 구제하라.

대요성 · 大饒性 인욕바라밀을 실천하여 대비심으로 큰 이로움을 베풀어 중생을 구제하라.

대우 · 大愚 바라밀행으로 정진하여 자신이 얼마나 어리석은지를 깨치고, 다른 사람들도 깨우칠 수 있도록 교화하라.

대운 · 大雲 바라밀행으로 정진하여 큰 지혜의 구름이 되어 많은 중생들에게 감로의 비를 내리도록 이끌어 주어라.

대웅 · 大雄 부처님이 4종의 마(魔)를 남김없이 다 항복받아 성불하여, 영웅 가운데 영웅이 되신 것처럼 바라밀행으로 정진하여 아뇩다라삼먁삼보리를 체득하라.

대원 · 大圓 바라밀행으로 정진하여 크고 원만한 불법의 진리를 깨치고 널리 전하라.

대원 · 大元 바라밀행으로 정진하여 크고 으뜸가는 부처님의 가르침을 체득하고, 전법교화의 시조가

되어라.

대원·大願 부처님이 중생을 구제하려는 원력처럼 바라밀행으로 정진하여 한없이 넓고 큰 서원을 세우고, 실천하라.

대원성·大願成 보시바라밀을 실천하여 부처님이 중생을 구제하려는 원력처럼 한없이 넓고 큰 서원을 세워 중생 제도를 성취하라.

대원심·大願心 선정바라밀을 실천하여 부처님이 중생을 구제하려는 원력처럼 한없이 넓고 큰 서원의 마음을 가져라.

대원행·大願行 보시바라밀을 성취하여 부처님이 중생을 구제하려는 원력처럼 한없이 넓고 큰 서원을 세워 실천하라.

대원화·大願華 깊은 선정바라밀을 성취하여 부처님이 중생을 구제하려는 원력처럼 한없이 넓고 큰 서원을 세워 세간을 장엄하라.

대월·大越 바라밀행으로 정진하여 세간을 뛰어 넘는 지혜를 체득하고, 국경을 초월하여 한량없는 중생에게 부처님의 가르침을 전하라.

대월·大月 크고 밝은 달이 모든 사물을 은은히 비추어 어둠을 밝히

는 것처럼 바라밀행으로 정진하여 항상 수도를 게을리 하지 마라.

대월명·大月明 크고 밝은 달이 모든 사물을 은은히 비추어 어둠을 밝히는 것처럼 항상 여여하게 수행하고 이타행의 밝은 지혜바라밀을 실천하라.

대월성·大月聖 크고 밝은 달이 모든 사물을 은은히 비추어 어둠을 밝히는 것처럼 항상 여여하게 수행하고 이타행의 성스러운 지혜바라밀을 실천하라.

대월성·大月性 크고 밝은 달이 모든 사물을 은은히 비추어 어둠을 밝히는 것처럼 항상 여여하게 수행하고 인욕바라밀을 실천하라.

대월심·大月心 크고 밝은 달이 모든 사물을 은은히 비추어 어둠을 밝히는 것처럼 항상 여여하게 수행하고 선정바라밀을 실천하라.

대월지·大月智 크고 밝은 달이 모든 사물을 은은히 비추어 어둠을 밝히는 것처럼 항상 여여하게 수행하고 이타행의 지혜바라밀을 실천하라.

대월행·大月行 크고 밝은 달이 모든 사물을 은은히 비추어 어둠을 밝히는 것처럼 항상 여여하게 수행

하고 보시바라밀을 실천하라.

대월향 · 大月香 크고 밝은 달이 모든 사물을 은은히 비추어 어둠을 밝히는 것처럼 항상 여여하게 수행하고 지계바라밀을 실천하라.

대월혜 · 大月慧 크고 밝은 달이 모든 사물을 은은히 비추어 어둠을 밝히는 것처럼 항상 여여하게 수행하고 지혜바라밀을 실천하라.

대은 · 大隱 바라밀행으로 정진하여 두루 큰 진리를 체득하고, 세간의 번뇌망상에서 벗어나라.

대음광 · 大飮光 마하가섭(Mahākāśyapa)존자의 범어 이름을 한자로 옮긴 것. 두타수행법을 닦아 온갖 번뇌를 초월하라.

대의 · 大義 바라밀행으로 정진하여 세간에 두루 미칠 수 있는 의로운 일로 중생을 이롭게 하라.

대인 · 大仁 바라밀행으로 정진하여 세간에 두루 미칠 수 있는 어진 마음으로 중생을 제도하라.

대일 · 大日 바라밀행으로 정진하여 우주의 실상, 또는 일륜(日輪)을 부처님 상징으로 여긴 대일여래불의 의미를 체득하고 실천하라.

대일명 · 大日明 대일여래불의 가피력으로 지혜바라밀을 닦아 우주의 실상을 깨우치는 지혜를 체득하라.

대일법 · 大日法 대일여래불의 가피력으로 원력바라밀을 닦아 우주의 실상을 깨우치는 지혜를 체득하라.

대일성 · 大日聖 대일여래불의 가피력으로 성스러운 지혜바라밀을 닦아 우주의 실상을 깨우치는 지혜를 체득하라.

대일심 · 大日心 대일여래불의 가피력으로 선정바라밀을 닦아 우주의 실상을 깨우치는 지혜를 체득하라.

대일원 · 大日圓 대일여래불의 가피력으로 인욕바라밀을 닦아 우주의 실상을 깨우치는 지혜를 체득하라.

대일은 · 大日恩 대일여래불의 가피력으로 지혜바라밀을 닦아 우주의 실상을 깨우치는 지혜를 체득하라.

대일지 · 大日智 대일여래불의 가피력으로 위대한 지혜바라밀을 닦아 우주의 실상을 깨우치는 지혜를 체득하라.

대일행 · 大日行 대일여래불의 가피력으로 보시바라밀을 닦아 우주의 실상을 깨우치는 지혜를 체득하라.

대일향·大日香 대일여래불의 가피력으로 지계바라밀을 닦아 우주의 실상을 깨우치는 지혜를 체득하라.

대일혜·大日惠 대일여래불의 가피력으로 무외시바라밀을 닦아 우주의 실상을 깨우치는 지혜를 체득하라.

대자림·大慈林 선정바라밀을 실천하여 제불보살의 광대심원(廣大深遠)한 넓고 큰 자비를 행하라.

대자명·大慈明 이타행의 밝은 지혜바라밀을 실천하여 제불보살의 광대심원(廣大深遠)한 넓고 큰 자비를 행하라.

대자성·大慈聖 성스러운 지혜바라밀을 실천하여 제불보살의 광대심원(廣大深遠)한 넓고 큰 자비를 행하라.

대자심·大慈心 선정바라밀을 실천하여 제불보살의 광대심원(廣大深遠)한 넓고 큰 자비를 행하라.

대자원·大慈圓 인욕바라밀을 실천하여 제불보살의 광대심원(廣大深遠)한 넓고 큰 자비를 행하라.

대자월·大慈月 갖가지 방편바라밀을 실천하여 제불보살의 광대심원(廣大深遠)한 넓고 큰 자비를 행하라.

대자은·大慈恩 사섭법의 지혜바라밀을 실천하여 제불보살의 광대심원(廣大深遠)한 넓고 큰 자비를 행하라.

대자행·大慈行 보시바라밀을 실천하여 제불보살의 광대심원(廣大深遠)한 넓고 큰 자비를 행하라.

대자향·大慈香 지계바라밀을 실천하여 제불보살의 광대심원(廣大深遠)한 넓고 큰 자비를 행하라.

대자혜·大慈慧 지혜바라밀을 실천하여 제불보살의 광대심원(廣大深遠)한 넓고 큰 자비를 행하라.

대정명·大淨明 이타행의 지혜바라밀을 체득하여 매우 청정한 법의 꽃인 연꽃처럼 세상을 청정하게 정화하는 사람이 되어라.

대정수·大淨修 정진바라밀을 체득하여 매우 청정한 법의 꽃인 연꽃처럼 세상을 청정하게 정화하는 사람이 되어라.

대정신·大淨信 신심을 바탕으로 지계바라밀을 체득하여 매우 청정한 법의 꽃인 연꽃처럼 세상을 청정하게 정화하는 사람이 되어라.

대정심 · 大淨心 원력바라밀을 체득하여 매우 청정한 법의 꽃인 연꽃처럼 세상을 청정하게 정화하는 사람이 되어라.

대정행 · 大淨行 보시바라밀을 체득하여 매우 청정한 법의 꽃인 연꽃처럼 세상을 청정하게 정화하는 사람이 되어라.

대정향 · 大淨香 지계바라밀을 체득하여 매우 청정한 법의 꽃인 연꽃처럼 세상을 청정하게 정화하는 사람이 되어라.

대정화 · 大淨華 선정바라밀을 체득하여 매우 청정한 법의 꽃인 연꽃처럼 세상을 청정하게 정화하는 사람이 되어라.

대주 · 大舟 바라밀행으로 정진하여 대승의 가르침을 체득하고, 큰 배와 같이 한량없는 중생을 구제하는 불자가 되어라.

대지심 · 大智心 선정바라밀을 체득하고 문수보살과 같이 큰 지혜를 실천하여 중생을 제도하는 복덕을 지어라.

대지월 · 大地月 방편바라밀행으로 실천하여 온 산하대지를 비추는 달과 같이 불법(佛法)의 진리로 큰 복덕을 지어라.

대지행 · 大智行 보시바라밀을 실천하여 문수보살과 같은 큰 지혜를 체득하고 많은 중생을 제도하여 지혜의 길로 이끌어 주는 복덕을 지어라.

대천 · 大泉 바라밀행으로 정진하여 번뇌와 망집의 갈증에 시달리는 일체중생의 마음을 시원하게 적시는 감로수와 같은 공덕의 샘물이 되어라.

대해덕 · 大海德 인욕바라밀을 실천하여 큰 바다와 같은 성품으로 모든 것을 포용하고 감싸 주는 지혜의 성품을 갖추어라.

대해문 · 大海門 정진바라밀을 실천하여 큰 바다와 같은 성품으로 모든 것을 포용하는 지혜의 성품을 갖추어라.

대해법 · 大海法 깊은 원력바라밀을 실천하여 큰 바다와 같은 성품으로 모든 것을 포용하는 지혜의 성품을 갖추어라.

대해성 · 大海聖 이타행의 깊은 지혜바라밀을 실천하여 큰 바다와 같은 성품으로 모든 것을 포용하는 지혜의 성품을 갖추어라.

대해성 · 大海性 인욕바라밀을 실천하여 큰 바다와 같은 성품으로 모든 것을 포용하는 지혜의 성품을 갖추어라.

대해심 · 大海心 선정바라밀을 실천하여 큰 바다와 같은 성품으로 모든 것을 포용하는 지혜의 성품을 갖추어라.

대해원 · 大海院 정진바라밀을 실천하여 큰 바다와 같은 성품으로 모든 것을 포용하는 지혜의 성품을 갖추어라.

대해월 · 大海月 방편바라밀을 실천하여 큰 바다와 같은 성품으로 모든 것을 포용하는 지혜의 성품을 갖추어라.

대해은 · 大海恩 지혜바라밀을 실천하여 큰 바다와 같은 성품으로 모든 것을 포용하는 지혜의 성품을 갖추어라.

대행 · 大行 바라밀행으로 정진하여 번뇌와 망집, 덧없는 탐욕에 집착하지 말고 보현보살의 서원을 본받아 불도의 드넓은 진리를 체득하여 큰사람이 되라.

대행법 · 大行法 원력바라밀을 체득하고 보현보살의 원력을 세워 불법의 드넓은 진리를 깨우쳐 번뇌와 망집이 없고, 탐욕에서 벗어난 이타행을 실천하라.

대행성 · 大行聖 성스러운 지혜바라밀을 체득하고 보현보살의 원력을 세워 불법의 드넓은 진리를 깨우쳐 번뇌와 망집이 없고, 탐욕에서 벗어난 이타행을 실천하라.

대행심 · 大行心 선정바라밀을 체득하고 보현보살의 원력을 세워 불법의 드넓은 진리를 깨우쳐 번뇌와 망집이 없고, 탐욕에서 벗어난 이타행을 실천하라.

대행원 · 大行願 보현보살의 원력을 세워 불법의 드넓은 진리를 깨우쳐 번뇌와 망집이 없고, 탐욕에서 벗어난 이타행을 실천하라.

대행은 · 大行恩 지혜바라밀을 체득하고 보현보살의 원력을 세워 불법의 드넓은 진리를 깨우쳐 번뇌와 망집이 없고, 탐욕에서 벗어난 이타행을 실천하라.

대행지 · 大行智 깊은 지혜바라밀을 체득하고 보현보살의 원력을 세워 불법의 드넓은 진리를 깨우쳐 번뇌와 망집이 없고, 탐욕에서 벗어난 이타행을 실천하라.

대행화 · 大行華 깊은 선정바라밀을 체득하고 보현보살의 원력을 세워 불법의 드넓은 진리를 깨우쳐 번뇌와 망집이 없고, 탐욕에서 벗어난 이타행을 실천하라.

대향 · 大香 부처님께 올리는 하나의 커다란 향처럼 자신을 가다듬어 일체중생, 불 · 법 · 승 삼보와 부모, 친지에 헌신하라.

대현 · 大賢 바라밀행으로 정진하여 많은 사람이 존경할 수 있는 큰 선지식이 되어라.

대혜 · 大慧 바라밀행으로 정진하여 두루 적용할 수 있는 큰 지혜를 체득하라.

대혜력 · 大慧力 원력바라밀을 의지하여 큰 지혜를 성취고 중생을 어루만지는 덕행을 실천하라.

대혜명 · 大慧明 이타행의 지혜바라밀을 의지하여 큰 지혜를 성취하고 중생을 어루만지는 덕행을 갖추어라.

대혜법 · 大慧法 큰 원력바라밀을 의지하여 큰 지혜를 성취하고 중생을 어루만지는 덕행을 갖추어라.

대혜성 · 大慧成 보시바라밀을 실천하여 큰 지혜를 성취하고 많은 사람들에게 회향하라.

대혜심 · 大慧心 선정바라밀을 의지하여 큰 지혜를 성취하고 중생을 어루만지는 덕행을 갖추어라.

대혜원 · 大慧願 원력바라밀을 의지하여 큰 지혜를 성취하고 중생을 어루만지는 덕행을 갖추어라.

대혜월 · 大慧月 방편바라밀을 의지하여 큰 지혜를 성취하고 중생을 어루만지는 덕행을 갖추어라.

대혜은 · 大慧恩 지혜바라밀을 의지하여 큰 지혜를 성취하고 중생을 어루만지는 덕행을 갖추어라.

대혜향 · 大慧香 지계바라밀을 의지하여 큰 지혜를 성취하고 중생을 어루만지는 덕행을 갖추어라.

대화 · 大華 지혜의 꽃송이가 화엄을 상징하고 있듯이 위대한 화엄사상을 공부하여 보살도를 배우고 닦아라.

대희성 · 大喜性 인욕바라밀을 성취하여 항상 환희심으로 베풀고, 매사에 감사하는 성품을 갖춘 불자가 되어라.

덕관 · 德冠 바라밀행으로 정진하여 자비공덕의 왕관을 쓸 수 있는 불자가 되어라.

덕륜 · 德輪 바라밀행으로 정진하여 큰 공덕을 짓고 전법륜의 바퀴를 굴려 불법(佛法)이 널리 퍼져 나가게 하라.

덕륜행 · 德輪行 복덕을 지어 많은 사람에게 베풀어서 법륜을 굴리는 불자가 되어라.

덕문 · 德門 바라밀행으로 정진하여 바른 도(道)를 행하여 얻는 공덕으로 해탈의 문으로 들어가라.

덕민 · 德旻 바라밀행으로 정진하여 하늘을 감동시킬 수 있는 큰 공덕을 성취하라.

덕본 · 德本 바라밀행으로 쉼 없이 정진하여 공덕의 근본인 올바른 신심을 성취하라.

덕산 · 德山 바라밀행으로 정진하여 덕의 근본인 올바른 신심을 성취하고 모든 사람이 의지할 수 있는 큰 산과 같은 선지식이 되어라.

덕상 · 悳相 바라밀행으로 정진하고 불퇴전의 신심을 갖추고, 한량없는 중생이 서로 도울 수 있는 지혜를 펴라.

덕수 · 德洙 바라밀행으로 정진하여 도움이 절실하게 필요한 사람에게 마르지 않는 공덕의 강이 되도록 노력하라.

덕수 · 德水 바라밀행으로 정진하여 큰 덕을 베풀고 청정 감로수로 중생의 마음을 정화시켜라.

덕승화 · 德承華 덕을 계승하여 화엄의 진리를 체득하고, 많은 중생의 모범으로 살아가는 불자가 되어라.

덕신 · 德信 바라밀을 실천하여 착하고 어진 마음으로 불법을 믿어라.

덕안 · 德安 바라밀행으로 정진하여 착하고 어진 마음에 안주하며 무너지지 않는 신심으로 생활하는 불자가 되어라.

덕안성 · 德安聖 이타행의 지혜바라밀을 실천하여 착하고 어진 마음에 안주하면서 무너지지 않는 신심으로 생활하는 불자가 되어라.

덕안심 · 德安心 선정바라밀을 실천하여 착하고 어진 마음에 안주하여 무너지지 않는 신심으로 생활하는 불자가 되어라.

덕안월 · 德安月 방편바라밀을 실천하여 착하고 어진 마음에 안주하여 무너지지 않는 신심으로 생활하는 불자가 되어라.

덕안행 · 德安行 보시바라밀을 실천하여 착하고 어진 마음에 안주하여 무너지지 않는 신심으로 생활하는 불자가 되어라.

덕안향 · 德安香 지계바라밀을 실천하여 착하고 어진 마음에 안주하여 무너지지 않는 신심으로 생활하는 불자가 되어라.

덕암 · 德庵 바라밀행으로 정진하여 큰 덕을 갖춘 선지식이 되어라.

덕암 · 德岩 바라밀행으로 정진하여 큰 덕을 베풀고 흔들림이 없는 바위처럼 여여한 마음을 갖추어라.

덕양 · 德洋 바라밀행으로 정진하여 큰 덕을 갖추고, 큰 바다와 같은 선지식이 되어라.

덕연 · 德然 바라밀행으로 정진하여 큰 덕을 갖추고, 본연의 사명을 실천하는 선지식이 되어라.

덕연 · 德緣 바라밀행으로 정진하여 착하고 어진 마음으로 많은 사람들에게 법연을 맺어 주도록 노력하라.

덕연명 · 德緣明 이타행의 밝은 지혜바라밀을 실천하여 착하고 어진 마음으로 많은 사람들에게 법연을 맺어 주도록 노력하라.

덕연성 · 德緣性 인욕바라밀을 실천하여 착하고 어진 마음으로 많은 사람들에게 법연을 맺어 주도록 노력하라.

덕연수 · 德緣修 정진바라밀을 실

천하여 착하고 어진 마음으로 많은 사람들에게 법연을 맺어 주도록 노력하라.

덕연심 · 德緣心 선정바라밀을 실천하여 착하고 어진 마음으로 많은 사람들에게 법연을 맺어 주도록 노력하라.

덕연지 · 德緣智 이타행의 지혜바라밀을 실천하여 착하고 어진 마음으로 많은 사람들에게 법연을 맺어 주도록 노력하라.

덕연행 · 德緣行 보시바라밀을 실천하여 착하고 어진 마음으로 많은 사람들에게 법연을 맺어 주도록 노력하라.

덕연화 · 德緣華 선정바라밀을 실천하여 착하고 어진 마음으로 많은 사람들에게 법연을 맺어 주도록 노력하라.

덕운 · 德雲 바라밀행으로 정진하여 착하고 어진 마음으로 불법을 구름처럼 일으켜 많은 사람에게 법의 인연을 맺게 하라.

덕원 · 德圓 바라밀행으로 정진하여 큰 덕을 갖춘 원만무애한 선지식이 되어 중생을 제도하라.

덕원 · 德園 바라밀행으로 정진하

여 큰 덕을 갖춘 정원처럼 중생에게 청량한 지혜의 공덕을 펼쳐라.

덕은 · 德恩 인욕바라밀로 수행하고 큰 덕과 은혜를 베풀어 삼보의 은혜에 보답하라.

덕인 · 德仁 착하고 어진 마음으로 바라밀을 실천하고 복덕과 지혜를 갖추어 많은 사람들에게 큰 자비심을 베풀어라.

덕인화 · 德仁華 선정바라밀에 의지하여 착하고 어진 마음으로 복덕과 지혜를 갖추어 중생을 제도하라.

덕일 · 德一 바라밀행으로 쉼 없이 정진하여 큰 덕을 갖춘 으뜸가는 선지식이 되어라.

덕일 · 德日 바라밀행으로 정진하여 큰 덕이 태양처럼 사해를 비출 수 있는 선지식이 되어라.

덕정 · 德正 바라밀행에 의지하여 정진하고, 공덕을 갖추어 세상에 정의가 구현될 수 있도록 정법의 포교사가 되어라.

덕정 · 悳正 바라밀행에 의지하여 정진하고 파사현정의 지혜를 실천할 수 있는 선지식이 되어라.

덕조 · 德照 바라밀행으로 정진하여 자애로운 공덕이 태양처럼 비출 수 있는 선지식이 되어라.

덕진 · 德眞 바라밀행으로 정진하여 공덕의 진리를 체득한 선지식이 되어라.

덕해 · 德海 바라밀행으로 정진하여 복덕이 바다처럼 쌓여서 많은 사람들이 의지할 수 있는 불자가 되어라.

덕해명 · 德海明 이타행의 지혜바라밀을 실천하여 복덕이 바다처럼 쌓여서 많은 사람들이 의지할 수 있는 불자가 되어라.

덕해성 · 德海性 인욕바라밀을 실천하여 복덕이 바다처럼 쌓여서 많은 사람들이 의지할 수 있는 불자가 되어라.

덕해심 · 德海心 선정바라밀을 실천하여 복덕이 바다처럼 쌓여서 많은 사람들이 의지할 수 있는 불자가 되어라.

덕해원 · 德海願 이타행의 원력바라밀을 실천하여 복덕이 바다처럼 쌓여서 많은 사람들이 의지할 수 있는 불자가 되어라.

덕해은 · 德海恩 지혜바라밀을 실천하여 복덕이 바다처럼 쌓여서 많은 사람들이 의지할 수 있는 불자가 되어라.

덕해향 · 德海香 지계바라밀을 실천하여 복덕이 바다처럼 쌓여서 많은 사람들이 의지할 수 있는 불자가 되어라.

덕현 · 德賢 바라밀행으로 정진하여 큰 공덕력을 갖춘 어진 선지식이 되어 중생을 이롭게 하라.

덕혜 · 德慧 바라밀행으로 정진하여 복덕과 지혜를 구족한 선지식이 되어 한량없는 중생을 이롭게 하라.

덕화 · 德化 바라밀행으로 정진하여 큰 덕으로 중생을 교화할 수 있는 선지식이 되어라.

도각 · 道覺 바라밀행으로 정진하여 진리를 깨우친 선지식이 되어 중생을 깨달음의 세계로 인도하라.

도견 · 道堅 바라밀행으로 정진하여 정도로 굳건히 나아가는 선지식이 되어라.

도견 · 道見 바라밀행으로 정진하여 정도(正道)를 꿰뚫어 보고 실천할 수 있는 정견(正見)을 갖춘 선지식이 되어라.

도경 · 道耕 마음의 밭을 경작하듯이 바라밀을 실천하여 깨달음으로 가는 궁극적 목적을 달성하기 위해 끊임없이 수행하라.

도경 · 度炅 바라밀행으로 정진하여 중생을 제도하고 빛나는 지혜를 갖춘 선지식이 되어라.

도경명 · 道耕明 지혜바라밀을 실천하여 깨달음을 성취하기 위해 쉼없이 노력하라.

도경심 · 道耕心 선정바라밀을 실천하여 깨달음을 성취하기 위해 쉼없이 노력하라.

도경월 · 道耕月 방편바라밀을 실천하여 깨달음을 성취하기 위해 쉼없이 노력하라.

도공 · 道空 바라밀 수행으로 공의 이치를 체득하여 부처님의 길로 정진하라.

도광 · 道光 바라밀을 실천하여 맑고 청정한 기품을 다듬어 세간을 인도하는 불도의 지혜광명을 갖춘 법기(法器)가 되라.

도광명 · 道光明 이타행의 지혜바라밀을 실천하여 맑고 청정한 기품을 다듬어 세간을 인도하는 불도의 지혜광명을 갖춘 법의 그릇이 되어라.

도광심·道光心 선정바라밀을 실천하여 맑고 청정한 기품을 다듬어 세간을 인도하는 불도의 지혜광명을 갖춘 법의 그릇이 되어라.

도광원·道光圓 인욕바라밀을 실천하여 맑고 청정한 기품을 다듬어 세간을 인도하는 불도의 지혜광명을 갖춘 법의 그릇이 되어라.

도광월·道光月 방편바라밀을 실천하여 맑고 청정한 기품을 다듬어 세간을 인도하는 불도의 지혜광명을 갖춘 법의 그릇이 되어라.

도광혜·道光慧 지혜바라밀을 실천하여 맑고 청정한 기품을 다듬어 세간을 인도하는 불도의 지혜광명을 갖춘 법의 그릇이 되어라.

도광화·道光華 깊은 선정바라밀을 실천하여 맑고 청정한 기품을 다듬어 세간을 인도하는 불도의 지혜광명을 갖춘 법의 그릇이 되어라.

도기·渡奇 바라밀 수행으로 삼독심의 거센 물결을 건널 수 있는 기특한 근기를 성취하고 복덕과 지혜를 널리 펴라.

도능·道能 바라밀 수행으로 부처님과 같은 큰 깨달음을 성취하여 능히 중생을 제도할 수 있도록 수행하고 정진하라.

도담·道潭 깊이를 알 수 없는 연못과 같이 큰 도를 갖출 수 있도록 바라밀에 의지하여 수행하고 정진하라.

도덕·道德 번뇌의 미혹을 넘어 자성청정심의 지혜를 닦아서 일체중생을 이롭게 하는 불도의 공덕을 널리 펴라.

도덕명·道德明 이타행의 지혜바라밀을 실천하여 번뇌의 미혹을 넘어 자성청정심의 지혜를 닦아서 일체중생을 이롭게 하는 불도의 공덕을 널리 펴라.

도덕성·道德性 인욕바라밀을 실천하여 번뇌의 미혹을 넘어 자성청정심의 지혜를 닦아서 일체중생을 이롭게 하는 불도의 공덕을 널리 펴라.

도덕심·道德心 선정바라밀을 실천하여 번뇌의 미혹을 넘어 자성청정심의 지혜를 닦아서 일체중생을 이롭게 하는 불도의 공덕을 널리 펴라.

도덕천·道德天 이타행의 원력바라밀을 실천하여 번뇌의 미혹을 넘어 자성청정심의 지혜를 닦아서 일체중생을 이롭게 하는 불도의 공덕을 널리 펴라.

도덕행·道德行 보시바라밀을 실천하여 번뇌의 미혹을 넘어 자성청정심의 지혜를 닦아서 일체중생을 이롭게 하는 불도의 공덕을 널리 펴라.

도덕향·道德香 지계바라밀을 실천하여 번뇌의 미혹을 넘어 자성청정심의 지혜를 닦아서 일체중생을 이롭게 하는 불도의 공덕을 널리 펴라.

도덕화·道德華 선정바라밀을 실천하여 번뇌의 미혹을 넘어 자성청정심의 지혜를 닦아서 일체중생을 이롭게 하는 불도의 공덕을 널리 펴라.

도등·道燈 바라밀행을 닦아 생사윤회의 번뇌에서 벗어나려는 굳세고 간절한 보리심을 발하고 정진하여 세간의 어둠을 밝히는 등불이 되라.

도만·道滿 바라밀 수행으로 정진하여 불자로서의 충만한 삶을 영위하라.

도명·道明 바라밀 수행으로 생사윤회의 번뇌에서 벗어나려는 굳세고 간절한 보리심을 발하고 정진하여 세간의 어둠을 밝혀라.

도명성·道明性 인욕바라밀을 실천

하여 생사윤회의 번뇌에서 벗어나려는 굳세고 간절한 보리심을 발하고 정진하여 많은 생명을 구원하라.

도명심·道明心 선정바라밀을 실천하여 생사윤회의 번뇌에서 벗어나려는 굳세고 간절한 보리심을 발하고 정진하여 많은 생명을 구원하라.

도명화·道明華 깊은 선정바라밀을 실천하여 생사윤회의 번뇌에서 벗어나려는 굳세고 간절한 보리심을 발하고 정진하여 많은 생명을 구원하라.

도문·道門 바라밀 수행으로 깨달음의 문을 열어 사성제의 지혜를 체득하고, 한량없는 사람들에게 정법의 문을 일깨워 주어라.

도문·道文 바라밀 수행으로 쉼없이 정진하고, 부처님의 사무량심에 의지하여 모든 법의 실상을 배우고 널리 펴라.

도문명·道門明 밝은 지혜바라밀 실천으로 깨달음의 문을 열어 사성제의 지혜를 체득하고, 한량없는 사람들에게 정법의 문을 일깨워 주어라.

도문심·道門心 선정바라밀 실천으로 깨달음의 문을 열어 사성제의 지혜를 체득하고, 한량없는 사람들에게 정법의 문을 일깨워 주어라.

도문원·道門願 이타행의 원력바라밀 실천으로 깨달음의 문을 열어 사성제의 지혜를 체득하고, 한량없는 사람들에게 정법의 문을 일깨워 주어라.

도문지·道門智 이타행의 지혜바라밀 실천으로 깨달음의 문을 열어 사성제의 지혜를 체득하고, 한량없는 사람들에게 정법의 문을 일깨워 주어라.

도문행·道門行 보시바라밀 실천으로 깨달음의 문을 열어 사성제의 지혜를 체득하고, 한량없는 사람들에게 정법의 문을 일깨워 주어라.

도문향·道門香 지계바라밀 실천으로 깨달음의 문을 열어 사성제의 지혜를 체득하고, 한량없는 사람들에게 정법의 문을 일깨워 주어라.

도법·道法 바라밀 수행으로 바른 불법을 닦아서 해탈의 법에 이르는 도(道)를 구하라.

도법명·道法明 이타행의 지혜바라밀을 실천하여 불법을 바르게 닦아서 해탈의 법에 이르는 도를 성취하라.

도법성·道法成 보시행을 실천하

여 불법을 바르게 닦아서 해탈의 법에 이르는 도를 성취하라.

도법심·道法心 선정바라밀을 실천하여 불법을 바르게 닦아서 해탈의 법에 이르는 도를 성취하라.

도법월·道法月 방편바라밀을 실천하여 불법을 바르게 닦아서 해탈의 법에 이르는 도를 성취하라.

도법향·道法香 지계바라밀을 실천하여 불법을 바르게 닦아서 해탈의 법에 이르는 도를 성취하라.

도법화·道法華 깊은 선정바라밀을 실천하여 불법을 바르게 닦아서 해탈의 법에 이르는 도를 성취하라.

도봉·道峰 바라밀 수행법으로 정진하여 불도(佛道)의 우뚝 솟은 봉우리처럼 뛰어난 인재가 되어라.

도선·道禪 간화선으로 정진하여 해탈의 이치를 체득하고 부처님의 수행법이 널리 유통될 수 있도록 노력하라.

도선·道宣 바라밀 수행으로 정진하여 불도의 길을 가면서 널리 베풀어 공덕을 짓는 것을 게을리 하지 마라.

도선명·道善明 이타행의 지혜바

라밀을 실천하여 해탈의 법을 깨치고 부처님의 가르침을 체득하여 널리 베풀어라.

도선심 · 道善心 선정바라밀을 실천하여 해탈의 법을 깨치고 부처님의 가르침을 체득하여 널리 베풀어라.

도선월 · 道善月 이타행의 방편바라밀을 실천하여 해탈의 법을 깨치고 부처님의 가르침을 체득하여 널리 베풀어라.

도선행 · 道善行 보시바라밀을 실천하여 해탈의 법을 깨치고 부처님의 가르침을 체득하여 널리 베풀어라.

도선향 · 道善香 지계바라밀을 실천하여 해탈의 법을 깨치고 부처님의 가르침을 체득하여 널리 베풀어라.

도선화 · 道善華 깊은 선정바라밀을 실천하여 해탈의 법을 깨치고 부처님의 가르침을 체득하여 널리 베풀어라.

도성 · 道成 바라밀법으로 정진하여 아상(我相)을 버리고 널리 선지식을 찾아서 법문을 갖추어 불도의 궁극적인 지혜를 체득하라.

도수 · 道守 부처님의 법을 실천하여 안으로는 사념처를 체득하고, 밖으로는 사성제의 지혜로 널리 세상을 이롭게 지켜라.

도승 · 度昇 바라밀로 정진하여 모든 번뇌 망상을 떨쳐 버리고 해가 떠오르듯 일취월장하여 수승한 경지에 오르라.

도신 · 道信 세간의 오염 속에 살지만 불도의 진수를 깨닫기를 원하는 보리심을 발하여 믿음으로써 삼보에 귀의하라. 중국 선종의 제4대 조사 스님의 법명이다.

도심 · 道心 선정바라밀을 실천으로 불도의 진리를 향해 걸어가는 마음을 발하여 위로는 불도의 진리를 구하고, 아래로는 일체중생을 인도하는 보살도를 닦아라.

도심행 · 道心行 보시바라밀 실천으로 불도의 진리를 향해 걸어가는 마음을 발하여 위로는 불도의 진리를 구하고 아래로는 일체중생을 인도하는 보살도를 닦아라.

도심향 · 道心香 지계바라밀 실천으로 불도의 진리를 향해 걸어가는 마음을 발하여 위로는 불도의 진리를 구하고 아래로는 일체중생을 인도하는 보살도를 닦아라.

도심화 · 道心華 깊은 선정바라밀 실천으로 불도의 진리를 향해 걸어가는 마음을 발하여 위로는 불도의 진리를 구하고 아래로는 일체중생을 인도하는 보살도를 닦아라.

도안 · 道安 마음의 해탈에 이르는 선정바라밀을 깊이 닦아 제법실상을 여실히 관하는 진리의 안목을 성취하라.

도안 · 道眼 보살의 5안 중 혜안과 법안을 말함. 바라밀 수행으로 정진하여 도의 근원을 체득하고 진리의 눈을 떠서 많은 사람들을 깨달음의 길로 인도하라.

도안덕 · 道安德 바라밀행을 닦아 일체중생을 생사의 고통에서 해탈케 하고 모든 반목과 대립을 초월한 화합의 큰길로 인도하는 부처님의 가르침에서 진정한 평화와 공덕을 깨달아라.

도안문 · 道安門 섭선정진(攝善精進) 바라밀로 수행하여 일체중생을 생사의 고통에서 해탈케 하고 모든 반목과 대립을 초월한 화합의 큰길로 인도하는 부처님의 지혜를 체득하라.

도안수 · 道安手 천수천안관세음보살의 원력으로 일체중생을 생사의 고통에서 해탈케 하고 모든 반목과 대립을 초월한 화합의 큰길로 인도하는 부처님의 지혜를 체득하라.

도안신 · 道安信 섭중생계(攝衆生戒) 지계바라밀을 실천하여 일체중생을 생사의 고통에서 해탈케 하고 모든 반목과 대립을 초월한 화합의 큰길로 인도하는 부처님의 지혜를 체득하라.

도안심 · 道安心 안주정려(安住靜慮)의 선정바라밀을 실천하여 마음을 발하여 위로는 불도의 진리를 구하고 아래로는 일체중생을 인도하는 보살의 안목을 갖추어라.

도안행 · 道安行 보시바라밀을 실천하여 일체중생을 생사의 고통에서 해탈케 하고 모든 반목과 대립을 초월한 화합의 큰길로 인도하는 부처님의 지혜를 체득하라.

도암 · 道庵 바라밀로 정진하여 어느 날 홀연히 불현듯 깨우쳐 정도에 도달한 불자가 되어라.

도업 · 道業 도업은 불도 수행을 의미한다. 바라밀을 실천하며 불도 수행에 집중하여 몰록 깨달음을 성취하라.

도연 · 度緣 도(度)는 바라밀을 의미함. 바라밀을 실천하여 법연을 성취하고 많은 사람들을 이롭게 하라.

도연 · 道然 바라밀을 실천하여 정법의 길로 나아가 여여(如如)한 불자의 삶을 영위하고, 많은 사람에게 불연을 심어 주어라.

도연명 · 度緣明 밝은 지혜바라밀을 실천하여 법연을 성취하고 많은 사람들을 제도하여 이롭게 하라.

도연성 · 度緣成 무외시바라밀을 실천하여 법연을 성취하고 많은 사람들을 제도하여 이롭게 하라.

도연성 · 度緣聖 이타행의 지혜바라밀을 실천하여 법연을 성취하고 많은 사람들을 제도하여 이롭게 하라.

도연성 · 度緣性 인욕바라밀을 실천하여 법연을 성취하고 많은 사람들을 제도하여 이롭게 하라.

도연수 · 度緣修 정진바라밀을 실천하여 법연을 성취하고 많은 사람들을 제도하여 이롭게 하라.

도연심 · 度緣心 선정바라밀을 실천하여 법연을 성취하고 많은 사람을 제도하여 이롭게 하라.

도연월 · 度緣月 갖가지 방편바라밀을 실천하여 법연을 성취하고 많은 사람을 제도하여 이롭게 하라.

도연지 · 度緣智 이타행의 지혜바라밀을 실천하여 법연을 성취하고 많은 사람들을 제도하여 이롭게 하라.

도연행 · 度緣行 보시바라밀을 실천하여 법연을 성취하고 많은 사람을 제도하여 이롭게 하라.

도연혜 · 度緣慧 지혜바라밀을 실천하여 법연을 성취하고 많은 사람을 제도하여 이롭게 하라.

도연화 · 度緣華 깊은 선정바라밀을 실천하여 법연을 성취하고 많은 사람을 제도하여 이롭게 하라.

도열 · 道悅 바라밀행으로 불자의 길을 걸어가며 마음속의 모든 번뇌망상을 제거한 기쁨을 얻어라.

도영 · 度泳 바라밀행으로 마음속에 흐르는 번뇌의 거센 물결을 헤엄쳐 건널 수 있는 복덕과 지혜를 갖추어라.

도영 · 道永 바라밀행으로 정진하여 불도(佛道)의 이치를 깨우쳐 영원토록 불자의 길을 걸어라.

도오 · 道悟 바라밀행에 의지하여 불도의 이치를 깨우쳐 참다운 불자의 길을 흔들림 없이 걸어라.

도완 · 道完 바라밀행에 집중하여 불도의 이치를 완전하게 깨우쳐 자리이타의 보살행을 하라.

도완 · 度完 바라밀 수행으로 부처님의 법을 완전하게 체득하여 중생을 제도하라.

도용 · 道用 바라밀행으로 불도를 체득하고 널리 베풀어 한량없는 복덕과 지혜를 갖추어라.

도용 · 道勇 피갑정진(被甲精進) 바라밀로 수행하여 전쟁터에서 물러남이 없는 용감한 병사처럼 불퇴전의 신심을 갖추어 불도를 체득하고 보살행을 하라.

도우 · 道遇 바라밀행으로 불도의 길을 걸어가며, 많은 선지식을 만나 법을 배우고 실천하라.

도우 · 度宇 바라밀행으로 진리를 체득하고, 삼계화택을 진리의 집으로 변화시켜라.

도우 · 度遇 바라밀을 실천하여 모든 번뇌와 망상을 여의고, 많은 사람들이 법연을 맺을 수 있도록 인도하라.

도우 · 度佑 바라밀을 실천하여 중생이 이익과 안락과 행복의 길로 가도록 도움을 주어라.

도우 · 度祐 제불보살의 가피력에 힘입어 바라밀을 실천하고 진리를 체득하는 불자가 되어라.

도우 · 度憂 바라밀행을 닦아 정법에 의지하여 모든 번뇌와 망상을 여의고, 많은 사람이 슬픔과 고통에서 벗어날 수 있도록 제도하라.

도우행 · 度憂行 보시바라밀에 의지하여 모든 번뇌와 망상을 여의고, 많은 사람이 슬픔과 고통에서 벗어나도록 제도하라.

도운 · 道雲 바라밀행으로 정진하여 진리를 머금은 '도의 구름'이 되어 온갖 대지에 법우를 내려라.

도웅 · 道雄 바라밀행으로 불법의 진리를 체득하고 으뜸가는 도인이 되어 자리이타의 보살행을 실천하라.

도원 · 道園 바라밀행으로 정법을 체득하여 온 세상을 부처님 가르침이 실천되는 법의 장원(莊園)으로 만들어라.

도원 · 道圓 바라밀행으로 정진하여 원만무애한 진리를 체득하고 걸림 없는 마음으로 보살행을 실천하라.

도원 · 道源 바라밀행으로 정진하여 진리의 근원을 체득하고 보살행으로 한량없는 중생을 이롭게 하라.

도원문 · 道園門 정진바라밀을 실천하여 정법을 체득하고 온 세상을 부처님 가르침이 실현되는 법의 장원(莊園)으로 만들어라.

도원성 · 道園性 인욕바라밀을 실천하여 정법을 체득하고 온 세상을 부처님 가르침이 실현되는 법의 장원(莊園)으로 만들어라.

도원심 · 道園心 선정바라밀을 실천하여 정법을 체득하여 온 세상을 부처님 가르침이 실현되는 법의 장원(莊園)으로 만들어라.

도원지 · 道園智 이타행의 지혜바라밀을 실천하여 정법을 체득하고 온 세상을 부처님 가르침이 실현되는 법의 장원(莊園)으로 만들어라.

도원행 · 道園行 보시바라밀을 실천하여 정법을 체득하고 온 세상을 부처님 가르침이 실현되는 법의 장원(莊園)으로 만들어라.

도원향 · 道園香 지계바라밀을 실천하여 정법을 체득하고 온 세상을 부처님 가르침이 실현되는 법의 장원(莊園)으로 만들어라.

도원혜 · 道園慧 지혜바라밀을 실천하여 정법을 체득하고 온 세상을 부처님 가르침이 실현되는 법의 장원(莊園)으로 만들어라.

도원화 · 道園華 깊은 선정바라밀을 실천하여 정법을 체득하고 온 세상을 부처님 가르침이 실현되는 법의 장원(莊園)으로 만들어라.

도은 · 道隱 정법의 길에서 은인자중(隱忍自重)하며 바라밀행에 의지하여 지혜를 깨우쳐 가야할 길을 가는 불자가 되어라.

도의 · 道義 바라밀을 실천하며 정법의 길로 나아가 불의와 타협하지 않고 의로움을 실천하는 불자가 되어라.

도인 · 道印 바라밀을 실천하여 정법을 체득하고 변하지 않는 법의 성품을 갖춘 불자가 되어라.

도인 · 道因 바라밀을 실천하여 정법을 체득할 수 있는 의지를 갖추고 법의 근본을 깨우쳐 실천하는 불자가 되어라.

도일 · 度日 매일매일 쉼 없이 바라밀행으로 정진하는 불자가 되어 어두운 중생의 마음속에서 부처님의 가르침이 태양처럼 빛나게 하라.

도일 · 道日 바라밀을 실천하여 천년 동안의 어둠이 한 번 비친 햇살로 사라지듯이 불도의 지혜광명으로 중생의 어두운 번뇌무명을 밝혀라.

도일 · 道一 일심으로 정법을 체득하여 바라밀을 실천하고 많은 사람을 이롭게 하라.

도일각 · 道日覺 지혜바라밀을 실천하여 천년 동안의 어둠이 한 번 비친 햇살로 사라지듯이 일체중생의 번뇌무명을 밝히는 불도의 진리를 체득하라.

도일성 · 道日聖 이타행의 지혜바라밀을 실천하여 천년 동안의 어둠이 한 번 비친 햇살로 사라지듯이 일체중생의 번뇌무명을 밝히는 불도의 진리를 체득하라.

도일신 · 道日信 지계바라밀을 실천하여 천년 동안의 어둠이 한 번 비친 햇살로 사라지듯이 일체중생의 번뇌무명을 밝히는 불도의 진리를 체득하라.

도일심 · 道日心 선정바라밀을 실천하여 천년 동안의 어둠이 한 번 비친 햇살로 사라지듯이 일체중생의 번뇌무명을 밝히는 불도의 진리를 체득하라.

도일원 · 道日願 원력바라밀을 실천하여 천년 동안의 어둠이 한 번 비친 햇살로 사라지듯이 일체중생의 번뇌무명을 밝히는 불도의 진리를 체득하라.

도일행 · 道日行 보시바라밀을 실천하여 천년 동안의 어둠이 한 번 비친 햇살로 사라지듯이 일체중생의 번뇌무명을 밝히는 불도의 진리를 체득하라.

도재 · 道載 바라밀행으로 정진하여 많은 사람이 불도(佛道)의 길에 동참할 수 있도록 부처님의 가르침을 널리 전하라.

도정 · 道正 바라밀행으로 정진하여 정법의 길로 나아가 많은 중생이 어둡고 고통스러운 마음에서 벗어나 지혜광명을 얻도록 이끌어라.

도진 · 道眞 바라밀행으로 정진하여 부처님의 길로 나아가 진실한 마음으로 이웃을 위하여 베풀고 한량없는 공덕을 지어라.

도진 · 道進 바라밀행으로 정진하여 불도를 향해 물러남이 없는 불퇴전의 신심으로 정진하라.

도천 · 道川 바라밀행으로 정진하여 불도를 실천함에 있어서 끊어지지 않는 물과 같이 지속적으로 정진하고 실천하라.

도철 · 道徹 바라밀행으로 정진하여 불법(佛法)의 궁극의 이치를 체득하고, 널리 많은 사람에게 전하라.

도하 · 道河 바라밀행으로 정진하여 정법을 체득하고 마음속의 거센 물결을 건너 인생의 궁극적인 승리자가 되어라.

도해 · 度海 바라밀을 실천하여 사해의 한량없는 중생을 제도하고 복덕을 쌓아라.

도해 · 道海 바라밀행으로 정진하여 정법의 바다에서 진리를 체득하고 바다와 같이 마르지 않는 공덕을 지어라.

도행 · 道行 바라밀행을 닦아 항상 자신을 가다듬고 불도의 가르침을 체득한 높은 안목을 실천하여 일체 중생을 이끌고 해탈로 인도하는 선지식의 법을 행하라.

도향 · 道香 바라밀행으로 정진하여 모든 번뇌망집의 오염에서 벗어나 오분향(五分香)의 불도를 닦아라.

도허 · 道虛 바라밀행으로 정진하여 무상, 고, 무아의 삼법인을 체득하고, 정법의 길에 어떤 걸림도 없는 대장부의 기상을 갖추어라.

도현 · 度玄 바라밀행으로 정진하여 현묘한 부처님의 가르침을 체득하여 중생 제도의 대업을 달성하라.

도형 · 道馨 바라밀행으로 정진하여 정법의 길에 깨달음의 향기를 가득 채울 수 있는 불자가 되어라.

도형 · 道亨 바라밀행으로 정진하여 부처님의 가르침을 체득하여 삼보에 공양하고 행공양으로 중생을 제도하라.

도형 · 道亨 바라밀행으로 정진하여 불법의 진리를 체득하여 만사가 형통한 지혜와 공덕을 갖춘 불자가 되어라.

도홍 · 道弘 바라밀행으로 정진하여 정법의 길에 들어서서 널리 중생을 이롭게 하고, 적극적으로 포교의 길에 동참하라.

도흔 · 道欣 바라밀행으로 정진하여 흔연한 마음으로 정법의 길로 들어서서 걸림 없는 마음으로 널리 중생을 이롭게 하라.

돈관 · 頓觀 바라밀행으로 정진하여 부처님의 가르침을 한 순간에 깨우쳐 자신과 세상을 꿰뚫어 볼 수 있는 지혜를 갖추고, 많은 사람들에게 베풀어라.

돈명 · 頓明 바라밀행으로 정진하여 부처님의 가르침을 빠르게 깨우쳐 밝은 지혜를 체득하고 많은 사람에게도 부처님의 지혜광명의 가피가 있도록 제도하라.

돈명심 · 頓明心 바라밀행으로 정진하여 몰록 밝은 지혜의 마음을 깨우쳐 자신의 진면목을 살피고, 부처님의 지혜광명에 의지하여 사바세계를 밝혀라.

돈연 · 頓然 지혜바라밀행으로 돈오의 가르침을 체득하고 많은 사람이 법연을 맺도록 교화하라.

동곡 · 東谷 바라밀행으로 정진하여 동쪽에서 떠오르는 태양이 서쪽의 계곡을 비추듯이 한량없는 중생에게 부처님의 법을 전하라.

동광 · 東光 바라밀행으로 정진하여 동쪽에서 떠오르는 광명과 같이 세상의 어둠을 밝히고 정법의 불국토를 완성시키기 위해 노력하라.

동림 · 東林 바라밀행을 닦아 부처님 당시 위사카가 보시한 동원정사와 같이 부처님의 법이 전해질 수 있는 도량을 만들도록 노력하라.

동명 · 東明 바라밀행으로 정진하여 동쪽에서 떠오르는 광명과 같이 어둠을 몰아내고 복혜가 원만하게 구족된 불국토를 만들기 위해 노력하라.

동명 · 同明 바라밀행을 닦아 자신만을 위한 명리를 추구하지 말고 모두 함께 지혜광명을 체득하는 대승의 가르침에 귀의하여 일체중생을 친애하는 마음을 일으켜서 사섭법을 실천하라.

동범 · 東梵 바라밀행으로 정진하여 동쪽 하늘에서 떠오르는 청정한 지혜 광명처럼 중생계에 부처님의 가르침을 배울 수 있는 수행처를 널리 세워라.

동봉 · 東峰 바라밀행으로 정진하여 누구보다도 먼저 부처님의 법을 깨우쳐 널리 우뚝 솟은 산과 같이 많은 사람들의 의지처가 되어라.

동산 · 東山 바라밀행으로 정진하여 부처님의 복덕과 지혜를 체득하고 흔들림 없는 산과 같은 마음으로 어리석은 중생심을 섭수하여 제도하라.

동선 · 東宣 바라밀행으로 정진하여 동쪽에서 아침해가 뜨는 것처럼 기운찬 수행으로 부처님의 가르침을 널리 펴라.

동성 · 東悻 바라밀행으로 정진하여 언제나 성성한 지혜를 체득하고, 널리 사람들을 이롭게 하는 불자가 되어라.

동심 · 同心 바라밀행으로 정진하여 대승의 드높은 경지를 닦아서 자신의 안위보다는 일체중생의 이익을 먼저 생각하고 함께 수행하여 대화합을 실천하라.

동심행 · 同心行 보시바라밀을 실천하여 대승의 드높은 경지를 닦아서 자신의 안위보다는 일체중생의 이익을 먼저 생각하고 함께 수행하여 대화합을 성취하라.

동심화 · 同心華 깊은 선정바라밀을 실천하여 대승의 드높은 경지를 닦아서 자신의 안위보다는 일체중생의 이익을 먼저 생각하고 함께 수행하여 대화합을 성취하라.

동안 · 同安 자신만을 위한 명리에 대한 집착을 버리고 일체중생을 평등하게 보고 번뇌와 망집의 고통에서 벗어나는 부처님의 안락법문을 널리 펴라.

동안심 · 同安心 선정바라밀을 성취하여 자신만을 위한 명리에 대한 집착을 버리고 일체중생을 평등하게 보고 번뇌와 망집의 고통에서 벗어나는 부처님의 안락법문을 널리 펴라.

동암 · 東巖 바라밀을 실천하여 동쪽에 떠오르는 태양과 같은 지혜로 세상을 비추고 흔들림 없는 바위처럼 여여부동한 마음으로 많은 사람을 이롭게 하라.

동영 · 東靈 바라밀을 실천하여 동쪽에 떠오르는 태양과 같은 지혜로 세상을 비추고 신령스러운 마음으로 중생을 구제하라.

동욱 · 東郁 바라밀행을 닦아 동쪽에 떠오르는 태양과 같은 지혜로 세상을 비추어 불법승 삼보의 향기가 세상에 가득하게 하라.

동진 · 東眞 바라밀행을 닦아 동쪽에 떠오르는 태양과 같은 지혜로 세상을 비추고 진실한 마음으로 많은 사람을 이롭게 하라.

동진 · 童眞 바라밀행을 닦아 어린 아이와 같은 천진한 마음을 가져 자신의 기준으로 세상 사람들을 분별하지 말고 차별 없이 많은 사람을 이롭게 하라.

동철 · 東哲 바라밀행을 닦아 동쪽에 떠오르는 태양과 같은 지혜로 세상을 비추고, 총명하고 사리에 밝은 마음을 다하여 많은 사람을 이롭게 하라.

동춘 · 東春 바라밀행을 닦아 동쪽에 떠오르는 태양과 같은 지혜로 세상을 비추고 오탁악세의 세상을 새롭게 불국토로 만들어 많은 사람을 이롭게 하라.

동출 · 東出 바라밀행을 닦아 스스로의 주인은 자기 자신이라는 지혜를 체득하고 세상에 나아가 쉼 없이 보시하여 중생을 이롭게 하라.

동행 · 同行 바라밀행을 닦아 자신만을 위한 명리를 추구하지 말고 일체중생을 친애하는 마음을 일으켜서 모두 함께 불도의 가르침을 행하기 위한 네 가지 섭수법(攝受法)을 닦아라.

동희 · 東熙 바라밀을 실천하여 스스로의 주인은 자기 자신이라는 지혜를 체득하고 널리 세상을 밝게 비추어 중생을 이롭게 하라.

득도 · 得道 계정혜 삼학을 깊이 닦아 제법실상(諸法實相)을 여실히 관하는 불도를 성취하여 널리 펴라. 『법화경』「방편품」수행득도(修行得道)에서 유래.

득명 · 得明 명은 밝은 지혜 광명을 의미. 바라밀행을 닦아 반야를 체득하라.

득명림 · 得明林 선정바라밀을 실천하여 반야를 체득하라.

득명성 · 得明性 인욕바라밀을 실천하여 반야를 체득하라.

득명심 · 得明心 선정바라밀을 실천하여 반야를 체득하라.

득명지 · 得明智 이타행의 지혜바라밀을 실천하여 반야를 체득하라.

득명행 · 得明行 보시바라밀을 실천하여 반야를 체득하라.

득명화 · 得明華 깊은 선정바라밀을 실천하여 반야를 체득하라.

득선 · 得禪 선에 정진하여 깨달음을 체득하라.

득선명 · 得禪明 이타행의 지혜바라밀을 실천하고, 선에 정진하여 깊은 깨달음을 체득하라.

득선심 · 得禪心 선정바라밀을 실천하고, 선에 정진하여 깊은 깨달음을 체득하라.

득선행 · 得禪行 보시바라밀을 실천하고, 선에 정진하여 깊은 깨달음을 체득하라.

득선향 · 得禪香 지계바라밀을 실천하고, 선에 정진하여 깊은 깨달음을 체득하라.

득선혜 · 得禪慧 지혜바라밀을 실천하고 사성제의 진리를 체득하여, 선에 정진하여 깊은 깨달음을 체득하라.

득선화 · 得禪華 깊은 선정바라밀을 실천하고, 선에 정진하여 깊은 깨달음을 체득하라.

등각 · 等覺 바라밀을 실천하여 널리 진리를 깨달아 일생보처(一生補處)에 머물고 있는 보살의 지혜를 성취하라.

등각문 · 等覺門 정진바라밀을 실천하여 번뇌와 산란을 여의고 청정한 마음으로 오직 부처님의 가르침을 따라 배우고 행하여 부처님의 평등한 깨달음을 펴는 방편문을 성취하라.

등각심 · 等覺心 선정바라밀을 실천하여 번뇌와 산란을 여의고 청정한 마음으로 오직 부처님의 가르침을 따라 배우고 행하여 부처님의 평등한 깨달음을 받들라.

등법 · 等法 바라밀을 실천하여 부처님과 같은 동체대비심을 체득하고 정법에 의지하여 중생을 이롭게 하라.

등운 · 登雲 바라밀을 실천하여 거침없이 창공을 날아오르는 구름처럼 걸림 없는 마음으로 세상에 나아가 중생을 제도하라.

등정각 · 等正覺 여래십호의 하나로 삼먁삼붓다, 정변지(正遍知)라고도

함. 바라밀행을 닦아 부처님처럼 평등한 바른 깨달음을 성취하라.

04.

라
행
·
마
행

[라행]

락상 · 樂常 바라밀을 실천하여 항상 즐거운 마음으로 중생을 제도하며 기쁨을 나누어 세상을 이롭게 하라.

락혜 · 樂慧 바라밀을 실천하여 지혜를 체득하는 즐거움을 얻어 많은 사람을 기쁘게 하라.

[마행]

마가 · 摩迦 바라밀을 실천하고 스스로 탁마하여 부처님의 가르침을 체득하고 많은 중생이 성불에 이르도록 이끌어 주는 불자가 되어라.

마니주 · 摩尼珠 여의주(如意珠) 또는 여의보주(如意寶珠)라고 번

역. 영롱하고 투명하며, 이 구슬을 갖고 있는 이는 모든 불행과 재난에서 벗어나 탁수(濁水)를 청정하게 하며, 물을 변하게 하는 등의 덕이 있다고 함.

마성 · 摩聖 바라밀을 실천하여 스스로를 탁마하고 성스러운 부처님의 가르침을 체득하고 이타행으로 많은 사람을 이롭게 하라.

마하련 · 摩訶蓮 바라밀행을 닦아 연꽃과 같은 복덕으로 대지혜를 체득하고, 사바세계를 연향으로 가득 채워라.

마하행 · 摩訶行 바라밀을 실천하여 큰 지혜를 체득하고, 사바세계의 중생 제도에 힘써라.

만공 · 滿空 바라밀을 실천하여 허공을 가득 채우고도 남는 복덕과 지혜를 구족하고, 한량없는 중생을 마음에 품고 이롭게 하라.

만당 · 滿堂 포덕만당(飽德滿堂)의 줄임말. 바라밀행을 닦아 덕을 마음껏 베풀고 의에 매료되니 즐거움이 넘치고(飽德醉義樂有餘), 집안에 화목한 기운이 가득하니 좋은 일만 생긴다(滿堂和氣生嘉祥).

만덕 · 萬德 부처님의 덕을 의미. 바라밀행을 닦아 많은 사람에게 베풂의 향기를 나누어 주고 부처님의 덕을 체득하라.

만덕성 · 萬德聖 이타행의 지혜바라밀을 실천하여 부처님의 덕, 부처님의 꽃을 상징하는 연꽃과 같이 많은 사람들에게 덕을 베풀어라.

만덕심 · 萬德心 선정바라밀을 실천하여 부처님의 덕을 상징하는 연꽃과 같이 많은 사람에게 덕을 베풀어라.

만덕원 · 萬德願 원력바라밀을 실천하여 부처님의 덕을 상징하는 연꽃과 같이 많은 사람에게 덕을 베풀어라.

만덕월 · 萬德月 방편바라밀을 실천하여 부처님의 덕을 상징하는 연꽃과 같이 많은 사람에게 덕을 베풀어라.

만덕행 · 萬德行 보시바라밀을 실천하여 부처님의 덕을 상징하는 연꽃과 같이 많은 사람에게 덕을 베풀어라.

만덕향 · 萬德香 지계바라밀을 실천하여 부처님의 덕을 상징하는 연꽃과 같이 많은 사람에게 덕을 베풀어라.

만덕혜 · 萬德慧 지혜바라밀을 실천하여 부처님의 덕을 상징하는 연꽃과 같이 많은 사람에게 덕을 베풀어라.

만덕화 · 萬德華 깊은 선정바라밀을 실천하여 부처님의 덕을 상징하는 연꽃과 같이 많은 사람들에게 덕을 베풀어라.

만법 · 萬法 바라밀행으로 정진하여 일체의 차별을 떠나서 온갖 현상, 존재의 본성을 체득하라.

만법문 · 萬法門 정진바라밀을 실천하여 삼라만상을 불도의 진리를 구하는 방편문으로 삼아 일체중생에게 부처님의 청정한 지혜와 자비심을 베풀어라.

만법수 · 萬法水 방편바라밀을 실

천하여 삼라만상을 불도의 진리를 구하는 방편으로 삼아 일체중생에게 부처님의 청정한 지혜와 자비의 감로수를 베풀어라.

만법심 · 萬法心 선정바라밀을 실천하여 삼라만상을 불도의 진리를 구하는 방편으로 삼고 일체중생에게 부처님의 청정한 지혜와 자비의 마음을 갈고 닦아라.

만법지 · 萬法智 이타행의 지혜바라밀을 실천하여 삼라만상을 불도의 진리를 구하는 방편으로 삼아 일체중생에게 부처님의 청정한 지혜와 자비를 행하라.

만법행 · 萬法行 보시바라밀을 실천하여 삼라만상을 불도의 진리를 구하는 방편으로 삼아 일체중생에게 부처님의 청정한 지혜와 자비를 행하라.

만법화 · 萬法華 깊은 선정바라밀을 실천하여 삼라만상을 불도의 진리를 구하는 방편으로 삼아 일체중생에게 부처님의 청정한 지혜와 자비를 행하라.

만복 · 萬福 인욕은 만복의 근원이라고 하였다. 인욕바라밀을 실천하여 온 법계에 충만한 복을 참된 나의 살림살이로 만들어라.

만복문 · 萬福門 정진바라밀을 실천하여 온 법계에 충만한 복을 참된 나의 살림살이로 만들어라.

만복심 · 萬福心 선정바라밀을 실천하여 온 법계에 충만한 복을 참된 나의 살림살이로 만들어라.

만복지 · 萬福智 이타행의 지혜바라밀을 실천하여 온 법계에 충만한 복을 참된 나의 살림살이로 만들어라.

만복행 · 滿福行 보시바라밀을 실천하여 온 법계에 충만한 복덕을 참된 나의 살림살이로 만들어라.

만복향 · 萬福香 지계바라밀을 실천하여 온 법계에 충만한 복을 참된 나의 살림살이로 만들어라.

만복화 · 萬福華 깊은 선정바라밀을 실천하여 온 법계에 충만한 복을 참된 나의 살림살이로 만들어라.

만불광 · 萬佛光 바라밀을 실천하며 만불명호를 염하여 지혜광명을 체득하고 사바세계를 비추어 이롭게 하라.

만불성 · 萬佛性 인욕바라밀을 실천하며 만불명호를 염하여 지혜광명을 체득하고 사바세계를 비추어 이롭게 하라.

만불심 · 萬佛心 선정바라밀을 실천하며 만불명호를 염하여 지혜광명을 체득하고 사바세계를 비추어 이롭게 하라.

만불지 · 萬佛智 이타행의 지혜바라밀을 실천하며 만불명호를 염하여 지혜광명을 체득하고 사바세계를 비추어 이롭게 하라.

만불행 · 萬佛行 보시바라밀을 실천하며 만불명호를 염하여 지혜광명을 체득하고 사바세계를 비추어 이롭게 하라.

만불향 · 萬佛香 지계바라밀을 실천하며 만불명호를 염하여 지혜광명을 체득하고 사바세계를 비추어 이롭게 하라.

만석 · 萬釋 바라밀을 실천하여 스스로 일체의 질곡으로부터 벗어날 수 있는 공덕을 갖추고 많은 사람을 괴로움에서 벗어나도록 이끌어라.

만선 · 萬善 만선만복(萬善萬福)은 부처님의 복덕행을 의미한다. 갖가지 선행으로 복덕을 지어 성불의 길로 나아가라.

만선덕 · 萬善德 만선만복(萬善萬福)은 부처님의 복덕행을 의미한다. 인욕바라밀을 실천하여 갖가지 선행으로 복덕을 지어 성불의 길로

나아가라.

만선명 · 萬善明 만선만복(萬善萬福)은 부처님의 복덕행을 의미한다. 이타행의 지혜바라밀을 실천하여 갖가지 선행으로 복덕을 지어 성불의 길로 나아가라.

만선법 · 萬善法 만선만복(萬善萬福)은 부처님의 복덕행을 의미한다. 원력바라밀을 실천하여 갖가지 선행으로 복덕을 지어 성불의 길로 나아가라.

만선심 · 萬善心 만선만복(萬善萬福)은 부처님의 복덕행을 의미한다. 선정바라밀을 실천하여 갖가지 선행으로 복덕을 지어 성불의 길로 나아가라.

만선행 · 萬善行 만선만복(萬善萬福)은 부처님의 복덕행을 의미한다. 보시바라밀을 실천하여 갖가지 선행으로 복덕을 지어 성불의 길로 나아가라.

만선향 · 萬善香 만선만복(萬善萬福)은 부처님의 복덕행을 의미한다. 지계바라밀을 실천하여 갖가지 선행으로 복덕을 지어 성불의 길로 나아가라.

만선혜 · 萬善慧 만선만복(萬善萬福)은 부처님의 복덕행을 의미한

다. 지혜바라밀을 실천하여 갖가지 선행으로 복덕을 지어 성불의 길로 나아가라.

만선화 · 萬善華 만선만복(萬善萬福)은 부처님의 복덕행을 의미한다. 깊은 선정바라밀을 실천하여 갖가지 선행으로 복덕을 지어 성불의 길로 나아가라.

만성 · 萬成 바라밀을 실천하여 한량없는 지혜를 성취하고, 많은 사람이 복덕을 지어 괴로움과 어려움에서 벗어날 수 있도록 봉사하라.

만암 · 萬庵 바라밀을 실천하며 항상 자신을 낮추어 하심하고 수많은 사람을 포용할 수 있는 마음의 도량을 키워라.

만오 · 萬悟 바라밀을 실천하여 부처님 법에 통달하고 스스로 깨우쳐 자리이타행으로 중생을 제도하라.

만월 · 滿月 이타행의 바라밀을 실천하여 어두운 밤을 밝히는 둥근달이 만물을 평등하게 비추듯이 지혜의 빛을 두루 비춰라.

만월도 · 滿月道 지계바라밀을 실천하여 어두운 밤을 밝히는 둥근달이 만물을 평등하게 비추듯이 지혜의 빛을 두루 비춰라.

만월성 · 滿月性 인욕바라밀을 실천하여 어두운 밤을 밝히는 둥근달이 만물을 평등하게 비추듯이 지혜의 빛을 두루 비춰라.

만월수 · 滿月水 이타행의 방편바라밀을 실천하여 어두운 밤을 밝히는 둥근달이 만물을 평등하게 비추듯이 지혜의 빛을 두루 비춰라.

만월심 · 滿月心 선정바라밀을 실천하여 어두운 밤을 밝히는 둥근달이 만물을 평등하게 비추듯이 지혜의 빛을 두루 비춰라.

만월행 · 滿月行 보시바라밀을 실천하여 어두운 밤을 밝히는 둥근달이 만물을 평등하게 비추듯이 지혜의 빛을 두루 비춰라.

만월향 · 滿月香 지계바라밀을 실천하여 어두운 밤을 밝히는 둥근달이 만물을 평등하게 비추듯이 지혜의 빛을 두루 비춰라.

만월화 · 滿月華 깊은 선정바라밀을 실천하여 어두운 밤을 밝히는 둥근달이 만물을 평등하게 비추듯이 지혜의 빛을 두루 비춰라.

만정 · 漫整 바라밀행으로 정진하여 복덕과 지혜가 우주법계에 두루 충만하도록 노력하라.

만주 · 萬珠 바라밀을 실천하여 무상의 진리를 체득하고 무엇이든 뜻대로 할 수 있는 여의주를 얻어 중생을 제도하라.

만청 · 萬淸 바라밀을 실천하여 일체가 만무한 무상의 지혜를 체득하고 맑고 청정한 마음으로 세상을 정화시켜라.

만초 · 万草 바라밀행으로 정진하여 셀 수 없이 많은 삼라만상의 모든 현상과 원리를 요달하고 보살행을 실천하라.

만행 · 滿行 오계를 모두 받아 지키는 재가수행을 의미함. 바라밀행으로 정진하여 오계를 모두 받아 잘 지키는 만행자(萬行者)로서 보살행을 실천하라.

만행덕 · 滿行德 만행은 오계를 모두 받아 지키는 재가수행을 의미함. 오계를 받아 지니고 인욕바라밀을 실천하여 자리이타의 보살행을 성취하라.

만행수 · 滿行水 만행은 오계를 모두 받아 지키는 재가수행을 의미함. 오계를 받아 지니고 감로수와 같은 방편바라밀을 실천하여 자리이타의 보살행을 성취하라.

만행심 · 滿行心 만행은 오계를 모

두 받아 지키는 재가수행을 의미함. 오계를 받아 지니고 선정바라밀을 실천하여 자리이타의 보살행을 성취하라.

만행원 · 滿行願 만행은 오계를 모두 받아 지키는 재가수행을 의미함. 오계를 받아 지니고 원력바라밀을 실천하여 자리이타의 보살행을 성취하라.

만행월 · 滿行月 만행은 오계를 모두 받아 지키는 재가수행을 의미함. 오계를 받아 지니고 방편바라밀을 실천하여 자리이타의 보살행을 성취하라.

만행지 · 滿行智 만행은 오계를 모두 받아 지키는 재가수행을 의미함. 오계를 받아 지니고 큰 지혜바라밀을 실천하여 자리이타의 보살행을 성취하라.

만행화 · 滿行華 만행은 오계를 모두 받아 지키는 재가수행을 의미함. 오계를 받아 지니고 깊은 선정바라밀을 실천하여 자리이타의 보살행을 성취하라.

만혁 · 卍赫 바라밀을 실천하여 언제나 길하고 상서로운 부처님의 지혜를 온 세상에 드러내어 중생의 어두운 마음이 밝아지게 하라.

멱정 · 覓丁 바라밀을 실천하여 복덕과 지혜를 갖추고 한량없는 중생을 찾아 구제하여 이롭게 하라.

면철 · 勉哲 바라밀을 실천하여 근면하고 지혜로운 마음으로 널리 세상을 이롭게 할 수 있는 공덕을 성취하라.

명각 · 明覺 바라밀 수행으로 밝은 깨달음을 성취하라.

명각문 · 明覺門 정진바라밀을 실천하여 밝은 깨달음을 성취하라.

명각법 · 明覺法 원력바라밀을 실천하여 밝은 깨달음을 성취하라.

명각수 · 明覺水 감로수와 같은 방편바라밀을 실천하여 밝은 깨달음을 성취하라.

명각신 · 明覺信 지계바라밀을 실천하여 많은 사람으로부터 신뢰를 얻고 밝은 깨달음을 성취하라.

명각심 · 明覺心 선정바라밀을 실천하여 밝은 깨달음을 성취하라.

명각지 · 明覺智 이타행의 지혜바라밀을 실천하여 밝은 깨달음을 성취하라.

명각행 · 明覺行 보시바라밀을 실천하여 밝은 깨달음을 성취하라.

명각화 · 明覺華 깊은 선정바라밀을 실천하여 밝은 깨달음을 성취하라.

명경 · 明鏡 밝은 거울. 바라밀 수행으로 명경지수(明鏡止水), 즉 밝은 거울처럼 일그러짐 없이 비추어 볼 수 있는 맑은 물과 같이 청정한 마음을 성취하라.

명경덕 · 明鏡德 인욕바라밀을 성취하여 명경지수(明鏡止水), 즉 밝은 거울처럼 일그러짐 없이 비추어 볼 수 있는 맑은 물과 같이 청정한 마음을 성취하라.

명경림 · 明鏡林 소임을 보면서도 선정바라밀을 성취하여 명경지수(明鏡止水), 즉 밝은 거울처럼 일그러짐 없이 비추어 볼 수 있는 맑은 물과 같이 청정한 마음을 성취하라.

명경수 · 明鏡水 불사불수(不捨不受)의 바라밀을 성취하여 명경지수(明鏡止水), 즉 밝은 거울처럼 일그러짐 없이 비추어 볼 수 있는 맑은 물과 같이 청정한 마음을 성취하라.

명경신 · 明鏡信 지계바라밀을 성취하여 명경지수(明鏡止水), 즉 밝은 거울처럼 일그러짐 없이 비추어 볼 수 있는 맑은 물과 같이 청정한 마음을 성취하라.

명경심 · 明鏡心 선정바라밀을 성취하여 명경지수(明鏡止水), 즉 밝은 거울처럼 일그러짐 없이 비추어 볼 수 있는 맑은 물과 같이 청정한 마음을 성취하라.

명경원 · 明鏡圓 법을 체득할 때까지 원만무애한 마음으로 인욕바라밀을 성취하여 명경지수(明鏡止水), 즉 밝은 거울처럼 일그러짐 없이 비추어 볼 수 있는 맑은 물과 같이 청정한 마음을 성취하라.

명경월 · 明鏡月 방편바라밀을 성취하여 명경지수(明鏡止水), 즉 밝은 거울처럼 일그러짐 없이 비추어 볼 수 있는 맑은 물과 같이 청정한 마음을 성취하라.

명경은 · 明鏡恩 지혜바라밀을 성취하여 명경지수(明鏡止水), 즉 밝은 거울처럼 일그러짐 없이 비추어 볼 수 있는 맑은 물과 같이 청정한 마음을 성취하라.

명경주 · 明鏡珠 방편바라밀을 성취하여 명경지수(明鏡止水), 즉 밝은 거울처럼 일그러짐 없이 비추어 볼 수 있는 맑은 물과 같이 청정한 마음을 성취하라.

명경지 · 明鏡智 무상지바라밀을 성취하여 명경지수(明鏡止水), 즉 밝은 거울처럼 일그러짐 없이 비추어 볼 수 있는 맑은 물과 같이 청정한 마음을 성취하라.

명경행 · 明鏡行 보시바라밀을 성취하여 명경지수(明鏡止水), 즉 밝은 거울처럼 일그러짐 없이 비추어 볼 수 있는 맑은 물과 같이 청정한 마음을 성취하라.

명경혜 · 明鏡惠 법시바라밀을 성취하여 명경지수(明鏡止水), 즉 밝은 거울처럼 일그러짐 없이 비추어 볼 수 있는 맑은 물과 같이 청정한 마음을 성취하라.

명경화 · 明鏡華 선과 악의 분별을 넘어선 선정바라밀을 성취하여 명경지수(明鏡止水), 즉 밝은 거울처럼 일그러짐 없이 비추어 볼 수 있는 맑은 물과 같이 청정한 마음을 성취하라.

명관 · 明觀 바라밀을 실천하여 모든 진리를 밝고 명쾌하게 뚫어 볼 수 있는 지혜를 성취하라.

명덕 · 明德 바라밀 수행으로 밝은 지혜와 공덕을 함께 갖춘 불자가 되어라.

명덕성 · 明德性 인욕바라밀을 실

천하여 밝은 지혜와 공덕을 함께 갖춘 불자가 되어라.

명덕심 · 明德心 선정바라밀을 실천하여 밝은 지혜와 공덕을 함께 갖춘 불자가 되어라.

명덕은 · 明德恩 지혜바라밀을 실천하여 공의 이치를 깨우쳐 밝은 지혜와 공덕을 함께 갖춘 불자가 되어라.

명덕지 · 明德智 무상의 지혜바라밀을 실천하여 밝은 지혜와 공덕을 함께 갖추는 불자가 되어라.

명덕행 · 明德行 보시바라밀을 실천하여 밝은 지혜와 공덕을 함께 갖춘 불자가 되어라.

명덕향 · 明德香 지계바라밀을 실천하여 밝은 지혜와 공덕을 함께 갖춘 불자가 되어라.

명덕화 · 明德華 선과 악, 무기(無記)의 분별을 넘어선 선정바라밀을 실천하여 밝은 지혜와 공덕을 함께 갖춘 불자가 되어라.

명도 · 明度 십도삼행(十度三行)의 바라밀을 실천하여 밝은 지혜와 한량없는 복덕을 성취하라.

명도림 · 明度林 삶 속에서 소임을

보면서도 십도삼행(十度三行)의 선정바라밀을 실천하여 밝은 지혜와 한량없는 복덕을 성취하라.

명도성 · 明度聖 성숙유정지(成熟有情智)의 지혜바라밀을 실천하여 밝은 지혜와 한량없는 복덕을 성취하라.

명도심 · 明度心 십도삼행(十度三行)의 선정바라밀을 실천하여 밝은 지혜와 한량없는 복덕을 성취하라.

명도원 · 明度圓 진리를 체득할 때까지 십도삼행(十度三行)의 체찰법인(諦察法忍)의 인욕바라밀을 실천하여 밝은 지혜와 한량없는 복덕을 성취하라.

명도월 · 明度月 십도삼행(十度三行)의 방편바라밀을 실천하여 밝은 지혜와 한량없는 복덕을 성취하라.

명도은 · 明度恩 십도삼행(十度三行)의 지혜바라밀을 실천하여 공(空)의 이치를 깨우쳐 밝은 지혜와 한량없는 복덕을 성취하라.

명도행 · 明度行 십도삼행(十度三行)의 보시바라밀을 실천하여 밝은 지혜와 한량없는 복덕을 성취하라.

명도향 · 明度香 십도삼행(十度三行)의 지계바라밀을 실천하여 밝은 지혜와 한량없는 복덕을 성취하라.

명도혜 · 明度惠 십도삼행(十度三行)의 법시바라밀을 실천하여 밝은 지혜와 한량없는 복덕을 성취하라.

명도화 · 明度華 분별심을 여의고 십도삼행(十度三行)의 선정바라밀을 실천하여 밝은 지혜와 한량없는 복덕을 성취하라.

명력 · 明力 바라밀행을 닦고, 계정혜 삼학을 공부하여 밝은 지혜의 힘과 원력을 갖추어라.

명료화 · 明了華 선정바라밀을 실천하여 깊은 선정력과 밝은 지혜를 갖추어라.

명문 · 明門 바라밀 수행으로 번뇌와 탐욕의 어둠을 밝히는 지혜의 방편문을 체득하라.

명법 · 明法 바라밀 수행으로 불법(佛法)의 진리를 밝혀서 빛내라.

명법심 · 明法心 조용한 곳에 안주하여 선정바라밀을 실천하고 불법(佛法)의 진리를 깨우쳐 세상을 널리 밝히고 빛내라.

명법월 · 明法月 방편바라밀을 실천하여 불법(佛法)의 진리를 깨우쳐 세상을 널리 밝히고 빛내라.

명법은 · 明法恩 지혜바라밀을 실천하여 불법(佛法)의 진리를 깨우쳐 세상을 널리 밝히고 빛내라.

명법지 · 明法智 이타행의 지혜바라밀을 실천하여 불법(佛法)의 진리를 깨우쳐 세상을 널리 밝히고 빛내라.

명법행 · 明法行 보시바라밀을 실천하여 불법(佛法)의 진리를 깨우쳐 세상을 널리 밝히고 빛내라.

명법향 · 明法香 지계바라밀을 실천하여 불법(佛法)의 진리를 깨우쳐 세상을 널리 밝히고 빛내라.

명법화 · 明法華 선정바라밀을 실천하여 불법(佛法)의 진리를 깨우쳐 세상을 널리 밝히고 빛내라.

명선 · 明煽 바라밀 수행으로 모든 번뇌를 태워버릴 수 있는 지혜를 갖추어라.

명선 · 明禪 지혜로운 바라밀 수행으로 천년의 어둠을 밝히는 지혜 광명을 체득하라.

명선덕 · 明禪德 인욕바라밀을 실천하고 지혜로운 선 수행으로 천년의 어둠을 밝히는 지혜 광명을 체득하라.

명선림 · 明禪林 소임을 보며 생활 속에서 선정바라밀을 실천하고 지혜로운 선 수행으로 천년의 어둠을 밝히는 지혜 광명을 체득하라.

명선법 · 明禪法 원력바라밀을 실천하고 지혜로운 선 수행으로 천년의 어둠을 밝히는 지혜 광명을 체득하라.

명선신 · 明禪信 섭중생계(攝衆生戒)의 지계바라밀을 실천하고 지혜로운 선 수행으로 천년의 어둠을 밝히는 지혜 광명을 체득하라.

명선심 · 明禪心 선정바라밀을 실천하고 지혜로운 선 수행으로 천년의 어둠을 밝히는 지혜 광명을 체득하라.

명선지 · 明禪智 이타행의 지혜바라밀을 실천하고 지혜로운 선 수행으로 천년의 어둠을 밝히는 지혜 광명을 체득하라.

명선행 · 明禪行 보시바라밀을 실천하고 지혜로운 선 수행으로 천년의 어둠을 밝히는 지혜 광명을 체득하라.

명선향 · 明禪香 지계바라밀을 실천하고 지혜로운 선 수행으로 천년의 어둠을 밝히는 지혜 광명을 체득하라.

명선혜 · 明禪慧 지혜바라밀을 실천하고 지혜로운 선 수행으로 천년의 어둠을 밝히는 지혜 광명을 체득하라.

명선화 · 明禪華 선과 악, 무기(無記)의 분별을 뛰어넘는 선정바라밀을 실천하고 지혜로운 선 수행으로 천년의 어둠을 밝히는 지혜 광명을 체득하라.

명섭 · 明燮 바라밀을 실천하고 언제나 꺼지지 않는 지혜의 불꽃과 같은 마음으로 중생들을 섭수하여 이롭게 하라.

명성 · 明星 새벽에 동쪽 하늘에 밝게 보이는 금성을 의미. 바라밀 수행으로 지혜를 체득하고 새벽의 어두움을 밝히는 금성과 같이 뛰어난 선지식이 되어라.

명성림 · 明星林 생활 속에서 선정바라밀을 실천하여 사회에서 인기 있고 뛰어난 불자로서의 역할을 수행하라.

명성신 · 明星信 섭중생계(攝衆生戒)의 지계바라밀을 실천하여 사회에서 인기 있고 뛰어난 불자로서의 역할을 수행하라.

명성심 · 明星心 선정바라밀을 실천하여 사회에서 인기 있고 뛰어난 불자로서의 역할을 수행하라.

명성월 · 明星月 방편바라밀을 실천하여 사회에서 인기 있고 뛰어난 불자로서의 역할을 수행하라.

명성은 · 明星恩 아공(我空)과 법공(法空)을 체득한 지혜바라밀을 실천하여 사회에서 인기 있고 뛰어난 불자로서의 역할을 수행하라.

명성지 · 明星智 이타행의 지혜바라밀을 실천하여 사회에서 인기 있고 뛰어난 불자로서의 역할을 수행하라.

명성행 · 明性行 보시바라밀을 실천하여 사회에서 인기 있고 뛰어난 불자로서의 역할을 수행하라.

명성향 · 明星香 지계바라밀을 실천하여 사회에서 인기 있고 뛰어난 불자로서의 역할을 수행하라.

명성혜 · 明星慧 지혜바라밀을 실천하여 사회에서 인기 있고 뛰어난 불자로서의 역할을 수행하라.

명성화 · 明星華 깊은 선정바라밀을 실천하여 사회에서 인기가 있고 뛰어난 불자로서의 역할을 수행하라.

명신 · 明信 중생의 번뇌와 망집을 무명(無明)이라고 하고, 반야는 명

(明)이라고 한다. 깊은 신심으로 밝은 지혜바라밀을 실천하라.

명신행 · 明信行 보시바라밀을 실천하여 반야를 성취하고 많은 사람을 이롭게 하라.

명심 · 明心 바라밀로 정진하여 천년의 밝게 비추는 한 줄기 빛과 같은 지혜를 체득하고, 밝은 마음으로 세상의 어두움을 진리로 일깨워라.

명심덕 · 明心德 인욕바라밀을 체득하여 스스로의 마음을 밝히고 밝은 지혜로 한량없는 중생을 제도하라.

명심수 · 明心水 부처님의 여러 가지 방편바라밀을 체득하여 스스로의 마음을 밝히고 중생을 제도하라.

명심지 · 明心智 이타행의 지혜바라밀을 체득하여 스스로의 마음을 밝히고 밝은 지혜로 한량없는 중생을 제도하라.

명심행 · 明心行 보시바라밀을 체득하여 스스로의 마음을 밝히고 밝은 지혜로 한량없는 중생을 제도하라.

명심향 · 明心香 지계바라밀을 체득하여 스스로의 마음을 밝히고 밝은 지혜로 한량없는 중생을 제도하라.

명심혜 · 明心慧 사성제의 지혜바

라밀을 체득하여 스스로의 마음을 밝히고 밝은 지혜로 한량없는 중생을 제도하라.

명심화 · 明心華 선정바라밀을 체득하여 스스로의 마음을 밝히고 밝은 지혜로 한량없는 중생을 제도하라.

명안 · 明眼 바라밀을 실천하여 밝은 지혜의 눈을 갖추어 부처님과 같은 사무량심과 동체대비심을 실천하라.

명연 · 明淵 바라밀을 실천하여 밝은 지혜의 근원을 깨치고 참된 근본 도리를 체득하라.

명연 · 明然 바라밀의 실천으로 대자연의 섭리와 이치를 깨치고, 참된 근본 도리를 체득하라.

명연덕 · 明然德 인욕바라밀의 실천으로 대자연의 섭리와 이치를 깨치고, 참된 근본 도리를 체득하라.

명연득 · 明然得 원력바라밀의 실천으로 대자연의 섭리와 이치를 깨치고, 참된 근본 도리를 체득하라.

명연림 · 明然林 생활 속에서 선정바라밀의 실천으로 대자연의 섭리와 이치를 깨치고, 참된 근본 도리를 체득하라.

명연성 · 明然性 덕을 쌓고 인욕하는 바라밀의 실천으로 대자연의 섭리와 이치를 깨치고, 참된 근본 도리를 체득하라.

명연성 · 明然聖 유정중생을 성숙하게 하는 지혜바라밀의 실천으로 대자연의 섭리와 이치를 깨치고, 참된 근본 도리를 체득하라.

명연수 · 明然水 방편바라밀의 실천으로 대자연의 섭리와 이치를 깨치고, 참된 근본 도리를 체득하라.

명연심 · 明然心 선정바라밀의 실천으로 대자연의 섭리와 이치를 깨치고, 참된 근본 도리를 체득하라.

명연지 · 明然智 이타행의 지혜바라밀 실천으로 대자연의 섭리와 이치를 깨치고, 참된 근본 도리를 체득하라.

명연행 · 明然行 보시바라밀의 실천으로 대자연의 섭리와 이치를 깨치고, 참된 근본 도리를 체득하라.

명연혜 · 明然慧 지혜바라밀의 실천으로 대자연의 섭리와 이치를 깨치고, 참된 근본 도리를 체득하라.

명우 · 明牛 심우도의 가르침을 상징. 바라밀로 정진하여 마음을 밝혀 존재의 실상을 깨닫고, 진리를 깨쳐라.

명우 · 明又 바라밀을 실천하여 존재의 실상을 깨우칠 수 있는 지혜를 체득하고 또 체득하여 나를 괴롭히는 모든 사람을 용서하고 제도하라.

명원 · 明元 바라밀로 정진하여 모든 법의 도리를 세밀히 관하여 불도의 근원을 밝히고, 이타행을 실천하라.

명원 · 茗園 바라밀을 실천하여 사바세계를 햇차의 새싹처럼 청아하고 아름다운 불국정토로 만들어라.

명월 · 明月 어두운 밤하늘을 비추는 밝은 달과 맑은 바람을 '명월청풍(明月淸風)'이라고 한다. 바라밀행을 닦아 가을밤 하늘에 뜬 달처럼 맑고 원만한 마음을 가져라.

명월심 · 明月心 어두운 밤하늘을 비추는 밝은 달과 맑은 바람을 '명월청풍(明月淸風)'이라고 한다. 선정바라밀을 체득하여 가을밤 하늘에 뜬 달처럼 맑고 원만한 마음을 가져라.

명인 · 明仁 바라밀행으로 정진하여 밝고 어진 마음으로 인간관계를 맺고 걸림 없는 마음으로 세상을 이롭게 하라.

명적 · 明寂 바라밀로 정진하여 모든 번뇌무명의 어둠을 밝히는 청정한 지혜를 체득하라.

명적문 · 明寂門 정진바라밀을 실천하여 모든 번뇌무명의 어둠을 밝히는 청정한 지혜를 체득하라.

명적성 · 明寂聖 모든 유정을 성숙하게 하는 이타행의 지혜바라밀을 실천하여 번뇌무명의 어둠을 밝히는 청정한 지혜를 체득하라.

명적신 · 明寂信 섭중생계(攝衆生戒)의 지계바라밀을 실천하여 모든 번뇌무명의 어둠을 밝히는 청정한 지혜를 체득하라.

명적심 · 明寂心 선정바라밀을 실천하여 모든 번뇌무명의 어둠을 밝히는 청정한 지혜를 체득하라.

명적행 · 明寂行 보시바라밀을 실천하여 모든 번뇌무명의 어둠을 밝히는 청정한 지혜를 체득하라.

명적향 · 明寂香 지계바라밀을 실천하여 모든 번뇌무명의 어둠을 밝히는 청정한 지혜를 체득하라.

명적혜 · 明寂慧 지혜바라밀을 실천하여 모든 번뇌무명의 어둠을 밝히는 청정한 지혜를 체득하라.

명적화 · 明寂華 인발정려(引發靜
慮)의 선정바라밀을 실천하여 모든
번뇌무명의 어둠을 밝히는 청정한
지혜를 체득하라.

명정 · 明正 바라밀로 정진하여 복
덕과 지혜를 체득하고 공명정대하
고 올바르게 세상을 밝혀라.

명정덕 · 明正德 인욕바라밀을 실
천하여 자신과 세상을 올바르게 밝
혀라.

명정림 · 明正林 생활 속에서 선정
바라밀을 실천하여 자신과 세상을
올바르게 밝혀라.

명정수 · 明正修 피갑정진(被甲精
進) 바라밀을 실천하여 자신과 세
상을 올바르게 밝혀라.

명정신 · 明正信 섭중생계(攝衆生
戒)의 지계바라밀을 실천하여 자신
과 세상을 올바르게 밝혀라.

명정심 · 明正心 선정바라밀을 실
천하여 자신과 세상을 올바르게 밝
혀라.

명정원 · 明正願 원력바라밀을 실
천하여 자신과 세상을 올바르게 밝
혀라.

명정원 · 明正圓 체찰법인(諦察法

忍)의 인욕바라밀을 실천하여 자신
과 세상을 올바르게 밝혀라.

명정월 · 明正月 방편바라밀을 실
천하여 자신과 세상을 올바르게 밝
혀라.

명정은 · 明正恩 지혜바라밀을 실
천하여 자신과 세상을 올바르게 밝
혀라.

명정지 · 明正智 이타행의 지혜바
라밀을 실천하여 자신과 세상을 올
바르게 밝혀라.

명정행 · 明正行 보시바라밀을 실
천하여 자신과 세상을 올바르게 밝
혀라.

명정향 · 明正香 지계바라밀을 실
천하여 자신과 세상을 올바르게 밝
혀라.

명정혜 · 明正惠 법시바라밀을 실
천하여 자신과 세상을 올바르게 밝
혀라.

명정화 · 明淨華 선정바라밀을 실
천하여 자신과 세상을 밝고 청정하
게 제도하라.

명정화 · 明正華 인발정려(引發靜
慮)의 선정바라밀을 실천하여 자신
과 세상을 올바르게 밝혀라.

명조 · 明照 바라밀을 실천하여 이타행의 지혜를 체득하고 세상을 밝고 청정하게 밝혀라.

명조행 · 明照行 보시바라밀을 실천하여 자신과 세상을 밝고 청정하게 밝혀라.

명조화 · 明照華 선정바라밀을 실천하여 자신과 세상을 올바르게 밝혀라.

명주 · 明珠 바라밀을 실천하여 밝은 지혜의 여의주를 갖추어 자신과 세상을 이롭게 봉사하고 제도하라.

명주화 · 明珠華 선정바라밀을 실천하여 마음속의 여의주를 갖추고 자신과 세상을 올바르게 밝혀라.

명지행 · 明知行 보시바라밀을 실천하여 모든 번뇌무명의 어둠을 분명히 밝게 알아라.

명진 · 明眞 바라밀로 정진하여 불도의 여법(如法)한 진리를 체득하라.

명진성 · 明眞性 인욕바라밀을 실천하여 불도의 여법(如法)한 진리를 밝혀라.

명진성 · 明眞聖 이타행의 지혜바라밀을 실천하여 불도의 여법(如法)한 진리를 밝혀라.

명진수 · 明眞水 불사불수(不捨不受)의 방편바라밀을 실천하여 불도의 여법(如法)한 진리를 밝혀라.

명진수 · 明眞修 정진바라밀을 실천하여 불도의 여법(如法)한 진리를 밝혀라.

명진심 · 明眞心 선정바라밀을 실천하여 불도의 여법(如法)한 진리를 밝혀라.

명진월 · 明眞月 방편바라밀을 실천하여 불도의 여법(如法)한 진리를 밝혀라.

명진은 · 明眞恩 지혜바라밀을 실천하여 불도의 여법(如法)한 진리를 밝혀라.

명진행 · 明眞行 보시바라밀을 실천하여 불도의 여법(如法)한 진리를 밝혀라.

명진향 · 明眞香 지계바라밀을 실천하여 불도의 여법(如法)한 진리를 밝혀라.

명진혜 · 明眞慧 지혜바라밀을 실천하여 불도의 여법(如法)한 진리를 밝혀라.

명진화 · 明眞華 깊은 선정바라밀을 실천하여 불도의 여법(如法)한 진리를 밝혀라.

명해 · 明解 바라밀을 실천하여 밝은 지혜를 체득하고 진리를 깨쳐라.

명해 · 明海 바라밀을 실천하여 밝은 지혜의 바다에서 노닐며 한량없는 중생이 불법(佛法)의 바다에서 제도될 수 있도록 이끌어 주어라.

명해법 · 明解法 변화의 원력바라밀을 실천하여 밝은 지혜를 체득하고 진리를 깨쳐라.

명해성 · 明解性 인욕바라밀을 실천하여 밝은 지혜를 체득하고 진리를 깨쳐라.

명해심 · 明解心 선정바라밀을 실천하여 밝은 지혜를 체득하고 진리를 깨쳐라.

명해원 · 明解願 원력바라밀을 실천하여 밝은 지혜를 체득하고 진리를 깨쳐라.

명해월 · 明解月 방편바라밀을 실천하여 밝은 지혜를 체득하고 진리를 깨쳐라.

명해은 · 明解恩 지혜바라밀을 실천하여 밝은 지혜를 체득하고 진리를 깨쳐라.

명해지 · 明解智 중생을 성숙하게 하는 지혜바라밀을 실천하여 밝은 지혜를 체득하고 진리를 깨쳐라.

명해향 · 明解香 지계바라밀을 실천하여 밝은 지혜를 체득하고 진리를 깨쳐라.

명호 · 明浩 바라밀을 실천하여 밝은 지혜를 성취하고, 넓은 아량을 갖추어 공덕을 베풀어라.

목아 · 木牙 바라밀을 실천하여 나무에도 불성의 씨앗이 자랄 수 있듯이 한 마음 잘 닦아 성불할 수 있도록 노력하라.

목우 · 牧牛 바라밀행을 닦아 풀밭에 들어간 소의 고삐를 잡아당기듯 마음을 닦아 여여한 지혜를 성취하라.

목우심 · 牧牛心 선정바라밀을 실천하여 풀밭에 들어간 소의 고삐를 잡아당기듯 마음을 닦아 여여한 지혜를 성취하라.

목우원 · 牧牛願 원력바라밀을 실천하여 풀밭에 들어간 소의 고삐를 잡아당기듯 마음을 닦아 여여한 지혜를 성취하라.

목우지 · 牧牛智 이타행의 지혜바라밀을 실천하여 풀밭에 들어간 소의 고삐를 잡아당기듯 마음을 닦아 여여한 지혜를 성취하라.

목우행·牧牛行 보시바라밀을 실천하여 풀밭에 들어간 소의 고삐를 잡아당기듯 마음을 닦아 여여한 지혜를 성취하라.

목우향·牧牛香 지계바라밀을 실천하여 풀밭에 들어간 소의 고삐를 잡아당기듯 마음을 닦아 여여한 지혜를 성취하라.

몽산·夢山 바라밀을 실천하여 혼미한 마음을 정화시켜 여여부동심을 갖춘 불자로서 흔들리지 않는 마음으로 세상의 의지처가 되어라.

묘각·妙覺 보살 수행의 계위 52위 가운데 맨 마지막 수행 최후의 자리로서, 모든 번뇌를 끊고 지혜가 원만히 갖추어진 궁극의 부처의 자리를 의미한다.

묘각덕·妙覺德 인욕바라밀로 항상 번뇌와 산란을 여의고 불도의 수행에 정진하여 스스로 깨닫고 다른 중생도 깨달음으로 이끄는 '자각각타(自覺覺他) 각행원만(覺行圓滿)'의 공덕을 쌓아라.

묘각등·妙覺燈 바라밀로 항상 번뇌와 산란을 여의고 불도의 수행에 정진하여 스스로 깨닫고 다른 중생도 깨달음으로 이끄는 '자각각타

(自覺覺他) 각행원만(覺行圓滿)'의 공덕을 쌓아라.

묘각심·妙覺心 선정바라밀로 항상 번뇌와 산란을 여의고 불도의 수행에 정진하여 스스로 깨닫고 다른 중생도 깨달음으로 이끄는 '자각각타(自覺覺他) 각행원만(覺行圓滿)'의 공덕을 쌓아라.

묘각지·妙覺智 이타행의 지혜바라밀로 항상 번뇌와 산란을 여의고 불도의 수행에 정진하여 스스로 깨닫고 다른 중생도 깨달음으로 이끄는 '자각각타(自覺覺他) 각행원만(覺行圓滿)'의 공덕을 쌓아라.

묘경·妙境 불가사의한 경계. 바라밀을 실천하여 관법의 지혜를 체득하고 불가사의한 경계를 타파하라.

묘관·妙觀 바라밀을 실천하여 불가사의한 관법의 지혜를 체득하고 삼라만상이 공덕으로 장엄되어 있음을 깨쳐라.

묘관음·妙觀音 사람의 지혜가 미치지 못할 정도로 오묘한 진리로 중생의 괴로움의 소리를 관할 수 있는 바라밀을 체득하라.

묘광·妙光 바라밀을 실천하여 불가사의하고 오묘한 부처님의 지혜광명을 널리 비추어 중생을 이롭게

하라.

묘광화 · 妙光華 깊은 선정바라밀을 실천하여 사람의 지혜가 미치지 못할 정도로 오묘한 부처님의 광명을 널리 비추어라.

묘길 · 妙吉 바라밀을 실천하여 항상 공덕을 쌓아 미묘하고 길한 부처님의 지혜를 체득하라.

묘길명 · 妙吉明 이타행의 지혜바라밀을 실천하여 항상 공덕을 쌓아 미묘하고 길한 부처님의 지혜를 체득하라.

묘길상 · 妙吉祥 오묘한 바라밀을 실천하여 항상 공덕을 쌓아 미묘하고 길한 부처님의 지혜를 체득하라.

묘길성 · 妙吉城 무외시바라밀을 실천하여 항상 공덕을 쌓아 미묘하고 길한 부처님의 지혜를 체득하라.

묘길수 · 妙吉修 정진바라밀을 실천하여 항상 공덕을 쌓아 미묘하고 길한 부처님의 지혜를 체득하라.

묘길월 · 妙吉月 방편바라밀을 실천하여 항상 공덕을 쌓아 미묘하고 길한 부처님의 공덕을 체득하라.

묘길행 · 妙吉行 보시바라밀을 실천하여 항상 공덕을 쌓아 미묘하고

길한 부처님의 지혜를 체득하라.

묘길향 · 妙吉香 지계바라밀을 실천하여 항상 공덕을 쌓아 미묘하고 길한 부처님의 지혜를 체득하라.

묘덕 · 妙德 위로는 불법의 진리를 구하고 아래로는 중생을 제도하는 '상구보리(上求菩提) 하화중생(下化衆生)'의 보살도를 두루 닦아서 문수보살의 미묘한 공덕을 원만히 갖추어라.

묘덕심 · 妙德心 선정바라밀을 실천하여 위로는 불법의 진리를 구하고 아래로는 중생을 제도하는 '상구보리(上求菩提) 하화중생(下化衆生)'의 보살도를 두루 닦아서 문수보살의 미묘한 공덕을 원만히 갖추어라.

묘덕원 · 妙德圓 인욕바라밀을 실천하여 위로는 불법의 진리를 구하고 아래로는 중생을 제도하는 '상구보리(上求菩提) 하화중생(下化衆生_'의 보살도를 두루 닦아서 문수보살의 미묘한 공덕을 원만히 갖추어라.

묘덕월 · 妙德月 이타행의 방편바라밀을 실천하여 위로는 불법의 진리를 구하고 아래로는 중생을 제도하는 '상구보리(上求菩提) 하화중생(下化衆生)'의 보살도를 두루 닦

아서 문수보살의 미묘한 공덕을 원만히 갖추어라.

묘덕행 · 妙德行 보시바라밀을 실천하여 위로는 불법의 진리를 구하고 아래로는 중생을 제도하는 '상구보리(上求菩提) 하화중생(下化衆生)'의 보살도를 두루 닦아서 문수보살의 미묘한 공덕을 원만히 갖추어라.

묘덕향 · 妙德香 지계바라밀을 실천하여 위로는 불법의 진리를 구하고 아래로는 중생을 제도하는 '상구보리(上求菩提) 하화중생(下化衆生)'의 보살도를 두루 닦아서 문수보살의 미묘한 공덕을 원만히 갖추어라.

묘덕화 · 妙德華 깊은 선정바라밀을 실천하여 위로는 불법의 진리를 구하고 아래로는 중생을 제도하는 '상구보리(上求菩提) 하화중생(下化衆生)'의 보살도를 두루 닦아서 문수보살의 미묘한 공덕을 원만히 갖추어라.

묘련 · 妙蓮 바라밀을 실천하여 오묘한 연꽃의 공덕처럼 세상을 이롭게 하고 자신도 복덕과 지혜를 성취하라.

묘련심 · 妙蓮心 선정바라밀을 실천하여 오묘한 연꽃의 공덕처럼 세상을 이롭게 하고 자신도 복덕과

지혜를 성취하라.

묘련행 · 妙蓮行 보시바라밀을 실천하여 오묘한 연꽃의 공덕처럼 세상을 이롭게 하고 자신도 복덕과 지혜를 성취하라.

묘련화 · 妙蓮華 깊은 선정바라밀을 실천하여 오묘한 연꽃의 공덕처럼 세상을 이롭게 하고 자신도 복덕과 지혜를 성취하라.

묘명 · 妙明 바라밀을 실천하여 미묘한 마음의 지혜를 밝혀라.

묘명심 · 妙明心 선정바라밀을 실천하여 미묘한 마음의 지혜를 밝혀라.

묘명화 · 妙明華 깊은 선정바라밀을 실천하여 미묘한 마음의 지혜를 밝혀라.

묘법향 · 妙法香 지계바라밀을 실천하여 미묘한 마음의 지혜를 밝혀라.

묘봉 · 妙峰 속리산의 봉우리 중의 하나. 바라밀행으로 정진하여 부처님의 자비희사 사무량심을 체득하고 실천하라.

묘선 · 妙善 바라밀을 실천하여 오묘하고 불가사의한 선근 공덕을 체득하고 널리 많은 사람에게 베풀어라.

묘선 · 妙仙 바라밀행을 닦아 세간에서 찾기 어려운 보살형의 인재가 되어라.

묘선덕 · 妙仙德 인욕바라밀을 실천하여 세간에서 찾기 어려운 불교 인재가 되어라.

묘선심 · 妙仙心 선정바라밀을 실천하여 세간에서 찾기 어려운 불교 인재가 되어라.

묘선행 · 妙仙行 보시바라밀을 실천하여 세간에서 찾기 어려운 불교 인재가 되어라.

묘선화 · 妙仙華 깊은 선정바라밀을 실천하여 세간에서 찾기 어려운 불교 인재가 되어라.

묘심 · 妙心 바라밀의 지혜로 근본 묘심을 체득하고 움직임을 헤아릴 수 없는 불가사의한 마음 작용을 깨쳐라.

묘심각 · 妙心覺 지혜바라밀을 실천하여 움직임을 헤아릴 수 없는 불가사의한 마음 작용을 체득하고 널리 이익을 베풀어라.

묘심득 · 妙心得 변화를 이끌어 내는 원력바라밀을 실천하여 움직임을 헤아릴 수 없는 불가사의한 마음 작용을 체득하고 널리 이익을

베풀어라.

묘심력 · 妙心力 원력바라밀을 실천하여 움직임을 헤아릴 수 없는 불가사의한 마음 작용을 체득하고 널리 이익을 베풀어라.

묘심성 · 妙心聖 이타행의 지혜바라밀을 실천하여 움직임을 헤아릴 수 없는 불가사의한 마음 작용을 체득하고 널리 이익을 베풀어라.

묘심원 · 妙心圓 인욕바라밀을 실천하여 움직임을 헤아릴 수 없는 불가사의한 마음 작용을 체득하고 널리 이익을 베풀어라.

묘심월 · 妙心月 방편바라밀을 실천하여 움직임을 헤아릴 수 없는 불가사의한 마음 작용을 체득하고 널리 이익을 베풀어라.

묘심행 · 妙心行 보시바라밀을 실천하여 움직임을 헤아릴 수 없는 불가사의한 마음 작용을 체득하고 널리 이익을 베풀어라.

묘심향 · 妙心香 지계바라밀을 실천하여 움직임을 헤아릴 수 없는 불가사의한 마음 작용을 체득하고 널리 이익을 베풀어라.

묘심혜 · 妙心惠 법시바라밀을 실천하여 움직임을 헤아릴 수 없는

불가사의한 마음 작용을 체득하고 널리 이익을 베풀어라.

묘심화 · 妙心華 깊은 선정바라밀을 실천하여 움직임을 헤아릴 수 없는 불가사의한 마음 작용을 체득하고 널리 이익을 베풀어라.

묘엄 · 妙嚴 바라밀을 실천하여 오묘하고 불가사의한 정진력을 갖추어 중생을 제도할 수 있는 지혜를 체득하라.

묘연 · 妙蓮 바라밀행을 닦아 오묘한 연꽃의 이치를 체득하고 복덕과 지혜를 널리 베풀어라.

묘연덕 · 妙蓮德 인욕바라밀을 실천하여 오묘한 연꽃의 이치를 체득하고 복덕과 지혜를 널리 베풀어라.

묘연득 · 妙蓮得 원력바라밀을 실천하여 오묘한 연꽃의 이치를 체득하고 복덕행과 지혜행을 널리 베풀어라.

묘연림 · 妙蓮林 생활 속에서 선정바라밀을 실천하여 오묘한 연꽃의 이치를 체득하고 복덕과 지혜를 널리 베풀어라.

묘연명 · 妙蓮明 이타행의 밝은 지혜바라밀을 실천하여 오묘한 연꽃의 이치를 체득하고 복덕과 지혜를

널리 베풀어라.

묘연성 · 妙蓮性 안수고인(安受苦忍)의 인욕바라밀을 실천하여 오묘한 연꽃의 이치를 체득하고 복덕과 지혜를 널리 베풀어라.

묘연성 · 妙蓮聖 중생을 성숙하게 하는 이타행의 지혜바라밀을 실천하여 오묘한 연꽃의 이치를 체득하고 복덕과 지혜를 널리 베풀어라.

묘연수 · 妙蓮修 정진바라밀을 실천하여 오묘한 연꽃의 이치를 체득하고 복덕과 지혜를 널리 베풀어라.

묘연심 · 妙蓮心 선정바라밀을 실천하여 오묘한 연꽃의 이치를 체득하고 복덕과 지혜를 널리 베풀어라.

묘연월 · 妙蓮月 갖가지 방편바라밀을 실천하여 오묘한 연꽃의 이치를 체득하고 복덕과 지혜를 널리 베풀어라.

묘연지 · 妙蓮智 이타행의 지혜바라밀을 실천하여 오묘한 연꽃의 이치를 체득하고 복덕과 지혜를 널리 베풀어라.

묘연행 · 妙蓮行 보시바라밀을 실천하여 오묘한 연꽃의 이치를 체득하고 복덕과 지혜를 널리 베풀어라.

묘연향·*妙蓮香* 지계바라밀을 실천하여 오묘한 연꽃의 이치를 체득하고 복덕과 지혜를 널리 베풀어라.

묘연화·*妙蓮華* 깊은 선정바라밀을 실천하여 오묘한 연꽃의 이치를 체득하고 복덕과 지혜를 널리 베풀어라.

묘월·*妙月* 바라밀을 실천하여 천강에 비친 달과 같이 오묘한 부처님의 공덕을 성취하라.

묘월덕·*妙月德* 인욕바라밀을 실천하여 천강에 비친 달과 같이 오묘한 부처님의 공덕을 체득하라.

묘월명·*妙月明* 이타행의 지혜바라밀을 실천하여 천강에 비친 달과 같이 오묘한 부처님의 공덕을 체득하라.

묘월문·*妙月門* 정진바라밀을 실천하여 천강에 비친 달과 같이 오묘한 부처님의 공덕을 체득하라.

묘월성·*妙月聖* 이타행의 성스러운 지혜바라밀을 실천하여 천강에 비친 달과 같이 오묘한 부처님의 공덕을 체득하라.

묘월성·*妙月性* 인욕바라밀을 실천하여 천강에 비친 달과 같이 오묘한 부처님의 공덕을 체득하라.

묘월신·*妙月信* 섭중생계(攝衆生戒)의 지계바라밀을 실천하여 천강에 비친 달과 같이 오묘한 부처님의 공덕을 체득하라.

묘월심·*妙月心* 선정바라밀을 실천하여 천강에 비친 달과 같이 오묘한 부처님의 공덕을 체득하라.

묘월행·*妙月行* 보시바라밀을 실천하여 천강에 비친 달과 같이 오묘한 부처님의 공덕을 체득하라.

묘월향·*妙月香* 지계바라밀을 실천하여 천강에 비친 달과 같이 오묘한 부처님의 공덕을 체득하라.

묘월화·*妙月華* 깊은 선정바라밀을 실천하여 천강에 비친 달과 같이 오묘한 부처님의 공덕을 체득하라.

묘유·*妙有* 바라밀을 실천하여 진공묘유의 이치를 깨우쳐 사바세계에 물들지 않는 연꽃처럼 중생을 제도하라.

묘음·*妙音* 바라밀을 실천하여 문수보살과 같이 모든 중생에게 말로 표현할 수 없고 셈으로 헤아릴 수 없는 오묘한 길상을 베풀어라.

묘음각·*妙音覺* 지혜바라밀을 실천하여 문수보살의 깊고도 오묘한 법음을 많은 사람에게 전하라.

묘음성 · 妙音性 인욕바라밀을 실천하여 문수보살의 깊고도 오묘한 법음을 많은 사람에게 전하라.

묘음월 · 妙音月 방편바라밀을 실천하여 문수보살의 깊고도 오묘한 법음을 많은 사람에게 전하라.

묘음행 · 妙音 보시바라밀을 실천하여 문수보살의 깊고도 오묘한 법음을 많은 사람에게 전하라.

묘음향 · 妙音香 지계바라밀을 실천하여 문수보살의 깊고도 오묘한 법음을 많은 사람에게 전하라.

묘음화 · 妙音華 선정바라밀을 실천하여 문수보살의 깊고도 오묘한 법음을 많은 사람에게 전하라.

묘적 · 妙寂 세간 사람이 찾기 어려운 오묘하고 희유한 삼매의 상태를 의미한다. 바라밀을 실천하여 완전한 열반을 체득하는 아라한의 경지에 올라라.

묘적명 · 妙寂明 수용법락(受用法樂)의 지혜바라밀을 실천하여 오묘하고 희유한 심법의 이치와 열반을 증득하라.

묘적성 · 妙寂聖 성스러운 지혜바라밀을 실천하여 세간 사람이 찾기 어려운 오묘하고 희유한 삼매를 체

득하라.

묘적심 · 妙寂心 안주정려(安住靜慮)의 선정바라밀을 실천하여 오묘하고 희유한 심법의 이치와 열반을 증득하라.

묘적원 · 妙寂圓 체찰법인(諦察法忍)의 인욕바라밀을 실천하여 오묘하고 희유한 심법의 이치와 열반을 증득하라.

묘적월 · 妙寂月 방편바라밀을 실천하여 세간 사람이 찾기 어려운 오묘하고 희유한 삼매를 체득하라.

묘적지 · 妙寂智 무상의 지혜바라밀을 실천하여 오묘하고 희유한 심법의 이치와 열반을 증득하라.

묘적해 · 妙寂海 넓고 큰 원력바라밀을 실천하여 오묘하고 희유한 심법의 이치와 열반을 증득하라.

묘적행 · 妙寂行 보시바라밀을 실천하여 오묘하고 희유한 심법의 이치와 열반을 증득하라.

묘적향 · 妙寂香 지계바라밀을 실천하여 세간 사람이 찾기 어려운 오묘하고 희유한 삼매를 체득하라.

묘적혜 · 妙寂慧 지혜바라밀을 실천하여 오묘하고 희유한 심법의 이

치와 열반을 증득하라.

묘적화 · 妙寂華 인발정려(引發靜慮)의 선정바라밀을 실천하여 오묘하고 희유한 심법의 이치와 열반을 증득하라.

묘정 · 妙正 바라밀을 실천하여 파사현정의 지혜를 체득하고 세간을 정의롭게 만들도록 노력하라.

묘정 · 妙淨 바라밀행을 닦아 오묘하고 청정한 지혜를 체득하고 자리이타의 대승보살도를 실천하라.

묘정수 · 妙淨修 정진바라밀을 실천하여 처염상정(處染常净)의 오묘한 청정함을 체득하라.

묘정심 · 妙淨心 선정바라밀을 실천하여 처염상정(處染常净)의 오묘한 청정함을 체득하라.

묘정지 · 妙淨智 이타행의 지혜바라밀을 실천하여 처염상정(處染常净)의 오묘한 청정함을 체득하라.

묘정행 · 妙淨行 보시바라밀을 실천하여 처염상정(處染常净)의 오묘한 청정함을 체득하라.

묘정향 · 妙淨香 지계바라밀을 실천하여 처염상정(處染常净)의 오묘한 청정함을 체득하라.

묘정혜 · 妙淨慧 지혜바라밀을 실천하여 처염상정(處染常净)의 오묘한 청정함을 체득하라.

묘정화 · 妙淨華 깊은 선정바라밀을 실천하여 처염상정(處染常净)의 오묘한 청정함을 체득하라.

묘주 · 妙珠 모든 것을 뜻한 바대로 성취할 수 있는 여의주를 상징한다.

묘주 · 妙柱 바라밀을 실천하여 오묘하고 불가사의한 지혜를 체득하고 불국토를 성취할 수 있는 기둥이 되어라.

묘주림 · 妙珠林 선정바라밀을 실천하여 모든 것을 뜻한 바대로 성취할 수 있는 마음속의 보물, 여의주를 찾아라.

묘주성 · 妙珠性 인욕바라밀을 실천하여 모든 것을 뜻한 바대로 성취할 수 있는 마음속의 보물, 여의주를 찾아라.

묘주월 · 妙珠月 방편바라밀을 실천하여 모든 것을 뜻한 바대로 성취할 수 있는 마음속의 보물, 여의주를 찾아라.

묘주행 · 妙珠行 보시바라밀을 실천하여 모든 것을 뜻한 바대로 성

취할 수 있는 마음속의 보물, 여의
주를 찾아라.

묘주향 · 妙珠香 지계바라밀을 실
천하여 모든 것을 뜻한 바대로 성
취할 수 있는 마음속의 보물, 여의
주를 찾아라.

묘청 · 妙淸 미묘하고 청정한 부처
님의 지혜와 공덕을 갈고 닦아라.

묘청정 · 妙淸淨 이락정진(利樂精
進) 바라밀을 실천하여 미묘하고
청정한 부처님의 지혜와 복덕을 성
취하라.

묘행 · 妙行 바라밀을 실천하여 언
어로 표현될 수 없고, 법상에 끄달
리지 않는 사무량심의 중생 제도를
실천하라. 『금강경』에서는 색성향미
촉법에 머물지 않는 보시바라밀행
을 묘행무주(妙行無住)라 하였다.

묘행덕 · 妙行德 인욕바라밀을 실
천하고 언어로 표현될 수 없고, 법
상에도 끄달리지 않는 사무량심에
의지하여 복덕과 지혜를 구족하라.

묘행심 · 妙行心 선정바라밀을 실
천하고 언어로 표현될 수 없고, 법
상에도 끄달리지 않는 사무량심에
의지하여 복덕과 지혜를 구족하라.

묘행원 · 妙行願 원력바라밀을 실

천하고 언어로 표현될 수 없고, 법
상에도 끄달리지 않는 사무량심에
의지하여 복덕과 지혜를 구족하라.

묘행지 · 妙行智 이타행의 지혜바
라밀을 실천하고 언어로 표현될 수
없고, 법상에도 끄달리지 않는 사
무량심에 의지하여 복덕과 지혜를
구족하라.

묘행화 · 妙行華 깊은 선정바라밀
을 실천하고 언어로 표현될 수 없
고, 법상에도 끄달리지 않는 사무
량심에 의지하여 복덕과 지혜를 구
족하라.

묘향 · 妙香 바라밀행으로 불도의
진리를 깨달아 마음의 미묘한 향기
를 발하라.

묘향명 · 妙香明 성스러운 이타행
의 지혜바라밀을 실천하여 불도의
진리를 깨달아 마음의 미묘한 향기
를 발하라.

묘향수 · 妙香修 정진바라밀을 실
천하여 불도의 진리를 깨달아 마음
의 미묘한 향기를 발하라.

묘향심 · 妙香心 선정바라밀을 실
천하여 불도의 진리를 깨달아 마음
의 미묘한 향기를 발하라.

묘향원 · 妙香願 원력바라밀을 실

천하여 불도의 진리를 깨달아 마음의 미묘한 향기를 발하라.

묘향월 · 妙香月 방편바라밀을 실천하여 불도의 진리를 깨달아 마음의 미묘한 향기를 발하라.

묘향은 · 妙香恩 지혜바라밀을 실천하여 불도의 진리를 깨달아 마음의 미묘한 향기를 발하라.

묘향지 · 妙香智 이타행의 지혜바라밀을 실천하여 불도의 진리를 깨달아 마음의 미묘한 향기를 발하라.

묘향화 · 妙香華 깊은 선정바라밀을 실천하여 불도의 진리를 깨달아 마음의 미묘한 향기를 발하라.

묘현 · 妙賢 바라밀을 실천하여 오묘하고 어진 지혜를 체득하고 널리 불법 홍포를 위해 노력하라.

묘혜 · 妙慧 바라밀을 실천하여 오묘하고 불가사의한 부처님의 지혜를 체득하고 널리 중생을 제도하라.

묘훈 · 妙薰 항상 청정한 마음가짐으로 복된 일을 하여, 미묘한 선근 공덕의 뿌리를 잘 자라게 하라.

무가애 · 無罣碍 진공(眞空)의 묘한 이치를 깨달아 본래 청정함이 확연히 사무치게 되면 부처와 중생의 성품이 평등하게 공(空)하여 모든 수행에 실로 두 가지가 없게 된다. 이를 알아 모든 장애를 뛰어 넘은 걸림이 없는 경지를 성취하라.

무견 · 無見 바라밀을 실천하여 갖가지 분별과 견해에서 벗어나 차별과 집착 없는 마음으로 공덕을 지어라.

무공 · 無空 바라밀을 실천하여 공에 집착하는 마음이 없이 공의 이치를 깨쳐 중도와 정견을 성취하라.

무공 · 無功 지극한 경지에 도달한 사람은 공덕을 내세우지 않는다. 바라밀을 실천하여 공덕에 집착하지 않는 공덕을 성취하라.

무공명 · 無功明 지극한 경지에 도달한 사람은 공덕을 내세우지 않는다. 이타행의 밝은 지혜바라밀을 실천하여 공덕에 집착하지 않는 공덕을 지어라.

무공심 · 無功心 지극한 경지에 도달한 사람은 공덕을 내세우지 않는다. 선정바라밀을 실천하여 공덕에 집착하지 않는 공덕을 지어라.

무공월 · 無功月 지극한 경지에 도달한 사람은 공덕을 내세우지 않는다. 방편바라밀을 실천하여 공덕에 집착하지 않는 공덕을 지어라.

무공지·無功智 지극한 경지에 도달한 사람은 공덕을 내세우지 않는다. 이타행의 지혜바라밀을 실천하여 공덕에 집착하지 않는 공덕을 지어라.

무공행·無功行 지극한 경지에 도달한 사람은 공덕을 내세우지 않는다. 보시바라밀을 실천하여 공덕에 집착하지 않는 공덕을 지어라.

무공향·無功香 지극한 경지에 도달한 사람은 공덕을 내세우지 않는다. 지계바라밀을 실천하여 공덕에 집착하지 않는 공덕을 지어라.

무공혜·無功慧 지극한 경지에 도달한 사람은 공덕을 내세우지 않는다. 지혜바라밀을 실천하여 공덕에 집착하지 않는 공덕을 지어라.

무과행·無過行 행능인(行能忍)이면 무과행(無過行)이라는 의미. 인욕바라밀을 실천하면 허물과 과오가 없는 바라밀행을 체득할 수 있다.

무관·無觀 바라밀행에 집중하여 보는 것에 집착하지 않고 볼 수 있는, 꿰뚫어 보는 지혜를 체득하고 널리 보살행을 실천하라.

무광·無光 바라밀행에 집중하여 광명이 없는 광명으로 차별 없이 보살행을 실천하라.

무구·無求 바라밀행에 집중하여 구하는 바 없이 구하는 마음으로 보살행을 실천하라.

무구·無垢 바라밀을 실천하여 청정(淸淨)한 마음으로 온갖 집착과 더러움을 없애라.

무구심·無垢心 선정바라밀을 실천하여 청정하고 때묻지 않는 지혜를 체득하라.

무구지·無垢智 지혜바라밀을 실천하여 청정하고 때묻지 않는 지혜를 체득하라.

무구행·無垢行 보시바라밀을 실천하여 청정하고 때묻지 않는 지혜를 체득하라.

무구향·無垢香 지계바라밀을 실천하여 청정하고 때묻지 않는 지혜를 체득하라.

무량·無量 영원한 생명을 갖추신 서방정토의 아미타 부처님을 항상 염하고 정토의 가르침을 행하라.

무량각·無量覺 지혜바라밀을 실천하여 불자가 지녀야 할 네 가지 영원한 마음가짐, 즉 사무량심(四無量心)을 깨닫고 닦아서 일체중생의 바람에 응하라.

무량덕 · 無量德 인욕바라밀을 실천하여 불자가 지녀야 할 네 가지 영원한 마음가짐, 즉 사무량심(四無量心)을 깨닫고 닦아서 일체중생의 바람에 응하라.

무량도 · 無量道 원력바라밀을 실천하여 불자가 지녀야 할 네 가지 영원한 마음가짐, 즉 사무량심(四無量心)을 깨닫고 닦아서 일체중생의 바람에 응하라.

무량문 · 無量門 정진바라밀을 실천하여 불자가 지녀야 할 네 가지 영원한 마음가짐, 즉 사무량심(四無量心)을 깨닫고 닦아서 일체중생의 바람에 응하라.

무량법 · 無量法 원력바라밀을 실천하여 불자가 지녀야 할 네 가지 영원한 마음가짐, 즉 사무량심(四無量心)을 깨닫고 닦아서 일체중생의 바람에 응하라.

무량선 · 無量善 무외바라밀을 실천하여 불자가 지녀야 할 네 가지 영원한 마음가짐, 즉 사무량심(四無量心)을 깨닫고 닦아서 일체중생의 바람에 응하라.

무량수 · 無量壽 아미타 부처님의 명호. 정진바라밀을 실천하여 사무량심(四無量心)을 깨닫고 닦아서 한량없는 수명을 갖추어 일체중생의 바람에 응하라.

무량심 · 無量心 선정바라밀을 실천하여 불자가 지녀야 할 네 가지 영원한 마음가짐, 즉 사무량심(四無量心)을 깨닫고 닦아서 일체중생의 바람에 응하라.

무량정 · 無量淨 이락정진(利樂精進) 바라밀을 실천하여 불자가 지녀야 할 네 가지 영원한 마음가짐, 즉 사무량심(四無量心)을 깨닫고 닦아서 일체중생의 바람에 응하라.

무량지 · 無量智 이타행의 지혜바라밀을 실천하여 불자가 지녀야 할 네 가지 영원한 마음가짐, 즉 사무량심(四無量心)을 깨닫고 닦아서 일체중생의 바람에 응하라.

무량행 · 無量行 보시바라밀을 실천하여 불자가 지녀야 할 네 가지 영원한 마음가짐, 즉 사무량심(四無量心)을 깨닫고 닦아서 일체중생의 바람에 응하라.

무량화 · 無量華 깊은 선정바라밀을 실천하여 불자가 지녀야 할 네 가지 영원한 마음가짐, 즉 사무량심(四無量心)을 깨닫고 닦아서 일체중생의 바람에 응하라.

무불 · 無不 바라밀을 실천하여 있는 것도 아니고 없는 것도 아닌 경계를 체득하고, 다함없는 마음으로 중생을 제도하라.

무비 · 無比 바라밀을 실천하여 어느 것과도 비교할 수 없는 부처님의 경계를 체득하고 보살행으로 널리 중생을 제도하라.

무상 · 無想 바라밀을 실천하여 번뇌가 없는 청정한 지혜를 체득하라.

무상 · 無相 바라밀을 닦아 아상, 인상, 중생상, 수자상의 사상(四相)을 여의고 법상과 비법상을 버린 금강의 지혜를 체득하라.

무상각 · 無上覺 바라밀행을 닦아 번뇌가 없는 청정하고 위없는 지혜를 체득하라.

무상덕 · 無相德 인욕바라밀을 실천하여 아상, 인상, 중생상, 수자상의 사상(四相)을 여의고 법상과 비법상을 버린 금강의 지혜를 체득하라.

무상문 · 無相門 정진바라밀을 실천하여 아상, 인상, 중생상, 수자상의 사상(四相)을 여의고 법상과 비법상을 버린 금강의 지혜를 체득하라.

무상신 · 無相信 지계바라밀을 실천하여 아상, 인상, 중생상, 수자상의 사상(四相)을 여의고 법상과 비법상을 버린 금강의 지혜를 체득하라.

무상심 · 無相心 선정바라밀을 실천하여 아상, 인상, 중생상, 수자상의 사상(四相)을 여의고 법상과 비법상을 버린 금강의 지혜를 체득하라.

무상원 · 無相圓 원만무애한 인욕바라밀을 실천하여 아상, 인상, 중생상, 수자상의 사상(四相)을 여의고 법상과 비법상을 버린 금강의 지혜를 체득하라.

무상월 · 無相月 방편바라밀을 실천하여 아상, 인상, 중생상, 수자상의 사상(四相)을 여의고 법상과 비법상을 버린 금강의 지혜를 체득하라.

무상인 · 無相印 성숙유정(成熟有情)의 지혜바라밀을 실천하여 아상, 인상, 중생상, 수자상의 사상(四相) 여의고 법상과 비법상을 버린 금강의 지혜를 체득하라.

무상행 · 無相行 보시바라밀을 실천하여 아상, 인상, 중생상, 수자상의 사상(四相)을 여의고 법상과 비법상을 버린 금강의 지혜를 체득하라.

· 라행 · 마행

무상화 · 無相華 깊은 선정바라밀을 실천하여 아상, 인상, 중생상, 수자상의 사상(四相)을 여의고 법상과 비법상을 버린 금강의 지혜를 체득하라.

무생 · 無生 바라밀행을 닦아 나고 없어짐이 없는 무생법인의 실상을 체득하라.

무생덕 · 無生德 인욕바라밀을 실천하여 나고 없어짐이 없는 무생법인의 실상을 체득하라.

무생문 · 無生門 정진바라밀을 실천하여 나고 없어짐이 없는 무생법인의 실상을 체득하라.

무생법 · 無生法 원력바라밀을 실천하여 나고 없어짐이 없는 무생법인의 실상을 체득하라.

무생심 · 無生心 선정바라밀을 실천하여 나고 없어짐이 없는 무생법인의 실상을 체득하라.

무생원 · 無生圓 체찰법인(諦察法忍)의 인욕바라밀을 실천하여 나고 없어짐이 없는 무생법인의 실상을 체득하라.

무생월 · 無生月 방편바라밀을 실천하여 나고 없어짐이 없는 무생법인의 실상을 체득하라.

무생인 · 無生印 삼법인과 바라밀을 실천하여 나고 없어짐이 없는 무생법인의 실상을 체득하라.

무생지 · 無生智 이타행의 지혜바라밀을 실천하여 나고 없어짐이 없는 무생법인의 실상을 체득하라.

무생향 · 無生香 지계바라밀을 실천하여 나고 없어짐이 없는 무생법인의 실상을 체득하라.

무생화 · 無生華 깊은 선정바라밀을 실천하여 나고 없어짐이 없는 무생법인의 실상을 체득하라.

무심 · 無尋 바라밀을 실천하여 개괄적으로 사유하거나 세심하고 고찰하는 마음 작용이 없는 무심무사(無尋無伺)의 성품을 갖추어라.

무심 · 無心 바라밀행을 닦아 욕심에 집착하거나 옳고 그름 등 마음의 현상에 끄달리는 일이 없이 여여한 마음을 갖추고 대승보살도를 실천하라.

무심덕 · 無尋德 내원해인(耐怨害忍)의 인욕바라밀을 실천하여 개괄적으로 사유하거나 세심하고 고찰하는 마음 작용이 없는 무심무사(無尋無伺)의 성품을 갖추어라.

무심덕 · 無心德 인욕바라밀을 실

천하여 욕심에 집착하거나 옳고 그름 등 마음의 현상에 끄달리는 일이 없이 여여한 마음을 갖추어라.

무심명 · 無尋明 수용법락(受用法樂)의 지혜바라밀을 실천하여 개괄적으로 사유하거나 세심하고 고찰하는 마음 작용이 없는 무심무사(無尋無伺)의 성품을 갖추어라.

무심성 · 無尋聖 성숙유정(成熟有情)의 지혜바라밀을 실천하여 개괄적으로 사유하거나 세심하고 고찰하는 마음 작용이 없는 무심무사(無尋無伺)의 성품을 갖추어라.

무심성 · 無尋性 안수고인(安受苦忍)의 인욕바라밀을 실천하여 개괄적으로 사유하거나 세심하고 고찰하는 마음 작용이 없는 무심무사(無尋無伺)의 성품을 갖추어라.

무심원 · 無尋願 원력바라밀을 실천하여 개괄적으로 사유하거나 세심하고 고찰하는 마음 작용이 없는 무심무사(無尋無伺)의 성품을 갖추어라.

무심월 · 無尋月 방편바라밀을 실천하여 개괄적으로 사유하거나 세심하고 고찰하는 마음 작용이 없는 무심무사(無尋無伺)의 성품을 갖추어라.

무심월 · 無心月 방편바라밀을 실천하여 욕심에 집착하거나 옳고 그름 등 마음의 현상에 끄달리는 일이 없는 여여한 마음을 갖추어라.

무심인 · 無心印 지혜바라밀을 실천하여 욕심에 집착하거나 옳고 그름 등 마음의 현상에 끄달리는 일이 없는 여여한 마음을 갖추어라.

무심정 · 無心淨 정진바라밀을 실천하여 욕심에 집착하거나 옳고 그름 등 마음의 현상에 끄달리는 일이 없는 여여한 마음을 갖추어라.

무심지 · 無尋智 이타행의 지혜바라밀을 실천하여 개괄적으로 사유하거나 세심하고 고찰하는 마음 작용이 없는 무심무사(無尋無伺)의 성품을 갖추어라.

무심행 · 無尋行 보시바라밀을 실천하여 개괄적으로 사유하거나 세심하고 고찰하는 마음 작용이 없는 무심무사(無尋無伺)의 성품을 갖추어라.

무심행 · 無心行 보시바라밀을 실천하여 욕심에 집착하거나 옳고 그름 등 마음의 현상에 끄달리는 일이 없는 여여한 마음을 갖추어라.

무심향 · 無尋香 지계바라밀을 실천하여 개괄적으로 사유하거나 세심하고 고찰하는 마음 작용이 없는 무심무사(無尋無伺)의 성품을 갖추어라.

무심향 · 無心香 지계바라밀을 실천하여 욕심에 집착하거나 옳고 그름 등 마음의 현상에 끄달리는 일이 없는 여여한 마음을 갖추어라.

무심혜 · 無尋慧 지혜바라밀을 실천하여 개괄적으로 사유하거나 세심하고 고찰하는 마음 작용이 없는 무심무사(無尋無伺)의 성품을 갖추어라.

무심화 · 無尋華 깊은 선정바라밀을 실천하여 개괄적으로 사유하거나 세심하고 고찰하는 마음 작용이 없는 무심무사(無尋無伺)의 성품을 갖추어라.

무심화 · 無心華 선정바라밀을 실천하여 욕심에 집착하거나 옳고 그름 등 마음의 현상에 끄달리는 일이 없는 여여한 마음을 갖추어라.

무아 · 無我 바라밀을 실천하여 나, 나의 견해, 나의 소유 등에 대한 집착을 버리고 무상의 지혜를 체득하라.

무아덕 · 無我德 내원해인(耐怨害忍)의 인욕바라밀을 실천하여 나, 나의 견해, 나의 소유 등에 대한

집착을 버리고 무상의 지혜를 체득하라.

무아법 · 無我法 변화력(變化力)을 갖춘 원력바라밀을 실천하여 나, 나의 견해, 나의 소유 등에 대한 집착을 버리고 무상의 지혜를 체득하라.

무아성 · 無我聖 성숙유정지(成熟有情智)의 지혜바라밀을 실천하여 나, 나의 견해, 나의 소유 등에 대한 집착을 버리고 무상의 지혜를 체득하라.

무아성 · 無我性 안수고인(安受苦忍)의 인욕바라밀을 실천하여 나, 나의 견해, 나의 소유 등에 대한 집착을 버리고 무상의 지혜를 체득하라.

무아신 · 無我信 섭중생계(攝衆生戒)의 지계바라밀을 실천하여 나, 나의 견해, 나의 소유 등에 대한 집착을 버리고 무상의 지혜를 체득하라.

무아심 · 無我心 선정바라밀을 실천하여 나, 나의 견해, 나의 소유 등에 대한 집착을 버리고 무상의 지혜를 체득하라.

무아원 · 無我願 원력바라밀을 실천하여 나, 나의 견해, 나의 소유

등에 대한 집착을 버리고 무상의 지혜를 체득하라.

무아월 · 無我月 방편바라밀을 실천하여 나, 나의 견해, 나의 소유 등에 대한 집착을 버리고 무상의 지혜를 체득하라.

무아정 · 無我淨 이락정진(利樂精進) 바라밀을 실천하여 나, 나의 견해, 나의 소유 등에 대한 집착을 버리고 무상의 지혜를 체득하라.

무아행 · 無我行 보시바라밀을 실천하여 나, 나의 견해, 나의 소유 등에 대한 집착을 버리고 무상의 지혜를 체득하라.

무아향 · 無我香 지계바라밀을 실천하여 나, 나의 견해, 나의 소유 등에 대한 집착을 버리고 무상의 지혜를 체득하라.

무암 · 無庵 바라밀행에 집중하여 거처에 집착함이 없이 오고감에 자재한 지혜를 체득하고 널리 보살행을 실천하라.

무애 · 無碍 바라밀을 실천하여 자유자재로 융통해서 장애가 없고 걸림이 없으며 일체의 언어 제법을 분별하여 남김없이 요달(了達)하라.

무애경 · 無碍境 바라밀을 실천하여 경계를 넘어 자유자재로 융통해서 장애가 없고, 일체의 언어 제법을 분별하여 남김없이 요달(了達)하므로 걸림이 없어라.

무애광 · 無碍光 구공혜(俱空慧)의 지혜바라밀을 실천하여 경계를 넘어 자유자재로 융통해서 장애가 없고, 일체의 언어 제법을 분별하여 남김없이 요달(了達)하여 걸림이 없어라.

무애도 · 無碍度 교회유무(巧會有無)의 방편바라밀을 실천하여 경계를 넘어 자유자재로 융통해서 장애가 없고, 일체의 언어 제법을 분별하여 남김없이 요달(了達)하여 걸림이 없어라.

무애득 · 無碍得 수습력(修習力)의 원력바라밀을 실천하여 경계를 넘어서 자유자재로 융통해서 장애가 없고, 일체의 언어 제법을 분별하여 남김없이 요달(了達)하여 걸림이 없어라.

무애법 · 無碍法 변화력(變化力)의 원력바라밀을 실천하여 경계를 넘어 자유자재로 융통해서 장애가 없고, 일체의 언어 제법을 분별하여 남김없이 요달(了達)하여 걸림이 없어라.

무애성 · 無碍聖 성숙유정(成熟有

情)의 지혜바라밀을 실천하여 경계를 넘어 자유자재로 융통해서 장애가 없고, 일체의 언어 제법을 분별하여 남김없이 요달(了達)하여 걸림이 없어라.

무애수 · 無碍修 정진바라밀을 실천하여 경계를 넘어 자유자재로 융통해서 장애가 없고, 일체의 언어 제법을 분별하여 남김없이 요달(了達)하여 걸림이 없어라.

무애심 · 無碍心 안주정려(安住靜慮)의 선정바라밀을 실천하여 경계를 넘어 자유자재로 융통해서 장애가 없고, 일체의 언어 제법을 분별하여 남김없이 요달(了達)하여 걸림이 없어라.

무애원 · 無碍願 보리원의 원력바라밀을 실천하여 경계를 넘어 자유자재로 융통해서 장애가 없고, 일체의 언어 제법을 분별하여 남김없이 요달(了達)하여 걸림이 없어라.

무애월 · 無碍月 방편바라밀을 실천하여 경계를 넘어 자유자재로 융통해서 장애가 없고, 일체의 언어 제법을 분별하여 남김없이 요달(了達)하여 걸림이 없어라.

무애지 · 無碍智 이타행의 지혜바라밀을 실천하여 경계를 넘어 자유자재로 융통해서 장애가 없고, 일체의 언어 제법을 분별하여 남김없이 요달(了達)하여 걸림이 없어라.

무애행 · 無碍行 보시바라밀을 실천하여 경계를 넘어 자유자재로 융통해서 장애가 없고, 일체의 언어 제법을 분별하여 남김없이 요달(了達)하여 걸림이 없어라.

무애향 · 無碍香 지계바라밀을 실천하여 경계를 넘어 자유자재로 융통해서 장애가 없고, 일체의 언어 제법을 분별하여 남김없이 요달(了達)하여 걸림이 없어라.

무여 · 無如 바라밀을 실천하여 분별이 끊어져 마음 작용이 일어나지 않으며, 있는 그대로 대상이 파악되는 여여한 마음 상태를 체득하라.

무여경 · 無如境 경계에 끄달리지 않는 바라밀을 실천하여 분별이 끊어져 마음 작용이 일어나지 않으며, 있는 그대로 대상이 파악되는 마음 상태를 이루어라.

무여득 · 無如得 수습력(修習力)의 원력바라밀을 실천하여 분별이 끊어져 마음 작용이 일어나지 않으며, 있는 그대로 대상이 파악되는 마음 상태를 이루어라.

무여림 · 無如林 생활 속에서 선정바라밀을 실천하여 분별이 끊어져 마음 작용이 일어나지 않으며, 있는 그대로 대상이 파악되는 마음 상태를 이루어라.

무여명 · 無如明 수용법락지(受用法樂智)의 지혜바라밀을 실천하여 분별이 끊어져 마음 작용이 일어나지 않으며, 있는 그대로 대상이 파악되는 마음 상태를 이루어라.

무여법 · 無如法 변화력(變化力)의 원력바라밀을 실천하여 분별이 끊어져 마음 작용이 일어나지 않으며, 있는 그대로 대상이 파악되는 마음 상태를 이루어라.

무여성 · 無如性 인욕바라밀을 실천하여 분별이 끊어져 마음 작용이 일어나지 않으며, 있는 그대로 대상이 파악되는 마음 상태를 이루어라.

무여심 · 無如心 안주정려(安住靜慮)의 선정바라밀을 실천하여 분별이 끊어져 마음 작용이 일어나지 않으며, 있는 그대로 대상이 파악되는 마음 상태를 이루어라.

무여원 · 無如願 원력바라밀을 실천하여 분별이 끊어져 마음 작용이 일어나지 않으며, 있는 그대로 대상이 파악되는 마음 상태를 이루어라.

무여원 · 無如圓 체찰법인(諦察法忍)의 인욕바라밀을 실천하여 분

별이 끊어져 마음 작용이 일어나지 않으며, 있는 그대로 대상이 파악되는 마음 상태를 이루어라.

무여월 · 無如月 방편바라밀을 실천하여 분별이 끊어져 마음 작용이 일어나지 않으며, 있는 그대로 대상이 파악되는 마음 상태를 이루어라.

무여은 · 無如恩 지혜바라밀을 실천하여 분별이 끊어져 마음 작용이 일어나지 않으며, 있는 그대로 대상이 파악되는 마음 상태를 이루어라.

무여지 · 無如智 이타행의 지혜바라밀을 실천하여 분별이 끊어져 마음 작용이 일어나지 않으며, 있는 그대로 대상이 파악되는 마음 상태를 이루어라.

무여행 · 無如行 보시바라밀을 실천하여 분별이 끊어져 마음 작용이 일어나지 않으며, 있는 그대로 대상이 파악되는 마음 상태를 이루어라.

무여향 · 無如香 지계바라밀을 실천하여 분별이 끊어져 마음 작용이 일어나지 않으며, 있는 그대로 대상이 파악되는 마음 상태를 이루어라.

무여화 · 無如華 인발정려(引發靜慮)의 선정바라밀을 실천하여 분별이 끊어져 마음 작용이 일어나지 않으며, 있는 그대로 대상이 파악

되는 마음 상태를 이루어라.

무염 · 無染 바라밀행을 닦아 탐진치 삼독심으로 인한 번뇌망상이 일어나지 않아 마음에 오염이 없는 경지를 체득하라.

무염각 · 無染覺 구경열반에 이르는 바라밀을 실천하여 탐진치 삼독심으로 인한 번뇌망상이 일어나지 않아 마음에 오염이 없도록 하라.

무염경 · 無染境 이락타원(利樂他願)의 원력바라밀을 실천하여 탐진치 삼독심으로 인한 번뇌망상이 일어나지 않아 마음에 오염이 없도록 하라.

무염덕 · 無染德 내원해인(耐怨害忍)의 인욕바라밀을 실천하여 탐진치 삼독심으로 인한 번뇌망상이 일어나지 않아 마음에 오염이 없도록 하라.

무염도 · 無染度 진취향과(進趣向果)의 방편바라밀을 실천하여 탐진치 삼독심으로 인한 번뇌망상이 일어나지 않아 마음에 오염이 없도록 하라.

무염득 · 無染得 수습력(修習力)의 원력바라밀을 실천하여 탐진치 삼독심으로 인한 번뇌망상이 일어나지 않아 마음에 오염이 없도록 하라.

무염명 · 無染明 수용법락지(受用法樂智)의 지혜바라밀을 실천하여 탐진치 삼독심으로 인한 번뇌망상이 일어나지 않아 마음에 오염이 없도록 하라.

무염법 · 無染法 변화력(變化力)의 원력바라밀을 실천하여 탐진치 삼독심으로 인한 번뇌망상이 일어나지 않아 마음에 오염이 없도록 하라.

무염성 · 無染聖 성숙유정(成熟有情)의 지혜바라밀을 실천하여 탐진치 삼독심으로 인한 번뇌망상이 일어나지 않아 마음에 오염이 없도록 하라.

무염성 · 無染性 안수고인(安受苦忍)의 인욕바라밀을 실천하여 탐진치 삼독심으로 인한 번뇌망상이 일어나지 않아 마음에 오염이 없도록 하라.

무염수 · 無染水 불사불수(不捨不受)의 방편바라밀을 실천하여 탐진치 삼독심으로 인한 번뇌망상이 일어나지 않아 마음에 오염이 없도록 하라.

무염심 · 無染心 선정바라밀을 실천하여 탐진치 삼독심으로 인한 번뇌망상이 일어나지 않아 마음에 오염이 없도록 하라.

무염원 · 無染圓 체찰법인(諦察法忍)의 인욕바라밀을 실천하여 탐진치 삼독심으로 인한 번뇌망상이 일어나지 않아 마음에 오염이 없도록 하라.

무염인 · 無染印 삼법인과 지혜바라밀을 실천하여 탐진치 삼독심으로 인한 번뇌망상이 일어나지 않아 마음에 오염이 없도록 하라.

무염지 · 無染智 이타행의 지혜바라밀을 실천하여 탐진치 삼독심으로 인한 번뇌망상이 일어나지 않아 마음에 오염이 없도록 하라.

무염행 · 無染行 보시바라밀을 실천하여 탐진치 삼독심으로 인한 번뇌망상이 일어나지 않아 마음에 오염이 없도록 하라.

무염향 · 無染香 지계바라밀을 실천하여 탐진치 삼독심으로 인한 번뇌망상이 일어나지 않아 마음에 오염이 없도록 하라.

무염혜 · 無染慧 아공(我空)과 법공(法空)의 지혜바라밀을 실천하여 탐진치 삼독심으로 인한 번뇌망상이 일어나지 않아 마음에 오염이 없도록 하라.

무염화 · 無染華 인발정려(引發靜慮)의 선정바라밀을 실천하여 탐진치 삼독심으로 인한 번뇌망상이 일어나지 않아 마음에 오염이 없도록 하라.

무영 · 無影 바라밀을 실천하여 실상을 깨우쳐 그림자에 집착하지 않는 마음을 체득해 중생을 제도하라.

무외 · 無畏 바라밀을 실천하여 두려움이 없는 마음으로 널리 베풀고, 어렵고 고통 받는 사람들의 마음을 섭수해 주어라.

무우 · 無憂 바라밀을 실천하여 우울, 슬픔, 불쾌, 절망이 없는 청정한 마음을 체득하라.

무우경 · 無憂鏡 이락타원(利樂他願)의 원력바라밀을 실천하여 우울, 슬픔, 불쾌, 절망이 없는 청정한 마음을 체득하라.

무우력 · 無憂力 사택력(思擇力)의 원력바라밀을 실천하여 우울, 슬픔, 불쾌, 절망이 없는 청정한 마음을 체득하라.

무우명 · 無憂明 수용법락지(受用法樂智)의 지혜바라밀을 실천하여 우울, 슬픔, 불쾌, 절망이 없는 청정한 마음을 체득하라.

무우성 · 無憂性 안수고인(安受苦忍)의 인욕바라밀을 실천하여 우울, 슬픔, 불쾌, 절망이 없는 청정한 마음을 체득하라.

무우수 · 無憂修 정진바라밀을 실천하여 우울, 슬픔, 불쾌, 절망이 없는 청정한 마음을 체득하라.

무우수 · 無憂樹 선정바라밀을 실천하여 우울, 슬픔, 불쾌, 절망이 없는 청정한 마음을 체득하라.

무우신 · 無憂信 섭중생계(攝衆生戒)의 지계바라밀을 실천하여 우울, 슬픔, 불쾌, 절망이 없는 청정한 마음을 체득하라.

무우심 · 無憂心 안주정려(安住靜慮)의 선정바라밀을 실천하여 우울, 슬픔, 불쾌, 절망이 없는 청정한 마음을 체득하라.

무우원 · 無憂願 보리원의 원력바라밀을 실천하여 우울, 슬픔, 불쾌, 절망이 없는 청정한 마음을 체득하라.

무우원 · 無憂圓 체찰법인(諦察法忍)의 인욕바라밀을 실천하여 우울, 슬픔, 불쾌, 절망이 없는 청정한 마음을 체득하라.

무우월 · 無憂月 진취향과(進趣向果)의 방편바라밀을 실천하여 우울, 슬픔, 불쾌, 절망이 없는 청정

한 마음을 체득하라.

무우인 · 無憂印 성숙유정(成熟有情)의 지혜바라밀을 실천하여 우울, 슬픔, 불쾌, 절망이 없는 청정한 마음을 체득하라.

무우지 · 無憂智 무상지(無上智)의 지혜바라밀을 실천하여 우울, 슬픔, 불쾌, 절망이 없는 청정한 마음을 체득하라.

무우행 · 無憂行 보시바라밀을 실천하여 우울, 슬픔, 불쾌, 절망이 없는 청정한 마음을 체득하라.

무우향 · 無憂香 지계바라밀을 실천하여 우울, 슬픔, 불쾌, 절망이 없는 청정한 마음을 체득하라.

무우화 · 無憂華 깊은 선정바라밀을 실천하여 우울, 슬픔, 절망이 없는 청정한 마음을 체득하라.

무운 · 無雲 바라밀을 실천하여 조건에 의지하여 일어나는 마음을 정화하는 지혜를 체득하고 널리 감로의 비를 뿌려라.

무원 · 無元 바라밀을 실천하여 덕의 근본을 깨우치되 그것에 머물지 않는 지혜로 중생을 제도한다는 생각 없이 제도하라.

무위·無爲 바라밀을 실천하여 조건 지어진 것이 아닌 생멸불변의 진리의 체득하라.

무위각·無爲覺 법공(法空)의 이치를 깨치고, 지혜바라밀을 실천하여 조건 지어진 것이 아닌 생멸불변의 진리를 체득하라.

무위광·無爲光 구공(俱空)의 지혜바라밀을 실천하여 조건 지어진 것이 아닌 생멸불변의 진리를 체득하라.

무위덕·無爲德 내원해인(耐怨害忍)의 인욕바라밀을 실천하여 조건 지어진 것이 아닌 생멸불변의 진리의 체득하라.

무위도·無爲道 섭율의계(攝律儀戒)의 지계바라밀을 실천하여 조건 지어진 것이 아닌 생멸불변의 진리의 체득하라.

무위득·無爲得 수습력(修習力)의 원력바라밀을 실천하여 조건 지어진 것이 아닌 생멸불변의 진리를 체득하라.

무위림·無爲林 생활 속에서의 선정바라밀을 실천하여 조건 지어진 것이 아닌 생멸불변의 진리를 체득하라.

무위명·無爲明 수용법락(受用法樂)의 지혜바라밀을 실천하여 조건 지어진 것이 아닌 생멸불변의 진리를 체득하라.

무위성·無爲成 무외시바라밀을 실천하여 조건 지어진 것이 아닌 생멸불변의 진리의 체득하라.

무위성·無爲聖 성숙유정(成熟有情)의 지혜바라밀을 실천하여 조건 지어진 것이 아닌 생멸불변의 진리를 체득하라.

무위성·無爲性 안수고인(安受苦忍)의 인욕바라밀을 실천하여 조건 지어진 것이 아닌 생멸불변의 진리의 체득하라.

무위수·無爲樹 변사정려(辨事靜慮)의 선정바라밀을 실천하여 조건 지어진 것이 아닌 생멸불변의 진리를 체득하라.

무위심·無爲心 선정바라밀을 실천하여 조건 지어진 것이 아닌 생멸불변의 진리를 체득하라.

무위원·無爲願 보리 증득의 원력바라밀을 실천하여 조건 지어진 것이 아닌 생멸불변의 진리를 체득하라.

무위월·無爲月 방편바라밀을 실천하여 조건 지어진 것이 아닌 생멸불변의 진리를 체득하라.

무위지 · 無爲智 무상지(無上智)의 지혜바라밀을 실천하여 조건 지어진 것이 아닌 생멸불변의 진리를 체득하라.

무위행 · 無爲行 보시바라밀을 실천하여 조건 지어진 것이 아닌 생멸불변의 진리를 체득하라.

무위향 · 無爲香 지계바라밀을 실천하여 조건 지어진 것이 아닌 생멸불변의 진리를 체득하라.

무위혜 · 無爲慧 지혜바라밀을 실천하여 조건 지어진 것이 아닌 생멸불변의 진리를 체득하라.

무위화 · 無爲華 깊은 선정바라밀을 실천하여 조건 지어진 것이 아닌 생멸불변의 진리를 체득하라.

무이화 · 無二華 선정바라밀을 실천하여 분별에 치우치지 않는 둘이 아닌 지혜를 체득하라.

무일 · 無一 바라밀을 실천하여 한 물건에도 집착함이 없는 지혜를 체득하고 널리 중생을 제도하라.

무주 · 無住 바라밀에 집중하여 안이비설신의 육근에 머무름이 없는 마음의 경지를 체득하라.

무주각 · 無住覺 지혜바라밀을 실천하여 머무름이 없는 경지를 체득하라.

무주명 · 無住明 이타행의 지혜바라밀을 실천하여 머무름이 없는 경지를 체득하라.

무주문 · 無住門 섭선 정진바라밀을 실천하여 머무름이 없는 경지를 체득하라.

무주성 · 無住成 무외시의 보시바라밀을 실천하여 머무름이 없는 경지를 체득하라.

무주성 · 無住聖 성숙유정(成熟有情)의 지혜바라밀을 실천하여 머무름이 없는 경지를 체득하라.

무주신 · 無住信 섭중생계(攝衆生戒)의 지계바라밀을 실천하여 머무름이 없는 경지를 체득하라.

무주심 · 無住心 선정바라밀을 실천하여 머무름이 없는 경지를 체득하라.

무주원 · 無住願 보리행을 하겠다는 원력바라밀을 실천하여 머무름이 없는 경지를 체득하라.

무주월 · 無住月 진취적인 방편바라밀을 실천하여 머무름이 없는 경지를 체득하라.

무주인 · 無住印 삼법인의 정법을 바탕으로 한 바라밀을 실천하여 머무름이 없는 경지를 체득하라.

무주행 · 無住行 보시바라밀을 실천하여 머무름이 없는 경지를 체득하라.

무주향 · 無住香 지계바라밀을 실천하여 머무름이 없는 경지를 체득하라.

무주화 · 無住華 인발정려(引發靜慮)의 선정바라밀을 실천하여 머무름이 없는 경지를 체득하라.

무진 · 無盡 바라밀을 실천하여 그 본성이 걸림이 없고 정해진 바가 없어 다함이 없는 중중무진(重重無盡)의 지혜를 체득하라.

무진성 · 無盡性 안수고인(安受苦忍)의 인욕바라밀을 실천하여 부처님의 사무량심의 가피지력으로 중중무진(重重無盡)의 지혜와 복덕을 성취하라.

무진심 · 無盡心 안주정려(安住靜慮)의 선정바라밀을 실천하여 부처님의 사무량심의 가피지력으로 중중무진(重重無盡)의 지혜와 복덕을 성취하라.

무진장 · 無盡藏 교학과 바라밀을 겸수하여 부처님의 사무량심의 가피지력으로 중중무진(重重無盡)의 지혜와 복덕을 성취하라.

무진행 · 無塵行 보시바라밀을 실천하여 부처님의 사무량심의 가피지력으로 중중무진(重重無盡)의 지혜와 복덕을 성취하라.

무진향 · 無盡香 섭율의계(攝律儀戒)의 지계바라밀을 실천하여 부처님의 사무량심의 가피지력으로 중중무진(重重無盡)의 지혜와 복덕을 성취하라.

무착 · 無着 바라밀을 실천하여 탐진치 삼독심에서 벗어나 집착하는 바가 없는 지혜의 공덕을 성취하라.

무착심 · 無着心 선정바라밀을 실천하여 탐진치 삼독심에서 벗어나 집착하는 바가 없는 지혜를 성취하라.

무착행 · 無着行 보시바라밀을 실천하여 탐진치 삼독심에서 벗어나 집착하는 바가 없는 지혜를 성취하라.

무학 · 無學 바라밀행으로 아라한과를 체득하고 널리 중생을 제도하여 이롭게 하라.

묵연 · 黙然 바라밀을 실천하여 청정한 마음으로 고요한 진리의 바다를 체득하라.

묵화 · 默和 바라밀을 실천하여 침묵으로 화합하는 방법을 체득하라.

문광 · 門光 바라밀을 실천하여 무량한 광명이 비추는 해탈문의 모습을 체득하고 한량없는 중생을 제도하라.

문광림 · 門光林 생활 속에서 선정바라밀을 실천하여 무량한 광명이 비추는 해탈지견을 성취하라.

문광명 · 門光明 수용법락(受用法樂)의 지혜바라밀을 실천하여 무량한 광명이 비추는 해탈지견을 성취하라.

문광수 · 門光修 정진바라밀을 실천하여 무량한 광명이 비추는 해탈지견을 성취하라.

문광심 · 門光心 선정바라밀을 실천하여 무량한 광명이 비추는 해탈지견을 성취하라.

문광원 · 門光圓 인욕바라밀을 실천하여 무량한 광명이 비추는 해탈지견을 성취하라.

문광월 · 門光月 방편바라밀을 실천하여 무량한 광명이 비추는 해탈지견을 성취하라.

문광인 · 門光印 성숙유정(成熟有情)의 지혜바라밀을 실천하여 무량한 광명이 비추는 해탈지견을 성취하라.

문광행 · 門光行 보시바라밀을 실천하여 무량한 광명이 비추는 해탈지견을 성취하라.

문광향 · 門光香 지계바라밀을 실천하여 무량한 광명이 비추는 해탈지견을 성취하라.

문광혜 · 門光慧 법시바라밀을 실천하여 무량한 광명이 비추는 해탈지견을 성취하라.

문광화 · 門光華 인발정려(引發靜慮)의 선정바라밀을 실천하여 무량한 광명이 비추는 해탈지견을 성취하라.

문담 · 門潭 수많은 강물이 흘러 깊은 바다에 이르면 개별적 특성이 사라져 분별이 없어지듯이 바라밀행으로 정진하여 수많은 번뇌 망상도 깊은 마음에 이르러 흔적도 없이 사라지는, 걸림 없는 마음자리를 체득하라.

문담림 · 門潭林 생활 속의 선정바라밀을 실천하여 공덕을 짓고 번뇌 망상이 모두 사라진 분별없는 마음자리를 체득하라.

문담명 · 門潭明 수용법락(受用法樂)의 지혜바라밀을 실천하여 공덕을 짓고 번뇌 망상이 모두 사라진 분별없는 마음자리를 체득하라.

문담성 · 門潭成 무외시바라밀을 실천하여 공덕을 짓고 번뇌 망상이 모두 사라진 분별없는 마음자리를 체득하라.

문담수 · 門潭水 불사불수(不捨不受)의 방편바라밀을 실천하여 공덕을 짓고 번뇌 망상이 모두 사라진 분별없는 마음자리를 체득하라.

문담수 · 門潭修 피갑정진(被甲精進)의 정진바라밀을 실천하여 공덕을 짓고 번뇌 망상이 모두 사라진 분별없는 마음자리를 체득하라.

문담심 · 門潭心 안주정려(安住靜慮)의 선정바라밀을 실천하여 공덕을 짓고 번뇌 망상이 모두 사라진 분별없는 마음자리를 체득하라.

문담원 · 門潭圓 체찰법인(諦察法忍)의 인욕바라밀을 실천하여 공덕을 짓고 번뇌 망상이 모두 사라진 분별없는 마음자리를 체득하라.

문담월 · 門潭月 진취향과(進趣向果) 방편바라밀을 실천하여 공덕을 지짓고 번뇌 망상이 모두 사라진 분별없는 마음자리를 체득하라.

문담인 · 門潭印 성숙유정(成熟有情)의 지혜바라밀을 실천하여 공덕을 짓고 번뇌 망상이 모두 사라진 분별없는 마음자리를 체득하라.

문담지 · 門潭智 무상의 지혜바라밀을 실천하여 공덕을 짓고 번뇌 망상이 모두 사라진 분별없는 마음자리를 체득하라.

문담천 · 門潭天 한량없는 원력바라밀을 실천하여 공덕을 짓고 번뇌 망상이 모두 사라진 분별없는 마음자리를 체득하라.

문담행 · 門潭行 재시바라밀을 실천하여 공덕을 짓고 번뇌 망상이 모두 사라진 분별없는 마음자리를 체득하라.

문담향 · 門潭香 섭선법계(攝善法戒)의 지계바라밀을 실천하여 공덕을 짓고 번뇌 망상이 모두 사라진 분별없는 마음자리를 체득하라.

문담혜 · 門潭惠 법시바라밀을 실천하여 공덕을 짓고 번뇌 망상이 모두 사라진 분별없는 마음자리를 체득하라.

문담화 · 門潭華 인발정려(引發靜慮)의 선정바라밀을 실천하여 공덕을 짓고 번뇌 망상이 모두 사라진 분별없는 마음자리를 체득하라.

문덕 · 門德 바라밀을 실천하여 석씨 가문의 음덕을 입어 지혜를 성취하고 한량없는 중생에게 공덕의 문을 열어 주어라.

문성 · 文聖 바라밀행으로 가르침에 있어서 가장 뛰어난 부처님의 공덕을 성취하라.

문수 · 文殊 바라밀 수행으로 문수보살의 지혜를 체득하라.

문수성 · 文殊性 인욕바라밀을 실천하여 부처님의 지혜를 실천하는 문수보살과 같은 한량없는 공덕을 지어라.

문수심 · 文殊心 안주정려(安住靜慮)의 선정바라밀을 실천하여 부처님의 지혜를 실천하는 문수보살과 같은 한량없는 공덕을 지어라.

문수월 · 文殊月 방편바라밀을 실천하여 부처님의 지혜를 실천하는 문수보살과 같은 한량없는 공덕을 지어라.

문수인 · 文殊印 성숙유정(成熟有情)의 지혜바라밀을 실천하여 부처님의 지혜를 실천하는 문수보살과 같은 한량없는 공덕을 지어라.

문수행 · 文殊行 보시바라밀을 실천하여 부처님의 지혜를 실천하는

문수보살과 같은 한량없는 공덕을 지어라.

문수혜 · 文殊慧 지혜바라밀을 실천하여 부처님의 지혜를 실천하는 문수보살과 같은 한량없는 공덕을 지어라.

문수화 · 文殊華 선정바라밀을 실천하여 부처님의 지혜를 실천하는 문수보살과 같은 한량없는 공덕을 지어라.

문운 · 文雲 바라밀을 실천하여 법과 도를 성취함에 있어서 구름처럼 걸림 없고 높은 경지에 올라서라.

문인 · 文仁 바라밀행으로 뛰어난 학문과 어진 마음을 갖추어 보살행을 실천하라.

미등 · 彌燈 바라밀을 실천하여 아미타불의 등불과 같이 미망에 휩싸여 있는 중생을 깨달음의 세계로 인도하라.

미묘향 · 微妙香 섭선법계(攝善法戒)의 지계바라밀을 실천하여 희유하고 미묘한 공덕을 성취하라.

미산 · 彌山 바라밀을 실천하여 산중의 왕 수미산과 같은 공덕을 성취하고, 널리 중생을 제도하라.

미타성·彌陀性 안수고인(安受苦 忍)의 인욕바라밀을 실천하여 한량 없는 아미타 부처님의 원력과 가피 지력으로 현세정토를 실현하라.

미타심·彌陀心 선정바라밀을 실 천하여 한량없는 아미타 부처님의 원력과 가피지력으로 현세정토를 실현하라.

미타원·彌陀願 원력바라밀을 실 천하여 한량없는 아미타 부처님의 원력과 가피지력으로 현세정토를 실현하라.

미타인·彌陀印 성숙유정(成熟有 情)의 지혜바라밀을 실천하여 한량 없는 아미타 부처님의 원력과 가피 지력으로 현세정토를 실현하라.

미타행·彌陀行 보시바라밀을 실 천하여 한량없는 아미타 부처님의 원력과 가피지력으로 현세정토를 실현하라.

미타향·彌陀香 지계바라밀을 실 천하여 한량없는 아미타 부처님의 원력과 가피지력으로 현세정토를 실현하라.

밀본·密本 삼밀가지(三密加持) 수행으로 진리의 근본 이치를 깨우 쳐 중생이 가지고 있는 신구의 삼 업을 청정하게 하도록 제도하라.

밀엄·密嚴 바라밀행을 닦아 이 세상을 초월하여 밀법(密法)의 이 치를 깨우친 수행자가 되어라.

밀운·密雲 삼밀가지(三密加持) 수행으로 복덕과 지혜를 갖춘 구름 처럼 많은 중생에게 삼밀의 감로법 을 전하라.

밀원·密元 삼밀가지(三密加持) 수행의 근본 이치를 깨우쳐 중생이 복덕과 지혜를 갖추도록 이끌어 주 어라.

반야 · 般若 바라밀의 실천으로 부처님의 지혜를 체득하여 일체중생을 이롭게 하라.

반야덕 · 般若德 인욕바라밀을 실천하여 불도의 근본이며, 일체중생이 본래 갖추고 있는 자성청정심의 지혜를 깨닫고 좋은 방편문을 행하라.

반야도 · 般若道 섭율의계(攝律儀戒)의 지계바라밀을 실천하여 불도의 근본이며, 일체중생이 본래 갖추고 있는 자성청정심의 지혜를 깨닫고 좋은 방편문을 행하라.

반야림 · 般若林 변사정려(辨事靜慮)의 선정바라밀을 실천하여 불도의 근본이며, 일체중생이 본래 갖추고 있는 자성청정심의 지혜를 깨닫고 좋은 방편문을 행하라.

반야문 · 般若門 섭선정진(攝善精進) 바라밀을 실천하여 불도의 근본이며, 일체중생이 본래 갖추고 있는 자성청정심의 지혜를 깨닫고 좋은 방편문을 행하라.

반야선 · 般若船 방편바라밀을 실천하여 불도의 근본이며, 일체중생이 본래 갖추고 있는 자성청정심의 지혜를 깨닫고 좋은 방편문을 행하라.

반야수 · 般若水 불사불수(不捨不受)의 방편바라밀을 실천하여 불도의 근본이며, 일체중생이 본래 갖추고 있는 자성청정심의 지혜를 깨닫고 좋은 방편문을 행하라.

반야신 · 般若信 섭중생계(攝衆生

戒)의 지계바라밀을 실천하여 불도의 근본이며, 일체중생이 본래 갖추고 있는 자성청정심의 지혜를 깨닫고 좋은 방편문을 행하라.

반야심 · 般若心 안주정려(安住靜慮)의 선정바라밀을 실천하여 불도의 근본이며, 일체중생이 본래 갖추고 있는 자성청정심의 지혜를 깨닫고 좋은 방편문을 행하라.

반야원 · 般若願 원력바라밀을 실천하여 불도의 근본이며, 일체중생이 본래 갖추고 있는 자성청정심의 지혜를 깨닫고 좋은 방편문을 행하라.

반야월 · 般若月 진취향과(進趣向果) 방편바라밀을 실천하여 불도의 근본이며, 일체중생이 본래 갖추고 있는 자성청정심(自性淸淨心)의 지혜를 깨닫고 좋은 방편문을 행하라.

반야지 · 般若智 무상지(無上智)의 지혜바라밀을 실천하여 불도의 근본이며, 일체중생이 본래 갖추고 있는 자성청정심의 지혜를 깨닫고 좋은 방편문을 행하라.

반야행 · 般若行 보시바라밀을 실천하여 불도의 근본이며, 일체중생이 본래 갖추고 있는 자성청정심의 지혜를 깨닫고 좋은 방편문을 행하라.

반야화 · 般若華 인발정려(引發靜

慮)의 깊은 선정바라밀을 실천하여 불도의 근본이며, 일체중생이 본래 갖추고 있는 자성청정심의 지혜를 깨닫고 좋은 방편문을 행하라.

발심행 · 發心行 보시바라밀을 실천하여 초발심을 잊지 않고 복덕과 지혜를 성취하라.

방각 · 方覺 바라밀을 실천하여 세간의 이치를 깨치고 부처님의 가르침을 펴 널리 중생을 제도하라.

백련 · 白蓮 바라밀을 실천하여 장맛비 속에 핀 하얀 연꽃처럼 청정한 공덕을 성취하라.

백련심 · 白蓮心 안주정려(安住靜慮)의 선정바라밀을 실천하여 장맛비 속에 핀 하얀 연꽃처럼 청정한 공덕을 성취하라.

백련화 · 白蓮華 인발정려(引發靜慮)의 깊은 선정바라밀을 실천하여 장맛비 속에 핀 하얀 연꽃처럼 청정한 공덕을 성취하라.

백상 · 白象 바라밀을 실천하여 흰 코끼리와 같은 공덕을 체득하고 삼보를 외호하며 중생을 제도하라.

백송 · 白松 바라밀을 실천하여 분별과 집착을 버리고 늘 푸른 소나무처럼 중생의 의지처가 되어라.

백운 · 白雲 바라밀을 실천하여 청정하고 걸림 없는 마음으로 세상을 주유하며 감로의 비를 내릴 수 있는 흰 구름같이 세상을 이롭게 하라.

범각 · 梵覺 바라밀을 실천하여 청정한 깨달음을 체득하고 중생 제도를 위해 노력하라.

범관 · 梵觀 바라밀행으로 번뇌와 탐욕의 오염을 벗겨내는 청정한 지혜를 관(觀)하라.

범국 · 梵國 바라밀행으로 청정한 국토, 청정한 자성을 체득하라.

범덕행 · 梵德行 바라밀행으로 청정한 공덕을 실천하라.

범문 · 梵門 바라밀을 실천하여 청정한 지혜의 문을 열어 많은 중생이 불국토로 들어올 수 있도록 제도하라.

범본 · 梵本 범(梵)은 청정을 뜻함. 바라밀을 실천하여 청정한 본원을 깨달아라.

범산 · 梵山 바라밀을 실천하여 청정한 마음을 갖추고 누구나 의지하며 바라보는 인재가 되어라.

범산 · 凡山 바라밀을 실천하여 평범함 속에 비범함을 감추고 있는 인재가 되어 많은 사람의 의지처가 되어 공덕을 지어라.

범상화 · 梵相華 선정바라밀을 실천하여 청정원만상을 성취하라.

범성 · 汎星 바라밀을 실천하여 하늘에 떠 있는 별과 같이 여여한 마음으로 중생의 길잡이가 되어라.

범성 · 梵聖 바라밀행을 닦아 청정하고 성스러운 부처님의 가르침을 여법(如法)하게 닦아라.

범심 · 梵心 바라밀행으로 정진하여 청정한 마음을 닦아 한량없는 중생에게 선근공덕을 심어라.

범여 · 梵如 바라밀을 실천하여 청정하고 여여한 마음으로 부처님의 가르침에 부합하는 복덕과 지혜를 구족하라.

범용 · 梵用 바라밀행의 공덕을 닦아 일체의 악업을 소멸하고 청정한 지혜를 체득하여 많은 사람을 이롭게 하라.

범운 · 梵雲 바라밀행의 공덕을 닦아 일체의 악업을 소멸하고 청정한 지혜의 비를 내려라.

범운경 · 梵雲鏡 이락타원(利樂他願)의 원력바라밀을 실천하여 일체의 악업을 소멸하고 청정한 지혜의 비를 내려라.

범운성 · 梵雲聖 성숙유정(成熟有情)의 지혜바라밀을 실천하여 일체의 악업을 소멸하고 청정한 지혜의 비를 내려라.

범운성 · 梵雲性 안수고인(安受苦忍)의 인욕바라밀을 실천하여 일체의 악업을 소멸하고 청정한 지혜의 비를 내려라.

범운심 · 梵雲心 안주정려(安住靜慮)의 선정바라밀을 실천하여 일체의 악업을 소멸하고 청정한 지혜의 비를 내려라.

범운월 · 梵雲月 진취향과(進趣向果)의 방편바라밀을 실천하여 일체의 악업을 소멸하고 청정한 지혜의 비를 내려라.

범운정 · 梵雲淨 이락정진(利樂精進)의 정진바라밀을 실천하여 일체의 악업을 소멸하고 청정한 지혜의 비를 내려라.

범운지 · 梵雲智 무상의 지혜바라밀을 실천하여 일체의 악업을 소멸하고 청정한 지혜의 비를 내려라.

범운행 · 梵雲行 보시바라밀을 실천하여 일체의 악업을 소멸하고 청정한 지혜의 비를 내려라.

범운향 · 梵雲香 섭선법계(攝善法戒)의 지계바라밀을 실천하여 일체의 악업을 소멸하고 청정한 지혜의 비를 내려라.

범운혜 · 梵雲慧 아공(我空)을 체득하는 지혜바라밀을 실천하여 일체의 악업을 소멸하고 청정한 지혜의 비를 내려라.

범운화 · 梵雲華 인발정려(引發靜慮)의 깊은 선정바라밀을 실천하여 일체의 악업을 소멸하고 청정한 지혜의 비를 내려라.

범일 · 梵日 바라밀 수행으로 만물을 두루 비추어 키우는 태양처럼 으뜸가는 불도를 닦고 깨달아라.

범적 · 梵寂 업(業)과 번뇌의 불꽃이 소멸된 열반의 경지를 체득하여 열반의 네 가지 덕(德)인 상락아정(常樂我淨) 중에서 청정한 불법의 경지를 수행하라.

범정 · 梵淨 바라밀행을 닦아 번뇌와 망집이 헛된 것임을 깨달아서 본래 청정한 중생의 심성을 찾아라.

범정 · 凡丁 바라밀행을 닦아 평범함 속에서도 비범함이 숨어 있는 불자가 되어 세간에서 많은 사람을 위해 헌신하라.

범정심 · 梵淨心 안주정려(安住靜慮)의 선정바라밀을 실천하여 번뇌와 망집이 헛된 것임을 깨달아 본래 청정한 중생의 심성을 찾아라.

범조 · 梵照 바라밀행을 닦아 청정한 마음으로 관조할 수 있는 지혜를 체득하라.

범조 · 梵무 바라밀행을 닦아 청정한 마음으로 지혜를 체득하고 새벽별처럼 빛나는 불자의 삶을 영위하라.

범주 · 梵舟 바라밀행을 닦아 청정한 마음으로 거침없이 사바세계의 거센 물결을 건너는 공덕을 성취하라.

범준 · 梵峻 바라밀을 실천하여 청정하고 높고 고귀한 불자로서 많은 사람이 복덕과 지혜를 체득하도록 이끌어 주는 지도자가 되어라.

범진 · 梵進 진취향과(進趣向果)의 방편바라밀로 청정 범행을 실천하라.

범하 · 梵河 모든 물이 바다로 흘러들어 모든 분별을 버리듯이 청정한 지혜바라밀을 실천하라.

범해 · 梵海 바라밀행을 닦아 청정한 바다와 같이 넓고 깊은 공덕을 성취하여 한량없는 중생을 섭수할

수 있는 불교 지도자가 되어라.

범행 · 梵行 청정한 바라밀을 실천하여 부처님이 성취하신 복덕과 지혜를 구족하라.

범행화 · 梵行華 인발정려(引發靜慮)의 깊은 선정바라밀을 실천하여 부처님이 성취하신 복덕과 지혜를 구족하라.

범향 · 梵香 바라밀을 실천하여 계정혜 삼학의 청정한 향기로 중생계를 정화하라.

범향운 · 梵香雲 바라밀행을 닦아 청정한 향기와 높이 뜬 구름과 같이 복덕과 지혜의 덕향을 쌓아라.

범호 · 梵虎 바라밀행을 닦아 청정한 선정력을 갖춘 불자로서 복덕과 지혜를 성취하라.

범화 · 梵華 깊은 선정바라밀을 실천하여 청정한 복덕과 지혜를 성취하라.

범화 · 梵和 출세간의 길은 화합의 길이니 청정바라밀행으로 화합을 성취하라.

범화심 · 梵和心 안주정려(安住靜慮)의 청정바라밀을 실천하고 중생과 화합하라.

범효 · 梵孝 청정한 마음가짐으로 일체중생을 부모와 같이 받드는 효순심(孝順心)을 가져라.

법경 · 法鏡 바라밀 수행으로 만물을 있는 그대로 비추는 맑은 거울과 같이 청정한 불법(佛法)을 체득하라.

법경 · 法京 바라밀행으로 정진하여 광대무변한 정법의 이치를 요달하고 보살행으로 회향하라.

법경월 · 法鏡月 진취향과(進趣向果) 방편바라밀을 실천하여 맑은 거울과 같은 청정한 부처님의 법을 체득하라.

법계 · 法界 무명과 망집으로 오염된 이 세상을 불법의 진리가 실천되는 세계로 이끌려는 행원(行願)을 세우고 실천하라.

법계화 · 法界華 인발정려(引發靜慮)의 깊은 선정바라밀행으로 법성(法性) · 실상(實相) · 진여(眞如)를 밝히고, 사(事)로는 일체만유를 장엄하라.

법공 · 法空 바라밀행으로 정진하여 물질과 마음이 모두 연기법으로 생성된 것임을 관하여 탐착하지 마라.

법광 · 法光 바라밀행에 집중하여 불법 수행의 근본요체인 계 · 정 · 혜 삼학을 갈고 닦아 번뇌의 어두움을 파하는 불법의 지혜광명을 체득하라.

법광지 · 法光智 이타행의 무상지바라밀을 실천하여 불교 수행의 근본요체인 계 · 정 · 혜 삼학을 갈고 닦아 번뇌의 어두움을 파하는 불법의 지혜광명을 체득하라.

법기 · 法器 바라밀행을 닦아 정법의 지혜를 체득한 인재가 되어 한량없는 중생을 제도하라.

법념 · 法念 바라밀행을 닦아 부처님의 가르침을 체득하고 항상 현상을 있는 그대로 관찰할 수 있는 지혜를 갖추어라.

법능 · 法能 바라밀행을 닦아 능히 부처님의 법을 체득할 수 있도록 복덕과 지혜를 실천하라.

법달 · 法達 바라밀행을 닦아 정법에 통달한 불자가 되어라.

법덕 · 法德 바라밀행을 닦아 부처님의 가르침을 체득하고 복덕을 갖추어 널리 중생을 제도하는데 일심으로 노력하라.

법도 · 法度 부처님의 법도를 배우고 닦아서 항상 자신의 행(行)을 가다듬고 불법에 정진하여 뭇 중생의 모범이 되어라.

법등 · 法燈 바라밀행으로 어두운 세간을 밝히는 불법의 등불이 길이 끊어지지 않도록 스스로도 용맹정진하며 불법을 힘써 외호(外護)하라.

법등신 · 法燈信 섭중생계(攝衆生戒)의 지계바라밀을 실천하여 무시이래로 불도의 진리를 깨달은 여러 부처님과 보살, 조사 스님이 이어온 진리의 등불이 꺼지지 않고 이어지도록 항상 지혜로써 노력하고 수행하는 불자들을 외호하라.

법등심 · 法燈心 선정바라밀을 실천하여 무시이래로 불도의 진리를 깨달은 여러 부처님과 보살, 조사 스님이 이어온 진리의 등불이 꺼지지 않고 이어지도록 항상 지혜로써 노력하고 수행하는 불자들을 외호하라.

법등지 · 法燈智 이타행의 지혜바라밀을 실천하여 무시이래로 불도의 진리를 깨달은 여러 부처님과 보살, 조사 스님이 이어온 진리의 등불이 꺼지지 않고 이어지도록 항상 지혜로써 노력하고 수행하는 불자들을 외호하라.

법등행 · 法燈行 보시바라밀을 실천하여 무시이래로 불도의 진리를 깨달은 여러 부처님과 보살, 조사 스님이 이어온 진리의 등불이 꺼지지 않고 이어지도록 항상 지혜로써 노력하고 수행하는 불자들을 외호하라.

법등화 · 法燈華 깊은 선정바라밀을 실천하여 무시이래로 불도의 진리를 깨달은 여러 부처님과 보살, 조사 스님이 이어온 진리의 등불이 꺼지지 않고 이어지도록 항상 지혜로써 노력하고 수행하는 불자들을 외호하라.

법락 · 法樂 바라밀을 실천하여 얻어지는 법의 즐거움을 체득하라.

법락심 · 法樂心 선정바라밀을 실천하여 법의 즐거움을 요달하고 체득하라.

법락행 · 法樂行 보시바라밀을 실천하여 법의 즐거움을 요달하고 체득하라.

법락향 · 法樂香 섭선법(攝善法) 지계바라밀을 실천하여 법의 즐거움을 요달하고 체득하라.

법락혜 · 法樂慧 지혜바라밀을 실천하여 법의 즐거움을 요달하고 체득하라.

법락화 · 法樂華 인발정려(引發靜

慮)의 깊은 선정바라밀을 실천하여 법의 즐거움을 요달하고 체득하라.

법력·法力 바라밀행으로 정진하여 부처님의 가르침과 사무량심의 위신력으로 표현되는 법력의 가피를 입어라.

법력수·法力水 방편바라밀을 실천하여 항상 하심으로써 자신을 가다듬고 정진하여 일체중생의 번뇌무명을 다스리는 불법의 힘을 얻어 행하라.

법력심·法力心 선정바라밀을 실천하여 항상 하심으로써 자신을 가다듬고 정진하여 일체중생의 번뇌무명을 다스리는 불법의 힘을 얻어라.

법력행·法力行 바라밀행을 닦아 항상 하심으로써 자신을 가다듬고 정진하여 일체중생의 번뇌무명을 다스리는 불법의 힘을 얻어 행하라.

법력화·法力華 바라밀행을 닦아 항상 하심(下心)으로써 자신을 가다듬고 정진하여 일체중생의 번뇌무명을 다스리는 불법의 힘을 얻어라.

법련·法蓮 바라밀을 실천하여 진흙탕 속에서도 더럽혀짐이 없이 아름답게 핀 큰 연꽃처럼 오염되지 않고 불법의 향기를 발하라.

법련화·法蓮華 인발정려(引發靜慮)의 선정바라밀을 실천하여 진흙탕 속에서도 더럽혀짐이 없이 아름답게 핀 큰 연꽃처럼 오염되지 않고 불법의 향기를 발하라.

법련화·法蓮花 바라밀행을 닦아 진흙탕 속에서도 더럽혀짐이 없이 아름답게 핀 큰 연꽃처럼 오염되지 않고 불법의 향기를 발하라.

법륜·法輪 바라밀행을 닦아 부처님의 교화(敎化)와 설법(說法)을 전륜성왕의 윤보가 산과 바위를 부수고 거침없이 나아가듯 자리이타의 보살행을 실천하라.

법륜지·法輪智 지혜바라밀을 실천하여 전륜성왕의 윤보가 산과 바위를 부수고 거침없이 나아가듯 복덕과 지혜를 성취하라.

법륜행·法輪行 보시바라밀을 실천하여 전륜성왕의 윤보가 산과 바위를 부수고 거침없이 나아가듯 복덕과 지혜를 성취하라.

법륜화·法輪慧 지혜바라밀을 실천하여 전륜성왕의 윤보가 산과 바위를 부수고 거침없이 나아가듯 복덕과 지혜를 성취하라.

법륜화·法輪華 선정바라밀을 실천하여 전륜성왕의 윤보가 산과 바위를 부수고 거침없이 나아가듯 복덕과 지혜를 성취하라.

법만 · 法滿 바라밀 수행으로 온 세계가 법으로 충만한 불국토가 될 수 있도록 자리이타의 보살행을 실천하라.

법명 · 法明 바라밀 수행으로 불법의 진리를 갈고 닦아서 일체중생의 번뇌와 망집의 어둠을 밝혀라.

법명향 · 法明香 지계바라밀을 실천하여 불법의 진리를 갈고 닦아서 일체중생의 번뇌와 망집의 어둠을 밝혀라.

법무 · 法無 바라밀행을 닦아 온갖 현상을 있는 그대로 보면서도 그것에 집착하지 않는 여여한 지혜를 체득하라.

법민 · 法敏 바라밀행을 닦아 불교의 진리를 총명하게 체득하고 널리 보살행을 실천하라.

법보 · 法寶 바라밀행을 닦아 청정한 수행과 밝은 안목으로 경 · 율 · 론 삼장에 통달하여 법보를 수호하고 널리 전하라.

법보화 · 法寶華 선정바라밀을 실천하여 청정한 수행과 밝은 안목으로 경 · 율 · 론 삼장에 통달하여 법보를 수호하고 널리 전하라.

법산 · 法山 바라밀행을 닦아 부처님의 가르침을 체득하여 산과 같이 흔들림 없는 여여한 마음을 갖추어라.

법상 · 法相 바라밀행을 닦아 모든 불법의 현상과 도리를 깨닫고 닦아서 걸림 없는 지혜를 얻어라.

법상 · 法尙 바라밀행을 닦아 부처님의 가르침을 체득하고 항상 진리를 숭상하는 마음을 갖추어라.

법상 · 法祥 바라밀행을 닦아 불법의 상서로운 이치를 체득하고 실천하라.

법선행 · 法善行 보시바라밀을 실천하여 모든 불법의 현상과 도리를 깨닫고 닦아서 걸림 없는 지혜를 얻어라.

법선화 · 法善華 선정바라밀을 실천하여 모든 불법의 현상과 도리를 깨닫고 닦아서 걸림 없는 지혜를 얻어라.

법성 · 法性 바라밀을 실천하며, 부처님과 선지식의 가르침에 의지하여 자비와 지혜를 갈고 닦아 해탈의 법을 바탕으로 하는 불법의 여실한 본성을 체득하라.

법성 · 法城 바라밀행을 닦아 정법의 성에 안주하고 많은 사람이 안심입명(安心立命)할 수 있도록 이끌어 주어라.

법성 · 法惺 바라밀행을 닦아 정법의 이치를 체득하고 항상 성성한 마음으로 깨어 있어라.

법성 · 法聖 자신의 재능과 선업에 만족하지 말고 더욱 정진하여 일체 중생을 성스러운 불법의 길로 인도하라.

법성각 · 法性覺 지혜바라밀을 실천하고 부처님과 선지식의 가르침에 의지하여 자비와 지혜를 갈고 닦아서, 불법의 여실한 본성을 체득하라.

법성도 · 法性道 지계바라밀을 실천하여 항상 세밀하고 깊은 선정력으로 우주의 모든 현상이 지니고 있는 진실한 본성을 체득하라.

법성문 · 法性門 정진바라밀을 실천하여 항상 세밀하고 깊은 선정력으로 우주의 모든 현상이 지니고 있는 진실한 본성을 체득하라.

법성신 · 法性信 섭중생계(攝衆生戒)의 지계바라밀을 실천하여 항상 세밀하고 깊은 선정력으로 우주의 모든 현상이 지니고 있는 진실한 본성을 체득하라.

법성심 · 法性心 선정바라밀을 실천하여 항상 세밀하고 깊은 선정력으로 우주의 모든 현상이 지니고 있는 진실한 본성을 체득하라.

법성원 · 法性院 정진바라밀을 실천하여 항상 세밀하고 깊은 선정력으로 우주의 모든 현상이 지니고 있는 진실한 본성을 체득하라.

법성일 · 法性日 날마다 바라밀을 실천하여 항상 세밀하고 깊은 선정력으로 우주의 모든 현상이 지니고 있는 진실한 본성을 체득하라.

법성행 · 法性行 보시바라밀을 실천하여 항상 세밀하고 깊은 선정력으로 우주의 모든 현상이 지니고 있는 진실한 본성을 체득하라.

법성화 · 法性華 인발정려(引發靜慮)의 선정바라밀을 실천하여 항상 세밀하고 깊은 선정력으로 우주의 모든 현상이 지니고 있는 진실한 본성을 체득하라.

법송 · 法松 바라밀을 실천하여 정법에 통달하고 언제나 푸른 소나무처럼 법의 섬에 안주하라.

법수 · 法修 바라밀행을 닦아 정법을 체득하고 항상 잊지 않도록 수습하고 노력하라.

법수향 · 法修香 지계바라밀을 실천하여 항상 정법에 의지하여 복덕과 지혜를 성취하라.

법심화 · 法心華 선정바라밀을 실천하여 정법안장(正法眼藏)의 마음을 체득하라.

법안 · 法眼 바라밀행으로 정진하여 진리의 눈을 체득하고 미래를 내다 볼 수 있는 지혜로 중생을 제도하라.

법안 · 法安 바라밀행을 닦아 항상 부처님의 가르침을 따라 수행하여 일체의 현상에 미혹됨이 없는 진리의 자리, 정법안장(正法眼藏)을 성취하라.

법안심 · 法眼心 선정바라밀을 실천하여 세간의 명성과 이익에서 벗어나 크나큰 불도의 진리에 대한 굳센 신심과 깨달음으로 제법을 직관하는 바른 안목을 갖추어라.

법안정 · 法安淨 청정한 마음으로 정진바라밀을 실천하여 항상 부처님의 가르침을 따라 수행하여 일체의 현상에 미혹됨이 없는 진리의 자리, 정법안장(正法眼藏)을 성취하라.

법여 · 法如 바라밀을 실천하여 항상 여여한 마음으로 정법을 호지하고 실천하라.

법연 · 法蓮 바라밀로 정진하여 법을 상징하는 연꽃과 같은 공덕과 지혜를 성취하라.

법연 · 法然 바라밀을 닦아 언제나 여여한 진리를 체득하고 삶 속에서 실천하여 중생을 이롭게 하라.

법연 · 法緣 바라밀을 실천하며 연기법을 체득하고 한량없는 중생이 불법의 인연을 맺을 수 있도록 중생교화에 힘써라.

법연각 · 法蓮覺 법공(法空)의 지혜바라밀을 실천하여 법을 상징하는 연꽃과 같은 공덕과 지혜를 성취하라.

법연각 · 法緣覺 지혜바라밀을 실천하여 제법의 인연, 즉 연기의 도리를 깨닫고 실천하라.

법연경 · 法蓮鏡 원력바라밀을 실천하여 법을 상징하는 연꽃과 같은 공덕과 지혜를 성취하라.

법연명 · 法蓮明 수용법락(受用法樂)의 지혜바라밀을 실천하여 법을 상징하는 연꽃과 같은 공덕과 지혜를 성취하라.

법연성 · 法緣聖 성숙유정(成熟有情)의 지혜바라밀을 실천하여 제법의 인연, 즉 연기의 도리를 깨닫고 실천하라.

법연성 · 法蓮性 안수고인(安受苦忍)의 인욕바라밀을 실천하여 법을 상징하는 연꽃과 같은 공덕과 지혜를 성취하라.

법연수 · 法蓮修 피갑정진(被甲精進)의 선정바라밀을 실천하여 법을 상징하는 연꽃과 같은 공덕과 지혜를 성취하라.

법연심 · 法緣心 선정바라밀을 실천하여 세간의 명성과 이익에서 벗어나 크나큰 불도의 진리에 대한 굳센 신심으로서 진리와 공덕을 닦는 인연을 맺어 불법의 바른 안목을 갖추어라.

법연심 · 法蓮心 안주정려(安住靜慮)의 선정바라밀을 실천하여 법을 상징하는 연꽃과 같은 공덕과 지혜를 성취하라.

법연월 · 法蓮月 진취향과(進趣向果) 방편바라밀을 실천하여 법을 상징하는 연꽃과 같은 공덕과 지혜를 성취하라.

법연정 · 法蓮淨 이락정진(利樂精進)의 정진바라밀을 실천하여 법을 상징하는 연꽃과 같은 공덕과 지혜를 성취하라.

법연지 · 法蓮智 무상의 지혜바라밀을 실천하여 법을 상징하는 연꽃과 같은 공덕과 지혜를 성취하라.

법연지 · 法緣智 무상의 지혜바라밀을 실천하여 제법의 인연, 즉 연기의 도리를 깨닫고 실천하라.

법연행 · 法蓮行 보시바라밀을 실천하여 법을 상징하는 연꽃과 같은 공덕과 지혜를 성취하라.

법연행 · 法緣行 보시바라밀을 실천하여 세간의 명성과 이익에서 벗어나 크나큰 불도의 진리에 대한 굳센 신심으로써 진리와 공덕을 닦는 인연을 맺어 불법의 바른 안목을 갖추어라.

법연향 · 法蓮香 섭선법계(攝善法戒)의 지계바라밀을 실천하여 법을 상징하는 연꽃과 같은 공덕과 지혜를 성취하라.

법연화 · 法蓮華 깊은 선정바라밀을 실천하여 법을 상징하는 연꽃과 같은 공덕과 지혜를 성취하라.

법왕 · 法王 바라밀행을 닦아 모든 진리의 왕이신 부처님의 가르침을 항상 받들고 따라 수행하라.

법용·法用 바라밀을 실천하여 부처님의 가르침과 그 본질이 삶속에서 작용할 수 있도록 체득하고 실천하라.

법용·法容 바라밀을 실천하여 언제나 법다운 몸가짐으로 복덕과 지혜를 구족하고 이웃을 위해 베풀어라.

법용·法涌 바라밀을 실천하여 진리의 법이 샘솟아 오르듯 중생을 교육하고 제도하는데 동참하라.

법우·法友 바라밀 수행의 공덕으로 좋은 벗과 선지식을 친근히 하고 함께 정진하라.

법우·法雨 바라밀로 정진하여 일체만물을 윤택하게 자라게 하는 비처럼 불법에 정통하고 설법에 능하여 일체중생의 갈증을 가시게 하는 진리의 비를 내려라.

법운·法雲 만물을 윤택하게 가꾸는 비를 내리는 구름처럼 번뇌 망집의 갈증에 시달리는 중생을 이롭게 하는 불법의 비를 내려라.

법운경·法雲鏡 원력바라밀을 실천하여 대법신의 자재력을 얻어 대자비의 구름으로 중생에게 진리의 그림자를 드리울 수 있는 지위를 성취하라.

법운성·法雲性 인욕바라밀을 실천하여 대법신의 자재력을 얻어 대자비의 구름으로 중생에게 진리의 그림자를 드리울 수 있는 지위를 성취하라.

법운심·法雲心 선정바라밀을 실천하여 대법신의 자재력을 얻어 대자비의 구름으로 중생에게 진리의 그림자를 드리울 수 있는 지위를 성취하라.

법운월·法雲月 방편바라밀을 실천하여 대법신의 자재력을 얻어 대자비의 구름으로 중생에게 진리의 그림자를 드리울 수 있는 지위를 성취하라.

법운지·法雲地 섭중생계(攝衆生戒)의 지계바라밀을 실천하고 대법신의 자재력을 얻어 대자비의 구름으로 중생에게 진리의 그림자를 드리울 수 있는 지위를 성취하라.

법운지·法雲智 이타행의 지혜바라밀을 실천하고 대법신의 자재력을 얻어 대자비의 구름으로 중생에게 진리의 그림자를 드리울 수 있는 지위를 성취하라.

법운해·法雲海 바다와 같은 큰 원력바라밀을 실천하고 대법신의 자재력을 얻어 대자비의 구름으로 중생에게 진리의 그림자를 드리울 수 있는 지위를 성취하라.

법운행 · 法雲行 보시바라밀을 실천하고 대법신의 자재력을 얻어 대자비의 구름으로 중생에게 진리의 그림자를 드리울 수 있는 지위를 성취하라.

법운화 · 法雲華 깊은 선정바라밀을 실천하고 대법신의 자재력을 얻어 대자비의 구름으로 중생에게 진리의 그림자를 드리울 수 있는 지위를 성취하라.

법원락 · 法苑樂 바라밀행으로 법의 뜰에서 노니는 즐거움을 향유하며, 모든 중생이 법의 뜰에서 함께 기뻐할 수 있도록 이타행을 실천하라.

법유 · 法愉 바라밀을 실천하여 『법화경』의 비유와 같이 스스로의 마음속에 여의주가 있음을 깨우쳐 알고 실천하라.

법윤 · 法胤 바라밀행을 닦고 널리 유포하여 부처님의 가르침이 계승될 수 있도록 노력하라.

법은 · 法隱 바라밀행으로 정진하여 정법을 체득하고 은인자중하는 자세로 법을 널리 펴 중생을 이롭게 하라.

법은 · 法恩 바라밀행으로 정진하여 진리를 가르쳐 준 부처님의 은혜를 알고 보은의 마음으로 널리 요익중생하라.

법은림 · 法恩林 변사정려(辨事靜慮)의 선정바라밀을 실천하여 진리를 가르쳐 준 부처님의 은혜에 보답하라.

법은성 · 法恩性 안수고인(安受苦忍)의 인욕바라밀을 실천하여 진리를 가르쳐 준 부처님의 은혜에 보답하라.

법은심 · 法恩心 안주정려(安住靜慮)의 선정바라밀을 실천하여 진리를 가르쳐 준 부처님의 은혜에 보답하라.

법은월 · 法恩月 진취향과(進趣向果)의 방편바라밀을 실천하여 진리를 가르쳐 준 부처님의 은혜에 보답하라.

법은정 · 法恩淨 정진바라밀을 실천하여 진리를 가르쳐 준 부처님의 은혜에 보답하라.

법은지 · 法恩智 무상지(無上智)의 지혜바라밀을 실천하여 진리를 가르쳐준 부처님의 은혜에 보답하라.

법은해 · 法恩海 넓고 큰 서원을 세워 원력바라밀을 실천하고 진리를 가르쳐 준 부처님의 은혜에 보답하라.

법은향 · 法恩香 섭선법계(攝善法戒)의 지계바라밀을 실천하고 진리를 가르쳐 준 부처님의 은혜에 보답하라.

법은혜 · 法恩慧 지혜바라밀을 실천하여 진리를 가르쳐 준 부처님의 은혜에 보답하라.

법은화 · 法恩華 인발정려(引發靜慮)의 선정바라밀을 실천하여 진리를 가르쳐 준 부처님의 은혜에 보답하라.

법은화 · 法恩和 체찰법인(諦察法忍)의 인욕바라밀을 실천하여 진리를 가르쳐 준 은혜에 보답하라.

법인 · 法仁 바라밀행으로 정진하여 불교의 진리를 깨우친 현인(賢人)과 성자(聖者)를 친근히 하고 스스로 대선지식이 되어라.

법인 · 法印 바라밀행으로 정진하여 삼법인을 깊이 공부하고 그 도리를 체득하라.

법인력 · 法仁力 사택력(思擇力)의 원력바라밀을 실천하여 은혜를 베풀고 공덕을 많이 지어 불교의 진리를 깨우친 현인(賢人)이 되어라.

법인성 · 法仁聖 성숙유정지(成熟有情智)의 지혜바라밀을 실천하여 은혜를 베풀고 공덕을 많이 지어 불교의 진리를 깨우친 현인(賢人)이 되어라.

법인성 · 法仁性 안수고인(安受苦忍)의 인욕바라밀을 실천하여 은혜를 베풀고 공덕을 많이 지어 불교의 진리를 깨우친 현인(賢人)이 되어라.

법인수 · 法仁修 피갑정진(被甲精進)의 정진바라밀을 실천하여 은혜를 베풀고 공덕을 많이 지어 불교의 진리를 깨우친 현인(賢人)이 되어라.

법인심 · 法仁心 안주정려(安住靜慮)의 선정바라밀을 실천하여 은혜를 베풀고 공덕을 많이 지어 불교의 진리를 깨우친 현인(賢人)이 되어라.

법인월 · 法仁月 진취향과(進趣向果) 방편바라밀을 실천하여 은혜를 베풀고 공덕을 많이 지어 불교의 진리를 깨우친 현인(賢人)이 되어라.

법인정 · 法仁淨 이락정진(利樂精進)의 정진바라밀을 실천하여 은혜를 베풀고 공덕을 많이 지어 불교의 진리를 깨우친 현인(賢人)이 되어라.

법인지 · 法仁智 무상지(無上智)의 지혜바라밀을 실천하여 은혜를 베풀고 공덕을 많이 지어 불교의 진리를 깨우친 현인(賢人)이 되어라.

법인행 · 法仁行 재시바라밀을 실천하여 은혜를 베풀고 공덕을 많이 지어 불교의 진리를 깨우친 현인(賢人)이 되어라.

법인향 · 法仁香 섭선법계(攝善法戒)의 지계바라밀을 실천하여 은혜를 베풀고 공덕을 많이 지어 불교의 진리를 깨우친 현인(賢人)이 되어라.

법인혜 · 法仁惠 법시바라밀을 실천하여 은혜를 베풀고 공덕을 많이 지어 불교의 진리를 깨우친 현인(賢人)이 되어라.

법인화 · 法仁華 인발정려(引發靜慮)의 선정바라밀을 실천하여 은혜를 베풀고 공덕을 많이 지어 불교의 진리를 깨우친 현인(賢人)이 되어라.

법인화 · 法仁和 체찰법인(諦察法忍)의 인욕바라밀을 실천하여 은혜를 베풀고 공덕을 많이 지어 불교의 진리를 깨우친 현인(賢人)이 되어라.

법일 · 法日 바라밀행을 닦아 정법의 태양처럼 빛날 수 있도록 널리 전법교화에 앞장서라.

법일 · 法一 바라밀행을 닦아 일심으로 정진하여 정법과 하나 되는 삶을 성취하라.

법일성 · 法一性 내원해인(耐怨害忍)의 인욕바라밀을 일심으로 실천하여 정법과 하나 되는 삶을 성취하라.

법일성 · 法一聖 성숙유정(成熟有情)의 지혜바라밀을 일심으로 실천하여 정법과 하나 되는 삶을 성취하라.

법일신 · 法一信 섭중생계(攝衆生戒) 바라밀을 일심으로 실천하여 정법과 하나 되는 삶을 성취하라.

법일심 · 法一心 안주정려(安住靜慮)의 선정바라밀을 일심으로 실천하여 정법과 하나 되는 삶을 성취하라.

법일원 · 法一願 보리원의 원력바라밀을 일심으로 실천하여 정법과 하나 되는 삶을 성취하라.

법일은 · 法一恩 아공(我空)과 법공(法空)의 지혜바라밀을 일심으로 실천하여 정법과 하나 되는 삶을 성취하라.

• 바행

법일지 · 法一智 무상의 지혜바라밀을 일심으로 실천하여 정법과 하나 되는 삶을 성취하라.

법일행 · 法一行 보시바라밀을 일심으로 실천하여 정법과 하나 되는 삶을 성취하라.

법일향 · 法一香 섭선법계(攝善法戒)의 지계바라밀을 일심으로 실천하여 정법과 하나 되는 삶을 성취하라.

법일화 · 法一華 인발정려(引發靜慮)의 선정바라밀을 일심으로 실천하여 정법과 하나 되는 삶을 성취하라.

법일화 · 法一和 체찰법인(諦察法忍)의 인욕바라밀을 일심으로 실천하여 정법과 하나 되는 삶을 성취하라.

법장 · 法藏 바라밀을 실천하여 부처님의 모든 가르침을 체득하고 널리 진리를 전하라.

법전 · 法傳 바라밀행을 닦아 정법의 전파에 적극적으로 임하라.

법전 · 法田 바라밀을 실천하여 널리 정법의 밭을 갈아 복덕과 지혜를 구족한 불자가 되어라.

법정 · 法淨 바라밀행을 닦아 법계가 두루 청정하도록 중생심에서 벗어나 많은 사람의 이익과 안락을 위해 노력하라.

법정 · 法頂 바라밀행을 닦아 법의 정수를 깨우쳐 자리이타의 보살행을 실천하라.

법정 · 法定 자신의 번뇌와 산란을 항상 가다듬고 해탈의 이법(理法)을 성취하는 선정의 법을 닦고 널리 펴라.

법정륜 · 法正輪 바라밀행을 닦아 부처님의 가르침을 바르게 전하라.

법제 · 法齊 바라밀을 실천하여 정법으로 중생을 구제할 수 있는 복덕과 지혜를 갖추고 불국토 완성을 위해 정진하라.

법조 · 法祖 바라밀을 실천하여 불법(佛法)의 근원을 깨우쳐 세간과 출세간을 아우르는 지혜를 체득하고 널리 후학을 위해 노력하라.

법조 · 法照 바라밀을 실천하여 정법을 관조할 수 있는 지혜를 체득하고 아집과 법집을 버리고 분별을 벗어난 참다운 진리로서 중생을 이롭게 하라.

법종 · 法宗 바라밀행을 닦아 괴

로움과 즐거움, 사랑과 미움, 삶과 죽음 사이에서 방황하며 나날이 무거운 업을 쌓아가는 세간적인 집착을 버리고 오직 불법을 으뜸가는 진리로 삼아 정진하라.

법종 · 法種 바라밀을 실천하여 법의 종자를 심어 세간의 집착을 버리고 부처님의 가르침을 으뜸으로 생각하며 중생의 이익과 안락을 위해 노력하라.

법주 · 法住 바라밀을 실천하여 정법에 안주할 수 있는 근기를 성취하라.

법주심 · 法住心 바라밀을 실천하여 안심입명으로 정법에 안주하는 마음을 성취하라.

법지 · 法智 바라밀을 수행하여 항상 번뇌와 산란을 가다듬고 해탈의 이법(理法)을 닦아 널리 펴라.

법지 · 法持 바라밀행으로 항상 정법을 체득하고, 중국의 법지 선사와 같은 지혜를 갖추어라. 법지 선사는 자신의 시신을 새의 먹이로 내놓도록 후학들에게 유언하고 열반에 들었다.

법진 · 法眞 덧없고 고통을 불러일으키는 탐욕의 사슬에서 벗어나 유일하게 진실한 불법의 도리를 깨달아 널리 펴라.

법진 · 法盡 바라밀을 실천하여 "일체법이란 다 자성에 있는 것이고 일체법의 자성은 언제나 청정하다."의 의미를 깨쳐라.

법진원 · 法眞源 원력바라밀을 실천하여 법의 진실한 근원을 체득하라.

법천 · 法川 법흥사에서 흘러내려오는 물줄기가 온 세상을 정화시키듯 바라밀행을 닦아 지혜의 강물로 온 세상을 이롭게 하라.

법천 · 法泉 바라밀행을 닦아 생사번뇌의 갈증에 시달리는 중생의 목을 시원하게 적시는 불법의 감로수가 솟아나는 샘이 되라.

법철 · 法徹 바라밀을 실천하여 법집(法執)을 타파하고 구공(俱空)의 이치를 체득하여 널리 중생을 이롭게 하라.

법철 · 法哲 바라밀을 실천하여 정법에 밝고 도리나 사물의 이치를 분명히 알고 깨우치는 불자로서 세간의 지도자가 되어라.

법초 · 法蕉 바라밀행으로 수행하여 파초와 같이 허망한 일상에 집착하지 않고 궁극의 진리를 체득하기 위해 용맹정진하라.

법타 · 法陀 바라밀을 실천하여 부처님의 정법에 의지하고, 부처님의 동체대비심을 체득하여 널리 중생을 제도할 수 있도록 정진하라.

법필 · 法畢 바라밀을 실천하여 진리를 체득하고 완성할 수 있도록 항상 정진하라.

법해 · 法海 바라밀을 실천하여 법의 바다를 건널 수 있는 복덕과 지혜를 체득하고 바다와 같은 마음으로 한량없는 중생을 제도하라.

법행 · 法行 바라밀행에 의지하여 언제나 어디서나 불법을 실천하고 닦아라.

법현 · 法玄 바라밀을 실천하여 심오한 부처님의 가르침을 통달하라.

법현 · 法顯 바라밀을 실천하여 파사현정의 자세로 정법을 호지하고 세간을 정화시켜 불국토로 만드는 데 앞장서라.

법혜 · 法慧 바라밀행으로 법을 깨달아 얻어진 지혜로 모든 중생을 평등하게 여기고 정법의 길로 이끌어라.

법혜각 · 法慧覺 법공(法空)의 이치를 깨우친 지혜바라밀을 실천하여 정법을 깨치고 지혜를 증득하라.

법혜림 · 法慧林 변사정려(辨事靜慮)의 선정바라밀을 실천하여 정법을 깨치고 지혜를 증득하라.

법혜성 · 法慧成 무외시바라밀을 실천하여 정법을 깨치고 지혜를 증득하라.

법혜성 · 法慧聖 성숙유정(成熟有情)의 지혜바라밀을 실천하여 정법을 깨치고 지혜를 증득하라.

법혜성 · 法慧性 안수고인(安受苦忍)의 인욕바라밀을 실천하여 정법을 깨치고 지혜를 증득하라.

법혜심 · 法慧心 안주정려(安住靜慮)의 선정바라밀을 실천하여 정법을 깨치고 지혜를 증득하라.

법혜원 · 法慧願 진리를 깨우치려는 원력바라밀을 실천하여 정법을 깨치고 지혜를 증득하라.

법혜월 · 法慧月 진취향과(進趣向果)의 방편바라밀을 실천하여 정법을 깨치고 지혜를 증득하라.

법혜인 · 法慧印 성숙유정(成熟有情)의 지혜바라밀을 실천하여 정법을 깨치고 많은 공덕을 쌓아라.

법혜정 · 法慧淨 이락정진(利樂精進)의 정진바라밀을 실천하여 정법을 깨치고 지혜를 증득하라.

법혜행 · 法慧行 재시바라밀을 실천하여 정법을 깨치고 지혜를 증득하라.

법혜향 · 法慧香 섭선법계(攝善法戒)의 지계바라밀을 실천하여 정법을 깨치고 지혜를 증득하라.

법화 · 法華 지혜의 꽃씨가 널리 퍼지듯 가르침을 두루 수행하고 널리 전법의 길로 나서라.

법화심 · 法華心 법화사상에 입각한 선정바라밀을 실천하여 『법화경』의 가르침을 두루 수행하고 널리 펴라.

법화정 · 法華淨 인발정려(引發靜慮)의 선정바라밀을 실천하여 청정한 『법화경』의 가르침을 두루 수행하고 널리 펴라.

법흥 · 法興 큰 서원을 세우고 불법의 수호에 노력하여 불법을 흥하게 하라.

법희 · 法喜 바라밀을 실천하여 정법을 깨우치는 환희심을 체득하고 많은 사람이 그 환희심을 느낄 수 있도록 중생교화에 앞장서라.

벽공 · 碧空 바라밀을 실천하여 순수하고 깨끗하고 맑고 푸른 하늘과 같이 청정하고 여여한 마음을 유지하라.

벽봉 · 碧峰 바라밀을 실천하여 순수하고 깨끗하고 맑고 푸른 하늘과 같이 청정하고 여여한 마음으로 중생을 이끄는 지도자가 되어라.

벽암 · 碧岩 바라밀을 실천하여 순수하고 깨끗하고 맑고 푸른 바위와 같이 흔들림이 없는 여여한 마음으로 중생을 이끄는 사표가 되어라.

벽암 · 碧巖 바라밀을 실천하여 순수하고 깨끗하고 맑고 푸른 바위와 같이 흔들림이 없는 여여한 마음으로 중생을 이끄는 사표가 되어라.

변음 · 辯音 『원각경』에 나오는 변음보살의 명호. 부처님의 변재를 갖추어 묘한 법음으로 진리를 전하는 데 힘써라.

보각 · 普覺 바라밀을 실천하여 치우침이 없는 평등 보편의 깨달음을 얻어서 일체의 막힘이 없는 경지를 체득하라.

보각심 · 普覺心 선정바라밀을 실천하여 치우침이 없는 평등 보편의 깨달음을 얻어서 일체의 막힘이 없는 경지를 체득하라.

보견심 · 普見心 선정바라밀을 실천하여 치우침이 없는 보편적인 지혜를 볼 수 있는 안목을 길러라.

보경 · 寶鏡 거울은 맑고 청정한 본성을 가진 마음의 상징. 바라밀행을 잘 닦고 깨달아서 마음을 보배 거울처럼 빛내라.

보광 · 普光 바라밀을 실천하여 지혜의 빛을 널리 펼쳐라.

보광명 · 普光明 수용법락(受用法樂)의 지혜바라밀을 실천하여 지혜의 빛을 널리 펼쳐라.

보광문 · 普光門 섭선정진(攝善精進) 바라밀을 실천하여 지혜의 빛을 널리 펼쳐라.

보광월 · 普光月 진취향과(進趣向果)의 방편바라밀을 실천하여 지혜의 빛을 널리 펼쳐라.

보광화 · 普光華 인발정려(引發靜慮)의 선정바라밀을 실천하여 지혜의 빛을 널리 펼쳐라.

보덕 · 普德 관세음보살의 이명(異名). 바라밀을 실천하고, 널리 관세음보살의 공덕을 베풀어라.

보덕문 · 普德門 보덕은 관세음보살의 이명(異名). 섭선정진(攝善精進)의 정진바라밀을 실천하여 일체중생에게 대자대비를 베푸시는 관세음보살의 넓고 큰 방편 공덕을 따라 행하라.

보덕수 · 普德水 보덕은 관세음보살의 이명(異名). 불사불수(不捨不受)의 방편바라밀을 실천하여 일체중생에게 대자대비를 베푸시는 관세음보살의 넓고 큰 방편 공덕을 따라 행하라.

보덕신 · 普德信 섭중생계(攝衆生戒)의 지계바라밀을 실천하여 일체중생에게 대자대비를 베푸시는 관세음보살의 넓고 큰 방편 공덕을 따라 행하라.

보덕심 · 普德心 안주정려(安住靜慮)의 선정바라밀을 실천하여 일체중생에게 대자대비를 베푸시는 관세음보살의 넓고 큰 방편 공덕을 따라 행하라.

보덕원 · 普德院 이락정진(利樂精進)의 정진바라밀을 실천하여 일체중생에게 대자대비를 베푸시는 관세음보살의 넓고 큰 방편 공덕을 스스로 향하는 법당이 되어라.

보덕행 · 普德行 보시바라밀을 실천하여 일체중생에게 대자대비를 베푸시는 관세음보살의 넓고 큰 방편 공덕을 따라 행하라.

보덕향 · 普德香 섭선법계(攝善法戒)의 지계바라밀을 실천하여 일체중생에게 대자대비를 베푸시는 관세음보살의 넓고 큰 방편 공덕을 따라 행하라.

보덕화 · 普德華 인발정려(引發靜慮)의 선정바라밀을 실천하여 일체중생에게 대자대비를 베푸시는 관세음보살의 넓고 큰 방편 공덕을 따라 행하라.

보련 · 寶蓮 바라밀을 실천하여 보배로운 연꽃과 같이 한량없는 공덕을 지어라. 연꽃은 인화(人華) · 천화(天華) · 보살화(菩薩華)의 세 종류로 구분하며 이를 보련(寶蓮) · 칠보연화 등으로 표현함.

보련 · 普蓮 바라밀을 실천하여 연꽃과 같이 한량없는 공덕을 지어 널리 사바세계를 교화하라.

보련각 · 寶蓮覺 법공(法空)의 지혜바라밀을 실천하여 보배로운 연꽃과 같이 한량없는 공덕을 지어라.

보련경 · 寶蓮鏡 이락타원(利樂他願)의 원력바라밀을 실천하여 보배로운 연꽃과 같이 한량없는 공덕을 지어라.

보련덕 · 寶蓮德 내원해인(耐怨害忍)의 인욕바라밀을 실천하여 보배

로운 연꽃과 같이 한량없는 공덕을 지어라.

보련등 · 寶蓮燈 지혜바라밀을 실천하여 보배로운 연꽃과 같이 한량없는 공덕을 지어라.

보련명 · 寶蓮明 수용법락(受用法樂)의 지혜바라밀을 실천하여 보배로운 연꽃과 같이 한량없는 공덕을 지어라.

보련성 · 寶蓮聖 성숙유정(成熟有情)의 지혜바라밀을 실천하여 보배로운 연꽃과 같이 한량없는 공덕을 지어라.

보련성 · 寶蓮性 안수고인(安受苦忍)의 인욕바라밀을 실천하여 보배로운 연꽃과 같이 한량없는 공덕을 지어라.

보련수 · 寶蓮水 불사불수(不捨不受)의 방편바라밀을 실천하여 보배로운 연꽃과 같이 한량없는 공덕을 지어라.

보련수 · 寶蓮樹 생활 속에서 변사정려(辨事靜慮)의 선정바라밀을 실천하여 보배로운 연꽃과 같이 널리 많은 공덕을 지어라.

보련심 · 寶蓮心 안주정려(安住靜慮)의 선정바라밀을 실천하여 보배

로운 연꽃과 같이 널리 많은 공덕을 지어라.

보련월 · 寶蓮月 진취향과(進趣向果) 방편바라밀을 실천하여 보배로운 연꽃과 같이 널리 많은 공덕을 지어라.

보련정 · 寶蓮淨 이락정진(利樂精進)의 정진바라밀을 실천하여 보배로운 연꽃과 같이 널리 많은 공덕을 지어라.

보련지 · 寶蓮智 무상의 지혜바라밀을 실천하여 보배로운 연꽃과 같이 한량없는 공덕을 지어라.

보련해 · 寶蓮海 바다와 같이 넓고 큰 원력바라밀을 실천하여 보배로운 연꽃과 같이 널리 많은 공덕을 지어라.

보련행 · 寶蓮行 재시바라밀을 실천하여 보배로운 연꽃과 같이 한량없는 공덕을 지어라.

보련향 · 寶蓮香 섭선법계(攝善法戒)의 지계바라밀을 실천하여 보배로운 연꽃과 같이 한량없는 공덕을 지어라.

보련혜 · 寶蓮慧 아공(我空)의 지혜바라밀을 실천하여 보배로운 연꽃과 같이 한량없는 공덕을 지어라.

보련화 · 寶蓮華 인발정려(引發靜慮)의 선정바라밀을 실천하여 보배로운 연꽃과 같이 한량없는 공덕을 지어라.

보련화 · 寶蓮和 체찰법인(諦察法忍)의 인욕바라밀을 실천하여 보배로운 연꽃과 같이 한량없는 공덕을 지어라.

보령 · 寶鈴 바라밀을 실천하여 정법을 체득하고 보배로운 옥의 소리와 같은 음성으로 많은 사람에게 부처님의 가르침을 전하라.

보리각 · 菩提覺 지금까지 세간의 것에만 집착하고 있던 자신을 가다듬고 성찰하여 불도의 깨달음을 구하라.

보리도 · 菩提道 섭율의계(攝律儀戒)의 지계바라밀을 실천하여 지금까지 세간의 것에만 집착하고 있던 자신을 가다듬고 성찰하여 불도의 깨달음을 구하라.

보리문 · 菩提門 섭선정진(攝善精進)의 정진바라밀을 실천하여 지금까지 세간의 것에만 집착하고 있던 자신을 가다듬고 성찰하여 불도의 깨달음을 구하라.

보리수 · 菩提樹 변사정려(辨事靜慮)의 선정바라밀을 실천하여 지금까지 집착하고 있던 세간의 것을 버리고 자신을 가다듬고 성찰하여 불도의 깨달음을 구하라.

보리수 · 菩提修 피갑정진(被甲精進)의 정진바라밀을 실천하여 지금까지 세간의 것에만 집착하고 있던 자신을 가다듬고 성찰하여 불도의 실천으로 돌려서 깨달음을 구하라.

보리신 · 菩提信 섭중생계(攝衆生戒)의 지계바라밀을 실천하여 지금까지 세간의 것에만 집착하고 있던 자신을 가다듬고 성찰하여 불도의 실천으로 돌려서 깨달음을 구하라.

보리심 · 菩提心 안주정려(安住靜慮)의 선정바라밀을 실천하여 지금까지 세간의 것에만 집착하고 있던 자신을 가다듬고 성찰하여 불도의 실천으로 돌려서 깨달음을 구하라.

보리원 · 菩提院 이락정진(利樂精進)의 정진바라밀을 실천하여 지금까지 세간의 것에만 집착하고 있던 자신을 가다듬고 성찰하여 불도의 실천으로 돌려서 깨달음을 구하라.

보리장 · 菩提藏 지혜바라밀을 실천하여 지금까지 세간의 것에만 집착하고 있던 자신을 가다듬고 성찰하여 불도의 실천으로 돌려서 깨달음을 구하라.

보리지 · 菩提智 무상지(無上智)의 지혜바라밀을 실천하여 지금까지 세간의 것에만 집착하고 있던 자신을 가다듬고 성찰하여 불도의 실천으로 돌려서 깨달음을 구하라.

보리행 · 菩提行 재시바라밀을 실천하여 지금까지 세간의 것에만 집착하고 있던 자신을 가다듬고 성찰하여 불도의 실천으로 돌려서 깨달음을 구하라.

보리향 · 菩提香 지계바라밀을 실천하여 지금까지 세간의 것에만 집착하고 있던 자신을 가다듬고 성찰하여 불도의 실천으로 돌려서 깨달음을 구하라.

보리화 · 菩提華 인발정려(引發靜慮)의 선정바라밀을 실천하여 지금까지 세간의 것에만 집착하고 있던 자신을 가다듬고 성찰하여 불도의 실천으로 돌려서 깨달음을 구하라.

보림 · 寶林 바라밀행으로 정진하여 보배로운 숲처럼 만물이 공존하고 안주할 수 있는 삶을 성취하라.

보림화 · 寶林華 인발정려(引發靜慮)의 선정바라밀을 실천하여 보배로운 숲처럼 만물이 공존하고 안주할 수 있는 삶을 성취하라.

보명 · 寶明 바라밀을 실천하여 보

배로운 지혜광명으로 세상을 널리 밝게 비추어라.

보명 · 普明 교진여와 가섭 삼형제 등에게 수기로 내려준 불명. 바라밀을 실천하여 널리 세상을 밝게 비추어라.

보명심 · 普明心 안주정려(安住靜慮)의 선정바라밀을 실천하여 세상을 널리 밝게 비추어라.

보명원 · 普明願 보리원의 원력바라밀을 실천하여 세상을 널리 밝게 비추어라.

보명지 · 普明智 무상지(無上智)의 지혜바라밀을 실천하여 세상을 널리 밝게 비추어라.

보명혜 · 普明慧 공의 이치를 체득한 지혜바라밀을 실천하여 세상을 널리 밝게 비추어라.

보명화 · 普明華 인발정려(引發靜慮)의 선정바라밀을 실천하여 세상을 널리 밝게 비추어라.

보문 · 普聞 바라밀을 실천하며 많은 선지식을 찾아 널리 부처님의 가르침을 배우고 체득하라.

보문 · 普門 바라밀을 실천하여 두루 원만하게 융합하고 완전한 가르침을 체득하라.

보문성 · 普門性 안수고인(安受苦忍)의 인욕바라밀을 실천하여 두루 원만하게 융합하고 완전한 가르침을 체득하라.

보문심 · 普門心 안주정려(安住靜慮)의 선정바라밀을 실천하여 두루 원만하게 융합하고 완전한 가르침을 체득하라.

보문원 · 普門願 보리원의 원력바라밀을 실천하여 두루 원만하게 융합하고 완전한 가르침을 체득하라.

보문월 · 普門月 진취향과(進趣向果)의 방편바라밀을 실천하여 두루 원만하게 융합하고 완전한 가르침을 체득하라.

보문지 · 普門智 무상지(無上智)의 지혜바라밀을 실천하여 두루 원만하게 융합하고 완전한 가르침을 체득하라.

보문해 · 普門海 바다와 같은 원력바라밀을 실천하여 두루 원만하게 융합하고 완전한 가르침을 체득하라.

보문행 · 普門行 보시바라밀을 실천하여 두루 원만하게 융합하고 완전한 가르침을 체득하라.

보문향 · 普門香 지계바라밀을 실천하여 두루 원만하게 융합하고 완전한 가르침을 체득하라.

보문화 · 普門華 선정바라밀을 실천하여 두루 원만하게 융합하고 완전한 가르침을 체득하라.

보봉 · 寶峰 바라밀을 실천하여 중생이 의지할 수 있는 보배로운 산봉우리 같은 의지처가 되어 중생을 제도하라.

보산 · 寶山 바라밀을 실천하여 중생이 의지할 수 있는 보배로운 산과 같은 친구가 되어 중생을 제도하라.

보선 · 寶禪 바라밀행을 닦고 다급히 공부하여 의심을 결단하면 부질없는 일로 세월을 허송하지 않게 되나니 하루아침에 불현 듯 내 집 보배를 얻어라.

보설 · 普說 바라밀을 실천하여 진리를 깨치고 널리 대중을 모아 설법하라.

보성 · 寶聲 바라밀을 실천하여 부처님의 가르침을 체득하고 보배로운 소리를 들어 의심 없는 마음으로 많은 사람들에게 전하라.

보성 · 寶成 바라밀을 실천하여 부처님의 가르침을 체득하고 삶 속에서 보배로운 성취를 이루어라.

보성 · 寶聖 바라밀을 실천하여 삼보의 성인인 부처님의 공덕과 지혜를 성취하라.

보승 · 寶勝 바라밀을 실천하여 보승여래 부처님의 명호를 듣고 손가락 한번 튕기는 사이라도 귀의하는 마음을 내어 무상도(無上道)에서 퇴전치 말고 복혜를 구족하라.

보승림 · 寶勝林 생활 속에서 선정바라밀을 실천하여 삼보에 귀의하는 마음을 내어 퇴전치 않는 무상도의 지혜를 체득하라.

보승심 · 寶勝心 변사정려(辨事靜慮)의 선정바라밀을 실천하여 삼보에 귀의하는 마음을 내어 퇴전치 않는 무상도의 지혜를 체득하라.

보승원 · 寶勝圓 체찰법인(諦察法忍)의 인욕바라밀을 실천하여 삼보에 귀의하는 마음을 내어 퇴전치 않는 무상도의 지혜를 체득하라.

보승월 · 寶勝月 진취향과(進趣向果)의 방편바라밀을 실천하여 삼보에 귀의하는 마음을 내어 퇴전치 않는 무상도의 지혜를 체득하라.

보승인 · 寶勝印 성숙유정(成熟有

情)의 지혜바라밀을 실천하여 삼보에 귀의하는 마음을 내어 퇴전치 않는 무상도의 지혜를 체득하라.

보승지 · 寶勝智 무상의 지혜바라밀을 실천하여 삼보에 귀의하는 마음을 내어 퇴전치 않는 무상도의 지혜를 체득하라.

보승해 · 寶勝海 넓고 큰 원력바라밀을 실천하여 삼보에 귀의하는 마음을 내어 퇴전치 않는 무상도의 지혜를 체득하라.

보승향 · 寶勝香 섭선법계(攝善法戒)의 지계바라밀을 실천하여 삼보에 귀의하는 마음을 내어 퇴전치 않는 무상도의 지혜를 체득하라.

보승혜 · 寶勝惠 법시바라밀을 실천하여 삼보에 귀의하는 마음을 내어 퇴전치 않는 무상도의 지혜를 체득하라.

보승화 · 寶勝華 깊은 선정바라밀을 실천하여 삼보에 귀의하는 마음을 내어 퇴전치 않는 무상도의 지혜를 체득하라.

보승화 · 寶勝和 서로 화합하고 인간관계를 개선할 수 있는 인욕바라밀을 실천하고 삼보에 귀의하는 마음을 내어 퇴전치 않는 무상도의 지혜를 체득하라.

보안 · 普安 바라밀을 실천하고 두루 평안하여 안심입명(安心立命)을 찾아라.

보안 · 寶眼 바라밀을 실천하여 사바세계의 중생을 관찰하고 구제하는 보살의 눈을 갖추어라.

보안명 · 寶眼明 수용법락(受用法樂)의 지혜바라밀을 실천하여 보배로운 눈으로 사바세계의 중생을 관찰하고 구제하는 보살이 되어라.

보안성 · 寶眼性 인욕바라밀을 실천하여 보배로운 눈으로 사바세계의 중생을 관찰하고 구제하는 보살이 되어라.

보안월 · 寶眼月 방편바라밀을 실천하여 보배로운 눈으로 사바세계의 중생들을 관찰하고 구제하는 보살이 되어라.

보안해 · 寶眼海 원력바라밀을 실천하여 보배로운 눈으로 사바세계의 중생을 관찰하고 구제하는 보살이 되어라.

보안행 · 寶眼行 재시바라밀을 실천하여 보배로운 눈으로 사바세계의 중생들을 관찰하고 구제하는 보살이 되어라.

보안향 · 寶眼香 지계바라밀을 실

천하여 보배로운 눈으로 사바세계의 중생을 관찰하고 구제하는 보살이 되어라.

보안혜 · 寶眼惠 법시바라밀을 실천하여 보배로운 눈으로 사바세계의 중생을 관찰하고 구제하는 보살이 되어라.

보안화 · 寶眼華 선정바라밀을 실천하여 보배로운 눈으로 사바세계의 중생을 관찰하고 구제하는 보살이 되어라.

보연 · 寶然 바라밀을 실천하여 언제나 삼보의 은혜에 감사하고 여여한 마음으로 걸림 없는 자연과 같은 삶을 영위하라.

보우 · 普雨 바라밀을 실천하여 널리 중생을 이롭게 하는 감로의 비를 내려 모두가 복덕과 지혜를 구족하게 하라.

보우 · 普愚 바라밀을 실천하여 앉은 채로 천성의 길을 끊고 갇힌 우리의 문을 때려 부수어 태고의 바람이 불게 하라.

보운 · 寶雲 천둥도 치고 비도 내리는 구름과 같이 복덕과 지혜를 체득하여 널리 중생을 교화하라. 부처님의 설법 중 네 종류의 구름에 비유한 가르침이 있음.

보운성 · 寶雲性 인욕바라밀을 실천하여 천둥도 치고 비도 내리는 구름과 같이 복덕과 지혜를 체득하여 널리 중생을 교화하라.

보운심 · 寶雲心 선정바라밀을 실천하여 천둥도 치고 비도 내리는 구름과 같이 복덕과 지혜를 체득하여 널리 중생을 교화하라.

보운원 · 寶雲願 이락타원(利樂他願)의 원력바라밀을 실천하여 천둥도 치고 비도 내리는 구름과 같이 복덕과 지혜를 체득하여 널리 중생을 교화하라.

보운월 · 寶雲月 방편바라밀을 실천하여 천둥도 치고 비도 내리는 구름과 같이 복덕과 지혜를 체득하여 널리 중생을 교화하라.

보운정 · 寶雲淨 정진바라밀을 실천하여 천둥도 치고 비도 내리는 구름과 같이 복덕과 지혜를 체득하여 널리 중생을 교화하라.

보운지 · 寶雲智 이타행의 지혜바라밀을 실천하여 천둥도 치고 비도 내리는 구름과 같이 복덕과 지혜를 체득하여 널리 중생을 교화하라.

보운행 · 寶雲行 보시바라밀을 실천하여 천둥도 치고 비도 내리는 구름과 같이 복덕과 지혜를 체득하여 널리 중생을 교화하라.

보운향 · 寶雲香 지계바라밀을 실천하여 천둥도 치고 비도 내리는 구름과 같이 복덕과 지혜를 체득하여 널리 중생을 교화하라.

보운혜 · 寶雲惠 법시바라밀을 실천하여 천둥도 치고 비도 내리는 구름과 같이 복덕과 지혜를 체득하여 널리 중생을 교화하라.

보운화 · 寶雲華 깊은 선정바라밀을 실천하여 천둥도 치고 비도 내리는 구름과 같이 복덕과 지혜를 체득하여 널리 중생을 교화하라.

보원 · 普願 바라밀을 실천하여 넓고 큰 원력을 세우고 많은 사람을 이롭게 하라.

보원 · 寶院 바라밀을 실천하여 많은 사람이 보배의 정원에서 노닐 수 있도록 제도하라.

보원 · 寶元 용맹정진으로 바라밀을 실천하여 보배로운 법의 근원에 도달하고 불법(佛法)을 널리 펴라.

보원력 · 普願力 계정혜 삼학을 공부하고 원력바라밀을 실천하여 많은 사람을 이롭게 하라.

보원명 · 普願明 수용법락(受用法樂)의 지혜바라밀을 실천하여 넓고 큰 원력으로 많은 사람을 이롭게 하라.

보원성 · 普願性 안수고인(安受苦忍)의 인욕바라밀을 실천하여 넓고 큰 원력으로 많은 사람을 이롭게 하라.

보원심 · 普願心 안주정려(安住靜慮)의 선정바라밀을 실천하여 넓고 큰 원력으로 많은 사람을 이롭게 하라.

보원월 · 普願月 진취향과(進趣向果)의 방편바라밀을 실천하여 넓고 큰 원력으로 많은 사람을 이롭게 하라.

보원해 · 普願海 원력바라밀을 실천하여 넓고 큰 원력으로 많은 사람을 이롭게 하라.

보원행 · 普願行 보시바라밀을 실천하여 넓고 큰 원력으로 많은 사람을 이롭게 하라.

보원향 · 普願香 지계바라밀을 실천하여 넓고 큰 원력으로 많은 사람을 이롭게 하라.

보원혜 · 普願慧 사성제의 진리를 체득한 지혜바라밀을 실천하여 넓고 큰 원력으로 많은 사람을 이롭

게 하라.

보원화 · 普願華 인발정려(引發靜慮)의 깊은 선정바라밀을 실천하여 넓고 큰 원력으로 많은 사람을 이롭게 하라.

보월 · 普月 부처님의 넓고 큰 공덕을 상징적으로 표현함. 바라밀행을 닦아 부처님의 가르침을 배워 지혜를 체득하고 널리 공덕을 실천하라.

보월 · 寶月 바라밀을 실천하여 대승보살의 덕행으로 중생을 섭수하고 이롭게 하라.

보월각 · 寶月覺 공의 이치를 체득한 지혜바라밀을 실천하여 보월보살과 같은 덕행으로 중생을 섭수하라.

보월심 · 寶月心 안주정려(安住靜慮)의 선정바라밀을 실천하여 보월보살과 같은 덕행으로 중생을 섭수하라.

보월인 · 寶月印 성숙유정(成熟有情)의 지혜바라밀을 실천하여 보월보살과 같은 덕행으로 중생을 섭수하라.

보월해 · 寶月海 바다와 같은 넓은 원력바라밀을 실천하여 보월보살과 같은 덕행으로 중생을 섭수하라.

보월행 · 普月行 보시바라밀을 실천하여 부처님의 가르침을 배워 지혜를 체득하고 널리 공덕을 행하라.

보월혜 · 寶月慧 사성제를 깨우쳐 지혜바라밀을 실천하고 보월보살과 같은 덕행으로 중생을 섭수하라.

보월화 · 寶月華 인발정려(引發靜慮)의 선정바라밀을 실천하여 보월보살과 같은 덕행으로 중생을 섭수하라.

보은심 · 報恩心 선정바라밀을 실천하여 삼보의 은혜에 보답하라.

보인 · 普仁 바라밀을 실천하여 어진 마음으로 널리 중생을 이롭게 하라.

보인 · 普忍 인욕바라밀을 실천하여 넓고 큰 부처님의 지혜를 체득하라.

보인행 · 普忍行 인욕바라밀을 실천하여 부처님의 지혜를 체득하고 널리 중생을 제도하라.

보일 · 普日 바라밀을 실천하여 나날이 부처님의 가르침이 사바세계를 정화시킬 수 있도록 중생 구제에 앞장서라.

보장 · 寶藏 '부처님의 미묘한 가르침'을 보배 창고에 비유한 것. 바

라밀행을 닦아 부처님의 가르침을
보배롭게 여겨 잘 간직하라.

보장화 · 寶藏華 선정바라밀을 실
천하여 부처님의 미묘한 교법을 잘
체득하라.

보정 · 普淨 "한량없는 겁의 바다
에서 방편을 닦으시어 시방의 모든
국토를 청정하게 하되 법계는 여여
해서 항상 움직이지 않으니 적정덕
(寂靜德) 천왕의 깨달은 바로다."
의 게송에서 온 불명. 방편 바라밀
을 실천하여 시방의 모든 국토를
청정하게 하라.

보조 · 普照 불광보조(佛光普照),
즉 부처님의 자비광명(慈悲光明)이
삼천대천세계에 두루 넓게 비친다
는 뜻. 바라밀을 실천하여 부처님
의 자비광명이 삼천대천세계에 두
루 비치게 하라.

보천 · 普泉 바라밀행을 닦아 마르
지 않는 지혜의 샘, 감로의 지혜로
갈애에 빠진 중생을 제도하라.

보타 · 普陀 바라밀을 실천하여 보
타락가의 관세음보살과 같은 마음
으로 중생의 괴로워하는 소리를 들
어 주고 구제하라.

보타심 · 普陀心 선정바라밀을 실
천하여 보타락가의 관세음보살과

같은 마음으로 중생의 괴로워하는
소리를 들어 주고 구제하라.

보행 · 普行 바라밀을 실천하여 많
은 사람들에게 이익과 안락과 행복
을 가져다 줄 수 있도록 널리 베풀
어라.

보현 · 普賢 바라밀을 실천하여 여
래의 중생 제도를 돕는 보살의 소
명을 다하고 중생의 수명장수를 위
해 노력하라.

보현경 · 普賢鏡 이락타원(利樂他
願)의 원력바라밀을 실천하여 보현
보살과 같은 지혜로 부처님의 우협
시불이 되어 중생을 제도하라.

보현성 · 普賢性 안수고인(安受苦
忍)의 인욕바라밀을 실천하여 보현
보살과 같은 지혜로 부처님의 우협
시불이 되어 중생을 제도하라.

보현수 · 普賢手 갖가지 방편바라
밀을 실천하여 보현보살과 같은 지
혜로 부처님의 우협시불이 되어 중
생을 제도하라.

보현심 · 普賢心 안주정려(安住靜
慮)의 선정바라밀을 실천하여 보현
보살과 같은 지혜로 부처님의 우협
시불이 되어 중생을 제도하라.

보현행 · 普賢行 보시바라밀을 실

천하여 보현보살과 같은 지혜로 부처님의 우협시불이 되어 중생을 제도하라.

보현화 · 普賢華 인발정려(引發靜慮)의 선정바라밀을 실천하여 보현보살과 같은 지혜로 부처님의 우협시불이 되어 중생을 제도하라.

보혜 · 普慧 바라밀을 실천하여 널리 지혜를 구하고 어둠 속에서 고통 받는 중생이 부처님의 지혜로 어둠에서 벗어날 수 있도록 이끌어 주어라.

보혜 · 寶惠 바라밀을 실천하여 삼보의 은혜에 감사하고 널리 중생을 사랑하는 마음을 베풀어 이롭게 하라.

보화 · 寶華 모든 부처님이 결가부좌하는 연꽃좌대를 의미함. 바라밀을 실천하여 부처님의 연꽃좌대처럼 불국토의 초석을 놓아라.

복덕화 · 福德華 선정바라밀을 실천하여 안으로는 혼란하지 않고 밖으로는 대상에 집착하지 않는 복덕을 지어라.

본각 · 本覺 바라밀을 실천하여 마음속에 생멸이 반복하는 망상을 벗어나 본래 깨어 있는 마음자리를 찾아 지혜를 체득하고 널리 중생을 이롭게 하라.

본선 · 本善 바라밀행으로 수행하여 인간의 본래 성품을 체득하고 선행을 통해 선악의 분별을 넘어선 절대평등의 세계로 들어가라.

본적 · 本寂 본래 고요함, 완전한 열반을 의미함. 『선가귀감』에서는 심법본적(心法本寂), 즉 "심법이 본래 고요하다."라는 의미로 사용되었음. 바라밀을 실천하여 본래 고요하고 완전한 열반의 지혜를 체득하라.

본적성 · 本寂聖 성숙유정(成熟有情)의 지혜바라밀을 실천하여 본래 고요한 심법의 이치와 열반을 체득하라.

본적심 · 本寂心 안주정려(安住靜慮)의 선정바라밀을 실천하여 본래 고요한 심법의 이치와 열반을 체득하라.

본적원 · 本寂願 이락타원(利樂他願)의 원력바라밀을 실천하여 본래 고요한 심법의 이치와 열반을 체득하라.

본적행 · 本寂行 보시바라밀을 실천하여 본래 고요한 심법의 이치와 열반을 체득하라.

본적화 · 本寂華 인발정려(引發靜慮)의 선정바라밀을 실천하여 본래

고요한 심법의 이치와 열반을 체득
하라.

본해 · 本海 바라밀을 실천하여 근
본 무명의 바다에서 벗어나 부처님
의 세계에 들어와 안주하라.

본행 · 本行 바라밀을 실천하여 근
본 무명에서 벗어나 성불에 이를
수 있는 수행을 완성하라.

봉덕 · 奉德 바라밀을 실천하여 부
처님의 가르침을 받들어 널리 공덕
을 실천하라.

봉선행 · 奉善行 보시바라밀을 실
천하여 부처님의 가르침을 받들고
널리 선행을 베풀어라.

봉은 · 奉恩 부처님의 은혜를 받들
어 감사하고 널리 중생을 이롭게
하라.

봉은행 · 奉恩行 보시바라밀을 실
천하여 부처님의 은혜를 받들어 감
사하고 널리 중생을 이롭게 하라.

봉주 · 奉珠 두 손을 가슴까지 들
어 올려 오른손은 위로, 왼손을 아
래로 하여 보주를 감싸 쥔 이른바
봉보주인(捧寶珠印)의 수인을 말
함. 바라밀을 실천하여 여의보주를
얻어 뜻하는 모든 것을 성취되게
할 수 있는 지혜를 체득하라.

봉휘 · 逢輝 바라밀행을 닦아 부처
님의 가르침을 영접하여 체득하고
지혜광명이 널리 빛나게 하라.

부동 · 不動 바라밀을 실천하여 어
떤 경우에도 흔들림이 없는 마음자
리를 찾고 여여한 마음으로 세상에
나아가라.

부운 · 浮雲 바라밀을 실천하여 뜬
구름이 소멸하듯 세간의 이치를 초
월하여 중생이 삼법인의 이치를 체
득하도록 이끌어라.

불각 · 佛覺 바라밀을 실천하여 부
처님의 가르침을 깨우쳐 널리 중생
을 제도하며 불은에 보답하라.

불각도 · 佛覺道 섭율의계(攝律儀
戒)의 지계바라밀을 실천하여 부처
님의 가르침을 깨우쳐 널리 중생을
제도하며 불은에 보답하라.

불각성 · 佛覺聖 성숙유정(成熟有
情)의 지혜바라밀을 실천하여 부처
님의 가르침을 깨우쳐 널리 중생을
제도하며 불은에 보답하라.

불각성 · 佛覺性 안수고인(安受苦
忍)의 인욕바라밀을 실천하여 부처
님의 가르침을 깨우쳐 널리 중생을
제도하며 불은에 보답하라.

불각지 · 佛覺智 무상지(無上智)의

지혜바라밀을 실천하여 부처님의 가르침을 깨우쳐 널리 중생을 제도하며 불은에 보답하라.

불각행 · 佛覺行 보시바라밀을 실천하여 부처님의 가르침을 깨우쳐 널리 중생을 제도하며 불은에 보답하라.

불광심 · 佛光心 안주정려(安住靜慮)의 선정바라밀을 실천하여 부처님의 지혜광명을 널리 펼쳐라.

불도문 · 佛道門 섭선정진(攝善精進)의 정진바라밀을 실천하여 불교의 교리와 정법의 이치를 깨쳐라.

불도신 · 佛道信 섭중생계(攝衆生戒)의 지계바라밀을 실천하여 불교의 교리와 정법의 이치를 깨쳐라.

불도심 · 佛道心 안주정려(安住靜慮)의 선정바라밀을 실천하여 불교의 교리와 정법의 이치를 깨쳐라.

불도행 · 佛道行 보시바라밀을 실천하여 불교의 교리와 정법의 이치를 깨쳐라.

불성행 · 佛性行 보시바라밀을 실천하여 자신의 내면에 있는 불성을 깨쳐라.

불연 · 佛緣 부처님과의 인연을 소중하게 생각하고 깨우친 바를 실천하라.

불이 · 不二 바라밀행을 닦아 부처님과 중생이 둘이 아니라는 이치를 깨쳐라.

붕해 · 鵬海 바라밀을 실천하여 대붕이 날아다니는 바다에서 걸림 없는 삶을 영위하며, 중생 제도의 크나큰 공덕을 짓는 일을 게을리 하지 마라.

비로 · 毘盧 광명의 지혜, 비로자나 부처님의 이칭. 바라밀을 실천하여 광명의 지혜를 체득하고 널리 중생을 이롭게 하라.

비로심 · 毘盧心 선정바라밀을 실천하여 광명의 지혜를 체득하고 널리 중생을 이롭게 하라.

비로행 · 毗盧行 보시바라밀을 실천하여 광명의 지혜를 체득하고 널리 중생을 이롭게 하라.

비룡 · 飛龍 용이 구름을 얻으니 비룡이라 할 수 있는 것. 바라밀을 실천하여 천상천하유아독존의 이치를 체득하고 중생에게 덕혜의 구름으로 감로의 비를 내려줄 수 있도록 노력하라.

06.

사
행

사규 · 士珪 바라밀을 실천하여 고귀한 지혜를 갖춘 보살행자가 되어라.

사리 · 師利 바라밀행을 닦아 문수사리의 길상을 갖추고 중생을 위해 지혜를 발현하라.

사리주 · 師利珠 불사불수(不捨不受)의 방편바라밀을 실천하여 희유하고 오묘한 길상(吉祥), 즉 덕을 성취하라.

사리행 · 師利行 보시바라밀을 실천하여 희유하고 오묘한 길상(吉祥), 즉 덕을 성취하라.

사리향 · 師利香 지계바라밀을 실천하여 희유하고 오묘한 길상(吉祥), 즉 덕을 성취하라.

사만다 · 숨髮꼿 '보편(普遍), 널리' 등의 뜻을 가진 산스크리트. 대비주의 "나무 사만다 못다남….."에서 표현되는 바와 같이 바라밀을 실천하여 부처님의 자비광명이 온 우주에 가득 차 있는 지혜를 성취하고 자리이타행에 앞장서라.

사범 · 師範 바라밀을 실천하여 누구나 이롭게 할 수 있는 스승과 같이 법을 갖춘 선지식이 되어라.

사비 · 師備 바라밀을 실천하여 사선정을 체득하고 널리 선풍을 선양하라.

사비덕 · 師備德 인욕바라밀을 실천하여 사선정을 체득하고 널리 선풍을 선양하라.

사비문 · 師備門 정진바라밀을 실천하여 사선정을 체득하고 널리 선풍을 선양하라.

사비심 · 師備心 선정바라밀을 실천하여 사선정을 체득하고 널리 선풍을 선양하라.

사비행 · 師備行 보시바라밀을 실천하여 사선정을 체득하고 널리 선풍을 선양하라.

사비향 · 師備香 지계바라밀을 실천하여 사선정을 체득하고 널리 선풍을 선양하라.

사온 · 師蘊 바라밀을 실천하여 신령스러운 지혜를 체득하고 자리이타의 대승보살도를 실천하라.

사온심 · 師蘊心 선정바라밀을 실천하여 신령스러운 지혜를 체득하고 자리이타의 대승보살도를 실천하라.

사온행 · 師蘊行 보시바라밀을 실천하여 신령스러운 지혜를 체득하고 자리이타의 대승보살도를 실천하라.

사정 · 思淨 바라밀행을 닦아 항상 사유와 숙고를 통해서 청정함을 견지하라.

사정각 · 思淨覺 지혜바라밀을 실천하여 항상 사유와 숙고를 통해서 청정함을 견지하라.

사정덕 · 思淨德 인욕바라밀을 실천하여 항상 사유와 숙고를 통해서 청정함을 견지하라.

사정도 · 思淨道 지계바라밀을 실천하여 항상 사유와 숙고를 통해서 청정함을 견지하라.

사정지 · 思淨智 이타행의 지혜바라밀을 실천하여 항상 사유와 숙고를 통해서 청정함을 견지하라.

사조명 · 師祖明 이타행의 지혜바라밀을 실천하여 부처님의 가르침을 널리 세상에 펴라.

사조성 · 師祖性 인욕바라밀을 실천하여 부처님의 가르침을 널리 세상에 펴라.

사조월 · 師祖月 방편바라밀을 실천하여 부처님의 가르침을 널리 세상에 펴라.

사조행 · 師祖行 보시바라밀을 실천하여 부처님의 가르침을 널리 세상에 펴라.

사조향 · 師祖香 지계바라밀을 실천하여 부처님의 가르침을 널리 세상에 펴라.

사조화 · 師祖華 선정바라밀을 실천하여 부처님의 가르침을 널리 세상에 펴라.

사총 · 思聰 바라밀을 실천하여 모든 것을 사유하고 숙고하며 꿰뚫어 볼 수 있는 지혜를 갖추어라.

사총지 · 思聰智 이타행의 지혜바라밀을 실천하여 사유하고 숙고하는 복덕행과 지혜행을 성취하라.

사탁 · 思託 바라밀을 실천하여 문수보살, 선재동자와 함께 묘희세계에서 노는 것과 같이 부처님의 가피지력에 의탁하여 공덕을 성취하라.

사학 · 斯學 학문을 의미. 바라밀을 실천하여 세속의 학문을 넘어서는 지혜로서 한량없는 중생을 이롭게 하라.

사학성 · 斯學性 인욕바라밀을 성취하여 교학을 겸비한 수행자가 되어라.

사학수 · 斯學修 정진바라밀을 성취하여 교학을 겸비한 수행자가 되어라.

사학지 · 斯學智 지혜바라밀을 성취하여 교학을 겸비한 수행자가 되

어라.

사회 · 師會 바라밀을 실천하여 화엄의 진리를 체득하고 많은 사람을 이롭게 하라.

사회각 · 師會覺 지혜바라밀을 실천하여 중국 송대에 활동한 승려 사회(師會)와 같이 화엄의 세계를 체득하라.

사회수 · 師會修 정진바라밀을 실천하여 중국 송대에 활동한 승려 사회(師會)와 같이 화엄의 세계를 체득하라.

사회심 · 師會心 선정바라밀을 실천하여 중국 송대에 활동한 승려 사회(師會)와 같이 화엄의 세계를 체득하라.

산강 · 山康 중국 당대 고승의 법명. 산처럼 편안하고 온화한 마음으로 부처님의 법을 실천하라.

산강덕 · 山康德 인욕바라밀을 실천하여 산처럼 편안하고 온화한 마음으로 부처님의 법을 체득하고 덕을 베풀어 중생을 이롭게 하라.

산강문 · 山康門 정진바라밀을 실천하여 산처럼 편안하고 온화한 마음으로 부처님의 법을 체득하고 덕을 베풀어 중생을 이롭게 하라.

산강수 · 山康修 피갑정진(被甲精進)의 정진바라밀을 실천하여 산처럼 편안하고 온화한 마음으로 부처님의 법을 실천할 수 있도록 항상 수행하라.

산강월 · 山康月 방편바라밀을 실천하여 산처럼 편안하고 온화한 마음으로 부처님의 법을 실천할 수 있는 천강의 달이 되어라.

산강주 · 山康珠 불사불수(不捨不受)의 방편바라밀을 실천하여 산처럼 편안하고 온화한 마음으로 부처님의 법을 실천할 수 있도록 항상 수행하라.

산강지 · 山康智 지혜바라밀을 실천하여 산처럼 편안하고 온화한 마음으로 부처님의 법을 실천할 수 있는 지혜를 성취하라.

산강행 · 山康行 보시바라밀을 실천하여 산처럼 편안하고 온화한 마음으로 부처님의 법을 체득하는 삶을 영위하라.

산강화 · 山康華 깊은 선정바라밀을 체득하여 산처럼 편안하고 온화한 마음으로 부처님의 법을 실천하여 불국토를 장엄하라.

산월 · 山月 바라밀을 실천하여 청산명월과 같이 흔들림 없는 마음으로 언제나 분별없이 부처님의 가르침을 널리 펴서 중생의 의지처가 될 수 있도록 베풀어라.

산지 · 山止 청나라 때 승려. 움직임이 없는 산처럼 분별심을 모두 내려놓고 쉬어라.

산지덕 · 山止德 인욕바라밀을 실천하여 움직임이 없는 산처럼 분별심을 모두 내려놓고 쉬어라.

산지명 · 山止明 수용법락(受用法樂)의 지혜바라밀을 실천하여 움직임이 없는 산처럼 분별심을 모두 내려놓고 쉬어라.

산지문 · 山止門 섭선정진(攝善精進)의 정진바라밀을 실천하여 움직임이 없는 산처럼 분별심을 모두 내려놓고 쉬어라.

산지성 · 山止性 인욕바라밀을 실천하여 움직임이 없는 산처럼 분별심을 모두 내려놓고 쉬어라.

산지수 · 山止修 피갑정진(被甲精進)의 정진바라밀을 실천하여 움직임이 없는 산처럼 분별심을 모두 내려놓고 쉬어라.

산지심 · 山止心 안주정려(安住靜慮)의 선정바라밀을 실천하여 움직임이 없는 산처럼 분별심을 모두 내려놓고 쉬어라.

산지월 · 山止月 방편바라밀을 실천하여 움직임이 없는 산처럼 분별심을 모두 내려놓고 쉬어라.

산지행 · 山止行 보시바라밀을 실천하여 움직임이 없는 산처럼 분별심을 모두 내려놓고 쉬어라.

산지향 · 山止香 지계바라밀을 실천하여 움직임이 없는 산처럼 분별심을 모두 내려놓고 쉬어라.

산지화 · 山止華 선정바라밀을 실천하여 움직임이 없는 산처럼 분별심을 모두 내려놓고 쉬어라.

삼각 · 三覺 바라밀행을 닦아 보살의 세 가지 깨달음 즉, 자각(自覺), 다른 중생을 인도하여 깨닫게 하는 각타(覺他), 깨달음과 행을 모두 이루는 각행궁만(覺行窮滿)을 성취하라.

삼각도 · 三覺道 섭율의계(攝律儀戒)의 지계바라밀을 실천하여 자각, 각타, 각행궁만 등 세 가지 보살의 깨달음을 성취하라.

삼각성 · 三覺性 인욕바라밀을 실천하여 자각, 각타, 각행궁만 등 세 가지 보살의 깨달음을 성취하라.

삼각심 · 三覺心 선정바라밀을 실천하여 자각, 각타, 각행궁만 등 세 가지 보살의 깨달음을 성취하라.

삼각월 · 三覺月 방편바라밀을 실천하여 자각, 각타, 각행궁만 등 세 가지 보살의 깨달음을 성취하라.

삼각행 · 三覺行 보시바라밀을 실천하여 자각, 각타, 각행궁만 등 세 가지 보살의 깨달음을 성취하라.

삼각향 · 三覺香 지계바라밀을 실천하여 자각, 각타, 각행궁만 등 세 가지 보살의 깨달음을 성취하라.

삼각화 · 三覺華 깊은 선정바라밀을 실천하여 자각, 각타, 각행궁만 등 세 가지 보살의 깨달음을 성취하라.

삼덕 · 三德 바라밀을 실천하여 부처님의 지덕(智德) · 단덕(斷德) · 은덕(恩德)을 체득하고 중생 제도에 앞장서라.

삼덕도 · 三德道 섭율의계(攝律儀戒)의 지계바라밀을 실천하여 부처님의 지덕(智德) · 단덕(斷德) · 은덕(恩德)을 따르고 배우라.

삼덕문 · 三德門 정진바라밀을 실천하여 부처님의 세 가지 덕, 즉 지덕(智德) · 단덕(斷德) · 은덕(恩

德)을 깊이 성찰하여 바른 지혜를 체득하라.

삼덕성 · 三德性 인욕바라밀을 실천하여 부처님의 지덕, 단덕, 은덕의 삼덕을 수행의 중심으로 삼아 중생심을 버리고 불성을 체득하라.

삼덕수 · 三德修 피갑정진(被甲精進) 바라밀을 실천하여 부처님의 지덕, 단덕, 은덕의 삼덕을 수행의 중심으로 삼아 중생심을 버리고 불성을 체득하라.

삼덕신 · 三德信 섭중생계(攝衆生戒)의 지계바라밀을 실천하여 부처님의 지덕, 단덕, 은덕의 삼덕을 수행의 중심으로 삼아 중생심을 버리고 불성을 체득하라.

삼덕심 · 三德心 안주정려(安住靜慮)의 선정바라밀을 실천하여 부처님의 지덕, 단덕, 은덕의 삼덕을 수행의 중심으로 삼아 중생심을 버리고 불성을 체득하라.

삼덕월 · 三德月 진취향과(進趣向果)의 방편바라밀을 실천하여 부처님의 지덕, 단덕, 은덕의 삼덕을 수행의 중심으로 삼아 중생심을 버리고 불성을 체득하라.

삼덕주 · 三德珠 불사불수(不捨不受) 방편바라밀을 실천하여 부처님

의 지덕, 단덕, 은덕의 삼덕을 수행의 중심으로 삼아 중생심을 버리고 불성을 체득하라.

삼덕지 · 三德智 이타행의 지혜바라밀을 실천하여 부처님의 지덕, 단덕, 은덕의 삼덕을 수행의 중심으로 삼아 중생심을 버리고 불성을 체득하라.

삼덕행 · 三德行 보시바라밀을 실천하여 부처님의 지덕, 단덕, 은덕의 삼덕을 수행의 중심으로 삼아 중생심을 버리고 불성을 체득하라.

삼덕향 · 三德香 지계바라밀을 실천하여 부처님의 지덕, 단덕, 은덕의 삼덕을 수행의 중심으로 삼아 중생심을 버리고 불성을 체득하라.

삼덕화 · 三德華 인발정려(引發靜慮)의 선정바라밀을 실천하여 부처님의 지덕, 단덕, 은덕의 삼덕을 수행의 중심으로 삼아 중생심을 버리고 불성을 체득하라.

삼도광 · 三道光 구공(俱空)의 지혜바라밀을 실천하여 중생이 나고 죽는 윤회의 법칙을 밝게 꿰뚫어 보고 일체중생을 삼악도에서 건지는 거룩한 선지식이 되어라.

삼도덕 · 三道德 인욕바라밀을 실천하여 중생이 나고 죽는 윤회의

법칙을 밝게 꿰뚫어 보고 일체중생을 삼악도에서 건지는 거룩한 선지식이 되어라.

삼도득 · 三道得 수습력(修習力)의 원력바라밀을 실천하여 중생이 나고 죽는 윤회의 법칙을 밝게 꿰뚫어 보고 일체중생을 삼악도에서 건지는 거룩한 선지식이 되어라.

삼도문 · 三道門 섭선정진(攝善精進)의 정진바라밀을 실천하여 중생들이 나고 죽는 윤회의 법칙을 밝게 꿰뚫어 보고 일체중생을 삼악도에서 건지는 거룩한 선지식이 되어라.

삼도성 · 三道聖 성숙유정(成熟有情)의 지혜바라밀을 실천하여 중생이 나고 죽는 윤회의 세 가지 법칙을 밝게 꿰뚫어 보고 일체 중생을 삼악도(三惡道)의 윤회에서 건지는 거룩한 지혜를 닦고 행하는 선지식이 되어라.

삼도신 · 三道信 섭중생계(攝衆生戒)의 지계바라밀을 실천하여 중생이 나고 죽는 윤회의 법칙을 밝게 꿰뚫어 보고 일체중생을 삼악도에서 건지는 거룩한 선지식이 되어라.

삼도심 · 三道心 안주정려(安住靜慮)의 선정바라밀을 실천하여 중생이 나고 죽는 윤회의 법칙을 밝게 꿰뚫어 보고 일체중생을 삼악도에

서 건지는 거룩한 선지식이 되어라.

삼도일 · 三道日 사성제의 지혜바라밀을 실천하여 중생이 나고 죽는 윤회의 법칙을 밝게 꿰뚫어 보고 일체중생을 삼악도에서 건지는 거룩한 선지식이 되어라.

삼도행 · 三道行 보시바라밀을 실천하여 중생이 나고 죽는 윤회의 법칙을 밝게 꿰뚫어 보고 일체중생을 삼악도에서 건지는 거룩한 선지식이 되어라.

삼력신 · 三力信 지계바라밀을 실천하여 깊은 신심과 원력으로 불도 수행의 세 가지 힘을 믿어서 현전(現前)에서 부처님의 가피를 입으라.

삼력심 · 三力心 선정바라밀을 실천하여 깊은 신심과 원력으로 불도 수행의 세 가지 힘을 믿어서 현전(現前)에서 부처님의 가피를 입으라.

삼매화 · 三昧華 일심(一心)으로 진리를 생각하여 흐트러지지 않게 하라.

삼명도 · 三明道 지계바라밀을 실천하여 숙명명(宿命明) · 천안명(天眼明) · 누진명(漏盡明)의 세 가지 지혜를 성취하라.

삼명심 · 三明心 선정바라밀을 실

천하여 숙명명(宿命明) · 천안명(天眼明) · 누진명(漏盡明)의 세 가지 지혜를 성취하라.

삼명주 · 三明珠 방편바라밀을 실천하여 숙명명(宿命明) · 천안명(天眼明) · 누진명(漏盡明)의 세 가지 지혜를 성취하라.

삼명화 · 三明華 인발정려(引發靜慮)의 깊은 선정바라밀을 실천하여 숙명명(宿命明) · 천안명(天眼明) · 누진명(漏盡明)의 세 가지 지혜를 성취하라.

삼묵 · 三黙 절집의 선방, 욕실, 식당 등 세 곳에서는 일체의 소리를 내지 않아야 한다는 규범을 의미. 바라밀행을 통해 부질없는 소리를 내지 말고, 그 소리에 귀 기울이지도 말며 묵언으로 정진하라.

삼보 · 三寶 바라밀행을 닦아 불법승 삼보에 귀의하고 외호하는 마음으로 일생을 정진하고 수행하라.

삼선심 · 三宣心 선정바라밀을 실천하여 항상 하심으로써 자신을 가다듬고 성찰하여 신 · 구 · 의 삼업을 청정히 닦고 널리 펴라.

삼선정 · 三宣淨 정진바라밀을 실천하여 항상 하심으로써 자신을 가다듬고 성찰하여 신 · 구 · 의 삼업

을 청정히 닦고 널리 펴라.

삼선행 · 三宣行 보시바라밀을 실천하여 항상 하심으로써 자신을 가다듬고 성찰하여 신 · 구 · 의 삼업을 청정히 닦고 널리 펴라.

삼소 · 三笑 바라밀을 실천하여 일생에 세 번 크게 웃을 수 있는 수행력을 갖추고 종교 화합을 위해 노력하라.

삼우 · 三友 사귀어 자기에게 이로운 세 가지 부류의 벗으로 정직한 벗, 신의(信義)가 있는 벗, 지식이 있는 벗을 의미한다. 바라밀을 실천하여 스스로와 남에게 이익에 되는 세 가지를 갖춘 벗이 되어라.

삼윤 · 三尹 바라밀을 실천하여 곧은 마음, 자비로운 마음, 섭수하는 마음을 갖추고 중생을 이롭게 하라.

삼윤도 · 三尹道 지계바라밀을 실천하여 곧은 마음, 자비로운 마음, 섭수하는 마음 세 가지를 성취하라.

삼윤수 · 三尹修 정진바라밀을 실천하여 곧은 마음, 자비로운 마음, 섭수하는 마음 세 가지를 성취하라.

삼윤지 · 三尹智 이타행의 지혜바라밀을 실천하여 곧은 마음, 자비로운 마음, 섭수하는 마음 세 가지

· 사행

를 성취하라.

삼윤행 · 三尹行 보시바라밀을 실천하여 곧은 마음, 자비로운 마음, 섭수하는 마음 세 가지를 성취하라.

삼윤화 · 三尹華 선정바라밀을 실천하여 곧은 마음, 자비로운 마음, 섭수하는 마음 세 가지를 성취하라.

삼지 · 三智 성문, 연각의 일체지(一切智), 도(道)의 종별을 아는 도종지(道種智), 평등한 상(相)과 차별의 상(相)을 아는 일체종지(一切種智)를 의미. 바라밀을 실천하여 일체지, 도종지, 일체종지 등 삼지에 능통하여 중생을 제도하라.

삼현 · 三玄 바라밀을 실천하여 한 구절의 말에 반드시 삼현의 가르침이 있음을 깨우쳐 많은 사람을 이롭게 하라.

삼혜 · 三慧 문사수(聞思修)의 지혜를 체득하고 바라밀을 실천하여 복덕과 지혜를 구족한 삶을 영위하라.

상경 · 相鏡 바라밀행을 닦아 거울과 거울이 서로 장애 없이 비추듯 중생의 마음과 마음을 서로 비추어 화합하고 정진하라.

상경 · 常境 바라밀을 실천하여 항상 경계에 걸림이 없는 여여한 마음을 갖추어라.

상경덕 · 相鏡德 인욕바라밀을 실천하여 거울과 거울이 서로 장애 없이 비추듯 중생의 마음과 마음을 서로 비추어 화합하고 정진하라.

상경도 · 相鏡道 섭율의계(攝律儀戒)의 지계바라밀을 실천하여 거울과 거울이 서로 장애 없이 비추듯 중생의 마음과 마음을 서로 비추어 화합하고 정진하라.

상경력 · 相鏡力 사택력(思擇力)의 원력바라밀을 실천하여 거울과 거울이 서로 장애 없이 비추듯 중생의 마음과 마음을 서로 비추어 화합하고 정진하라.

상경법 · 相鏡法 변화력(變化力)의 원력바라밀을 실천하여 거울과 거울이 서로 장애 없이 비추듯 중생의 마음과 마음을 서로 비추어 화합하고 정진하라.

상경수 · 相鏡修 피갑정진(被甲精進)의 정진바라밀을 실천하여 거울과 거울이 서로 장애 없이 비추듯 중생의 마음과 마음을 서로 비추어 화합하고 정진하라.

상경심 · 相鏡心 안주정려(安住靜慮)의 선정바라밀을 실천하여 거울과 거울이 서로 장애 없이 비추듯

중생의 마음과 마음을 서로 비추어
화합하고 정진하라.

상경월 · 相鏡月 진취향과(進趣向
果)의 방편바라밀을 실천하여 거울
과 거울이 서로 장애 없이 비추듯
중생의 마음과 마음을 서로 비추어
화합하고 정진하라.

상경인 · 相鏡仁 내원해인(耐怨害
忍)의 인욕바라밀을 실천하여 거울
과 거울이 서로 장애 없이 비추듯
중생의 마음과 마음을 서로 비추어
화합하고 정진하라.

상경지 · 相鏡智 무상의 지혜바라
밀을 실천하여 거울과 거울이 서로
장애 없이 비추듯 중생의 마음과
마음을 서로 비추어 화합하고 정진
하라.

상경화 · 相鏡華 인발정려(引發靜
慮)의 선정바라밀을 실천하여 거울
과 거울이 서로 장애 없이 비추듯
중생의 마음과 마음을 서로 비추어
화합하고 정진하라.

상공 · 相空 바라밀행을 닦아 모든
형상의 공한 모습을 체득하라.

상나 · 相那 바라밀행을 닦아 모든
형상의 찰나생, 찰나멸을 체득하여
지혜를 갖추어라.

상달 · 常達 바라밀행을 닦아 무상
의 원리에 통달하라.

상달도 · 常達道 섭선법계(攝善法
戒)의 지계바라밀을 실천하여 조금
도 걸림이 없는 무상의 원리에 통
달하라.

상달문 · 常達門 정진바라밀을 실
천하여 조금도 걸림이 없는 무상의
원리에 통달하라.

상달성 · 常達性 인욕바라밀을 실
천하여 조금도 걸림이 없는 무상의
원리에 통달하라.

상달월 · 常達月 진취향과(進趣向
果)의 방편바라밀을 실천하여 조금
도 걸림이 없는 무상의 원리에 통
달하라.

상달주 · 常達珠 불사불수(不捨不受)
방편바라밀을 실천하여 조금도 걸림
이 없는 무상의 원리에 통달하라.

상달행 · 常達行 보시바라밀을 실
천하여 조금도 걸림이 없는 무상의
원리에 통달하라.

상달향 · 常達香 지계바라밀을 실
천하여 조금도 걸림이 없는 무상의
원리에 통달하라.

상달화 · 常達華 선정바라밀을 실

천하여 조금도 걸림이 없는 무상의 원리에 통달하라.

상덕 · 尙德 바라밀행을 닦아 항상 덕을 갖추어 중생을 제도하라.

상덕행 · 常德行 보시바라밀을 실천하여 항상 덕행을 실천하여 중생을 제도하라.

상덕화 · 常德和 인욕바라밀을 실천하여 화합하는 마음으로 항상 덕행을 갖추고 실천하라.

상도 · 常道 매사에 맑고 진실한 마음으로 임하여 평상의 그 마음이 바로 도(平常心是道)라는 진리를 깨쳐라.

상도각 · 常道覺 지혜바라밀을 실천하여 매사에 맑고 진실한 마음으로 임하고 평상의 그 마음이 바로 도(平常心是道)라는 도리를 깨달아라.

상도문 · 常道門 정진바라밀을 실천하여 평상심이 도라는 가르침을 체득하고 항상 실천하라.

상도성 · 常道性 인욕바라밀을 실천하여 평상심이 도라는 가르침을 체득하고 항상 실천하라.

상도심 · 常道心 안주정려(安住靜慮)의 선정바라밀을 실천하여 평상심이 도라는 가르침을 체득하고 항상 실천하라.

상도월 · 常道月 방편바라밀을 실천하여 평상심이 도라는 가르침을 체득하고 항상 실천하라.

상도행 · 常道行 보시바라밀을 실천하여 평상심이 도라는 가르침을 체득하고 항상 실천하라.

상도향 · 常道香 지계바라밀을 실천하여 평상심이 도라는 가르침을 체득하고 항상 실천하라.

상도화 · 常道華 인발정려(引發靜慮)의 선정바라밀을 실천하여 평상심이 도라는 가르침을 체득하고 항상 실천하라.

상락행 · 常樂行 보시바라밀을 실천하여 궁극의 경지인 상락아정(常樂我淨)의 이치를 체득하라.

상락화 · 常樂華 선정바라밀을 실천하여 궁극의 경지인 상락아정(常樂我淨)의 이치를 체득하고 중생계를 화장세계로 정화하라.

상륜 · 相輪 불탑의 꼭대기를 장식하는 상륜부처럼 불법의 진리를 체득하고 세간을 장엄하는 불자로서 지도자의 역할을 다하라.

상매 · 祥邁 바라밀행을 닦아 부처님의 공덕을 성취하고 모든 일이 여여하게 성취될 수 있는 지혜를 갖추어라.

상매문 · 祥邁門 정진바라밀을 닦아 부처님의 가르침을 항상 마음에 새기고 실천하라.

상매심 · 祥邁心 선정바라밀을 닦아 부처님의 가르침을 항상 마음에 새기고 실천하라.

상매월 · 祥邁月 방편바라밀을 닦아 부처님의 가르침을 항상 마음에 새기고 실천하라.

상매인 · 祥邁仁 인욕바라밀을 닦아 부처님의 가르침을 항상 마음에 새기고 실천하라.

상매지 · 祥邁智 지혜바라밀을 닦아 부처님의 가르침을 항상 마음에 새기고 실천하라.

상매향 · 祥邁香 지계바라밀을 닦아 부처님의 가르침을 항상 마음에 새기고 실천하라.

상매화 · 祥邁華 선정바라밀을 닦아 부처님의 가르침을 항상 마음에 새기고 실천하라.

상명 · 詳明 바라밀을 실천하여 부처님의 가르침을 상세하게 밝혀 많은 사람들이 쉽게 이해할 수 있는 설법사가 되어라.

상민 · 常愍 바라밀을 실천하고 더불어 부지런히 염불해 극락에 왕생할 것을 서원하며 정업(淨業)을 수행하고 실천하라.

상민 · 常敏 바라밀을 실천하여 항상 민첩하게 지혜를 구하고, 우직한 마음으로 중생을 위해 복덕을 지어라.

상민 · 常旼 바라밀을 실천하여 항상 화락하고 행복한 삶을 영위할 수 있도록 복덕과 지혜를 갖추어라.

상민성 · 常敏性 인욕바라밀을 실천하여 부지런히 염불하고 극락왕생할 것을 서원하라.

상민수 · 常敏修 정진바라밀을 실천하여 부지런히 염불하고 극락왕생할 것을 서원하라.

상민주 · 常敏珠 방편바라밀을 실천하여 부지런히 염불하고 극락왕생할 것을 서원하라.

상법 · 相法 바라밀을 행하여 무명의 어둠에 덮여 있는 제법실상을 관(觀)하라.

상법도 · 相法道 지계바라밀을 닦아서 무명의 어둠에 덮여 있는 제법실상을 관(觀)하라.

상법문 · 相法門 섭선정진(攝善精進) 바라밀을 닦아서 무명의 어둠에 덮여 있는 제법실상을 관(觀)하라.

상법성 · 相法性 인욕바라밀을 닦아서 무명의 어둠에 덮여 있는 제법실상을 관(觀)하라.

상법수 · 相法修 피갑정진(被甲精進) 바라밀을 닦아서 무명의 어둠에 덮여 있는 제법실상을 관(觀)하라.

상법심 · 相法心 안주정려(安住靜慮)의 선정바라밀을 닦아서 무명의 어둠에 덮여 있는 제법실상을 관(觀)하라.

상법월 · 相法月 진취향과(進趣向果)의 방편바라밀을 닦아서 무명의 어둠에 덮여 있는 제법실상을 관(觀)하라.

상법인 · 相法仁 내원해인(耐怨害忍)의 인욕바라밀을 닦아서 무명의 어둠에 덮여 있는 제법실상을 관(觀)하라.

상법지 · 相法智 무상의 지혜바라밀행을 닦아서 무명의 어둠에 덮여 있는 제법실상을 관(觀)하라.

상법행 · 相法行 보시바라밀행을 닦아서 무명의 어둠에 덮여 있는 제법실상을 관(觀)하라.

상법향 · 相法香 지계바라밀행을 닦아서 무명의 어둠에 덮여 있는 제법실상을 관(觀)하라.

상법화 · 相法華 선정바라밀행을 닦아서 무명의 어둠에 덮여 있는 제법실상을 관(觀)하라.

상생화 · 上生華 선정바라밀을 실천하여 상품상생(上品上生)의 이치를 깨우쳐 화장세계를 장엄하라.

상선경 · 常善鏡 이락타원(利樂他願)의 원력바라밀을 실천하여 항상 선행을 베풀어라.

상선덕 · 常善德 인욕바라밀을 실천하여 항상 선행을 베풀어라.

상선득 · 常善得 수습력(修習力)의 원력바라밀을 실천하여 항상 선행을 베풀어라.

상선명 · 常善明 수용법락(受用法樂)의 지혜바라밀을 실천하여 항상 선행을 베풀어라.

상선법 · 常善法 변화력(變化力)의 원력바라밀을 실천하여 항상 선행을 베풀어라.

상선심·常善心 안주정려(安住靜慮)의 선정바라밀을 실천하여 항상 선행을 베풀어라.

상선월·常善月 진취향과(進趣向果) 방편바라밀을 실천하여 항상 선행을 베풀어라.

상선인·常善印 성숙유정(成熟有情)의 지혜바라밀을 실천하여 항상 선행을 베풀어라.

상선정·常善淨 이락정진(利樂精進) 바라밀을 실천하여 항상 선행을 베풀어라.

상선행·常善行 보시바라밀을 실천하여 항상 선행을 베풀어라.

상선향·常善香 지계바라밀을 실천하여 항상 선행을 베풀어라.

상선화·常善華 선정바라밀을 실천하여 항상 선행을 베풀어라.

상시화·常施華 인발정려(引發靜慮)의 선정바라밀을 체득하여 항상 선행을 베풀어라.

상안·尙顏 바라밀행을 닦아 정법을 숭상하고 자신의 진면목을 깨쳐라.

상안각·尙顏覺 지혜바라밀을 행하여 부처님의 가르침을 깨우쳐서 자신의 진면목을 드러내라.

상안덕·尙顏德 내원해인(耐怨害忍)의 인욕바라밀을 행하여 부처님의 가르침을 깨우쳐서 자신의 진면목을 드러내라.

상안도·尙顏道 섭율의계(攝律儀戒)의 지계바라밀을 행하여 부처님의 가르침을 깨우쳐서 자신의 진면목을 드러내라.

상안득·尙顏得 수습력(修習力)의 원력바라밀을 행하여 부처님의 가르침을 깨우쳐서 자신의 진면목을 드러내라.

상안명·尙顏明 이타행의 무상지바라밀을 행하여 부처님의 가르침을 깨치고 자신의 진면목을 드러내라.

상안문·尙顏門 섭선정진(攝善精進)의 정진바라밀을 행하여 부처님의 가르침을 깨치고 자신의 진면목을 드러내라.

상안법·尙顏法 변화력(變化力)의 원력바라밀을 세워 부처님의 가르침을 깨치고 자신의 진면목을 드러내라.

상안성·尙顏性 안수고인(安受苦忍)의 인욕바라밀을 행하여 부처님의 가르침을 깨치고 자신의 진면목을 드러내라.

상안수 · 尙顔修 피갑정진(被甲精進) 바라밀을 행하여 부처님의 가르침을 깨치고 자신의 진면목을 드러내라.

상안심 · 尙顔心 안주정려(安住靜慮)의 선정바라밀을 행하여 부처님의 가르침을 깨치고 자신의 진면목을 드러내라.

상안지 · 尙顔智 이타행의 지혜바라밀을 행하여 부처님의 가르침을 깨치고 자신의 진면목을 드러내라.

상안행 · 尙顔行 보시바라밀을 행하여 부처님의 가르침을 깨치고 자신의 진면목을 드러내라.

상예 · 上睿 바라밀을 실천하여 동심행자(童心行者)와 같은 마음으로 넓은 분야에 통달하고 고결하게 자신을 지킬 수 있는 총명함을 체득하라.

상예각 · 上睿覺 법공(法空)의 지혜바라밀을 행하여 슬기로움과 총명함을 체득하라.

상예도 · 上睿道 지계바라밀을 행하여 슬기로움과 총명함을 체득하라.

상예문 · 上睿門 섭선정진(攝善精進) 바라밀을 행하여 슬기로움과 총명함을 체득하라.

상예성 · 上睿性 안수고인(安受苦忍)의 인욕바라밀을 행하여 슬기로움과 총명함을 체득하라.

상예심 · 上睿心 안주정려(安住靜慮)의 선정바라밀을 행하여 슬기로움과 총명함을 체득하라.

상예월 · 上睿月 진취향과(進趣向果)의 방편바라밀을 행하여 슬기로움과 총명함을 체득하라.

상예주 · 上睿珠 불사불수(不捨不受)의 방편바라밀을 행하여 슬기로움과 총명함을 체득하라.

상예지 · 上睿智 이타행의 지혜바라밀을 행하여 슬기로움과 총명함을 체득하라.

상예향 · 上睿香 섭선법계(攝善法戒)의 지계바라밀을 행하여 슬기로움과 총명함을 체득하라.

상예화 · 上睿華 안주정려(安住靜慮)의 선정바라밀을 행하여 슬기로움과 총명함을 체득하라.

상우 · 常遇 바라밀을 실천하여 언제나 부처님의 가르침을 만나 정법을 체득하고 무량공덕을 지어라.

상우각 · 常遇覺 법공(法空)의 지혜바라밀을 행하여 언제나 부처님의 가르침을 만나 정법을 체득하고 무량공덕을 지어라.

상우덕 · 常遇德 내원해인(耐怨害忍)의 인욕바라밀을 행하여 언제나 부처님의 가르침을 만나 정법을 체득하고 무량공덕을 지어라.

상우력 · 常遇力 사택력(思擇力)의 원바라밀을 행하여 언제나 부처님의 가르침을 만나 정법을 체득하고 무량공덕을 지어라.

상우명 · 常遇明 수용법락(受用法樂)의 지혜바라밀을 행하여 언제나 부처님의 가르침을 만나 정법을 체득하고 무량공덕을 지어라.

상우문 · 常遇門 섭선정진(攝善精進)의 정진바라밀을 행하여 언제나 부처님의 가르침을 만나 정법을 체득하고 무량공덕을 지어라.

상우법 · 常遇法 변화력(變化力)의 원력바라밀을 행하여 언제나 부처님의 가르침을 만나 정법을 체득하고 무량공덕을 지어라.

상우성 · 常遇性 안수고인(安受苦忍)의 인욕바라밀을 행하여 언제나

부처님의 가르침을 만나 정법을 체득하고 무량공덕을 지어라.

상우수 · 常遇修 피갑정진(被甲精進) 바라밀을 행하여 언제나 부처님의 가르침을 만나 정법을 체득하고 무량공덕을 지어라.

상우심 · 常遇心 안주정려(安住靜慮)의 선정바라밀을 행하여 언제나 부처님의 가르침을 만나 정법을 체득하고 무량공덕을 지어라.

상우월 · 常遇月 진취향과(進趣向果)의 방편바라밀을 행하여 언제나 부처님의 가르침을 만나 정법을 체득하고 무량공덕을 지어라.

상우인 · 常遇仁 내원해인(耐怨害忍)의 인욕바라밀을 행하여 언제나 부처님의 가르침을 만나 정법을 체득하고 무량공덕을 지어라.

상우지 · 常遇智 이타행의 무상 지혜바라밀을 행하여 언제나 부처님의 가르침을 만나 정법을 체득하고 무량공덕을 지어라.

상우행 · 常遇行 보시바라밀을 행하여 언제나 부처님의 가르침을 만나 정법을 체득하고 무량공덕을 지어라.

상우향 · 常遇香 지계바라밀을 행

하여 언제나 부처님의 가르침을 만나 정법을 체득하고 무량공덕을 지어라.

상우화 · 常遇華 선정바라밀을 행하여 언제나 부처님의 가르침을 만나 정법을 체득하고 무량공덕을 지어라.

상운 · 祥雲 바라밀을 실천하여 길상을 머금은 구름처럼 감로의 법우로 중생을 이롭게 하라.

상원 · 常願 바라밀을 실천하여 항상 크고 넓은 서원으로 중생을 이롭게 하라.

상월 · 相月 "내게 하나의 둥근 달이 있으니 그림자 없고 또 모양도 없다. 만일 이 달을 보려 하거든 부디 선한 마음을 버리지 말라."는 효봉 스님의 가르침을 마음에 새기고 바라밀로 정진하라.

상윤 · 常潤 바라밀을 실천하여 항상 지혜롭고 언제나 나누어 줄 수 있는 윤택한 삶을 영위하라.

상윤각 · 常潤覺 법공(法空)의 지혜바라밀을 실천하여 항상 지혜롭고 언제나 나누어 줄 수 있는 윤택한 삶을 영위하라.

상윤덕 · 常潤德 내원해인(耐怨害忍)의 인욕바라밀을 실천하여 항상 지혜롭고 언제나 나누어 줄 수 있는 윤택한 삶을 영위하라.

상윤도 · 常潤道 질서를 바로 지키는 지계바라밀을 실천하여 항상 지혜롭고 언제나 나누어 줄 수 있는 윤택한 삶을 영위하라.

상윤문 · 常潤門 섭선정진(攝善精進) 바라밀을 실천하여 항상 지혜롭고 언제나 나누어 줄 수 있는 윤택한 삶을 영위하라.

상윤성 · 常潤性 안수고인(安受苦忍)의 인욕바라밀을 실천하여 항상 지혜롭고 언제나 나누어 줄 수 있는 윤택한 삶을 영위하라.

상윤수 · 常潤修 피갑정진(被甲精進) 바라밀을 실천하여 항상 지혜롭고 언제나 나누어 줄 수 있는 윤택한 삶을 영위하라.

상윤심 · 常潤心 안주정려(安住靜慮)의 선정바라밀을 실천하여 항상 지혜롭고 언제나 나누어 줄 수 있는 윤택한 삶을 영위하라.

상윤지 · 常潤智 이타행의 지혜바라밀을 실천하여 항상 지혜롭고 언제나 나누어 줄 수 있는 윤택한 삶을 영위하라.

상윤행 · 常潤行 보시바라밀을 실천하여 항상 지혜롭고 언제나 나누어 줄 수 있는 윤택한 삶을 영위하라.

상윤화 · 常潤華 인발정려(引發靜慮)의 선정바라밀을 실천하여 항상 지혜롭고 언제나 나누어 줄 수 있는 윤택한 삶을 영위하라.

상일 · 常日 바라밀을 실천하여 나날이 행복하고 여여한 하루하루를 지낼 수 있는 공덕을 쌓아라.

상자화 · 上慈華 선정바라밀을 행하여 항상 자애롭고 나누는 삶을 실천하라.

상제 · 常濟 바라밀을 행하여 항상 중생 구제의 원력을 세우고 실천하라.

상조 · 常照 바라밀행을 닦아 정지광명(正智光明)이 항상 비추는 청정한 삶을 영위하며 베풀어라.

상조성 · 常照性 인욕바라밀을 행하여 부처님의 정지광명(正智光明)이 항상 비추는 청정하고 여여한 삶을 영위하며 베풀어라.

상조월 · 常照月 진취향과(進趣向果)의 방편바라밀을 행하여 부처님의 정지광명(正智光明)이 항상 비추는 청정하고 여여한 삶을 영위하며 베풀어라.

상조향 · 常照香 섭선법계(攝善法戒)의 지계바라밀을 행하여 부처님의 정지광명(正智光明)이 항상 비추는 청정하고 여여한 삶을 영위하며 베풀어라.

상지향 · 常智香 섭선법계(攝善法戒)의 지계바라밀을 행하여 부처님의 정지광명(正智光明)이 항상 비추는 청정하고 여여한 지혜를 성취하라.

상지화 · 上智華 선정바라밀을 행하여 수승한 상품상생(上品上生)의 지혜를 체득하고 실천하라.

상진 · 常眞 항상 바라밀행을 닦아 항상 진실하고 여여한 부처님의 가르침을 체득하라.

상진각 · 常眞覺 법공(法空)의 지혜바라밀을 행하여 항상 진실하고 여여한 부처님의 가르침을 체득하라.

상진광 · 常眞光 구공(俱空)의 지혜바라밀을 행하여 항상 진실하고 여여한 부처님의 가르침을 체득하라.

상진덕 · 常眞德 내원해인(耐怨害忍)의 인욕바라밀을 행하여 항상 진실하고 여여한 부처님의 가르침을 체득하라.

상진도 · 常眞道 섭율의계(攝律儀戒)의 지계바라밀을 행하여 항상 진실하고 여여한 부처님의 가르침을 체득하라.

상진문 · 常眞門 섭선정진(攝善精進) 바라밀을 행하여 항상 진실하고 여여한 부처님의 가르침을 체득하라.

상진법 · 常眞法 변화의 지혜를 체득하는 원력바라밀을 행하여 항상 진실하고 여여한 부처님의 가르침을 체득하라.

상진수 · 常眞修 피갑정진(被甲精進) 바라밀을 행하여 항상 진실하고 여여한 부처님의 가르침을 체득하라.

상진월 · 常眞月 진취향과(進趣向果)의 방편바라밀을 행하여 항상 진실하고 여여한 부처님의 가르침을 체득하라.

상진주 · 常眞珠 불사불수(不捨不受)의 방편바라밀을 행하여 항상 진실하고 여여한 부처님의 가르침을 체득하라.

상진행 · 常眞行 보시바라밀을 행하여 항상 진실하고 여여한 부처님의 가르침을 체득하라.

상진향 · 常眞香 섭선법계(攝善法戒)의 지계바라밀을 행하여 항상 진실하고 여여한 부처님의 가르침을 체득하라.

상진화 · 常眞華 인발정려(引發靜慮)의 선정바라밀을 행하여 항상 진실하고 여여한 부처님의 가르침을 체득하라.

상찰 · 常察 중국 오대 때 스님의 법명. 바라밀의 실천으로 항상 자신을 살펴서 선정과 정견을 체득하라.

상찰도 · 常察道 섭율의계(攝律儀戒) 바라밀의 실천으로 항상 자신을 살펴서 선정과 정견을 체득하라.

상찰수 · 常察修 피갑정진(被甲精進) 바라밀의 실천으로 항상 자신을 살펴서 선정과 정견을 체득하라.

상찰지 · 常察智 이타행의 지혜바라밀 실천으로 항상 자신을 살펴서 선정과 정견을 체득하라.

상청 · 上清 바라밀을 실천하여 덕행과 성품을 잘 갈고 닦아 최상의 청정행(清淨行)을 갖추어라.

상청수 · 上清修 피갑정진(被甲精進)의 바라밀을 실천하여 덕행과 성품을 잘 갈고 닦아 최상의 청정행(清淨行)을 갖추어라.

상청지 · 上淸智 이타행의 지혜바라밀을 실천하여 덕행과 성품을 잘 갈고 닦아 최상의 청정행(淸淨行)을 갖추어라.

상청화 · 上淸華 선정바라밀을 실천하여 덕행과 성품을 잘 갈고 닦아 최상의 청정행(淸淨行)을 갖추어라.

상총 · 常總 바라밀 실천으로 총지(總持) 다라니를 갖추어 지혜를 얻고 많은 사람에게 법시를 베풀어라.

상총각 · 常總覺 법공(法空)의 혜바라밀 실천으로 총지(總持) 다라니를 갖추어 지혜를 얻고 많은 사람에게 법시를 베풀어라.

상총덕 · 常總德 내원해인(耐怨害忍)의 인욕바라밀 실천으로 총지(總持) 다라니를 갖추어 지혜를 얻고 많은 사람에게 법시를 베풀어라.

상총도 · 常總道 율의(律儀)의 지계바라밀 실천으로 총지(總持) 다라니를 갖추어 지혜를 얻고 많은 사람에게 법시를 베풀어라.

상총력 · 常總力 사택력(思擇力)의 력바라밀 실천으로 총지(總持) 다라니를 갖추어지혜를 얻고 많은 사람에게 법시를 베풀어라.

상총문 · 常總門 섭선정진(攝善精進)의 정진바라밀 실천으로 총지(總持) 다라니를 갖추어 지혜를 얻고 많은 사람에게 법시를 베풀어라.

상총주 · 常總珠 불사불수(不捨不受)의 방편바라밀 실천으로 총지(總持) 다라니를 갖추어 지혜를 얻고 많은 사람에게 법시를 베풀어라.

상총지 · 常總智 이타행의 지혜바라밀 실천으로 총지(總持) 다라니를 갖추어 지혜를 얻고 많은 사람에게 법시를 베풀어라.

상총화 · 常總華 선정바라밀 실천으로 총지(總持) 다라니를 갖추어 지혜를 얻고 많은 사람에게 법시를 베풀어라.

상품행 · 上品行 상품상생(上品上生)의 바라밀을 실천하라.

상항 · 上恒 바라밀을 실천하여 상품상생의 변하지 않는 지혜를 체득하라.

상항덕 · 上恒德 내원해인(耐怨害忍)의 인욕바라밀을 실천하여 상품상생(上品上生)의 변하지 않는 지혜를 체득하라.

상항도 · 上恒道 섭율의계(攝律儀戒)의 지계바라밀을 실천하여 상품상생(上品上生)의 변하지 않는 지혜를 체득하라.

상항성 · 上恒性 안수고인(安受苦忍)의 인욕바라밀을 실천하여 상품상생(上品上生)의 변하지 않는 지혜를 체득하라.

상항수 · 上恒修 피갑정진(被甲精進)의 정진바라밀을 실천하여 상품상생(上品上生)의 변하지 않는 지혜를 체득하라.

상항심 · 上恒心 안주정려(安住靜慮)의 선정바라밀을 실천하여 상품상생(上品上生)의 변하지 않는 지혜를 체득하라.

상항주 · 上恒珠 불사불수(不捨不受)의 방편바라밀을 실천하여 상품상생(上品上生)의 변하지 않는 지혜를 체득하라.

상항지 · 上恒智 이타행의 지혜바라밀을 실천하여 상품상생(上品上生)의 변하지 않는 지혜를 체득하라.

상행 · 上行 바라밀을 실천하여 상행보살과 같이 말세의 오탁악세에서 부처님의 가르침을 널리 퍼뜨려라.

상행 · 常行 바라밀의 실천으로 오직 불법을 닦는 일에 온 마음을 다해 항상 정진하라.

상행덕 · 常行德 인욕바라밀의 실천으로 오직 불법을 닦는 일에 온 마음을 다해 항상 정진하라.

상행도 · 常行道 지계바라밀의 실천으로 오직 불법을 닦는 일에 온 마음을 다해 항상 정진하라.

상행수 · 常行修 피갑정진(被甲精進)의 정진바라밀을 실천하여 오직 불법을 닦는 일에 온 마음을 다해 항상 정진하라.

상행지 · 常行智 이타행의 지혜바라밀을 실천하여 오직 불법을 닦는 일에 온 마음을 다해 항상 정진하라.

상현 · 常賢 바라밀행을 닦아 어질고 지혜로운 불자가 되어 언제나 존경받는 사람이 되어라.

상현 · 尙賢 바라밀의 실천으로 부처님의 가르침을 숭상하고 성상(聖上)의 종지를 크게 깨달아라.

상현각 · 尙賢覺 법공(法空)의 지혜바라밀을 행하여 언제나 남으로부터 존경받고 법을 베푸는 불자가 되어라.

상현덕 · 尙賢德 내원해인(耐怨害忍)의 인욕바라밀을 행하여 언제나 남으로부터 존경받고 법을 베푸는 불자가 되어라.

상현도 · 尙賢道 섭율의계(攝律儀戒)의 지계바라밀을 행하여 언제나 남으로부터 존경받고 법을 베푸는 불자가 되어라.

상현문 · 尙賢門 섭선정진(攝善精進)의 정진바라밀을 행하여 언제나 남으로부터 존경받고 법을 베푸는 불자가 되어라.

상현성 · 尙賢性 안수고인(安受苦忍)의 인욕바라밀을 행하여 언제나 남으로부터 존경받고 법을 베푸는 불자가 되어라.

상현수 · 尙賢修 피갑정진(被甲精進)의 정진바라밀을 행하여 언제나 남으로부터 존경받고 법을 베푸는 불자가 되어라.

상현심 · 尙賢心 안주정려(安住靜慮)의 선정바라밀을 행하여 언제나 남으로부터 존경받고 법을 베푸는 불자가 되어라.

상현지 · 尙賢智 이타행의 지혜바라밀을 행하여 언제나 남으로부터 존경받고 법을 베푸는 불자가 되어라.

상현행 · 尙賢行 보시바라밀을 행하여 언제나 남으로부터 존경받고 법을 베푸는 불자가 되어라.

상현화 · 尙賢華 깊은 선정바라밀을 행하여 언제나 남으로부터 존경받고 법을 베푸는 불자가 되어라.

상화 · 常和 바라밀행을 닦아 언제나 화합하고 정진하는 삶을 영위하라.

상화 · 常華 바라밀의 실천으로 항상 보현보살의 행원과 마음의 도리를 설하는『화엄경』의 가르침을 체득하고 실천하라.

상화성 · 常華性 안수고인(安受苦忍)의 인욕바라밀을 행하여 항상 보현보살의 행원과 마음의 도리를 설하는『화엄경』의 가르침을 체득하고 실천하라.

상화수 · 常華修 깊은 선정바라밀을 행하여 항상 보현보살의 행원과 마음의 도리를 설하는『화엄경』의 가르침을 체득하고 실천하라.

상화심 · 常華心 안주정려(安住靜慮)의 선정바라밀을 행하여 항상 보현보살의 행원과 마음의 도리를 설하는『화엄경』의 가르침을 체득하고 실천하라.

상화행 · 常華行 보시바라밀을 행하여 항상 보현보살의 행원과 마음의 도리를 설하는『화엄경』의 가르침을 체득하고 실천하라.

상훈 · 常熏 바라밀을 닦아 항상

진여법(眞如法)이 훈습되어 망심이 사라지고 법신이 현현하는 지혜를 체득하고 이타행을 실천하라.

색법 · 色法 불법의 진수를 체득하여 여러 가지 방편으로 부처님의 가르침을 펴라.

색심 · 色心 바라밀행을 닦아 구름에서 벗어난 달처럼 망연(妄緣)을 떨치고 물질과 마음으로 이루어진 제법의 실상을 분명히 관(觀)하여 세간의 오염을 씻어내라.

생도 · 生道 부처님의 성스러운 지혜를 깨우쳐 모든 생명체의 안락과 행복을 기원하고 돕는 불도의 진리에 의해서 이 세상을 살아가라.

서강 · 瑞岡 바라밀행을 닦아 상서로운 깨달음의 언덕에 올라 자리이타의 보살행을 실천하라.

서강 · 西江 바라밀행을 닦아 서방정토에 극락왕생할 수 있는 복덕과 지혜를 구족하라.

서경 · 西敬 바라밀행을 닦아 서방정토를 설하신 아미타 부처님의 가르침을 항상 경배하고 기쁘게 받아지녀 현세정토를 실현하라.

서경 · 西慶 바라밀을 행하여 아미타 부처님이 중생을 제도하시는 서방정토를 설한 정토삼부경의 가르침을 항상 기쁘게 따르고 널리 전하라.

서경각 · 西慶覺 법공(法空)의 지혜바라밀을 행하여 아미타 부처님이 중생을 제도하시는 서방정토의 가르침을 항상 기쁘게 따르고 널리 전하라.

서경덕 · 西慶德 내원해인(耐怨害忍)의 인욕바라밀을 행하여 아미타 부처님이 중생을 제도하시는 서방정토의 가르침을 항상 기쁘게 따르고 널리 전하라.

서경도 · 西慶道 섭율의계(攝律儀戒)의 지계바라밀을 행하여 아미타 부처님이 중생을 제도하시는 서방정토의 가르침을 항상 기쁘게 따르고 널리 전하라.

서경득 · 西慶得 수습력(修習力)의 원력바라밀을 행하여 아미타 부처님이 중생을 제도하시는 서방정토의 가르침을 항상 기쁘게 따르고 널리 전하라.

서경문 · 西慶門 섭선정진(攝善精進)의 정진바라밀을 행하여 아미타 부처님이 중생을 제도하시는 서방정토의 가르침을 항상 기쁘게 따르고 널리 전하라.

서경법 · 西慶法 변화력(變化力)의 원력바라밀을 행하여 아미타 부처님이 중생을 제도하시는 서방정토의 가르침을 항상 기쁘게 따르고 널리 전하라.

서경수 · 西慶修 피갑정진(被甲精進)의 정진바라밀을 행하여 아미타 부처님이 중생을 제도하시는 서방정토의 가르침을 항상 기쁘게 따르고 널리 전하라.

서경심 · 西慶心 안주정려(安住靜慮)의 선정바라밀을 행하여 아미타 부처님이 중생을 제도하시는 서방정토의 가르침을 항상 기쁘게 따르고 널리 전하라.

서경월 · 西慶月 진취향과(進趣向果)의 방편바라밀을 행하여 아미타 부처님이 중생을 제도하시는 서방정토의 가르침을 항상 기쁘게 따르고 널리 전하라.

서경지 · 西慶智 이타행의 지혜바라밀을 행하여 아미타 부처님이 중생을 제도하시는 서방정토의 가르침을 항상 기쁘게 따르고 널리 전하라.

서경행 · 西慶行 보시바라밀을 행하여 아미타 부처님이 중생을 제도하시는 서방정토의 가르침을 항상 기쁘게 따르고 널리 전하라.

서경화 · 西慶華 깊은 선정바라밀을 행하여 아미타 부처님이 중생을 제도하시는 서방정토를 설한 정토 삼부경의 가르침을 항상 기쁘게 따르고 널리 전하라.

서광 · 瑞光 바라밀행을 닦아 한줄기 서광이 만중생을 이롭게 하는 지혜로서 한량없는 중생을 제도하라.

서광 · 棲光 바라밀을 실천하여 항상 광명으로 비추는 부처님의 지혜를 체득하고 중생을 이롭게 하라.

서광 · 西光 바라밀행을 닦아 산란과 망집을 떠나서 부지런히 염불수행에 정진하여 서방정토의 해탈광명을 얻어라.

서광덕 · 西光德 내원해인(耐怨害忍)의 인욕바라밀을 행하여 산란과 망집을 떠나서 부지런히 염불수행에 정진하고 서방정토의 해탈광명을 얻어라.

서광득 · 西光得 수습력(修習力)의 원력바라밀을 행하여 산란과 망집을 떠나서 부지런히 염불수행에 정진하고 서방정토의 해탈광명을 얻어라.

서광명 · 西光明 수용법락(受用法樂)의 지혜바라밀을 행하여 산란과 망집을 떠나서 부지런히 염불수행

• 사행

에 정진하고 서방정토의 해탈광명
을 얻어라.

서광문 · 西光門 섭선정진(攝善精
進) 바라밀을 행하여 산란과 망집
을 떠나서 부지런히 염불수행에 정
진하고 서방정토의 해탈광명을 얻
어라.

서광수 · 西光修 피갑정진(被甲精
進) 바라밀을 행하여 산란과 망집
을 떠나서 부지런히 염불수행에 정
진하고 서방정토의 해탈광명을 얻
어라.

서광심 · 西光心 안주정려(安住靜
慮)의 선정바라밀을 행하여 산란과
망집을 떠나서 부지런히 염불수행
에 정진하고 서방정토의 해탈광명
을 얻어라.

서광월 · 西光月 진취향과(進趣向
果) 방편바라밀을 행하여 산란과
망집을 떠나서 부지런히 염불수행
에 정진하고 서방정토의 해탈광명
을 얻어라.

서광지 · 西光智 이타행의 지혜바
라밀을 행하여 산란과 망집을 떠나
서 부지런히 염불수행에 정진하고
서방정토의 해탈광명을 얻어라.

서광행 · 西光行 보시바라밀을 행
하여 산란과 망집을 떠나서 부지런

히 염불수행에 정진하고 서방정토
의 해탈광명을 얻어라.

서광화 · 西光華 깊은 선정바라밀
을 행하여 산란과 망집을 떠나서
부지런히 염불수행에 정진하고 서
방정토의 해탈광명을 얻어라.

서덕 · 西德 바라밀을 실천하여 아
미타 부처님이 중생을 제도하시는
정토삼부경의 가르침을 항상 기쁘
게 따르고 일체중생을 이롭게 하는
자비를 행하라.

서덕도 · 西德道 섭율의계(攝律儀
戒)의 지계바라밀을 실천하여 아미
타 부처님이 중생을 제도하시는 정
토삼부경의 가르침을 항상 기쁘게
따르고 일체중생을 이롭게 하는 자
비를 행하라.

서덕문 · 西德門 섭선정진(攝善精
進) 바라밀을 행하여 아미타 부처
님이 중생을 제도하시는 정토삼부
경의 가르침을 항상 기쁘게 따르고
일체중생을 이롭게 하는 자비를 행
하라.

서덕성 · 西德性 안수고인(安受苦
忍)의 인욕바라밀을 행하여 아미타
부처님이 중생을 제도하시는 정토
삼부경의 가르침을 항상 기쁘게 따
르고 일체중생을 이롭게 하는 자비
를 행하라.

서덕수 · 西德修 피갑정진(被甲精進) 바라밀을 행하여 아미타 부처님이 중생을 제도하시는 정토삼부경의 가르침을 항상 기쁘게 따르고 일체중생을 이롭게 하는 자비를 행하라.

서덕심 · 西德心 선정바라밀을 행하여 아미타 부처님이 중생을 제도하시는 정토삼부경의 가르침을 항상 기쁘게 따르고 일체중생을 이롭게 하는 자비를 행하라.

서덕인 · 西德仁 내원해인(耐怨害忍)의 인욕바라밀을 행하여 아미타 부처님이 중생을 제도하시는 정토삼부경의 가르침을 항상 기쁘게 따르고 일체중생을 이롭게 하는 자비를 행하라.

서덕주 · 西德珠 불사불수(不捨不受)의 방편바라밀을 행하여 아미타 부처님이 중생을 제도하시는 정토삼부경의 가르침을 항상 기쁘게 따르고 일체중생을 이롭게 하는 자비를 행하라.

서덕지 · 西德智 이타행의 지혜바라밀을 행하여 아미타 부처님이 중생을 제도하시는 정토삼부경의 가르침을 항상 기쁘게 따르고 일체중생을 이롭게 하는 자비를 행하라.

서덕행 · 西德行 보시바라밀을 행하여 아미타 부처님이 중생을 제도하시는 정토삼부경의 가르침을 항상 기쁘게 따르고 일체중생을 이롭게 하는 자비를 행하라.

서덕향 · 西德香 지계바라밀을 행하여 아미타 부처님이 중생을 제도하시는 정토삼부경의 가르침을 항상 기쁘게 따르고 일체중생을 이롭게 하는 자비를 행하라.

서덕화 · 西德華 깊은 선정바라밀을 행하여 아미타 부처님이 중생을 제도하시는 정토삼부경의 가르침을 항상 기쁘게 따르고 일체중생을 이롭게 하는 자비를 행하라.

서명 · 西明 바라밀행을 닦고 항상 아미타 부처님의 서방정토를 염(念)하는 수행으로 번뇌와 망집을 떨치고 청정한 업을 밝혀라.

서명각 · 西明覺 지혜바라밀을 실천하고 항상 아미타 부처님의 서방정토를 염(念)하는 수행으로 번뇌와 망집을 떨쳐 청정한 업을 밝혀라.

서명덕 · 西明德 인욕바라밀을 실천하고 항상 아미타 부처님의 서방정토를 염(念)하는 수행으로 번뇌와 망집을 떨쳐 청정한 업을 밝혀라.

서명도 · 西明道 지계바라밀을 실천하고 항상 아미타 부처님의 서방정토를 염(念)하는 수행으로 번뇌와 망집을 떨쳐 청정한 업을 밝혀라.

서명문 · 西明門 정진바라밀을 실천하고 항상 아미타 부처님의 서방정토를 염(念)하는 수행으로 번뇌와 망집을 떨쳐 청정한 업을 밝혀라.

서명수 · 西明修 정진바라밀을 실천하고 항상 아미타 부처님의 서방정토를 염(念)하는 수행으로 번뇌와 망집을 떨쳐 청정한 업을 밝혀라.

서명심 · 西明心 선정바라밀을 실천하고 항상 아미타 부처님의 서방정토를 염(念)하는 수행으로 번뇌와 망집을 떨쳐 청정한 업을 밝혀라.

서명월 · 西明月 방편바라밀을 실천하고 항상 아미타 부처님의 서방정토를 염(念)하는 수행으로 번뇌와 망집을 떨쳐 청정한 업을 밝혀라.

서명주 · 西明珠 불사불수(不捨不受)의 방편바라밀을 실천하고 항상 아미타 부처님의 서방정토를 염(念)하는 수행으로 번뇌와 망집을 떨쳐 청정한 업을 밝혀라.

서명지 · 西明智 무상(無相)의 지혜바라밀을 실천하고 항상 아미타 부처님의 서방정토를 염(念)하는 수행으로 번뇌와 망집을 떨쳐 청정한 업을 밝혀라.

서명행 · 西明行 보시바라밀을 실천하고 항상 아미타 부처님의 서방정토를 염(念)하는 수행으로 번뇌와 망집을 떨쳐 청정한 업을 밝혀라.

서명화 · 西明華 깊은 선정바라밀을 실천하고 항상 아미타 부처님의 서방정토를 염(念)하는 수행으로 번뇌와 망집을 떨쳐 청정한 업을 밝혀라.

서백 · 栖白 바라밀행을 닦아 항상 맑고 깨끗함이 깃들어 있는 삶을 영위하라.

서백문 · 栖白門 정진바라밀을 실천하여 맑고 깨끗한 삶을 영위하라.

서백화 · 栖白華 선정바라밀을 실천하여 맑고 깨끗한 삶을 영위하라.

서상 · 瑞相 항상 바라밀을 실천하며, 복덕을 쌓고 부처님의 가르침을 따르면 하는 일마다 상서로운 모습이 되어 나타나리라.

서상각 · 瑞相覺 항상 지혜바라밀을 실천하며, 복덕을 쌓고 부처님의 가르침을 따르면 하는 일마다 상서로운 모습이 되어 나타나리라.

서상덕 · 瑞相德 항상 인욕바라밀을 실천하며, 복덕을 쌓고 부처님의 가르침을 따르면 하는 일마다 상서로운 모습이 되어 나타나리라.

서상도 · 瑞相道 항상 지계바라밀을 실천하며, 복덕을 쌓고 부처님의 가르침을 따르면 하는 일마다 상서로운 모습이 되어 나타나리라.

서상문 · 瑞相門 항상 정진바라밀을 실천하며, 복덕을 쌓고 부처님의 가르침을 따르면 하는 일마다 상서로운 모습이 되어 나타나리라.

서상인 · 瑞相仁 항상 내원해인(耐怨害忍)의 인욕바라밀을 실천하며, 복덕을 쌓고 부처님의 가르침을 따르면 하는 일마다 상서로운 모습이 되어 나타나리라.

서상주 · 瑞相珠 항상 선정바라밀을 실천하며, 복덕을 쌓고 부처님의 가르침을 따르면 하는 일마다 상서로운 모습이 되어 나타나리라.

서상지 · 瑞相智 항상 이타행의 지혜바라밀을 실천하며, 복덕을 쌓고 부처님의 가르침을 따르면 하는 일마다 상서로운 모습이 되어 나타나리라.

서상행 · 瑞相行 항상 보시바라밀을 실천하며, 복덕을 쌓고 부처님의 가르침을 따르면 하는 일마다 상서로운 모습이 되어 나타나리라.

서상향 · 瑞相香 항상 섭선법계(攝善法戒)의 지계바라밀을 실천하며, 복덕을 쌓고 부처님의 가르침을 따르면 하는 일마다 상서로운 모습이 되어 나타나리라.

서상화 · 瑞相華 항상 인발정려(引發靜慮)의 선정바라밀을 실천하며, 복덕을 쌓고 부처님의 가르침을 따르면 하는 일마다 상서로운 모습이 되어 나타나리라.

서선 · 瑞仙 바라밀행을 닦아 상서롭고 비범한 능력을 갖춘 불자가 되어 중생을 제도하라.

서선각 · 瑞仙覺 법공(法空)의 지혜바라밀을 실천하여 상서롭고 비범한 불자가 되어라.

서선광 · 瑞仙光 구공(俱空)의 지혜바라밀을 실천하여 상서롭고 비범한 불자가 되어라.

서선도 · 瑞仙道 섭율의계(攝律儀戒) 지계바라밀을 실천하여 상서롭고 비범한 불자가 되어라.

서선명 · 瑞仙明 수용법락지(受用法樂智)의 지혜바라밀을 실천하여 상서롭고 비범한 불자가 되어라.

서선문 · 瑞仙門 섭선정진(攝善精進)의 정진바라밀을 실천하여 상서롭고 비범한 불자가 되어라.

서선주 · 瑞仙珠 불사불수(不捨不受)의 방편바라밀을 실천하여 상서롭고 비범한 불자가 되어라.

서선지 · 瑞仙智 무상지(無上智)의 지혜바라밀을 실천하여 상서롭고 비범한 불자가 되어라.

서선행 · 瑞仙行 보시바라밀을 실천하여 상서롭고 비범한 불자가 되어라.

서선향 · 瑞仙香 지계바라밀을 실천하여 상서롭고 비범한 불자가 되어라.

서선화 · 瑞仙華 선정바라밀을 실천하여 상서롭고 비범한 불자가 되어라.

서섬 · 栖蟾 달에 두꺼비가 산다는 설화가 바탕이 된 것으로 섬은 달을 의미하며, 달은 부처님의 덕행을 상징. 항상 바라밀을 실천하여 부처님의 덕행을 갖춰서 중생을 교화하라.

서성 · 西聖 바라밀행을 닦아 일체의 현상에 미혹됨이 없는 진리의 안목, 법안을 성취하라.

서성각 · 西聖覺 항상 법공혜(法空慧) 바라밀을 실천하고 부처님의 가르침을 따라 수행하여 일체의 현상에 미혹됨이 없는 진리의 안목, 법안을 성취하라.

서성덕 · 西聖德 항상 인욕바라밀을 실천하고 부처님의 가르침을 따라 수행하여 일체의 현상에 미혹됨이 없는 진리의 안목, 법안을 성취하라.

서성도 · 西聖道 항상 지계바라밀을 실천하고 부처님의 가르침을 따라 수행하여 일체의 현상에 미혹됨이 없는 진리의 안목, 법안을 성취하라.

서성문 · 西聖門 항상 정진바라밀을 실천하고 부처님의 가르침을 따라 수행하여 일체의 현상에 미혹됨이 없는 진리의 안목, 법안을 성취하라.

서성법 · 西聖法 항상 변화의 원력바라밀을 실천하고 부처님의 가르침을 따라 수행하여 일체의 현상에 미혹됨이 없는 진리의 안목, 법안을 성취하라.

서성수 · 西聖修 항상 피갑정진(被甲精進)의 정진바라밀을 실천하고 부처님의 가르침을 따라 수행하여 일체의 현상에 미혹됨이 없는 진리의 안목, 법안을 성취하라.

서성월 · 西聖月 항상 교회유무(巧會有無) 방편바라밀을 실천하고 부처님의 가르침을 따라 수행하여 일체의 현상에 미혹됨이 없는 진리의 안목, 법안을 성취하라.

서성주 · 西聖珠 항상 불사불수(不捨不受) 방편바라밀을 실천하고 부처님의 가르침을 따라 수행하여 일체의 현상에 미혹됨이 없는 진리의 안목, 법안을 성취하라.

서성지 · 西聖智 항상 이타행의 지혜바라밀을 실천하고 부처님의 가르침을 따라 수행하여 일체의 현상에 미혹됨이 없는 진리의 안목, 법안을 성취하라.

서성행 · 西聖行 항상 보시바라밀을 실천하고 부처님의 가르침을 따라 수행하여 일체의 현상에 미혹됨이 없는 진리의 안목, 법안을 성취하라.

서성향 · 西聖香 항상 지계바라밀을 실천하고 부처님의 가르침을 따라 수행하여 일체의 현상에 미혹됨이 없는 진리의 안목, 법안을 성취하라.

서성화 · 西聖華 항상 선정바라밀을 실천하고 부처님의 가르침을 따라 수행하여 일체의 현상에 미혹됨이 없는 진리의 안목, 법안을 성취하라.

하라.

서안 · 西安 바라밀을 실천하고 항상 서방정토의 아미타 부처님을 염하여 일체중생을 안락케 하는 염불공덕을 지어라.

서안각 · 西安覺 법공혜(法空慧) 바라밀을 실천하고 항상 서방정토의 아미타 부처님을 염하여 일체중생을 안락케 하는 염불공덕을 지어라.

서안덕 · 西安德 내원해인(耐怨害忍)의 인욕바라밀을 실천하고 항상 서방정토의 아미타 부처님을 염하여 일체중생을 안락케 하는 염불공덕을 지어라.

서안도 · 西安道 섭율의계(攝律儀戒)의 지계바라밀을 실천하고 항상 서방정토의 아미타 부처님을 염하여 일체중생을 안락케 하는 염불공덕을 지어라.

서안명 · 西安明 수용법락(受用法樂)의 지혜바라밀을 실천하고 항상 서방정토의 아미타 부처님을 염하여 일체중생을 안락케 하는 염불공덕을 지어라.

서안문 · 西安門 섭선정진(攝善精進)의 정진바라밀을 실천하고 항상 서방정토의 아미타 부처님을 염하여 일체중생을 안락케 하는 염불공덕을 지어라.

서안법 · 西安法 변화의 원력바라밀을 실천하고 항상 서방정토의 아미타 부처님을 염하여 일체중생을 안락케 하는 염불공덕을 지어라.

서안성 · 西安性 안수고인(安受苦忍)의 인욕바라밀을 실천하고 항상 서방정토의 아미타 부처님을 염하여 일체중생을 안락케 하는 염불공덕을 지어라.

서안수 · 西安修 피갑정진(被甲精進)의 정진바라밀을 실천하고 항상 서방정토의 아미타 부처님을 염하여 일체중생을 안락케 하는 염불공덕을 지어라.

서안심 · 西安心 안주정려(安住靜慮)의 선정바라밀을 실천하고 항상 서방정토의 아미타 부처님을 염하여 일체중생을 안락케 하는 염불공덕을 지어라.

서안지 · 西安智 무상지(無上智)의 지혜바라밀을 실천하고 항상 서방정토의 아미타 부처님을 염하여 일체중생을 안락케 하는 염불공덕을 지어라.

서안행 · 西安行 보시바라밀을 실천하고 항상 서방정토의 아미타 부처님을 염하여 일체중생을 안락케

하는 염불공덕을 지어라.

서안향 · 西安香 지계바라밀을 실천하고 항상 서방정토의 아미타 부처님을 염하여 일체중생을 안락케 하는 염불공덕을 지어라.

서안화 · 西安華 깊은 선정바라밀을 실천하고 항상 서방정토의 아미타 부처님을 염하여 일체중생을 안락케 하는 염불공덕을 지어라.

서암 · 瑞巖 바라밀을 실천하여 스스로가 부처님을 모신 상서로운 석굴 법당임을 체득하고 많은 사람의 이익과 안락과 행복을 위해 정진하라.

서연화 · 瑞蓮華 선정바라밀을 실천하여 상서로운 연꽃과 같은 한량없는 공덕을 성취하라.

서옥 · 瑞玉 바라밀을 실천하여 상서로운 여의주를 가지고 있는 것과 같이 뜻한 바를 모두 성취하라.

서옥성 · 瑞玉性 안수고인(安受苦忍)의 인욕바라밀을 실천하여 상서로운 여의주를 가지고 있는 것과 같이 뜻한 바를 모두 성취하라.

서옥심 · 瑞玉心 선정바라밀을 실천하여 상서로운 여의주를 가지고 있는 것과 같이 뜻한 바를 모두 성취하라.

서옥행 · 瑞玉行 보시바라밀을 실천하여 상서로운 여의주를 가지고 있는 것과 같이 뜻한 바를 모두 성취하라.

서옥향 · 瑞玉香 지계바라밀을 실천하여 상서로운 여의주를 가지고 있는 것과 같이 뜻한 바를 모두 성취하라.

서옥화 · 瑞玉華 깊은 선정바라밀을 실천하여 상서로운 여의주를 가지고 있는 것과 같이 뜻한 바를 모두 성취하라.

서운 · 瑞雲 바라밀행을 닦아 만물을 윤택하게 자라게 하는 비를 내리는 구름처럼 일체중생을 불도의 깨달음으로 이끄는 상서로운 지혜의 비를 내리게 하라.

서운각 · 瑞雲覺 법공(法空)의 지혜바라밀을 실천하여 만물을 윤택하게 자라게 하는 비를 내리는 구름처럼 일체중생을 불도의 깨달음으로 인도하라.

서운덕 · 瑞雲德 내원해인(耐怨害忍)의 인욕바라밀을 실천하여 만물을 윤택하게 자라게 하는 비를 내리는 구름처럼 일체중생을 불도의 깨달음으로 인도하라.

서운도 · 瑞雲道 섭율의계(攝律儀

戒)의 지계바라밀을 실천하여 만물을 윤택하게 자라게 하는 비를 내리는 구름처럼 일체중생을 불도의 깨달음으로 인도하라.

서운득 · 瑞雲得 수습력(修習力)의 원력바라밀을 실천하여 만물을 윤택하게 자라게 하는 비를 내리는 구름처럼 일체중생을 불도의 깨달음으로 인도하라.

서운문 · 瑞雲門 섭선정진(攝善精進)의 정진바라밀을 실천하여 만물을 윤택하게 자라게 하는 비를 내리는 구름처럼 일체중생을 불도의 깨달음으로 인도하라.

서운성 · 瑞雲性 안수고인(安受苦忍)의 인욕바라밀을 실천하여 만물을 윤택하게 자라게 하는 비를 내리는 구름처럼 일체중생을 불도의 깨달음으로 인도하라.

서운심 · 瑞雲心 안주정려(安住靜慮)의 선정바라밀을 실천하여 만물을 윤택하게 자라게 하는 비를 내리는 구름처럼 일체중생을 불도의 깨달음으로 인도하라.

서운주 · 瑞雲珠 불사불수(不捨不受)의 방편바라밀을 실천하여 만물을 윤택하게 자라게 하는 비를 내리는 구름처럼 일체중생을 불도의 깨달음으로 인도하라.

서운지 · 瑞雲智 이타행의 지혜바라밀을 실천하여 만물을 윤택하게 자라게 하는 비를 내리는 구름처럼 일체중생을 불도의 깨달음으로 인도하라.

서운행 · 瑞雲行 보시바라밀을 실천하여 만물을 윤택하게 자라게 하는 비를 내리는 구름처럼 일체중생을 불도의 깨달음으로 인도하라.

서운향 · 瑞雲香 섭선법계(攝善法戒)의 지계바라밀을 실천하여 만물을 윤택하게 자라게 하는 비를 내리는 구름처럼 일체중생을 불도의 깨달음으로 인도하라.

서운화 · 瑞雲華 깊은 선정바라밀을 실천하여 만물을 윤택하게 자라게 하는 비를 내리는 구름처럼 일체중생을 불도의 깨달음으로 인도하라.

서원 · 瑞苑 바라밀행을 닦아 상서로운 불법(佛法)의 정원에서 모든 중생들이 안심입명(安心立命)할 수 있도록 이타행을 실천하라.

서원심 · 誓願心 안주정려(安住靜慮)의 선정바라밀을 실천하여 만물을 윤택하게 자라게 하는 비를 내리는 구름처럼 일체중생을 불도의 깨달음으로 인도하라.

서은 · 栖隱 바라밀행을 닦아 보이지 않는 곳에서 안심입명(安心立命)하고 은인자적(隱人自適)하면서 대승보살도를 실천하라.

서은각 · 栖隱覺 법공혜(法空慧)의 지혜바라밀을 실천하며, 보이지 않는 곳에서 안심입명(安心立命)하고 은인자적(隱人自適)하라.

서은덕 · 栖隱德 내원해인(耐怨害忍)의 인욕바라밀을 실천하며, 보이지 않는 곳에서 안심입명(安心立命)하고 은인자적(隱人自適)하라.

서은도 · 栖隱道 섭율의계(攝律儀戒)의 지계바라밀을 실천하며, 보이지 않는 곳에서 안심입명(安心立命)하고 은인자적(隱人自適)하라.

서은득 · 栖隱得 수습력(修習力)의 원력바라밀을 실천하며, 보이지 않는 곳에서 안심입명(安心立命)하고 은인자적(隱人自適)하라.

서은명 · 栖隱明 수용법락(受用法樂)의 지혜바라밀을 실천하며, 보이지 않는 곳에서 안심입명(安心立命)하고 은인자적(隱人自適)하라.

서은문 · 栖隱門 섭선정진(攝善精進)의 정진바라밀을 실천하며, 보이지 않는 곳에서 안심입명(安心立命)하고 은인자적(隱人自適)하라.

서은성 · 栖隱性 안수고인(安受苦忍)의 인욕바라밀을 실천하며, 보이지 않는 곳에서 안심입명(安心立命)하고 은인자적(隱人自適)하라.

서은심 · 栖隱心 안주정려(安住靜慮)의 선정바라밀을 실천하며, 보이지 않는 곳에서 안심입명(安心立命)하고 은인자적(隱人自適)하라.

서은지 · 栖隱智 이타행의 지혜바라밀을 실천하며, 보이지 않는 곳에서 안심입명(安心立命)하고 은인자적(隱人自適)하라.

서은행 · 栖隱行 보시바라밀을 실천하며, 보이지 않는 곳에서 안심입명(安心立命)하고 은인자적(隱人自適)하라.

서은향 · 栖隱香 섭선법계(攝善法戒)의 지계바라밀을 실천하며, 보이지 않는 곳에서 안심입명(安心立命)하고 은인자적(隱人自適)하라.

서은화 · 栖隱華 인발정려(引發靜慮)의 선정바라밀을 실천하며, 보이지 않는 곳에서 안심입명(安心立命)하고 은인자적(隱人自適)하라.

서정 · 西淨 바라밀행을 닦아 아미타 부처님이 중생을 제도하시는 서방정토의 불법을 설한 정토삼부경(淨土三部經)의 가르침을 항상 기쁘게 따르고 널리 전하라.

서정각 · 西淨覺 법공혜(法空慧)의 지혜바라밀을 실천하며 아미타 부처님이 중생을 제도하시는 서방정토의 가르침을 항상 기쁘게 따르고 널리 전하라.

서정덕 · 西淨德 내원해인(耐怨害忍)의 인욕바라밀을 실천하며 아미타 부처님이 중생을 제도하시는 서방정토의 가르침을 항상 기쁘게 따르고 널리 전하라.

서정도 · 西淨道 섭율의계(攝律儀戒)의 지계바라밀을 실천하며 아미타 부처님이 중생을 제도하시는 서방정토의 가르침을 항상 기쁘게 따르고 널리 전하라.

서정문 · 西淨門 섭선정진(攝善精進)의 정진바라밀을 실천하며 아미타 부처님이 중생을 제도하시는 서방정토의 가르침을 항상 기쁘게 따르고 널리 전하라.

서정수 · 西淨修 피갑정진(被甲精進)의 정진바라밀을 실천하며 아미타 부처님이 중생을 제도하시는 서방정토의 가르침을 항상 기쁘게 따르고 널리 전하라.

서정심 · 西淨心 안주정려(安住靜慮)의 선정바라밀을 실천하며 아미타 부처님이 중생을 제도하시는 서방정토의 가르침을 항상 기쁘게 따르고 널리 전하라.

서정월 · 西淨月 진취향과(進趣向果)의 방편바라밀을 실천하며 아미타 부처님이 중생을 제도하시는 서방정토의 가르침을 항상 기쁘게 따르고 널리 전하라.

서정인 · 西淨仁 내원해인(耐怨害忍)의 인욕바라밀을 실천하며 아미타 부처님이 중생을 제도하시는 서방정토의 가르침을 항상 기쁘게 따르고 널리 전하라.

서정주 · 西淨珠 불사불수(不捨不受)의 방편바라밀을 실천하며 아미타 부처님이 중생을 제도하시는 서방정토의 가르침을 항상 기쁘게 따르고 널리 전하라.

서정지 · 西淨智 이타행의 지혜바라밀을 실천하며 아미타 부처님이 중생을 제도하시는 서방정토의 가르침을 항상 기쁘게 따르고 널리 전하라.

서정행 · 西淨行 보시바라밀을 실천하며 아미타 부처님이 중생을 제도하시는 서방정토의 가르침을 항상 기쁘게 따르고 널리 전하라.

서정향 · 西淨香 지계바라밀을 실

천하며 아미타 부처님이 중생을 제도하시는 서방정토의 가르침을 항상 기쁘게 따르고 널리 전하라.

서정화 · 西淨華 선정바라밀을 실천하며 아미타 부처님이 중생을 제도하시는 서방정토의 가르침을 항상 기쁘게 따르고 널리 전하라.

서주 · 西舟 바라밀행을 닦아 서방정토 극락세계로 실어다 주는 반야용선의 지혜를 닦고 이타행을 실천하라.

서진 · 西眞 아미타 부처님이 중생을 제도하시는 서방정토의 불법을 설한 정토삼부경(淨土三部經)의 가르침을 항상 기쁘게 따르고 염불법을 널리 닦아 전하라.

서진각 · 西眞覺 법공혜(法空慧)의 지혜바라밀을 실천하며 정토삼부경의 가르침을 따라 아미타 부처님이 중생을 제도하시는 서방정토의 염불법을 널리 전하라.

서진덕 · 西眞德 내원해인(耐怨害忍)의 인욕바라밀을 실천하며 정토삼부경의 가르침을 따라 아미타 부처님이 중생을 제도하시는 서방정토의 염불법을 널리 전하라.

서진도 · 西眞道 섭율의계(攝律儀戒)의 지계바라밀을 실천하며 정토삼부경의 가르침을 따라 아미타 부처님이 중생을 제도하시는 서방정토의 염불법을 널리 전하라.

서진명 · 西眞明 수용법락(受用法樂)의 지혜바라밀을 실천하며 정토삼부경의 가르침을 따라 아미타 부처님이 중생을 제도하시는 서방정토의 염불법을 널리 전하라.

서진문 · 西眞門 섭선정진(攝善精進)의 정진바라밀을 실천하며 정토삼부경의 가르침을 따라 아미타 부처님이 중생을 제도하시는 서방정토의 염불법을 널리 전하라.

서진법 · 西眞法 변화력(變化力)의 원력바라밀을 실천하며 정토삼부경의 가르침을 따라 아미타 부처님이 중생을 제도하시는 서방정토의 염불법을 널리 전하라.

서진성 · 西眞性 안수고인(安受苦忍)의 인욕바라밀을 실천하며 정토삼부경의 가르침을 따라 아미타 부처님이 중생을 제도하시는 서방정토의 염불법을 널리 전하라.

서진수 · 西眞修 피갑정진(被甲精進) 바라밀을 실천하며 정토삼부경의 가르침을 따라 아미타 부처님이 중생을 제도하시는 서방정토의 염불법을 널리 전하라.

서진심 · 西眞心 안주정려(安住靜慮)의 선정바라밀을 실천하며 정토삼부경의 가르침을 따라 아미타 부처님이 중생을 제도하시는 서방정토의 염불법을 널리 전하라.

서진월 · 西眞月 진취향과(進趣向果)의 방편바라밀을 실천하며 정토삼부경의 가르침을 따라 아미타 부처님이 중생을 제도하시는 서방정토의 염불법을 널리 전하라.

서진행 · 西眞行 보시바라밀을 실천하며 정토삼부경의 가르침을 따라 아미타 부처님이 중생을 제도하시는 서방정토의 염불법을 널리 전하라.

서진향 · 西眞香 지계바라밀을 실천하며 정토삼부경의 가르침을 따라 아미타 부처님이 중생을 제도하시는 서방정토의 염불법을 널리 전하라.

서진화 · 西眞華 깊은 선정바라밀을 실천하며 정토삼부경의 가르침을 따라 아미타 부처님이 중생을 제도하시는 서방정토의 염불법을 널리 전하라.

서천 · 西天 바라밀행을 닦아 서천에서 건너온 부처님의 가르침을 체득하고 한량없는 중생 제도에 앞장서라.

서천 · 西泉 바라밀을 실천하면서 아미타 부처님의 서방정토에 왕생할 수 있는 염불법을 널리 전하여 중생의 목마름을 가시는 샘물이 되어라.

서천각 · 西泉覺 법공(法空)의 지혜바라밀을 실천하면서 아미타 부처님의 서방정토에 왕생할 수 있는 염불법을 널리 전하여 중생의 목마름을 가시는 샘물이 되어라.

서천덕 · 西泉德 내원해인(耐怨害忍)의 인욕바라밀을 실천하면서 아미타 부처님의 서방정토에 왕생할 수 있는 염불법을 널리 전하여 중생의 목마름을 가시는 샘물이 되어라.

서천도 · 西泉道 섭율의계(攝律儀戒)의 지계바라밀을 실천하면서 아미타 부처님의 서방정토에 왕생할 수 있는 염불법을 널리 전하여 중생의 목마름을 가시는 샘물이 되어라.

서천득 · 西泉得 수습력(修習力)의 원력바라밀을 실천하면서 아미타 부처님의 서방정토에 왕생할 수 있는 염불법을 널리 전하여 중생의 목마름을 가시는 샘물이 되어라.

서천명 · 西泉明 수용법락(受用法樂)의 지혜바라밀을 실천하면서 아미타 부처님의 서방정토에 왕생할 수 있는 염불법을 널리 전하여 중생

의 목마름을 가시는 샘물이 되어라.

서천문 · 西泉門 섭선정진(攝善精進)의 정진바라밀을 실천하면서 아미타 부처님의 서방정토에 왕생할 수 있는 염불법을 널리 전하여 중생의 목마름을 가시는 샘물이 되어라.

서천성 · 西泉性 안수고인(安受苦忍)의 인욕바라밀을 실천하면서 아미타 부처님의 서방정토에 왕생할 수 있는 염불법을 널리 전하여 중생의 목마름을 가시는 샘물이 되어라.

서천수 · 西泉修 피갑정진(被甲精進)의 정진바라밀을 실천하면서 아미타 부처님의 서방정토에 왕생할 수 있는 염불법을 널리 전하여 중생의 목마름을 가시는 샘물이 되어라.

서천인 · 西泉仁 내원해인(耐怨害忍)의 인욕바라밀을 실천하면서 아미타 부처님의 서방정토에 왕생할 수 있는 염불법을 널리 전하여 중생의 목마름을 가시는 샘물이 되어라.

서천주 · 西泉珠 불사불수(不捨不受)의 방편바라밀을 실천하면서 아미타 부처님의 서방정토에 왕생할 수 있는 염불법을 널리 전하여 중생의 목마름을 가시는 샘물이 되어라.

서천지 · 西泉智 무상(無相)의 지혜바라밀을 실천하면서 아미타 부

처님의 서방정토에 왕생할 수 있는 염불법을 널리 전하여 중생의 목마름을 가시는 샘물이 되어라.

서천행 · 西泉行 보시바라밀을 실천하면서 아미타 부처님의 서방정토에 왕생할 수 있는 염불법을 널리 전하여 중생의 목마름을 가시는 샘물이 되어라.

서천향 · 西泉香 지계바라밀을 실천하면서 아미타 부처님의 서방정토에 왕생할 수 있는 염불법을 널리 전하여 중생의 목마름을 가시는 샘물이 되어라.

서천화 · 西泉華 인발정려(引發靜慮)의 선정바라밀을 실천하면서 아미타 부처님의 서방정토에 왕생할 수 있는 염불법을 널리 전하여 중생의 목마름을 가시는 샘물이 되어라.

서청 · 西清 아미타 부처님이 서방정토의 청정묘법을 설한 정토삼부경의 가르침을 항상 기쁘게 따르고 염불법을 널리 전하라.

서청각 · 西清覺 법공(法空)의 지혜바라밀을 실천하여 아미타 부처님이 서방정토의 청정묘법을 설한 정토삼부경의 가르침을 항상 기쁘게 따르고 염불법을 널리 전하라.

서청광 · 西清光 구공혜(俱空慧)의

지혜바라밀을 실천하여 아미타 부처님이 서방정토의 청정묘법을 설한 정토삼부경의 가르침을 항상 기쁘게 따르고 염불법을 널리 전하라.

서청덕 · 西清德 내원해인(耐怨害忍)의 인욕바라밀을 실천하여 아미타 부처님이 서방정토의 청정묘법을 설한 정토삼부경의 가르침을 항상 기쁘게 따르고 염불법을 널리 전하라.

서청도 · 西清道 섭율의계(攝律儀戒) 바라밀을 실천하여 아미타 부처님이 중생을 제도하시는 서방정토의 청정묘법을 설한 정토삼부경의 가르침을 항상 기쁘게 따르고 염불법을 널리 전하라.

서청득 · 西清得 수습력(修習力)의 원력바라밀을 실천하여 아미타 부처님이 서방정토의 청정묘법을 설한 정토삼부경의 가르침을 항상 기쁘게 따르고 염불법을 널리 전하라.

서청문 · 西清門 섭선정진(攝善精進) 바라밀을 실천하여 아미타 부처님이 서방정토의 청정묘법을 설한 정토삼부경의 가르침을 항상 기쁘게 따르고 염불법을 널리 전하라.

서청법 · 西清法 변화력(變化力)의 원력바라밀을 실천하여 아미타 부처님이 서방정토의 청정묘법을 설한 정토삼부경의 가르침을 항상 기쁘게 따르고 염불법을 널리 전하라.

서청수 · 西淸修 피갑정진(被甲精進)의 정진바라밀을 실천하여 아미타 부처님이 서방정토의 청정묘법을 설한 정토삼부경의 가르침을 항상 기쁘게 따르고 염불법을 널리 전하라.

서청심 · 西淸心 안주정려(安住靜慮)의 선정바라밀을 실천하여 아미타부처님이 서방정토의 청정묘법을 설한 정토삼부경의 가르침을 항상 기쁘게 따르고 염불법을 널리 전하라.

서청월 · 西淸月 진취향과(進趣向果) 방편바라밀을 실천하여 아미타부처님이 서방정토의 청정묘법을 설한 정토삼부경의 가르침을 항상 기쁘게 따르고 염불법을 널리 전하라.

서청인 · 西淸仁 내원해인(耐怨害忍)의 인욕바라밀을 실천하여 아미타 부처님이 서방정토의 청정묘법을 설한 정토삼부경의 가르침을 항상 기쁘게 따르고 염불법을 널리 전하라.

서청주 · 西淸珠 불사불수(不捨不受) 방편바라밀을 실천하여 아미타부처님이 서방정토의 청정묘법을 설한 정토삼부경의 가르침을 항상 기쁘게 따르고 염불법을 널리 전하라.

서청지 · 西淸智 무상지(無上智)의 지혜바라밀을 실천하여 아미타 부처님이 서방정토의 청정묘법을 설한 정토삼부경의 가르침을 항상 기쁘게 따르고 염불법을 널리 전하라.

서청행 · 西淸行 보시바라밀을 실천하여 아미타 부처님이 서방정토의 청정묘법을 설한 정토삼부경의 가르침을 항상 기쁘게 따르고 염불법을 널리 전하라.

서청향 · 西淸香 지계바라밀을 실천하여 아미타 부처님이 서방정토의 청정묘법을 설한 정토삼부경의 가르침을 항상 기쁘게 따르고 염불법을 널리 전하라.

서청화 · 西淸華 깊은 선정바라밀을 실천하여 아미타 부처님이 서방정토의 청정묘법을 설한 정토삼부경의 가르침을 항상 기쁘게 따르고 염불법을 널리 전하라.

서향 · 西香 바라밀을 닦아 아미타 부처님이 서방정토의 청정묘법을 설한 정토삼부경의 가르침을 항상 기쁘게 따르고 언제나 중생계를 장엄하는 법의 향기를 널리 전하라.

서향 · 瑞香 바라밀의 실천으로 상서로운 향기로 중생을 제도하는 아미타 부처님의 가르침을 항상 기쁘게 따르고 오분향법(五分香法)과 염불법을 널리 전하라.

서향각 · 西香覺 법공혜(法空慧)의 지혜바라밀을 실천하여 서방정토에서 중생을 제도하는 아미타 부처님의 가르침을 항상 기쁘게 따르고 오분향법(五分香法)과 염불법을 널리 전하라.

서향덕 · 西香德 내원해인(耐怨害忍)의 인욕바라밀을 실천하여 아미타 부처님이 중생을 제도하시는 서방정토의 불법을 설한 가르침을 항상 기쁘게 따르고 오분향법(五分香法)과 염불법을 널리 전하라.

서향도 · 西香道 섭율의계(攝律儀戒)의 지계바라밀을 실천하여 아미타 부처님이 서방정토의 불법을 설한 정토삼부경의 가르침을 항상 기쁘게 따르고 오분향법(五分香法)과 염불법을 널리 전하라.

서향문 · 西香門 섭선정진(攝善精進) 바라밀을 실천하여 아미타 부처님이 서방정토의 불법을 설한 정토삼부경의 가르침을 항상 기쁘게 따르고 오분향법(五分香法)과 염불법을 널리 전하라.

서향법 · 西香法 변화력(變化力)의 원력바라밀을 실천하여 아미타 부

처님이 중생을 제도하시는 서방정토의 불법을 설한 정토삼부경의 가르침을 항상 기쁘게 따르고 오분향법(五分香法)과 염불법을 널리 전하라.

서향성 · 西香性 안수고인(安受苦忍)의 인욕바라밀을 실천하여 아미타 부처님이 서방정토의 불법을 설한 정토삼부경의 가르침을 항상 기쁘게 따르고 오분향법(五分香法)과 염불법을 널리 전하라.

서향수 · 西香修 피갑정진(被甲精進)의 정진바라밀을 실천하여 아미타 부처님이 서방정토의 불법을 설한 정토삼부경의 가르침을 항상 기쁘게 따르고 오분향법(五分香法)과 염불법을 널리 전하라.

서향심 · 西香心 안주정려(安住靜慮)의 선정바라밀을 실천하여 아미타 부처님이 서방정토의 불법을 설한 정토삼부경의 가르침을 항상 기쁘게 따르고 오분향법(五分香法)과 염불법을 널리 전하라.

서향월 · 西香月 진취향과(進趣向果)의 방편바라밀을 실천하여 아미타 부처님이 서방정토의 불법을 설한 정토삼부경의 가르침을 항상 기쁘게 따르고 오분향법(五分香法)과 염불법을 널리 전하라.

서향주 · 西香珠 불사불수(不捨不受)의 방편바라밀을 실천하여 아미타 부처님이 서방정토의 불법을 설한 정토삼부경의 가르침을 항상 기쁘게 따르고 오분향법(五分香法)과 염불법을 널리 전하라.

서향지 · 西香智 무상(無相)의 지혜바라밀을 실천하여 아미타 부처님이 서방정토의 불법을 설한 정토삼부경의 가르침을 항상 기쁘게 따르고 오분향법(五分香法)과 염불법을 널리 전하라.

서향행 · 西香行 보시바라밀을 실천하여 아미타 부처님이 서방정토의 불법을 설한 정토삼부경의 가르침을 항상 기쁘게 따르고 오분향법(五分香法)과 염불법을 널리 전하라.

서향화 · 西香華 깊은 선정바라밀을 실천하여 아미타 부처님이 서방정토의 불법을 설한 정토삼부경의 가르침을 항상 기쁘게 따르고 오분향법(五分香法)과 염불법을 널리 전하라.

서호 · 西湖 바라밀을 닦아 서방정토의 가르침을 체득하고 현세정토를 실현하여 한량없는 중생을 담을 수 있는 호수와 같은 공덕을 지어라.

서화 · 西華 불교에서 서쪽은 서방정토(西方淨土)를 의미. 바라밀을 닦아 중생의 선업으로 정토에 피는 연꽃처럼 정토 수행에 정진하고 실천하라.

서화각 · 西華覺 법공(法空)의 지혜바라밀을 실천하며 선업을 지어 정토에 피는 연꽃처럼 극락정토에 왕생할 수 있도록 정진하고 실천하라.

서화광 · 西華光 구공혜(俱空慧)의 지혜바라밀을 실천하며 선업을 지어 정토에 피는 연꽃처럼 극락정토에 왕생할 수 있도록 정진하고 실천하라.

서화덕 · 西華德 내원해인(耐怨害忍)의 인욕바라밀을 실천하며 선업을 지어 정토에 피는 연꽃처럼 극락정토에 왕생할 수 있도록 정진하고 실천하라.

서화도 · 西華道 섭율의계(攝律儀戒)의 지계바라밀을 실천하며 선업을 지어 정토에 피는 연꽃처럼 극락정토에 왕생할 수 있도록 정진하고 실천하라.

서화득 · 西華得 수습력(修習力)의 원력바라밀을 실천하며 선업을 지어 정토에 피는 연꽃처럼 극락정토에 왕생할 수 있도록 정진하고 실천하라.

서화력 · 西華力 사택력(思擇力)의

원력바라밀을 실천하며 선업을 지어 정토에 피는 연꽃처럼 극락정토에 왕생할 수 있도록 정진하고 실천하라.

서화명 · 西華明 수용법락지(受用法樂智)의 지혜바라밀을 실천하며 선업을 지어 정토에 피는 연꽃처럼 극락정토에 왕생할 수 있도록 정진하고 실천하라.

서화문 · 西華門 섭선정진(攝善精進)의 정진바라밀을 실천하며 선업을 지어 정토에 피는 연꽃처럼 극락정토에 왕생할 수 있도록 정진하고 실천하라.

서화성 · 西華性 안수고인(安受苦忍)의 인욕바라밀을 실천하며 선업을 지어 정토에 피는 연꽃처럼 극락정토에 왕생할 수 있도록 정진하고 실천하라.

서화수 · 西華修 피갑정진(被甲精進) 바라밀을 실천하며 선업을 지어 정토에 피는 연꽃처럼 극락정토에 왕생할 수 있도록 정진하고 실천하라.

서화심 · 西華心 안주정려(安住靜慮) 바라밀을 실천하며 선업을 지어 정토에 피는 연꽃처럼 극락정토에 왕생할 수 있도록 정진하고 실천하라.

서화주 · 西華珠 불사불수(不捨不受) 방편바라밀을 실천하며 선업을 지어 정토에 피는 연꽃처럼 극락정토에 왕생할 수 있도록 정진하고 실천하라.

서화행 · 西華行 보시바라밀을 실천하며 선업을 지어 정토에 피는 연꽃처럼 극락정토에 왕생할 수 있도록 정진하고 실천하라.

서화향 · 西華香 섭선법계(攝善法戒)의 지계바라밀을 실천하며 선업을 지어 정토에 피는 연꽃처럼 극락정토에 왕생할 수 있도록 정진하고 실천하라.

석담 · 石潭 바라밀행을 닦아 폭류에도 휩쓸리지 않고 그 자리를 지키고 있는 석담처럼 맑고 푸른 청정심으로 사홍서원의 원력을 실천하라.

석도 · 石濤 바라밀행을 닦아 세파의 조건에 흔들림이 없는 파도처럼 깊은 선정력으로 중생 제도의 원력을 실천하라.

석도성 · 石濤性 인욕바라밀을 실천하여 세파의 조건에 흔들림이 없는 파도처럼 깊은 선정력으로 중생 제도의 원력을 실천하라.

석도행 · 石濤行 보시바라밀을 실

천하여 세파의 조건에 흔들림이 없는 파도처럼 깊은 선정력으로 중생 제도의 원력을 실천하라.

석도향 · 石濤香 지계바라밀을 실천하여 세파의 조건에 흔들림이 없는 파도처럼 깊은 선정력으로 중생 제도의 원력을 실천하라.

석도화 · 石濤華 깊은 선정바라밀을 실천하여 세파의 조건에 흔들림이 없는 파도처럼 깊은 선정력으로 중생 제도의 원력을 실천하라.

석법사 · 碩法師 바라밀행을 닦아 명석한 지혜와 복덕을 갖추어 중생 제도에 앞장서서 많은 사람을 이익과 안락과 행복의 길로 인도하라.

석봉 · 石峯 바라밀행을 닦아 언제나 변치 않고 그 자리를 지키고 있는 석봉처럼 중생의 의지처가 되어라.

석봉 · 碩峰 바라밀행을 닦아 큰 지혜를 담은 거봉이 되어 중생 제도에 앞장서라.

석상 · 石霜 간두진보(竿頭進步)의 화두를 바탕으로 지혜바라밀을 실천하여 자신의 본래면목마저도 버리는 자비심으로 중생을 제도하라.

석상덕 · 石霜德 내원해인(耐怨害忍)의 인욕바라밀을 실천하여 석강

의 간두진보의 가르침을 화두로 삼아 지혜를 체득하라.

석상도 · 石霜道 섭율의계(攝律儀戒)의 지계바라밀을 실천하여 석강의 간두진보의 가르침을 화두로 삼아 지혜를 체득하라.

석상득 · 石霜得 수습력(修習力)의 원력바라밀을 실천하여 석강의 간두진보의 가르침을 화두로 삼아 지혜를 체득하라.

석상수 · 石霜修 피갑정진(被甲精進)의 정진바라밀을 실천하여 석강의 간두진보의 가르침을 화두로 삼아 지혜를 체득하라.

석상월 · 石霜月 진취향과(進趣向果)의 방편바라밀을 실천하여 석강의 간두진보의 가르침을 화두로 삼아 지혜를 체득하라.

석상인 · 石霜仁 내원해인(耐怨害忍)의 인욕바라밀을 실천하여 석강의 간두진보의 가르침을 화두로 삼아 지혜를 체득하라.

석상지 · 石霜智 이타행의 지혜바라밀을 실천하여 석강의 간두진보의 가르침을 화두로 삼아 지혜를 체득하라.

석상화 · 石霜華 인발정려(引發靜

慮)의 선정바라밀을 실천하여 석강의 간두진보의 가르침을 화두로 삼아 지혜를 체득하라.

석승 · 釋昇 바라밀을 실천하여 진리에 대한 의심을 풀어서 더 높은 깨달음의 세계에 도달하라.

석승각 · 釋昇覺 법공혜(法空慧)의 지혜바라밀을 실천하여 진리에 대한 의심을 풀어서 더 높은 깨달음의 세계에 도달하라.

석승도 · 釋昇道 섭율의계(攝律儀戒)의 지계바라밀을 실천하여 진리에 대한 의심을 풀어서 더 높은 깨달음의 세계에 도달하라.

석승월 · 釋昇月 방편바라밀을 실천하여 진리에 대한 의심을 풀어서 더 높은 깨달음의 세계에 도달하라.

석승화 · 釋昇華 깊은 선정바라밀을 실천하여 진리에 대한 의심을 풀어서 더 높은 깨달음의 세계에 도달하라.

석연 · 釋然 바라밀행을 닦아 미망에 휩싸인 마음이 완전하고 개운하게 풀려 복덕과 지혜를 체득하고 자리이타의 보살행을 실천하라.

석연 · 碩蓮 바라밀행을 닦아 크고 충실한 연꽃의 지혜와 복덕을 체득하라.

석우 · 石牛 바라밀행을 닦아 석우를 타고 철마를 몰아 부처님의 가르침을 체득하고 보살행의 지혜를 실천하라.

석장 · 釋藏 지혜바라밀을 성취하여 부처님의 가르침인 삼장을 통달하고 중생의 이익을 위해 설법에 앞장서라.

석장 · 石藏 바라밀을 실천하여 돌에 새긴 대장경과 같이 변치 않는 마음으로 부처님의 가르침을 체득하고 널리 전하라.

석장각 · 石藏覺 법공(法空)의 지혜바라밀을 실천하여 돌에 새긴 대장경과 같이 변치 않는 마음으로 부처님의 가르침을 체득하고 널리 전하라.

석장덕 · 石藏德 내원해인(耐怨害忍)의 인욕바라밀을 실천하여 돌에 새긴 대장경과 같이 변치 않는 마음으로 부처님의 가르침을 체득하고 널리 전하라.

석장도 · 石藏道 섭율의계(攝律儀戒)의 지계바라밀을 실천하여 돌에 새긴 대장경과 같이 변치 않는 마음으로 부처님의 가르침을 체득하고 널리 전하라.

• 사행

석장문 · 石藏門 섭선정진(攝善精進)의 정진바라밀을 실천하여 돌에 새긴 대장경과 같이 변치 않는 마음으로 부처님의 가르침을 체득하고 널리 전하라.

석장법 · 石藏法 변화력(變化力)의 원력바라밀을 실천하여 돌에 새긴 대장경과 같이 변치 않는 마음으로 부처님의 가르침을 체득하고 널리 전하라.

석장월 · 石藏月 진취향과(進趣向果)의 방편바라밀을 실천하여 돌에 새긴 대장경과 같이 변치 않는 마음으로 부처님의 가르침을 체득하고 널리 전하라.

석장인 · 石藏仁 내원해인(耐怨害忍)의 인욕바라밀을 실천하여 돌에 새긴 대장경과 같이 변치 않는 마음으로 부처님의 가르침을 체득하고 널리 전하라.

석장지 · 石藏智 이타행의 지혜바라밀을 실천하여 돌에 새긴 대장경과 같이 변치 않는 마음으로 부처님의 가르침을 체득하고 널리 전하라.

석장행 · 石藏行 보시바라밀을 실천하여 돌에 새긴 대장경과 같이 변치 않는 마음으로 부처님의 가르침을 체득하고 널리 전하라.

석장화 · 石藏華 깊은 선정바라밀을 실천하여 돌에 새긴 대장경과 같이 변치 않는 마음으로 부처님의 가르침을 체득하고 널리 전하라.

석전 · 石田 바라밀행을 닦아 무용지물의 돌밭을 상품상생(上品上生)의 수승한 근기로 변화시켜 중생이 영원히 먹을 수 있는 양식을 제공하라.

석정 · 石鼎 바라밀행을 닦아 돌솥에 달이는 차처럼 청정심을 체득하고 널리 보살행을 실천하라.

석진 · 釋眞 바라밀을 실천하여 모든 번뇌 망상을 여의고 자신의 진면목을 찾아라.

석진각 · 釋眞覺 법공(法空)의 지혜바라밀을 실천하여 모든 번뇌 망상을 여의고 자신의 진면목을 찾아라.

석진덕 · 釋眞德 내원해인(耐怨害忍)의 인욕바라밀을 실천하여 모든 번뇌 망상을 여의고 자신의 진면목을 찾아라.

석진문 · 釋眞門 섭선정진(攝善精進)의 정진바라밀을 실천하여 모든 번뇌 망상을 여의고 자신의 진면목을 찾아라.

석진법 · 釋眞法 변화력(變化力)의

원력바라밀을 실천하여 계정혜 삼학을 공부하고, 모든 번뇌 망상을 떨쳐내어 자신의 진면목을 찾아라.

석진성 · 釋眞性 덕을 쌓고 인욕하는 마음으로 바라밀을 실천하여 모든 번뇌 망상을 여의고 자신의 진면목을 찾아라.

석진행 · 釋眞行 보시바라밀을 실천하여 모든 번뇌 망상을 여의고 자신의 진면목을 찾아라.

석진향 · 釋眞香 섭선법계(攝善法戒)의 지계바라밀을 실천하여 모든 번뇌 망상을 여의고 자신의 진면목을 찾아라.

석진화 · 釋眞華 깊은 선정바라밀을 실천하여 모든 번뇌 망상을 여의고 자신의 진면목을 찾아라.

석천 · 石泉 바라밀행을 닦아 돌틈에서 솟아나는 샘물처럼 많은 사람의 갈증을 풀어주고 안락과 행복을 가져다 줄 수 있는 보살행을 실천하라.

석호 · 石虎 바라밀행을 닦아 돌로 만든 호랑이가 포효하듯 중생의 삼독심을 제거하고 청정 불국토에 안주할 수 있도록 보살행을 실천하라.

선각 · 善覺 바라밀행을 닦아 선근 공덕을 갖추고 부처님의 가르침을 깨우쳐 보살행을 실천하라.

선각 · 禪覺 바라밀을 실천하며 선정을 닦고 정진하여 깨달음을 성취하라.

선각도 · 禪覺道 계행을 잘 지키고, 덕행을 닦아 지계바라밀을 실천하며 선정을 닦고 정진하여 깨달음을 성취하라.

선각문 · 禪覺門 섭선정진(攝善精進)의 정진바라밀을 실천하며 선정을 닦고 정진하여 깨달음을 성취하라.

선각성 · 禪覺性 안수고인(安受苦忍)의 인욕바라밀을 실천하며 선정을 닦고 정진하여 깨달음을 성취하라.

선각수 · 禪覺修 피갑정진(被甲精進)의 정진바라밀을 실천하며 선정을 닦고 정진하여 깨달음을 성취하라.

선각심 · 禪覺心 안주정려(安住靜慮)의 선정바라밀을 실천하며 선정을 닦고 정진하여 깨달음을 성취하라.

선각월 · 禪覺月 진취향과(進趣向果)의 방편바라밀을 실천하며 선정을 닦고 정진하여 깨달음을 성취하라.

선각인 · 禪覺仁 내원해인(耐怨害忍)의 인욕바라밀을 실천하며 선정을 닦고 정진하여 깨달음을 성취하라.

선각주 · 禪覺珠 불사불수(不捨不受)의 방편바라밀을 실천하며 선정을 닦고 정진하여 깨달음을 성취하라.

선각지 · 禪覺智 이타행의 지혜바라밀을 실천하며 선정을 닦고 정진하여 깨달음을 성취하라.

선각행 · 禪覺行 보시바라밀을 실천하며 선정을 닦고 정진하여 깨달음을 성취하라.

선각향 · 禪覺香 지계바라밀을 실천하며 선정을 닦고 정진하여 깨달음을 성취하라.

선각화 · 禪覺華 인발정려(引發靜慮)의 깊은 선정바라밀을 실천하며 선정을 닦고 정진하여 깨달음을 성취하라.

선감 · 宣鑑 바라밀을 실천하여 항상 베풀 수 있는 복덕을 갖추고 거울 속에 비친 자신의 진면목을 살펴라.

선강 · 禪剛 바라밀을 실천하여 모든 것을 자르는 금강석과 같이 굳고 날카롭게 선의 지혜를 성취하라.

선강 · 善綱 불상의 손등에 매어놓는 끈으로 흔히 오색의 실로 되어 있음. 점안, 봉불, 상념불, 만일공양 등에 쓰며, 불타에 의지하는 뜻을 나타내 보인 것. 바라밀행을 닦아 항상 부처님의 가르침에 의지하여 선근을 증장시키고 보살행을 실천하라.

선강덕 · 禪剛德 내원해인(耐怨害忍)의 인욕바라밀을 실천하여 부처님께 의지하는 흔들림 없는 마음으로 공양을 올려 지혜를 체득하고 복덕행을 실천하라.

선강력 · 禪剛力 사택력(思擇力)의 원력바라밀을 실천하여 부처님께 의지하는 흔들림 없는 마음으로 공양을 올려 지혜를 체득하고 복덕행을 실천하라.

선강문 · 禪剛門 섭선정진(攝善精進)의 정진바라밀을 실천하여 부처님께 의지하는 흔들림 없는 마음으로 공양을 올려 지혜를 체득하고 복덕행을 실천하라.

선강법 · 禪剛法 변화력(變化力)의 원력바라밀을 실천하여 부처님께 의지하는 흔들림 없는 마음으로 공양을 올려 지혜를 체득하고 복덕행을 실천하라.

선강성 · 禪剛性 안수고인(安受苦忍)의 인욕바라밀을 실천하여 부처님께 의지하는 흔들림 없는 마음으로 공양을 올려 지혜를 체득하고 복덕행을 실천하라.

선강수 · 禪剛修 피갑정진(被甲精進)의 정진바라밀을 실천하여 부처님께 의지하는 흔들림 없는 마음으로 공양을 올려 지혜를 체득하고 복덕행을 실천하라.

선강심 · 禪剛心 안주정려(安住靜慮)의 선정바라밀을 실천하여 부처님께 의지하는 흔들림 없는 마음으로 공양을 올려 지혜를 체득하고 복덕행을 실천하라.

선강월 · 禪剛月 진취향과(進趣向果)의 방편바라밀을 실천하여 부처님께 의지하는 흔들림 없는 마음으로 공양을 올려 지혜를 체득하고 복덕행을 실천하라.

선강인 · 禪剛仁 내원해인(耐怨害忍)의 인욕바라밀을 실천하여 부처님께 의지하는 흔들림 없는 마음으로 공양을 올려 지혜를 체득하고 복덕행을 실천하라.

선강주 · 禪剛珠 불사불수(不捨不受)의 방편바라밀을 실천하여 부처님께 의지하는 흔들림 없는 마음으로 공양을 올려 지혜를 체득하고 복덕행을 실천하라.

선강지 · 禪剛智 이타행의 지혜바라밀을 실천하여 부처님께 의지하는 흔들림 없는 마음으로 공양을 올려 지혜를 체득하고 복덕행을 실천하라.

선강행 · 禪剛行 보시바라밀을 실천하여 부처님께 의지하는 흔들림 없는 마음으로 공양을 올려 지혜를 체득하고 복덕행을 실천하라.

선강향 · 禪剛香 섭선법계(攝善法戒)의 지계바라밀을 실천하여 부처님께 의지하는 흔들림 없는 마음으로 공양을 올려 지혜를 체득하고 복덕행을 실천하라.

선강화 · 禪剛華 인발정려(引發靜慮)의 선정바라밀을 실천하여 부처님께 의지하는 흔들림 없는 마음으로 공양을 올려 지혜를 체득하고 복덕행을 실천하라.

선견 · 善堅 바라밀을 실천하여 매우 굳건한 마음으로 삼보를 외호하고 중생 제도에 앞장서라.

선견 · 善見 시방세계를 보는 것에 자유자재 함. 바라밀행을 닦아 선근공덕을 증장하고 정견을 성취하여 보살행을 실천하라.

선견각 · 善堅覺 법공(法空)의 지혜바라밀을 실천하여 시방세계를 보는 것에 자유자재한 지혜와 공덕을 갖추어라.

선견덕 · 善堅德 내원해인(耐怨害
忍)의 인욕바라밀을 실천하여 시방
세계를 보는 것에 자유자재한 지혜
와 공덕을 갖추어라.

선견도 · 善堅道 섭율의계(攝律儀
戒) 지계바라밀을 실천하여 시방세
계를 보는 것에 자유자재한 지혜와
공덕을 갖추어라.

선견득 · 善堅得 수습력(修習力)
의 원력바라밀을 실천하여 시방세
계를 보는 것에 자유자재한 지혜와
공덕을 갖추어라.

선견명 · 善堅明 수용법락(受用法
樂)의 지혜바라밀을 실천하여 시방
세계를 보는 것에 자유자재한 지혜
와 공덕을 갖추어라.

선견문 · 善堅門 섭선정진(攝善精
進)의 정진바라밀을 실천하여 시방
세계를 보는 것에 자유자재한 지혜
와 공덕을 갖추어라.

선견수 · 善堅修 피갑정진(被甲精
進)의 정진바라밀을 실천하여 시방
세계를 보는 것에 자유자재한 지혜
와 공덕을 갖추어라.

선견지 · 善堅智 무상의 지혜바라
밀을 실천하여 시방세계를 보는 것

에 자유자재한 지혜와 공덕을 갖추
어라.

선견행 · 善堅行 보시바라밀을 실
천하여 시방세계를 보는 것에 자유
자재한 지혜와 공덕을 갖추어라.

선견향 · 善堅香 섭선법계(攝善法
戒)의 지계바라밀을 실천하여 시방
세계를 보는 것에 자유자재한 지혜
와 공덕을 갖추어라.

선견화 · 善堅華 깊은 선정바라밀을
실천하여 시방세계를 보는 것에 자
유자재한 지혜와 공덕을 갖추어라.

선계 · 善啓 바라밀행을 닦아 지혜
바라밀을 체득하고 한량없는 중생
을 잘 교화해 진리의 세계로 인도
하라.

선계 · 禪戒 바라밀의 실천으로 선
정과 계법을 구족하고 중생 제도에
앞장서라.

선계 · 善繼 바라밀행을 닦아 부처
님의 가르침을 잘 계승하고 발전시
켜 중생을 이롭게 하라.

선공 · 禪空 바라밀행을 닦아 선과
공의 이치를 체득하고 보살행을 실
천하라.

선과행 · 善果行 보시바라밀을 실

천하여 선한 과보를 얻고, 중생 제
도에 앞장서라.

선광 · 善光 바라밀행을 닦아 지혜
롭고 자비로운 부처님의 광명에 의
지하여 복덕과 지혜를 구족하고 보
살행을 실천하라.

선광 · 禪光 선정을 닦아 부처님의
지혜광명을 자신의 살림살이로 체
득하여 세간의 오염과 어둠을 걷어
내라.

선광덕 · 禪光德 내원해인(耐怨害
忍)의 인욕바라밀을 실천하고 선정
을 닦아 부처님의 지혜광명을 자신
의 살림살이로 체득하여 세간의 오
염과 어둠을 걷어 내라.

선광도 · 禪光道 섭율의계(攝律儀
戒)의 지계바라밀을 실천하고 선정
을 닦아 부처님의 지혜광명을 자신
의 살림살이로 체득하여 세간의 오
염과 어둠을 걷어 내라.

선광력 · 禪光力 사택력(思擇力)의
원력바라밀을 실천하고 선정을 닦
아 부처님의 지혜광명을 자신의 살
림살이로 체득하여 세간의 오염과
어둠을 걷어 내라.

선광명 · 禪光明 수용법락(受用法
樂)의 지혜바라밀을 실천하고 선정
을 닦아 부처님의 지혜광명을 자신

의 살림살이로 체득하여 세간의 오
염과 어둠을 걷어 내라.

선광문 · 禪光門 섭선정진(攝善精
進)의 정진바라밀을 실천하고 선정
을 닦아 부처님의 지혜광명을 자신
의 살림살이로 체득하여 세간의 오
염과 어둠을 걷어 내라.

선광법 · 禪光法 변화력(變化力)의
원력바라밀을 실천하고 선정을 닦
아 부처님의 지혜광명을 자신의 살
림살이로 체득하여 세간의 오염과
어둠을 걷어 내라.

선광수 · 禪光修 피갑정진(被甲精
進)의 정진바라밀을 실천하고 선정
을 닦아 부처님의 지혜광명을 자신
의 살림살이로 체득하여 세간의 오
염과 어둠을 걷어 내라.

선광심 · 禪光心 안주정려(安住靜
慮)의 선정바라밀을 실천하고 선정
을 닦아 부처님의 지혜광명을 자신
의 살림살이로 체득하여 세간의 오
염과 어둠을 걷어 내라.

선광월 · 禪光月 진취향과(進趣向
果)의 방편바라밀을 실천하고 선정
을 닦아 부처님의 지혜광명을 자신
의 살림살이로 체득하여 세간의 오
염과 어둠을 걷어 내라.

선광인 · 禪光仁 내원해인(耐怨害

忍)의 인욕바라밀을 실천하고 선정을 닦아 부처님의 지혜광명을 자신의 살림살이로 체득하여 세간의 오염과 어둠을 걷어 내라.

선광주 · 禪光珠 불사불수(不捨不受)의 방편바라밀을 실천하고 선정을 닦아 부처님의 지혜광명을 자신의 살림살이로 체득하여 세간의 오염과 어둠을 걷어 내라.

선광지 · 禪光智 이타행의 지혜바라밀을 실천하고 선정을 닦아 부처님의 지혜광명을 자신의 살림살이로 체득하여 세간의 오염과 어둠을 걷어 내라.

선광행 · 禪光行 보시바라밀을 실천하고 선정을 닦아 부처님의 지혜광명을 자신의 살림살이로 체득하여 세간의 오염과 어둠을 걷어 내라.

선국 · 宣國 바라밀 수행으로 지혜를 체득하고 불국토의 명예를 널리 밝히고 떨쳐라.

선국 · 禪毬 선국은 털을 뭉쳐서 공의 형상으로 만든 것으로 좌선할 때 조는 자에게 던져 졸음을 깨게 하는 데 사용하는 것. 바라밀을 실천하여 혼침을 제거하고 밝은 지혜광명을 얻어 한량없는 중생을 제도하라.

선권 · 禪拳 선은 좌권(左拳), 지혜는 우권(右拳)을 말함. 부지런히 선정을 닦는 것에 집중하여 지혜를 체득하고 쉼 없이 바라밀을 실천하라.

선권 · 善權 교묘한 수단, 방편과 같은 말. 바라밀행을 닦아 방편바라밀을 체득하고 중생을 이롭게 하라.

선나향 · 禪那香 섭선법계(攝善法戒)의 지계바라밀을 실천함으로써 마음을 가다듬고 정신을 통일하여 번뇌를 끊고 진정한 이치를 사유(思惟)하며, 생각을 안정케 하여 산란치 않게 하라.

선담 · 宣潭 바라밀행을 닦아 널리 베풀 수 있는 복덕과 지혜의 심연을 갖추고 보살행을 실천하라.

선담 · 禪潭 선정 수행을 통해 깊은 연못과 같이 흔들림이 없고 담담한 마음을 체득하라.

선덕 · 善德 바라밀을 실천하여 공덕을 닦고 쌓아 부처님의 가르침을 널리 밝히고 떨쳐라.

선덕 · 禪德 바라밀을 실천하고 닦아 선리에 깊이 통하여 덕망이 높은 지도자가 되어라.

선덕 · 宣德 바라밀을 실천하여 공

덕을 닦고 쌓아 부처님의 가르침을 널리 밝히고 떨쳐라.

선덕각 · 宣德覺 법공(法空)의 지혜바라밀을 실천하여 공덕을 닦고 쌓아 부처님의 가르침을 널리 밝히고 떨쳐라.

선덕문 · 宣德門 섭선정진(攝善精進)의 정진바라밀을 실천하여 공덕을 닦고 쌓아 부처님의 가르침을 널리 밝히고 떨쳐라.

선덕성 · 宣德性 안수고인(安受苦忍)의 인욕바라밀을 실천하여 공덕을 닦고 쌓아 부처님의 가르침을 널리 밝히고 떨쳐라.

선덕수 · 宣德修 피갑정진(被甲精進)의 정진바라밀을 실천하여 공덕을 닦고 쌓아 부처님의 가르침을 널리 밝히고 떨쳐라.

선덕심 · 宣德心 안주정려(安住靜慮)의 선정바라밀을 실천하여 공덕을 닦고 쌓아 부처님의 가르침을 널리 밝히고 떨쳐라.

선덕월 · 宣德月 진취향과(進趣向果)의 방편바라밀을 실천하여 공덕을 닦고 쌓아 부처님의 가르침을 널리 밝히고 떨쳐라.

선덕인 · 宣德仁 내원해인(耐怨害忍)의 인욕바라밀을 실천하여 공덕을 닦고 쌓아 부처님의 가르침을 널리 밝히고 떨쳐라.

선덕지 · 宣德智 이타행의 지혜바라밀을 실천하여 공덕을 닦고 쌓아 부처님의 가르침을 널리 밝히고 떨쳐라.

선덕행 · 宣德行 보시바라밀을 실천하여 공덕을 닦고 쌓아 부처님의 가르침을 널리 밝히고 떨쳐라.

선덕향 · 宣德香 지계바라밀을 실천하여 공덕을 닦고 쌓아 부처님의 가르침을 널리 밝히고 떨쳐라.

선덕화 · 宣德華 깊은 선정바라밀을 실천하여 공덕을 닦고 쌓아 부처님의 가르침을 널리 밝히고 떨쳐라.

선도 · 善途 선근을 닦는 길. 바라밀행을 닦아 부처님의 가르침에 귀의하고 보살행을 실천하라.

선도 · 禪道 깊은 선정바라밀을 실천하여 어떤 장애도 없이 깨달음의 길로 나아가라.

선도 · 善道 바라밀을 실천하여 바르고 착한 도리를 갖추어 중생 제도에 앞장서라.

선도각 · 善道覺 법집(法執)을 타파

하고 법공(法空)의 지혜바라밀을 실천하여 바르고 착한 도리를 체득해 널리 정법으로 중생을 제도하라.

선도명 · 善道明 수용법락(受用法樂)의 지혜바라밀을 실천하여 바르고 착한 도리를 체득해 널리 정법으로 중생을 제도하라.

선도문 · 善道門 섭선정진(攝善精進)의 정진바라밀을 실천하여 바르고 착한 도리를 체득해 널리 정법으로 중생을 제도하라.

선도성 · 善道性 안수고인(安受苦忍)의 인욕바라밀을 실천하여 바르고 착한 도리를 체득해 널리 정법으로 중생을 제도하라.

선도월 · 善道月 진취향과(進趣向果)의 방편바라밀을 실천하여 바르고 착한 도리를 체득해 널리 정법으로 중생을 제도하라.

선도행 · 善道行 보시바라밀을 실천하여 바르고 착한 도리를 체득해 널리 정법으로 중생을 제도하라.

선도향 · 善道香 지계바라밀을 실천하여 바르고 착한 도리를 체득해 널리 정법으로 중생을 제도하라.

선도화 · 善道華 깊은 선정바라밀을 실천하여 바르고 착한 도리를

체득해 널리 정법으로 중생을 제도하라.

선래 · 善來 깨달음의 길로 잘 오신 부처님의 가르침에 의지하여 바라밀행을 닦아 보살의 길로 나아가라.

선룡 · 善龍 바라밀행을 닦아 불법을 외호하는 용처럼 복덕과 지혜를 갖추고 널리 보살행을 실천하라.

선명화 · 善明華 바라밀을 실천하여 바르고 착하고 밝은 도리를 체득해 널리 정법으로 중생을 제도하라.

선무외 · 善無畏 바라밀 실천으로 선근공덕이 깊어 어떤 것에도 두려움이 없어라.

선문 · 禪門 선정바라밀을 닦아 일체의 번뇌와 망집에서 벗어나서 해탈의 법을 깨닫는 선(禪)에 정진하라.

선문도 · 禪門道 섭율의계(攝律儀戒)의 지계바라밀을 실천하고, 일체의 번뇌와 망집에서 벗어나서 해탈의 법을 깨닫는 선(禪)에 정진하라.

선문지 · 禪門智 이타행의 지혜바라밀을 실천하고, 일체의 번뇌와 망집에서 벗어나서 해탈의 법을 깨닫는 선(禪)에 정진하라.

선문행 · 禪門行 보시바라밀을 실

천하고, 일체의 번뇌와 망집에서 벗어나서 해탈의 법을 깨닫는 선(禪)에 정진하라.

선문향 · 禪門香 지계바라밀을 실천하고, 일체의 번뇌와 망집에서 벗어나서 해탈의 법을 깨닫는 선(禪)에 정진하라.

선문화 · 禪門華 깊은 선정바라밀을 실천하고, 일체의 번뇌와 망집에서 벗어나서 해탈의 법을 깨닫는 선(禪)에 정진하라.

선밀행 · 禪密行 총지(總持)를 실천하고 일체의 번뇌와 망집에서 벗어나서 해탈의 법을 깨닫는 선(禪)에 정진하라.

선백 · 鮮白 바라밀행을 닦아 선명하고 흰, 청정한 마음을 갖추고 널리 많은 사람을 이롭게 할 수 있는 보살행을 실천하라.

선법 · 禪法 여래선과 조사선의 두 종이 있다. 바라밀행을 닦아 복덕을 갖추고 선정 수행으로 지혜를 체득하라.

선법 · 善法 바라밀행을 닦아 오계, 십선, 삼학, 육도의 모든 교법을 깨쳐라.

선법행 · 善法行 보시바라밀을 실천하여 오계, 십선, 삼학, 육도의 모든 교법을 깨쳐라.

선법 · 宣法 바라밀행을 닦아 복덕과 지혜를 구족하여 부처님의 가르침을 널리 펴라.

선법도 · 宣法道 섭율의계(攝律儀戒)의 지계바라밀을 닦아 자리이타의 대승보살도를 실천하라.

선법수 · 宣法修 피갑정진(被甲精進)의 정진바라밀을 닦아 자리이타의 대승보살도를 실천하라.

선법심 · 宣法心 안주정려(安住靜慮)의 선정바라밀을 닦아 자리이타의 대승보살도를 실천하라.

선법인 · 宣法仁 내원해인(耐怨害忍)의 인욕바라밀을 닦아 자리이타의 대승보살도를 실천하라.

선법지 · 宣法智 이타행의 지혜바라밀을 닦아 자리이타의 대승보살도를 실천하라.

선법향 · 宣法香 지계바라밀을 닦아 자리이타의 대승보살도를 실천하라.

선법화 · 宣法華 깊은 선정바라밀을 닦아 자리이타의 대승보살도를 실천하라.

선복 · 善伏 바라밀행을 닦아 복덕과 지혜를 갖추고 자신을 잘 절복하여 교만함을 제거하고 하심하는 마음으로 중생 제도에 앞장서라.

선본 · 善本 바라밀행을 닦아 훌륭한 과를 얻기 위한 원인이 되는 선근공덕을 갖추고 중생 교화에 앞장서라.

선본 · 宣本 바라밀행을 닦아 중생에게 많이 베풀어 선근공덕을 쌓고 자신의 진면목을 체득하라.

선봉 · 禪鋒 바라밀행을 닦아 복덕을 실천하며 선의 예봉을 닦아 지혜를 체득하고 보살행을 실천하라.

선설 · 善說 바라밀행을 닦아 부처님의 가르침을 체득하고 부처님과 같은 설법 능력을 갖추어 중생을 제도하라.

선성 · 宣聖 바라밀행을 닦아 복덕과 지혜를 구족하고 부처님의 성스러운 가르침을 널리 펴라.

선성 · 善星 석존의 출가 전 태자때의 아들 라훌라를 의미. 바라밀행을 닦아 어떤 장애와 걸림도 없이 복덕과 지혜를 구족하고 중생 제도에 앞장서라.

선성인 · 宣聖仁 내원해인(耐怨害忍)의 인욕바라밀을 실천하여 부처님의 성스러운 가르침을 널리 펴라.

선성지 · 宣聖智 이타행의 지혜바라밀을 실천하여 부처님의 성스러운 가르침을 널리 펴라.

선성향 · 宣聖香 지계바라밀을 실천하여 부처님의 성스러운 가르침을 널리 펴라.

선성화 · 宣聖華 깊은 선정바라밀을 실천하여 라훌라와 같은 밀행의 깨달음을 성취하라.

선성화 · 善成華 깊은 선정바라밀을 실천하여 복덕과 지혜를 갖추고 한량없는 중생 제도에 앞장서라.

선소 · 善昭 바라밀행을 닦아 오염된 중생의 마음인 헛된 생각을 버리고 참된 부처님의 마음으로 들어가라는 가르침을 전하라.

선소월 · 善昭月 진취향과(進趣向果) 방편바라밀을 실천하여 오염된 중생의 마음인 헛된 생각을 버리고 참된 부처님의 마음으로 들어가라.

선소행 · 善昭行 보시바라밀을 실천하여 오염된 중생의 마음인 헛된 생각을 버리고 참된 부처님의 마음으로 들어가라.

선소향 · 善昭香 지계바라밀을 실천하여 오염된 중생의 마음인 헛된 생각을 버리고 참된 부처님의 마음으로 들어가라.

선소화 · 善昭華 깊은 선정바라밀을 실천하여 오염된 중생의 마음인 헛된 생각을 버리고 참된 부처님의 마음으로 들어가라.

선심행 · 善心行 보시바라밀을 실천하여 자리이타의 보살행으로 많은 사람을 이롭게 하라.

선심화 · 善心華 선정바라밀을 실천하여 자리이타의 보살행으로 많은 사람을 이롭게 하라.

선업 · 善業 바라밀을 실천하여 선근공덕을 갖추고 중생의 이익과 안락과 행복을 위해 노력하라.

선업행 · 善業行 보시바라밀을 실천하여 선근공덕을 갖추고 중생의 이익과 안락과 행복을 위해 노력하라.

선연 · 善緣 불도의 연이 되는 것을 말함. 바라밀행을 닦아 많은 사람들이 삼보에 선연을 맺을 수 있도록 보살행을 실천하라.

선연 · 禪宴 좌선연좌(坐禪宴坐)의 준말로 좌선과 같은 의미. 바라밀행을 닦아 복덕을 구족하고 선정수행으로 지혜를 체득하라.

선연 · 鮮演 바라밀을 실천하여 화엄의 이치를 깨치고 실천하라.

선연각 · 鮮演覺 법공(法空)의 지혜바라밀을 실천하여 화엄의 이치를 깨치고 실천하라.

선연덕 · 鮮演德 내원해인(耐怨害忍)의 인욕바라밀을 실천하여 화엄의 이치를 깨치고 실천하라.

선연도 · 鮮演道 섭율의계(攝律儀戒)의 지계바라밀을 실천하여 화엄의 이치를 깨치고 실천하라.

선연수 · 鮮演修 피갑정진(被甲精進)의 정진바라밀을 실천하여 화엄의 이치를 깨치고 실천하라.

선연지 · 鮮演智 이타행의 지혜바라밀을 실천하여 화엄의 이치를 깨치고 실천하라.

선연행 · 鮮演行 보시바라밀을 실천하여 화엄의 이치를 깨치고 실천하라.

선연화 · 鮮演華 깊은 선정바라밀을 실천하여 화엄의 이치를 깨치고 실천하라.

선우 · 禪友 바라밀행을 함께 닦고

실천할 수 있는 수행의 도반을 만나 보살행을 실천하라.

선우 · 善友 좋은 벗, 좋은 도반을 의미. 바라밀행을 닦아 좋은 친구, 좋은 도반을 만나 보살행을 실천하라.

선월 · 宣月 바라밀행을 닦아 어두운 밤을 밝히는 달처럼 지혜의 빛을 널리 비추어라.

선월도 · 宣月道 섭율의계(攝律儀戒)의 지계바라밀을 실천하여 어두운 밤을 밝히는 달처럼 지혜의 빛을 널리 비추어라.

선월문 · 宣月門 섭선정진(攝善精進)의 정진바라밀을 실천하여 어두운 밤을 밝히는 달처럼 지혜의 빛을 널리 비추어라.

선월성 · 宣月性 안수고인(安受苦忍)의 인욕바라밀을 실천하여 어두운 밤을 밝히는 달처럼 지혜의 빛을 널리 비추어라.

선월심 · 宣月心 안주정려(安住靜慮)의 선정바라밀을 실천하여 어두운 밤을 밝히는 달처럼 지혜의 빛을 널리 비추어라.

선월지 · 宣月智 이타행의 지혜바라밀을 실천하여 어두운 밤을 밝히는 달처럼 지혜의 빛을 널리 비추어라.

선월화 · 宣月華 깊은 선정바라밀을 실천하여 어두운 밤을 밝히는 달처럼 지혜의 빛을 널리 비추어라.

선일 · 禪一 바라밀행을 닦아 선정 제일의 가르침을 체득하고 보살행을 실천하라.

선일 · 善一 바라밀행을 닦아 착하고 화목한 것에 제일인 보살행자가 되어라.

선일 · 宣日 바라밀행을 닦아 복덕과 지혜를 구족하여 태양과 같이 밝은 덕을 펴라.

선일도 · 宣日道 섭율의계(攝律儀戒)의 지계바라밀을 실천하여 태양과 같이 밝은 덕을 펴라.

선일성 · 宣日性 안수고인(安受苦忍)의 인욕바라밀을 실천하여 태양과 같이 밝은 덕을 펴라.

선일심 · 宣日心 안주정려(安住靜慮)의 선정바라밀을 실천하여 태양과 같이 밝은 덕을 펴라.

선일행 · 宣日行 보시바라밀을 실천하여 태양과 같이 밝은 덕을 펴라.

선일향 · 宣日香 지계바라밀을 실천

하여 태양과 같이 밝은 덕을 펴라.

선일화 · 宣日華 인발정려(引發靜慮)의 깊은 선정바라밀을 실천하여 태양과 같이 밝은 덕을 펴라.

선자 · 禪者 선정바라밀을 체득하여 많은 사람이 선의 세계로 들어오도록 이타행을 실천하라.

선자 · 船子 바라밀을 실천하여 반야용선의 선장이 되어 거센 물결에 떠내려가는 한량없는 중생을 제도하라.

선재 · 善財 바라밀을 실천하여 선재동자와 같은 깨달음을 성취하고 진리의 세계로 들어가라.

선재심 · 善財心 안주정려(安住靜慮)의 선정바라밀을 실천하여 선재동자와 같은 깨달음을 성취하고 진리의 세계로 들어가라.

선재행 · 善財行 보시바라밀을 실천하여 선재동자와 같은 깨달음을 성취하고 진리의 세계로 들어가라.

선재화 · 善財華 인발정려(引發靜慮)의 깊은 선정바라밀을 실천하여 선재동자와 같은 깨달음을 성취하고 진리의 세계로 들어가라.

선적 · 宣寂 적(寂)은 번뇌의 불꽃이 사라진 상태, 열반을 뜻함. 바라밀행을 닦아 열반의 삼덕인 법신(法身) · 반야(般若) · 해탈(解脫)의 가르침을 널리 펴라.

선적림 · 宣寂林 변사정려(辨事靜慮)의 선정바라밀을 실천하여 열반의 삼덕인 법신(法身) · 반야(般若) · 해탈(解脫)의 가르침을 널리 펴라.

선적멸 · 宣寂滅 바라밀을 실천하여 열반의 삼덕인 법신(法身) · 반야(般若) · 해탈(解脫)의 가르침을 널리 펴라.

선적화 · 善積華 깊은 선정바라밀을 실천하여 훌륭한 공덕을 쌓아라.

선정 · 宣正 보시바라밀을 행하여 널리 복덕을 짓고, 파사현정의 지혜를 체득하여 보살행을 실천하라.

선정 · 禪定 선정바라밀에 집중하고 쉼 없이 정진하여 흔들림 없는 지혜를 체득하라.

선정 · 善靜 아무리 빽빽하게 있다 하여도 흐르는 물을 막을 수 없고, 산이 아무리 높다 하여도 흰 구름 가는 길을 막을 수 없듯이 바라밀을 실천하여 여여한 마음으로 확연무성(廓然無聖)의 깨달음을 성취하라.

선정각 · 善靜覺 법공(法空)의 지혜바라밀을 실천하여 "흰 구름 가는 길 어찌 막으랴."라고 말한 가르침과 같이 확연무성(廓然無聖)의 깨달음을 성취하라.

선정덕 · 善靜德 내원해인(耐怨害忍)의 인욕바라밀을 실천하여 "흰 구름 가는 길 어찌 막으랴."라고 말한 가르침과 같이 확연무성(廓然無聖)의 깨달음을 성취하라.

선정도 · 善靜道 섭율의계(攝律儀戒) 바라밀을 실천하여 "흰 구름 가는 길 어찌 막으랴."라고 말한 가르침과 같이 확연무성(廓然無聖)의 깨달음을 성취하라.

선정명 · 善靜明 수용법락(受用法樂)의 지혜바라밀을 실천하여 "흰 구름 가는 길 어찌 막으랴."라고 말한 가르침과 같이 확연무성(廓然無聖)의 깨달음을 성취하라.

선정수 · 善靜修 피갑정진(被甲精進)의 정진바라밀을 실천하여 "흰 구름 가는 길 어찌 막으랴."라고 말한 가르침과 같이 확연무성(廓然無聖)의 깨달음을 성취하라.

선정심 · 善靜心 안주정려(安住靜慮)의 선정바라밀을 실천하여 "흰 구름 가는 길 어찌 막으랴."라고 말한 가르침과 같이 확연무성(廓然無聖)의 깨달음을 성취하라.

선정월 · 善靜月 진취향과(進趣向果) 방편바라밀을 실천하여 "흰 구름 가는 길 어찌 막으랴."라고 말한 가르침과 같이 확연무성(廓然無聖)의 깨달음을 성취하라.

선정인 · 善靜仁 내원해인(耐怨害忍)의 인욕바라밀을 실천하여 "흰 구름 가는 길 어찌 막으랴."라고 말한 가르침과 같이 확연무성(廓然無聖)의 깨달음을 성취하라.

선정화 · 善靜華 깊은 선정바라밀을 실천하여 "흰 구름 가는 길 어찌 막으랴."라고 말한 가르침과 같이 확연무성(廓然無聖)의 깨달음을 성취하라.

선정지 · 善靜智 이타행의 지혜바라밀을 실천하여 "흰 구름 가는 길 어찌 막으랴."라고 말한 가르침과 같이 확연무성(廓然無聖)의 깨달음을 성취하라.

선정행 · 善靜行 보시바라밀을 실천하여 "흰 구름 가는 길 어찌 막으랴."라고 말한 가르침과 같이 확연무성(廓然無聖)의 깨달음을 성취하라.

선정각 · 禪定覺 법공(法空)의 지혜바라밀을 실천하며 선(禪)에 정진하여 깨달음을 체득하라.

선정덕 · 禪定德 내원해인(耐怨害
忍)의 인욕바라밀을 실천하며 선(禪)
에 정진하여 깨달음을 체득하라.

선정도 · 禪定道 섭율의계(攝律儀
戒)의 지계바라밀을 실천하며 선
(禪)에 정진하여 마음의 깨달음을
체득하라.

선정력 · 禪定力 사택력(思擇力)의
원바라밀을 실천하며 선(禪)에 정
진하여 깨달음을 체득하라.

선정문 · 禪定門 섭선정진(攝善精
進) 바라밀을 실천하며 선(禪)에
정진하여 깨달음을 체득하라.

선정수 · 禪定水 불사불수(不捨不
受)의 방편바라밀을 실천하며 선(禪)
에 정진하여 깨달음을 체득하라.

선정수 · 禪定修 피갑정진(被甲精
進)의 정진바라밀을 실천하고 선(禪)
에 정진하여 깨달음을 체득하라.

선정신 · 禪定信 섭중생계(攝衆生
戒)의 지계바라밀을 실천하고 선(禪)
에 정진하여 깨달음을 체득하라.

선정심 · 禪定心 안주정려(安住靜
慮)의 선정바라밀을 실천하고 선(禪)
에 정진하여 깨달음을 체득하라.

선정인 · 禪定仁 내원해인(耐怨害
忍)의 인욕바라밀을 실천하고 선(禪)
에 정진하여 깨달음을 체득하라.

선정지 · 禪定智 지혜바라밀을 실
천하고 선(禪)에 정진하고 깨달음
을 체득하라.

선정행 · 禪定行 보시바라밀을 실
천하여 선(禪)에 정진하고 깨달음
을 체득하라.

선정향 · 禪定香 지계바라밀을 실
천하여 선(禪)에 정진하고 깨달음
을 체득하라.

선정화 · 禪定華 깊은 선정바라밀
을 실천하고 선(禪)에 정진하고 깨
달음을 체득하라.

선주 · 善冑 피갑정진(被甲精進) 바
라밀을 실천하여 좋은 투구를 쓰고
전쟁터에 나가듯이 물러섬이 없는
마음으로 마음공부에 열중하라.

선주 · 善住 바라밀을 실천하여 좋
은 법, 부처님 법에 안주하여 자리
이타의 대승보살도를 실천하라.

선주각 · 善住覺 법공혜(法空慧)의
지혜바라밀행으로 좋은 법, 부처님
법에 안주하여 자리이타의 대승보
살도를 실천하라.

선주명 · 善住明 수용법락(受用法樂)의 지혜바라밀행으로 좋은 법, 부처님 법에 안주하여 자리이타의 대승보살도를 실천하라.

선주성 · 善住性 안수고인(安受苦忍)의 인욕바라밀행으로 좋은 법, 부처님 법에 안주하여 자리이타의 대승보살도를 실천하라.

선주심 · 善住心 안주정려(安住靜慮)의 선정바라밀행으로 좋은 법, 부처님 법에 안주하여 자리이타의 대승보살도를 실천하라.

선주월 · 善住月 진취향과(進趣向果)의 방편바라밀행으로 좋은 법, 부처님 법에 안주하여 자리이타의 대승보살도를 실천하라.

선주행 · 善住行 보시바라밀행으로 좋은 법, 부처님 법에 안주하여 자리이타의 대승보살도를 실천하라.

선주향 · 善住香 지계바라밀행으로 좋은 법, 부처님 법에 안주하여 자리이타의 대승보살도를 실천하라.

선주화 · 善住華 깊은 선정바라밀행으로 좋은 법, 부처님 법에 안주하여 자리이타의 대승보살도를 실천하라.

선지 · 禪志 바라밀행을 닦아 선정을 체득하고 중생 구제의 의지를 갖추어 보살행을 실천하라.

선지 · 善智 바라밀을 실천하여 훌륭한 지혜를 갖추고 널리 중생교화에 앞장서라.

선지 · 宣智 바라밀의 실천으로 불법의 지혜를 널리 펴라.

선지각 · 宣智覺 법공(法空)의 지혜바라밀행으로 불법의 지혜를 널리 펴라.

선지덕 · 宣智德 내원해인(耐怨害忍)의 인욕바라밀행으로 불법의 지혜를 널리 펴라.

선지도 · 宣智道 섭율의계(攝律儀戒)의 지계바라밀행으로 불법의 지혜를 널리 펴라.

선지명 · 宣智明 수용법락(受用法樂)의 지혜바라밀행으로 불법의 지혜를 널리 펴라.

선지문 · 宣智門 섭선정진(攝善精進)의 정진바라밀행으로 불법의 지혜를 널리 펴라.

선지성 · 宣智性 안수고인(安受苦忍)의 인욕바라밀행으로 불법의 지혜를 널리 펴라.

선지수 · 宣智修 피갑정진(被甲精進)의 정진바라밀을 실천하여 불법의 지혜를 널리 펴라.

선지심 · 宣智心 안주정려(安住靜慮)의 선정바라밀행을 닦아 불법의 지혜를 널리 펴라.

선지월 · 宣智月 진취향과(進趣向果)의 방편바라밀행으로 불법의 지혜를 널리 펴라.

선지행 · 宣智行 보시바라밀행으로 불법의 지혜를 널리 펴라.

선지향 · 宣智香 지계바라밀행으로 불법의 지혜를 널리 펴라.

선지화 · 宣智華 인발정려(引發靜慮)의 깊은 선정 바라밀행으로 불법의 지혜를 널리 펴라.

선진행 · 善進行 보시바라밀을 실천하여 선업을 쌓아 향상과 발전의 길로 나아가라.

선해 · 鮮海 바라밀행을 닦아 잔잔한 바다와 같이 삼독심의 물결을 잠재워 자리이타의 보살행을 실천하라.

선행 · 禪行 선정바라밀행을 닦아 부처님의 가르침을 체득하고 보살행을 실천하라.

선향 · 宣香 바라밀행을 닦아 부처님의 가르침을 체득하고 향기로운 마음으로 불법의 진리를 널리 펴라.

선향 · 線香 향나무로 가루를 만들어 풀로 반죽하여 실처럼 만든 향처럼 바라밀행을 닦아 세상을 향기롭게 하는 보살행을 실천하라.

선향덕 · 宣香德 내원해인(耐怨害忍)의 인욕바라밀을 실천하여 향기로운 마음으로 불법의 진리를 널리 펴라.

선향도 · 宣香道 섭율의계(攝律儀戒)의 지계바라밀을 실천하여 향기로운 마음으로 불법의 진리를 널리 펴라.

선향문 · 宣香門 섭선정진(攝善精進)의 정진바라밀을 실천하여 향기로운 마음으로 불법의 진리를 널리 펴라.

선향수 · 宣香修 피갑정진(被甲精進) 바라밀을 실천하여 향기로운 마음으로 불법의 진리를 널리 펴라.

선향심 · 宣香心 안주정려(安住靜慮)의 선정바라밀을 실천하여 향기로운 마음으로 불법의 진리를 널리 펴라.

선향지 · 宣香智 이타행의 지혜바

라밀을 실천하여 향기로운 마음으로 불법의 진리를 널리 펴라.

선향화 · 宣香華 깊은 선정바라밀을 실천하여 향기로운 마음으로 불법의 진리를 널리 펴라.

선현 · 善現 공(空)의 이해가 으뜸 [解空第一]인 수보리 존자를 말함. 바라밀을 실천하여 부처님의 직제자들과 같은 깨달음을 성취하고 많은 사람에게 정법을 설하라.

선현행 · 善現行 보시바라밀을 실천하여 부처님의 직제자들과 같은 깨달음을 성취하고 많은 사람들에게 정법을 설하라.

선혜 · 善慧 바라밀행을 닦아 훌륭한 부처님의 지혜를 체득하고 보살행을 실천하라.

선혜 · 禪慧 선정바라밀을 닦아 부처님의 지혜를 체득하고 보살행을 실천하라.

선혜련 · 善慧蓮 바라밀을 실천하여 연꽃과 같은 원만무애하고 훌륭한 지혜를 성취하라.

선혜림 · 善慧林 생활 속에서 선정바라밀을 실천하여 원만무애하고 훌륭한 지혜를 성취하라.

선혜심 · 善慧心 안주정려(安住靜慮)의 선정바라밀을 실천하여 원만무애하고 훌륭한 지혜를 성취하라.

선혜지 · 善慧地 보살이 거리낌 없는 힘으로 설법하여 이타행을 완성함으로서 지혜의 작용이 자재한 지위를 말함. 선정바라밀 실천으로 지혜를 자유롭게 쓸 수 있는 지위를 성취하라.

선혜화 · 善慧華 깊은 선정바라밀을 실천하여 거리낌 없고 두려움이 없는 힘을 얻고 설법으로 많은 사람을 이롭게 하라.

선호 · 宣護 바라밀행을 닦아 널리 베풀어 복덕과 지혜를 구족하고 삼보를 외호하라.

선화 · 禪化 바라밀행을 닦아 선법을 사람들에게 잘 가르쳐 인도하는 보살행을 실천하라.

선화 · 善華 바라밀행을 닦아 『화엄경』의 가르침을 잘 수지하고 실천하라.

선화 · 禪和 바라밀행을 닦아 선정을 체득하고 화합하는 마음으로 중생을 제도하라.

선화각 · 善華覺 법공혜(法空慧) 바라밀을 실천하여 『화엄경』의 가르침을 잘 수지하고 행하라.

선화력 · 善華力 사택력(思擇力)의 원력바라밀을 실천하여『화엄경』의 가르침을 잘 수지하고 행하라.

선화명 · 善華明 수용법락(受用法樂)의 지혜바라밀을 실천하여『화엄경』의 가르침을 잘 수지하고 행하라.

선화문 · 善華門 섭선정진(攝善精進)의 정진바라밀을 실천하여『화엄경』의 가르침을 잘 수지하고 행하라.

선화성 · 善華性 안수고인(安受苦忍)의 인욕바라밀을 실천하여『화엄경』의 가르침을 잘 수지하고 행하라.

선화수 · 善華修 피갑정진(被甲精進)의 정진바라밀을 실천하여『화엄경』의 가르침을 잘 수지하고 행하라.

선화심 · 善華心 안주정려(安住靜慮)의 선정바라밀을 실천하여『화엄경』의 가르침을 잘 수지하고 행하라.

선화인 · 善華仁 내원해인(耐怨害忍)의 인욕바라밀을 실천하여『화엄경』의 가르침을 잘 수지하고 행

하라.

선화지 · 善華智 이타행의 지혜바라밀을 실천하여『화엄경』의 가르침을 잘 수지하고 행하라.

선화행 · 善華行 보시바라밀을 실천하여『화엄경』의 가르침을 잘 수지하고 행하라.

선화향 · 善華香 지계바라밀을 실천하여『화엄경』의 가르침을 잘 수지하고 행하라.

선회 · 善會 바라밀을 실천하여 중국 당나라 시대의 스님인 선자덕성(船子 德誠)의 법통을 이어받고 아름다운 법석을 만들어 중생을 널리 교화하라.

선효 · 宣孝 바라밀을 실천하여 일체중생을 부모와 같이 받드는 효순심(孝順心)을 널리 닦고 펴라.

선효 · 宣曉 바라밀을 실천하고 널리 베풀어 새벽에 동이 떠오르듯이 깨우쳐 법을 널리 펴라.

선효 · 禪曉 선정바라밀을 닦아 여명이 밝혀지듯 깨달음을 성취하고 보살행을 실천하라.

선효각 · 宣孝覺 법공(法空)의 지혜바라밀을 실천하여 일체중생을

부모와 같이 받드는 효순심(孝順心)을 널리 닦고 펴라.

선효성 · 宣孝性 안수고인(安受苦忍)의 인욕바라밀을 실천하여 일체중생을 부모와 같이 받드는 효순심(孝順心)을 널리 닦고 펴라.

선효수 · 宣孝修 피갑정진(被甲精進) 바라밀을 실천하여 일체중생을 부모와 같이 받드는 효순심(孝順心)을 널리 닦고 펴라.

선효심 · 宣孝心 안주정려(安住靜慮) 바라밀을 실천하여 일체중생을 부모와 같이 받드는 효순심(孝順心)을 널리 닦고 펴라.

선효월 · 宣孝月 진취향과(進趣向果) 방편바라밀을 실천하여 일체중생을 부모와 같이 받드는 효순심(孝順心)을 널리 닦고 펴라.

선효인 · 宣孝仁 내원해인(耐怨害忍)의 인욕바라밀을 실천하여 일체중생을 부모와 같이 받드는 효순심(孝順心)을 널리 닦고 펴라.

선효지 · 宣孝智 이타행의 지혜바라밀을 실천하여 일체중생을 부모와 같이 받드는 효순심(孝順心)을 널리 닦고 펴라.

선효행 · 宣孝行 보시바라밀을 실

천하여 일체중생을 부모와 같이 받드는 효순심(孝順心)을 널리 닦고 펴라.

선효향 · 宣孝香 지계바라밀을 실천하여 일체중생을 부모와 같이 받드는 효순심(孝順心)을 널리 닦고 펴라.

선효화 · 宣孝華 깊은 선정바라밀을 실천하여 일체중생을 부모와 같이 받드는 효순심(孝順心)을 널리 닦고 펴라.

선흥 · 禪興 바라밀을 실천하고 정진하여 심법을 체득하고 선정의 가르침을 널리 전하라.

선흥심 · 禪興心 깊은 선정바라밀을 실천하고 정진하여 심법을 체득하고 선정의 가르침을 널리 전하라.

설경 · 說經 부처님의 가르침을 수록한 경전에 정통하여 많은 사람에게 강설하라.

설경덕 · 說經德 내원해인(耐怨害忍)의 인욕바라밀을 실천하고 부처님의 가르침을 수록한 경전에 정통하여 많은 사람에게 강설하라.

설경도 · 說經度 교회유무(巧會有無) 방편바라밀을 실천하고 부처님의 가르침을 수록한 경전에 정통하여 많은 사람에게 강설하라.

설경지 · 說經智 이타행의 무상지 바라밀을 실천하고 부처님의 가르침을 수록한 경전에 정통하여 많은 사람에게 강설하라.

설경화 · 說經華 깊은 선정 바라밀을 실천하고 부처님의 가르침을 수록한 경전에 정통하여 많은 사람에게 강설하라.

설두 · 雪竇 바라밀을 실천하여 눈 녹은 물에 겨우내 쌓인 먼지가 씻겨 나가듯이 모든 번뇌 망상의 둑을 터트려 확철대오하라.

설두향 · 雪竇香 지계바라밀을 실천하여 눈 녹은 물에 겨우내 쌓인 먼지가 씻겨 나가듯이 모든 번뇌 망상의 둑을 터트려 확철대오하라.

설두화 · 雪竇華 깊은 선정바라밀을 실천하여 눈 녹은 물에 겨우내 쌓인 먼지가 씻겨 나가듯이 모든 번뇌 망상의 둑을 터트려 확철대오하라.

설매 · 雪梅 바라밀행을 닦아 눈 속에 핀 매화의 향기같이 온 세상을 이롭게 하라.

설매향 · 雪梅香 지계바라밀을 실천하여 눈 속에 핀 매화의 향기같이 온 세상을 이롭게 하라.

설매화 · 雪梅華 깊은 선정바라밀을 실천하여 눈 속에 핀 매화의 향기같이 온 세상을 이롭게 하라.

설봉 · 雪峯 바라밀행을 닦아 눈으로 덮인 산봉우리처럼 어디서나 볼 수 있고, 누구나 배울 수 있는 보살행자가 되어라.

설봉 · 雪峰 바라밀을 실천하여 눈 덮인 산봉우리처럼 어디서나 볼 수 있고, 누구나 배울 수 있는 보살행자가 되어라.

설봉 · 設奉 바라밀행을 닦아 복덕과 지혜를 구족하고 부처님께서 설하신 가르침을 받들어 행하라.

설봉 · 卨峰 바라밀행을 닦아 보살행을 실천하는 거사가 되어라.

설산 · 雪山 바라밀행을 닦으며 부처님께서 설산에서 수행하시던 모습을 잊지 말고 용맹정진하며 보살행을 실천하라.

설송 · 雪松 바라밀행을 닦아 겨울의 깊은 눈 속에서도 늘 푸른 소나무와 같이 굳센 절개와 정신을 가져라.

설송문 · 雪松門 섭선정진(攝善精

進) 바라밀을 실천하여 겨울의 깊은 눈 속에서도 늘 푸른 소나무와 같이 굳센 절개와 정신을 가져라.

설송향 · 雪松香 섭선법계(攝善法戒) 바라밀을 실천하여 겨울의 깊은 눈 속에서도 늘 푸른 소나무와 같이 굳센 절개와 정신을 가져라.

설암 · 雪岩 바라밀을 실천하여 눈에 덮인 바위가 흔들림이 없듯이 선정력을 갖추어 중생 제도에 앞장서라.

설암 · 雪菴 바라밀을 실천하여 눈에 덮인 초암과 같이 하심하고 청정한 마음으로 보살행을 실천하라.

설우 · 雪牛 바라밀행을 닦아 눈으로 만든 소처럼 무상한 이치를 깨치고 살아생전 시간을 낭비하지 말고 보살행을 실천하라.

설웅 · 雪雄 바라밀행을 닦아 열심히 정진하여 흰 눈 속에서도 사라지지 않는 지혜를 갖춘 보살도를 실천하라.

설정 · 雪靖 "물도 푸르고 산도 푸른데 맑은 바람 백운을 쓸어가고 종일 반석에 앉아 선정삼매에 노나니 내가 세상의 온갖 번거로움을 버렸는데 또다시 무엇을 구하겠는가."라는 가르침을 체득하고 여여

한 마음으로 보살행을 실천하라.

설조 · 卨兆 바라밀행을 닦아 고난과 괴로움의 빌미가 되고 탈이 생길 수 있는 조짐을 모두 소멸시키고 조심하는 마음으로 보살행을 실천하라.

설창 · 雪窓 창밖의 눈빛으로 책을 읽듯이 어려웠던 과거를 잊지 말고 바라밀행으로 정진하여 여여한 지혜를 체득하고 보살행을 실천하라.

설파 · 雪坡 바라밀의 실천으로 삼승오교의 가르침을 통달하고 『화엄경』을 깊이 연구한 상언(雪坡尙彦, 1707~1791) 스님과 같이 복덕과 지혜를 갖추어 중생을 제도하라.

섬결 · 贍結 보시바라밀을 실천하여 많은 사람에게 베풀고, 중생이 법연을 맺어 흩어지지 않도록 지혜로서 보살행을 실천하라.

섭마등 · 攝摩騰 바라밀을 실천하여 마하가섭 존자와 같은 지혜를 체득하고 흔들림 없는 마음으로 중생을 제도하라.

섭주 · 葉舟 바라밀을 실천하여 한 조각 나뭇잎 배를 반야용선으로 알고 깨우쳐 복덕과 지혜를 갖추어 보살행을 실천하라.

성견 · 性見 바라밀행을 닦아 법성을 깨우쳐 정견을 성취하고 자리이타의 보살행을 실천하라.

성경 · 性鏡 바라밀행을 닦아 자신의 성품을 거울에 비추어 있는 그대로 볼 수 있듯이 모든 현상을 꿰뚫어 볼 수 있는 지혜를 갖추어라.

성곡 · 性谷 바라밀행을 닦아 만유의 원인인 본래의 성품을 깨우쳐 샘물이 흘러 나와 계곡을 흘러 내려오듯이 중생에게 감로의 지혜를 베풀어라.

성과 · 成果 바라밀행을 닦아 진취향과(進趣向果)의 방편력으로 불국토 건설에 앞장서라.

성관 · 性觀 바라밀행을 닦아 청정자성을 꿰뚫어 보는 지혜를 체득하고 대승보살도를 실천하라.

성광 · 惺光 바라밀행을 닦아 항상 성성적적(惺惺寂寂)의 지혜로 어리석은 사람들의 마음을 밝게 비추어라.

성구 · 聖邱 바라밀행을 닦아 성스러운 피안의 언덕에 도달하여 대승보살도를 실천하라.

성국 · 性國 바라밀행을 닦아 청정자성의 이치를 깨치고 대승보살도를 실천하여 불국토 건설에 앞장서라.

성궁 · 省躬 바라밀행을 닦아 '자기 몸을 살펴 남이 나를 비방하는가 조심하라.'는 가르침을 좌우명으로 삼아 중생을 제도하라.

성남 · 聖南 바라밀행을 닦아 성스러운 지혜를 연마하고 많은 사람이 이로울 수 있는 보살행을 실천하라.

성념 · 省念 "은빛 세계의 금빛 몸이니 유정과 무정이 모두 참된 하나로다."라는 가르침을 바탕으로 선정바라밀을 체득하여 생사윤회의 걸림에서 벗어나라.

성담 · 性潭 바라밀행을 닦아 맑고 투명한 물이 가득한 연못처럼 청정한 불성(佛性)을 체득하라.

성담수 · 性潭修 피갑정진(被甲精進)의 정진바라밀을 실천하여 맑고 투명한 물이 가득한 연못처럼 청정한 불성(佛性)을 체득하라.

성담월 · 性潭月 진취향과(進趣向果)의 방편바라밀을 실천하여 맑고 투명한 물이 가득한 연못처럼 청정한 불성(佛性)을 체득하라.

성담화 · 性潭華 깊은 선정바라밀을 실천하여 맑고 투명한 물이 가득한 연못처럼 청정한 불성(佛性)

• 사행

을 체득하라.

성덕 · 聖德 바라밀을 실천하여 부처님과 보살의 성스러운 공덕을 널리 닦아라.

성덕 · 性德 중생이 본성으로 갖추고 있는 선천적 능력을 성덕이라고 하고, 수행으로 얻는 후천적인 능력을 수덕이라 함. 바라밀행을 닦아 중생이 본성으로 갖추고 있는 선천적 능력을 계발하여 자리이타의 보살행을 실천하라.

성덕도 · 聖德道 섭율의계(攝律儀戒)의 지계바라밀을 실천하여 큰마음으로 공덕을 지어서 거룩한 깨달음을 행하라.

성덕문 · 聖德門 섭선정진(攝善精進)의 정진바라밀을 실천하여 큰마음으로 공덕을 지어서 거룩한 깨달음을 행하라.

성덕수 · 聖德修 피갑정진(被甲精進)의 정진바라밀을 실천하여 큰마음으로 공덕을 지어서 거룩한 깨달음을 행하라.

성덕신 · 聖德信 내원해인(耐怨害忍)의 인욕바라밀을 실천하여 큰마음으로 공덕을 지어서 거룩한 깨달음을 행하라.

성덕심 · 聖德心 안주정려(安住靜慮)의 선정바라밀을 실천하여 큰마음으로 공덕을 지어서 거룩한 깨달음을 행하라.

성덕일 · 聖德日 아집(我執)을 타파하고 아공(我空)의 지혜바라밀을 실천하여 큰마음으로 공덕을 지어서 거룩한 깨달음을 행하라.

성덕행 · 聖德行 보시바라밀을 실천하여 큰마음으로 공덕을 지어서 거룩한 깨달음을 행하라.

성덕향 · 聖德香 지계바라밀을 실천하며 큰마음으로 공덕을 지어서 거룩한 깨달음을 행하라.

성덕화 · 聖德華 깊은 선정바라밀을 실천하며 큰마음으로 공덕을 지어서 거룩한 깨달음을 행하라.

성도 · 性道 바라밀행을 닦아 자신의 근본 마음자리를 체득하고 부처님의 가르침에 의지하여 보살행을 실천하라.

성도 · 性度 바라밀행을 닦아 자신의 성품을 청정하게 하고 도량을 넓혀 많은 중생을 이롭게 하라.

성도 · 省度 바라밀행을 닦아 자신의 허물을 돌이켜 반성하고 타인의 허물을 섭수할 수 있는 근기를 갖추어라.

성도 · 聖道 사성제 팔정도를 체득하고 바라밀을 실천하여 궁극의 부처님의 가르침을 체득하고 보살행을 실천하라.

성도덕 · 聖道德 내원해인(耐怨害忍)의 인욕바라밀을 실천하며 큰마음으로 공덕을 지어서 거룩한 깨달음을 행하라.

성도문 · 聖道門 섭선정진(攝善精進)의 정진바라밀을 실천하여 항상 진실하고 굳은 신심으로 세상의 모든 미혹과 번뇌를 이기고 다스려라.

성도법 · 聖道法 변화력(變化力)의 원력바라밀을 실천하여 항상 진실하고 굳은 신심으로 세상의 모든 미혹과 번뇌를 이기고 다스려라.

성도수 · 聖道修 피갑정진(被甲精進)의 정진바라밀을 실천하여 항상 진실하고 굳은 신심으로 세상의 모든 미혹과 번뇌를 이기고 다스려라.

성도신 · 聖道信 섭중생계(攝衆生戒)의 지계바라밀을 실천하여 항상 진실하고 굳은 신심으로 세상의 모든 미혹과 번뇌를 이기고 다스려라.

성도심 · 聖道心 안주정려(安住靜慮)의 선정바라밀을 실천하여 항상

진실하고 굳은 신심으로 세상의 모든 미혹과 번뇌를 이기고 다스려라.

성도원 · 聖道元 으뜸가는 바라밀을 실천하여 항상 진실하고 굳은 신심으로 세상의 모든 미혹과 번뇌를 이기고 다스려라.

성도일 · 聖道日 아집(我執)을 타파하고 아공(我空)의 지혜바라밀을 실천하여 천년 동안의 어둠도 한 번 햇살이 비치면 사라지는 것처럼 일체중생의 번뇌무명을 밝히는 거룩한 깨달음을 체득하라.

성도행 · 聖道行 보시바라밀을 실천하여 항상 진실하고 굳은 신심으로 세상의 모든 미혹과 번뇌를 이기고 다스려라.

성도화 · 聖道華 깊은 선정바라밀을 실천하여 항상 진실하고 굳은 신심으로 세상의 모든 미혹과 번뇌를 이기고 다스려라.

성득 · 性得 일체중생이 부처님과 다름없이 구족하고 있는 불성을 증득하기 위해 물러섬이 없는 보살도를 행하라.

성등 · 聖燈 바라밀을 실천하여 성스러운 불법의 등불을 밝혀서 어둠 속에서 길을 잃고 헤매는 중생의 빛이 되어라.

성등 · 成等 성등정각(成等正覺)의 줄임말. 바라밀을 실천하여 인행이 원만하고 평등한 바른 이치의 깨달음인 등정각을 성취하라.

성등각 · 聖燈覺 법공(法空)의 지혜바라밀을 실천해 성스러운 불법의 등불을 밝혀서 어둠 속에서 길을 잃고 헤매는 중생의 빛이 되어라.

성등심 · 聖燈心 안주정려(安住靜慮)의 선정바라밀을 실천하여 성스러운 불법의 등불을 밝혀서 어둠 속에서 길을 잃고 헤매는 중생의 빛이 되어라.

성등주 · 聖燈珠 불사불수(不捨不受) 방편바라밀을 실천하여 성스러운 불법의 등불을 밝혀서 어둠 속에서 길을 잃고 헤매는 중생의 빛이 되어라.

성등지 · 聖燈智 이타행의 지혜바라밀을 실천하여 성스러운 불법의 등불을 밝혀서 어둠 속에서 길을 잃고 헤매는 중생의 빛이 되어라.

성등화 · 聖燈華 인발정려(引發靜慮)의 깊은 선정바라밀을 실천하여 성스러운 불법의 등불을 밝혀서 어둠 속에서 길을 잃고 헤매는 중생의 빛이 되어라.

성륜 · 聖輪 바라밀행을 닦아 거룩한 법륜을 굴려 자리이타의 보살행을 실천하라.

성륜 · 性輪 바라밀행을 닦아 윤회의 수레바퀴에서 벗어나 복덕과 지혜를 갖추고 자리이타의 보살행을 실천하라.

성림 · 聖林 바라밀을 실천하며 불법의 수지에 힘써서 성스러운 부처님의 가르침이 숲처럼 우거지게 하라.

성림수 · 聖林修 피갑정진(被甲精進)의 정진바라밀을 실천하며 불법의 수지에 힘써서 성스러운 부처님의 가르침이 숲처럼 우거지게 하라.

성림지 · 聖林智 이타행의 지혜바라밀을 실천하며 불법의 수지에 힘써서 성스러운 부처님의 가르침이 숲처럼 우거지게 하라.

성림행 · 聖林行 보시바라밀을 실천하며 불법의 수지에 힘써서 성스러운 부처님의 가르침이 숲처럼 우거지게 하라.

성림화 · 聖林華 깊은 선정바라밀을 실천하며 불법의 수지에 힘써서 성스러운 부처님의 가르침이 숲처럼 우거지게 하라.

성명 · 聖明 바라밀을 실천하여 부처님의 성스러운 가르침을 직시하여 깨치고 자리이타의 보살행을 널리 펴라.

성명심 · 聖明心 선정바라밀을 실천하여 성스러운 지혜를 체득하라.

성명주 · 聖明珠 불사불수(不捨不受)의 방편바라밀을 실천하여 성스러운 지혜를 체득하라.

성묵 · 性默 바라밀행을 닦아 자신의 성품을 깨치고 조용히 관조하여 정법의 지혜를 체득하라.

성문 · 聖門 바라밀을 실천하여 성스러운 부처님의 가르침을 펴기 위한 방편문을 갖춰라.

성문각 · 聖門覺 법공(法空)의 지혜바라밀을 실천하여 성스러운 부처님의 가르침을 펴기 위한 방편문을 갖춰라.

성문덕 · 聖門德 내원해인(耐怨害忍)의 인욕바라밀을 실천하여 성스러운 부처님의 가르침을 펴기 위한 방편문을 갖춰라.

성문도 · 聖門道 섭율의계(攝律儀戒)의 지계바라밀을 실천하여 성스러운 부처님의 가르침을 펴기 위한 방편문을 갖춰라.

성문지 · 聖門智 이타행의 지혜바라밀을 실천하여 성스러운 부처님의 가르침을 펴기 위한 방편문을 갖춰라.

성문행 · 聖門行 보시바라밀을 실천하여 성스러운 부처님의 가르침을 펴기 위한 방편문을 갖춰라.

성문화 · 聖門華 깊은 선정바라밀을 실천하여 성스러운 부처님의 가르침을 펴기 위한 방편문을 갖춰라.

성법 · 性法 바라밀행을 닦아 인간의 이성을 통해 발견한 자연적 질서와 근본 원리를 깨쳐라.

성본 · 性本 바라밀행을 닦아 자신의 성품의 근본 자리를 체득하고 자리이타행의 보살행으로 선지식이 되어라.

성불도 · 成佛道 섭율의계(攝律儀戒)의 지계바라밀을 실천하여 일체 중생의 번뇌무명을 밝혀서 자신과 다른 이 모두 함께 불도를 이루려는 거룩한 서원을 세우고 정진하여 중생의 선지식이 되어라.

성불문 · 成佛門 섭선정진(攝善精進)의 정진바라밀을 실천하여 일체 중생의 번뇌무명을 밝혀서 자신과 다른 이 모두 함께 불도를 이루려는 거룩한 서원을 세우고 정진하여 중생의 선지식이 되어라.

성불수 · 成佛修 피갑정진(被甲精進)의 정진바라밀을 실천하여 일체중생의 번뇌무명을 밝혀서 자신과 다른 이 모두 함께 불도를 이루려는 거룩한 서원을 세우고 정진하여 중생의 선지식이 되어라.

성불신 · 成佛信 섭중생계(攝衆生戒)의 지계바라밀을 실천하여 일체중생의 번뇌무명을 밝혀서 자신과 다른 이 모두 함께 불도를 이루려는 거룩한 서원을 세우고 정진하여 중생의 선지식이 되어라.

성불심 · 成佛心 안주정려(安住靜慮)의 선정바라밀을 실천하여 일체중생의 번뇌무명을 밝혀서 자신과 다른 이 모두 함께 불도를 이루려는 거룩한 서원을 세우고 정진하여 중생의 선지식이 되어라.

성불지 · 成佛智 이타행의 지혜바라밀을 실천하여 일체중생의 번뇌무명을 밝혀서 자신과 다른 이 모두 함께 불도를 이루려는 거룩한 서원을 세우고 정진하여 중생의 선지식이 되어라.

성불행 · 成佛行 보시바라밀을 실천하여 일체중생의 번뇌무명을 밝혀서 자신과 다른 이 모두 함께 불도를 이루려는 거룩한 서원을 세우고 정진하여 중생의 선지식이 되어라.

성불화 · 成佛華 깊은 선정바라밀을 실천하여 일체중생의 번뇌무명을 밝혀서 자신과 다른 이 모두 함께 불도를 이루려는 거룩한 서원을 세우고 정진하여 중생의 선지식이 되어라.

성사 · 聖師 바라밀을 닦아 복덕과 지혜를 구족하여 중생의 성스러운 스승의 역할을 마다하지 말고 보살행을 실천하라.

성사 · 聖獅 성사자(聖獅子)의 준말. 부처님의 존호. 바라밀행을 닦아 성불의 지혜를 체득하고 한량없는 중생 제도에 앞장서라.

성상 · 省常 바라밀행을 닦아 항상 자신을 돌아보고 살피어 대중들에게 허물이 되지 않도록 하며 보살행을 실천하여 널리 중생을 제도하라.

성상 · 成相 바라밀행을 닦아 육상원융(六相圓融)의 화엄세계를 체득하고 보살행을 실천하라.

성상덕 · 成相德 내원해인(耐怨害忍)의 인욕바라밀을 실천하여 육상원융(六相圓融)의 화엄세계를 체득하고 실천하라.

성상도 · 成相道 섭율의계(攝律儀戒)의 지계바라밀을 실천하여 육상원융(六相圓融)의 화엄세계를 체득하고 실천하라.

성상월 · 成相月 방편바라밀을 실천하여 육상원융(六相圓融)의 화엄세계를 체득하고 실천하라.

성상지 · 成相智 이타행의 지혜바라밀을 실천하여 육상원융(六相圓融)의 화엄세계를 체득하고 실천하라.

성상화 · 成相華 깊은 선정바라밀을 실천하여 육상원융(六相圓融)의 화엄세계를 체득하고 실천하라.

성수 · 成修 바라밀행을 닦아 복덕은 나날이 성숙되고 수행은 용맹정진으로 지혜를 체득하여 자리이타의 보살도를 행하라.

성수 · 性修 바라밀을 실천하여 일체의 산란과 번뇌를 떠나서 불성을 깨닫고 닦아라.

성수 · 性壽 본래의 성품에는 수명이 없으니 바라밀행을 닦아 무량수 무량광의 지혜를 체득하고 보살행을 실천하라.

성수 · 聖壽 영원한 수명을 갖추신 서방정토의 아미타 부처님을 항상 염(念)하여 정토의 가르침을 행하라.

성수정 · 聖壽淨 이락정진(利樂精進)의 정진바라밀을 실천하여 서방정토의 아미타 부처님을 항상 염(念)하여 정토의 가르침을 행하라.

성수정 · 性修淨 이락정진(利樂精進)의 정진바라밀을 실천하여 일체의 산란과 번뇌를 떠나서 불성을 깨닫고 닦아라.

성수행 · 聖壽行 보시바라밀을 실천하고 서방정토의 아미타 부처님을 항상 염(念)하여 정토의 가르침을 행하라.

성수행 · 性修行 보시바라밀을 실천하여 일체의 산란과 번뇌를 떠나 불성을 깨닫고 닦아라.

성수향 · 聖壽香 지계바라밀을 실천하여 서방정토의 아미타 부처님을 항상 염(念)하여 정토의 가르침을 행하라.

성수향 · 性修香 지계바라밀을 실천하여 일체의 산란과 번뇌를 떠나서 불성을 깨닫고 닦아라.

성수화 · 聖壽華 깊은 선정바라밀을 실천하고 서방정토의 아미타 부처님을 항상 염(念)하여 정토의 가르침을 행하라.

성수화 · 性修華 깊은 선정바라밀을 실천하여 일체의 산란과 번뇌를 떠나서 불성을 깨닫고 닦아라.

• 사행

성숙행 · 性熟行 바라밀의 실천으로 아뢰야식을 성숙시키고 변현시켜라.

성심 · 聖心 바라밀의 실천으로 사성제의 지혜를 체득하고 신심을 확고히 하라.

성심도 · 聖心道 섭율의계(攝律儀戒) 바라밀의 실천으로 사성제의 지혜를 체득하고 신심을 확고히 하라.

성심수 · 聖心修 피갑정진(被甲精進) 바라밀의 실천으로 사성제의 지혜를 체득하고 신심을 확고히 하라.

성심행 · 聖心行 보시바라밀의 실천으로 사성제의 지혜를 체득하고 신심을 확고히 하라.

성심화 · 聖心華 깊은 선정바라밀의 실천으로 사성제의 지혜를 체득하고 신심을 확고히 하라.

성암 · 性岩 바라밀행을 닦아 어떤 어려움에도 번뇌 망상에 흔들리지 않는 바위 같은 성품을 갖추어라.

성암 · 聖巖 바라밀행을 닦아 천년의 풍상을 겪으면서도 의연히 서있는 바위 봉우리처럼 굳세고 성스러운 부처님의 가르침을 갈고 닦아라.

성암 · 惺庵 바라밀행을 닦아 성성

적적(惺惺寂寂) 수행력으로 자리이타의 보살도를 실천하라.

성연 · 聖緣 성문, 연각의 2승을 말함. 바라밀행을 닦아 성스러운 법연을 널리 펼쳐라.

성연덕 · 聖緣德 내원해인(耐怨害忍)의 인욕바라밀을 행하여 성스러운 법연을 널리 펼쳐라.

성연도 · 聖緣道 섭율의계(攝律儀戒)의 지계바라밀을 행하여 성스러운 법연을 널리 펼쳐라.

성연수 · 聖緣修 피갑정진(被甲精進)의 정진바라밀을 행하여 성스러운 법연을 널리 펼쳐라.

성연지 · 聖緣智 이타행의 지혜바라밀을 행하여 성스러운 법연을 널리 펼쳐라.

성연화 · 聖緣華 깊은 선정바라밀을 행하여 성스러운 법연을 널리 펼쳐라.

성열 · 聖悅 바라밀행을 닦아 사성제의 이치를 체득하고 부처님의 가르침을 마음으로 기뻐하며 성심을 다하여 순종하고 보살행을 실천하라.

성영 · 性瑩 바라밀을 실천하며, 아미타 염불로 중생을 제도하고 보살행을 실천하라.

성오 · 性悟 바라밀행을 닦아 자신이 본래부터 가지고 있는 심성을 성찰하여 깨치고 자리이타의 보살행을 실천하라.

성오 · 惺悟 슬기로운 지혜로 바라밀을 실천하여 자신이 본래부터 가지고 있는 심성을 성찰하여 깨쳐라.

성오덕 · 惺悟德 슬기로운 지혜로 인욕바라밀을 실천하여 자신이 본래부터 가지고 있는 심성을 성찰하여 깨쳐라.

성오문 · 惺悟門 슬기로운 지혜로 정진바라밀을 실천하여 자신이 본래부터 가지고 있는 심성을 성찰하여 깨쳐라.

성오심 · 惺悟心 슬기로운 지혜로 선정바라밀을 실천하여 자신이 본래부터 가지고 있는 심성을 성찰하여 깨쳐라.

성오행 · 惺悟行 슬기로운 지혜로 보시바라밀을 실천하여 자신이 본래부터 가지고 있는 심성을 성찰하여 깨쳐라.

성오향 · 惺悟香 슬기로운 지혜로 지계바라밀을 실천하여 자신이 본래부터 가지고 있는 심성을 성찰하

여 깨쳐라.

성우 · 惺牛 바라밀을 실천하여 성성적적(惺惺寂寂)의 선정력과 지혜를 갖추어 중생 제도에 앞장서라.

성우 · 性愚 바라밀행을 닦아 본래의 품성에 허물이 없으나 집착이 어리석음을 낳고 있음을 깨우쳐 널리 보살행을 실천하라.

성우 · 性牛 바라밀행을 닦아 생멸의 조건을 벗어난 본래의 성품을 깨우쳐 "소가 되어도 콧구멍이 없다."는 화두를 체득하고 보살행을 실천하라.

성우 · 省牛 바라밀행을 닦아 자신의 허물을 돌아보며 '무비공(無鼻孔)'의 화두를 타파하고 보살행을 실천하라.

성우 · 聖雨 바라밀을 실천하여 불법(佛法)의 진리를 체득하고 중생에게 성스러운 감로수를 내려주는 보살도를 행하라.

성욱 · 聖郁 바라밀을 닦아 성스러운 불법의 이치를 체득하고 불국토에 울창한 법림을 만들어 보살행을 실천하라.

성운 · 成雲 바라밀행을 닦아 복덕은 성숙되고 지혜는 나날이 높아져

자리이타의 보살행을 실천하는 데
게으르지 마라.

성운 · 星雲 수많은 별들이 구름처
럼 모여 밝은 빛을 내듯이 한량없
는 중생이 부처님의 지혜광명으로
깨달음을 성취하고 서로를 밝게 비
추게 하라.

성웅 · 聖雄 바라밀행을 닦아 거룩
하신 영웅이신 부처님의 가르침을
체득하고 세간의 지도자로서 표상
이 되어라.

성월 · 性月 바라밀행을 닦아 태어
난 성품이 어질고 천강에 비친 달
처럼 공덕이 수승한 보살행자로서
많은 사람을 이롭게 하라.

성월 · 聖月 바라밀행을 닦아 어두
운 밤길을 밝히는 달처럼 중생의
번뇌무명을 밝히는 성스러운 부처
님의 가르침을 따라 배워라.

성월도 · 聖月道 지계바라밀을 실천
하여 어두운 밤길을 밝히는 달처럼
중생의 번뇌무명을 밝히는 성스러
운 부처님의 가르침을 따라 배워라.

성월심 · 聖月心 선정바라밀을 실천
하여 어두운 밤길을 밝히는 달처럼
중생의 번뇌무명을 밝히는 성스러
운 부처님의 가르침을 따라 배워라.

성월정 · 聖月淨 인발정려(引發靜
慮)의 선정바라밀을 실천하여 어
두운 밤길을 밝히는 달처럼 중생의
번뇌무명을 밝히는 성스러운 부처
님의 가르침을 따라 배워라.

성인 · 性仁 바라밀을 실천하여 어
진 성품을 얻어 많은 사람을 이롭
게 하라.

성일 · 聖日 바라밀을 닦아 매사에
진실한 마음과 신심으로 임하여 매
일이 성스러운 날이 되도록 하여라.

성일 · 性一 바라밀을 실천하여 어
진 성품과 자타 불일불이(不一不
二)의 지혜를 갖추어 보살행을 실
천하라.

성일각 · 聖日覺 법공혜(法空慧)의
지혜바라밀을 실천하여 매사에 진
실한 마음과 신심으로 임하여 매일
이 성스러운 날이 되도록 하여라.

성일도 · 聖日道 섭율의계(攝律儀戒)
의 지계바라밀을 실천하고 매사에
진실한 마음과 신심으로 임하여 매
일이 성스러운 날이 되도록 하여라.

성일지 · 聖日智 이타행의 지혜바
라밀을 실천하고 매사에 진실한 마
음과 신심으로 임하여 매일이 성스
러운 날이 되도록 하여라.

성일행 · 聖日行 보시바라밀을 실천하고 매사에 진실한 마음과 신심으로 임하여 매일이 성스러운 날이 되도록 하여라.

성일향 · 聖日香 섭선법계(攝善法戒) 바라밀을 실천하고 매사에 진실한 마음과 신심으로 임하여 매일이 성스러운 날이 되도록 하여라.

성일화 · 聖日華 깊은 선정바라밀을 실천하고 매사에 진실한 마음과 신심으로 임하여 매일이 성스러운 날이 되도록 하여라.

성재 · 省宰 바라밀행을 닦아 항상 자신을 살피고 깨우쳐 스스로의 주재자가 되어라.

성전 · 惺佺 바라밀행을 닦아 항상 온전한 마음으로 성성한 지혜를 체득하여 보살행을 실천하라.

성정 · 性珽 바라밀을 실천하여 항상 올바른 성품을 닦고 황제가 지니는 옥처럼 귀한 불자가 되어라.

성정 · 聖淨 바라밀행을 닦아 항상 성스러운 부처님의 가르침을 되새기고 청정한 보살행을 실천하라.

성정 · 性正 바라밀행을 닦아 '업자성정견(業自性正見)'의 이치를 체득하고 널리 보살행을 실천하라.

성정각 · 聖淨覺 법공(法空)의 지혜바라밀을 실천하여 항상 성스러운 부처님의 가르침을 되새기고 청정한 행을 닦아라.

성정각 · 性珽覺 법공(法空)의 지혜바라밀을 실천하여 항상 올바른 성품을 닦고 황제가 지니는 옥처럼 귀한 불자가 되어라.

성정덕 · 聖淨德 내원해인(耐怨害忍)의 인욕바라밀을 실천하여 항상 성스러운 부처님의 가르침을 되새기고 청정한 행을 닦아라.

성정도 · 聖淨道 섭율의계(攝律儀戒)의 지계바라밀을 실천하여 항상 성스러운 부처님의 가르침을 되새기고 청정한 행을 닦아라.

성정수 · 聖淨修 피갑정진(被甲精進)의 정진바라밀을 실천하여 항상 성스러운 부처님의 가르침을 되새기고 청정한 행을 닦아라.

성정수 · 性珽修 피갑정진(被甲精進)의 정진바라밀을 실천하여 항상 올바른 성품을 닦아 황제가 지니는 옥처럼 귀한 불자가 되어라.

성정심 · 聖淨心 안주정려(安住靜慮)의 선정바라밀을 실천하여 항상 성스러운 부처님의 가르침을 되새기고 청정한 행을 닦아라.

· 사행

성정심 · 性琁心 안주정려(安住靜慮)의 선정바라밀을 실천하여 항상 올바른 성품을 닦아 황제가 지니는 옥처럼 귀한 불자가 되어라.

성정주 · 聖淨珠 불사불수(不捨不受)의 방편바라밀을 실천하여 항상 성스러운 부처님의 가르침을 되새기고 청정한 행을 닦아라.

성정행 · 聖淨行 보시바라밀을 실천하여 항상 성스러운 부처님의 가르침을 되새기고 청정한 행을 닦아라.

성정향 · 聖淨香 지계바라밀을 실천하여 항상 성스러운 부처님의 가르침을 되새기고 청정한 행을 닦아라.

성정화 · 聖淨華 깊은 선정바라밀을 실천하여 항상 성스러운 부처님의 가르침을 되새기고 청정한 행을 닦아라.

성정화 · 性琁華 깊은 선정바라밀을 실천하여 항상 올바른 성품을 닦아 황제가 지니는 옥처럼 귀한 불자가 되어라.

성제 · 聖濟 바라밀행을 닦아 성스러운 불법의 이치를 깨치고 사바세계의 윤회 바다를 건너 자리이타의 보살행을 실천하라.

성제 · 性制 바라밀행을 닦아 자신의 성품을 잘 절제하라.

성제덕 · 性制德 내원해인(耐怨害忍)의 인욕바라밀을 실천하여 자신의 성품을 잘 절제하라.

성제심 · 性制心 선정바라밀을 실천하여 자신의 성품을 잘 절제하라.

성제행 · 性制行 보시바라밀을 실천하며, 욕심 많은 자신의 성품을 잘 절제하라.

성제화 · 性制華 선정바라밀을 실천하여 자신의 성품을 잘 절제하라.

성조 · 性照 바라밀행을 닦아 자신의 본성을 조용히 관찰하여 진면목을 찾고, 자리이타의 보살행을 실천하라.

성조 · 聖照 바라밀행을 닦아 지혜와 복덕을 갖추신 부처님의 성스러운 가르침을 널리 펴서 세간의 어둠을 밝혀라.

성조행 · 聖照行 보시바라밀을 실천하여 지혜와 복덕을 갖추신 부처님의 성스러운 가르침을 널리 펴서 세간의 어둠을 밝혀라.

성조향 · 聖照香 지계바라밀을 실천하여 지혜와 복덕을 갖추신 부처님의 성스러운 가르침을 널리 펴서 세간의 어둠을 밝혀라.

성조화 · 聖照華 선정바라밀을 실천하여 지혜와 복덕을 갖추신 부처님의 성스러운 가르침을 널리 펴서 세간의 어둠을 밝혀라.

성종 · 性種 바라밀행을 닦아 갖가지 종성의 본성이 평등함을 깨우쳐 자리이타의 보살행을 실천하라.

성종 · 聖種 성자가 될 수 있는 바탕이 되어 있다는 뜻. 바라밀행을 닦아 계정혜 삼학을 수학하여 보리를 이루고 성자의 지위에 나아가라.

성종화 · 性種華 인발정려(引發靜慮)의 선정바라밀을 실천하여 중생의 본성을 깨우쳐 자신의 진면목을 찾아라.

성주 · 聖珠 바라밀행을 닦아 성스러운 여의주를 체득하고 자리이타의 보살행을 실천하라.

성주 · 聖住 바라밀을 실천하고 항상 신구의 삼업(三業)을 잘 가다듬어 성스러운 부처님의 가르침에 머물러라.

성주덕 · 聖住德 내원해인(耐怨害忍)의 인욕바라밀을 실천하고 항상 몸과 말, 생각의 삼업(三業)을 잘 가다듬어 성스러운 부처님의 가르침에 머물러라.

성주심 · 聖住心 안주정려(安住靜慮)의 선정바라밀을 실천하고 항상 몸과 말, 생각의 삼업(三業)을 잘 가다듬어 성스러운 부처님의 가르침에 머물러라.

성주행 · 聖住行 보시바라밀을 실천하고 항상 몸과 말, 생각의 삼업(三業)을 잘 가다듬어 성스러운 부처님의 가르침에 머물러라.

성주향 · 聖住香 지계바라밀을 실천하고 항상 몸과 말, 생각의 삼업(三業)을 잘 가다듬어 성스러운 부처님의 가르침에 머물러라.

성주화 · 聖住華 깊은 선정바라밀을 실천하고 항상 몸과 말, 생각의 삼업(三業)을 잘 가다듬어 성스러운 부처님의 가르침에 머물러라.

성중 · 聖衆 바라밀행을 닦아 복덕과 지혜를 구족한 성스러운 대중이 되어 보살행을 실천하라.

성지 · 聖智 『전법보기(傳法寶記)』에서는 "보살마하살이 홀로 고요한 곳에 머물러 스스로 제법의 도리를 관찰하고 깨달아 어떤 것에도 의지함이 없이 망상을 여의고 계속 닦으면 여래지에 드나니 이를 자각성지(自覺聖智)라고 한다."라고 하였다. 바라밀행을 닦아 부처님의 성스러운 지혜를 스스로 깨달아라.

성지덕 · 聖智德 내원해인(耐怨害忍)의 인욕바라밀을 실천하여 부처님의 성스러운 지혜를 스스로 깨달아라.

성지력 · 聖智力 원력바라밀을 실천하여 부처님의 성스러운 지혜를 스스로 깨달아라.

성지성 · 聖智性 안수고인(安受苦忍)의 인욕바라밀을 실천하여 부처님의 성스러운 지혜를 스스로 깨달아라.

성지수 · 聖智修 피갑정진(被甲精進)의 정진바라밀을 실천하여 부처님의 성스러운 지혜를 스스로 깨달아라.

성지심 · 聖智心 안주정려(安住靜慮)의 선정바라밀을 실천하여 부처님의 성스러운 지혜를 스스로 깨달아라.

성지월 · 聖智月 진취향과(進趣向果) 방편바라밀을 실천하여 부처님의 성스러운 지혜를 스스로 깨달아라.

성지행 · 聖智行 보시바라밀을 실천하여 부처님의 성스러운 지혜를 스스로 깨달아라.

성지향 · 聖智香 지계바라밀을 실천하여 부처님의 성스러운 지혜를 스스로 깨달아라.

성지화 · 聖智華 인발정려(引發靜慮)의 선정바라밀을 실천하여 부처님의 성스러운 지혜를 스스로 깨달아라.

성직 · 性直 바라밀을 닦아 성품이 강직하여지고 삿된 것에 흔들림이 없는 자리이타의 보살행을 실천하라.

성진 · 性眞 자신의 본성 속에 있는 진실한 모습을 깨우치기 위해 정진하라.

성진각 · 性眞覺 법공(法空)의 지혜바라밀을 실천하여 자신의 본성 속에 있는 진실한 모습을 깨우치기 위해 정진하라.

성진도 · 性眞道 섭율의계(攝律儀戒)의 지계바라밀을 실천하여 자신의 본성 속에 있는 진실한 모습을 깨치기 위해 정진하라.

성진법 · 性眞法 변화의 지혜바라밀을 실천하여 자신의 본성 속에 있는 진실한 모습을 깨치기 위해 정진하라.

성진행 · 性眞行 보시바라밀을 실천하여 자신의 본성 속에 있는 진실한 모습을 깨치기 위해 정진하라.

성진화 · 性眞華 깊은 선정바라밀을 실천하여 자신의 본성 속에 있는 진실한 모습을 깨치기 위해 정진하라.

성징 · 性澄 중국 원과 청대 승려의 법호. 바라밀행을 닦아 항상 맑은 성품을 지녀라.

성천 · 性泉 바라밀행을 닦아 자신이 가지고 있는 본래의 성품을 깨치고 산수와 풍경을 좋아함에 천석고황(泉石膏肓)의 마음으로 변치 말고 여여한 보살행을 실천하라.

성천 · 性天 본성이 맑으면 비록 배가 고파 밥을 먹고, 목이 말라 물을 마시더라도 심신을 건강하게 기르지 않음이 없는 것과 같이 바라밀행을 닦아 자신의 본성을 깨쳐라.

성청 · 性淸 항상 바라밀행을 닦아 사념(邪念)과 탐욕이 없는 성품을 유지하라.

성초 · 省超 바라밀행을 닦아 항상 자신을 성찰하고 세간의 조건을 뛰어넘는 지혜로 자리이타의 보살행을 실천하라.

성총 · 性聰 바라밀행을 닦아 항상 총명한 지혜로 자신의 성품을 관하라.

성통 · 性統 바라밀을 실천하여 자신의 성품을 꿰뚫어 번뇌를 절복시키고 중생의 이익과 안락과 행복을 위해 헌신하라.

성파 · 性派 바라밀을 실천하여 자신의 성품 속의 번뇌 망상을 강물에 씻겨 내리듯이 정화하고 중생제도에 앞장서라.

성해 · 性海 바라밀행을 닦아 수많은 보배가 갈무리되고 모든 더러움을 씻어내며, 세상의 모든 강물이 흘러들어도 늘거나 줄지 않는 바다처럼 걸림이 없는 불성을 체득하라.

성해덕 · 性海德 내원해인(耐怨害忍)의 인욕바라밀을 실천하여 수많은 보배가 갈무리되고 모든 더러움을 씻어내며, 세상의 모든 강물이 흘러들어도 늘거나 줄지 않는 바다처럼 걸림이 없는 불성을 닦아라.

성해문 · 性海門 섭선정진(攝善精進)의 정진바라밀을 실천하여 수많은 보배가 갈무리되고 모든 더러움을 씻어내며, 세상의 모든 강물이 흘러들어도 늘거나 줄지 않는 바다처럼 걸림이 없는 불성을 닦아라.

성해수 · 性海修 피갑정진(被甲精進)의 정진바라밀을 실천하여 수많은 보배가 갈무리되고 모든 더러움을 씻어내며, 세상의 모든 강물이

• 사행

흘러들어도 늘거나 줄지 않는 바다
처럼 걸림이 없는 불성을 닦아라.

성해심 · 性海心 안주정려(安住靜
慮)의 선정바라밀을 실천하여 수많
은 보배가 갈무리되고 모든 더러움
을 씻어내며, 세상의 모든 강물이
흘러들어도 늘거나 줄지 않는 바다
처럼 걸림이 없는 불성을 닦아라.

성행 · 聖行 바라밀을 실천하여 부
처님의 가르침을 깊이 닦고 익혀서
거룩한 위의를 행하라.

성행 · 性行 바라밀행을 닦아 자신
의 천성과 품행을 깨치고 자리이타
의 보살행을 실천하여 많은 사람을
이롭게 하라.

성행각 · 聖行覺 법공(法空)의 지
혜바라밀을 실천하여 부처님의 가
르침을 깊이 닦고 익혀서 거룩한
위의를 행하라.

성행덕 · 聖行德 내원해인(耐怨害
忍)의 인욕바라밀을 실천하여 부
처님의 가르침을 깊이 닦고 익혀서
거룩한 위의를 행하라.

성행득 · 聖行得 수습력(修習力)의
원력바라밀을 실천하여 부처님의
가르침을 깊이 닦고 익혀서 거룩한
위의를 행하라.

성행문 · 聖行門 섭선정진(攝善精
進)의 정진바라밀을 실천하여 부
처님의 가르침을 깊이 닦고 익혀서
거룩한 위의를 행하라.

성행수 · 聖行修 피갑정진(被甲精
進)의 정진바라밀을 실천하여 부
처님의 가르침을 깊이 닦고 익혀서
거룩한 위의를 행하라.

성행신 · 聖行信 섭중생계(攝衆生
戒)의 지계바라밀을 실천하여 부
처님의 가르침을 깊이 닦고 익혀서
거룩한 위의를 행하라.

성행일 · 聖行日 아공(我空)의 지
혜바라밀을 실천하여 부처님의 가
르침을 깊이 닦고 익혀서 거룩한
위의를 행하라.

성행화 · 聖行華 인발정려(引發靜
慮)의 선정바라밀을 실천하여 부
처님의 가르침을 깊이 닦고 익혀서
거룩한 위의를 행하라.

성현 · 聖賢 바라밀을 실천하여 부
처님의 가르침을 깊이 닦고 익혀서
거룩한 위의를 체득하고 행하라.

성현덕 · 聖賢德 내원해인(耐怨害
忍)의 인욕바라밀을 실천하여 성자
와 현자의 법을 익혀 익혀서 자리
이타의 보살행을 실천하라.

성현심 · 聖賢心 안주정려(安住靜慮)의 선정바라밀을 실천하여 부처님의 가르침을 깊이 닦고 익혀서 거룩한 위의를 행하라.

성현지 · 聖賢智 이타행의 지혜바라밀을 실천하여 부처님의 가르침을 깊이 닦고 익혀서 거룩한 위의를 행하라.

성현화 · 聖賢華 깊은 선정바라밀을 실천하여 부처님의 가르침을 깊이 닦고 익혀서 거룩한 위의를 행하라.

성형 · 成衡 바라밀을 실천하여 항상 마음의 균형을 이루고 여여한 삶을 영위하라.

성형 · 性烔 바라밀을 실천하여 항상 빛나는 지혜의 성품을 갖추고 중생의 이익과 안락과 행복을 위해 노력하라.

성혜 · 聖慧 바라밀행을 닦아 성스러운 지혜를 갖추고 자리이타의 보살행에 앞장서라.

성혜 · 性慧 바라밀행을 닦아 슬기롭고 총명한 성품을 갖추어 자리이타의 보살행을 하는데 주저함이 없어야 한다.

성혜 · 誠慧 중국 오대 때의 승려.

바라밀을 실천하여 순수하고 지혜로운 마음을 갖추어라.

성혜덕 · 誠慧德 내원해인(耐怨害忍)의 인욕바라밀을 실천하여 순수하고 지혜로운 마음을 갖추어라.

성혜심 · 誠慧心 안주정려(安住靜慮)의 선정바라밀을 실천하여 순수하고 지혜로운 마음을 갖추어라.

성혜월 · 誠慧月 진취향과(進趣向果)의 방편바라밀을 실천하여 순수하고 지혜로운 마음을 갖추어라.

성혜인 · 誠慧仁 원망하고 증오하는 마음을 내려놓고 인욕바라밀을 실천하여 순수하고 지혜로운 마음을 갖추어라.

성혜향 · 誠慧香 지계바라밀을 실천하여 순수하고 지혜로운 마음을 갖추어라.

성호 · 性湖 바라밀행을 닦아 본래 자신이 가지고 있는 본성을 깨치고 호수와 같은 복덕을 지어 널리 세상을 이롭게 하라.

성화 · 性華 바라밀행을 닦아 본래 자신의 진면목을 깨치고 화장세계의 지혜를 체득하여 자리이타의 보살행을 실천하라.

성효 · 性曉 바라밀행을 닦아 자신의 진면목을 깨치고 새벽별이 빛나듯 몰록 지혜를 체득하여 널리 세상을 밝혀라.

세등 · 世燈 바라밀행을 닦아 복덕과 지혜를 구족하여 널리 세상의 등불이 되어라.

세명 · 世明 바라밀행을 닦아 언제나 세간을 밝게 비추는 지혜를 성취하라.

세명심 · 世明心 안주정려(安住靜慮)의 선정바라밀을 실천하여 세간을 밝게 비추는 지혜를 성취하라.

세명화 · 世明華 인발정려(引發靜慮)의 깊은 선정바라밀을 실천하여 세간을 밝게 비추는 지혜를 성취하라.

세민 · 洗民 바라밀행을 닦아 복덕과 지혜를 구족하여 세상 민초들의 괴로움을 씻겨 주는 불자로서 세간의 지도자가 되어라.

세성 · 世誠 원나라 때 임제종 승려의 법명. 바라밀행을 닦아 순수하고 참된 마음으로 세상을 밝혀라.

세성심 · 世誠心 안주정려(安住靜慮)의 선정바라밀을 실천하여 순수하고 참된 마음으로 세상을 밝혀라.

세성주 · 世誠珠 불사불수(不捨不受)의 방편바라밀을 실천하여 순수하고 참된 마음으로 세상을 밝혀라.

세성화 · 世誠華 깊은 선정 바라밀을 실천하여 순수하고 참된 마음으로 세상을 밝혀라.

세연 · 世蓮 바라밀을 실천하여 세상을 정화하는 연꽃과 같은 공덕을 갖추어라.

세연 · 世緣 세상의 온갖 인연. 속세의 인연을 말함. 바라밀행을 닦아 세상의 모든 인연을 법연의 세계로 이끌어 주는 공덕을 성취하라.

세연도 · 世緣道 섭율의계(攝律儀戒)의 지계바라밀을 실천하여 세간의 많은 사람이 법연을 맺을 수 있도록 이끌어라.

세연성 · 世緣性 안수고인(安受苦忍)의 인욕바라밀을 실천하여 세간의 많은 사람이 법연을 맺을 수 있도록 이끌어라.

세연행 · 世緣行 보시바라밀을 실천하여 세간의 많은 사람이 법연을 맺을 수 있도록 이끌어라.

세연화 · 世緣華 깊은 선정바라밀을 실천하여 세간의 많은 사람이 법연을 맺을 수 있도록 이끌어라.

세영 · 世榮 바라밀행을 닦아 복덕과 지혜를 구족하고 세간의 많은 사람을 영화롭게 하는 지도자가 되어 보살행을 실천하라.

세영 · 世英 부처님은 일체 세간에서 가장 뛰어난 분이므로 세상의 영웅이라 칭함. 바라밀행을 닦아 복혜 구족한 세간의 지도자가 되어라.

세영화 · 世英華 깊은 선정바라밀을 실천하여 세간에서 가장 뛰어난 부처님과 같은 복덕과 지혜를 갖추어라.

세운 · 世運 바라밀행을 닦아 세간의 기운을 정화시킬 수 있는 복덕과 지혜를 구족하고 보살행을 실천하라.

세웅 · 世雄 바라밀행을 닦아 세간을 뛰어넘는 영웅이 되어 자리이타의 보살행을 실천하라.

세유 · 世瑜 바라밀을 실천하여 아름다운 옥의 광채와 같이 세상을 밝게 비추어라.

세유명 · 世瑜明 수용법락(受用法樂)의 지혜바라밀을 실천하여 아름다운 옥의 광채와 같이 세상을 밝게 비추어라.

세유문 · 世瑜門 섭선정진(攝善精

**進)의 정진바라밀을 실천하여 아름다운 옥의 광채와 같이 세상을 밝게 비추어라.

세유성 · 世瑜性 안수고인(安受苦忍)의 인욕바라밀을 실천하여 아름다운 옥의 광채와 같이 세상을 밝게 비추어라.

세유정 · 世瑜淨 이락정진(利樂精進)의 정진바라밀을 실천하여 아름다운 옥의 광채와 같이 세상을 밝게 비추어라.

세유향 · 世瑜香 섭선법계(攝善法戒) 바라밀을 실천하여 아름다운 옥의 광채와 같이 세상을 밝게 비추어라.

세유화 · 世瑜華 깊은 선정바라밀을 실천하여 아름다운 옥의 광채와 같이 세상을 밝게 비추어라.

세정 · 世淨 바라밀행을 닦아 계율을 준수하고 번뇌습기(煩惱習氣)를 제거하여 청정심을 갖춘 보살행을 실천하라.

세정 · 洗淨 바라밀행을 닦아 부처님의 가르침과 계율을 수지하여 번뇌습기(煩惱習氣)의 오염을 씻어내고 청정한 마음을 깨쳐라.

세정덕 · 洗淨德 내원해인(耐怨害

忍)의 인욕바라밀을 실천하여 부처님의 가르침과 계율을 수지하여 번뇌습기(煩惱習氣)의 오염을 씻어내고 청정한 마음을 깨쳐라.

세정심 · 洗淨心 안주정려(安住靜慮)의 선정바라밀을 실천하여 부처님의 가르침과 계율을 수지하여 번뇌습기(煩惱習氣)의 오염을 씻어내고 청정한 마음을 깨쳐라.

세정월 · 洗淨月 진취향과(進趣向果)의 방편바라밀을 실천하여 부처님의 가르침과 계율을 수지하여 번뇌습기(煩惱習氣)의 오염을 씻어내고 청정한 마음을 깨쳐라.

세정행 · 洗淨行 보시바라밀을 실천하여 부처님의 가르침과 계율을 수지하여 번뇌습기(煩惱習氣)의 오염을 씻어내고 청정한 마음을 깨쳐라.

세정향 · 洗淨香 지계바라밀을 실천하여 부처님의 가르침과 계율을 수지하여 번뇌습기(煩惱習氣)의 오염을 씻어내고 청정한 마음을 깨쳐라.

세정화 · 洗淨華 깊은 선정바라밀을 실천하여 부처님의 가르침과 계율을 수지하여 번뇌습기(煩惱習氣)의 오염을 씻어내고 청정한 마음을 깨쳐라.

세친 · 世親 바라밀행을 닦아 바수반두와 같이 유식의 원리로 인간의 심성을 깨치고 세상의 친구가 되어 보살행을 실천하라.

소강 · 少康 바라밀을 실천하여 일심으로 염불 수행에 집중하여 중생을 이롭게 하라.

소강성 · 少康性 안수고인(安受苦忍)의 인욕바라밀을 실천하여 소강 대사와 같은 염불 교화로 중생을 이롭게 하라.

소강월 · 少康月 진취향과(進趣向果) 방편바라밀을 실천하여 소강 대사와 같은 염불 교화로 중생을 이롭게 하라.

소강행 · 小康行 보시바라밀을 실천하여 소강 대사와 같은 염불 교화로 중생을 이롭게 하라.

소강화 · 小康華 깊은 선정바라밀을 실천하여 소강 대사와 같은 염불 교화로 중생을 이롭게 하라.

소광 · 少光 바라밀행을 닦아 색계 사선천의 선정력과 지혜를 체득하여 보살행을 실천하라.

소광덕 · 少光德 내원해인(耐怨害忍)의 인욕바라밀을 실천하여 색계 사선천의 선정력과 지혜를 체득하라.

소광성 · 小光性 안수고인(安受苦忍)의 인욕바라밀을 실천하여 색계 사선천의 선정력과 지혜를 체득하라.

소광월 · 小光月 진취향과(進趣向果) 방편바라밀을 실천하여 색계 사선천의 선정력과 지혜를 체득하라.

소광행 · 小光行 보시바라밀을 실천하여 색계 사선천의 선정력과 지혜를 체득하라.

소광화 · 小光華 깊은 선정바라밀을 실천하여 색계 사선천의 선정력과 지혜를 체득하라.

소륭 · 紹隆 선정바라밀을 체득하고 선법(禪法)을 계승하고 부처님의 가르침이 중생의 마음속에서 융성하게 하라.

소림 · 少林 바라밀행을 닦아 중생계를 떠나지 않으면서도 물들지 않은 복덕과 지혜의 숲을 이루어 자리이타의 보살행을 실천하라.

소마 · 蘇摩 바라밀을 실천하여 지혜의 감로수로 중생을 제도하고 월천의 복덕을 갖추어 많은 사람을 이롭게 하라.

소산 · 疏山 중국 당나라 때의 스님. 행색은 초라하나 예리한 언변이 뛰어나 좌불숙이라 일컬었다.

바라밀행을 닦아 소산 광인 선사와 같은 예리한 언변으로 중생을 제도하라.

소산문 · 疏山門 섭선정진(攝善精進) 바라밀을 실천하여 소산 광인 선사와 같은 예리한 언변으로 중생을 제도하라.

소산성 · 疏山性 안수고인(安受苦忍)의 인욕바라밀을 실천하여 소산 광인 선사와 같은 예리한 언변으로 중생을 제도하라.

소산정 · 疏山淨 이락정진(利樂精進)의 정진바라밀을 실천하여 소산 광인 선사와 같은 예리한 언변으로 중생을 제도하라.

소산행 · 疏山行 보시바라밀을 실천하여 소산 광인 선사와 같은 예리한 언변으로 중생을 제도하라.

소성 · 小聖 불타를 대성, 소승의 성문의 4과를 소성이 함. 대승의 10지까지의 보살을 소성이라고도 함. 바라밀을 실천하여 소성 거사의 지혜를 갖추고 자리이타의 보살행을 실천하라.

소암 · 紹巖 바라밀을 실천하여 부처님의 가르침을 전승하고 어떤 어려움도 극복할 수 있는 공덕으로 보살행을 실천하라.

소여 · 昭如 바라밀을 실천하여 언제나 밝고 여여한 마음을 갖추어라.

소여성 · 昭如性 안수고인(安受苦忍)의 인욕바라밀을 성취하여 밝고 여여한 마음을 갖추어라.

소여심 · 昭如心 안주정려(安住靜慮)의 선정바라밀을 성취하여 밝고 여여한 마음을 갖추어라.

소여정 · 昭如淨 이락정진(利樂精進)의 정진바라밀을 성취하여 밝고 여여한 마음을 갖추어라.

소연 · 笑蓮 바라밀을 실천하여 언제나 웃음을 잃지 않고 연꽃과 같은 공덕을 성취하라.

소향 · 燒香 바라밀행을 닦아 부처님 전에 향기로운 향을 살라 공양하듯이 본래 청정한 자성을 밝혀서 번뇌와 망집으로 인한 독기를 없애고 향기로운 마음을 갖추어라.

소향덕 · 燒香德 내원해인(耐怨害忍)의 인욕바라밀을 실천하여 부처님 전에 향기로운 향을 살라 공양하듯이 본래 청정한 자성을 밝혀서 번뇌와 망집으로 인한 독기를 없애고 향기로운 마음을 온전히 닦아라.

소향수 · 燒香修 피갑정진(被甲精進) 바라밀을 실천하여 부처님 전에 향기로운 향을 살라 공양하듯이 본래 청정한 자성을 밝혀서 번뇌와 망집으로 인한 독기를 없애고 향기로운 마음을 온전히 닦아라.

소향심 · 燒香心 안주정려(安住靜慮)의 선정바라밀을 실천하여 부처님 전에 향기로운 향을 살라 공양하듯이 본래 청정한 자성을 밝혀서 번뇌와 망집으로 인한 독기를 없애고 향기로운 마음을 온전히 닦아라.

소향지 · 燒香智 이타행의 지혜바라밀을 실천하여 부처님 전에 향기로운 향을 살라 공양하듯이 본래 청정한 자성을 밝혀서 번뇌와 망집으로 인한 독기를 없애고 향기로운 마음을 온전히 닦아라.

소향화 · 燒香華 깊은 선정바라밀을 실천하여 부처님 전에 향기로운 향을 살라 공양하듯이 본래 청정한 자성을 밝혀서 번뇌와 망집으로 인한 독기를 없애고 향기로운 마음을 온전히 닦아라.

소현 · 韶顯 바라밀을 실천하여 자신의 아름다움을 드러낼 수 있는 지혜와 복덕을 갖추어라.

소현각 · 韶顯覺 아공(我空)의 지혜바라밀을 실천하여 자신의 아름다움을 드러낼 수 있는 지혜와 복덕을 갖추어라.

소현덕・韶顯德 내원해인(耐怨害 忍)의 인욕바라밀을 실천하여 자신의 아름다움을 드러낼 수 있는 지혜와 복덕을 갖추어라.

소현도・韶顯道 섭율의계(攝律儀 戒)의 지계바라밀을 실천하여 자신의 아름다움을 드러낼 수 있는 지혜와 복덕을 갖추어라.

소현명・韶顯明 수용법락(受用法 樂)의 지혜바라밀을 실천하여 자신의 아름다움을 드러낼 수 있는 지혜와 복덕을 갖추어라.

소현성・韶顯性 안수고인(安受苦 忍)의 인욕바라밀을 실천하여 자신의 아름다움을 드러낼 수 있는 지혜와 복덕을 갖추어라.

소현심・韶顯心 안주정려(安住靜 慮)의 선정바라밀을 실천하여 자신의 아름다움을 드러낼 수 있는 지혜와 복덕을 갖추어라.

소현행・韶顯行 보시바라밀을 실천하여 자신의 아름다움을 드러낼 수 있는 지혜와 복덕을 갖추어라.

소현화・韶顯華 깊은 선정바라밀을 실천하여 자신의 아름다움을 드러낼 수 있는 지혜와 복덕을 갖추어라.

소호・素豪 여래의 백호를 말함. 바라밀행을 닦아 불법의 진수를 체득하고 자리이타의 보살행을 실천하라.

소호성・素豪性 바라밀을 실천하여 여래의 지혜와 복덕을 성취하라.

소화・素花 하얀 종이를 가는 대에 감아서 만든 조화를 말함. 바라밀행을 닦아 청정한 지혜를 성취하고 중생의 업장을 소멸시켜 왕생극락하도록 이끌어라.

소회・素懷 소는 평소, 회는 가슴에 품은 희망을 뜻함. 바라밀행을 닦아 복혜를 구족하여 염불 수행으로 왕생극락의 원력을 성취하라.

소희・素希 바라밀을 실천하여 평소의 희망을 성취하고 자리이타의 보살행을 실천하라.

속법・續法 바라밀을 실천하여 부처님 법을 이어 자리이타의 대승보살도를 실천하라.

솔재・率財 바라밀을 실천하여 청정한 재화를 모아 삼보정재를 형성하고 아낌없는 마음으로 중생 구제에 앞장서라.

솔화・率化 바라밀행을 닦아 복혜를 구족하고 많은 중생을 감화시켜

정토왕생하도록 제도하라.

송강 · 松江 바라밀행을 닦아 늘 푸른 소나무처럼 언제나 여여하고 흐르는 강물처럼 걸림 없는 마음으로 보살도를 행하라.

송경 · 誦經 경전을 외우는 것. 암송이라고도 함. 바라밀행을 닦아 항상 경전을 암송하고 널리 교화하라.

송경덕 · 誦經德 내원해인(耐怨害忍)의 인욕바라밀을 실천하며, 항상 경전을 암송하고 널리 교화하라.

송경도 · 誦經道 섭율의계(攝律儀戒)의 지계바라밀을 실천하며, 항상 경전을 암송하고 널리 교화하라.

송경문 · 誦經門 섭선정진(攝善精進)의 정진바라밀을 실천하며, 항상 경전을 암송하고 널리 교화하라.

송경수 · 誦經修 피갑정진(被甲精進)의 정진바라밀을 실천하며, 항상 경전을 암송하고 널리 교화하라.

송경심 · 誦經心 안주정려(安住靜廬)의 선정바라밀을 실천하며, 항상 경전을 암송하고 널리 교화하라.

송경화 · 誦經華 깊은 선정바라밀을 실천하며, 항상 경전을 암송하고 널리 교화하라.

송계 · 松溪 바라밀행을 닦아 늘 푸른 소나무가 가득한 계곡처럼 청정한 삶을 영위하라.

송계심 · 松溪心 안주정려(安住靜廬)의 선정바라밀을 실천하여 늘 푸른 소나무가 가득한 계곡처럼 청정한 삶을 영위하라.

송계행 · 松溪行 보시바라밀을 실천하여 늘 푸른 소나무가 가득한 계곡처럼 청정한 삶을 영위하라.

송계향 · 松溪香 지계바라밀을 실천하여 늘 푸른 소나무가 가득한 계곡처럼 청정한 삶을 영위하라.

송계화 · 松溪華 깊은 선정바라밀을 실천하여 늘 푸른 소나무가 가득한 계곡처럼 청정한 삶을 영위하라.

송광 · 松廣 바라밀행을 닦아 16국사를 배출한 승보종찰 송광사의 기상과 전통을 받들고 항상 따라 배워라.

송광지 · 松廣智 이타행의 지혜바라밀을 실천하여 16국사를 배출한 승보종찰 송광사의 기상과 전통을 받들고 항상 따라 배워라.

송광화 · 松廣華 깊은 선정바라밀을 실천하여 16국사를 배출한 승보종찰 송광사의 기상과 전통을 받들고 항상 따라 배워라.

송담 · 松潭 바라밀행을 닦아 늘 푸른 소나무와 같은 굳센 지혜와 깊이를 측량할 수 없는 연못과 같은 복덕을 갖추어 자리이타의 보살행을 실천하라.

송덕 · 松德 『조당집』 권13 복선 초경(福先招慶) 선사의 법어에 "눈이 내려서 쌓인 이후에야 비로소 송백(松柏)의 절개를 알고 일이 어려워진 뒤에야 대장부의 마음을 안다."라고 하는 구절이 있다. 바라밀행을 닦아 겨울의 깊은 눈 속에서도 늘 푸른 소나무와 같이 굳센 절개와 덕성으로 불도를 닦아라.

송덕성 · 松德性 안수고인(安受苦忍)의 인욕바라밀을 실천하여 겨울의 깊은 눈 속에서도 늘 푸른 소나무와 같이 굳센 절개와 덕성으로 불도를 닦아라.

송덕심 · 松德心 안주정려(安住靜慮)의 선정바라밀을 실천하여 겨울의 깊은 눈 속에서도 늘 푸른 소나무와 같이 굳센 절개와 덕성으로 불도를 닦아라.

송덕월 · 松德月 진취향과(進趣向果)의 방편바라밀을 실천하여 겨울의 깊은 눈 속에서도 늘 푸른 소나무와 같이 굳센 절개와 덕성으로 불도를 닦아라.

송덕행 · 松德行 보시바라밀을 실천하여 겨울의 깊은 눈 속에서도 늘 푸른 소나무와 같이 굳센 절개와 덕성으로 불도를 닦아라.

송덕향 · 松德香 지계바라밀을 실천하여 겨울의 깊은 눈 속에서도 늘 푸른 소나무와 같이 굳센 절개와 덕성으로 불도를 닦아라.

송덕화 · 松德華 인발정려(引發靜慮)의 선정바라밀을 실천하여 겨울의 깊은 눈 속에서도 늘 푸른 소나무와 같이 굳센 절개와 덕성으로 불도를 닦아라.

송림 · 松林 사철 푸르른 솔숲처럼 굳세고 향기로운 마음으로 불도에 정진하고 지혜로운 안목으로 매사에 임하라.

송림화 · 松林華 깊은 선정바라밀을 실천하여 사철 푸르른 솔숲처럼 굳세고 향기로운 마음으로 불도에 정진하고 지혜로운 안목으로 매사에 임하라.

송묵 · 松黙 바라밀행을 닦아 사철 푸르른 소나무와 같이 여여한 마음으로 흔들림 없이 정진하여 보살행을 실천하라.

송석·松石 바라밀을 실천하여 늘 푸른 소나무와 언제나 여여하게 그 자리에 있는 바위 같이 흔들림 없고 청정한 마음을 가져라.

송설·松雪 바라밀을 실천하여 늘 푸른 소나무와 흰 눈처럼 청정한 마음을 갖추어라.

송암·松庵 바라밀행을 닦아 늘 푸른 소나무와 언제나 여여한 바위와 같은 청정한 마음을 갖추어라.

송운·松雲 사명 대사의 법호 중 하나. 바라밀을 실천하여 늘 푸른 소나무와 걸림 없이 다니는 흰 구름과 같은 스님이었던 사명 대사처럼 청정하고 끄달림 없는 삶을 영위하라.

송운각·松雲覺 법공(法空)의 지혜바라밀을 실천하여 늘 푸른 소나무와 걸림 없이 다니는 흰 구름과 같이 청정하고 끄달림 없는 삶을 영위하라.

송운덕·松雲德 내원해인(耐怨害忍)의 인욕바라밀을 실천하여 늘 푸른 소나무와 걸림 없이 다니는 흰 구름과 같이 청정하고 끄달림 없는 삶을 영위하라.

송운성·松雲性 안수고인(安受苦忍)의 인욕바라밀을 실천하여 늘 푸른 소나무와 걸림 없이 다니는 흰 구름과 같이 청정하고 끄달림 없는 삶을 영위하라.

송운정·松雲淨 이락정진(利樂精進)의 정진바라밀을 실천하여 늘 푸른 소나무와 걸림 없이 다니는 흰 구름과 같이 청정하고 끄달림 없는 삶을 영위하라.

송원·松園 바라밀을 실천하여 늘 푸른 소나무 숲과 같은 마음으로 한량없는 공덕을 지어라.

송월·松月 바라밀을 실천하여 늘 푸른 소나무와 여여한 달과 같은 공덕을 성취하라.

송주·松州 늘 푸른 소나무와 같은 공덕으로 누구나 의지할 수 있는 의지처가 되어라.

송주·誦呪 다라니를 암송하는 것을 말함. 항상 다라니 염송으로 수행하여 현세정토의 이상을 실현하라.

송지·誦持 독송수지(讀誦受持)의 약칭. 항상 경전을 독송하는 것을 말함. 바라밀행을 닦고 경전을 수지독송하여 복혜를 구족하고 이타행의 보살도를 실천하라.

송천·松川 바라밀을 행하여 늘 푸르고 높은 기상을 보이는 소나무와 쉬지 않고 흐르는 맑은 개울처럼 높고 맑은 기상으로 매사에 임하라.

송천성 · 松川性 안수고인(安受苦忍)의 인욕바라밀을 행하여 늘 푸르고 높은 기상을 보이는 소나무와 쉬지 않고 흐르는 맑은 개울처럼 높고 맑은 기상으로 매사에 임하라.

송천향 · 松川香 지계바라밀을 행하여 늘 푸르고 높은 기상을 보이는 소나무와 쉬지 않고 흐르는 맑은 개울처럼 높고 맑은 기상으로 매사에 임하라.

송천화 · 松川華 깊은 선정 바라밀을 행하여 늘 푸르고 높은 기상을 보이는 소나무와 쉬지 않고 흐르는 맑은 개울처럼 높고 맑은 기상으로 매사에 임하라.

송청 · 松靑 바라밀을 행하여 겨울의 깊은 눈 속에서도 늘 푸른 소나무와 같이 굳센 절개와 덕성으로 불도를 닦아라.

송청수 · 松靑修 피갑정진(被甲精進)의 정진바라밀을 행하여 겨울의 깊은 눈 속에서도 늘 푸른 소나무와 같이 굳센 절개와 덕성으로 불도를 닦아라.

송청주 · 松靑珠 불사불수(不捨不受)의 방편바라밀을 행하여 겨울의 깊은 눈 속에서도 늘 푸른 소나무와 같이 굳센 절개와 덕성으로 불도를 닦아라.

송청화 · 松靑華 깊은 선정바라밀을 행하여 겨울의 깊은 눈 속에서도 늘 푸른 소나무와 같이 굳센 절개와 덕성으로 불도를 닦아라.

송추 · 誦箒 어리석고 둔하여 기억력이 좋지 않았던 부처님 제자 쭐라빤타까의 별명. 바라밀행을 닦아 쭐라빤타까처럼 어리석음을 극복하고 복혜 구족한 보살행을 실천하라.

송파 · 松波 바라밀을 실천하여 솔향이 파도처럼 밀려오듯 향기로운 보살의 마음으로 중생을 이롭게 하라.

송하 · 松下 청정한 바라밀행을 닦아 언제나 푸른 소나무처럼 여여한 마음으로 하심하고 자리이타의 보살행을 실천하라.

수간 · 守干 중국 송나라 때의 승려, 회조 대사의 법명. 바라밀행을 닦아 회조 대사와 같은 법력으로 중생을 지키고 외호하는 보살행을 실천하라.

수경 · 收耕 바라밀행을 닦아 복혜를 구족하고 중생심을 제도하여 부처님의 문하로 모여들게 하라.

수경 · 壽經 바라밀을 실천하여 아미타 부처님의 서방정토가 이 땅에 현세정토로 실현될 수 있도록 보살행을 실천하라.

수경 · 修鏡 바라밀행을 닦아 만물을 있는 그대로 비추는 거울처럼 어질고 밝은 덕성으로 보살행을 실천하라.

수경 · 水鏡 부처님의 가르침과 계율을 항상 깊이 새겨서 만상을 있는 그대로 비추는 거울과 맑은 수면처럼 어질고 밝은 덕성으로 일체중생을 이롭게 하라.

수경덕 · 水鏡德 내원해인(耐怨害忍)의 인욕바라밀을 실천하여 부처님의 가르침과 계율을 항상 깊이 새겨서 만상을 있는 그대로 비추는 거울과 맑은 수면처럼 어질고 밝은 덕성으로 일체중생을 이롭게 하라.

수경도 · 水鏡道 섭율의계(攝律儀戒)의 지계바라밀을 실천하여 삼라만상을 있는 그대로 비추는 거울과 맑은 수면처럼 청정한 믿음으로 불도의 지혜와 방편문을 닦아라.

수경문 · 水鏡門 섭선정진(攝善精進)의 정진바라밀을 실천하여 삼라만상을 있는 그대로 비추는 거울과

맑은 수면처럼 청정한 믿음으로 불도의 지혜와 방편문을 닦아라.

수경성 · 水鏡德 내원해인(耐怨害忍)의 인욕바라밀을 실천하여 삼라만상을 있는 그대로 비추는 거울과 맑은 수면처럼 청정한 믿음으로 불도의 지혜와 방편문을 닦아라.

수경신 · 水鏡信 섭중생계(攝衆生戒)의 지계바라밀을 실천하여 삼라만상을 있는 그대로 비추는 거울과 맑은 수면처럼 청정한 믿음으로 불도의 지혜와 방편문을 닦아라.

수경심 · 水鏡心 안주정려(安住靜慮)의 선정바라밀을 실천하여 삼라만상을 있는 그대로 비추는 거울과 맑은 수면처럼 청정한 믿음으로 불도의 지혜와 방편문을 닦아라.

수경지 · 水鏡智 이타행의 지혜바라밀을 실천하여 삼라만상을 있는 그대로 비추는 거울과 맑은 수면처럼 청정한 믿음으로 불도의 지혜와 방편문을 닦아라.

수경행 · 水鏡行 보시바라밀을 실천하여 삼라만상을 있는 그대로 비추는 거울과 맑은 수면처럼 청정한 믿음으로 불도의 지혜와 방편문을 닦아라.

수경향 · 水鏡香 지계바라밀을 실

천하여 삼라만상을 있는 그대로 비추는 거울과 맑은 수면처럼 청정한 믿음으로 불도의 지혜와 방편문을 닦아라.

수경화 · 水鏡華 깊은 선정바라밀을 실천하여 삼라만상을 있는 그대로 비추는 거울과 맑은 수면처럼 청정한 믿음으로 불도의 지혜와 방편문을 닦아라.

수공 · 受空 삼륜체공(三輪體空)의 하나. 시물을 받는 사람이 스스로 공하여 무심한 마음으로 모든 것이 공인 줄로 관찰하라는 것. 걸림 없는 청정한 마음으로 보시바라밀을 실천하라.

수공 · 修空 바라밀을 행하여 집착하는 과도한 탐욕에서 말미암은 뿌리 깊은 이기주의를 극복하고 반야, 공의 이치를 깨쳐라.

수공덕 · 修空德 내원해인(耐怨害忍)의 인욕바라밀을 행하여 과도한 탐욕에서 말미암은 뿌리 깊은 이기주의를 극복하고 반야, 공의 이치를 깨쳐라.

수공심 · 修空心 안주정려(安住靜慮)의 선정바라밀을 행하여 과도한 탐욕에서 말미암은 뿌리 깊은 이기주의를 극복하고 반야, 공의 이치를 깨쳐라.

수공지 · 修空智 이타행의 지혜바라밀을 행하여 과도한 탐욕에서 말미암은 뿌리 깊은 이기주의를 극복하고 반야, 공의 이치를 깨쳐라.

수공화 · 修空華 깊은 선정바라밀을 행하여 과도한 탐욕에서 말미암은 뿌리 깊은 이기주의를 극복하고 반야, 공의 이치를 깨쳐라.

수관 · 受灌 관정(灌頂)을 받는 것을 말함. 바라밀행을 닦아 불퇴전의 신심을 얻어 관정수기를 받아 보살행을 실천하라.

수관 · 修觀 바라밀을 행하며 동시에 관법 수행을 닦아 자리이타의 대승보살도를 실천하라.

수관 · 水觀 바라밀을 실천하며 동시에 일심으로 물을 관상하여 관법을 성취하고 물에 있는 자연을 얻어서 몸 안팎에 물이 현출하여 뜻대로 이용할 수 있는 지혜를 체득하라.

수관성 · 水觀性 안수고인(安受苦忍)의 인욕바라밀을 실천하며, 일심으로 물을 관상하는 관법 수행으로 물에 있는 자연의 이치를 깨쳐라.

수관행 · 水觀行 보시바라밀을 실천하며, 일심으로 물을 관상하는 관법수행으로 물에 있는 자연의 이치를 깨쳐라.

수국 · 守國 항상 굳센 신심으로 불법에 의지하여 높은 기상을 닦고 펴서 부처님의 가호로 나라를 지키는 호국의 가르침을 널리 펴라.

수국향 · 守國香 지계바라밀을 행하여 항상 굳센 신심으로 불법에 의지하여 높은 기상을 닦고 펴서 부처님의 가호로 나라를 지키는 호국의 가르침을 널리 펴라.

수국화 · 守國華 선정바라밀을 행하여 항상 굳센 신심으로 불법에 의지하여 높은 기상을 닦고 펴서 부처님의 가호로 나라를 지키는 호국의 가르침을 널리 펴라.

수기 · 守其 바라밀을 실천하여 뛰어난 학문과 엄정한 성품으로 자리이타의 보살행에 앞장서라.

수녕 · 壽寧 바라밀행을 닦아 수복과 강녕을 누려라.

수눌 · 守訥 바라밀행을 닦아 과묵하여 경솔함이 없는 자세로 자신을 지키고 보살행을 실천하라.

수단 · 守端 바라밀을 실천하여 항상 자신의 마음을 수호하고 행동은 단정하게 함으로써 중생의 모범이 되어라.

수담 · 修潭 바라밀을 실천하여 맑은 물이 가득 찬 연못처럼 원용(圓融)한 부처님의 가르침을 청정하게 닦아라.

수담성 · 修潭性 안수고인(安受苦忍)의 인욕바라밀을 실천하여 맑은 물이 가득 찬 연못처럼 원용한 부처님의 가르침을 청정하게 닦아라.

수담지 · 修潭智 무상의 지혜바라밀을 실천하여 맑은 물이 가득 찬 연못처럼 원용한 부처님의 가르침을 청정하게 닦아라.

수담행 · 修潭行 보시바라밀을 실천하여 맑은 물이 가득 찬 연못처럼 원용한 부처님의 가르침을 청정하게 닦아라.

수담향 · 修潭香 지계바라밀을 실천하여 맑은 물이 가득 찬 연못처럼 원용한 부처님의 가르침을 청정하게 닦아라.

수담화 · 修潭華 선정바라밀을 실천하여 맑은 물이 가득 찬 연못처럼 원용한 부처님의 가르침을 청정하게 닦아라.

수덕 · 修德 바라밀을 행하여 매사에 자신을 가다듬는 청정한 마음으로 부처님의 지혜 공덕을 갈고 닦아 널리 펴라.

수덕문 · 修德門 섭선정진(攝善精進)의 정진바라밀을 행하여 매사에 자신을 가다듬는 청정한 마음으로 부처님의 지혜 공덕을 갈고 닦아 널리 펴라.

수덕성 · 修德性 안수고인(安受苦忍)의 인욕바라밀을 행하여 매사에 자신을 가다듬는 청정한 마음으로 부처님의 지혜 공덕을 갈고 닦아 널리 펴라.

수덕신 · 修德信 섭중생계(攝衆生戒)의 지계바라밀을 행하여 자신의 재능과 가진 것에 대한 자만을 버리고 하심과 신심으로써 부처님의 가르침대로 공덕을 실천하고 닦아라.

수덕심 · 修德心 선정바라밀을 행하여 항상 높고 의연한 기상을 지니신 대보살과 조사의 행을 본받아 세간의 오염을 물리치는 맑은 덕을 닦아라.

수덕행 · 修德行 보시바라밀을 행하여 항상 높고 의연한 기상을 지니신 대보살과 조사의 행을 본받아 세간의 오염을 물리치는 맑은 덕을 닦아라.

수덕향 · 修德香 지계바라밀을 행하여 항상 높고 의연한 기상을 지니신 대보살과 조사의 행을 본받아 세간의 오염을 물리치는 맑은 덕을 닦아라.

수덕화 · 水德華 선정바라밀을 행하여 자신의 재능과 가진 것에 대한 자만을 버리고 하심과 아름다운 신심으로 부처님의 가르침대로 공덕을 실천하고 닦아라.

수덕화 · 修德華 세간의 명성과 이익에서 벗어나 항상 하심으로써 자신을 가다듬고 크나큰 불도의 진리에 대한 거룩한 신심과 공덕 방편으로 일체중생을 반목과 대립을 초월한 화합의 큰길로 인도하라.

수도문 · 修道門 섭선정진(攝善精進) 바라밀을 행하여 자신의 재능과 가진 것에 대한 자만을 버리고 하심과 아름다운 신심으로 부처님의 가르침대로 공덕을 실천하고 닦아라.

수도성 · 修道聖 성숙유정(成熟有情)의 지혜바라밀을 행하여 자신의 재능과 가진 것에 대한 자만을 버리고 하심과 아름다운 신심으로 부처님의 가르침대로 공덕을 실천하고 닦아라.

수도심 · 修道心 선정바라밀을 행하여 자신의 재능과 가진 것에 대한 자만을 버리고 하심과 아름다운 신심으로 부처님의 가르침대로 공덕을 실천하고 닦아라.

수련 · 垂蓮 바라밀행을 닦아 복혜 구족하고 항상 연꽃과 같은 공덕을 베풀어라.

수련심 · 垂蓮心 안주정려(安住靜 慮)의 선정바라밀을 행하여 연꽃과 같은 공덕을 베풀어라.

수련화 · 垂蓮華 인발정려(引發靜 慮)의 선정바라밀을 행하여 연꽃과 같은 공덕을 베풀어라.

수령 · 水嶺 바라밀행을 닦아 물마 루의 환상에서 벗어나 여여한 지혜 를 체득하고 자리이타의 대승보살 도를 실천하라.

수류행 · 水流行 보시바라밀을 행 하여 물이 흘러가는 이치와 공덕을 깨우쳐 대승보살도를 실천하라.

수류화 · 水流華 선정바라밀을 행 하여 물이 흘러가는 이치와 공덕을 깨우쳐 대승보살도를 실천하라.

수림 · 樹林 복덕과 지혜의 나무가 숲을 이루어 많은 사람이 안락하게 쉴 수 있는 성소를 만들어라.

수명 · 修明 명(明)은 밝은 지혜 광 명을 의미함. 바라밀행을 닦아 반 야를 성취하고 자리이타의 대승보 살도를 실천하라.

수목 · 修睦 바라밀행을 닦아 항상 대 중과 화합하는 이타행을 실천하라.

수미 · 須彌 바라밀행을 닦아 수미 산과 같은 여여하고 장엄한 마음으 로 부처님의 가르침을 이 땅에서 널리 펴는 데 앞장서라.

수미 · 守眉 바라밀을 실천하여 자 신의 감관을 잘 지켜 수명장수하고 복혜를 구족하여 중생 제도에 앞장 서라.

수미성 · 須彌性 안수고인(安受苦 忍)의 인욕바라밀을 실천하여 수미 산과 같은 공덕을 쌓아라.

수미정 · 須彌淨 이락정진(利樂精 進)의 바라밀을 실천하여 수미산과 같은 공덕을 쌓아라.

수미행 · 須彌行 보시바라밀을 실천 하여 수미산과 같은 공덕을 쌓아라.

수미향 · 須彌香 지계바라밀을 실천 하여 수미산과 같은 공덕을 쌓아라.

수미화 · 須彌華 선정바라밀을 실천 하여 수미산과 같은 공덕을 쌓아라.

수법 · 修法 바라밀행에 의지하여 공덕과 지혜를 부지런히 닦아라.

수불 · 修佛 바라밀을 실천하여 성

불할 수 있는 근기를 닦아 자리이타의 보살행으로 중생을 제도하라.

수산 · 秀山 바라밀행을 닦아 수승한 지혜를 체득하고 자리이타의 보살행으로 산과 같이 흔들림 없는 중생의 의지처가 되어라.

수선 · 修善 바라밀을 실천하여 악을 끊고 선을 행하라.

수선 · 修禪 번뇌와 산란을 가다듬은 청정한 수행으로 선에 정진하여 마음의 깨달음을 체득하라.

수선각 · 修禪覺 법공(法空)의 지혜바라밀을 행하여 세간의 명성과 이익에서 벗어나 항상 하심으로써 자신을 가다듬고 크나큰 불도의 진리를 향한 신심으로 선정을 닦아라.

수선덕 · 修禪德 내원해인(耐怨害忍)의 인욕바라밀을 행하여 세간의 명성과 이익에서 벗어나 항상 하심으로써 자신을 가다듬고 크나큰 불도의 진리를 향한 신심으로 선정을 닦아라.

수선도 · 修禪道 섭율의계(攝律儀戒)의 지계바라밀을 행하여 세간의 명성과 이익에서 벗어나 항상 하심으로써 자신을 가다듬고 크나큰 불도의 진리를 향한 신심으로 선정을 닦아라.

수선문 · 修禪門 섭선정진(攝善精進)의 정진바라밀을 행하여 세간의 명성과 이익에서 벗어나 항상 하심으로써 자신을 가다듬고 크나큰 불도의 진리를 향한 신심으로 선정을 닦아라.

수선심 · 修禪心 안주정려(安住靜慮)의 선정바라밀을 행하여 세간의 명성과 이익에서 벗어나 항상 하심으로써 자신을 가다듬고 크나큰 불도의 진리를 향한 신심으로 선정을 닦아라.

수선정 · 修禪淨 이락정진(利樂精進)의 정진바라밀을 행하여 세간의 명성과 이익에서 벗어나 항상 하심으로써 자신을 가다듬고 크나큰 불도의 진리를 향한 신심으로 선정을 닦아라.

수선지 · 修禪智 이타행의 지혜바라밀을 행하여 세간의 명성과 이익에서 벗어나 항상 하심으로써 자신을 가다듬고 크나큰 불도의 진리를 향한 신심으로 선정을 닦아라.

수선행 · 修禪行 보시바라밀을 행하여 세간의 명성과 이익에서 벗어나 항상 하심으로써 자신을 가다듬고 크나큰 불도의 진리를 향한 신심으로 선정을 닦아라.

수선향 · 修禪香 지계바라밀을 행하여 세간의 명성과 이익에서 벗어나 항상 하심으로써 자신을 가다듬고 크나큰 불도의 진리를 향한 신심으로 선정을 닦아라.

수선화 · 修禪華 깊은 선정으로 세간의 명성과 이익에서 벗어나 항상 하심으로써 자신을 가다듬고 크나큰 불도의 진리를 향해 나아가라.

수성 · 壽省 바라밀행을 닦아 수명장수하고 스스로를 반성하고 살펴 허물없는 지혜를 체득해 자리이타의 보살행을 실천하라.

수성 · 修性 수습에 의해 비로소 성립하는 것을 수라하고 수습하지 않고도 본래부터 있는 것을 성이라 함. 일체중생의 본연인 참된 불성을 쉬지 말고 닦아라.

수성각 · 修性覺 법공(法空)의 지혜바라밀을 행하여 일체중생의 본연인 참된 불성을 쉬지 말고 닦아라.

수성도 · 修性道 섭율의계(攝律儀戒)의 지계바라밀을 행하여 일체중생의 본연인 참된 불성을 쉬지 말고 닦아라.

수성문 · 修性門 섭선정진(攝善精進)의 지계바라밀을 행하여 일체중생의 본연인 참된 불성을 쉬지 말고 닦아라.

수성심 · 修性心 안주정려(安住靜慮)의 선정바라밀을 행하여 일체중생의 본연인 참된 불성을 쉬지 말고 닦아라.

수성지 · 修性智 이타행의 지혜바라밀을 행하여 일체중생의 본연인 참된 불성을 쉬지 말고 닦아라.

수성행 · 修性行 보시바라밀을 행하여 일체중생의 본연인 참된 불성을 쉬지 말고 닦아라.

수성향 · 修性香 지계바라밀을 행하여 일체중생의 본연인 참된 불성을 쉬지 말고 닦아라.

수성화 · 修性華 깊은 선정바라밀을 행하여 일체중생의 본연인 참된 불성을 쉬지 말고 닦아라.

수순 · 守珣 중국 송나라 때 승려의 법명. 바라밀을 실천하여 어떤 어려움에 직면해도 옥과 같은 청정한 마음을 지켜라.

수신 · 守身 바라밀행을 닦아 항상 몸가짐을 조심스럽게 가져서 마음의 덕을 함양하라.

수신 · 修身 바라밀행을 닦아 항상 몸가짐을 조심스럽게 가지고 닦아서 마음의 덕을 함양하라.

수신 · 守信 바라밀을 실천하여 항상 신뢰를 쌓고 자리이타의 대승보살도를 실천하라.

수신명 · 修身明 이타행의 지혜바라밀을 실천하며, 항상 몸가짐을 조심스럽게 가지고 닦아서 마음의 덕을 함양하라.

수신성 · 修身性 안수고인(安受苦忍)의 인욕바라밀을 행하며, 항상 몸가짐을 조심스럽게 하고 닦아서 마음의 덕을 함양하라.

수심 · 修心 바라밀을 실천하며 마음 닦는 공부에 힘써라. 보조 국사 지눌의 저술 중에 『수심결』이 있다.

수심도 · 修心道 섭율의계(攝律儀戒)의 지계바라밀을 실천하고, 동시에 마음 닦는 공부에 힘써라.

수심행 · 修心行 보시바라밀을 실천하고, 동시에 마음 닦는 공부에 힘써라.

수심향 · 修心香 지계바라밀을 실천하고, 동시에 마음 닦는 공부에 힘써라.

수심화 · 修心華 선정바라밀을 실천하고, 동시에 마음 닦는 공부에 힘써라.

수안 · 殊眼 바라밀행을 닦아 중생심에서 벗어난 지혜의 눈을 갖추고 자리이타의 보살행을 실천하라.

수암 · 修庵 바라밀행을 닦고 정진하여 홀연히 깨우쳐 자리이타의 보살행을 실천하라.

수연 · 隨緣 바라밀을 행하며 항상 법연에 수순하라.

수연 · 水煙 바라밀행을 닦아 아지랑이와 같은 세간의 현상을 뛰어넘어 윤회의 괴로움을 벗어나고 이타행을 실천하라.

수연 · 秀演 바라밀행을 닦아 빼어난 지혜와 복덕을 갖추어 자리이타의 대승보살도를 실천하라.

수연행 · 隨緣行 바라밀행을 닦아 인연에 따라 생멸변화가 있는 현상의 이치를 깨치고 자리이타의 대승보살도를 실천하라.

수온 · 守溫 바라밀을 행하여 항상 따뜻한 마음의 품성을 유지하고 공덕을 쌓아라.

수온성 · 守溫性 안수고인(安受苦忍)의 인욕바라밀을 행하여 항상 따뜻한 마음의 품성을 유지하고 공덕을 쌓아라.

수온행 · 守溫行 보시바라밀을 행하여 항상 따뜻한 마음의 품성을 유지하고 공덕을 쌓아라.

수완 · 修完 바라밀행을 닦아 지혜를 완성하고 자리이타의 보살행을 실천하라.

수운 · 守雲 바라밀행을 닦아 비를 내려서 만물을 키우는 구름의 공덕처럼 중생에게 자비를 베푸는 마음을 지켜라.

수운성 · 守雲性 안수고인(安受苦忍)의 인욕바라밀을 행하여 비를 내려서 만물을 키우는 구름의 공덕처럼 중생에게 자비를 베푸는 마음을 지켜라.

수운심 · 守雲心 안주정려(安住靜慮) 바라밀을 행하여 비를 내려서 만물을 키우는 구름의 공덕처럼 중생에게 자비를 베푸는 마음을 지켜라.

수운지 · 守雲智 이타행의 지혜바라밀을 행하여 비를 내려서 만물을 키우는 구름의 공덕처럼 중생에게 자비를 베푸는 마음을 지켜라.

수운향 · 守雲香 지계바라밀을 행하여 비를 내려서 만물을 키우는 구름의 공덕처럼 중생에게 자비를 베푸는 마음을 지켜라.

수운화 · 守雲華 선정바라밀을 행하여 비를 내려서 만물을 키우는 구름의 공덕처럼 중생에게 자비를 베푸는 마음을 지켜라.

수월 · 水月 바라밀을 실천하여 물에 비친 달과 같은 부처님의 공덕을 성취하라.

수월도 · 水月道 지계바라밀을 실천하여 물에 비친 달과 같은 부처님의 공덕을 성취하라.

수월력 · 水月力 사택력(思擇力)의 원력바라밀을 실천하여 물에 비친 달과 같은 부처님의 공덕을 성취하라.

수월성 · 水月性 안수고인(安受苦忍)의 인욕바라밀을 실천하여 물에 비친 달과 같은 부처님의 공덕을 성취하라.

수월심 · 水月心 안주정려(安住靜慮)의 선정바라밀을 실천하여 자신의 재능과 소유에 대한 자만을 버리고 구름을 벗어난 달처럼 항상 머물지 않고, 흘러가는 물처럼 청정하게 불도의 수행에 전념하는 삶을 살아라.

수월행 · 水月行 보시바라밀을 실천하여 자신의 재능과 소유에 대한 자만을 버리고 구름을 벗어난 달처럼 항상 머물지 않고, 흘러가는 물처럼 청정하게 불도의 수행에 전념하는 삶을 살아라.

수월향 · 水月香 지계바라밀을 실천하여 자신의 재능과 소유에 대한 자만을 버리고 구름을 벗어난 달처럼 항상 머물지 않고, 흘러가는 물처럼 청정하고 불도의 수행에 전념하는 삶을 살아라.

수월화 · 水月華 선정바라밀을 실천하여 자신의 재능과 소유에 대한 자만을 버리고 구름을 벗어난 달처럼 항상 머물지 않고, 흘러가는 물처럼 청정하게 불도의 수행에 전념하는 삶을 살아라.

수유 · 須臾 짧은 시간, 잠시 잠깐을 뜻함. 바라밀을 행하여 찰나의 번뇌도 하나의 남김없이 소멸시켜라.

수유성 · 須臾性 안수고인(安受苦忍)의 인욕바라밀을 행하여 찰나의 번뇌도 하나의 남김없이 소멸시켜라.

수유정 · 須庚淨 이락정진(利樂精進)의 정진바라밀을 행하여 찰나의 번뇌도 하나의 남김없이 소멸시켜라.

수유행 · 須庚行 보시바라밀을 행하여 찰나의 번뇌도 하나의 남김없이 소멸시켜라.

수이 · 守伊 바라밀을 실천하여 자신을 수호함에 있어서 조금의 빈틈도 없이 정진하라.

수인 · 守仁 바라밀을 행하여 어진 마음을 항상 사수하고 청정하고 여여한 삶을 영위하라.

수인 · 修忍 바라밀행으로 정진하고 인욕하여 복혜를 구족하고 자리이타의 보살행을 실천하는 데 주저하지 마라.

수인각 · 守仁覺 법공(法空)의 지혜바라밀을 행하여 어진 마음을 항상 사수하고 청정하며 여여한 삶을 영위하라.

수인덕 · 守仁德 내원해인(耐怨害忍)의 인욕바라밀을 행하여 어진 마음을 항상 사수하고 청정하며 여여한 삶을 영위하라.

수인득 · 守仁得 수습력(修習力)의 원력바라밀을 행하여 어진 마음을 항상 사수하고 청정하며 여여한 삶을 영위하라.

수인문 · 守仁門 섭선정진(攝善精進)의 정진바라밀을 행하여 어진 마음을 항상 사수하고 청정하며 여여한 삶을 영위하라.

수인성 · 守仁性 안수고인(安受苦

忍)의 인욕바라밀을 행하여 어진 마음을 항상 사수하고 청정하며 여여한 삶을 영위하라.

수인심 · 修仁心 안주정려(安住靜慮)의 선정바라밀을 행하여 어진 마음을 항상 사수하고 청정하며 여여한 삶을 영위하라.

수인주 · 守仁珠 불사불수(不捨不受)의 방편바라밀을 행하여 어진 마음을 항상 사수하고 청정하며 여여한 삶을 영위하라.

수인지 · 守仁智 이타행의 지혜바라밀을 행하여 어진 마음을 항상 사수하고 청정하며 여여한 삶을 영위하라.

수인행 · 守仁行 보시바라밀을 행하여 어진 마음을 항상 사수하고 청정하며 여여한 삶을 영위하라.

수인향 · 守仁香 지계바라밀을 행하여 어진 마음을 항상 사수하고 청정하며 여여한 삶을 영위하라.

수인화 · 守仁華 깊은 선정바라밀을 행하여 어진 마음을 항상 사수하고 청정하며 여여한 삶을 영위하라.

수일 · 隨一 다수 가운데 하나라는 뜻. 바라밀행을 닦아 뛰어난 선지식이 되어라.

수일 · 守日 바라밀을 행하며, 부처님의 자비광명을 항상 외호하고 지켜라.

수일 · 守一 바라밀을 행하며, 일불승의 가르침을 항상 외호하고 지켜라.

수일도 · 守日道 섭율의계(攝律儀戒)의 지계바라밀을 실천하여 천년 동안의 어둠도 한 번 햇살이 비치면 사라지는 것처럼 번뇌무명의 어둠을 밝히는 자성청정심의 불도를 지켜서 잊지 말고 여러 가지 방편행을 닦아라.

수일문 · 守日門 섭선정진(攝善精進)의 정진바라밀을 실천하여 천년 동안의 어둠도 한 번 햇살이 비치면 사라지는 것처럼 번뇌무명의 어둠을 밝히는 자성청정심의 불도를 지켜서 잊지 말고 여러 가지 방편행을 닦아라.

수일성 · 守日聖 성숙유정(成熟有情)의 지혜바라밀을 실천하여 천년 동안의 어둠도 한 번 햇살이 비치면 사라지는 것처럼 번뇌무명의 어둠을 밝히는 자성청정심의 불도를 지켜서 잊지 말고 여러 가지 방편행을 닦아라.

수일심 · 守日心 안주정려(安住靜慮)의 선정바라밀을 실천하여 천년 동안의 어둠도 한 번 햇살이 비치면 사라지는 것처럼 번뇌무명의 어둠을 밝히는 자성청정심의 불도를 지켜서 잊지 말고 여러 가지 방편행을 닦아라.

수일지 · 守日智 이타행의 지혜바라밀을 실천하여 천년 동안의 어둠도 한 번 햇살이 비치면 사라지는 것처럼 번뇌무명의 어둠을 밝히는 자성청정심의 불도를 지켜서 잊지 말고 여러 가지 방편행을 닦아라.

수일행 · 守日行 보시바라밀을 실천하여 천년 동안의 어둠도 한 번 햇살이 비치면 사라지는 것처럼 번뇌무명의 어둠을 밝히는 자성청정심의 불도를 지켜서 잊지 말고 여러 가지 방편행을 닦아라.

수일행 · 守一行 보시바라밀을 행하며, 일불승의 가르침을 항상 외호하고 지켜라.

수일향 · 守一香 지계바라밀을 행하며, 일불승의 가르침을 항상 외호하고 지켜라.

수일화 · 守日華 깊은 선정바라밀을 실천하여 천년 동안의 어둠도 한 번 햇살이 비치면 사라지는 것처럼 번뇌무명의 어둠을 밝히는 자성청정심의 불도를 지켜서 잊지 말고 여러 가지 방편행을 닦아라.

수일화 · 守一華 선정바라밀을 행하며, 일불승의 가르침을 항상 외호하고 지켜라.

수정 · 水定 바라밀행을 닦아 몸의 안팎이 물과 같은 성품의 공덕을 성취하고, 자리이타의 대승보살도를 실천하라.

수정 · 水淨 바라밀을 실천하여 더러움과 목마름을 가셔 주는 맑고 깨끗한 물처럼 신심과 지혜로써 번뇌와 탐욕을 씻어내라.

수정각 · 修淨覺 법공(法空)의 지혜바라밀을 행하여 자신의 망집과 번뇌를 깊이 성찰하며 본래 청정한 불도를 닦고 실천하여 일체중생의 선지식이 되어라.

수정덕 · 修淨德 내원해인(耐怨害忍)의 인욕바라밀을 행하여 자신의 망집과 번뇌를 깊이 성찰하며 본래 청정한 불도를 닦고 실천하여 일체중생의 선지식이 되어라.

수정도 · 修淨道 섭율의계(攝律儀戒)의 지계바라밀을 행하여 자신의 망집과 번뇌를 깊이 성찰하며 본래 청정한 불도를 닦고 실천하여 일체중생의 선지식이 되어라.

수정득 · 修淨得 수습력(修習力)의 원력바라밀을 행하여 자신의 망집과 번뇌를 깊이 성찰하며 본래 청정한 불도를 닦고 실천하여 일체중생의 선지식이 되어라.

수정문 · 修淨門 섭선정진(攝善精進)의 정진바라밀을 행하여 자신의 망집과 번뇌를 깊이 성찰하며 본래 청정한 불도를 닦고 실천하여 일체중생의 선지식이 되어라.

수정신 · 修淨信 섭중생계(攝衆生戒)의 지계바라밀을 행하여 자신의 망집과 번뇌를 깊이 성찰하며 본래 청정한 불도를 닦고 실천하여 일체중생의 선지식이 되어라.

수정심 · 修淨心 안주정려(安住靜慮)의 선정바라밀을 행하여 자신의 망집과 번뇌를 깊이 성찰하며 본래 청정한 불도를 닦고 실천하여 일체중생의 선지식이 되어라.

수정원 · 修淨院 이락정진(利樂精進)의 정진바라밀을 행하여 자신의 망집과 번뇌를 깊이 성찰하며 본래 청정한 불도를 닦고 실천하여 일체중생의 선지식이 되어라.

수정월 · 修淨月 진취향과(進趣向果)의 방편바라밀을 행하여 자신의 망집과 번뇌를 깊이 성찰하며 본래 청정한 불도를 닦고 실천하여 일체중생의 선지식이 되어라.

수정주 · 水淨珠 방편바라밀을 실천하여 더러움과 목마름을 가셔 주는 맑고 깨끗한 물처럼 신심과 지혜로써 번뇌와 탐욕을 씻어내라.

수정지 · 水淨智 지혜바라밀을 실천하여 더러움과 목마름을 가셔 주는 맑고 깨끗한 물처럼 신심과 지혜로써 번뇌와 탐욕을 씻어내라.

수정행 · 水淨行 보시바라밀을 실천하여 더러움과 목마름을 가셔 주는 맑고 깨끗한 물처럼 신심과 지혜로써 번뇌와 탐욕을 씻어내라.

수정향 · 水淨香 지계바라밀을 실천하여 더러움과 목마름을 가셔 주는 맑고 깨끗한 물처럼 신심과 지혜로써 번뇌와 탐욕을 씻어내라.

수정화 · 水淨華 선정바라밀을 실천하여 더러움과 목마름을 가셔 주는 맑고 깨끗한 물처럼 신심과 지혜로써 번뇌와 탐욕을 씻어내라.

수정화 · 修正華 인발정려(引發靜慮) 바라밀을 행하여 자신의 망집과 번뇌를 깊이 성찰하며 본래 청정한 불도를 닦고 실천하여 일체중생의 선지식이 되어라.

수증 · 修證 바라밀행을 닦고 증득하여 복덕과 지혜를 구족하고 자리이타의 보살행을 실천하라.

수지화 · 修智華 선정바라밀을 행하여 복덕과 지혜를 성취하라.

수직 · 守直 바라밀행을 닦아 항상 곧은 마음을 지키며, 자타불이의 보살행을 실천하라.

수진 · 水塵 물방울 속을 통과할 수 있을 정도로 작은 물질. 바라밀을 실천하여 수진과 같이 신심의 모든 것을 투과하여 정화하는 공덕을 성취하고 자리이타의 보살행을 실천하라.

수진 · 修眞 바라밀을 실천하여 진실한 불법의 도리를 닦고 익혀 자리이타의 보살행을 실천하라.

수진덕 · 修眞德 내원해인(耐怨害忍)의 인욕바라밀을 실천하여 진실한 불법의 도리를 닦고 익혀 자리이타의 보살행을 실천하라.

수진도 · 修眞道 섭율의계(攝律儀戒)의 지계바라밀을 실천하여 진실한 불법의 도리를 닦고 익혀 자리이타의 보살행을 실천하라.

수진성 · 修眞性 안수고인(安受苦忍)의 인욕바라밀을 실천하여 진실한 불법의 도리를 닦고 익혀 자리이타의 보살행을 실천하라.

수진월 · 修眞月 진취향과(進趣向

果)의 방편바라밀을 실천하여 진실한 불법의 도리를 닦고 익혀 자리이타의 보살행을 실천하라.

수진주 · 修眞珠 불사불수(不捨不受)의 방편바라밀을 실천하여 진실한 불법의 도리를 닦고 익혀 자리이타의 보살행을 실천하라.

수진행 · 隨眞行 보시바라밀을 실천하여 진실한 불법의 도리를 닦고 익혀 자리이타의 보살행을 실천하라.

수진향 · 修眞香 지계바라밀을 실천하여 진실한 불법의 도리를 닦고 익혀 자리이타의 보살행을 실천하라.

수진화 · 修眞華 선정바라밀을 실천하여 진실한 불법의 도리를 닦고 익혀 자리이타의 보살행을 실천하라.

수철 · 秀澈 바라밀을 실천하여 뛰어난 지혜와 한량없는 복덕으로 중생 제도에 앞장서라.

수청 · 修淸 바라밀을 행하여 청정한 심성을 갈고 닦아 자리이타의 보살행을 실천하라.

수초 · 守初 수구초심(首丘初心)의 약자. 바라밀을 실천하여 초심을 잃지 말고 자리이타의 보살행을 실천하라.

수행 · 修行 바라밀을 행하여 부처님의 가르침대로 불도를 실천하고 닦아라.

수행덕 · 修行德 내원해인(耐怨害忍)의 인욕바라밀을 닦아 부처님의 가르침대로 불도를 실천하라.

수행도 · 修行道 섭율의계(攝律儀戒) 바라밀을 행하여 부처님의 가르침대로 불도를 실천하고 닦아라.

수행성 · 修行性 안수고인(安受苦忍)의 인욕바라밀을 행하여 부처님의 가르침대로 불도를 실천하고 닦아라.

수행지 · 修行智 이타행의 지혜바라밀을 행하여 부처님의 가르침대로 불도를 실천하고 닦아라.

수현 · 修賢 바라밀행을 닦아 어질고 현명한 선지식이 되어 자리이타의 보살도를 행하라.

수현행 · 修賢行 보시바라밀을 행하여 부처님의 가르침대로 불도를 실천하고 닦아라.

수혜 · 殊慧 바라밀행을 닦아 뛰어나고 총명한 지혜를 체득하여 자리이타의 보살행을 실천하라.

수혜 · 修慧 바라밀을 실천하여 항상 제법실상을 관조하며 지혜를 닦아라. 문사수(聞思修) 삼혜 중 하나. 문혜는 설법을 듣고 깨닫는 지혜, 사혜는 사유와 숙고를 통한 명상으로 깨닫는 지혜, 수혜는 불도의 실천으로 깨닫는 지혜.

수혜명 · 修慧明 수용법락(受用法樂)의 지혜바라밀을 행하여 항상 제법실상을 관조하며 지혜를 닦아라.

수혜성 · 修慧性 안수고인(安受苦忍)의 인욕바라밀을 행하여 항상 제법실상을 관조하며 지혜를 닦아라.

수혜심 · 修慧心 안주정려(安住靜慮)의 선정바라밀을 행하여 항상 제법실상을 관조하며 지혜를 닦아라.

수혜정 · 修慧淨 이락정진(利樂精進)의 정진바라밀을 행하여 항상 제법실상을 관조하며 지혜를 닦아라.

수혜지 · 修慧智 이타행의 지혜바라밀을 행하여 항상 제법실상을 관조하며 지혜를 닦아라.

수혜향 · 修慧香 지계바라밀을 행하여 항상 제법실상을 관조하며 지혜를 닦아라.

수희 · 隨喜 바라밀을 실천하여 다른 사람이 행한 선에 수순하며 기뻐하는 마음으로 중생의 이익과 안락과 행복을 위해 노력하라.

숙명 · 宿明 숙명은 6신통의 하나인 숙명통(宿命通)의 준말. 바라밀을 실천하여 과거세의 모든 업을 아는 지혜를 통달하라.

숙명화 · 宿明華 선정바라밀을 행하여 과거세의 모든 업을 아는 지혜를 깨달아라.

순담 · 順潭 바라밀을 실천하여 풍파가 사라진 연못처럼 번뇌와 망집이 사라진 고요한 마음을 수순하라.

순담지 · 順潭智 이타행의 지혜바라밀을 실천하여 풍파가 사라진 연못처럼 번뇌와 망집이 사라진 고요한 마음을 수순하라.

순담행 · 順潭行 보시바라밀을 행하여 풍파가 사라진 연못처럼 번뇌와 망집이 사라진 고요한 마음을 수순하라.

순담화 · 順潭華 선정바라밀을 행하여 풍파가 사라진 연못처럼 번뇌와 망집이 사라진 고요한 마음을 수순하라.

순도 · 順道 바라밀행을 닦아 항상 진리에 수순하고 자리이타의 보살행의 길로 정진하라.

순효 · 順曉 바라밀을 행하여 항상 수순하고 새벽별처럼 빛나는 지혜를 성취하라.

숭규 · 崇珪 바라밀을 실천하여 옥으로 만든 보배로운 그릇과 같이 진리를 담아낼 수 있는 지도자의 역할을 수행하라.

숭산 · 崇山 바라밀을 실천하여 깊은 산속과 같이 고요한 마음으로 세속의 번거로움을 여의도록 정진하라.

숭연 · 崇演 바라밀행을 닦아 복덕과 지혜를 구족하고 부처님의 가르침이 널리 전파될 수 있도록 전법교화에 앞장서라.

승도 · 僧導 바라밀행을 닦고 『법화경』을 배워 삼법인의 진리를 체득하고 중생 제도에 앞장서는 보살형 지도자가 되어라.

승원 · 勝源 바라밀행을 닦아 수승한 근기를 체득하고 불법의 근원을 깨우쳐 자리이타의 대승보살도를 실천하라.

승호 · 承護 바라밀행으로 부처님의 가르침 계승하고 삼보를 외호하여 자리이타의 보살행을 실천하라.

시명 · 是明 바라밀행을 닦아 불법

의 진리를 체득하고 이와 같이 밝은 지혜를 얻어 자리이타의 대승보살도를 실천하라.

시명화 · 施明華 선정바라밀을 실천하며 보시 공덕과 밝은 지혜를 성취하라.

시몽 · 是夢 바라밀행을 닦아 한바탕 꿈과 같은 중생살이에서 벗어나 복혜 구족한 대승보살도를 행하라.

시오 · 始悟 바라밀을 실천하여 지혜를 체득하고 많은 사람들에게 교법을 개시하여 깨닫게 하라.

시울 · 時蔚 바라밀을 실천하여 복덕과 지혜를 구족하고 때에 맞추어 부처님의 가르침이 울창한 숲을 이룰 수 있도록 보살행에 앞장서라.

시정 · 施定 바라밀행을 닦아 보시행을 하고 선정력을 갖추어 대승보살의 원력을 실천하라.

시호 · 施護 법시의 지혜바라밀을 실천하여 삼보를 외호하는 보살행자가 되어라.

식진 · 息塵 바라밀을 실천하여 한 생각 쉬어, 마음속의 번뇌망상을 모두 털어버리고 자리이타의 보살행을 실천하라.

신경 · 信敬 바라밀행을 닦아 복덕과 지혜를 구족하고 항상 신뢰받고 공경 받는 보살행자가 되어라.

신공 · 神珙 바라밀행을 닦아 신령스러운 구슬과 같이 여여한 마음을 갖추고 자리이타의 보살행을 실천하라.

신룡 · 新龍 바라밀행을 닦아 세간을 혁신하는 새로운 지도자가 되어 널리 보살행을 실천하라.

신묘 · 神妙 바라밀을 행하여 신비하고 오묘한 불법의 이치를 깨쳐라.

신미 · 信眉 바라밀을 닦아 확고한 신심으로 불법(佛法)의 백미를 체득하라.

신민 · 信敏 바라밀을 실천하여 확고한 믿음을 성취하고 민첩한 마음으로 쉼 없이 정진하라.

신방 · 神昉 바라밀을 실천하여 마침내 신묘한 지혜를 체득하고 비로소 보살의 지위에 들어 자리이타행으로 많은 사람을 이롭게 하라.

신수 · 信手 부처님의 보배산에 들어가 신심의 손으로 보배를 채취하기 때문에 신수(信手)라 함. 바라밀행을 닦아 신심과 원력을 실천하는 보살행자가 되어라.

신수 · 信首 바라밀행을 닦아 무너지지 않는 청정한 믿음으로 세상에서 으뜸가는 불자가 되어라.

신수 · 信水 신심의 청정함이 맑은 물과 같음에 비유하여 신수(信水)라 함. 바라밀행을 닦아 신심(信心)의 감로수로 번뇌의 때를 모두 씻어내라.

신심월 · 信心月 진취향과(進趣向果)의 방편바라밀을 실천하여 올바른 믿음을 성취하라.

신심화 · 信心華 선정바라밀을 실천하여 자신의 재능과 소유에 대한 자만을 버리고 하심과 신심으로써 부처님의 가르침대로 공덕을 실천하고 닦아라.

신안 · 神晏 바라밀행을 닦아 신묘하고 편안한 마음으로 자리이타를 실천하는 보살행자가 되어라.

신오 · 神梧 바라밀행을 닦아 신묘한 거문고의 소리와 같이 중생에게 이근원통(耳根圓通)의 진리를 일깨워 주어라.

신옹 · 神邕 바라밀행으로 신묘한 지혜를 체득하고 도반과 화합을 이루어 보살행에 앞장서라.

신운 · 身雲 무량 무수한 부처님 몸이 끝이 없음을 신운이라 함. 바라밀을 실천하여 여러 가지의 몸을 나타내어 그늘로 중생을 덮음이 구름과 같은 부처님의 복덕과 지혜를 체득하라.

신원 · 信元 바라밀을 실천하여 믿음을 으뜸으로 삼아 흔들리지 않는 불퇴전의 신심을 갖추고 보살행을 실천하라.

신의 · 信義 바라밀 수행으로 보살행을 실천하고 오대산 월정사와 같은 불사를 성취하라.

신주 · 信珠 믿음은 능히 사람의 마음을 맑게 하므로 물을 맑히는 구슬에 비유한 것. 바라밀행을 닦아 삼보에 대한 신심을 확립하고 여의주를 얻어 뜻과 같이 모든 일을 성취하라.

신지 · 神智 바라밀을 실천하여 자재하게 사리를 친견할 수 있는 지혜를 성취하라.

신태 · 神泰 바라밀을 실천하여 지혜를 성취하고 경전 번역하는 것을 도와 새로 번역한 경전의 주해를 짓고 강의하는데 힘써라.

신해 · 信解 바라밀행을 닦아 신해행증의 단계로 깨우침을 얻어 자리

이타의 보살행을 실천하라.

신해 · 神楷 바라밀을 실천하여 신령스러운 나무와 같이 많은 사람에게 청량함을 줄 수 있는 보살의 원력을 갖추어라.

신행 · 信行 바라밀의 실천으로 신심과 실천을 겸비한 보살행자가 되어라.

신행각 · 信行覺 법공혜(法空慧)의 지혜바라밀을 실천하여 자신의 재능과 소유에 대한 자만을 버리고 신심(信心)으로써 불도를 닦아라.

신행덕 · 信行德 내원해인(耐怨害忍)의 인욕바라밀을 실천하여 자신의 재능과 소유에 대한 자만을 버리고 신심(信心)으로써 불도를 닦아라.

신행도 · 信行道 섭율의계(攝律儀戒) 바라밀을 실천하여 자신의 재능과 소유에 대한 자만을 버리고 신심(信心)으로써 불도를 닦아라.

신행력 · 信行力 원력바라밀을 실천하여 자신의 재능과 소유에 대한 자만을 버리고 신심(信心)으로써 불도를 닦아라.

신행명 · 信行明 지혜바라밀을 실천하여 자신의 재능과 소유에 대한

자만을 버리고 신심(信心)으로써 불도를 닦아라.

신행문 · 信行門 바라밀을 실천하여 오직 부처님의 가르침을 믿고 행하는 보살행에 마음을 다하라.

신행법 · 信行法 변화력(變化力)의 원력바라밀을 실천하여 자신의 재능과 소유에 대한 자만을 버리고 신심(信心)으로써 불도를 닦아라.

신행성 · 信行性 안수고인(安受苦忍)의 인욕바라밀을 실천하여 자신의 재능과 소유에 대한 자만을 버리고 신심(信心)으로써 불도를 닦아라.

신행수 · 信行修 피갑정진(被甲精進)의 정진바라밀을 실천하여 자신의 재능과 소유에 대한 자만을 버리고 신심(信心)으로써 불도를 닦아라.

신행월 · 信行月 진취향과(進趣向果)의 방편바라밀을 실천하여 자신의 재능과 소유에 대한 자만을 버리고 신심(信心)으로써 불도를 닦아라.

신행지 · 信行智 이타행의 지혜바라밀을 실천하여 자신의 재능과 소유에 대한 자만을 버리고 신심(信心)으로써 불도를 닦아라.

신행향 · 信行香 지계바라밀을 실천하여 자신의 재능과 소유에 대한 자만을 버리고 신심(信心)으로써 불도를 닦아라.

신행화 · 信行華 깊은 선정바라밀을 실천하여 자신의 재능과 소유에 대한 자만을 버리고 신심(信心)으로써 불도를 닦아라.

신형 · 神逈 바라밀행을 닦아 신묘하고 희유한 부처님의 지혜광명을 빛나게 하라.

신혜 · 信慧 바라밀행을 닦아 불퇴전의 신심으로 지혜를 체득하고 대승보살도를 실천하라.

신호 · 神皓 바라밀행을 닦아 신묘한 밝고 깨끗한 청정성을 성취하여 자리이타의 대승보살도를 실천하라.

신화 · 信和 바라밀행을 닦아 확고한 신심과 자애로운 마음으로 대중과 화합하여 자리이타의 보살행을 실천하라.

신효 · 信孝 바라밀로 정진하여 유동보살의 화신과 같이 확고한 신심을 가지고 효성 지극한 아들과 같이 보살행을 실천하라.

실상 · 實相 바라밀행을 닦아 만물의 여실한 모습을 체득하고 자리이타의 대승보살도를 실천하라.

실인 · 悉認 바라밀행을 닦아 삼라만상의 이치를 모두 알고 깨우쳐 자리이타의 보살도를 행하라.

실지 · 實智 지혜바라밀을 실천하여 진리를 달관하는 참다운 지혜를 성취하라.

실지성 · 實智性 안수고인(安受苦忍)의 인욕바라밀을 실천하여 진리를 달관하는 참다운 지혜를 체득하라.

실지행 · 實智行 보시바라밀을 실천하여 진리를 달관하는 참다운 지혜를 체득하라.

실지향 · 實智香 지계바라밀을 실천하여 진리를 달관하는 참다운 지혜를 체득하라.

실현 · 實賢 지혜바라밀을 성취하여 경전이 한 번 눈에 스치면 곧 그 뜻을 알 수 있는 법력을 갖추고 한량없는 중생을 제도하라.

심감 · 心鑑 바라밀을 실천하여 목숨을 걸고 부처님의 사리를 구하여 외호하듯이 부처님의 가르침이 흩어지지 않도록 노력하라.

심경 · 心鏡 바라밀행을 닦아 마음의 거울을 볼 수 있는 지혜를 갖추고 자리이타의 보살행을 실천하라.

심공 · 心空 "마음을 비우고 급제하여 돌아가네.(心空及第歸)"라는 구절에서 유래. 바라밀행을 닦아 마음을 비워서 선(禪)의 지혜를 체득하라.

심공덕 · 心空德 내원해인(耐怨害忍)의 인욕바라밀을 실천하고 마음을 비워서 선의 지혜를 체득하라.

심광 · 心光 바라밀행에 집중하여 번뇌의 어둠을 밝히는 청정한 마음의 광명을 체득하라.

심광월 · 心光月 진취향과(進趣向果)의 방편바라밀을 실천하여 번뇌의 어둠을 밝히는 청정한 마음의 광명을 체득하라.

심광행 · 心光行 보시바라밀을 실천하여 번뇌의 어둠을 밝히는 청정한 마음의 광명을 체득하라.

심담 · 心潭 일체중생이 부처님과 다름없는 불성을 구족하고 있으니 맑고 투명한 연못 같은 마음을 깨닫고 닦아라.

심도행 · 心道行 보시바라밀을 실천하여 마음의 도를 닦고 심해탈과 혜해탈을 성취하라.

심묘 · 心妙 바라밀행을 닦아 오묘한 불법의 진리를 체득하고 대승보살도를 실천하여 중생 구제에 앞장서라.

심산 · 尋山 바라밀행을 닦아 마음 속에 우뚝 솟은 수미산을 찾아서 불법의 지혜를 체득하고 보살행을 실천하라.

심상 · 心常 마조 도일(馬祖道一) 선사는 "평소의 그 마음이 바로 도.(平常心是道)"라고 설함. 바라밀을 실천하여 번뇌와 망집을 다스려서 항상 한결같은 마음을 갖출 수 있도록 생활 수행에 전념하라.

심상덕 · 心常德 내원해인(耐怨害忍)의 인욕바라밀을 실천하여 번뇌와 망집을 다스려서 한결같은 마음을 닦아라.

심상도 · 心常道 섭율의계(攝律儀戒) 바라밀을 실천하여 번뇌와 망집을 다스려서 한결같은 마음을 닦아라.

심상화 · 心常華 선정바라밀을 실천하여 번뇌와 망집을 다스려서 항상 한결같은 마음을 닦아라.

심선화 · 深善華 선정바라밀을 실천하여 번뇌와 망집을 다스려서 항상 한결같은 마음을 닦아라.

심수 · 心修 바라밀을 행하여 항상 마음을 닦아 자리이타의 대승보살도를 실천하라.

심수 · 心授 바라밀행을 닦아 마음 씨 쓰는 법을 가르쳐 주고 보살행을 실천하라.

심수덕 · 心授德 내원해인(耐怨害忍)의 인욕바라밀을 행하여 심혜탈을 체득하고 널리 전하라.

심수월 · 心授月 진취향과(進趣向果)의 방편바라밀을 행하여 심혜탈을 체득하고 널리 전하라.

심수정 · 心授淨 이락정진(利樂精進)의 정진바라밀을 행하여 심혜탈을 체득하고 널리 전하라.

심수행 · 心授行 보시바라밀을 행하여 심혜탈을 체득하고 널리 전하라.

심수향 · 心授香 지계바라밀을 행하여 심혜탈을 체득하고 널리 전하라.

심수화 · 心授華 선정바라밀을 행하여 심혜탈을 체득하고 널리 전하라.

심안 · 心眼 바라밀을 행하여 마음의 눈을 떠라.

심우 · 尋牛 바라밀행을 닦아 마음의 소를 찾듯이 복혜를 구족하고 대승보살도를 실천하라.

심원 · 心源 바라밀행을 닦아 마음이 만법의 근원이라는 지혜를 성취하고 자리이타의 보살행을 실천하라.

심원 · 心願 바라밀행을 닦아 마음 속 깊이 원하는 것을 체득하고 보살행을 실천하라.

심원 · 深源 지혜로운 안목으로 바라밀을 행하고 닦아서 육안으로는 헤아릴 수 없는 깊은 불도의 이치를 닦아라.

심원덕 · 深源德 내원해인(耐怨害忍)의 인욕바라밀을 실천하여 지혜로운 안목으로 바라밀을 행하고 닦아서 육안으로는 헤아릴 수 없는 깊은 불도의 이치를 닦아라.

심원도 · 心源道 섭율의계(攝律儀戒)의 지계바라밀을 실천하여 지혜로운 안목으로 바라밀을 행하고 닦아서 육안으로는 헤아릴 수 없는 깊은 불도의 이치를 닦아라.

심원성 · 深源性 안수고인(安受苦忍)의 인욕바라밀을 실천하여 지혜로운 안목으로 바라밀을 행하고 닦아서 육안으로는 헤아릴 수 없는 깊은 불도의 이치를 체득하라.

심원정 · 深源淨 이락정진(利樂精

進)의 정진바라밀을 실천하여 지혜로운 안목으로 바라밀을 행하고 닦아서 육안으로는 헤아릴 수 없는 깊은 불도의 이치를 체득하라.

심원주 · 心源珠 불사불수(不捨不受)의 방편 바라밀을 실천하여 지혜로운 안목으로 바라밀을 행하고 닦아서 육안으로는 헤아릴 수 없는 깊은 불도의 이치를 체득하라.

심원지 · 心源智 이타행의 지혜바라밀을 실천하여 지혜로운 안목으로 바라밀을 행하고 닦아서 육안으로는 헤아릴 수 없는 깊은 불도의 이치를 체득하라.

심원행 · 深源行 보시바라밀을 실천하여 지혜로운 안목을 바라밀으로 행하고 닦아서 육안으로는 헤아릴 수 없는 깊은 불도의 이치를 체득하라.

심원향 · 心源香 지계바라밀을 실천하여 지혜로운 안목으로 바라밀을 행하고 닦아서 육안으로는 헤아릴 수 없는 깊은 불도의 이치를 체득하라.

심원화 · 心源華 깊은 선정바라밀을 실천하여 지혜로운 안목으로 바라밀을 행하고 닦아서 육안으로는 헤아릴 수 없는 깊은 불도의 이치를 체득하라.

심월 · 心月 『전등록(傳燈錄)』 반산보적(盤山普寂) 선사의 "외로이 빛을 발하는 마음의 달.(心月孤圓)"라는 시에서 유래. 바라밀을 실천하여 고요한 밤하늘을 은은한 빛으로 비추는 달처럼 밝고 평화로운 마음을 닦아라.

심월 · 心越 바라밀의 실천과 더불어 구자(狗子) 화두를 참구하여 선사의 인가를 받을 수 있는 지혜를 갖추어라.

심월도 · 心月道 지계바라밀을 실천하여 고요한 밤하늘을 은은한 빛으로 비추는 달처럼 밝고 평화로운 마음을 닦아라.

심월주 · 心月珠 불사불수(不捨不受) 방편바라밀을 실천하여 고요한 밤하늘을 은은한 빛으로 비추는 달처럼 밝고 평화로운 마음을 닦아라.

심인 · 心印 '전불심인(傳佛心印)'의 준말. 바라밀행을 닦아 부처님과 조사들이 전해온 마음의 법을 닦고 전하라.

심인각 · 心印覺 법공(法空)의 지혜바라밀을 행하여 항상 자신의 숙업과 번뇌를 깊이 성찰하고 불도에 나아가기를 발원하여 세간적인 명성과 소유물에 대한 집착을 버리고 선에 정진해 역대의 조사 스님이 전해온 마음 도장을 전하라.

심인덕·心印德 내원해인(耐怨害忍)의 인욕바라밀을 실천하여 세간이나 출세간에서나 탐욕과 자만심에서 비롯되는 모든 허위를 버리고 오직 진실한 부처님의 가르침을 깨닫고 청정하고 어진 마음 공덕으로 중생의 모범이 되어라.

심인도·心印道 섭율의계(攝律儀戒)의 지계바라밀을 실천하여 항상 자신의 숙업과 번뇌를 깊이 성찰하고 불도에 나아가기를 발원하여 세간의 명성과 소유물에 대한 집착을 버리고 선에 정진해 역대의 조사 스님이 전해온 마음 도장을 전하라.

심인문·心仁門 섭선정진(攝善精進)의 정진바라밀을 실천하여 세간이나 출세간에서나 탐욕과 자만심에서 비롯되는 모든 허위를 버리고 오직 진실한 부처님의 가르침을 깨닫고 닦아서 청정한 지혜광명으로 중생의 모범이 되라.

심인문·心印門 섭선정진(攝善精進) 바라밀을 실천하여 항상 자신의 숙업과 번뇌를 깊이 성찰하고, 불도에 나아가기를 발원하며 세간의 명성과 소유물에 대한 집착을 버리고, 선에 정진하여 역대의 조사 스님이 전해온 마음 도장을 전

하라.

심인성·心仁聖 성숙유정(成熟有情)의 지혜바라밀을 행하여 세간이나 출세간에서나 탐욕과 자만심에서 비롯되는 모든 허위를 버리고 오직 진실한 부처님의 거룩한 가르침을 깨닫고 닦아서 청정한 지혜광명으로 중생의 모범이 되라.

심인성·心仁性 안수고인(安受苦忍)의 인욕바라밀을 실천하여 세간이나 출세간에서나 탐욕과 자만심에서 비롯되는 모든 허위를 버리고 오직 진실한 부처님의 가르침을 깨닫고 닦아서 청정한 지혜광명으로 중생의 모범이 되라.

심인수·心仁修 피갑정진(被甲精進)의 정진바라밀을 행하여 세간이나 출세간에서나 탐욕과 자만심에서 비롯되는 모든 허위를 버리고 오직 진실한 부처님의 가르침을 깨닫고 닦아서 청정하고 어진 마음 공덕으로 중생의 모범이 되라.

심인정·心仁淨 이락정진(利樂精進)의 정진바라밀을 실천하여 세간이나 출세간에서나 탐욕과 자만심에서 비롯되는 모든 허위를 버리고 오직 진실한 부처님의 가르침을 깨달아 청정하고 어진 마음 공덕으로 중생의 모범이 되어라.

심인지 · 心仁智 이타행의 지혜바라밀을 행하여 세간이나 출세간에서나 탐욕과 자만심에서 비롯되는 모든 허위를 버리고 오직 진실한 부처님의 거룩한 가르침을 깨닫고 닦아서 청정한 지혜광명으로 중생의 모범이 되어라.

심인행 · 心印行 보시바라밀을 행하여 심법의 이치를 깨쳐라.

심일 · 心一 바라밀행을 닦아 삼라만상을 분별하고 깨닫는 마음과 그 마음의 경계와 하나가 되어 온전한 불도를 닦아라.

심일각 · 心日覺 법공(法空)의 지혜바라밀을 실천하여 천년 동안의 어둠도 한 번 햇살이 비치면 사라지는 것과 같이 번뇌와 무명에 덮인 마음을 밝은 거울처럼 닦아서 빛을 발하라.

심일경 · 心日鏡 이락타원(利樂他願)의 원력바라밀을 실천하여 천년 동안의 어둠도 한 번 햇살이 비치면 사라지는 것과 같이 번뇌와 무명에 덮인 마음을 밝은 거울처럼 닦아서 빛을 발하라.

심일관 · 心日觀 바라밀을 실천하여 천년 동안의 어둠도 한 번 햇살이 비치면 사라지는 것과 같이 번뇌와 무명에 덮인 마음을 밝은 거울처럼 닦아서 빛을 발하라.

심일덕 · 心日德 내원해인(耐怨害忍)의 인욕바라밀을 실천하여 천년 동안의 어둠도 한 번 햇살이 비치면 사라지는 것과 같이 번뇌와 무명에 덮인 마음을 밝은 거울처럼 닦아서 빛을 발하라.

심일도 · 心日道 섭율의계(攝律儀戒)의 지계바라밀을 실천하여 천년 동안의 어둠도 한 번 햇살이 비치면 사라지는 것과 같이 번뇌와 무명에 덮인 마음을 밝은 거울처럼 닦아서 빛을 발하라.

심일력 · 心日力 원력바라밀을 실천하여 천년 동안의 어둠도 한 번 햇살이 비치면 사라지는 것과 같이 번뇌와 무명에 덮인 마음을 밝은 거울처럼 닦아서 빛을 발하라.

심일문 · 心日門 섭선정진(攝善精進)의 정진바라밀을 실천하여 천년 동안의 어둠도 한 번 햇살이 비치면 사라지는 것과 같이 번뇌와 무명에 덮인 마음을 밝은 거울처럼 닦아서 빛을 발하라.

심일법 · 心日法 변화력(變化力)의 원력바라밀을 실천하여 천년 동안의 어둠도 한 번 햇살이 비치면 사라지는 것과 같이 번뇌와 무명에 덮인 마음을 밝은 거울처럼 닦아서 빛을 발하라.

심일성·心日聖 성숙유정(成熟有情)의 지혜바라밀을 실천하여 천년 동안의 어둠도 한 번 햇살이 비치면 사라지는 것과 같이 번뇌와 무명에 덮인 마음을 밝은 거울처럼 닦아서 빛을 발하라.

심일순·心日順 바라밀에 수순하여 천년 동안의 어둠도 한 번 햇살이 비치면 사라지는 것과 같이 번뇌와 무명에 덮인 마음을 밝은 거울처럼 닦아서 빛을 발하라.

심일신·心日信 섭중생계(攝衆生戒)의 지계바라밀을 실천하여 천년 동안의 어둠도 한 번 햇살이 비치면 사라지는 것과 같이 번뇌와 무명에 덮인 마음을 밝은 거울처럼 닦아서 빛을 발하라.

심일원·心日院 이락정진(利樂精進)의 정진바라밀을 실천하여 천년 동안의 어둠도 한 번 햇살이 비치면 사라지는 것과 같이 번뇌와 무명에 덮인 마음을 밝은 거울처럼 닦아서 빛을 발하라.

심일정·心日淨 끊임없이 정진력을 실천하여 천년 동안의 어둠도 한 번 햇살이 비치면 사라지는 것과 같이 번뇌와 무명에 덮인 마음을 밝은 거울처럼 닦아서 빛을 발

하라.

심일진·心日眞 피갑정진(被甲精進)의 정진바라밀을 실천하여 천년 동안의 어둠도 한 번 햇살이 비치면 사라지는 것과 같이 번뇌와 무명에 덮인 마음을 밝은 거울처럼 닦아서 빛을 발하라.

심일진·心一眞 피갑정진(被甲精進)의 정진바라밀을 실천하여 천년 동안의 어둠도 한 번 햇살이 비치면 사라지는 것처럼 마음의 진실한 빛으로 번뇌와 어두운 숙업을 이기고 불도에 정진하라.

심일행·心日行 보시바라밀을 실천하여 천년 동안의 어둠도 한 번 햇살이 비치면 사라지는 것과 같이 번뇌와 무명에 덮인 마음을 밝은 거울처럼 닦아서 빛을 발하라.

심일화·心日華 깊은 선정바라밀을 실천하여 천년 동안의 어둠도 한 번 햇살이 비치면 사라지는 것과 같이 번뇌와 무명에 덮인 마음을 밝은 거울처럼 닦아서 빛을 발하라.

심자재·心自在 매사 정밀하고 침착하게 생각하고 해탈의 이법(理法)을 성취케 하는 선정(禪定)을 닦아 미혹의 세계를 깨달음의 세계로 전환시킬 수 있는 본연의 자성

청정심을 깨닫고 자재로운 방편으로 불도를 널리 펴라.

심적 · 深寂 태백산 동쪽에 있는 함적산에 있는 네 개의 산내 암자 중 하나. 바라밀 수행을 닦아 깊은 적막함, 완전한 열반을 성취하고 보살 행자로서 중생 구제에 앞장서라.

심적원 · 深寂願 이타행의 원력바라밀을 실천하여 매우 깊고 고요한 심법의 이치와 열반을 체득하라.

심적월 · 深寂月 방편바라밀을 실천하여 매우 깊고 고요한 심법의 이치와 열반을 체득하라.

심적인 · 深寂印 성숙유정(成熟有情)의 지혜바라밀을 실천하여 매우 깊고 고요한 심법의 이치와 열반을 체득하라.

심적행 · 深寂行 보시바라밀을 실천하여 매우 깊고 고요한 심법의 이치와 열반을 체득하라.

심적향 · 深寂香 지계바라밀을 실천하여 매우 깊고 고요한 심법의 이치와 열반을 체득하라.

심적화 · 深寂華 선정바라밀을 실천하여 매우 깊고 고요한 심법의 이치와 열반을 체득하라.

심전 · 心田 바라밀행을 닦아 지혜의 싹을 키우는 마음의 밭을 잘 갈고 가꾸어라.

심정 · 深淨 바라밀행을 닦아 깊고 청정한 마음을 성취하고 대승보살의 원력을 실천하라.

심정 · 心淨 바라밀행을 닦아 청정한 마음을 갖추어 대승보살도를 실천하라.

심정 · 心正 바라밀을 실천하여 항상 사견을 떨치고 불법을 닦는 바른 마음으로 수행하며 매사에 바른 마음으로 임하라.

심정각 · 心正覺 법공(法空)의 지혜바라밀을 실천하여 항상 선정으로써 산란과 번뇌를 여의고 팔정도를 행하여 바른 불도의 공덕을 체득하라.

심정덕 · 心正德 내원해인(耐怨害忍)의 인욕바라밀을 실천하여 항상 선정으로써 산란과 번뇌를 여의고 팔정도를 행하여 바른 불도의 공덕을 체득하라.

심정도 · 心正道 섭율의계(攝律儀戒)의 지계바라밀을 실천하여 매사에 정밀하고 침착하게 생각하고, 해탈의 이법을 성취케 하는 팔정도를 닦아 자성청정심을 깨달아서 자재로운 방편으로 불도를 널리 펴라.

심정문·深淨門 섭선정진(攝善精進)의 정진바라밀을 실천하여 깊고 청정한 마음을 유지하라.

심정법·心正法 변화력(變化力)의 원력바라밀을 실천하여 항상 선정으로서 산란과 번뇌를 여의고 팔정도를 행하여 불도를 체득하고, 심진과 망집분별을 버려 부처님과 중생의 본원인 진실한 마음을 깨닫고 닦아라.

심정성·深淨性 안수고인(安受苦忍)의 인욕바라밀을 행하여 항상 선정으로써 산란과 번뇌를 여의고 팔정도를 행하여 바른 불도의 공덕을 체득하라.

심정수·深淨修 피갑정진(被甲精進)의 정진바라밀을 행하여 항상 선정으로써 산란과 번뇌를 여의고 팔정도를 행하여 바른 불도의 공덕을 체득하라.

심정안·心正安 바라밀을 실천하여 항상 편안한 마음으로 산란과 번뇌를 여의고 팔정도를 행하여 바른 불도의 공덕을 체득하라.

심정인·深淨仁 인욕바라밀을 행하여 항상 선정으로써 산란과 번뇌를 여의고 팔정도를 행하여 바른

불도의 공덕을 체득하라.

심정지·心正智 이타행의 지혜바라밀을 실천하여 항상 선정으로써 산란과 번뇌를 여의고 팔정도를 행하여 바른 불도의 공덕을 체득하라.

심정행·心正行 보시바라밀을 행하여 항상 선정으로써 산란과 번뇌를 여의고 팔정도를 행하여 바른 불도의 공덕을 체득하라.

심정향·深淨香 지계바라밀을 행하여 항상 선정으로써 산란과 번뇌를 여의고 팔정도를 행하여 바른 불도의 공덕을 체득하라.

심정화·深淨華 깊은 선정바라밀을 행하여 항상 선정으로써 산란과 번뇌를 여의고 팔정도를 행하여 바른 불도의 공덕을 체득하라.

심정화·心正華 선정바라밀을 행하여 항상 선정으로써 산란과 번뇌를 여의고 팔정도를 행하여 바른 불도의 공덕을 체득하라.

심정화·心定和 체찰법인(諦察法忍)의 인욕바라밀을 행하여 항상 선정으로써 산란과 번뇌를 여의고 팔정도를 행하여 바른 불도의 공덕을 체득하라.

심주·心柱 바라밀을 실천하여 마음속의 의지처를 굳건하게 세우고 자리이타의 보살행으로 공덕을 성취하라.

심지·心地 마음을 기반으로 하는 것이 마치 세간이 대지를 기반으로 하는 것과 같이 지계바라밀을 실천하여 확고한 의지처를 확립하고 보살의 공덕을 갖추어라.

심지·深智 바라밀행을 닦아 깊고 높은 지혜를 체득하고 자리이타의 보살행을 실천하라.

심지광·深智光 지혜바라밀을 행하여 구공(俱空)의 이치를 깨치고 이타행을 위하여 깊고 높은 지혜를 실천하라.

심지성·深智性 안수고인(安受苦忍)의 인욕바라밀을 행하여 구공(俱空)의 이치를 깨치고 이타행을 위하여 깊고 높은 지혜를 실천하라.

심지행·深智行 보시바라밀을 행하여 구공(俱空)의 이치를 깨치고 이타행을 위하여 깊고 높은 지혜를 실천하라.

심지향·深智香 지계바라밀을 행하여 구공(俱空)의 이치를 깨치고 이타행을 위하여 깊고 높은 지혜를 실천하라.

심진·心眞 심진은 인간이 본래 갖춘 자성청정심의 참다운 성품을 의미. 망집분별(妄執分別)을 버리고 부처님과 중생의 본원인 진실한 마음을 깨닫고 닦아라.

심진각·心眞覺 법공(法空)의 지혜바라밀을 행하여 망집분별(妄執分別)을 버리고 부처님과 중생의 본원인 진실한 마음을 깨닫고 닦아라.

심진덕·心眞德 내원해인(耐怨害忍)의 인욕바라밀을 행하여 망집분별을 버리고 부처님과 중생의 본원인 진실한 마음을 깨쳐라.

심진도·心眞道 섭율의계(攝律儀戒)의 지계바라밀을 행하여 망집분별을 버리고 부처님과 중생의 본원인 진실한 마음을 깨쳐라.

심진력·心眞力 원력바라밀을 행하여 망집분별을 버리고 부처님과 중생의 본원인 진실한 마음을 깨쳐라.

심진문·心眞門 섭선정진(攝善精進)의 정진바라밀을 행하여 망집분별을 버리고 부처님과 중생의 본원인 진실한 마음을 깨쳐라.

심진법·心眞法 변화력(變化力)의 원력바라밀을 행하여 망집분별을 버리고 부처님과 중생의 본원인 진실한 마음을 깨쳐라.

심진성 · 心眞聖 성숙유정(成熟有情)의 지혜바라밀을 행하여 망집분별을 버리고 부처님과 중생의 본원인 진실한 마음을 깨쳐라.

심진수 · 心眞修 피갑정진(被甲精進)의 정진바라밀을 행하여 망집분별을 버리고 부처님과 중생의 본원인 진실한 마음을 깨쳐라.

심진행 · 心眞行 보시바라밀을 행하여 망집분별을 버리고 부처님과 중생의 본원인 진실한 마음을 깨쳐라.

심진화 · 心眞華 깊은 선정바라밀을 행하여 망집분별을 버리고 부처님과 중생의 본원인 진실한 마음을 깨쳐라.

심행 · 心行 바라밀을 행하여 마음의 작용과 움직임을 잘 관찰하여 불심을 체득하라.

심행각 · 心行覺 법공(法空)의 지혜바라밀을 행하여 마음의 작용과 움직임을 잘 관찰하고 불심을 체득하라.

심행덕 · 心行德 내원해인(耐怨害忍)의 인욕바라밀을 행하여 마음의 작용과 움직임을 잘 관찰하고 불심

을 체득하라.

심행도 · 心行道 섭율의계(攝律儀戒)의 지계바라밀을 행하여 마음의 작용과 움직임을 잘 관찰하고 불심을 체득하라.

심행법 · 心行法 변화력(變化力)의 원력바라밀을 행하여 마음의 작용과 움직임을 잘 관찰하고 불심을 체득하라.

심행수 · 心行修 피갑정진(被甲精進)의 정진바라밀을 행하여 마음의 작용과 움직임을 잘 관찰하고 불심을 체득하라.

심행신 · 心行信 섭중생계(攝衆生戒)의 지계바라밀을 행하여 마음의 작용과 움직임을 잘 관찰하고 불심을 체득하라.

심향 · 心香 생사번뇌의 오염을 씻는 마음 공부를 해서 향기로운 불도를 성취하라.

심향도 · 心香道 섭율의계(攝律儀戒)의 지계바라밀을 실천하여 생사번뇌의 오염을 씻는 마음 공부를 해서 향기로운 불도를 성취하라.

심향문 · 心香門 섭선정진(攝善精進)의 정진바라밀을 실천하여 생사번뇌의 오염을 씻는 마음 공부를

해서 향기로운 불도를 성취하라.

심향수 · 心香修 피갑정진(被甲精進)의 정진바라밀을 실천하여 생사번뇌의 오염을 씻는 마음 공부를 해서 향기로운 불도를 성취하라.

심향주 · 心香珠 불사불수(不捨不受)의 방편바라밀을 실천하여 생사번뇌의 오염을 씻는 마음 공부를 해서 향기로운 불도를 성취하라.

심향화 · 心香和 체찰법인(諦察法忍)의 인욕바라밀을 실천하여 생사번뇌의 오염을 씻는 마음 공부를 해서 향기로운 불도를 성취하라.

심혜정 · 心慧淨 이락정진(利樂精進)의 정진바라밀을 실천하여 생사번뇌의 오염을 씻는 마음공부를 해서 향기로운 불도를 성취하라.

07.

아
행

아공 · 我空 지혜바라밀을 실천하여 "이것이 나다, 이것은 내 견해다, 이것은 내 것이다."라는 아집을 버리고 공의 이치를 체득하라.

아반 · 阿潘 바라밀을 실천하여 마음의 소용돌이와 거센 파도를 모두 물리치고 청정하고 여여한 마음을 체득하라.

아반성 · 阿潘性 안수고인(安受苦忍)의 인욕바라밀을 실천하여 마음의 소용돌이와 거센 파도를 모두 물리치고 청정하고 여여한 마음을 체득하라.

아반수 · 阿潘修) 피갑정진(被甲精進)의 정진바라밀을 실천하여 마음의 소용돌이와 거센 파도를 모두 물리치고 청정하고 여여한 마음을

체득하라.

아반심 · 阿潘心 안주정려(安住靜慮)의 선정바라밀을 실천하여 마음의 소용돌이와 거센 파도를 모두 물리치고 청정하고 여여한 마음을 체득하라.

아반정 · 阿潘淨 이락정진(利樂精進)의 정진바라밀을 실천하여 마음의 소용돌이와 거센 파도를 모두 물리치고 청정하고 여여한 마음을 체득하라.

아서 · 亞栖 바라밀을 실천하여 부처님에 버금가는 제자들이 거처하는 보금자리를 갖추고 자리이타의 보살행을 실천하라.

아수 · 阿須 바라밀을 실천하여 모

름지기 궁극의 깨달음을 성취하고
자리이타의 보살도를 행하라.

아승 · 阿僧 바라밀행을 닦아 아승
지겁 동안 벗어나지 못한 번뇌와
망상을 여의고 복혜를 구족하여 대
승보살도를 행하라.

아유 · 阿惟 아유삼불(阿惟三佛)의
약어. 현등각(現等覺)이라 번역.
바라밀행을 닦아 바르고 완전한 깨
달음을 성취하고 자리이타의 보살
행을 실천하여 많은 사람을 이롭게
하라.

아일 · 阿逸 미륵보살의 이칭. 바
라밀행을 닦아 장차 미륵보살과 같
이 성불하여 한량없는 중생을 이롭
게 하라.

안국 · 安國 바라밀행으로 모든 불
의와 비리를 다스리는 불법을 널리
펼쳐 나라를 평안케 하라.

안덕 · 安德 항상 보시바라밀과 공
양에 힘써서 안으로는 편안하고 밖
으로는 중생을 평안케 하는 공덕을
베풀어라.

안덕력 · 安德力 원력바라밀을 실
천하여 매사에 부처님의 가르침을
잊지 않고 일체중생을 편안케 하는
법력을 닦아라.

안덕문 · 安德門 정진바라밀을 실
천하여 매사에 부처님의 가르침을
잊지 않고 일체중생을 이롭게 하는
선(善)한 행위를 쌓아라.

안덕법 · 安德法 원력바라밀을 실천
하여 안으로는 스스로 평안함을 얻
고 밖으로는 중생을 평안케 하라.

안덕성 · 安德性 안수고인(安受苦
忍)의 인욕바라밀을 실천하여 안으
로는 스스로 평안함을 얻고 밖으로
는 중생을 평안케 하라.

안덕수 · 安德修 피갑정진(被甲精
進)의 정진바라밀을 실천하여 안으
로는 스스로 평안함을 얻고 밖으로
는 중생을 평안케 하라.

안덕심 · 安德心 선정바라밀을 실
천하여 매사에 부처님의 가르침을
잊지 않고 일체중생을 이롭게 하는
선(善)한 행위를 쌓아라.

안덕월 · 安德月 항상 진취향과(進
趣向果) 방편바라밀을 실천하여 안
으로는 스스로 평안함을 얻고 밖으
로는 중생을 평안케 하라.

안덕인 · 安德仁 항상 내원해인(耐
怨害忍)의 인욕바라밀을 실천하여
안으로는 스스로 평안함을 얻고 밖
으로는 중생을 평안케 하라.

안덕주 · 安德珠 항상 불사불수(不捨不受)의 방편바라밀을 실천하여 안으로는 스스로 평안함을 얻고 밖으로는 중생을 평안케 하라.

안덕지 · 安德智 항상 무상지(無上智)의 지혜바라밀을 실천하여 안으로는 스스로 평안함을 얻고 밖으로는 중생을 평안케 하라.

안덕행 · 安德行 항상 보시바라밀을 실천하여 매사에 부처님의 가르침을 잊지 않고 일체중생을 이롭게 하는 선업을 쌓아라.

안덕향 · 安德香 항상 지계바라밀을 실천하여 안으로는 스스로 평안함을 얻고 밖으로는 중생을 평안케 하라.

안덕화 · 安德華 항상 선정바라밀을 실천하여 매사에 부처님의 가르침을 잊지 않고 일체중생을 이롭게 하는 선을 쌓아라.

안도 · 安道 매사에 편안하고 침착하게 임하는 태도로써 불도를 닦아라.

안도각 · 安道覺 법공(法空)의 지혜바라밀을 체득하여 매사에 부처님의 가르침을 잊지 않고 수행하여 일체중생을 편안케 하는 법력을 닦아라.

안도력 · 安道力 사택력(思擇力)의 원력바라밀을 체득하여 매사에 부처님의 가르침을 잊지 않고 수행하여 일체중생을 편안케 하는 법력을 닦아라.

안도명 · 安道明 수용법락(受用法樂)의 지혜바라밀을 체득하여 매사에 부처님의 가르침을 잊지 않고 수행하여 일체중생을 편안케 하는 법력을 닦아라.

안도문 · 安道門 섭선정진(攝善精進) 바라밀을 체득하여 매사에 부처님의 가르침을 잊지 않고 수행하여 일체중생을 편안케 하는 법력을 닦아라.

안도법 · 安道法 변화력(變化力)의 원력바라밀을 체득하여 매사에 부처님의 가르침을 잊지 않고 수행하여 일체중생을 편안케 하는 법력을 닦아라.

안도성 · 安道成 무외시의 보시바라밀을 체득하여 매사에 부처님의 가르침을 잊지 않고 수행하여 일체중생을 편안케 하는 법력을 닦아라.

안도성 · 安道聖 성숙유정(成熟有情)의 지혜바라밀을 체득하여 매사에 부처님의 가르침을 잊지 않고 수행하여 일체중생을 편안케 하는 법력을 닦아라.

안도성 · 安道性 안수고인(安受苦忍)의 인욕바라밀을 체득하여 매사에 부처님의 가르침을 잊지 않고 수행하여 일체중생을 편안케 하는 법력을 닦아라.

안도수 · 安道修 피갑정진(被甲精進)의 정진바라밀을 체득하여 매사에 부처님의 가르침을 잊지 않고 수행하여 일체중생을 편안케 하는 법력을 닦아라.

안도심 · 安道心 안주정려(安住靜慮)의 선정바라밀을 체득하여 매사에 부처님의 가르침을 잊지 않고 수행하여 일체중생을 편안케 하는 법력을 닦아라.

안도인 · 安道仁 내원해인(耐怨害忍)의 인욕바라밀을 체득하여 매사에 부처님의 가르침을 잊지 않고 수행하여 일체중생을 편안케 하는 법력을 닦아라.

안도정 · 安道淨 자신의 깊은 숙업과 번뇌를 성찰하고 부처님의 가르침에 귀의하여 청정한 불도의 세계에서 마음의 평안을 누려라.

안도주 · 安道珠 불사불수(不捨不受)의 방편바라밀을 체득하여 매사에 부처님의 가르침을 잊지 않고 수행하여 일체중생을 편안케 하는 법력을 닦아라.

안도지 · 安道智 무상지(無上智)의 지혜바라밀을 체득하여 매사에 부처님의 가르침을 잊지 않고 수행하여 일체중생을 편안케 하는 법력을 닦아라.

안도행 · 安道行 재시바라밀을 실천하여 매사에 부처님의 가르침을 잊지 않고 수행하여 일체중생을 편안케 하는 법력을 닦아라.

안도향 · 安道香 섭선법계(攝善法戒)의 지계바라밀을 체득하여 매사에 부처님의 가르침을 잊지 않고 수행하여 일체중생을 편안케 하는 법력을 닦아라.

안도화 · 安道華 인발정려(引發靜慮)의 선정바라밀을 체득하여 매사에 부처님의 가르침을 잊지 않고 수행하여 일체중생을 편안케 하는 법력을 닦아라.

안락 · 安樂 바라밀행을 닦아 몸과 마음이 편안하고 즐거운 경지를 체득하고 자리이타의 보살행을 실천하라.

안락화 · 安樂華 선정바라밀에 힘써 생활 속에서 항상 안락하고 즐거운 삶을 체득하라.

안립 · 安立 바라밀을 실천하여 언어로 표현할 수 없는 것을 방편력으로 체득하고 보살행을 실천하라.

안명 · 安明 바라밀을 실천하여 번뇌와 산란에 시달리는 중생을 편안케 하는 밝은 부처님의 가르침을 닦아서 널리 전하라.

안명각 · 安明覺 법공(法空)의 지혜바라밀을 실천하여 번뇌와 산란에 시달리는 중생을 편안케 하는 밝은 부처님의 가르침을 닦아서 널리 전하라.

안명덕 · 安明德 내원해인(耐怨害忍)의 인욕바라밀을 실천하여 번뇌와 산란에 시달리는 중생을 편안케 하는 밝은 부처님의 가르침을 닦아서 널리 전하라.

안명도 · 安明道 섭율의계(攝律儀戒)의 지계바라밀을 실천하여 번뇌와 산란에 시달리는 중생을 편안케 하는 밝은 부처님의 가르침을 닦아서 널리 전하라.

안명득 · 安明得 수습력(修習力)의 원력바라밀을 실천하여 번뇌와 산란에 시달리는 중생을 편안케 하는 밝은 부처님의 가르침을 닦아서 널리 전하라.

안명력 · 安明力 사택력(思擇力)의 원력바라밀을 실천하여 번뇌와 산란에 시달리는 중생을 편안케 하는

밝은 부처님의 가르침을 닦아서 널리 전하라.

안명문 · 安明門 섭선정진(攝善精進)의 정진바라밀을 실천하여 번뇌와 산란에 시달리는 중생을 편안케 하는 밝은 부처님의 가르침을 닦아서 널리 전하라.

안명법 · 安明法 변화력(變化力)의 원력바라밀을 실천하여 번뇌와 산란에 시달리는 중생을 편안케 하는 밝은 부처님의 가르침을 닦아서 널리 전하라.

안명성 · 安明性 안수고인(安受苦忍)의 인욕바라밀을 실천하여 번뇌와 산란에 시달리는 중생을 편안케 하는 밝은 부처님의 가르침을 닦아서 널리 전하라.

안명수 · 安明修 피갑정진(被甲精進)의 정진바라밀을 실천하여 번뇌와 산란에 시달리는 중생을 편안케 하는 밝은 부처님의 가르침을 닦아서 널리 전하라.

안명심 · 安明心 안주정려(安住靜慮)의 선정바라밀을 실천하여 번뇌와 산란에 시달리는 중생을 편안케 하는 밝은 부처님의 가르침을 닦아서 널리 전하라.

안명월 · 安明月 진취향과(進趣向

果)의 방편바라밀을 실천하여 번뇌와 산란에 시달리는 중생을 편안케 하는 밝은 부처님의 가르침을 닦아서 널리 전하라.

안명인 · 安明仁 내원해인(耐怨害忍)의 인욕바라밀을 실천하여 번뇌와 산란에 시달리는 중생을 편안케 하는 밝은 부처님의 가르침을 닦아서 널리 전하라.

안명주 · 安明珠 불사불수(不捨不受) 방편바라밀을 실천하여 번뇌와 산란에 시달리는 중생을 편안케 하는 밝은 부처님의 가르침을 닦아서 널리 전하라.

안명지 · 安明智 무상의 지혜바라밀을 실천하여 번뇌와 산란에 시달리는 중생을 편안케 하는 밝은 부처님의 가르침을 닦아서 널리 전하라.

안명행 · 安明行 재시바라밀을 실천하여 번뇌와 산란에 시달리는 중생을 편안케 하는 밝은 부처님의 가르침을 닦아서 널리 전하라.

안명향 · 安明香 지계바라밀을 실천하여 번뇌와 산란에 시달리는 중생을 편안케 하는 밝은 부처님의 가르침을 닦아서 널리 전하라.

안명화 · 安明華 깊은 선정바라밀을 실천하여 번뇌와 산란에 시달리는

중생을 편안케 하는 밝은 부처님의 가르침을 닦아서 널리 전하라.

안반 · 安般 숨을 가다듬으면서 마음을 가라앉히는 수식관법을 의미. 바라밀행을 닦아 수식관법을 체득하고 대승보살도를 행하라.

안법도 · 安法道 섭율의계(攝律儀戒)의 지계바라밀 실천으로 스스로 법에 의지하여 편안하게 머물고 번뇌에 시달리는 중생도 법에 의지하도록 부처님의 가르침을 널리 전하라.

안법문 · 安法門 섭선정진(攝善精進)의 정진바라밀 실천으로 스스로 법에 의지하여 편안하게 머물고 번뇌에 시달리는 중생들도 법에 의지하도록 부처님의 가르침을 널리 전하라.

안법성 · 安法性 안수고인(安受苦忍)의 인욕바라밀을 실천하여 스스로 법에 의지하여 편안하게 머물고 번뇌에 시달리는 중생도 법에 의지하도록 부처님의 가르침을 널리 전하라.

안법수 · 安法修 피갑정진(被甲精進)의 정진바라밀을 실천하여 스스로 법에 의지하여 편안하게 머물고 번뇌에 시달리는 중생도 법에 의지하도록 부처님의 가르침을 널리 전하라.

안법심 · 安法心 안주정려(安住靜慮)의 선정바라밀을 실천하여 스스로 법에 의지하여 편안하게 머물고 번뇌에 시달리는 중생도 법에 의지하도록 부처님의 가르침을 널리 전하라.

안법인 · 安法仁 내원해인(耐怨害忍)의 인욕바라밀을 실천하여 스스로 법에 의지하여 편안하게 머물고 번뇌에 시달리는 중생도 법에 의지하도록 부처님의 가르침을 널리 전하라.

안법주 · 安法珠 불사불수(不捨不受)의 방편바라밀을 실천하여 스스로 법에 의지하여 편안하게 머물고 번뇌에 시달리는 중생도 법에 의지하도록 부처님의 가르침을 널리 전하라.

안법행 · 安法行 보시바라밀의 실천으로 스스로 법에 의지하여 편안하게 머물고 번뇌에 시달리는 중생도 법에 의지하도록 부처님의 가르침을 널리 전하라.

안법현 · 安法賢 수용법락(受用法樂)의 지혜바라밀 실천으로 스스로 법에 의지하여 편안하게 머물고 번뇌에 시달리는 중생도 법에 의지하도록 부처님의 가르침을 널리 전하라.

안법화 · 安法華 인발정려(引發靜慮)의 선정바라밀을 실천하여 스스로 법에 의지하여 편안하게 머물고 번뇌에 시달리는 중생도 법에 의지하도록 부처님의 가르침을 널리 전하라.

안상 · 安祥 바라밀행을 닦아 마음이 들뜨지 않고 차분하며 평온한 상태를 유지하라.

안상경 · 安詳鏡 이락타원(利樂他願)의 원력바라밀을 행하며 마음이 들뜨지 않고 차분하며 평온한 상태를 유지하라.

안상명 · 安詳明 수용법락(受用法樂)의 지혜바라밀을 행하며 마음이 들뜨지 않고 차분하며 평온한 상태를 유지하라.

안상심 · 安詳心 안주정려(安住靜慮) 바라밀을 행하며 마음이 들뜨지 않고 차분하며 평온한 상태를 유지하라.

안상행 · 安詳行 보시바라밀을 행하며 마음이 들뜨지 않고 차분하며 평온한 상태를 유지하라.

안상화 · 安詳華 인발정려(引發靜慮)의 선정바라밀을 행하며 마음이 들뜨지 않고 차분하며 평온한 상태를 유지하라.

안선 · 安繕 바라밀행을 닦아 마음을 편안하게 다스리며 복덕과 지혜를 구족하여 자리이타의 보살행을 실천하라.

안세 · 安世 평화롭고 온화한 시대를 의미. 바라밀행을 닦아 평화롭고 온화한 마음을 유지하기 위해 노력하라.

안세심 · 安世心 안주정려(安住靜慮)의 선정바라밀을 실천하며 평화롭고 온화한 마음을 유지하기 위해 노력하라.

안세행 · 安世行 보시바라밀을 실천하여 은혜를 베풀고 공덕을 쌓으며 평화롭고 온화한 마음을 유지하기 위해 노력하라.

안세향 · 安世香 섭선법계(攝善法戒)의 지계바라밀을 실천하여 덕향을 널리 확산시키며 평화롭고 온화한 마음을 유지하기 위해 노력하라.

안세화 · 安世華 인발정려(引發靜慮)의 선정바라밀을 실천하며 평화롭고 온화한 마음을 유지하기 위해 노력하라.

안심 · 安心 바라밀을 실천하는 공덕으로 아미타 부처님께 귀의하고 큰 바위처럼 흔들리지 않는 마음을 성취하라.

안심경 · 安心鏡 이락타원(利樂他願)의 원력바라밀을 실천하는 공덕으로 아미타 부처님께 귀의하고 큰 바위처럼 흔들리지 않는 마음을 성취하라.

안심도 · 安心道 섭율의계(攝律儀戒)의 지계바라밀을 실천하는 공덕으로 아미타 부처님께 귀의하고 큰 바위처럼 흔들리지 않는 마음을 성취하라.

안심득 · 安心得 수습력(修習力)의 원력바라밀을 실천하는 공덕으로 아미타 부처님께 귀의하고 큰 바위처럼 흔들리지 않는 마음을 성취하라.

안심명 · 安心明 수용법락(受用法樂)의 지혜바라밀을 실천하는 공덕으로 아미타 부처님께 귀의하고 큰 바위처럼 흔들리지 않는 마음을 성취하라.

안심문 · 安心門 섭선정진(攝善精進)의 정진바라밀을 실천하는 공덕으로 아미타 부처님께 귀의하고 큰 바위처럼 흔들리지 않는 마음을 성취하라.

안심성 · 安心性 안수고인(安受苦忍)의 인욕바라밀을 실천하는 공덕으로 아미타 부처님께 귀의하고 큰 바위처럼 흔들리지 않는 마음을 성취하라.

안심수 · 安心修 피갑정진(被甲精進)의 정진바라밀을 실천하는 공덕으로 아미타 부처님께 귀의하고 큰 바위처럼 흔들리지 않는 마음을 성취하라.

안심원 · 安心院 이락정진(利樂精進)의 정진바라밀을 실천하는 공덕으로 아미타 부처님께 귀의하고 큰 바위처럼 흔들리지 않는 마음을 성취하라.

안심인 · 安心仁 내원해인(耐怨害忍)의 인욕바라밀을 실천하는 공덕으로 아미타 부처님께 귀의하고 큰 바위처럼 흔들리지 않는 마음을 성취하라.

안심주 · 安心珠 불사불수(不捨不受)의 방편바라밀을 실천하는 공덕으로 아미타 부처님께 귀의하고 큰 바위처럼 흔들리지 않는 마음을 성취하라.

안심지 · 安心智 무상지(無上智)의 지혜바라밀을 실천하는 공덕으로 아미타 부처님께 귀의하고 큰 바위처럼 흔들리지 않는 마음을 성취하라.

안심행 · 安心行 보시바라밀을 실천하는 공덕으로 아미타 부처님께

귀의하고 큰 바위처럼 흔들리지 않는 마음을 성취하라.

안심향 · 安心香 섭선법계(攝善法戒)의 지계바라밀을 실천하는 공덕으로 아미타 부처님께 귀의하고 큰 바위처럼 흔들리지 않는 마음을 성취하라.

안심화 · 安心華 인발정려(引發靜慮)의 선정바라밀을 실천하는 공덕으로 아미타 부처님께 귀의하고 큰 바위처럼 흔들리지 않는 마음을 성취하라.

안위 · 安慰 바라밀행을 닦아 대승 보살도를 실천하여 중생의 몸을 편안하게 하고 마음을 위무하라.

안은 · 安隱 바라밀행을 닦아 분별이 소멸된 안온한 마음의 경지를 체득하라.

안은성 · 安隱性 안수고인(安受苦忍)의 인욕바라밀을 실천하여 분별이 소멸된 안온한 마음의 경지를 체득하라.

안인 · 安忍 바라밀행을 닦아 편안히 인내하여 불도에서 후퇴하지 않는 불퇴전의 신심을 확고히 하고 보살행을 실천하라.

안적 · 安寂 바라밀행을 닦아 편안

한 적멸의 마음을 깨치고 자리이타의 대승보살도를 실천하라.

안정 · 安靜 바라밀행을 닦아 정신이 편안하고 고요한 선정을 체득하고 지혜를 갖춘 대승보살의 역할을 다하라.

안주 · 安住 바라밀행을 닦아 지금 여기의 삶에 만족하고 안주하여 세간의 조건에 흔들림이 없는 삶을 영위하라.

안지 · 安志 바라밀행을 닦아 흔들림 없는 편안한 마음으로 의지를 일으켜 자리이타의 대승보살도를 행하라.

안포 · 安布 분포, 배열이라는 뜻. 바라밀행을 닦아 내외의 색을 안포하지 말고 청정한 육근으로 보살행을 실천하라.

안현 · 安玄 바라밀을 닦은 공덕으로 여러 경전을 두루 암송하여 홍법을 자신의 임무로 여기고 실천하라.

안현각 · 安玄覺 법공(法空)의 지혜바라밀을 실천하여 후한 때의 역경가 안현과 같이 삼장에 통달하고 홍법을 필생의 업으로 삼아라.

안현덕 · 安玄德 내원해인(耐怨害忍)의 인욕바라밀을 실천하여 후한

때의 역경가 안현과 같이 삼장에 통달하고 홍법을 필생의 업으로 삼아라.

안현도 · 安玄道 섭율의계(攝律儀戒)의 지계바라밀을 실천하여 후한 때의 역경가 안현과 같이 삼장에 통달하고 홍법을 필생의 업으로 삼아라.

안현득 · 安玄得 수습력(修習力)의 원력바라밀을 실천하여 후한 때의 역경가 안현과 같이 삼장에 통달하고 홍법을 필생의 업으로 삼아라.

안현명 · 安玄明 수용법락(受用法樂)의 지혜바라밀을 실천하여 후한 때의 역경가 안현과 같이 삼장에 통달하고 홍법을 필생의 업으로 삼아라.

안현문 · 安玄門 섭선정진(攝善精進)의 정진바라밀을 실천하여 후한 때의 역경가 안현과 같이 삼장에 통달하고 홍법을 필생의 업으로 삼아라.

안현법 · 安玄法 변화의 원력바라밀을 실천하여 후한 때의 역경가 안현과 같이 삼장에 통달하고 홍법을 필생의 업으로 삼아라.

안현성 · 安玄性 안수고인(安受苦忍)의 인욕바라밀을 실천하여 후한

때의 역경가 안현과 같이 삼장에 통달하고 홍법을 필생의 업으로 삼아라.

안현수 · 安玄修 피갑정진(被甲精進)의 정진바라밀을 실천하여 후한 때의 역경가 안현과 같이 삼장에 통달하고 홍법을 필생의 업으로 삼아라.

안현심 · 安玄心 안주정려(安住靜慮)의 선정바라밀을 실천하여 후한 때의 역경가 안현과 같이 삼장에 통달하고 홍법을 필생의 업으로 삼아라.

안현인 · 安玄仁 내원해인(耐怨害忍)의 인욕바라밀을 실천하여 덕을 쌓고 인욕하는 마음을 닦아 후한 때의 역경가 안현(安玄)과 같이 삼장에 통달하고 홍법을 필생의 업으로 삼아라.

안현정 · 安玄淨 이락정진(利樂精進)의 정진바라밀을 실천하여 후한 때의 역경가 안현과 같이 삼장에 통달하고 홍법을 필생의 업으로 삼아라.

안현주 · 安玄珠 불사불수(不捨不受)의 방편바라밀을 실천하여 후한 때의 역경가 안현과 같이 삼장에 통달하고 홍법을 필생의 업으로 삼아라.

안현지 · 安玄智 무상의 지혜바라밀을 실천하여 후한 때의 역경가 안현과 같이 삼장에 통달하고 홍법을 필생의 업으로 삼아라.

안현행 · 安玄行 보시바라밀을 실천하여 후한 때의 역경가 안현과 같이 삼장에 통달하고 홍법을 필생의 업으로 삼아라.

안현화 · 安玄華 인발정려(引發靜慮)의 선정바라밀을 실천하여 후한 때의 역경가 안현과 같이 삼장에 통달하고 홍법을 필생의 업으로 삼아라.

안혜 · 安慧 바라밀을 실천하여 내적으로는 평안한 마음을 유지하고 밖으로는 지혜로 많은 사람을 이롭게 하라.

안혜덕 · 安慧德 내원해인(耐怨害忍)의 인욕바라밀을 실천하여 안으로는 평안한 마음을 유지하고 밖으로는 지혜로 많은 사람을 이롭게 하라.

안혜도 · 安慧道 섭율의계(攝律儀戒)의 지계바라밀을 실천하여 안으로는 평안한 마음을 유지하고 밖으로는 지혜로 많은 사람을 이롭게 하라.

안혜력 · 安慧力 사택력(思擇力)의

원력바라밀을 실천하여 안으로는 평안한 마음을 유지하고 밖으로는 지혜로 많은 사람을 이롭게 하라.

안혜명 · 安慧明 수용법락(受用法樂)의 지혜바라밀을 실천하여 안으로는 평안한 마음을 유지하고 밖으로는 지혜로 많은 사람을 이롭게 하라.

안혜문 · 安慧門 섭선정진(攝善精進)의 정진바라밀을 실천하여 안으로는 평안한 마음을 유지하고 밖으로는 지혜로 많은 사람을 이롭게 하라.

안혜성 · 安慧性 안수고인(安受苦忍)의 인욕바라밀을 실천하여 안으로는 평안한 마음을 유지하고 밖으로는 지혜로 많은 사람을 이롭게 하라.

안혜수 · 安慧修 피갑정진(被甲精進)의 정진바라밀을 실천하여 안으로는 평안한 마음을 유지하고 밖으로는 지혜로 많은 사람을 이롭게 하라.

안혜심 · 安慧心 안주정려(安住靜慮)의 선정바라밀을 실천하여 안으로는 평안한 마음을 유지하고 밖으로는 지혜로 많은 사람을 이롭게 하라.

안혜월 · 安慧月 진취향과(進趣向果)의 방편바라밀을 실천하여 안으로는 평안한 마음을 유지하고 밖으로는 지혜로 많은 사람을 이롭게 하라.

안혜인 · 安慧仁 내원해인(耐怨害忍)의 인욕바라밀을 실천하여 안으로는 평안하고 어진 마음을 유지하고 밖으로는 지혜로 많은 사람을 이롭게 하라.

안혜주 · 安慧珠 불사불수(不捨不受)의 방편바라밀을 실천하여 안으로는 평안한 마음을 유지하고 밖으로는 지혜로 많은 사람을 이롭게 하라.

안혜지 · 安慧智 무상지(無上智)의 지혜바라밀을 실천하여 안으로는 평안한 마음을 유지하고 밖으로는 지혜로 많은 사람을 이롭게 하라.

안혜행 · 安慧行 보시바라밀을 실천하여 안으로는 평안한 마음을 유지하고 밖으로는 지혜로 많은 사람을 이롭게 하라.

안혜향 · 安慧香 지계바라밀을 실천하여 안으로는 평안한 마음을 유지하고 밖으로는 지혜로 많은 사람을 이롭게 하라.

안혜화 · 安慧華 선정바라밀을 실

천하여 안으로는 평안한 마음을 유지하고 밖으로는 지혜로 많은 사람을 이롭게 하라.

안홍 · 安弘 바라밀을 실천하여 안으로는 마음의 평안을 얻고 밖으로는 넓고 큰 지혜를 성취하라.

안홍덕 · 安弘德 인욕바라밀을 실천하여 안으로는 마음의 평안을 얻고 밖으로는 넓고 큰 지혜를 성취하라.

안홍지 · 安弘智 무상(無相)의 지혜바라밀을 실천하여 안으로는 마음의 평안을 얻고 밖으로는 넓고 큰 지혜를 성취하라.

안화 · 安和 바라밀을 실천하여 분열과 반목으로 등진 일체중생을 화합시켜 평안을 누리도록 인도하라.

안화덕 · 安和德 내원해인(耐怨害忍)의 인욕바라밀을 실천하여 분열과 반목으로 등진 일체중생을 화합시켜 평안을 누리도록 인도하라.

안화도 · 安和道 교회유무(巧會有無)의 방편바라밀을 실천하여 분열과 반목으로 등진 일체중생을 화합시켜 평안을 누리도록 인도하라.

안화력 · 安和力 사택력(思擇力)의 원력바라밀을 실천하여 분열과 반

목으로 등진 일체중생을 화합시켜 평안을 누리도록 인도하라.

안화명 · 安和明 수용법락(受用法樂)의 지혜바라밀을 실천하여 분열과 반목으로 등진 일체중생을 화합시켜 평안을 누리도록 인도하라.

안화문 · 安和門 섭선정진(攝善精進) 바라밀을 실천하여 분열과 반목으로 등진 일체중생을 화합시켜 평안을 누리도록 인도하라.

안화법 · 安和法 변화력(變化力)의 원력바라밀을 실천하여 분열과 반목으로 등진 일체중생을 화합시켜 평안을 누리도록 인도하라.

안화성 · 安和性 안수고인(安受苦忍)의 인욕바라밀을 실천하여 분열과 반목으로 등진 일체중생을 화합시켜 평안을 누리도록 인도하라.

안화수 · 安和修 피갑정진(被甲精進)의 정진바라밀을 실천하여 분열과 반목으로 등진 일체중생을 화합시켜 평안을 누리도록 인도하라.

안화심 · 安和心 안주정려(安住靜慮)의 선정바라밀을 실천하여 분열과 반목으로 등진 일체중생을 화합시켜 평안을 누리도록 인도하라.

안화인 · 安和仁 내원해인(耐怨害

忍)의 인욕바라밀을 실천하여 분열과 반목으로 등진 일체중생을 화합시켜 평안을 누리도록 인도하라.

안화정 · 安和淨 이락정진(利樂精進)의 인욕바라밀을 실천하여 분열과 반목으로 등진 일체중생을 화합시켜 평안을 누리도록 인도하라.

안화주 · 安和珠 불사불수(不捨不受)의 방편바라밀을 실천하여 분열과 반목으로 등진 일체중생을 화합시켜 평안을 누리도록 인도하라.

안화지 · 安和智 무상지(無上智)의 지혜바라밀을 실천하여 분열과 반목으로 등진 일체중생을 화합시켜 평안을 누리도록 인도하라.

안화행 · 安和行 보시바라밀을 실천하여 분열과 반목으로 등진 일체중생을 화합시켜 평안을 누리도록 인도하라.

안흥법 · 安興法 변화의 원력바라밀을 실천하여 항상 청정한 마음으로 평등심과 고요한 성품을 닦아 일체중생의 반목과 대립을 화해시키는 일에 매진하라.

안흥성 · 安興性 안수고인(安受苦忍)의 인욕바라밀을 실천하여 항상 청정한 마음으로 평등심과 고요한 성품을 닦아 일체중생의 반목과 대립을 화해시키는 일에 매진하라.

암도 · 岩度 바라밀행을 닦아 지혜를 증득하고 큰 바위처럼 흔들림이 없는 마음으로 정법에 의지하여 중생을 제도하라.

애경 · 愛敬 바라밀행을 닦아 복덕과 지혜를 구족하고 중생을 사랑하고 공경하는 마음으로 부처님의 가르침을 전하여 교화하라.

애망 · 愛網 바라밀행을 닦아 중생심으로 얽어매는 애망에서 벗어나 자리이타의 보살행을 실천하라.

애민 · 哀愍 바라밀행을 닦아 중생을 가엽고 불쌍히 여겨 자리이타의 대승보살도를 실천하라.

애어행 · 愛語行 바라밀을 실천하며, 사섭법의 하나인 부드러운 말로 사람들을 대하라.

애해 · 愛海 바라밀행을 닦아 애욕의 바다에서 벗어나 자리이타의 대승보살도를 실천하라.

애현 · 愛現 애현은 부처님의 별칭. 바라밀행을 닦아 스스로의 감정을 드러낼 때에도 어떠한 걸림이나 분별조차도 사라진 자리를 깨치고 자리이타의 대승보살도를 실천하라.

야광 · 夜光 어둠 속에서 스스로 빛나는 야광주와 같이 바라밀행을 닦아 사바세계에서 깨달음을 성취하고 대승보살도를 행하라.

약산 · 藥山 중국 당나라 때으이 고승 유엄(唯儼)이 "약산에 기특한 사람이 있다면 은이 되돌아 올 것이나, 기특한 사람이 없다면 은이 되돌아오지 않을 것이오." 라고 한 가르침을 화두로 삼아 바라밀을 실천하라.

약연 · 若緣 바라밀행을 닦아 만물의 참다운 실상을 깨닫고 불법을 꿰뚫는 지혜를 체득하여 많은 사람이 법연을 맺을 수 있도록 중생 교화를 위해 헌신하라.

약우 · 若遇 바라밀을 실천하여 겉으로 보기에는 어리석은 것 같으나 나름의 생각과 지모를 갖추고 자신이 해야 할 일을 인식하고 잘 실천하라.

약우덕 · 若遇德 내원해인(耐怨害忍)의 인욕바라밀을 실천하여 겉으로 보기에는 어리석은 것 같으나 나름의 생각과 지모를 갖추고 자신이 해야 할 일을 인식하고 잘 실천하라.

약우성 · 若遇性 안수고인(安受苦忍)의 인욕바라밀을 실천하여 겉으로 보기에는 어리석은 것 같으나 나름의 생각과 지모를 갖추고 자신이 해야 할 일을 인식하고 잘 실천하라.

약우수 · 若遇修 피갑정진(被甲精進)의 정진바라밀을 실천하여 겉으로 보기에는 어리석은 것 같으나 나름의 생각과 지모를 갖추고 자신이 해야 할 일을 인식하고 잘 실천하라.

약우심 · 若遇心 안주정려(安住靜慮) 바라밀을 실천하여 겉으로 보기에는 어리석은 것 같으나 나름의 생각과 지모를 갖추고 자신이 해야 할 일을 인식하고 잘 실천하라.

약우지 · 若遇智 무상지바라밀을 실천하여 겉으로 보기에는 어리석은 것 같으나 나름의 생각과 지모를 갖추고 자신이 해야 할 일을 인식하고 잘 실천하라.

약우행 · 若遇行 보시바라밀을 실천하여 겉으로 보기에는 어리석은 것 같으나 나름의 생각과 지모를 갖추고 자신이 해야 할 일을 인식하고 잘 실천하라.

약우향 · 若遇香 지계바라밀을 실천하여 겉으로 보기에는 어리석은 것 같으나 나름의 생각과 지모를 갖추고 자신이 해야 할 일을 인식하고 잘 실천하라.

약우화 · 若遇華 선정바라밀을 실천하여 겉으로 보기에는 어리석은 것 같으나 나름의 생각과 지모를 갖추고 자신이 해야 할 일을 인식하고 잘 실천하라.

약전 · 藥田 약초를 심어 가꾸는 밭. 바라밀행을 닦아 마음에 중생심을 치료할 수 있는 약초를 가꾸어 중생의 괴로움을 치유할 수 있는 지혜를 체득하고 자리이타의 보살행을 실천하라.

약충 · 若沖 바라밀행으로 만물의 참다운 실상을 깨닫고 불법을 꿰뚫는 지혜를 체득하라.

양지 · 良志 바라밀행을 닦아 신통력을 갖추고 삼천불을 조성하여 탑속에 넣어 모시는 정성으로 자리이타의 보살행을 실천하라.

언종 · 彦悰 바라밀행을 닦아 벼슬에 탐착하지 않고 유유자적한 삶을 영위하며 자리이타의 대승보살도를 실천하라.

언휘 · 彦暉 바라밀행을 닦아 재능과 덕망이 뛰어난 인재가 되어서 부처님의 가르침에 의지하여 널리 많은 사람을 교화하라.

엄광 · 嚴光 바라밀행을 닦아 자신을 엄하게 조련하고 얻은 지혜광명으로 자리이타의 대승보살도를 실천하라.

엄우 · 嚴羽 바라밀행을 닦아 자신에게 엄격하고 빈틈없는 수행으로 지혜를 성취하여 세상을 주유하면서 좌고우면하지 않고 유유자적한 삶을 영위하라.

엄장 · 嚴莊 바라밀행을 닦아 복덕과 지혜를 성취하고, 염불 수행으로 서방정토 극락세계에 현현할 수 있도록 정진하라.

엄정 · 嚴淨 바라밀행을 닦아 스스로를 엄숙하고 청정한 도량으로 만들어 많은 사람에게 보살행을 실천하라.

여건 · 如乾 바라밀행을 닦아 허공과 같은 이치를 체득하고 여여한 마음으로 이웃을 위해 보살행을 실천하라.

여공 · 如珙 바라밀을 행하여 옥과 같은 청정한 마음으로 심안을 열고 무엇이든 뜻한 바를 이룰 수 있는 여의주와 같이 원력을 모두 성취하라.

여공각 · 如珙覺 법공(法空)의 지혜바라밀을 행하여 옥과 같은 청정한 마음으로 심안을 열고 무엇이든 뜻한 바를 이룰 수 있는 여의주를 얻어 원력을 모두 성취하라.

여공덕 · 如珙德 내원해인(耐怨害忍)의 인욕바라밀을 행하여 옥과 같은 청정한 마음으로 심안을 열고 무엇이든 뜻한 바를 이룰 수 있는 여의주를 얻어 원력을 모두 성취하라.

여공도 · 如珙道 섭율의계(攝律儀戒)의 지계바라밀을 행하여 옥과 같은 청정한 마음으로 심안을 열고 무엇이든 뜻한 바를 이룰 수 있는 여의주를 얻어 원력을 모두 성취하라.

여공득 · 如珙得 수습력(修習力)의 원력바라밀을 행하여 옥과 같은 청정한 마음으로 심안을 열고 무엇이든 뜻한 바를 이룰 수 있는 여의주를 얻어 원력을 모두 성취하라.

여공명 · 如珙明 수용법락(受用法樂)의 지혜바라밀을 행하여 옥과 같은 청정한 마음으로 심안을 열고 무엇이든 뜻한 바를 이룰 수 있는 여의주를 얻어 원력을 모두 성취하라.

여공문 · 如珙門 섭선정진(攝善精進)의 정진바라밀을 행하여 옥과 같은 청정한 마음으로 심안을 열고 무엇이든 뜻한 바를 이룰 수 있는 여의주를 얻어 원력을 모두 성취하라.

여공법 · 如珙法 변화력(變化力)의

원력바라밀을 행하여 옥과 같은 청정한 마음으로 심안을 열고 무엇이든 뜻한 바를 이룰 수 있는 여의주를 얻어 원력을 모두 성취하라.

여공성 · 如珙性 안수고인(安受苦忍)의 인욕바라밀을 행하여 옥과 같은 청정한 마음으로 심안을 열고 무엇이든 뜻한 바를 이룰 수 있는 여의주를 얻어 원력을 모두 성취하라.

여공수 · 如珙修 피갑정진(被甲精進)의 정진바라밀을 행하여 옥과 같은 청정한 마음으로 심안을 열고 무엇이든 뜻한 바를 이룰 수 있는 여의주를 얻어 원력을 모두 성취하라.

여공심 · 如珙心 안주정려(安住靜慮)의 선정바라밀을 행하여 옥과 같은 청정한 마음으로 심안을 열고 무엇이든 뜻한 바를 이룰 수 있는 여의주를 얻어 원력을 모두 성취하라.

여공월 · 如珙月 진취향과(進趣向果)의 방편바라밀을 행하여 옥과 같은 청정한 마음으로 심안을 열고 무엇이든 뜻한 바를 이룰 수 있는 여의주를 얻어 원력을 모두 성취하라.

여공인 · 如珙仁 내원해인(耐怨害忍)의 인욕바라밀을 행하여 옥과 같은 청정한 마음으로 심안을 열고 무엇이든 뜻한 바를 이룰 수 있는 여의주를 얻어 원력을 모두 성취하라.

• 아행

여공주 · 如珙珠 불사불수(不捨不受) 방편바라밀을 행하여 옥과 같은 청정한 마음으로 심안을 열고 무엇이든 뜻한 바를 이룰 수 있는 여의주를 얻어 원력을 모두 성취하라.

여공지 · 如珙智 무상지(無上智)의 지혜바라밀을 행하여 옥과 같은 청정한 마음으로 심안을 열고 무엇이든 뜻한 바를 이룰 수 있는 여의주를 얻어 원력을 모두 성취하라.

여공행 · 如珙行 보시바라밀을 행하여 옥과 같은 청정한 마음으로 심안을 열고 무엇이든 뜻한 바를 이룰 수 있는 여의주를 얻어 원력을 모두 성취하라.

여공향 · 如珙香 지계바라밀을 행하여 옥과 같은 청정한 마음으로 심안을 열고 무엇이든 뜻한 바를 이룰 수 있는 여의주를 얻어 원력을 모두 성취하라.

여공화 · 如珙華 선정바라밀을 행하여 옥과 같은 청정한 마음으로 심안을 열고 무엇이든 뜻한 바를 이룰 수 있는 여의주를 얻어 원력을 모두 성취하라.

여담 · 如湛 바라밀을 실천하며 근면하고 성실하게 정진하면서 주로 아미타불 명호를 염하는 수행에 집중하라.

여담수 · 如湛修 피갑정진(被甲精進)의 정진바라밀을 행하고 근면하고 성실하게 정진하며 주로 아미타불 명호를 염하는 수행을 하라.

여담주 · 如湛珠 불사불수(不捨不受) 방편바라밀을 행하고 근면하고 성실하게 정진하며 주로 아미타불 명호를 염하는 수행을 하라.

여담지 · 如湛智 무상지의 지혜바라밀을 행하고 근면하고 성실하게 정진하며 주로 아미타불 명호를 염하는 수행을 하라.

여담행 · 如湛行 보시바라밀을 행하고 근면하고 성실하게 정진하며 주로 아미타불 명호를 염하는 수행을 하라.

여담향 · 如湛香 지계바라밀을 행하고 근면하고 성실하게 정진하며 주로 아미타불 명호를 염하는 수행을 하라.

여담화 · 如湛華 선정바라밀을 행하고 근면하고 성실하게 정진하며 주로 아미타불 명호를 염하는 수행을 하라.

여란 · 如蘭 명나라 때 승려의 법명. 바라밀의 실천으로 난초와 같은 고고한 자태와 아름다운 향기를 갖추어라.

여란문 · 如蘭門 섭선정진(攝善精進) 바라밀 실천으로 난초와 같은 고고한 자태와 아름다운 향기를 갖추어라.

여란성 · 如蘭性 안수고인(安受苦忍)의 인욕바라밀 실천으로 난초와 같은 고고한 자태와 아름다운 향기를 갖추어라.

여란수 · 如蘭修 피갑정진(被甲精進)의 정진바라밀 실천으로 난초와 같은 고고한 자태와 아름다운 향기를 갖추어라.

여란심 · 如蘭心 안주정려(安住靜慮)의 선정바라밀의 실천으로 난초와 같은 고고한 자태와 아름다운 향기를 갖추어라.

여란인 · 如蘭仁 내원해인(耐怨害忍)의 인욕바라밀 실천으로 난초와 같은 고고한 자태와 아름다운 향기를 갖추어라.

여란주 · 如蘭珠 불사불수(不捨不受)의 방편바라밀 실천으로 난초와 같은 고고한 자태와 아름다운 향기를 갖추어라.

여란지 · 如蘭智 이타행의 지혜바라밀 실천으로 난초와 같은 고고한 자태와 아름다운 향기를 갖추어라.

여란행 · 如蘭行 보시바라밀 실천으로 난초와 같은 고고한 자태와 아름다운 향기를 갖추어라.

여란화 · 如蘭華 깊은 선정바라밀 실천으로 난초와 같은 고고한 자태와 아름다운 향기를 갖추어라.

여래수 · 如來修 피갑정진(被甲精進) 바라밀을 실천하여 진리를 체득해 참되게 오셨다가 가신 부처님의 가르침을 본받아 자신의 재능과 소유에 자만하지 말고 불도에 정진하라.

여래심 · 如來心 선정바라밀을 실천하여 진리를 체득해 참되게 오셨다가 가신 부처님의 가르침을 본받아 자신의 재능과 소유에 자만하지 말고 불도에 정진하라.

여래장 · 如來藏 바라밀을 실천하여 중생의 마음속에 본래부터 간직되어 있는 불성을 체득하라.

여래정 · 如來淨 정진바라밀을 실천하여 진리를 체득하고 참되게 오셨다가 가신 부처님의 가르침을 본받아 자신의 재능과 소유에 자만하지 말고 불도에 정진하라.

여래주 · 如來珠 방편바라밀을 실천하여 진리를 체득하고 참되게 오셨다가 가신 부처님의 가르침을 본받아 자신의 재능과 소유에 자만하지 말고 불도에 정진하라.

여래지 · 如來智 이타행의 지혜바라밀을 실천하여 진리를 체득하고 참되게 오셨다가 가신 부처님의 가르침을 본받아 자신의 재능과 소유에 자만하지 말고 불도에 정진하라.

여래행 · 如來行 보시바라밀을 실천하여 진리를 체득하고 참되게 오셨다가 가신 부처님의 가르침을 본받아 자신의 재능과 소유에 자만하지 말고 불도에 정진하라.

여래향 · 如來香 지계바라밀을 실천하여 진리를 체득하고 참되게 오셨다가 가신 부처님의 가르침을 본받아 자신의 재능과 소유에 자만하지 말고 불도에 정진하라.

여래화 · 如來華 선정바라밀을 실천하여 진리를 체득하고 참되게 오셨다가 가신 부처님의 가르침을 본받아 자신의 재능과 소유에 자만하지 말고 불도에 정진하라.

여련성 · 如蓮聖 성숙유정(成熟有情)의 지혜바라밀을 실천하여 연꽃과 같은 덕향을 발하는 공덕과 지혜를 성취하라.

여련성 · 如蓮性 인욕바라밀을 실천하여 연꽃과 같은 덕향을 발하는

공덕과 지혜를 성취하라.

여련수 · 如蓮樹 변사정려(辨事靜慮)의 선정바라밀을 실천하여 생활 속에서 연꽃과 같은 덕향을 발하는 공덕과 지혜를 성취하라.

여련수 · 如蓮修 피갑정진(被甲精進)의 정진바라밀을 실천하여 연꽃과 같은 덕향을 발하는 공덕과 지혜를 성취하라.

여련심 · 如蓮心 안주정려(安住靜慮)의 선정바라밀을 실천하여 연꽃과 같은 덕향을 발하는 공덕과 지혜를 성취하라.

여련지 · 如蓮智 이타행의 지혜바라밀을 실천하여 연꽃과 같은 덕향을 발하는 공덕과 지혜를 성취하라.

여련해 · 如蓮海 외화원(外化願)의 원력바라밀을 실천하여 연꽃과 같은 덕향을 발하는 공덕과 지혜를 성취하라.

여련행 · 如蓮行 재시바라밀을 실천하여 연꽃과 같은 덕향을 발하는 공덕과 지혜를 성취하라.

여련향 · 如蓮香 지계바라밀을 실천하여 연꽃과 같은 덕향을 발하는 공덕과 지혜를 성취하라.

여련혜·如蓮慧 아집을 버리고 아공의 지혜바라밀을 실천하여 연꽃과 같은 덕향을 발하는 공덕과 지혜를 성취하라.

여련화·如蓮華 인발정려(引發靜慮)의 선정바라밀을 실천하여 연꽃과 같은 덕향을 발하는 공덕과 지혜를 성취하라.

여만·如滿 바라밀을 실천하여 여여하고 복덕과 지혜가 충만한 선지식이 되어라.

여만성·如滿性 안수고인(安受苦忍)의 인욕바라밀을 실천하여 여여하고 복덕과 지혜가 충만해지고 중국 당나라 때의 여만 선사와 같은 선지식이 되어라.

여만심·如滿心 선정바라밀을 실천하여 여여하고 복덕과 지혜가 충만해지고 중국 당나라 때의 여만 선사와 같은 선지식이 되어라.

여민·如敏 바라밀행을 닦아 항상 여여한 마음과 민첩한 실천으로 복덕과 지혜를 구족하고 중생교화를 위해 솔선수범하라.

여산·如山 바라밀행을 닦아 산 중의 왕 수미산과 같은 공덕을 지어 복덕과 지혜를 구족하고 흔들림 없는 마음으로 보살행을 실천하라.

여산·廬山 바라밀행을 닦아 백련결사의 원력으로 중생교화에 매진하라.

여산명·廬山明 수용법락(受用法樂)의 지혜바라밀을 행하여 백련결사와 같은 원력을 성취하고 한량없는 복덕과 지혜를 갖추어 많은 사람을 제도하라.

여산성·廬山性 안수고인(安受苦忍)의 인욕바라밀을 행하여 백련결사와 같은 원력을 성취하고 한량없는 복덕과 지혜를 갖추어 많은 사람을 제도하라.

여산행·廬山行 보시바라밀을 행하여 백련결사와 같은 원력을 성취하고 한량없는 복덕과 지혜를 갖추어 많은 사람을 제도하라.

여산화·廬山華 선정바라밀을 행하여 백련결사와 같은 원력을 성취하고 한량없는 복덕과 지혜를 갖추어 많은 사람을 제도하라.

여새·如璽 바라밀행을 닦아 삼법인의 이치를 가슴에 새기고 여여한 마음으로 자리이타의 보살행을 실천하라.

여새심·如璽心 안주정려(安住靜慮)의 선정바라밀을 행하여 옥새가 찍히듯 변치 않는 삼법인의 이치를 체득하고 해인삼매를 성취하라.

여새인 · 如璽仁 내원해인(耐怨害忍)의 인욕바라밀을 행하여 옥새가 찍히듯 변치 않는 삼법인의 이치를 체득하고 해인삼매를 성취하라.

여새주 · 如璽珠 불사불수(不捨不受)의 방편바라밀을 행하여 옥새가 찍히듯 변치 않는 삼법인의 이치를 체득하고 해인삼매를 성취하라.

여새향 · 如璽香 지계바라밀을 행하여 옥새가 찍히듯 변치 않는 삼법인의 이치를 체득하고 해인삼매를 성취하라.

여새화 · 如璽華 깊은 선정바라밀을 행하여 옥새가 찍히듯 변치 않는 삼법인의 이치를 체득하고 해인삼매를 성취하라.

여성 · 如惺 바라밀행을 닦아 항상 여여하고 성성한 깨달음을 체득하고 대승보살도를 실천하라.

여실 · 如實 바라밀 수행으로 실상과 같이 되어, 진실에 부합하여 있는 그대로의 진리를 깨쳐라.

여실각 · 如實覺 법공(法空)의 지혜바라밀을 성취하여 탐욕과 망집에서 비롯된 분별과 번뇌는 모두 헛된 것임을 여실하게 알고 깨우쳐 참되고 진실한 불도의 가르침에 귀의하여 연(蓮)과 같은 공덕을 행하라.

여실도 · 如實道 섭율의계(攝律儀戒)의 지계바라밀을 성취하여 탐욕과 망집에서 비롯된 분별과 번뇌는 모두 헛된 것임을 여실하게 알고 깨쳐 참되고 진실한 불도의 가르침에 귀의하고 연(蓮)과 같은 공덕을 행하라.

여실문 · 如實門 섭선정진(攝善精進)의 정진바라밀을 성취하여 탐욕과 망집에서 비롯된 분별과 번뇌는 모두 헛된 것임을 여실하게 알고 깨쳐 참되고 진실한 불도의 가르침에 귀의하고 연(蓮)과 같은 공덕을 행하라.

여실법 · 如實法 변화력(變化力)의 원력바라밀을 성취하여 탐욕과 망집에서 비롯된 분별과 번뇌는 모두 헛된 것임을 여실하게 알고 깨쳐 참되고 진실한 불도의 가르침에 귀의하고 연(蓮)과 같은 공덕을 행하라.

여실신 · 如実信 섭중생계(攝衆生戒)의 지계바라밀을 성취하여 탐욕과 망집에서 비롯된 분별과 번뇌는 모두 헛된 것임을 여실하게 알고 깨쳐 참되고 진실한 불도의 가르침에 귀의하고 연(蓮)과 같은 공덕을 행하라.

여실심 · 如實心 안주정려(安住靜慮)의 선정 바라밀을 성취하여 탐욕과 망집에서 비롯된 분별과 번뇌는 모두 헛된 것임을 여실하게 알고 깨쳐 참되고 진실한 불도의 가르침에 귀의하고 연(蓮)과 같은 공덕을 행하라.

여실안 · 如實眼 법공(法空)의 지혜 바라밀을 성취하여 탐욕과 망집에서 비롯된 분별과 번뇌는 모두 헛된 것임을 여실하게 알고 깨쳐 참되고 진실한 불도의 가르침에 귀의하고 연(蓮)과 같은 공덕을 행하라.

여실화 · 如實華 깊은 선정바라밀을 성취하여 탐욕과 망집에서 비롯된 분별과 번뇌는 모두 헛된 것임을 여실하게 알고 깨쳐 참되고 진실한 불도의 가르침에 귀의하고 연(蓮)과 같은 공덕을 행하라.

여엄 · 麗嚴 바라밀행을 닦아 수려하고 장엄한 부처님의 가르침을 체득하고 세상을 아름답고 행복한 불국정토로 만들기 위해 정진하라.

여여 · 如如 바라밀행을 닦아 여여부동심의 이치를 체득하고 세간의 조건에 끄달리거나 흔들리지 않는 마음으로 보살행을 실천하라.

여여경 · 如如鏡 이락타원(利樂他願)의 원력바라밀을 행하여 분별이

끊어져 변치 않는 진실된 마음을 성취하라.

여여림 · 如如林 선방을 외호하는 변사정려(辨事靜慮)의 선정바라밀을 행하여 분별이 끊어져 변치 않는 진실한 마음을 성취하라.

여여명 · 如如明 수용법락(受用法樂)의 지혜바라밀을 행하여 분별이 끊어져 변치 않는 진실한 마음을 성취하라.

여여성 · 如如性 안수고인(安受苦忍)의 인욕바라밀을 행하여 분별이 끊어져 변치 않는 진실한 마음을 성취하라.

여여심 · 如如心 안주정려(安住靜慮) 바라밀을 행하여 분별이 끊어져 변치 않는 진실한 마음을 성취하라.

여여원 · 如如願 보리원 바라밀을 행하여 분별이 끊어져 변치 않는 진실한 마음을 성취하라.

여원 · 如如圓 체찰법인(諦察法忍)의 인욕바라밀을 행하여 분별이 끊어져 변치 않는 진실한 마음을 성취하라.

여여월 · 如如月 진취향과(進趣向果)의 방편바라밀을 행하여 분별이

끊어져 변치 않는 진실한 마음을 성취하라.

여여은 · 如如恩 구공혜(俱空慧)의 지혜바라밀을 행하여 분별이 끊어져 변치 않는 진실한 마음을 성취하라.

여여인 · 如如印 성숙유정(成熟有情)의 지혜바라밀을 행하여 분별이 끊어져 변치 않는 진실한 마음을 성취하라.

여여일 · 如如日 아공혜(我空慧) 바라밀을 행하여 분별이 끊어져 변치 않는 진실한 마음을 성취하라.

여여지 · 如如智 이타행의 무상지 바라밀을 행하여 분별이 끊어져 변치 않는 진실한 마음을 성취하라.

여여행 · 如如行 보시바라밀을 행하여 분별이 끊어져 변치 않는 진실한 마음을 성취하라.

여여향 · 如如香 지계바라밀을 행하여 분별이 끊어져 변치 않는 진실한 마음을 성취하라.

여여화 · 如如華 인발정려(引發靜慮) 바라밀을 행하여 분별이 끊어져 변치 않는 진실한 마음을 성취하라.

여연 · 如然 자신의 본 모습을 있는 그대로 관찰하고 지금 여기서 복덕과 지혜를 갖추고 실천하라.

여연 · 如蓮 바라밀행을 닦아 세간의 오염에 물들지 않는 연꽃처럼 항상 마음이 비고 고요한 열반을 성취하여 해탈지견을 갖추고 중생을 교화하라.

여연각 · 如蓮覺 법공혜(法空慧)의 지혜바라밀을 실천하여 세간의 오염에 물들지 않는 연꽃처럼 항상 마음이 비고 고요한 열반을 성취하여 해탈지견을 갖추고 중생을 교화하라.

여연경 · 如蓮鏡 이락타원(利樂他願)의 원력바라밀을 실천하여 세간의 오염에 물들지 않는 연꽃처럼 항상 마음이 비고 고요한 열반을 성취하여 해탈지견을 갖추고 중생을 교화하라.

여연덕 · 如蓮德 내원해인(耐怨害忍)의 인욕바라밀을 실천하여 세간의 오염에 물들지 않는 연꽃처럼 항상 마음이 비고 고요한 열반을 성취하여 해탈지견을 갖추고 중생을 교화하라.

여연득 · 如蓮得 수습력(修習力)의 원력바라밀을 실천하여 세간의 오염에 물들지 않는 연꽃처럼 항상 마음이 비고 고요한 열반을 성취하여 해탈지견을 갖추고 중생을 교화하라.

여연명 · 如蓮明 수용법락지(受用法樂智)의 지혜바라밀을 실천하여 세간의 오염에 물들지 않는 연꽃처럼 항상 마음이 비고 고요한 열반을 성취하여 해탈지견을 갖추고 중생을 교화하라.

여연법 · 如蓮法 변화력(變化力)의 원력바라밀을 실천하여 세간의 오염에 물들지 않는 연꽃처럼 항상 마음이 비고 고요한 열반을 성취하여 해탈지견을 갖추고 중생을 교화하라.

여연성 · 如蓮成 무외시의 보시바라밀을 실천하여 세간의 오염에 물들지 않는 연꽃처럼 항상 마음이 비고 고요한 열반을 성취하여 해탈지견을 갖추고 중생을 교화하라.

여연성 · 如蓮聖 성숙유정지(成熟有情智)의 지혜바라밀을 실천하여 세간의 오염에 물들지 않는 연꽃처럼 항상 마음이 비고 고요한 열반을 성취하여 해탈지견을 갖추고 중생을 교화하라.

여연수 · 如蓮樹 변사정려(辨事靜慮)의 선정바라밀을 실천하여 세간의 오염에 물들지 않는 연꽃처럼

항상 마음이 비고 고요한 열반을 성취하여 해탈지견을 갖추고 중생을 교화하라.

여연수 · 如蓮修 피갑정진(被甲精進)의 정진바라밀을 실천하여 세간의 오염에 물들지 않는 연꽃처럼 항상 마음이 비고 고요한 열반을 성취하여 해탈지견을 갖추고 중생을 교화하라.

여연심 · 如蓮心 안주정려(安住靜慮)의 선정바라밀을 실천하여 세간의 오염에 물들지 않는 연꽃처럼 항상 마음이 비고 고요한 열반을 성취하여 해탈지견을 갖추고 중생을 교화하라.

여연월 · 如蓮月 진취향과(進趣向果)의 방편바라밀을 실천하여 세간의 오염에 물들지 않는 연꽃처럼 항상 마음이 비고 고요한 열반을 성취하여 해탈지견을 갖추고 중생을 교화하라.

여연일 · 如蓮日 사성제의 진리를 체득하고 바라밀을 실천하여 세간의 오염에 물들지 않는 연꽃처럼 항상 마음이 비고 고요한 열반을 성취하여 해탈지견을 갖추고 중생을 교화하라.

여연정 · 如蓮淨 이락정진(利樂精進)의 정진바라밀을 실천하여 세

간의 오염에 물들지 않는 연꽃처럼 항상 마음이 비고 고요한 열반을 성취하여 해탈지견을 갖추고 중생을 교화하라.

여연지 · 如蓮智 무상지(無上智)의 지혜바라밀을 실천하여 세간의 오염에 물들지 않는 연꽃처럼 항상 마음이 비고 고요한 열반을 성취하여 해탈지견을 갖추고 중생을 교화하라.

여연해 · 如蓮海 외화원(外化願)의 원력바라밀을 실천하여 세간의 오염에 물들지 않는 연꽃처럼 항상 마음이 비고 고요한 열반을 성취하여 해탈지견을 갖추고 중생을 교화하라.

여연행 · 如蓮行 보시바라밀을 실천하여 세간의 오염에 물들지 않는 연꽃처럼 항상 마음이 비고 고요한 열반을 성취하여 해탈지견을 갖추고 중생을 교화하라.

여연향 · 如蓮香 섭선법계(攝善法戒)의 지계바라밀을 실천하여 세간의 오염에 물들지 않는 연꽃처럼 항상 마음이 비고 고요한 열반을 성취하여 해탈지견을 갖추고 중생을 교화하라.

여연혜 · 如蓮惠 법시바라밀을 실천하여 세간의 오염에 물들지 않는

연꽃처럼 항상 마음이 비고 고요한 열반을 성취하여 해탈지견을 갖추고 중생을 교화하라.

여연혜 · 如蓮慧 아공혜(我空慧)의 지혜바라밀을 실천하여 세간의 오염에 물들지 않는 연꽃처럼 항상 마음이 비고 고요한 열반을 성취하여 해탈지견을 갖추고 중생을 교화하라.

여연화 · 如蓮華 인발정려(引發靜慮)의 선정바라밀을 실천하여 세간의 오염에 물들지 않는 연꽃처럼 항상 마음이 비고 고요한 열반을 성취하여 해탈지견을 갖추고 중생을 교화하라.

여연화 · 如蓮和 체찰법인(諦察法忍)의 인욕바라밀을 실천하여 세간의 오염에 물들지 않는 연꽃처럼 항상 마음이 비고 고요한 열반을 성취하여 해탈지견을 갖추고 중생을 교화하라.

여염 · 如琰 바라밀행을 닦아 옥돌을 연마하여 보석을 만들 듯이 주변 사람을 소중하게 여기고 정성을 다해 제도하라.

여우 · 如愚 바라밀행을 닦아 중생의 어리석은 마음을 제거하고 언제나 여여한 불성을 체득하라.

여의 · 如意 바라밀을 행하여 무엇이든 마음먹은 대로 할 수 있는 여의주를 갖추고 이타행의 원력을 실천하라.

여의륜 · 如意輪 진취향과(進趣向果) 방편바라밀을 행하여 무엇이든 마음먹은 대로 할 수 있는 여의주를 갖추고 이타행의 원력을 실천하라.

여의성 · 如意性 안수고인(安受苦忍)의 인욕바라밀을 행하여 무엇이든 마음먹은 대로 할 수 있는 여의주를 갖추고 이타행의 원력을 실천하라.

여의지 · 如意智 이타행의 지혜바라밀을 행하여 무엇이든 마음먹은 대로 할 수 있는 여의주를 갖추고 이타행의 원력을 실천하라.

여의행 · 如意行 보시바라밀을 행하여 무엇이든 마음먹은 대로 할 수 있는 여의주를 갖추고 이타행의 원력을 실천하라.

여정 · 如定 바라밀을 실천하여 불퇴전의 신심으로 정법을 체득하고 널리 교화하는 스님들을 외호하라.

여정 · 如淨 바라밀행을 닦아 항상 여여하고 청정한 마음으로 보살행을 실천하라.

여정각 · 如定覺 법공혜(法空慧)의 지혜바라밀을 실천하여 불퇴전의 신심으로 정법을 체득하고 널리 교화하는 스님들을 외호하라.

여정덕 · 如定德 내원해인(耐怨害忍)의 인욕바라밀을 실천하여 불퇴전의 신심으로 정법을 체득하고 널리 교화하는 스님들을 외호하라.

여정도 · 如定道 섭율의계(攝律儀戒)의 지계바라밀을 실천하여 불퇴전의 신심으로 정법을 체득하고 널리 교화하는 스님들을 외호하라.

여정득 · 如定得 수습력(修習力)의 원력바라밀을 실천하여 불퇴전의 신심으로 정법을 체득하고 널리 교화하는 스님들을 외호하라.

여정명 · 如定明 수용법락지(受用法樂智)의 지혜바라밀을 실천하여 불퇴전의 신심으로 정법을 체득하고 널리 교화하는 스님들을 외호하라.

여정문 · 如定門 섭선정진(攝善精進)의 정진바라밀을 실천하여 불퇴전의 신심으로 정법을 체득하고 널리 교화하는 스님들을 외호하라.

여정법 · 如定法 변화력(變化力)의 원력바라밀을 실천하여 불퇴전의 신심으로 정법을 체득하고 널리 교화하는 스님들을 외호하라.

여정성 · 如定性 안수고인(安受苦忍)의 인욕바라밀을 실천하여 불퇴전의 신심으로 정법을 체득하고 널리 교화하는 스님들을 외호하라.

여정수 · 如定修 피갑정진(被甲精進)의 정진바라밀을 실천하여 불퇴전의 신심으로 정법을 체득하고 널리 교화하는 스님들을 외호하라.

여정심 · 如定心 안주정려(安住靜慮)의 선정바라밀을 실천하여 불퇴전의 신심으로 정법을 체득하고 널리 교화하는 스님들을 외호하라.

여정월 · 如定月 진취향과(進趣向果)의 방편바라밀을 실천하여 불퇴전의 신심으로 정법을 체득하고 널리 교화하는 스님들을 외호하라.

여정인 · 如定仁 내원해인(耐怨害忍)의 인욕바라밀을 실천하여 불퇴전의 신심으로 정법을 체득하고 널리 교화하는 스님들을 외호하라.

여정주 · 如定珠 불사불수(不捨不受)의 방편바라밀을 실천하여 불퇴전의 신심으로 정법을 체득하고 널리 교화하는 스님들을 외호하라.

여정지 · 如定智 무상지(無上智)의 지혜바라밀을 실천하여 불퇴전의 신심으로 정법을 체득하고 널리 교화하는 스님들을 외호하라.

여정행 · 如定行 재시의 보시바라밀을 실천하여 불퇴전의 신심으로 정법을 체득하고 널리 교화하는 스님들을 외호하라.

여정향 · 如定香 지계바라밀을 실천하여 불퇴전의 신심으로 정법을 체득하고 널리 교화하는 스님들을 외호하라.

여정화 · 如定華 선정바라밀을 실천하여 불퇴전의 신심으로 정법을 체득하고 널리 교화하는 스님들을 외호하라.

여철 · 如哲 바라밀행을 닦아 항상 여여하고 총명한 지혜를 닦아 자리이타의 보살행을 실천하라.

여초 · 如草 세상에 쓸데없는 풀은 없다. 바라밀행을 닦아 모든 존재의 의미를 체득하고 공존공영의 지혜로 세상을 아름답게 하라.

여패 · 如沛 바라밀행을 닦아 스스로는 여여하고 세상은 풍요롭도록 자리이타의 보살행을 실천하라.

여학 · 如學 바라밀행을 바탕으로 계정혜 삼학을 공부하고 해탈지견을 성취하라.

여학도 · 如學道 섭율의계(攝律儀戒)의 지계바라밀행을 바탕으로 계정혜 삼학을 공부하고 해탈지견을 성취하라.

여학성 · 如學性 안수고인(安受苦忍)의 인욕바라밀행을 바탕으로 계정혜 삼학을 공부하고 해탈지견을 성취하라.

여학수 · 如學修 피갑정진(被甲精進)의 정진바라밀행을 바탕으로 계정혜 삼학을 공부하고 해탈지견을 성취하라.

여학심 · 如學心 안주정려(安住靜慮)의 선정바라밀행을 바탕으로 계정혜 삼학을 공부하고 해탈지견을 성취하라.

여학주 · 如學珠 불사불수(不捨不受)의 방편바라밀행을 바탕으로 계정혜 삼학을 공부하고 해탈지견을 성취하라.

여학지 · 如學智 무상지(無上智)의 지혜바라밀행을 바탕으로 계정혜 삼학을 공부하고 해탈지견을 성취하라.

여학행 · 如學行 재시바라밀행을 바탕으로 계정혜 삼학을 공부하고 해탈지견을 성취하라.

여해 · 如海 바라밀을 실천하여 바다처럼 넓고 깊은 원력으로 많은

사람을 이롭게 하라.

여해광 · 如海光 구공혜(俱空慧)의 지혜바라밀을 실천하여 바다처럼 넓고 깊은 원력으로 많은 사람을 이롭게 하라.

여해도 · 如海道 섭율의계(攝律儀戒)의 지계바라밀을 실천하여 바다처럼 넓고 깊은 원력으로 많은 사람을 이롭게 하라.

여해력 · 如海力 사택력(思擇力)의 원력바라밀을 실천하여 바다처럼 넓고 깊은 원력으로 많은 사람을 이롭게 하라.

여해명 · 如海明 수용법락(受用法樂)의 지혜바라밀을 실천하여 바다처럼 넓고 깊은 원력으로 많은 사람을 이롭게 하라.

여해성 · 如海性 안수고인(安受苦忍)의 인욕바라밀을 실천하여 바다처럼 넓고 깊은 원력으로 많은 사람을 이롭게 하라.

여해수 · 如海修 피갑정진(被甲精進)의 정진바라밀을 실천하여 바다처럼 넓고 깊은 원력으로 많은 사람을 이롭게 하라.

여해심 · 如海心 안주정려(安住靜慮)의 선정바라밀을 실천하여 바다

처럼 넓고 깊은 원력으로 많은 사람을 이롭게 하라.

여해주 · 如海珠 불사불수(不捨不受)의 방편바라밀을 실천하여 바다처럼 넓고 깊은 원력으로 많은 사람을 이롭게 하라.

여해지 · 如海智 이타행의 지혜바라밀을 실천하여 바다처럼 넓고 깊은 원력으로 많은 사람을 이롭게 하라.

여해향 · 如海香 지계바라밀을 실천하여 바다처럼 넓고 깊은 원력으로 많은 사람을 이롭게 하라.

여회 · 如會 바라밀행을 닦아 여여한 마음으로 불법을 체득하고 많은 모임에 앞장서서 교화활동에 임하라.

여효 · 如曉 바라밀행을 닦아 새벽 하늘이 밝아지듯 몰록 깨우침을 얻어 중생 제도에 앞장서라.

연각 · 緣覺 스스로 불생불멸(不生不滅)의 지혜를 깨치고, 부처님의 가르침에 귀의하여 대승보살도로 나아가 많은 사람을 제도하라.

연경 · 蓮鏡 바라밀을 행하여 연꽃과 같은 공덕과 명경지수와 같은 지혜를 성취하고 생활 속에서 여여한 마음으로 부처님의 가르침을 전하라.

하라.

연경수 · 蓮鏡水 불사불수(不捨不受)의 방편바라밀을 행하여 연꽃과 같은 공덕과 명경지수와 같은 지혜를 성취하고 생활 속에서 여여한 마음으로 부처님의 가르침을 전하라.

연경수 · 蓮鏡修 피갑정진(被甲精進) 바라밀을 행하여 연꽃과 같은 공덕과 명경지수와 같은 지혜를 성취하고 생활 속에서 여여한 마음으로 부처님의 가르침을 전하라.

연경심 · 蓮鏡心 선정바라밀을 행하여 연꽃과 같은 공덕과 명경지수와 같은 지혜를 성취하고 생활 속에서 여여한 마음으로 부처님의 가르침을 전하라.

연경원 · 蓮鏡願 보리원의 원력바라밀을 행하여 연꽃과 같은 공덕과 명경지수와 같은 지혜를 성취하고 생활 속에서 여여한 마음으로 부처님의 가르침을 전하라.

연경원 · 蓮鏡圓 인욕바라밀을 행하여 연꽃과 같은 공덕과 명경지수와 같은 지혜를 성취하고 생활 속에서 여여한 마음으로 부처님의 가르침을 전하라.

연경월 · 蓮鏡月 진취향과(進趣向果)의 방편바라밀을 행하여 연꽃과 같은 공덕과 명경지수와 같은 지혜를 성취하고 생활 속에서 여여한 마음으로 부처님의 가르침을 전하라.

연경인 · 蓮鏡印 성숙유정지(成熟有情智)의 지혜바라밀을 행하여 연꽃과 같은 공덕과 명경지수와 같은 지혜를 성취하고 생활 속에서 여여한 마음으로 부처님의 가르침을 전하라.

연경지 · 蓮鏡智 이타행의 무상지바라밀을 행하여 연꽃과 같은 공덕과 명경지수와 같은 지혜를 성취하고 생활 속에서 여여한 마음으로 부처님의 가르침을 전하라.

연경해 · 蓮鏡海 외화원(外化願)의 원력바라밀을 행하여 연꽃과 같은 공덕과 명경지수와 같은 지혜를 성취하고 생활 속에서 여여한 마음으로 부처님의 가르침을 전하라.

연경행 · 蓮鏡行 보시바라밀을 행하여 연꽃과 같은 공덕과 명경지수와 같은 지혜를 성취하고 생활 속에서 여여한 마음으로 부처님의 가르침을 전하라.

연경향 · 蓮鏡香 지계바라밀을 행하여 연꽃과 같은 공덕과 명경지수와 같은 지혜를 성취하고 생활 속에서 여여한 마음으로 부처님의 가르침을 전하라.

연경현 · 蓮鏡賢 수용법락지(受用法樂智)의 지혜바라밀을 행하여 연꽃과 같은 공덕과 명경지수와 같은 지혜를 성취하고 생활 속에서 여여한 마음으로 부처님의 가르침을 전하라.

연경혜 · 蓮鏡慧 지혜바라밀을 행하여 연꽃과 같은 공덕과 명경지수와 같은 지혜를 성취하고 생활 속에서 여여한 마음으로 부처님의 가르침을 전하라.

연관 · 緣觀 바라밀행을 닦아 법연의 이치를 꿰뚫어 깨치고 많은 사람들이 부처님과 법연을 맺을 수 있도록 부처님의 가르침을 전하라.

연관 · 然觀 바라밀행을 닦아 삼라만상의 자연을 꿰뚫어 볼 수 있는 지혜를 갖추고 자리이타의 보살행을 실천하라.

연광 · 蓮光 진흙탕 속에서 피어나지만 진흙에 오염되지 않는 연꽃처럼 세간에 처하여 살지만 어두운 미혹에서 벗어나 지혜광명을 발하라.

연광덕 · 蓮光德 내원해인(耐怨害忍)의 인욕바라밀을 행하여 진흙탕 속에서 피어나지만 진흙에 오염되지 않는 연꽃처럼 세간에 처하여 살지만 어두운 미혹에서 벗어나 지혜광명을 발하라.

연광도 · 蓮光道 섭율의계(攝律儀戒)의 지계바라밀을 행하여 진흙탕 속에서 피어나지만 진흙에 오염되지 않는 연꽃처럼 세간에 처하여 살지만 어두운 미혹에서 벗어나 지혜광명을 발하라.

연광득 · 蓮光得 수습력(修習力)의 원력바라밀을 행하여 진흙탕 속에서 피어나지만 진흙에 오염되지 않는 연꽃처럼 세간에 처하여 살지만 어두운 미혹에서 벗어나 지혜광명을 발하라.

연광명 · 蓮光明 수용법락지(受用法樂智)의 지혜바라밀을 행하여 진흙탕 속에서 피어나지만 진흙에 오염되지 않는 연꽃처럼 세간에 처하여 살지만 어두운 미혹에서 벗어나 지혜광명을 발하라.

연광문 · 蓮光門 섭선정진(攝善精進)의 정진바라밀을 행하여 진흙탕 속에서 피어나지만 진흙에 오염되지 않는 연꽃처럼 세간에 처하여 살지만 어두운 미혹에서 벗어나 지혜광명을 발하라.

연광법 · 蓮光法 변화력(變化力)의 원력바라밀을 행하여 진흙탕 속에서 피어나지만 진흙에 오염되지 않는 연꽃처럼 세간에 처하여 살지만 어두운 미혹에서 벗어나 지혜광명을 발하라.

연광수 · 蓮光修 피갑정진(被甲精進)의 정진바라밀을 행하여 진흙탕 속에서 피어나지만 진흙에 오염되지 않는 연꽃처럼 세간에 처하여 살지만 어두운 미혹에서 벗어나 지혜광명을 발하라.

연광심 · 蓮光心 안주정려(安住靜慮)의 선정바라밀을 행하여 진흙탕 속에서 피어나지만 진흙에 오염되지 않는 연꽃처럼 세간에 처하여 살지만 어두운 미혹에서 벗어나 지혜광명을 발하라.

연광월 · 蓮光月 진취향과(進趣向果)의 방편바라밀을 행하여 진흙탕 속에서 피어나지만 진흙에 오염되지 않는 연꽃처럼 세간에 처하여 살지만 어두운 미혹에서 벗어나 지혜광명을 발하라.

연광인 · 蓮光仁 내원해인(耐怨害忍)의 인욕바라밀을 행하여 진흙탕 속에서 피어나지만 진흙에 오염되지 않는 연꽃처럼 세간에 처하여 살지만 어두운 미혹에서 벗어나 지혜광명을 발하라.

연광주 · 蓮光珠 불사불수(不捨不受)의 방편바라밀을 행하여 진흙탕 속에서 피어나지만 진흙에 오염되지 않는 연꽃처럼 세간에 처하여 살지만 어두운 미혹에서 벗어나 지혜광명을 발하라.

연광지 · 蓮光智 무상지(無上智)의 지혜바라밀을 행하여 진흙탕 속에서 피어나지만 진흙에 오염되지 않는 연꽃처럼 세간에 살지만 어두운 미혹에서 벗어나 지혜광명을 발하라.

연광행 · 蓮光行 보시바라밀을 행하여 진흙탕 속에서 피어나지만 진흙에 오염되지 않는 연꽃처럼 세간에 처하여 살지만 어두운 미혹에서 벗어나 지혜광명을 발하라.

연광향 · 蓮光香 지계바라밀을 행하여 진흙탕 속에서 피어나지만 진흙에 오염되지 않는 연꽃처럼 세간에 처하여 살지만 어두운 미혹에서 벗어나 지혜광명을 발하라.

연광화 · 蓮光華 선정바라밀을 행하여 진흙탕 속에서 피어나지만 진흙에 오염되지 않는 연꽃처럼 세간에 처하여 살지만 어두운 미혹에서 벗어나 지혜광명을 발하라.

연단 · 蓮丹 마음속에서 우러나오는 정성스러운 일편단심으로 정진하여 연꽃과 같은 공덕을 성취하라.

연담 · 蓮潭 바라밀을 실천하여 깊은 연못에 뿌리를 내린 연처럼 흔들림 없는 지혜를 체득하고 한량없는 공덕을 지어 중생을 이롭게 하라.

연담각 · 蓮潭覺 법공혜(法空慧)

바라밀을 실천하여 깊은 연못에 뿌리를 내린 연처럼 흔들림 없는 지혜를 체득하고 한량없는 공덕을 지어 중생을 이롭게 하라.

연담덕 · 蓮潭德 내원해인(耐怨害忍)의 인욕바라밀을 실천하여 깊은 연못에 뿌리를 내린 연처럼 흔들림 없는 지혜를 체득하고 한량없는 공덕을 지어 중생을 이롭게 하라.

연담륜 · 蓮潭輪 전법륜의 방편바라밀을 실천하여 깊은 연못에 뿌리를 내린 연처럼 흔들림 없는 지혜를 체득하고 한량없는 공덕을 지어 중생을 이롭게 하라.

연담수 · 蓮潭修 피갑정진(被甲精進)의 정진바라밀을 실천하여 깊은 연못에 뿌리를 내린 연처럼 흔들림 없는 지혜를 체득하고 한량없는 공덕을 지어 중생을 이롭게 하라.

연담심 · 蓮潭心 안주정려(安住靜慮)의 선정바라밀을 실천하여 깊은 연못에 뿌리를 내린 연처럼 흔들림 없는 지혜를 체득하고 한량없는 공덕을 지어 중생을 이롭게 하라.

연담원 · 蓮潭圓 체찰법인(諦察法忍)의 인욕바라밀을 실천하여 깊은 연못에 뿌리를 내린 연처럼 흔들림 없는 지혜를 체득하고 한량없는 공덕을 지어 중생을 이롭게 하라.

연담월 · 蓮潭月 진취향과(進趣向
果)의 방편바라밀을 실천하여 깊은
연못에 뿌리를 내린 연처럼 흔들림
없는 지혜를 체득하고 한량없는 공
덕을 지어 중생을 이롭게 하라.

연담은 · 蓮潭恩 구공혜(俱空慧)의
지혜바라밀을 실천하여 깊은 연못
에 뿌리를 내린 연처럼 흔들림 없
는 지혜를 체득하고 한량없는 공덕
을 지어 중생을 이롭게 하라.

연담인 · 蓮潭印 성숙유정지(成熟
有情智)의 지혜바라밀을 실천하여
깊은 연못에 뿌리를 내린 연처럼
흔들림 없는 지혜를 체득하고 한량
없는 공덕을 지어 중생을 이롭게
하라.

연담일 · 蓮潭日 아공혜(我空慧)의
지혜바라밀을 실천하여 깊은 연못
에 뿌리를 내린 연처럼 흔들림 없
는 지혜를 체득하고 한량없는 공덕
을 지어 중생을 이롭게 하라.

연담주 · 蓮潭珠 불사불수(不捨不
受)의 방편바라밀을 실천하여 깊은
연못에 뿌리를 내린 연처럼 흔들림
없는 지혜를 체득하고 한량없는 공
덕을 지어 중생을 이롭게 하라.

연담지 · 蓮潭智 이타행의 지혜바
라밀을 실천하여 깊은 연못에 뿌리
를 내린 연처럼 흔들림 없는 지혜

를 체득하고 한량없는 공덕을 지어
중생을 이롭게 하라.

연담해 · 蓮潭海 바다같이 넓고 큰
원력바라밀을 행하여 깊은 연못에
뿌리를 내린 연처럼 흔들림 없는
지혜를 체득하고 한량없는 공덕을
지어 중생을 이롭게 하라.

연담행 · 蓮潭行 보시바라밀을 실
천하여 깊은 연못에 뿌리를 내린
연처럼 흔들림 없는 지혜를 체득하
고 한량없는 공덕을 지어 중생을
이롭게 하라.

연담향 · 蓮潭香 지계바라밀을 실
천하여 깊은 연못에 뿌리를 내린
연처럼 흔들림 없는 지혜를 체득하
고 한량없는 공덕을 지어 중생을
이롭게 하라.

연담화 · 蓮潭華 인발정려(引發靜
慮)의 선정바라밀을 실천하여 깊은
연못에 뿌리를 내린 연처럼 흔들림
없는 지혜를 체득하고 한량없는 공
덕을 지어 중생을 이롭게 하라.

연덕 · 緣德 바라밀을 실천하여 불
퇴전의 신심으로 법연을 맺고 많은
사람이 법연을 맺을 수 있도록 덕
행을 널리 펼쳐라.

연덕문 · 緣德門 섭선정진(攝善精
進) 바라밀을 실천하여 불퇴전의

신심으로 법연을 맺고 많은 사람이 법연을 맺을 수 있도록 덕행을 널리 펼쳐라.

연덕성 · 緣德性 안수고인(安受苦忍)의 인욕바라밀을 실천하여 불퇴전의 신심으로 법연을 맺고 많은 사람이 법연을 맺을 수 있도록 덕행을 널리 펼쳐라.

연덕수 · 緣德修 피갑정진(被甲精進)의 정진바라밀을 실천하여 불퇴전의 신심으로 법연을 맺고 많은 사람이 법연을 맺을 수 있도록 덕행을 널리 펼쳐라.

연덕심 · 緣德心 안주정려(安住靜慮)의 선정바라밀을 실천하여 불퇴전의 신심으로 법연을 맺고 많은 사람이 법연을 맺을 수 있도록 덕행을 널리 펼쳐라.

연덕월 · 緣德月 진취향과(進趣向果)의 방편바라밀을 실천하여 불퇴전의 신심으로 법연을 맺고 많은 사람이 법연을 맺을 수 있도록 덕행을 널리 펼쳐라.

연덕인 · 緣德仁 내원해인(耐怨害忍)의 인욕바라밀을 실천하여 불퇴전의 신심으로 법연을 맺고 많은 사람이 법연을 맺을 수 있도록 덕행을 널리 펼쳐라.

연덕주 · 緣德珠 불사불수(不捨不受)의 방편바라밀을 실천하여 불퇴전의 신심으로 법연을 맺고 많은 사람이 법연을 맺을 수 있도록 덕행을 널리 펼쳐라.

연덕지 · 緣德智 무상지(無上智)의 지혜바라밀을 실천하여 불퇴전의 신심으로 법연을 맺고 많은 사람이 법연을 맺을 수 있도록 덕행을 널리 펼쳐라.

연덕행 · 緣德行 보시바라밀을 실천하여 불퇴전의 신심으로 법연을 맺고 많은 사람이 법연을 맺을 수 있도록 덕행을 널리 펼쳐라.

연덕향 · 緣德香 지계바라밀을 실천하여 불퇴전의 신심으로 법연을 맺고 많은 사람이 법연을 맺을 수 있도록 덕행을 널리 펼쳐라.

연덕화 · 緣德華 선정바라밀을 실천하여 불퇴전의 신심으로 법연을 맺고 많은 사람이 법연을 맺을 수 있도록 덕행을 널리 펼쳐라.

연력 · 緣力 바라밀행을 닦아 인연법의 힘을 믿고 지혜를 성취하여 중생교화의 원력을 실천하라.

연문 · 緣門 바라밀행으로 방편문을 체득하여 미움에도 사랑에도 집착하지 않고 자비인연을 행하는 평

• 아행

등한 이치를 삶 속에서 실천하라.

연문심 · 緣門心 안주정려(安住靜慮)의 선정바라밀행으로 방편문을 체득하여 미움에도 사랑에도 집착하지 않고 자비인연을 행하는 평등한 이치를 삶 속에서 실천하라.

연문행 · 緣門行 보시바라밀행으로 방편문을 체득하여 미움에도 사랑에도 집착하지 않고 자비인연을 행하는 평등한 이치를 삶 속에서 실천하라.

연보 · 緣報 바라밀행을 닦아 인연과보의 이치를 체득하고 선업을 쌓아 현세정토의 과업을 성취하라.

연생 · 緣生 바라밀행을 닦아 인연생기의 원리를 깨치고 자리이타의 보살행으로 많은 사람을 이롭게 하라.

연소 · 延沼 바라밀행을 닦아 복혜구족하고, 많은 사람을 법연의 세계로 불러들여 깨치게 하라.

연수 · 延壽 바라밀행을 닦고 참선수행에 매진하여 선지를 깨닫고 법안을 열어라.

연수 · 蓮水 바라밀의 실천으로 예토에서 피어나 아침 이슬을 머금은 연꽃처럼 처염상정(處染常淨)의 지

혜로 자비광명의 공덕을 행하라.

연수각 · 蓮水覺 법공혜(法空慧)의 지혜바라밀의 실천으로 예토에서 피어나 아침 이슬을 머금은 연꽃처럼 처염상정(處染常淨)의 지혜로 자비광명의 공덕을 행하라.

연수덕 · 蓮水德 내원해인(耐怨害忍)의 인욕바라밀 실천으로 예토에서 피어나 아침 이슬을 머금은 연꽃처럼 처염상정(處染常淨)의 지혜로 자비광명의 공덕을 행하라.

연수도 · 蓮水道 섭율의계(攝律儀戒)의 지계바라밀 실천으로 예토에서 피어나 아침 이슬을 머금은 연꽃처럼 처염상정(處染常淨)의 지혜로 자비광명의 공덕을 행하라.

연수득 · 蓮水得 수습력(修習力)의 원력바라밀 실천으로 예토에서 피어나 아침 이슬을 머금은 연꽃처럼 처염상정(處染常淨)의 지혜로 자비광명의 공덕을 행하라.

연수력 · 蓮水力 사택력(思擇力)의 원력바라밀 실천으로 예토에서 피어나 아침 이슬을 머금은 연꽃처럼 처염상정(處染常淨)의 지혜로 자비광명의 공덕을 행하라.

연수명 · 蓮水明 수용법락지(受用法樂智)의 지혜바라밀 실천으로 예

토에서 피어나 아침 이슬을 머금은 연꽃처럼 처염상정(處染常淨)의 지혜로 자비광명의 공덕을 행하라.

연수문 · 蓮水門 섭선정진(攝善精進)의 정진바라밀 실천으로 예토에서 피어나 아침 이슬을 머금은 연꽃처럼 처염상정(處染常淨)의 지혜로 자비광명의 공덕을 행하라.

연수법 · 蓮水法 변화력(變化力)의 원력바라밀 실천으로 예토에서 피어나 아침 이슬을 머금은 연꽃처럼 처염상정(處染常淨)의 지혜로 자비광명의 공덕을 행하라.

연수성 · 蓮水性 안수고인(安受苦忍)의 인욕바라밀을 실천하여 예토에서 피어나 아침 이슬을 머금은 연꽃처럼 처염상정(處染常淨)의 지혜로 자비광명의 공덕을 행하라.

연수심 · 蓮水心 안주정려(安住靜慮)의 선정바라밀행으로 예토에서 피어나 아침 이슬을 머금은 연꽃처럼 처염상정(處染常淨)의 지혜로 자비광명의 공덕을 행하라.

연수월 · 蓮水月 진취향과(進趣向果)의 방편바라밀행으로 예토에서 피어나 아침 이슬을 머금은 연꽃처럼 처염상정(處染常淨)의 지혜로 자비광명의 공덕을 행하라.

연수인 · 蓮水仁 내원해인(耐怨害忍)의 인욕바라밀행으로 예토에서 피어나 아침 이슬을 머금은 연꽃처럼 처염상정(處染常淨)의 지혜로 자비광명의 공덕을 행하라.

연수정 · 蓮水淨 이락정진(利樂精進)의 정진바라밀행으로 예토에서 피어나 아침 이슬을 머금은 연꽃처럼 처염상정(處染常淨)의 지혜로 자비광명의 공덕을 행하라.

연수주 · 蓮水珠 불사불수(不捨不受)의 방편바라밀행으로 예토에서 피어나 아침 이슬을 머금은 연꽃처럼 처염상정(處染常淨)의 지혜로 자비광명의 공덕을 행하라.

연수지 · 蓮水智 무상지(無上智)의 지혜바라밀행으로 예토에서 피어나 아침 이슬을 머금은 연꽃처럼 처염상정(處染常淨)의 지혜로 자비광명의 공덕을 행하라.

연수행 · 蓮水行 보시바라밀행으로 예토에서 피어나 아침 이슬을 머금은 연꽃처럼 처염상정(處染常淨)의 지혜로 자비광명의 공덕을 행하라.

연수향 · 蓮水香 지계바라밀으로 예토에서 피어나 아침 이슬을 머금은 연꽃처럼 처염상정(處染常淨)의 지혜로 자비광명의 공덕을 행하라.

연수화 · 蓮水華 선정바라밀행으로 예토에서 피어나 아침 이슬을 머금은 연꽃처럼 처염상정(處染常淨)의 지혜로 자비광명의 공덕을 행하라.

연실행 · 緣實行 보시바라밀행으로 법연을 맺어 여실한 지혜를 체득하고 실천하라.

연심 · 緣甚 바라밀행을 닦아 인연법의 심오한 이치를 깨치고 부처님의 가르침이 널리 퍼지도록 교화에 앞장서라.

연심 · 蓮心 바라밀을 실천하여 연꽃과 같은 마음으로 법연을 맺어 여실한 지혜를 체득하고 실천하라.

연심화 · 蓮心華 선정바라밀을 실천하여 법연을 맺어 여실한 지혜를 체득하고 실천하라.

연암 · 硏庵 바라밀행을 닦아 스스로를 연마하고 홀연히 깨우쳐 자리이타의 보살행을 실천하라.

연암 · 蓮庵 바라밀행을 닦아 연꽃과 같은 공덕을 지어 세간에 물들지 않으면서도 많은 사람을 제도하라.

연운 · 蓮雲 바라밀행을 닦아 연과 같은 공덕을 쌓고, 구름과 같은 무상의 지혜를 체득하여 널리 세상을 이롭게 하라.

연자향 · 蓮慈香 지계바라밀을 실천하여 법연을 맺어 여실한 지혜를 체득하고 실천하라.

연주 · 蓮住 바라밀행으로 정토와 예토를 분별하지 않고 처염상정(處染常淨)의 연꽃처럼 정진하여 지혜광명에 머물라.

연주 · 蓮舟 바라밀행을 닦아 연못에 띄워 놓은 배처럼 여여한 마음으로 중생 제도에 앞장서라.

연주각 · 蓮住覺 법공혜(法空慧) 바라밀행으로 정토와 예토를 분별하지 않고 처염상정(處染常淨)의 연꽃처럼 정진하여 지혜광명에 머물라.

연주덕 · 蓮住德 인욕바라밀행으로 정토와 예토를 분별하지 않고 처염상정(處染常淨)의 연꽃처럼 정진하여 지혜광명에 머물라.

연주도 · 蓮住道 섭율의계(攝律儀戒)의 지계바라밀행으로 정토와 예토를 분별하지 않고 처염상정(處染常淨)의 연꽃처럼 정진하여 지혜광명에 머물라.

연주득 · 蓮住得 수습력(修習力)의 원력바라밀행으로 정토와 예토를 분별하지 않고 처염상정(處染常淨)의 연꽃처럼 정진하여 지혜광명에 머물라.

연주문 · 蓮住門 섭선정진(攝善精進) 바라밀행으로 정토와 예토를 분별하지 않고 처염상정(處染常淨)의 연꽃처럼 정진하여 지혜광명에 머물라.

연주성 · 蓮住性 안수고인(安受苦忍)의 인욕바라밀행으로 정토와 예토를 분별하지 않고 처염상정(處染常淨)의 연꽃처럼 정진하여 지혜광명에 머물라.

연주수 · 蓮住修 피갑정진(被甲精進) 바라밀행으로 정토와 예토를 분별하지 않고 처염상정(處染常淨)의 연꽃처럼 정진하여 지혜광명에 머물라.

연주심 · 蓮住心 안주정려(安住靜廬) 바라밀행으로 정토와 예토를 분별하지 않고 처염상정(處染常淨)의 연꽃처럼 정진하여 지혜광명에 머물라.

연주행 · 蓮住行 보시바라밀행으로 정토와 예토를 분별하지 않고 처염상정의 연꽃처럼 정진하여 지혜광명에 머물라.

연주향 · 蓮住香 지계바라밀행으로 정토와 예토를 분별하지 않고 처염상정(處染常淨)의 연꽃처럼 정진하여 지혜광명에 머물라.

연주화 · 蓮住華 선정바라밀행으로 정토와 예토를 분별하지 않고 처염상정(處染常淨)의 연꽃처럼 정진하여 지혜광명에 머물라.

연지 · 蓮地 바라밀행을 닦아 연꽃이 피어 정화된 땅과 같이 불국정토를 이루기 위해 중생교화에 앞장서라.

연지 · 蓮智 바라밀의 실천으로 연꽃이 지니고 있는 처염상정(處染常淨)의 공덕과 같이 항상 정진하여 지혜광명에 머물러라.

연지각 · 蓮智覺 법공혜(法空慧) 바라밀 실천으로 연꽃이 지니고 있는 처염상정(處染常淨)의 공덕과 같이 항상 정진하여 지혜광명에 머물러라.

연지광 · 蓮智光 구공혜(俱空慧)의 지혜바라밀 실천으로 연꽃이 지니고 있는 처염상정(處染常淨)의 공덕과 같이 항상 정진하여 지혜광명에 머물러라.

연지덕 · 蓮智德 내원해인(耐怨害忍)의 인욕바라밀 실천으로 연꽃이 지니고 있는 처염상정(處染常淨)의 공덕과 같이 항상 정진하여 지혜광명에 머물러라.

연지도 · 蓮智道 섭율의계(攝律儀戒)의 지계바라밀 실천으로 연꽃이 지니고 있는 처염상정(處染常淨)의 공덕과 같이 항상 정진하여 지혜광명에 머물러라.

연지득 · 蓮地得 수습력(修習力)의 원력바라밀 실천으로 연꽃이 지니고 있는 처염상정(處染常淨)의 공덕과 같이 항상 정진하여 지혜광명에 머물러라.

연지력 · 蓮智力 사택력(思擇力)의 원력바라밀 실천으로 연꽃이 지니고 있는 처염상정(處染常淨)의 공덕과 같이 항상 정진하여 지혜광명에 머물러라.

연지명 · 蓮智明 수용법락(受用法樂)의 지혜바라밀 실천으로 연꽃이 지니고 있는 처염상정(處染常淨)의 공덕과 같이 항상 정진하여 지혜광명에 머물러라.

연지문 · 蓮智門 섭선정진(攝善精進)의 선정바라밀행을 닦아 연꽃이 지니고 있는 처염상정(處染常淨)의 공덕과 같이 항상 정진하여 지혜광명에 머물러라.

연지법 · 蓮智法 변화력(變化力)의

원력바라밀행을 닦아 연꽃이 지니고 있는 처염상정(處染常淨)의 공덕과 같이 항상 정진하여 지혜광명에 머물라.

연지성 · 蓮智性 안수고인(安受苦忍)의 인욕바라밀행을 닦아 연꽃이 지니고 있는 처염상정(處染常淨)의 공덕과 같이 항상 정진하여 지혜광명에 머물라.

연지수 · 蓮智修 피갑정진(被甲精進)의 정진바라밀행을 닦아 연꽃이 지니고 있는 처염상정(處染常淨)의 공덕과 같이 항상 정진하여 지혜광명에 머물라.

연지심 · 蓮智心 안주정려(安住靜慮)의 선정바라밀행을 닦아 연꽃이 지니고 있는 처염상정(處染常淨)의 공덕과 같이 항상 정진하여 지혜광명에 머물라.

연지월 · 蓮智月 진취향과(進趣向果)의 방편바라밀행을 닦아 연꽃이 지니고 있는 처염상정(處染常淨)의 공덕과 같이 항상 정진하여 지혜광명에 머물라.

연지인 · 蓮智仁 내원해인(耐怨害忍)의 인욕바라밀행을 닦아 연꽃이 지니고 있는 처염상정(處染常淨)의 공덕과 같이 항상 정진하여 지혜광명에 머물라.

연지행 · 蓮智行 보시바라밀의 실천으로 연꽃이 지니고 있는 처염상정(處染常淨)의 공덕과 같이 항상 정진하여 지혜광명에 머물라.

연지향 · 蓮智香 지계바라밀의 실천으로 연꽃이 지니고 있는 처염상정(處染常淨)의 공덕과 같이 항상 정진하여 지혜광명에 머물라.

연지화 · 緣智華 깊은 선정바라밀의 실천으로 연꽃이 지니고 있는 처염상정(處染常淨)의 공덕과 같이 항상 정진하여 지혜광명에 머물라.

연행 · 蓮行 바라밀의 실천으로 번뇌의 진흙탕 속에서도 더럽혀짐 없이 아름답게 피는 연꽃처럼 세속에 오염되지 않고 부처님의 가르침을 행하라.

연행각 · 蓮行覺 법공혜(法空慧)의 지혜바라밀을 닦아 번뇌의 진흙탕 속에서도 더럽혀짐 없이 아름답게 피는 연꽃처럼 세속에 오염되지 않고 부처님의 가르침을 행하라.

연행덕 · 蓮行德 내원해인(耐怨害忍)의 인욕바라밀을 닦아 번뇌의 진흙탕 속에서도 더럽혀짐 없이 아름답게 피는 연꽃처럼 세속에 오염되지 않고 부처님의 가르침을 행하라.

연행도 · 蓮行道 섭율의계(攝律儀戒)의 지계바라밀을 닦아 번뇌의 진흙탕 속에서도 더럽혀짐 없이 아름답게 피는 연꽃처럼 세속에 오염되지 않고 부처님의 가르침을 행하라.

연행득 · 蓮行得 수습력(修習力)의 원력바라밀을 닦아 번뇌의 진흙탕 속에서도 더럽혀짐 없이 아름답게 피는 연꽃처럼 세속에 오염되지 않고 부처님의 가르침을 행하라.

연행력 · 蓮行力 사택력(思擇力)의 원력바라밀을 닦아 번뇌의 진흙탕 속에서도 더럽혀짐 없이 아름답게 피는 연꽃처럼 세속에 오염되지 말고 부처님의 가르침을 행하라.

연행명 · 蓮行明 수용법락(受用法樂)의 지혜바라밀을 닦아 번뇌의 진흙탕 속에서도 더럽혀짐 없이 아름답게 피는 연꽃처럼 세속에 오염되지 말고 부처님의 가르침을 행하라.

연행문 · 蓮行門 섭선정진(攝善精進)의 정진바라밀을 닦아 번뇌의 진흙탕 속에서도 더럽혀짐 없이 아름답게 피는 연꽃처럼 세속에 오염되지 않고 부처님의 가르침을 행하라.

연행성 · 蓮行性 안수고인(安受苦忍)의 인욕바라밀을 닦아 번뇌의 진흙탕 속에서도 더럽혀짐 없이 아름답게 피는 연꽃처럼 세속에 오염되지 않고 부처님의 가르침을 행하라.

연행수 · 蓮行修 피갑정진(被甲精進)의 정진바라밀을 닦아 번뇌의 진흙탕 속에서도 더럽혀짐 없이 아름답게 피는 연꽃처럼 세속에 오염되지 않고 부처님의 가르침을 행하라.

연행심 · 蓮行心 안주정려(安住靜慮)의 선정바라밀을 닦아 번뇌의 진흙탕 속에서도 더럽혀짐 없이 아름답게 피는 연꽃처럼 세속에 오염되지 않고 부처님의 가르침을 행하라.

연행주 · 蓮行珠 불사불수(不捨不受)의 방편바라밀을 닦아 번뇌의 진흙탕 속에서도 더럽혀짐 없이 아름답게 피는 연꽃처럼 세속에 오염되지 않고 부처님의 가르침을 행하라.

연행지 · 蓮行智 이타행의 지혜바라밀을 닦아 번뇌의 진흙탕 속에서도 더럽혀짐 없이 아름답게 피는 연꽃처럼 세속에 오염되지 않고 부처님의 가르침을 행하라.

연행화 · 蓮行華 깊은 선정바라밀의 실천으로 번뇌의 진흙탕 속에서도 더럽혀짐 없이 아름답게 피는 연꽃처럼 세속에 오염되지 않고 부처님의 가르침을 행하라.

연화 · 蓮華 '더러운 곳에 처해도 항상 청정한 처염상정(處染常淨) 공덕을 갖춘 연꽃처럼 수행하며 지혜광명을 발하라.

연화 · 演化 바라밀행을 닦아 끊임없이 발전하고 변화하여 성불하려는 원력으로 자리이타의 보살행을 실천하라.

연화각 · 蓮華覺 법공혜(法空慧)의 지혜바라밀을 닦아 처염상정(處染常淨)의 공덕을 갖춘 연꽃처럼 수행하며 지혜광명을 발하라.

연화광 · 蓮華光 구공혜(俱空慧)의 지혜바라밀을 닦아 처염상정(處染常淨)의 공덕을 갖춘 연꽃처럼 수행하며 지혜광명을 발하라.

연화덕 · 蓮華德 내원해인(耐怨害忍)의 인욕바라밀행을 닦아 처염상정(處染常淨)의 공덕을 갖춘 연꽃처럼 수행하며 지혜광명을 발하라.

연화도 · 蓮華道 섭율의계(攝律儀戒)의 지계바라밀행을 닦아 처염상정(處染常淨)의 공덕을 갖춘 연꽃처럼 수행하며 지혜광명을 발하라.

연화득 · 蓮華得 수습력(修習力)의 지혜바라밀행을 닦아 처염상정(處染常淨)의 공덕을 갖춘 연꽃처럼 수행하며 지혜광명을 발하라.

연화력 · 蓮華力 사택력(思擇力)의 원력바라밀행을 닦아 처염상정(處染常淨)의 공덕을 갖춘 연꽃처럼 수행하며 지혜광명을 발하라.

연화명 · 蓮華明 수용법락지(受用法樂智)의 지혜바라밀행을 닦아 처염상정(處染常淨)의 공덕을 갖춘 연꽃처럼 수행하며 지혜광명을 발하라.

연화문 · 蓮華門 섭선정진(攝善精進)의 정진바라밀행을 닦아 처염상정(處染常淨)의 공덕을 갖춘 연꽃처럼 수행하며 지혜광명을 발하라.

연화법 · 蓮華法 변화력(變化力)의 원력바라밀행을 닦아 처염상정(處染常淨)의 공덕을 갖춘 연꽃처럼 수행하며 지혜광명을 발하라.

연화선 · 蓮華宣 교회유무(巧會有無)의 방편바라밀행을 닦아 처염상정(處染常淨)의 공덕을 갖춘 연꽃처럼 수행하며 지혜광명을 발하라.

연화성 · 蓮華成 무외시의 보시바라밀행을 닦아 처염상정(處染常淨)의 공덕을 갖춘 연꽃처럼 수행하며 지혜광명을 발하라.

연화성 · 蓮華性 안수고인(安受苦忍)의 인욕바라밀행을 닦아 처염상정(處染常淨)의 공덕을 갖춘 연꽃처럼 수행하며 지혜광명을 발하라.

연화수 · 蓮華修 피갑정진(被甲精進)의 정진바라밀행을 닦아 처염상정(處染常淨)의 공덕을 갖춘 연꽃처럼 수행하며 지혜광명을 발하라.

연화신 · 蓮花信 섭중생계(攝衆生戒)의 지계바라밀행을 닦아 처염상정(處染常淨)의 공덕을 갖춘 연꽃처럼 수행하며 지혜광명을 발하라.

연화심 · 蓮華心 안주정려(安住靜慮)의 선정바라밀행을 닦아 처염상정(處染常淨)의 공덕을 갖춘 연꽃처럼 수행하며 지혜광명을 발하라.

연화정 · 蓮華淨 이락정진(利樂精進)의 정진바라밀행을 닦아 처염상정(處染常淨)의 공덕을 갖춘 연꽃처럼 수행하며 지혜광명을 발하라.

연화주 · 蓮華珠 불사불수(不捨不受)의 방편바라밀행을 닦아 처염상정(處染常淨)의 공덕을 갖춘 연꽃처럼 수행하며 지혜광명을 발하라.

연화지 · 蓮華智 무상지(無上智)의 지혜바라밀행을 닦아 처염상정(處染常淨)의 공덕을 갖춘 연꽃처럼 수행하며 지혜광명을 발하라.

연화행 · 蓮華行 보시바라밀행을 닦아 처염상정(處染常淨)의 공덕을 갖춘 연꽃처럼 수행하며 지혜광명을 발하라.

연화향 · 蓮華香 지계바라밀행을 닦아 처염상정(處染常淨)의 공덕을 갖춘 연꽃처럼 수행하며 지혜광명을 발하라.

연회 · 緣會 항상 『법화경』을 외우고 보현관행을 닦으며, 연꽃과 같은 공덕을 널리 실천하라.

연회성 · 緣會性 안수고인(安受苦忍)의 인욕바라밀을 실천하여 사철 시들지 않는 연꽃처럼 널리 공덕을 실천하라.

연회심 · 緣會心 안주정려(安住靜慮)의 선정바라밀을 실천하여 사철 시들지 않는 연꽃처럼 널리 공덕을 실천하라.

연회지 · 緣會智 이타행의 지혜바라밀을 실천하여 사철 시들지 않는 연꽃처럼 널리 공덕을 실천하라.

연회향 · 緣會香 섭선법계(攝善法戒)의 지계바라밀을 실천하여 사철 시들지 않는 연꽃처럼 널리 공덕을 실천하라.

열의 · 悅意 바라밀행을 닦아 매우 기쁜 마음으로 부처님의 가르침을 체득하고 주저함이 없이 적극적으로 보살행을 실천하라.

염거 · 焰炬 바라밀행을 닦아 부처님의 가르침을 체득하고 진리의 횃불을 높이 들어 사바세계를 진리광명으로 비추어라.

염광 · 焰光 바라밀행을 닦아 부처님의 가르침이 원광일심으로 사바세계를 비출 수 있도록 중생교화에 매진하라.

염길 · 焰吉 바라밀행을 닦아 지혜가 불꽃처럼 빛나고, 상서로운 복덕이 충만하여 자리이타의 보살행 실천에 힘써라.

염상 · 念常 바라밀행을 닦아 항상 자신을 돌아보며 염불하는 원력을 세워 자리이타의 보살행을 실천하라.

염순 · 念純 바라밀행을 닦아 순일무잡한 마음으로 부처님을 염(念)하여 현세정토의 이상을 실현하여 많은 사람을 부처님의 가르침으로 이끌어 주어라.

염안 · 焰眼 바라밀행을 닦아 불꽃과 같은 지혜로 세간을 꿰뚫어 볼 수 있는 안목을 갖추고 많은 사람을 이롭게 하라.

염운 · 焰雲 바라밀행을 닦아 세간을 부처님의 광명과 염운으로 감싸 현세정토의 이상을 실현할 수 있도록 보살행을 실천하라.

염촉 · 厭觸 바라밀행을 닦아 싫은

느낌을 혐오하지도, 좋은 느낌에 집착하지도 않는 여여한 마음을 갖추어라.

염혜 · 焰慧 바라밀행을 닦아 부처님의 가르침을 체득하여 지혜의 불꽃이 세간을 비출 수 있도록 대승보살도를 실천하라.

영간 · 靈幹 바라밀행을 닦아 복덕과 지혜를 체득하여 세상에 으뜸가는 지도자가 되어라.

영곡 · 影谷 바라밀행을 닦아 그림자 드리운 계곡의 무상함을 요달하고 자리이타의 보살행을 실천하라.

영곡 · 靈谷 바라밀행을 닦아 총명하고 신비한 진리의 수로가 되어 보살행을 실천하라.

영공 · 靈空 영공운중(靈空雲中)에는 비와 바람이 없으나 대지에는 부처님의 감로의 법우가 내리는 이치를 깨우쳐 중생 제도에 힘써라.

영관 · 靈觀 바라밀행을 닦아 총명하고 신비한 관법 수행을 익혀 자리이타의 보살행을 실천하라.

영국 · 靈國 바라밀행을 닦아 신령스러운 불국토에 한량없는 중생이 머물 수 있도록 자리이타의 대승보살도를 실천하라.

영근 · 英僅 바라밀행을 닦아 사람의 형상을 하고도 부족함이 많은 복덕과 지혜를 구족하여 자리이타행을 실천하라.

영근 · 令斤 바라밀행을 닦아 항상 몸가짐과 언행을 조심하고, 자리이타의 보살행을 실천하라.

영기 · 永耆 바라밀을 실천하여 영원토록 많은 사람에게 보살행을 실천할 수 있는 뛰어난 불자가 되어라.

영녕 · 永寧 바라밀행을 닦아 영원토록 강녕하고 안락을 이룰 수 있는 복덕과 지혜를 성취하라.

영단 · 靈彖 바라밀행을 닦아 신통한 지혜로 세간의 모든 일을 여여하게 판단할 수 있는 정신적 지도자가 되어라.

영담 · 靈潭 바라밀행을 닦고 자리이타를 실천하여 덕향(德香)이 감도는 보살행자가 되어라.

영담 · 影潭 바라밀행을 닦아서 연못에 비춘 그림자가 때가 되면 사라지듯 무상함을 깨우쳐 눈앞에 보이는 현실에 집착하지 않는 지혜를 체득하라.

영덕 · 永德 바라밀행을 닦아 유위법에 집착하지 말고 영원한 공덕의 빛을 발하는 불도(佛道)에 정진하라.

영덕 · 瑛悳 바라밀행을 닦아서 옥빛과 같은 변치 않은 공덕을 쌓아 자리이타의 대승보살도를 실천하라.

영덕문 · 永德門 섭선정진(攝善精進) 바라밀을 실천하여 시세와 이익에 따라 변하는 덧없는 것에 집착하지 말고 영원한 공덕의 빛을 발하는 무위법(無爲法)에 정진하라.

영덕성 · 永德性 안수고인(安受苦忍)의 인욕바라밀을 실천하여 시세와 이익에 따라 변하는 덧없는 것에 집착하지 말고 영원한 공덕의 빛을 발하는 무위법(無爲法)에 정진하라.

영덕수 · 永德修 피갑정진(被甲精進) 바라밀을 실천하여 시세와 이익에 따라 변하는 덧없는 것에 집착하지 말고 영원한 공덕의 빛을 발하는 무위법(無爲法)에 정진하라.

영덕심 · 永德心 안주정려(安住靜慮) 바라밀을 실천하여 시세와 이익에 따라 변하는 덧없는 것에 집착하지 말고 영원한 공덕의 빛을 발하는 무위법(無爲法)에 정진하라.

영덕인 · 永德仁 내원해인(耐怨害忍)의 인욕바라밀을 실천하여 시세와 이익에 따라 변하는 덧없는 것

에 집착하지 말고 영원한 공덕의 빛을 발하는 무위법(無爲法)에 정진하라.

영덕주 · 永德珠 불사불수(不捨不受) 방편바라밀을 실천하여 시세와 이익에 따라 변하는 덧없는 것에 집착하지 말고 영원한 공덕의 빛을 발하는 무위법(無爲法)에 정진하라.

영덕행 · 永德行 보시바라밀을 실천하여 시세와 이익에 따라 변하는 덧없는 것에 집착하지 말고 영원한 공덕의 빛을 발하는 무위법(無爲法)에 정진하라.

영덕향 · 永德香 지계바라밀을 실천하여 시세와 이익에 따라 변하는 덧없는 것에 집착하지 말고 영원한 공덕의 빛을 발하는 무위법(無爲法)에 정진하라.

영덕화 · 永德華 선정바라밀을 실천하여 시세와 이익에 따라 변하는 덧없는 것에 집착하지 말고 영원한 공덕의 빛을 발하는 무위법(無爲法)에 정진하라.

영림 · 靈林 신령스럽고 한적한 숲에서 선정바라밀에 집중하라.

영명 · 靈明 바라밀행을 닦아 본래의 진면목인 불성을 체득하라.

영명 · 永明 바라밀행을 닦아 불멸의 지혜를 체득하고 이타행의 공덕을 쌓아라.

영명 · 英明 바라밀의 실천으로 영특하고 총명함을 갖추어 많은 사람을 이롭게 하라.

영민 · 永旻 바라밀행을 닦아 가을 하늘과 같이 청정한 마음과 중생 구제의 원력으로 보살행을 실천하라.

영배 · 英培 바라밀을 실천하고 뛰어난 인재를 육성하여 전법교화의 길로 나서도록 이끌어 주어라.

영법 · 影法 중생의 안목을 현혹시키는 모든 현상은 마음의 그림자임을 깨달아 다시는 현상에 미혹되지 않도록 마음으로 관(觀)하고 지혜를 성취하라.

영법성 · 影法性 안수고인(安受苦忍)의 인욕바라밀행으로 중생의 안목을 현혹시키는 모든 현상은 마음의 그림자임을 깨달아 다시는 현상에 미혹되지 않도록 마음으로 관(觀)하고 지혜를 성취하라.

영법수 · 影法修 피갑정진(被甲精進)의 정진바라밀행으로 중생의 안목을 현혹시키는 모든 현상은 마음의 그림자임을 깨달아 다시는 현상에 미혹되지 않도록 마음으로 관(觀)하고 지혜를 성취하라.

영법심 · 影法心 안주정려(安住靜慮)의 선정바라밀행으로 중생의 안목을 현혹시키는 모든 현상은 마음의 그림자임을 깨달아 다시는 현상에 미혹되지 않도록 마음으로 관(觀)하고 지혜를 성취하라.

영법주 · 影法珠 불사불수(不捨不受)의 방편바라밀행으로 중생의 안목을 현혹시키는 모든 현상은 마음의 그림자임을 깨달아 다시는 현상에 미혹되지 않도록 마음으로 관(觀)하고 지혜를 성취하라.

영법지 · 影法智 이타행의 지혜바라밀행으로 중생의 안목을 현혹시키는 모든 현상은 마음의 그림자임을 깨달아 다시는 현상에 미혹되지 않도록 마음으로 관(觀)하고 지혜를 성취하라.

영법행 · 影法行 보시바라밀행으로 중생의 안목을 현혹시키는 모든 현상은 마음의 그림자임을 깨달아 다시는 현상에 미혹되지 않도록 마음으로 관(觀)하고 지혜를 성취하라.

영법향 · 影法香 지계바라밀행으로 중생의 안목을 현혹시키는 모든 현상은 마음의 그림자임을 깨달아 다시는 현상에 미혹되지 않도록 마음으로 관(觀)하고 지혜를 성취하라.

영법화 · 影法華 선정바라밀행으로 중생의 안목을 현혹시키는 모든 현상은 마음의 그림자임을 깨달아 다시는 현상에 미혹되지 않도록 마음으로 관(觀)하고 지혜를 성취하라.

영벽 · 靈壁 바라밀행을 닦아 불국토를 외호하는 신령스러운 성벽처럼 중생을 보호하고 이롭게 하라.

영변 · 靈辨 바라밀행을 닦아 분별을 넘어선 신령스러운 지혜로 중생 제도에 앞장서라.

영변 · 英辯 바라밀행을 닦아 언사에 걸림이 없는 소통력을 갖추어 중생을 제도하는 데 앞장서라.

영분 · 寧賁 바라밀행을 닦아 광대무변한 불국토가 형성될 수 있도록 중생 교화의 원력을 세우고 실천하라.

영산 · 靈山 바라밀행을 닦아 영축산에서 설하신 부처님의 가르침을 체득하고 『법화경』으로 많은 사람을 제도하라.

영산 · 影山 바라밀을 행하여 물에 비친 산처럼 모든 현상이 공한 이치를 깨우쳐 지혜를 체득하고 수승한 근기를 갖추어라.

영산명 · 影山明 수용법락(受用法樂)의 지혜바라밀을 행하여 물에 비친 산처럼 모든 현상이 공한 이치를 깨우쳐 지혜를 체득하고 수승한 근기를 갖추어라.

영산법 · 影山法 변화력(變化力)의 원력바라밀을 행하여 물에 비친 산처럼 모든 현상이 공한 이치를 깨우쳐 지혜를 체득하고 수승한 근기를 갖추어라.

영산수 · 影山水 불사불수(不捨不受)의 방편바라밀을 행하여 물에 비친 산처럼 모든 현상이 공한 이치를 깨우쳐 지혜를 체득하고 수승한 근기를 갖추어라.

영산심 · 影山心 안주정려(安住靜慮)의 선정바라밀을 행하여 물에 비친 산처럼 모든 현상이 공한 이치를 깨우쳐 지혜를 체득하고 수승한 근기를 갖추어라.

영산원 · 影山願 보리원의 원력바라밀을 행하여 물에 비친 산처럼 모든 현상이 공한 이치를 깨우쳐 지혜를 체득하고 수승한 근기를 갖추어라.

영산월 · 影山月 진취향과(進趣向果)의 방편바라밀을 행하여 물에 비친 산처럼 모든 현상이 공한 이치를 깨우쳐 지혜를 체득하고 수승한 근기를 갖추어라.

영산지 · 影山智 이타행의 무상지 바라밀을 행하여 물에 비친 산처럼 모든 현상이 공한 이치를 깨우쳐 지혜를 체득하고 수승한 근기를 갖추어라.

영산해 · 影山海 외화원(外化願)의 원력바라밀을 행하여 물에 비친 산처럼 모든 현상이 공한 이치를 깨우쳐 지혜를 체득하고 수승한 근기를 갖추어라.

영산행 · 影山行 보시바라밀을 행하여 물에 비친 산처럼 모든 현상이 공한 이치를 깨우쳐 지혜를 체득하고 수승한 근기를 갖추어라.

영산향 · 影山香 지계바라밀을 행하여 물에 비친 산처럼 모든 현상이 공한 이치를 깨우쳐 지혜를 체득하고 수승한 근기를 갖추어라.

영산혜 · 影山惠 아공혜(我空慧)의 바라밀을 체득하여 물에 비친 산처럼 모든 현상이 공한 이치를 깨우쳐 지혜를 체득하고 수승한 근기를 갖추어라.

영산화 · 影山華 선정바라밀을 행하여 물에 비친 산처럼 모든 현상이 공한 이치를 깨우쳐 지혜를 체득하고 수승한 근기를 갖추어라.

영산화 · 影山和 체찰법인(諦察法

忍)의 인욕바라밀을 행하여 물에 비친 산처럼 모든 현상이 공한 이치를 깨우쳐 지혜를 체득하고 수승한 근기를 갖추어라.

영상 · 影相 중생을 현혹시키는 모든 현상은 마음의 그림자임을 깨달아 다시는 현상에 미혹되지 않도록 마음으로 관하는 선정을 닦아라.

영서 · 榮西 바라밀행을 닦아 아름다운 서방정토가 이 땅에서 구현될 수 있도록 자리이타의 보살행을 실천하라.

영서화 · 靈瑞華 바라밀행을 닦아 세상에서 흔히 볼 수 없는 희유한 공덕을 성취하고 금륜명왕 부처님이 나투실 수 있도록 중생교화의 원력을 세워 실천하라.

영소 · 永素 바라밀을 행하여 억겁 동안 쌓여 있던 번뇌 망상을 여의고 자신의 본모습, 진면목을 찾아라.

영소덕 · 永素德 내원해인(耐怨害忍)의 인욕바라밀을 행하여 억겁 동안 쌓여 있던 번뇌 망상을 여의고 자신의 본모습, 진면목을 찾아라.

영소문 · 永素門 섭선정진(攝善精進) 바라밀을 행하여 억겁 동안 쌓여 있던 번뇌 망상을 여의고 자신의 본모습, 진면목을 찾아라.

• 아행

영소법 · 永素法 계정혜 삼학을 배우고 원력바라밀을 행하여 억겁 동안 쌓여 있던 번뇌 망상을 여의고 자신의 본모습, 진면목을 찾아라.

영소성 · 永素性 안수고인(安受苦忍)의 인욕바라밀을 행하여 억겁 동안 쌓여 있던 번뇌 망상을 여의고 자신의 본모습을 찾아 인간관계 개선에 힘써라.

영소심 · 永素心 안주정려(安住靜慮) 바라밀을 행하여 억겁 동안 쌓여 있던 번뇌 망상을 여의고 자신의 본모습을 잘 다스려라.

영소월 · 永素月 진취향과(進趣向果)의 방편바라밀을 행하여 억겁 동안 쌓여 있던 번뇌 망상을 여의고 자신의 본모습, 진면목을 찾아 방편력으로 중생을 이롭게 하라.

영소인 · 永素仁 내원해인(耐怨害忍)의 인욕바라밀을 행하여 억겁 동안 쌓여 있던 번뇌 망상을 여의고 자신의 본모습, 진면목을 찾아 인간관계를 개선하라.

영소지 · 永素智 무상지(無上智)의 지혜바라밀을 행하여 억겁 동안 쌓여 있던 번뇌 망상을 여의고 자신의 본모습, 진면목을 찾아 많은 공덕을 지어라.

영소행 · 永素行 보시바라밀을 행하여 억겁 동안 쌓여 있던 번뇌 망상을 여의고 자신의 본모습, 진면목을 찾아 은혜를 베풀고 공덕을 많이 쌓아라.

영소향 · 永素香 지계바라밀을 행하여 억겁 동안 쌓여 있던 번뇌 망상을 여의고 자신의 본모습, 진면목을 찾아 덕향을 널리 확산시켜라.

영소화 · 永素華 깊은 선정바라밀을 행하여 억겁 동안 쌓여 있던 번뇌 망상을 여의고 자신의 본모습, 진면목을 찾아 덕향을 널리 확산시켜라.

영수 · 永秀 신라의 고승으로 817년 이차돈이 순교하자 무덤에 예불할 향도를 모아 단을 만들고 법회를 개최함. 바라밀을 실천하여 영원히 수승한 근기를 갖추어 중생에게 희망을 주어라.

영수성 · 永秀性 안수고인(安受苦忍)의 인욕바라밀을 실천하여 영원히 수승한 근기를 갖추어 중생에게 희망을 주어라.

영수정 · 永秀淨 이락정진(利樂精進)의 정진바라밀을 실천하여 영원히 수승한 근기를 갖추어 중생에게 희망을 주어라.

영수행 · 永秀行 보시바라밀을 실천하여 영원히 수승한 근기를 갖추어 중생에게 희망을 주어라.

영수화 · 永秀華 깊은 선정바라밀을 실천하여 영원히 수승한 근기를 갖추어 중생에게 희망을 주어라.

영심 · 永深 신라의 고승으로 경덕왕 때 진표 율사의 제자. 바라밀을 행하여 영원하고 깊은 진리를 체득하고 이타행을 실천하라.

영심문 · 永深門 섭선정진(攝善精進)의 정진바라밀을 행하여 영원하고 깊은 진리를 체득하고 이타행을 실천하라.

영심인 · 永深仁 내원해인(耐怨害忍)의 인욕바라밀을 행하여 영원하고 깊은 진리를 체득하고 이타행을 실천하라.

영심지 · 永深智 무상지(無上智)의 지혜바라밀을 행하여 영원하고 깊은 진리를 체득하고 이타행을 실천하라.

영심행 · 永深行 보시바라밀을 행하여 영원하고 깊은 진리를 체득하고 이타행을 실천하라.

영심화 · 永深華 깊은 선정바라밀을 행하여 영원하고 깊은 진리를 체득하고 이타행을 실천하라.

영안 · 永安 바라밀의 실천으로 길이길이 평안함을 성취하고 이타행의 원력으로 한량없는 중생에게 복덕을 지어라.

영안성 · 永安性 안수고인(安受苦忍)의 인욕바라밀 실천으로 길이길이 평안함을 성취하고 이타행의 원력으로 한량없는 중생에게 복덕을 지어라.

영안수 · 永安修 피갑정진(被甲精進)의 정진바라밀 실천으로 길이길이 평안함을 성취하고 이타행의 원력으로 한량없는 중생에게 복덕을 지어라.

영안심 · 永安心 안주정려(安住靜慮)의 선정바라밀 실천으로 길이길이 평안함을 성취하고 이타행의 원력으로 한량없는 중생에게 복덕을 지어라.

영안지 · 永安智 무상지(無上智)의 지혜바라밀 실천으로 길이길이 평안함을 성취하고 이타행의 원력으로 한량없는 중생에게 복덕을 지어라.

영안행 · 永安行 보시바라밀 실천으로 길이길이 평안함을 성취하고 이타행의 원력으로 한량없는 중생에게 복덕을 지어라.

영여 · 迎如 바라밀의 실천으로 부처님의 가르침을 여법하게 체득하고 마음으로 영접하라.

영예 · 靈睿 바라밀행을 닦아 신령스러우며 슬기롭고 총명해져서 성인의 언행, 부처님의 가르침을 잘 기억하고 널리 전하라.

영예각 · 靈睿覺 법공혜(法空慧)의 지혜바라밀행을 닦아 신령스러우며 슬기롭고 총명해져서 성인의 언행, 부처님의 가르침을 잘 기억하고 널리 전하라.

영예덕 · 靈睿德 내원해인(耐怨害忍)의 인욕바라밀행을 닦아 신령스러우며 슬기롭고 총명해져서 성인의 언행, 부처님의 가르침을 잘 기억하고 널리 전하라.

영예도 · 靈睿道 섭율의계(攝律儀戒)의 지계바라밀행을 닦아 신령스러우며 슬기롭고 총명해져서 성인의 언행, 부처님의 가르침을 잘 기억하고 널리 전하라.

영예문 · 靈睿門 섭선정진(攝善精進)의 정진바라밀행을 닦아 신령스러우며 슬기롭고 총명해져서 성인의 언행, 부처님의 가르침을 잘 기억하고 널리 전하라.

영예성 · 靈睿性 안수고인(安受苦忍)의 인욕바라밀행을 닦아 신령스러우며 슬기롭고 총명해져서 성인의 언행, 부처님의 가르침을 잘 기억하고 널리 전하라.

영예수 · 靈睿修 피갑정진(被甲精進)의 정진바라밀행을 닦아 신령스러우며 슬기롭고 총명해져서 성인의 언행, 부처님의 가르침을 잘 기억하고 널리 전하라.

영예심 · 靈睿心 안주정려(安住靜慮)의 선정바라밀행을 닦아 신령스러우며 슬기롭고 총명해져서 성인의 언행, 부처님의 가르침을 잘 기억하고 널리 전하라.

영예주 · 靈睿珠 불사불수(不捨不受)의 방편바라밀행을 닦아 신령스러우며 슬기롭고 총명해져서 성인의 언행, 부처님의 가르침을 잘 기억하고 널리 전하라.

영예지 · 靈睿智 무상지(無上智)의 지혜바라밀행을 닦아 신령스러우며 슬기롭고 총명해져서 성인의 언행, 부처님의 가르침을 잘 기억하고 널리 전하라.

영예행 · 靈睿行 보시바라밀행을 닦아 신령스러우며 슬기롭고 총명해져서 성인의 언행, 부처님의 가르침을 잘 기억하고 널리 전하라.

영예향 · 靈睿香 지계바라밀행을 닦아 신령스러우며 슬기롭고 총명해져서 성인의 언행, 부처님의 가르침을 잘 기억하고 널리 전하라.

영예화 · 靈睿華 선정바라밀행을 닦아 신령스러우며 슬기롭고 총명해져서 성인의 언행, 부처님의 가르침을 잘 기억하고 널리 전하라.

영오 · 寧遨 바라밀행을 닦아 슬기롭고 총명한 지혜를 체득하고 불국토에서 노닐 수 있도록 보살행을 실천하라.

영우 · 靈祐 바라밀행으로 일원상의 도상을 보며 일체의 지혜를 닦는 위앙종의 수행법을 익혀 중생을 교화하라.

영우 · 永愚 바라밀행을 닦아 영원무궁토록 이어지는 부처님의 가르침을 만나 자리이타의 보살행을 실천하라.

영운 · 靈雲 바라밀행을 닦아 신령스러운 구름처럼 메마른 중생의 마음을 감로의 단비로 적셔 지혜롭게 제도하라.

영운 · 靈運 바라밀행을 닦아 어리석은 중생의 마음에 부처님의 법을 만날 수 있는 행운을 가져다 주어라.

영원 · 靈源 바라밀행을 닦고 여러 스님의 가르침을 참학하여 내외 경전을 통달하고 불법의 근원을 체득하라.

영월 · 詠月 바라밀을 실천하여 밝은 달과 맑은 바람을 읊조린다는 영월조풍(詠月嘲風)의 고고한 지혜와 복덕을 갖추어라.

영월도 · 詠月道 섭율의계(攝律儀戒)의 지계바라밀을 실천하여 밝은 달과 맑은 바람을 읊조린다는 영월조풍(詠月嘲風)의 고고함을 지녀라.

영월수 · 詠月修 피갑정진(被甲精進)의 정진바라밀을 실천하여 밝은 달과 맑은 바람을 읊조린다는 영월조풍(詠月嘲風)의 고고함을 지녀라.

영월심 · 詠月心 안주정려(安住靜慮)의 선정바라밀을 실천하여 밝은 달과 맑은 바람을 읊조린다는 영월조풍(詠月嘲風)의 고고함을 지녀라.

영월주 · 詠月珠 불사불수(不捨不受)의 방편바라밀을 실천하여 밝은 달과 맑은 바람을 읊조린다는 영월조풍(詠月嘲風)의 고고함을 지녀라.

영위 · 令威 지계바라밀을 실천하여 선지식의 위의를 갖추고 국제적인 전법교화에 앞장서라.

영유 · 靈裕 바라밀행을 닦아 정신적으로 넉넉하고 여유로운 지혜를 갖추어 자리이타의 보살행을 실천하라.

영윤 · 靈潤 바라밀행을 닦아 신령스러운 지혜로 중생의 메마른 마음을 기름지고 윤택하게 할 수 있는 보살행을 실천하라.

영일 · 靈一 바라밀행을 닦고 실천하여 몸과 마음이 하나가 될 수 있는 지혜를 체득하라.

영장 · 靈藏 바라밀행을 닦아 신성한 불성이 함장되어 있는 자신을 깨우치고 자리이타의 보살행을 실천하라.

영재 · 永才 바라밀행을 닦아 영원무궁토록 남을 이롭게 할 수 있는 재능을 갖추어 중생 교화에 앞장서라.

영제 · 永堤 바라밀행을 닦아 영원한 진리의 제방이 되어 중생이 삼독심에 물들지 않도록 제도하라.

영조 · 靈照 바라밀행을 닦아 신령스러운 지혜로 중생이 오온이 공함을 비추어 볼 수 있도록 교화에 앞장서라.

영조 · 永照 바라밀행을 닦아 영원한 부처님의 가르침이 중생을 비추어 제도할 수 있도록 교화에 앞장서라.

영조 · 聆照 바라밀행을 닦고 설법을 많이 들어 명경지수에 자신의 얼굴을 비추어 보듯 관조하여 진리를 체득하고 부처님의 법을 널리 전하라.

영조각 · 聆照覺 법공혜(法空慧)의 지혜바라밀행을 닦고 설법을 많이 들어 명경지수에 자신의 얼굴을 비추어 보듯 관조하여 진리를 체득하고 부처님의 법을 널리 전하라.

영조덕 · 聆照德 내원해인(耐怨害忍)의 인욕바라밀행을 닦고 설법을 많이 들어 명경지수에 자신의 얼굴을 비추어 보듯 관조하여 진리를 체득하고 부처님의 법을 널리 전하라.

영조명 · 聆照明 수용법락(受用法樂)의 지혜바라밀행을 닦고 설법을 많이 들어 명경지수에 자신의 얼굴을 비추어 보듯 관조하여 진리를 체득하고 부처님의 법을 널리 전하라.

영조문 · 聆照門 섭선정진(攝善精進)의 정진 바라밀행을 닦고 설법을 많이 들어 명경지수에 자신의 얼굴을 비추어 보듯 관조하여 진리를 체득하고 부처님의 법을 널리 전하라.

영조성 · 聆照性 안수고인(安受苦忍)의 인욕바라밀행을 닦고 설법을 많이 들어 명경지수에 자신의 얼굴을 비추어 보듯 관조하여 진리를 체득하고 부처님의 법을 널리 전하라.

영조수 · 聆照修 피갑정진(被甲精進) 바라밀행을 닦고 설법을 많이 들어 명경지수에 자신의 얼굴을 비추어 보듯 관조하여 진리를 체득하고 부처님의 법을 널리 전하라.

영조심 · 聆照心 안주정려(安住靜慮)의 선정바라밀행을 닦고 설법을 많이 들어 명경지수에 자신의 얼굴을 비추어 보듯 관조하여 진리를 체득하고 부처님의 법을 널리 전하라.

영조월 · 聆照月 진취향과(進趣向果)의 방편바라밀행을 닦고 설법을 많이 들어 명경지수에 자신의 얼굴을 비추어 보듯 관조하여 진리를 체득하고 부처님의 법을 널리 전하라.

영조행 · 聆照行 보시바라밀행을 닦고 설법을 많이 들어 명경지수에 자신의 얼굴을 비추어 보듯 관조하여 진리를 체득하고 부처님의 법을 널리 전하라.

영조향 · 聆照香 지계바라밀행을 닦고 설법을 많이 들어 명경지수에

자신의 얼굴을 비추어 보듯 관조하여 진리를 체득하고 부처님의 법을 널리 전하라.

영조화 · 聆照華 깊은 선정바라밀행을 닦고 설법을 많이 들어 명경지수에 자신의 얼굴을 비추어 보듯 관조하여 진리를 체득하고 부처님의 법을 널리 전하라.

영종 · 令宗 바라밀행으로 선법을 체득하여 선근을 증장시키고 부처님의 법을 널리 전하라.

영준 · 令遵 바라밀행을 닦고 취미무학(翠微無學)의 화두를 간택하여 달마 대사가 서쪽에서 오신 뜻을 체득하고 지혜로서 자리이타의 보살행을 실천하라.

영중 · 永中 바라밀행을 닦아 오래도록 치우치지 않는 불일불이(不一不二)의 지혜를 체득하고 부처님의 법을 널리 전하라.

영지 · 靈芝 바라밀행을 닦아 부처님을 일산(日傘)으로 외호하듯이 종지종풍을 외호하는 보살행자가 되어라.

영찬 · 靈璨 바라밀행을 닦아 신령스럽게 빛나는 여의주를 얻어 자리이타의 보살행을 실천하라.

• 아행

영철 · 靈澈 바라밀행을 닦아 맑은 물과 같이 들여다 볼 수 있는 청정한 마음을 갖추고 신령스러운 지혜로서 중생 교화에 앞장서라.

영철 · 永徹 바라밀행을 닦아 영원한 부처님의 진리를 꿰뚫어 지혜를 성취하고 보살행을 실천하라.

영초 · 令超 바라밀행을 닦아 세간의 윤회를 뛰어 넘어 밝은 지혜를 체득하고 걸림 없는 생각과 말과 행동을 실천할 수 있는 여의주를 얻어라.

영초덕 · 令超德 내원해인(耐怨害忍)의 인욕바라밀행을 닦아 세간의 윤회를 뛰어넘어 밝은 지혜를 체득하고 걸림 없는 생각과 말과 행동을 실천할 수 있는 여의주를 얻어라.

영초득 · 令超得 수습력(修習力)의 원력바라밀행을 닦아 세간의 윤회를 뛰어넘어 밝은 지혜를 체득하고 걸림 없는 생각과 말과 행동을 실천할 수 있는 여의주를 얻어라.

영초명 · 令超明 수용법락(受用法樂)의 지혜바라밀행을 닦아 세간의 윤회를 뛰어넘어 밝은 지혜를 체득하고 걸림 없는 생각과 말과 행동을 실천할 수 있는 여의주를 얻어라.

영초문 · 令超門 섭선정진(攝善精進)의 정진바라밀행을 닦아 세간의 윤회를 뛰어넘어 밝은 지혜를 체득하고 걸림 없는 생각과 말과 행동을 실천할 수 있는 여의주를 얻어라.

영초성 · 令超性 안수고인(安受苦忍)의 인욕바라밀행을 닦아 세간의 윤회를 뛰어넘어 밝은 지혜를 체득하고 걸림 없는 생각과 말과 행동을 실천할 수 있는 여의주를 얻어라.

영초수 · 令超修 피갑정진(被甲精進)의 정진바라밀행을 닦아 세간의 윤회를 뛰어넘어 밝은 지혜를 체득하고 걸림 없는 생각과 말과 행동을 실천할 수 있는 여의주를 얻어라.

영초심 · 令超心 안주정려(安住靜慮)의 바라밀행을 닦아 세간의 윤회를 뛰어넘어 밝은 지혜를 체득하고 걸림 없는 생각과 말과 행동을 실천할 수 있는 여의주를 얻어라.

영초월 · 令超月 진취향과(進趣向果)의 방편바라밀행을 닦아 세간의 윤회를 뛰어넘어 밝은 지혜를 체득하고 걸림 없는 생각과 말과 행동을 실천할 수 있는 여의주를 얻어라.

영초인 · 令超仁 내원해인(耐怨害忍)의 인욕바라밀행을 닦아 세간의 윤회를 뛰어넘어 밝은 지혜를 체득하고 걸림 없는 생각과 말과 행동을 실천할 수 있는 여의주를 얻어라.

영초지 · 슈超智 이타행의 지혜바
라밀행을 닦아 세간의 윤회를 뛰
어넘어 밝은 지혜를 체득하고 걸림
없는 생각과 말과 행동을 실천할
수 있는 여의주를 얻어라.

영초행 · 슈超行 보시바라밀행을
닦아 세간의 윤회를 뛰어넘어 밝은
지혜를 체득하고 걸림 없는 생각과
말과 행동을 실천할 수 있는 여의
주를 얻어라.

영초향 · 슈超香 지계바라밀행을
닦아 세간의 윤회를 뛰어넘어 밝은
지혜를 체득하고 걸림 없는 생각과
말과 행동을 실천할 수 있는 여의
주를 얻어라.

영초화 · 슈超華 선정바라밀행을
닦아 세간의 윤회를 뛰어넘어 밝은
지혜를 체득하고 걸림 없는 생각과
말과 행동을 실천할 수 있는 여의
주를 얻어라.

영탄 · 靈坦 바라밀행을 닦아 신령
스러운 지혜와 너그러운 마음을 체
득하고 중생의 삼독심을 제거해 줄
수 있도록 하라.

영파 · 影坡 바라밀행을 닦아 그림
자와 같이 조건 속에서 존재하는
허망함을 쫓지 말고 진리의 고개를

넘어 중생 교화에 앞장서라.

영허 · 暎虛 바라밀행을 닦아 진리
의 거울에 자신을 비추어 보며 허
망한 생각을 모두 내려놓으라.

영현 · 影現 부처님이 중생을 제도
하기 위해 그 모습을 나타내는 것.
바라밀을 실천하여 자신의 내면에
있는 부처님을 친견하고 진면목을
찾아라.

영현각 · 影現覺 법공혜(法空慧)의
지혜바라밀을 실천하여 자신의 내
면에 있는 부처님을 친견하고 진면
목을 찾아라.

영현덕 · 影現德 내원해인(耐怨害
忍)의 인욕바라밀을 실천하여 자신
의 내면에 있는 부처님을 친견하고
진면목을 찾아라.

영현도 · 影現道 섭율의계(攝律儀
戒)의 지계바라밀을 실천하여 자신
의 내면에 있는 부처님을 친견하고
진면목을 찾아라.

영현문 · 影現門 섭선정진(攝善精
進)의 정진바라밀을 실천하여 자신
의 내면에 있는 부처님을 친견하고
진면목을 찾아라.

영현성 · 影現性 안수고인(安受苦
忍)의 인욕바라밀을 실천하여 자신

의 내면에 있는 부처님을 친견하고 진면목을 찾아라.

영현수 · 影現修 피갑정진(被甲精進)의 정진바라밀을 실천하여 자신의 내면에 있는 부처님을 친견하고 진면목을 찾아라.

영현심 · 影現心 안주정려(安住靜慮)의 선정바라밀을 실천하여 자신의 내면에 있는 부처님을 친견하고 진면목을 찾아라.

영현정 · 影現淨 이락정진(利樂精進)의 정진바라밀을 실천하여 자신의 내면에 있는 부처님을 친견하고 진면목을 찾아라.

영현지 · 影現智 이타행의 지혜바라밀을 실천하여 자신의 내면에 있는 부처님을 친견하고 진면목을 찾아라.

영현화 · 影現華 깊은 선정바라밀을 실천하여 자신의 내면에 있는 부처님을 친견하고 진면목을 찾아라.

영환 · 永桓 바라밀행을 닦아 영원히 굳센 의지로 부처님의 가르침을 체득하고 자리이타의 보살행을 실천하라.

영회 · 永廻 바라밀행을 닦아 복덕과 지혜를 구족하여 영원한 윤회의

괴로움을 내려놓도록 하라.

영흥 · 泳泓 바라밀행을 닦고 일종식의 두타행을 실천하여 선정력을 갖추고 자리이타의 보살행을 실천하라.

예가 · 例珂 바라밀행을 닦아 고승들이 실천한 가르침을 받아 자리이타의 보살행에 앞장서라.

예암 · 禮庵 지계바라밀을 닦아 하심의 예절을 갖추고 흔들림이 없는 선지식이 되어 중생의 사표가 되어라.

오개 · 悟開 바라밀을 행하여 진리를 깨치고 지혜의 문을 열어 많은 사람을 이롭게 하라.

오개성 · 悟開性 안수고인(安受苦忍)의 인욕바라밀을 행하여 진리를 깨치고 지혜의 문을 열어 많은 사람을 이롭게 하라.

오개향 · 悟開香 지계바라밀을 행하여 진리를 깨치고 지혜의 문을 열어 많은 사람을 이롭게 하라.

오공 · 悟空 바라밀행을 닦아 공(空)과 화엄사상을 체득하고 십지(十地)의 경지를 갖추어 중생회향의 실천력을 갖추어라.

오공덕 · 悟空德 내원해인(耐怨害

忍)의 인욕바라밀행으로 공의 이치를 깨우쳐 경전의 가르침에 해박해지고 많은 사람에게 진리를 전하라.

오공도 · 悟空道 섭율의계(攝律儀戒)의 바라밀행으로 공의 이치를 깨쳐 경전의 가르침에 해박해지고 많은 사람에게 진리를 전하라.

오공득 · 悟空得 수습력(修習力)의 원력바라밀행으로 공의 이치를 깨쳐 경전의 가르침에 해박해지고 많은 사람에게 진리를 전하라.

오공문 · 悟空門 섭선정진(攝善精進)의 정진바라밀행으로 공의 이치를 깨쳐 경전의 가르침에 해박해지고 많은 사람들에게 진리를 전하라.

오공성 · 悟空性 안수고인(安受苦忍)의 인욕바라밀행으로 공의 이치를 깨쳐 경전의 가르침에 해박해지고 많은 사람에게 진리를 전하라.

오공수 · 悟空修 피갑정진(被甲精進)의 정진바라밀행으로 공의 이치를 깨쳐 경전의 가르침에 해박해지고 많은 사람에게 진리를 전하라.

오공심 · 悟空心 안주정려(安住靜慮)의 선정바라밀행으로 공의 이치를 깨쳐 경전의 가르침에 해박해지고 많은 사람들에게 진리를 전하라.

오공인 · 悟空仁 내원해인(耐怨害忍)의 인욕바라밀행으로 공의 이치를 깨쳐 경전의 가르침에 해박해지고 많은 사람에게 진리를 전하라.

오공지 · 悟空智 무상의 지혜바라밀행으로 공의 이치를 깨쳐 경전의 가르침에 해박해지고 많은 사람에게 진리를 전하라.

오공행 · 悟空行 보시바라밀행으로 공의 이치를 깨쳐 경전의 가르침에 해박해지고 많은 사람에게 진리를 전하라.

오공향 · 悟空香 지계바라밀행으로 공의 이치를 깨쳐 경전의 가르침에 해박해지고 많은 사람에게 진리를 전하라.

오공화 · 悟空華 선정바라밀행으로 공의 이치를 깨쳐 경전의 가르침에 해박해지고 많은 사람에게 진리를 전하라.

오달 · 悟達 바라밀을 실천하고 정진하여 불법(佛法)의 진리를 깨쳐 통달하는 선지식이 되어라.

오성 · 悟誠 바라밀행을 닦아 진리를 깨쳐 통달하고 정성스러운 마음으로 자리이타의 보살도를 행하라.

오성 · 悟星 바라밀행을 닦아 우주

의 이치를 깨쳐 진리를 체득하라.

오신 · 悟新 바라밀행을 닦아 항상 깨치는 마음으로 자각하여 매일을 새롭게 하라.

오신각 · 悟新覺 법공혜(法空慧)의 지혜바라밀을 실천하여 항상 깨치는 마음으로 자각하고 매일을 새롭게 하라.

오신덕 · 悟新德 내원해인(耐怨害忍)의 인욕바라밀을 실천하여 항상 깨치는 마음으로 자각하고 매일을 새롭게 하라.

오신득 · 悟新得 수습력(修習力)의 원력바라밀을 실천하여 항상 깨치는 마음으로 자각하고 매일을 새롭게 하라.

오신력 · 悟新力 사택력(思擇力)의 원력바라밀을 실천하여 항상 깨치는 마음으로 자각하고 매일을 새롭게 하라.

오신명 · 悟新明 수용법락지(受用法樂智)의 지혜바라밀을 실천하여 항상 깨치는 마음으로 자각하고 매일을 새롭게 하라.

오신문 · 悟新門 섭선정진(攝善精進)의 정진바라밀을 실천하여 항상 깨치는 마음으로 자각하고 매일을

새롭게 하라.

오신성 · 悟新性 안수고인(安受苦忍)의 인욕바라밀을 실천하여 항상 깨치는 마음으로 자각하고 매일을 새롭게 하라.

오신수 · 悟新修 피갑정진(被甲精進)의 정진바라밀을 실천하여 항상 깨치는 마음으로 자각하고 매일을 새롭게 하라.

오신심 · 悟新心 안주정려(安住靜慮)의 선정바라밀을 실천하여 항상 깨치는 마음으로 자각하고 매일을 새롭게 하라.

오신월 · 悟新月 진취향과(進趣向果)의 방편바라밀을 실천하여 항상 깨치는 마음으로 자각하고 매일을 새롭게 하라.

오신인 · 悟新仁 내원해인(耐怨害忍)의 인욕바라밀을 실천하여 항상 깨치는 마음으로 자각하고 매일을 새롭게 하라.

오신주 · 悟新珠 불사불수(不捨不受)의 방편바라밀을 실천하여 항상 깨치는 마음으로 자각하고 매일을 새롭게 하라.

오신지 · 悟新智 무상의 지혜바라밀을 실천하여 항상 깨치는 마음으

로 자각하고 매일을 새롭게 하라.

오신행 · 悟新行 보시바라밀을 실천하여 항상 깨치는 마음으로 자각하고 매일을 새롭게 하라.

오신향 · 悟新香 지계바라밀을 실천하여 항상 깨치는 마음으로 자각하고 매일을 새롭게 하라.

오신화 · 悟新華 선정바라밀을 실천하여 항상 깨치는 마음으로 자각하고 매일을 새롭게 하라.

오심 · 悟心 바라밀행을 닦아 심법의 이치를 깨쳐 부처님의 가르침을 요달하고 자리이타의 대승보살도를 행하라.

오원 · 悟圓 바라밀행을 닦아 원만무애한 부처님의 가르침을 깨쳐 요달하고 자리이타의 대승보살도를 행하라.

오원 · 悟元 청나라 초기 임제종의 승려. 바라밀을 실천하여 천지만물을 육성하는 근본 이치를 깨쳐라.

오원각 · 悟元覺 법공혜(法空慧) 바라밀을 실천하여 천지만물을 육성하는 근본 이치를 깨쳐라.

오원덕 · 悟元德 내원해인(耐怨害忍)의 인욕바라밀을 실천하여 천지만물을 육성하는 근본 이치를 깨쳐라.

오원도 · 悟元道 섭율의계(攝律儀戒)의 지계바라밀을 실천하여 천지만물을 육성하는 근본 이치를 깨쳐라.

오원득 · 悟元得 수습력(修習力)의 원력바라밀을 실천하여 천지만물을 육성하는 근본 이치를 깨쳐라.

오원명 · 悟元明 수용법락(受用法樂)의 지혜바라밀을 실천하여 천지만물을 육성하는 근본 이치를 깨쳐라.

오원문 · 悟元門 섭선정진(攝善精進)의 정진바라밀을 실천하여 천지만물을 육성하는 근본 이치를 깨쳐라.

오원법 · 悟元法 변화력(變化力)을 갖춘 원력바라밀을 실천하여 천지만물을 육성하는 근본 이치를 깨쳐라.

오원성 · 悟元性 안수고인(安受苦忍)의 인욕바라밀을 실천하여 천지만물을 육성하는 근본 이치를 깨쳐라.

오원심 · 悟元心 안주정려(安住靜慮)의 선정바라밀을 실천하여 천지만물을 육성하는 근본 이치를 깨쳐라.

오원주 · 悟元珠 불사불수(不捨不受)의 방편바라밀을 실천하여 천지만물을 육성하는 근본 이치를 깨쳐라.

오원지 · 悟元智 이타행의 지혜바라밀을 실천하여 천지만물을 육성하는 근본 이치를 깨쳐라.

오원행 · 悟元行 보시바라밀을 실천하여 천지만물을 육성하는 근본 이치를 깨쳐라.

오원향 · 悟元香 지계바라밀을 실천하여 천지만물을 육성하는 근본 이치를 깨쳐라.

오원화 · 悟元華 인발정려(引發靜慮)의 깊은 선정바라밀을 실천하여 천지만물을 육성하는 근본 이치를 깨쳐라.

오은 · 晤恩 송나라 때의 고승. 삼보의 은혜를 만나 지혜를 체득하였으니 널리 부처님의 가르침을 전하라.

오은각 · 晤恩覺 법공혜(法空慧)의 지혜바라밀을 실천하여 삼보의 은혜를 만나 지혜를 체득하였으니 널리 부처님의 가르침을 전하라.

오은덕 · 晤恩德 내원해인(耐怨害忍)의 인욕바라밀을 실천하여 삼보의 은혜를 만나 지혜를 체득하였으니 널리 부처님의 가르침을 전하라.

오은도 · 晤恩道 섭율의계(攝律儀戒)의 지계바라밀을 실천하여 삼보의 은혜를 만나 지혜를 체득하였으

니 널리 부처님의 가르침을 전하라.

오은득 · 晤恩得 수습력(修習力)을 갖춘 원력바라밀을 실천하여 삼보의 은혜를 만나 지혜를 체득하였으니 널리 부처님의 가르침을 전하라.

오은명 · 晤恩明 수용법락(受用法樂)의 지혜바라밀을 실천하여 삼보의 은혜를 만나 지혜를 체득하였으니 널리 부처님의 가르침을 전하라.

오은성 · 晤恩性 안수고인(安受苦忍)의 인욕바라밀을 실천하여 삼보의 은혜를 만나 지혜를 체득하였으니 널리 부처님의 가르침을 전하라.

오은수 · 晤恩修 피갑정진(被甲精進)의 정진바라밀을 실천하여 삼보의 은혜를 만나 지혜를 체득하였으니 널리 부처님의 가르침을 전하라.

오은심 · 晤恩心 안주정려(安住靜慮)의 선정바라밀을 실천하여 삼보의 은혜를 만나 지혜를 체득하였으니 널리 부처님의 가르침을 전하라.

오은지 · 晤恩智 무상의 지혜바라밀을 실천하여 삼보의 은혜를 만나 지혜를 체득하였으니 널리 부처님의 가르침을 전하라.

오은행 · 晤恩行 보시바라밀을 실천하여 삼보의 은혜를 만나 지혜를

체득하였으니 널리 부처님의 가르침을 전하라.

오은향·晤恩香 지계바라밀을 실천하여 삼보의 은혜를 만나 지혜를 체득하였으니 널리 부처님의 가르침을 전하라.

오은화·晤恩華 깊은 선정바라밀을 실천하여 삼보의 은혜를 만나 지혜를 체득하였으니 널리 부처님의 가르침을 전하라.

오진·悟眞 깊은 바라밀행을 닦아 진실한 이치를 깨치고 신통력을 얻어 자리이타의 보살행을 실천하라.

오진·悟進 바라밀행을 닦아 도끼로 큰 나무를 찍는 소리를 듣고 활연대오(豁然大悟)한 선지식의 가르침을 익히고 자리이타의 보살행에 앞장서라.

옥간·玉澗 바라밀행을 닦아 여의주와 같이 지혜의 감로수로 중생의 마음을 적실 수 있는 설법에 앞장서라.

옥경·玉鏡 바라밀을 실천하여 신비스러운 옥으로 깎은 거울처럼 순수하고 고요한 마음을 닦아라.

옥담·玉潭 바라밀행을 닦아 번뇌와 망집의 갈증에 시달리는 중생의 목을 시원하게 적셔 주는 옥같이 깨끗한 감로수가 솟아나는 샘이 되어라.

옥담성·玉潭性 안수고인(安受苦忍)의 인욕바라밀을 실천하여 번뇌와 망집의 갈증에 시달리는 중생의 목을 시원하게 적셔 주는 옥같이 깨끗한 감로수가 솟아나는 샘이 되어라.

옥담수·玉潭修 피갑정진(被甲精進)의 정진바라밀을 실천하여 번뇌와 망집의 갈증에 시달리는 중생의 목을 시원하게 적셔 주는 옥같이 깨끗한 감로수가 솟아나는 샘이 되어라.

옥담지·玉潭智 무상의 지혜바라밀을 실천하여 번뇌와 망집의 갈증에 시달리는 중생의 목을 시원하게 적셔 주는 옥같이 깨끗한 감로수가 솟아나는 샘이 되어라.

옥담향·玉潭香 지계바라밀을 실천하여 번뇌와 망집의 갈증에 시달리는 중생의 목을 시원하게 적셔 주는 옥같이 깨끗한 감로수가 솟아나는 샘이 되어라.

옥담화·玉潭華 선정바라밀을 실천하여 번뇌와 망집의 갈증에 시달리는 중생의 목을 시원하게 적셔 주는 옥같이 깨끗한 감로수가 솟아

• 아행

나는 샘이 되어라.

옥성 · 玉聖 바라밀행을 닦아 번뇌의 티끌이 없는 옥과 같은 신행을 닦아 성스러운 부처님의 가르침에 통달하라.

옥성각 · 玉聖覺 법공혜(法空慧)의 지혜바라밀을 행하여 번뇌의 티끌이 없는 옥과 같은 신행을 닦아 성스러운 부처님의 가르침에 통달하라.

옥성덕 · 玉聖德 내원해인(耐怨害忍)의 인욕바라밀을 행하여 번뇌의 티끌이 없는 옥과 같은 신행을 닦아 성스러운 부처님의 가르침에 통달하라.

옥성도 · 玉聖道 섭율의계(攝律儀戒)의 지계바라밀을 행하여 번뇌의 티끌이 없는 옥과 같은 신행을 닦아 성스러운 부처님의 가르침에 통달하라.

옥성득 · 玉聖得 수습력(修習力)의 원력바라밀을 행하여 번뇌의 티끌이 없는 옥과 같은 신행을 닦아 성스러운 부처님의 가르침에 통달하라.

옥성력 · 玉聖力 사택력(思擇力)을 갖춘 원력바라밀을 행하여 번뇌의 티끌이 없는 옥과 같은 신행을 닦아 성스러운 부처님의 가르침에 통달하라.

옥성문 · 玉聖門 섭선정진(攝善精進)의 정진바라밀을 행하여 번뇌의 티끌이 없는 옥과 같은 신행을 닦아 성스러운 부처님의 가르침에 통달하라.

옥성법 · 玉聖法 변화의 원력바라밀을 행하여 번뇌의 티끌이 없는 옥과 같은 신행을 닦아 성스러운 부처님의 가르침에 통달하라.

옥성수 · 玉聖修 피갑정진(被甲精進)의 정진바라밀을 행하여 번뇌의 티끌이 없는 옥과 같은 신행을 닦아 성스러운 부처님의 가르침에 통달하라.

옥성심 · 玉聖心 안주정려(安住靜慮)의 선정바라밀을 행하여 번뇌의 티끌이 없는 옥과 같은 신행을 닦아 성스러운 부처님의 가르침에 통달하라.

옥성월 · 玉聖月 진취향과(進趣向果)의 방편바라밀을 행하여 번뇌의 티끌이 없는 옥과 같은 신행을 닦아 성스러운 부처님의 가르침에 통달하라.

옥성인 · 玉聖仁 내원해인(耐怨害忍)의 인욕바라밀을 행하여 번뇌의 티끌이 없는 옥과 같은 신행을 닦아 성스러운 부처님의 가르침에 통달하라.

옥성주 · 玉聖珠 불사불수(不捨不受)의 방편바라밀을 행하여 번뇌의 티끌이 없는 옥과 같은 신행을 닦아 성스러운 부처님의 가르침에 통달하라.

옥성지 · 玉聖智 이타행의 지혜바라밀을 행하여 번뇌의 티끌이 없는 옥과 같은 신행을 닦아 성스러운 부처님의 가르침에 통달하라.

옥성행 · 玉聖行 보시바라밀을 행하여 번뇌의 티끌이 없는 옥과 같은 신행을 닦아 성스러운 부처님의 가르침에 통달하라.

옥성향 · 玉聖香 지계바라밀을 행하여 번뇌의 티끌이 없는 옥과 같은 신행을 닦아 성스러운 부처님의 가르침에 통달하라.

옥성화 · 玉聖華 선정바라밀을 행하여 번뇌의 티끌이 없는 옥과 같은 신행을 닦아 성스러운 부처님의 가르침에 통달하라.

옥천 · 玉泉 바라밀행을 닦아 번뇌와 망집의 갈증에 시달리는 중생의 목을 시원하게 적셔 주는 옥같이 깨끗한 감로수가 솟아나는 샘이 되어라.

옥천덕 · 玉泉德 내원해인(耐怨害忍)의 인욕바라밀을 실천하여 번뇌와 망집의 갈증에 시달리는 중생의 목을 시원하게 적셔 주는 옥같이 깨끗한 감로수가 솟아나는 샘이 되어라.

옥천도 · 玉泉道 섭율의계(攝律儀戒)의 지계바라밀을 실천하여 번뇌와 망집의 갈증에 시달리는 중생의 목을 시원하게 적셔 주는 옥같이 깨끗한 감로수가 솟아나는 샘이 되어라.

옥천명 · 玉泉明 수용법락(受用法樂)의 지혜바라밀을 실천하여 번뇌와 망집의 갈증에 시달리는 중생의 목을 시원하게 적셔 주는 옥같이 깨끗한 감로수가 솟아나는 샘이 되어라.

옥천문 · 玉泉門 섭선정진(攝善精進)의 정진바라밀을 실천하여 번뇌와 망집의 갈증에 시달리는 중생의 목을 시원하게 적셔 주는 옥같이 깨끗한 감로수가 솟아나는 샘이 되어라.

옥천성 · 玉泉性 안수고인(安受苦忍)의 인욕바라밀을 실천하여 번뇌와 망집의 갈증에 시달리는 중생의 목을 시원하게 적셔 주는 옥같이 깨끗한 감로수가 솟아나는 샘이 되어라.

옥천수 · 玉泉修 피갑정진(被甲精

進)의 정진바라밀을 실천하여 번뇌와 망집의 갈증에 시달리는 중생의 목을 시원하게 적셔 주는 옥같이 깨끗한 감로수가 솟아나는 샘이 되어라.

옥천심 · 玉泉心 안주정려(安住靜慮)의 선정바라밀을 실천하여 번뇌와 망집의 갈증에 시달리는 중생의 목을 시원하게 적셔 주는 옥같이 깨끗한 감로수가 솟아나는 샘이 되어라.

옥천안 · 玉泉眼 법공(法空)의 지혜바라밀을 실천하여 번뇌와 망집의 갈증에 시달리는 중생의 목을 시원하게 적셔 주는 옥같이 깨끗한 감로수가 솟아나는 샘이 되라.

옥천인 · 玉泉仁 내원해인(耐怨害忍)의 인욕바라밀을 실천하여 번뇌와 망집의 갈증에 시달리는 중생의 목을 시원하게 적셔 주는 옥같이 깨끗한 감로수가 솟아나는 샘이 되어라.

옥천주 · 玉泉珠 불사불수(不捨不受)의 방편바라밀을 실천하여 번뇌와 망집의 갈증에 시달리는 중생의 목을 시원하게 적셔 주는 옥같이 깨끗한 감로수가 솟아나는 샘이 되라.

옥천행 · 玉泉行 보시바라밀을 실천하여 번뇌와 망집의 갈증에 시달리는 중생의 목을 시원하게 적셔 주는 옥같이 깨끗한 감로수가 솟아나는 샘이 되어라.

옥천향 · 玉泉香 지계바라밀을 실천하여 번뇌와 망집의 갈증에 시달리는 중생의 목을 시원하게 적셔 주는 옥같이 깨끗한 감로수가 솟아나는 샘이 되어라.

옥천화 · 玉泉華 깊은 선정바라밀을 실천하여 번뇌와 망집의 갈증에 시달리는 중생의 목을 시원하게 적셔 주는 옥같이 깨끗한 감로수가 솟아나는 샘이 되어라.

옥화 · 玉花 바라밀행을 닦아 보배로운 꽃과 같이 모두에게 이익과 행복을 가져다 줄 수 있는 보살행자가 되어라.

옥화성 · 玉花性 안수고인(安受苦忍)의 인욕바라밀을 실천하여 반야를 체득하라.

옥환 · 玉環 옥환수(玉環手)는 관세음보살의 42수 중 하나. 좋은 친구나 동료를 갖고자 할 경우 옥환수 진언을 염송한다. 바라밀을 실천하여 천수관음의 오른손 중 하나에 끼어 있는 옥환수와 같이 자비를 실천하라.

온광 · 蘊光 바라밀을 실천하여 오

온이 공함을 깨치고 지혜 광명으로 세상을 밝혀라.

온광덕 · 蘊光德 내원해인(耐怨害忍)의 인욕바라밀을 실천하여 오온이 공함을 깨치고 지혜 광명으로 세상을 밝혀라.

온능 · 蘊能 바라밀행을 닦아 오온이 공함을 능히 깨칠 수 있도록 지혜를 성취하고 자리이타의 보살행을 실천하라.

온총 · 蘊聰 바라밀행을 닦아 이근원통(耳根圓通)의 신통력을 갖추어 중생의 괴로워하는 소리를 모두 듣고 교화에 앞장서라.

옹산 · 翁山 바라밀행을 닦아 부처님의 가르침을 체득하고 오래된 산이 묵묵하게 사바세계를 살펴보듯이 중생의 아픈 마음을 어루만져 주어라.

완미 · 阮美 바라밀행을 닦아 불법의 진리를 꿰뚫어 불국토를 아름답게 장엄하고 보살행을 실천하라.

완월 · 翫月 바라밀행을 닦고 수행을 익혀 "달을 갖고 놀다.[翫月]" 화두를 간택하고 참구하여 복덕과 지혜를 구족하라.

완월각 · 翫月覺 법공(法空)의 지혜바라밀을 행하여 완월의 공안을 타파하고 천강에 비친 달과 같은 공덕을 성취하라.

완월광 · 翫月光 구공(俱空)의 지혜바라밀을 행하여 완월의 공안을 타파하고 천강에 비친 달과 같은 공덕을 성취하라.

완월도 · 翫月度 교회유무(巧會有無)의 방편바라밀을 행하여 완월의 공안을 타파하고 천강에 비친 달과 같은 공덕을 성취하라.

완월림 · 翫月林 변사정려(辨事靜慮)의 선정바라밀을 행하여 완월의 공안을 타파하고 천강에 비친 달과 같은 공덕을 성취하라.

완월성 · 翫月成 무외시의 보시바라밀을 행하여 완월의 공안을 타파하고 천강에 비친 달과 같은 공덕을 성취하라.

완월성 · 翫月性 안수고인(安受苦忍)의 인욕바라밀을 행하여 완월의 공안을 타파하고 천강에 비친 달과 같은 공덕을 성취하라.

완월수 · 玩月修 피갑정진(被甲精進)의 정진바라밀을 행하여 완월의 공안을 타파하고 천강에 비친 달과 같은 공덕을 성취하라.

완월신 · 翫月信 섭중생계(攝衆生戒)의 지계바라밀을 행하여 완월의 공안을 타파하고 천강에 비친 달과 같은 공덕을 성취하라.

완월심 · 翫月心 안주정려(安住靜慮)의 선정바라밀을 행하여 완월의 공안을 타파하고 천강에 비친 달과 같은 공덕을 성취하라.

완월원 · 翫月院 이락정진(利樂精進)의 정진바라밀을 행하여 완월의 공안을 타파하고 천강에 비친 달과 같은 공덕을 성취하라.

완월인 · 翫月仁 내원해인(耐怨害忍)의 인욕바라밀을 행하여 완월의 공안을 타파하고 천강에 비친 달과 같은 공덕을 성취하라.

완월인 · 翫月印 성숙유정(成熟有情)의 지혜바라밀을 행하여 완월의 공안을 타파하고 천강에 비친 달과 같은 공덕을 성취하라.

완월일 · 翫月日 사성제의 지혜를 체득하고 바라밀을 행하여 완월의 공안을 타파하고 천강에 비친 달과 같은 공덕을 성취하라.

완월주 · 翫月珠 불사불수(不捨不受)의 방편바라밀을 행하여 완월의 공안을 타파하고 천강에 비친 달과 같은 공덕을 성취하라.

완월해 · 翫月慧 아공의 지혜바라밀을 행하여 완월의 공안을 타파하고 천강에 비친 달과 같은 공덕을 성취하라.

완월행 · 翫月行 보시바라밀을 행하여 완월의 공안을 타파하고 천강에 비친 달과 같은 공덕을 성취하라.

완월향 · 翫月香 지계바라밀을 행하여 완월의 공안을 타파하고 천강에 비친 달과 같은 공덕을 성취하라.

완월혜 · 翫月惠 구공(俱空)의 지혜바라밀을 행하여 완월의 공안을 타파하고 천강에 비친 달과 같은 공덕을 성취하라.

완월화 · 翫月華 깊은 선정바라밀을 행하여 완월의 공안을 타파하고 천강에 비친 달과 같은 공덕을 성취하라.

완호 · 玩虎 깊은 바라밀행을 닦아 호랑이를 제어할 수 있는 지혜와 용기를 갖추어 자리이타의 보살행을 실천하라.

완호덕 · 玩虎德 내원해인(耐怨害忍)의 인욕바라밀을 행하여 호랑이 앞에서도 두려움을 떨치고 자신을 제어할 정도의 선정력을 갖추어라.

완호성 · 玩虎性 안수고인(安受苦忍)의 인욕바라밀을 행하여 호랑이 앞에서도 두려움을 떨치고 자신을 제어할 정도의 선정력을 갖추어라.

왕나한 · 王羅漢 바라밀행을 닦아 부처님을 외호하는 으뜸가는 나한의 모습을 갖추어 불국토를 지켜내라.

왕예 · 王詣 바라밀행을 닦아 왕과 같은 지도자가 되어 불법(佛法)의 이치를 체득하고 자리이타의 보살행을 실천하라.

요공 · 了空 바라밀행으로 공의 이치를 요달하여 모든 선악의 업이 저장되는 아뢰야식을 청정한 수행으로 정화하고 대원경지(大圓鏡智)를 체득하라.

요공각 · 了空覺 법공(法空)의 지혜바라밀행으로 공의 이치를 요달하여 모든 선악의 업이 저장되는 아뢰야식을 청정한 수행으로 정화하고 대원경지를 체득하라.

요공덕 · 了空德 내원해인(耐怨害忍)의 인욕바라밀행으로 공의 이치를 요달하여 모든 선악의 업이 저장되는 아뢰야식을 청정한 수행으로 정화하고 대원경지(大圓鏡智)를 체득하라.

요공도 · 了空道 섭율의계(攝律儀

戒)의 지계바라밀행으로 공의 이치를 요달하여 모든 선악의 업이 저장되는 아뢰야식을 청정한 수행으로 정화하고 대원경지(大圓鏡智)를 체득하라.

요공득 · 了空得 수습력(修習力)을 갖춘 원력바라밀행으로 공의 이치를 요달하여 모든 선악의 업이 저장되는 아뢰야식을 청정한 수행으로 정화하고 대원경지(大圓鏡智)를 체득하라.

요공력 · 了空力 사택력(思擇力)의 원력바라밀행으로 공의 이치를 요달하여 모든 선악의 업이 저장되는 아뢰야식을 청정한 수행으로 정화하고 대원경지(大圓鏡智)를 체득하라.

요공명 · 了空明 수용법락(受用法樂)의 지혜바라밀행으로 공의 이치를 요달하여 모든 선악의 업이 저장되는 아뢰야식을 청정한 수행으로 정화하고 대원경지(大圓鏡智)를 체득하라.

요공문 · 了空門 섭선정진(攝善精進)의 정진바라밀행으로 공의 이치를 요달하여 모든 선악의 업이 저장되는 아뢰야식을 청정한 수행으로 정화하고 대원경지(大圓鏡智)를 체득하라.

요공법 · 了空法 변화의 원력바라밀을 체득하여 공의 이치를 요달해 모든 선악의 업이 저장되는 아뢰야식을 청정한 수행으로 정화하고 대원경지(大圓鏡智)를 체득하라.

요공성 · 了空性 안수고인(安受苦忍)의 인욕바라밀행으로 공의 이치를 요달하여 모든 선악의 업이 저장되는 아뢰야식을 청정한 수행으로 정화하고 대원경지(大圓鏡智)를 체득하라.

요공수 · 了空修 피갑정진(被甲精進)의 정진바라밀행으로 공의 이치를 요달하여 모든 선악의 업이 저장되는 아뢰야식을 청정한 수행으로 정화하고 대원경지(大圓鏡智)를 체득하라.

요공심 · 了空心 안주정려(安住靜慮)의 선정바라밀행으로 공의 이치를 요달하여 모든 선악의 업이 저장되는 아뢰야식을 청정한 수행으로 정화하고 대원경지(大圓鏡智)를 체득하라.

요공월 · 了空月 진취향과(進趣向果)의 방편바라밀행으로 공의 이치를 요달하여 모든 선악의 업이 저장되는 아뢰야식을 청정한 수행으로 정화하고 대원경지(大圓鏡智)를 체득하라.

요공인 · 了空仁 내원해인(耐怨害忍)의 인욕바라밀행으로 공의 이치를 요달하여 모든 선악의 업이 저장되는 아뢰야식을 청정한 수행으로 정화하고 대원경지(大圓鏡智)를 체득하라.

요공지 · 了空智 무상의 지혜바라밀행으로 공의 이치를 요달하여 모든 선악의 업이 저장되는 아뢰야식을 청정한 수행으로 정화하고 대원경지(大圓鏡智)를 체득하라.

요공행 · 了空行 보시바라밀행으로 공의 이치를 요달하여 모든 선악의 업이 저장되는 아뢰야식을 청정한 수행으로 정화하고 대원경지(大圓鏡智)를 체득하라.

요공향 · 了空香 지계바라밀행으로 공의 이치를 요달하여 모든 선악의 업이 저장되는 아뢰야식을 청정한 수행으로 정화하고 대원경지(大圓鏡智)를 체득하라.

요공화 · 了空華 선정바라밀행으로 공의 이치를 요달하여 모든 선악의 업이 저장되는 아뢰야식을 청정한 수행으로 정화하고 대원경지(大圓鏡智)를 체득하라.

요명 · 了明 바라밀을 실천하여 밝은 지혜를 요달하고 체득하라.

요명각 · 了明覺 법공(法空)의 지혜바라밀을 실천하여 밝은 지혜를 요달하고 체득하라.

요명덕 · 了明德 내원해인(耐怨害忍)의 인욕바라밀을 실천하여 밝은 지혜를 요달하고 체득하라.

요명도 · 了明道 섭율의계(攝律儀戒)의 지계바라밀을 실천하여 밝은 지혜를 요달하고 체득하라.

요명득 · 了明得 수습력(修習力)을 갖춘 원력바라밀을 실천하여 밝은 지혜를 요달하고 체득하라.

요명문 · 了明門 섭선정진(攝善精進)의 정진바라밀을 실천하여 밝은 지혜를 요달하고 체득하라.

요명법 · 了明法 변화의 원력바라밀을 실천하여 밝은 지혜를 요달하고 체득하라.

요명성 · 了明性 안수고인(安受苦忍)의 인욕바라밀을 실천하여 밝은 지혜를 요달하고 체득하라.

요명수 · 了明修 피갑정진(被甲精進)의 정진바라밀을 실천하여 밝은 지혜를 요달하고 체득하라.

요명심 · 了明心 안주정려(安住靜慮)의 선정바라밀을 실천하여 밝은

지혜를 요달하고 체득하라.

요명월 · 了明月 진취향과(進趣向果)의 방편바라밀을 실천하여 밝은 지혜를 요달하고 체득하라.

요명인 · 了明仁 내원해인(耐怨害忍)의 인욕바라밀을 실천하여 밝은 지혜를 요달하고 체득하라.

요명주 · 了明珠 불사불수(不捨不受)의 방편바라밀을 실천하여 밝은 지혜를 요달하고 체득하라.

요명지 · 了明智 무상의 지혜바라밀을 실천하여 밝은 지혜를 요달하고 체득하라.

요명행 · 了明行 보시바라밀을 실천하여 밝은 지혜를 요달하고 체득하라.

요명화 · 了明華 선정바라밀을 실천하여 밝은 지혜를 요달하고 체득하라.

요선 · 了宣 바라밀행을 닦아 진리를 요달하고 자비와 복덕을 베풀어 한량없는 선근공덕을 지어라.

요성 · 了性 바라밀행을 닦아 진리를 요달하여 자신의 성품이 곧 불성임을 깨치고 다른 이들도 깨우칠 수 있도록 보살행을 실천하라.

요연 · 了然 바라밀을 실천하여 현상의 분명하고 명백한 모습을 이해하고 깨치며 요달하라.

요연덕 · 了然德 내원해인(耐怨害忍)의 인욕바라밀을 실천하여 현상의 분명하고 명백한 모습을 이해하고 깨치며 요달하라.

요연도 · 了然道 섭율의계(攝律儀戒)의 지계바라밀을 실천하여 현상의 분명하고 명백한 모습을 이해하고 깨치며 요달하라.

요연득 · 了然得 수습력(修習力)을 갖춘 원력바라밀을 실천하여 현상의 분명하고 명백한 모습을 이해하고 깨치며 요달하라.

요연명 · 了然明 수용법락(受用法樂)의 지혜바라밀을 실천하여 현상의 분명하고 명백한 모습을 이해하고 깨치며 요달하라.

요연문 · 了然門 섭선정진(攝善精進)의 정진바라밀을 실천하여 현상의 분명하고 명백한 모습을 이해하고 깨치며 요달하라.

요연법 · 了然法 변화의 원력바라밀을 실천하여 현상의 분명하고 명백한 모습을 이해하고 깨치며 요달하라.

요연성 · 了然性 안수고인(安受苦忍)의 인욕바라밀을 실천하여 현상의 분명하고 명백한 모습을 이해하고 깨치며 요달하라.

요연수 · 了然修 피갑정진(被甲精進)의 정진바라밀을 실천하여 현상의 분명하고 명백한 모습을 이해하고 깨치며 요달하라.

요연심 · 了然心 안주정려(安住靜慮)의 선정바라밀을 실천하여 현상의 분명하고 명백한 모습을 이해하고 깨치며 요달하라.

요연주 · 了然珠 불사불수(不捨不受)의 방편바라밀을 실천하여 현상의 분명하고 명백한 모습을 이해하고 깨치며 요달하라.

요연지 · 了然智 무상의 지혜바라밀을 실천하여 현상의 분명하고 명백한 모습을 이해하고 깨치며 요달하라.

요연행 · 了然行 보시바라밀을 실천하여 현상의 분명하고 명백한 모습을 이해하고 깨치며 요달하라.

요연향 · 了然香 지계바라밀을 실천하여 현상의 분명하고 명백한 모습을 이해하고 깨치며 요달하라.

요연화 · 了然華 선정바라밀을 실

천하여 현상의 분명하고 명백한 모습을 이해하고 깨치며 요달하라.

요오 · 了悟 바라밀을 실천하여 현상의 분명하고 명백한 모습을 이해하고 깨쳐 중생 교화에 앞장서라.

요원 · 了元 바라밀행을 닦아 현상의 분명하고 명백한 모습을 이해하고 으뜸가는 보살행자의 길을 실천하라.

요의 · 了義 바라밀을 실천하여 현상의 분명하고 명백한 모습을 요달하고 중생 교화를 위해 노력하라.

요익 · 饒益 바라밀행을 닦아 중생을 풍요롭고 이롭게 이끌어 줄 수 있는 대승보살도를 실천하라.

요익행 · 饒益行 보시바라밀의 실천으로 남에게 도움이 되는 행동을 하라.

요일 · 寥一 바라밀을 행하며 공의 이치를 깨치고 중생과 부처님이 둘이 아님을 체득하고 실천하라.

요일성 · 寥一性 안수고인(安受苦忍)의 인욕바라밀을 행하며 공의 이치를 깨치고 중생과 부처님이 둘이 아님을 체득하고 실천하라.

요초 · 了初 바라밀행으로 지혜를 요달하고 초발심 그 자체가 깨달음임을 체득하라.

요초심 · 了初心 선정바라밀행으로 지혜를 요달하고 초발심 그 자체가 깨달음임을 체득하라.

요혜 · 了慧 바라밀을 행하여 자리이타의 지혜를 요달하고 실천하라.

요혜덕 · 了慧德 내원해인(耐怨害忍)의 인욕바라밀을 행하여 자리이타의 지혜를 요달하고 실천하라.

요혜성 · 了慧性 안수고인(安受苦忍)의 인욕바라밀을 행하여 자리이타의 지혜를 요달하고 실천하라.

요혜심 · 了慧心 안주정려(安住靜慮)의 선정바라밀을 행하여 자리이타의 지혜를 요달하고 실천하라.

요혜정 · 了慧淨 이락정진(利樂精進)의 정진바라밀을 행하여 자리이타의 지혜를 요달하고 실천하라.

요혜주 · 了慧珠 불사불수(不捨不受)의 방편바라밀을 행하여 자리이타의 지혜를 요달하고 실천하라.

요혜지 · 了慧智 무상의 지혜바라밀을 행하여 자리이타의 지혜를 요달하고 실천하라.

용경 · 用鏡 바라밀행을 닦아 거울이 항상 청정한 마음을 상징하듯이 그 마음을 잘 사용하여 공덕을 지으라.

용경인 · 用鏡仁 내원해인(耐怨害忍)의 인욕바라밀을 행하여 청정한 거울과 같은 마음을 체득하고 공덕을 쌓아라.

용담 · 龍潭 바라밀행을 닦아 승천(昇天)하려는 용이 물이 가득 찬 연못에 서려 있듯이 항상 과묵하고 신중하게 매사에 임하라.

용담행 · 龍潭行 보시바라밀을 실천하여 승천(昇天)하려는 용이 물이 가득 찬 연못에 서려 있듯이 항상 과묵하고 신중하게 매사에 임하라.

용담향 · 龍潭香 지계바라밀을 실천하여 승천(昇天)하려는 용이 물이 가득 찬 연못에 서려 있듯이 항상 과묵하고 신중하게 매사에 임하라.

용담화 · 龍潭華 선정바라밀을 실천하여 승천(昇天)하려는 용이 물이 가득 찬 연못에 서려 있듯이 항상 과묵하고 신중하게 매사에 임하라.

용덕 · 龍德 불법을 수호하는 천룡팔부(天龍八部) 중 하나인 용처럼 상서로운 신통과 덕망으로 불법을 수호하라.

용도 · 用道 바라밀행을 닦고 방편을 잘 사용하여 불도의 진리를 잘 체득하고 중생 제도에 앞장서라.

용법 · 用法 세간적인 쾌락과 명리를 돌아보며 집착하지 말고 일체중생을 이롭게 하는 가르침에 정진하여 그 묘용(妙用)을 체득하고 널리 펴라.

용선 · 用宣 바라밀행을 닦아 복덕과 지혜를 구족하고 이를 잘 활용하여 중생 교화에 앞장서라.

용선 · 用禪 선정바라밀행을 닦아 선의 깨달음을 체득하고 막힘이 없는 방편을 사용하여 중생 교화에 앞장서라.

용수 · 用修 바라밀행을 닦아 수행의 방편을 잘 체득하고 자리이타의 대승보살도를 실천하라.

용심 · 用心 바라밀행을 닦아 머무는 바 없이 그 마음을 잘 사용하여 자리이타의 대승보살도를 실천하라.

용악 · 聳岳 바라밀행을 닦아 높이 솟은 언덕처럼 변함없는 마음으로 중생의 의지처가 되어라.

용암 · 勇岩 바라밀을 실천하여 날쌘 호랑이 바위 같이 어떤 것도 두려워하지 않고 극복할 수 있는 불자가 되어라.

용암 · 龍巖 바라밀행을 닦아 제왕과 같은 위의와 공덕으로 흔들림 없는 선지식이 되어 중생을 제도하라.

용운 · 龍雲 바라밀행을 닦아 제왕의 구름과 같이 중생을 위해 지혜의 감로비를 내려 구제하라.

용월 · 用月 바라밀행을 닦아 어두운 밤하늘을 비추는 달과 같이 청정한 마음을 깨달아 잘 사용하라.

용일 · 用日 여기서의 일(日)은 시간, 때, 나날을 의미한다. 바라밀행을 닦아 시간을 잘 사용하여 여법(如法)하게 정진하라.

용정 · 用淨 바라밀행을 닦아 본래 물듦이 없는 청정한 지혜를 성취하고 잘 사용하여 중생을 제도하라.

용지 · 勇智 바라밀행을 닦아 부처님의 가르침을 체득하고 용기와 지혜를 갖추어 자리이타의 보살행을 실천하라.

용진 · 用眞 바라밀행을 닦아 진실과 방편을 겸비하여 진리를 실천하라.

용천 · 用泉 바라밀행으로 번뇌와 망집의 갈증에 시달리는 일체중생의 마음을 시원하게 적시는 부처님

의 가르침을 널리 닦아서 중생을 제도하는 일에 사용하라.

용타 · 龍陀 바라밀행을 닦아 부처님의 가르침을 체득하여 많은 사람의 의지처가 될 수 있도록 대승보살도를 실천하라.

용화 · 用華 바라밀행을 닦아 온 누리를 진리의 수행으로 장엄한다는 『화엄경』의 가르침을 따르고 그에 따른 수행과 방편을 체득하라.

우기 · 祐祈 조선 후기 승려였던 우기 스님의 법을 이은 제자 중에는 계오(戒悟)라는 스님이 있었다. 계오 스님은 그가 머무른 절 곁에 항상 초막을 짓고 어머니를 봉양한 효자였다고 한다. 바라밀행을 닦아 부모에게 효성이 깊고 인자하기로 유명한 아들과 같이 중생을 교화하라.

우담 · 雨潭 바라밀행을 닦아 공덕의 비가 내려서 고인 맑은 연못처럼 불법의 모든 공덕을 갖추어라.

우담 · 雨潭 바라밀행을 닦아 비가 내려서 고인 맑은 연못처럼 불법의 모든 공덕을 갖추어라.

우담성 · 雨潭性 안수고인(安受苦忍)의 인욕바라밀행을 닦아 비가 내려서 고인 맑은 연못처럼 불법의

모든 공덕을 갖추어라.

우담수 · 雨潭修 피갑정진(被甲精進)의 정진바라밀행을 닦아 비가 내려서 고인 맑은 연못처럼 불법의 모든 공덕을 갖추어라.

우담주 · 雨潭珠 불사불수(不捨不受)의 방편바라밀행을 닦아 비가 내려서 고인 맑은 연못처럼 불법의 모든 공덕을 갖추어라.

우담지 · 雨潭智 무상의 지혜바라밀행을 닦아 비가 내려서 고인 맑은 연못처럼 불법의 모든 공덕을 갖추어라.

우담행 · 雨潭行 보시바라밀행을 닦아 비가 내려서 고인 맑은 연못처럼 불법의 모든 공덕을 갖추어라.

우담화 · 雨潭華 선정바라밀행을 닦아 비가 내려서 고인 맑은 연못처럼 불법의 모든 공덕을 갖추어라.

우덕 · 雨德 바라밀행을 닦아 만물을 윤택케 하는 비처럼 일체중생에게 공덕의 비를 내려라.

우법 · 雨法 바라밀행으로 진리의 가르침을 부지런히 갈고 닦아 일체중생에게 지혜의 비를 내려라.

우보 · 雨寶 바라밀행을 닦아 부처님의 가르침을 깨우쳐 감로의 비를 내리는 보배로운 인재가 되어라.

우성 · 雨性 바라밀행을 닦아 만물을 윤택하게 가꾸는 비처럼 모든 선근공덕을 자라게 하는 불성(佛性)을 깨달아라.

우성 · 牛性 바라밀행을 닦아 복덕과 지혜를 성취하여 '사람의 마음'을 잘 교화할 수 있도록 자리이타의 보살행을 실천하라.

우승 · 愚勝 바라밀행을 닦아 스스로 어리석음을 깨치고 밝은 지혜를 체득하여 수승한 보살행자가 되어라.

우우 · 愚牛 깨우치지 못하면 어리석은 소와 같이 자신의 길을 찾지 못하니 바라밀행을 닦아 복덕과 지혜를 구족하여 어리석음에서 벗어나라.

우운 · 牛雲 바라밀행을 닦아 지혜로운 구름이 되어 중생에게 감로의 비를 내려 교화하라.

우은 · 愚隱 바라밀행을 닦으며 은일자적(隱逸自適)하고 부처님의 법을 만나 체득하여 서로를 이롭게 하는 보살행에 앞장서라.

우인 · 雨仁 바라밀행을 닦아 인격이 걸출하고 지혜가 뛰어난 영남의 대강사 우인 스님처럼 칭송을 받을 수 있는 선지식이 되어라.

우진 · 又進 바라밀행을 닦아 부처님의 세계로 나아가고 또 나아가 큰 지혜를 체득하고 대승보살도를 실천하라.

우진 · 遇臻 바라밀행을 닦아 불법의 진수를 체득하고 자리이타의 보살행에 앞장서라.

우학 · 又學 부처님의 가르침을 체득할 때까지 바라밀행을 닦고, 배우고 또 배워라.

우현 · 遇賢 바라밀을 실천하여 지혜로운 성현을 만나 진리를 성취하고 많은 공덕을 지어라.

우현각 · 遇賢覺 법공(法空)의 지혜바라밀을 실천하여 지혜로운 성현을 만나 진리를 성취하고 많은 공덕을 지어라.

우현덕 · 遇賢德 내원해인(耐怨害忍)의 인욕바라밀을 실천하여 지혜로운 성현을 만나 진리를 성취하고 많은 공덕을 지어라.

우현도 · 遇賢道 섭율의계(攝律儀戒)의 지계바라밀을 실천하여 지혜로운 성현을 만나 진리를 성취하고 많은 공덕을 지어라.

우현문 · 遇賢門 섭선정진(攝善精進)의 정진바라밀을 실천하여 지혜로운 성현을 만나 진리를 성취하고 많은 공덕을 지어라.

우현성 · 遇賢性 안수고인(安受苦忍)의 인욕바라밀을 실천하여 지혜로운 성현을 만나 진리를 성취하고 많은 공덕을 지어라.

우현수 · 遇賢修 피갑정진(被甲精進)의 정진바라밀을 실천하여 지혜로운 성현을 만나 진리를 성취하고 많은 공덕을 지어라.

우현심 · 遇賢心 안주정려(安住靜慮)의 선정바라밀을 실천하여 지혜로운 성현을 만나 진리를 성취하고 많은 공덕을 지어라.

우현행 · 遇賢行 보시바라밀을 실천하여 지혜로운 성현을 만나 진리를 성취하고 많은 공덕을 지어라.

우현화 · 遇賢華 선정바라밀을 실천하여 지혜로운 성현을 만나 진리를 성취하고 많은 공덕을 지어라.

욱사 · 旭師 바라밀행을 닦아 지혜의 빛으로 제자를 가르치는 법사가 되어 중생 제도에 앞장서라.

운가 · 韻可 바라밀행을 닦아 이근원통(耳根圓通)의 소리 수행으로 중생 교화에 앞장서라.

운거 · 雲居 바라밀행을 닦아 구름과 같이 높은 곳에서 감로의 비를 내릴 수 있는 상근기의 지혜를 체득하고 중생 속에서 교화에 힘써라.

운경 · 雲鏡 거울을 사용하여 구름의 속도, 진행 방향 등을 재듯이 바라밀행에 의지하여 자신이 어느 정도 복덕과 지혜를 체득하였는지 항상 살펴 실천하라.

운경 · 耘耕 농부가 김을 매고 밭을 갈 듯이 바라밀을 실천하여 마음 밭을 갈아 복덕과 지혜를 구족하라.

운고 · 雲皐 바라밀행을 닦아 구름이 머무는 높은 언덕에서 감로의 비를 내릴 수 있는 상근기의 지혜를 체득하고 중생 속에서 교화에 힘써라.

운곡 · 雲谷 구름에 덮여 있는 계곡과 같이 항상 부처님의 가르침을 신심으로 받들고 실천하기 위해 노력하라.

운달 · 雲達 구름이 가지 못하는 곳이 없듯이 바라밀행을 닦아 부처님의 가르침을 체득하여 중생이 있는 곳이면 어디든지 달려가 허망하고 어리석은 생각에서 벗어나도록 제도하라.

운덕 · 雲德 바라밀행을 닦아 감로의 비를 내리는 구름과 같은 공덕을 성취하라.

운묵 · 雲默 바라밀행을 닦아 구름과 같이 걸림 없는 지혜를 체득하고 중생 속에서 분별과 집착이 사라진 보살행을 실천하라.

운문 · 雲門 하늘에 떠 있는 구름 속에 솟아 있는 산과 같이 높은 지혜로 체로금풍(體露金風)의 화두를 간택하고 깊은 선정력을 체득하여 중생 교화에 앞장서라.

운변 · 雲辨 바라밀행을 닦아 백운과 같이 걸림 없는 마음으로 지혜를 체득하고 옳고 그름을 떠나 동체대비심으로 중생을 교화하라.

운산 · 雲山 백운과 청산이 조화를 이루듯 걸림 없이 여여한 마음으로 정진하라.

운상 · 雲相 백운의 모습과 같이 걸림 없이 여여한 마음으로 정진하라.

운서 · 雲棲 바라밀을 실천하여 몸은 비록 세속에 있으나 마음은 세속을 벗어나 언제나 구름 속에 살 듯이 여여하라.

운서각 · 雲棲覺 법공(法空)의 지혜바라밀을 실천하여 몸은 비록 세속에 있으나 마음은 세속을 벗어나 언제나 구름 속에 살 듯이 여여하라.

운서도 · 雲棲道 섭율의계(攝律儀戒)의 지계바라밀을 실천하여 몸은 비록 세속에 있으나 마음은 세속을 벗어나 언제나 구름 속에 살듯이 여여하라.

운서력 · 雲棲力 사택력(思擇力)의 원력바라밀을 실천하여 몸은 비록 세속에 있으나 마음은 세속을 벗어나 언제나 구름 속에 살듯이 여여하라.

운서명 · 雲棲明 수용법락지(受用法樂智)의 지혜바라밀을 실천하여 몸은 비록 세속에 있으나 마음은 세속을 벗어나 언제나 구름 속에 살듯이 여여하라.

운서문 · 雲棲門 섭선정진(攝善精進)의 정진바라밀을 실천하여 몸은 비록 세속에 있으나 마음은 세속을 벗어나 언제나 구름 속에 살듯이 여여하라.

운서성 · 雲棲性 안수고인(安受苦忍)의 인욕바라밀을 실천하여 몸은 비록 세속에 있으나 마음은 세속을 벗어나 언제나 구름 속에 살듯이 여여하라.

운서심 · 雲棲心 안주정려(安住靜慮)의 선정바라밀을 실천하여 몸은 비록 세속에 있으나 마음은 세속을 벗어나 언제나 구름 속에 살듯이 여여하라.

운서인 · 雲棲仁 내원해인(耐怨害忍)의 인욕바라밀을 실천하여 몸은 비록 세속에 있으나 마음은 세속을 벗어나 언제나 구름 속에 살듯이 여여하라.

운서주 · 雲棲珠 불사불수(不捨不受)의 방편바라밀을 실천하여 몸은 비록 세속에 있으나 마음은 세속을 벗어나 언제나 구름 속에 살듯이 여여하라.

운서지 · 雲棲智 수용법락지(受用法樂智)의 지혜바라밀을 실천하여 몸은 비록 세속에 있으나 마음은 세속을 벗어나 언제나 구름 속에 살듯이 여여하라.

운서행 · 雲棲行 보시바라밀을 실천하여 몸은 비록 세속에 있으나 마음은 세속을 벗어나 언제나 구름 속에 살듯이 여여하라.

운서향 · 雲棲香 지계바라밀을 실천하여 몸은 비록 세속에 있으나 마음은 세속을 벗어나 언제나 구름 속에 살듯이 여여하라.

운서화 · 雲棲華 선정바라밀을 실천하여 몸은 비록 세속에 있으나 마음은 세속을 벗어나 언제나 구름 속에 살듯이 여여하라.

운성 · 雲惺 구름에 달 가듯이 걸림 없는 마음으로 항상 성성적적(惺惺寂寂)한 깨달음의 상태에 머물러라.

운수 · 雲修 바라밀을 실천하여 만물을 윤택하게 자라게 하는 비를 내리는 구름과 같은 불법의 지혜와 공덕을 닦아라.

운수 · 雲水 운수납자와 같이 걸림 없는 마음으로 세상을 주유하며 부처님의 가르침을 체득하고 감로의 법을 베풀어라.

운수 · 雲岫 바라밀행을 닦아 구름 속에 우뚝 솟아 있는 봉우리처럼 수승한 지혜를 체득하고 감로의 단비를 내려 교화에 앞장서라.

운수각 · 雲修覺 법공(法空)의 지혜바라밀을 실천하여 만물을 윤택하게 하는 비를 내리는 구름과 같은 지혜와 공덕을 닦아라.

운수덕 · 雲修德 내원해인(耐怨害忍)의 인욕바라밀을 실천하여 만물을 윤택하게 하는 비를 내리는 구름과 같은 지혜와 공덕을 닦아라.

운수도 · 雲修道 섭율의계(攝律儀戒)의 지계바라밀을 실천하여 만물을 윤택하게 하는 비를 내리는 구름과 같은 지혜와 공덕을 닦아라.

운수력 · 雲修力 사택력(思擇力)의 원력바라밀을 실천하여 만물을 윤택하게 하는 비를 내리는 구름과 같은 지혜와 공덕을 닦아라.

운수문 · 雲修門 섭선정진(攝善精進)의 정진바라밀을 실천하여 만물을 윤택하게 하는 비를 내리는 구름과 같은 지혜와 공덕을 닦아라.

운수법 · 雲修法 변화력(變化力)의 원력바라밀을 실천하여 만물을 윤택하게 하는 비를 내리는 구름과 같은 지혜와 공덕을 닦아라.

운수성 · 雲修性 안수고인(安受苦忍)의 인욕바라밀을 실천하여 만물을 윤택하게 하는 비를 내리는 구름과 같은 지혜와 공덕을 닦아라.

운수심 · 雲修心 안주정려(安住靜慮)의 선정바라밀을 실천하여 만물을 윤택하게 하는 비를 내리는 구름과 같은 지혜와 공덕을 닦아라.

운수월 · 雲修月 진취향과(進趣向果)의 방편바라밀을 실천하여 만물을 윤택하게 하는 비를 내리는 구름과 같은 지혜와 공덕을 닦아라.

운수인 · 雲修仁 내원해인(耐怨害忍)의 인욕바라밀을 실천하여 만물을 윤택하게 하는 비를 내리는 구름과 같은 지혜와 공덕을 닦아라.

운수주 · 雲修珠 불사불수(不捨不受)의 방편바라밀을 실천하여 만물을 윤택하게 하는 비를 내리는 구름과 같은 지혜와 공덕을 닦아라.

운수지 · 雲修智 무상의 지혜바라밀을 실천하여 만물을 윤택하게 하는 비를 내리는 구름과 같은 불법의 지혜와 공덕을 닦아라.

운수행 · 雲修行 보시바라밀을 실천하여 만물을 윤택하게 하는 비를 내리는 구름과 같은 불법의 지혜와 공덕을 닦아라.

운수향 · 雲修香 지계바라밀을 실천하여 만물을 윤택하게 하는 비를 내리는 구름과 같은 불법의 지혜와 공덕을 닦아라.

운수화 · 雲修華 선정바라밀을 실천하여 만물을 윤택하게 하는 비를 내리는 구름과 같은 불법의 지혜와 공덕을 닦아라.

운심 · 運心 바라밀을 실천하여 번뇌와 망집을 떨쳐버리고 청정한 마음의 광명을 잘 운용하라.

운심각 · 運心覺 법공(法空)의 지혜바라밀을 실천하여 번뇌와 망집을 떨쳐버리고 청정한 마음의 광명을 잘 운용하라.

운심덕 · 運心德 내원해인(耐怨害忍)의 인욕바라밀을 실천하여 번뇌와 망집을 떨쳐버리고 청정한 마음의 광명을 잘 운용하라.

운심도 · 運心道 섭율의계(攝律儀戒)의 지계바라밀을 실천하여 번뇌와 망집을 떨쳐버리고 청정한 마음의 광명을 잘 운용하라.

운심명 · 運心明 수용법락지(受用法樂智)의 지혜바라밀을 실천하여 번뇌와 망집을 떨쳐버리고 청정한 마음의 광명을 잘 운용하라.

운심문 · 運心門 섭선정진(攝善精進)의 선정바라밀을 실천하여 번뇌와 망집을 떨쳐버리고 청정한 마음의 광명을 잘 운용하라.

운심법 · 運心法 변화력(變化力)의 원력바라밀을 실천하여 번뇌와 망집을 떨쳐버리고 청정한 마음의 광명을 잘 운용하라.

운심수 · 運心修 피갑정진(被甲精進)의 정진바라밀을 실천하여 번뇌와 망집을 떨쳐버리고 청정한 마음의 광명을 잘 운용하라.

운심주 · 運心珠 불사불수(不捨不受)의 방편바라밀을 실천하여 번뇌와 망집을 떨쳐버리고 청정한 마음의 광명을 잘 운용하라.

운심지 · 運心智 무상의 지혜바라밀을 실천하여 번뇌와 망집을 떨쳐버리고 청정한 마음의 광명을 잘 운용하라.

운심행 · 運心行 보시바라밀을 실천하여 번뇌와 망집을 떨쳐버리고 청정한 마음의 광명을 잘 운용하라.

운심향 · 運心香 지계바라밀을 실천하여 번뇌와 망집을 떨쳐버리고 청정한 마음의 광명을 잘 운용하라.

운심화 · 運心華 선정바라밀을 실천하여 번뇌와 망집을 떨쳐버리고 청정한 마음의 광명을 잘 운용하라.

운암 · 雲巖 바라밀행을 닦아 걸림 없는 백운의 지혜를 체득하고 흔들림 없는 청산의 공덕으로 중생 교화를 위해 노력하라.

운암 · 運庵 바라밀행을 닦아 구름 속에 지어 놓은 초암과 같이 집착과 분별을 여읜 지혜를 체득하고 자리이타의 보살행을 실천하라.

운암 · 雲岩 바라밀행을 닦고 운암사자(雲巖師子)의 화두를 간택하여

백운과 같은 걸림 없는 마음으로 중생 교화에 앞장서라.

운월 · 雲月 구름에 가린 달이 때가 되면 드러나듯이 어리석은 마음에 휩싸여 있는 자신도 부처님의 가르침을 배우면 밝은 지혜를 얻을 수 있다는 생각을 간직하며 쉼 없이 정진하라.

운전 · 雲田 구름에 만들어 놓은 밭이 금방 사라지는 모습을 보며 무상과 무아의 이치를 체득하고 많은 사람을 괴로움에서 벗어나도록 제도하라.

운정 · 雲靜 구름과 같이 고요한 마음으로 촌각을 쉬지 말고 정진하여 대승보살도를 행하라.

원각 · 圓覺 바라밀행으로 원각묘용(圓覺妙用)을 닦아 일체중생이 본래 갖추고 있어서 무시(無始)이래로 소소영영(昭昭靈靈)하게 지혜의 광명을 발하는 불성을 깨쳐라.

원각도 · 圓覺道 섭율의계(攝律儀戒)의 지계바라밀을 실천하여 일체중생이 본래 갖추고 있어서 무시이래로 소소영영(昭昭靈靈)하게 지혜의 광명을 발하는 불성의 본모습을 깨쳐라.

원각성 · 圓覺性 안수고인(安受苦

忍)의 인욕바라밀을 실천하여 일체중생이 본래 갖추고 있어서 무시이래로 소소영영(昭昭靈靈)하게 지혜의 광명을 발하는 불성의 본모습을 깨쳐라.

원각수 · 圓覺修 피갑정진(被甲精進)의 정진바라밀을 실천하여 일체중생이 본래 갖추고 있어서 무시이래로 소소영영(昭昭靈靈)하게 지혜의 광명을 발하는 불성의 본모습을 깨쳐라.

원각심 · 圓覺心 안주정려(安住靜慮)의 선정바라밀을 실천하여 일체중생이 본래 갖추고 있어서 무시이래로 소소영영(昭昭靈靈)하게 지혜의 광명을 발하는 불성의 본모습을 깨쳐라.

원각인 · 圓覺仁 내원해인(耐怨害忍)의 인욕바라밀을 실천하여 일체중생이 본래 갖추고 있어서 무시이래로 소소영영(昭昭靈靈)하게 지혜의 광명을 발하는 불성의 본모습을 깨쳐라.

원각주 · 圓覺珠 불사불수(不捨不受)의 방편바라밀을 실천하여 일체중생이 본래 갖추고 있어서 무시이래로 소소영영(昭昭靈靈)하게 지혜의 광명을 발하는 불성의 본모습을 깨쳐라.

원각지 · 圓覺智 무상(無相)의 지혜바라밀을 실천하여 일체중생이 본래 갖추고 있어서 무시이래로 소소영영(昭昭靈靈)하게 지혜의 광명을 발하는 불성의 본모습을 깨쳐라.

원각행 · 圓覺行 보시바라밀을 실천하여 일체중생이 본래 갖추고 있어서 무시이래로 소소영영(昭昭靈靈)하게 지혜의 광명을 발하는 불성의 본모습을 깨쳐라.

원각화 · 圓覺華 선정바라밀을 실천하여 일체중생이 본래 갖추고 있어서 무시이래로 소소영영(昭昭靈靈)하게 지혜의 광명을 발하는 불성의 본모습을 깨쳐라.

원강 · 元康 바라밀을 행하여 본래부터 편안하고 흔들림이 없는 선정을 체득하고 지혜로 중생을 편안케 하라.

원강덕 · 元康德 내원해인(耐怨害忍)의 인욕바라밀을 행하여 본래부터 편안하고 흔들림이 없는 선정을 체득하고 지혜로 중생을 편안케 하라.

원강도 · 元康道 섭율의계(攝律儀戒)의 지계바라밀을 행하여 본래부터 편안하고 흔들림이 없는 선정을 체득하고 지혜로 중생을 편안케 하라.

원강득 · 元康得 수습력(修習力)의

원력바라밀을 행하여 본래부터 편안하고 흔들림이 없는 선정을 체득하고 지혜로 중생을 편안케 하라.

원강문 · 元康門 섭선정진(攝善精進)의 정진바라밀을 행하여 본래부터 편안하고 흔들림이 없는 선정을 체득하고 지혜로 중생을 편안케 하라.

원강성 · 元康性 안수고인(安受苦忍)의 인욕바라밀을 행하여 본래부터 편안하고 흔들림이 없는 선정을 체득하고 지혜로 중생을 편안케 하라.

원강수 · 元康修 피갑정진(被甲精進)의 정진바라밀을 행하여 본래부터 편안하고 흔들림이 없는 선정을 체득하고 지혜로 중생을 편안케 하라.

원강심 · 元康心 안주정려(安住靜慮)의 선정바라밀을 행하여 본래부터 편안하고 흔들림이 없는 선정을 체득하고 지혜로 중생을 편안케 하라.

원강월 · 元康月 진취향과(進趣向果)의 방편바라밀을 행하여 본래부터 편안하고 흔들림이 없는 선정을 체득하고 지혜로 중생을 편안케 하라.

원강인 · 元康仁 내원해인(耐怨害忍)의 인욕바라밀을 행하여 본래부터 편안하고 흔들림이 없는 선정을 체득하고 지혜로 중생을 편안케 하라.

원강주 · 元康珠 불사불수(不捨不受)의 방편바라밀을 행하여 본래부터 편안하고 흔들림이 없는 선정을 체득하고 지혜로 중생을 편안케 하라.

원강지 · 元康智 무상의 지혜바라밀을 행하여 본래부터 편안하고 흔들림이 없는 선정을 체득하고 지혜로 중생을 편안케 하라.

원강행 · 元康行 보시바라밀을 행하여 본래부터 편안하고 흔들림이 없는 선정을 체득하고 지혜로 중생을 편안케 하라.

원강화 · 元康華 선정바라밀을 행하여 본래부터 편안하고 흔들림이 없는 선정을 체득하고 지혜로 중생을 편안케 하라.

원경 · 圓京 바라밀행을 닦아 한량없는 중생을 모두 이롭게 할 수 있는 원만한 지혜를 체득하고 대승보살도를 실천하라.

원경 · 元鏡 바라밀행을 닦아 자신의 근본을 비추어 볼 수 있는 마음의 거울을 얻어 자신을 돌아보고 이웃의 이익과 안락과 행복을 위해 노력하라.

원경 · 元敬 바라밀행을 닦아 자신의 근원을 여여하게 관찰하고 공경복전(恭敬福田)인 삼보에 의지하여 보살행을 실천하라.

원경·元卿 바라밀행을 닦아 수승한 지혜를 체득하여 노협괴경(路夾槐卿)과 같이 많은 사람이 진리의 수레를 타고 불국토로 들어가도록 노력하라.

원경·元璟 바라밀행을 닦아 자신의 근원을 여여하게 관찰하여 어디서나 밝게 빛나는 옥구슬처럼 중생계에서 자리이타의 보살행을 실천하라.

원경·圓鏡) 바라밀행을 닦아 모든 선악의 업이 저장되는 아뢰야식을 청정한 수행으로 깨쳐 크고 원만한 거울처럼 빛나는 지혜인 대원경지(大圓鏡智)를 체득하라.

원경각·圓鏡覺 법공(法空)의 지혜바라밀을 실천하여 모든 선악의 업이 저장되는 아뢰야식을 청정한 수행으로 깨쳐 크고 원만한 거울처럼 빛나는 대원경지(大圓鏡智)를 체득하라.

원경덕·圓鏡德 내원해인(耐怨害忍)의 인욕바라밀을 실천하여 모든 선악의 업이 저장되는 아뢰야식을 청정한 수행으로 깨쳐 크고 원만한 거울처럼 빛나는 대원경지(大圓鏡智)를 체득하라.

원경도·圓鏡道 섭율의계(攝律儀戒)의 지계바라밀을 실천하여 모든 선악의 업이 저장되는 아뢰야식을 청정한 수행으로 깨쳐 크고 원만한 거울처럼 빛나는 대원경지(大圓鏡智)를 체득하라.

원경득·圓鏡得 수습력(修習力)의 원력바라밀을 실천하여 모든 선악의 업이 저장되는 아뢰야식을 청정한 수행으로 깨쳐 크고 원만한 거울처럼 빛나는 대원경지(大圓鏡智)를 체득하라.

원경문·圓鏡門 섭선정진(攝善精進)의 정진바라밀을 실천하여 모든 선악의 업이 저장되는 아뢰야식을 청정한 수행으로 깨쳐 크고 원만한 거울처럼 빛나는 대원경지(大圓鏡智)를 체득하라.

원경수·圓鏡修 피갑정진(被甲精進)의 정진바라밀을 실천하여 모든 선악의 업이 저장되는 아뢰야식을 청정한 수행으로 깨쳐 크고 원만한 거울처럼 빛나는 대원경지(大圓鏡智)를 체득하라.

원경심·圓鏡心 안주정려(安住靜慮)의 선정바라밀을 실천하여 모든 선악의 업이 저장되는 아뢰야식을 청정한 수행으로 깨쳐 크고 원만한 거울처럼 빛나는 대원경지(大圓鏡智)를 체득하라.

원경주 · 圓鏡珠 불사불수(不捨不受)의 방편바라밀을 실천하여 모든 선악의 업이 저장되는 아뢰야식을 청정한 수행으로 깨쳐 크고 원만한 거울처럼 빛나는 대원경지(大圓鏡智)를 체득하라.

원경지 · 圓鏡智 무상의 지혜바라밀을 실천하여 모든 선악의 업이 저장되는 아뢰야식을 청정한 수행으로 깨쳐 크고 원만한 거울처럼 빛나는 대원경지(大圓鏡智)를 체득하라.

원경행 · 圓鏡行 보시바라밀을 실천하여 모든 선악의 업이 저장되는 아뢰야식을 청정한 수행으로 깨쳐 크고 원만한 거울처럼 빛나는 대원경지(大圓鏡智)를 체득하라.

원경화 · 圓鏡華 선정바라밀을 실천하여 모든 선악의 업이 저장되는 아뢰야식을 청정한 수행으로 깨쳐 크고 원만한 거울처럼 빛나는 대원경지(大圓鏡智)를 체득하라.

원공 · 源空 바라밀행을 닦아 본래 비어 분별이 없는 마음자리를 체득하라.

원공 · 圓空 바라밀행을 닦아 원만무애한 공의 이치를 체득하고 중도정견의 가르침으로 중생을 제도하라.

원공 · 源空 바라밀을 행하면서 사물과 현상의 근원을 관찰하여 공의 이치를 체득하고 지혜로 이타행을 실천하라.

원공심 · 圓空心 안주정려(安住靜慮)의 선정바라밀을 행하면서 사물과 현상의 근원을 관찰하여 공의 이치를 체득하고 지혜로 이타행을 실천하라.

원공지 · 圓空智 무상의 지혜바라밀을 행하면서 사물과 현상의 근원을 관찰하여 공의 이치를 체득하고 지혜로 이타행을 실천하라.

원공화 · 圓空華 선정바라밀을 행하면서 사물과 현상의 근원을 관찰하여 공의 이치를 체득하고 지혜로 이타행을 실천하라.

원관 · 圓觀 바라밀을 행하며 원만무애하게 관하여 공의 이치를 체득하고 자재하게 실천하라.

원관명 · 圓觀明 수용법락(受用法樂)의 지혜바라밀을 행하며 원만무애하게 관하여 공의 이치를 체득하고 자재하게 실천하라.

원관성 · 圓觀性 안수고인(安受苦忍)의 인욕바라밀을 행하며 원만무애하게 관하여 공의 이치를 체득하고 자재하게 실천하라.

원관수 · 圓觀修 피갑정진(被甲精進)의 정진바라밀을 행하며 원만무애하게 관하여 공의 이치를 체득하고 자재하게 실천하라.

원관행 · 圓觀行 보시바라밀을 행하며 원만무애하게 관하여 공의 이치를 체득하고 자재하게 실천하라.

원광 · 圓光 바라밀행을 닦아 부처님의 몸 둘레를 밝히는 빛처럼 원만한 불도의 진리를 체득하라.

원광덕 · 圓光德 내원해인(耐怨害忍)의 인욕바라밀을 실천하여 부처님의 주변에서 비치는 광명처럼 원만한 불도의 진리를 체득하라.

원광도 · 圓光道 섭율의계(攝律儀戒)의 지계바라밀을 실천하여 부처님의 주변에서 비치는 광명처럼 원만한 불도의 진리를 체득하라.

원광문 · 圓光門 섭선정진(攝善精進)의 정진바라밀을 실천하여 부처님의 주변에서 비치는 광명처럼 원만한 불도의 진리를 체득하라.

원광법 · 圓光法 변화력(變化力)의 원력바라밀을 실천하여 부처님의 주변에서 비치는 광명처럼 원만한 불도의 진리를 체득하라.

원광성 · 圓光性 안수고인(安受苦忍)의 인욕바라밀을 실천하여 부처님의 주변에서 비치는 광명처럼 원만한 불도의 진리를 체득하라.

원광수 · 圓光修 피갑정진(被甲精進)의 정진바라밀을 실천하여 부처님의 주변에서 비치는 광명처럼 원만한 불도의 진리를 체득하라.

원광심 · 圓光心 안주정려(安住靜慮)의 선정바라밀을 실천하여 부처님의 주변에서 비치는 광명처럼 원만한 불도의 진리를 체득하라.

원광월 · 圓光月 진취향과(進趣向果)의 방편바라밀을 실천하여 부처님의 주변에서 비치는 광명처럼 원만한 불도의 진리를 체득하라.

원광인 · 圓光仁 내원해인(耐怨害忍)의 인욕바라밀을 실천하여 부처님의 주변에서 비치는 광명처럼 원만한 불도의 진리를 체득하라.

원광주 · 圓光珠 불사불수(不捨不受)의 방편바라밀을 실천하여 부처님의 주변에서 비치는 광명처럼 원만한 불도의 진리를 체득하라.

원광지 · 圓光智 무상의 지혜바라밀을 실천하여 부처님의 주변에서 비치는 광명처럼 원만한 불도의 진리를 체득하라.

원광행 · 圓光行 보시바라밀을 실천하여 부처님의 주변에서 비치는 광명처럼 원만한 불도의 진리를 체득하라.

원광화 · 圓光華 선정바라밀을 실천하여 부처님의 주변에서 비치는 광명처럼 원만한 불도의 진리를 체득하라.

원교 · 圓敎 바라밀행을 닦아 원만무애한 부처님의 가르침을 체득하고 대승보살도를 실천하여 많은 사람을 이롭게 하라.

원규 · 元珪 바라밀을 실천하여 사물의 근원을 꿰뚫어 보는 지혜를 체득하고 소림굴에서 선정에 들었던 그 마음으로 중생 제도에 앞장서라.

원기 · 元奇 바라밀행을 닦아 화엄의 이치를 체득하고 일자일배(一字一拜)의 정진력으로 자리이타의 보살행을 실천하라.

원담 · 圓潭 번뇌와 망집에서 벗어나 맑은 물이 가득 찬 연못처럼 모난 마음을 다스려 걸림 없는 해탈의 경지를 체득하라.

원담수 · 圓潭修 피갑정진(被甲精進)의 정진바라밀을 행하여 번뇌와 망집에서 벗어나 맑은 물이 가득 찬 연못처럼 모난 마음을 다스려 걸림 없는 해탈의 경지를 체득하라.

원담행 · 圓潭行 보시바라밀을 행하여 번뇌와 망집에서 벗어나 맑은 물이 가득 찬 연못처럼 모난 마음을 다스려 걸림 없는 해탈의 경지를 체득하라.

원담향 · 圓潭香 지계바라밀을 행하여 번뇌와 망집에서 벗어나 맑은 물이 가득 찬 연못처럼 모난 마음을 다스려 걸림 없는 해탈의 경지를 체득하라.

원담화 · 圓潭華 선정바라밀을 행하여 번뇌와 망집에서 벗어나 맑은 물이 가득 찬 연못처럼 모난 마음을 다스려 걸림 없는 해탈의 경지를 체득하라.

원도문 · 圓悟門 바라밀을 행하여 번뇌와 망집에서 벗어나 모난 마음을 다스려 걸림 없는 해탈의 경지를 체득하라.

원래 · 元來 바라밀행을 닦아 본래 온 자리가 없는 지혜를 닦고 불일무이(不一無二)의 진리에 의지하여 보살행을 실천하라.

원력 · 願力 바라밀행을 닦으며 본원의 작용을 믿고 아미타불의 구제

원력에 의지하여 정토지행(淨土之行)을 실천하라.

원력성 · 願力成 무외시바라밀을 실천하여 항상 하심으로 자신을 가다듬고 보현보살의 거룩한 행원(行願)을 배우고 닦아라.

원력성 · 願力聖 성숙유정(成熟有情)의 지혜바라밀을 실천하여 항상 하심으로 자신을 가다듬고 보현보살의 거룩한 행원(行願)을 배우고 닦아라.

원력신 · 願力信 섭중생계(攝衆生戒)의 지계바라밀을 실천하여 항상 하심으로 자신을 가다듬고 보현보살의 거룩한 행원(行願)을 배우고 닦아라.

원력심 · 願力心 안주정려(安住靜慮)의 선정바라밀을 실천하여 항상 하심으로 자신을 가다듬고 보현보살의 거룩한 행원(行願)을 배우고 닦아라.

원력행 · 願力行 보시바라밀을 실천하여 항상 하심으로 자신을 가다듬고 보현보살의 거룩한 행원(行願)을 배우고 닦아라.

원력향 · 圓力香 지계바라밀을 실천하여 항상 하심으로 자신을 가다듬고 보현보살의 거룩한 행원(行願)을 배우고 닦아라.

원력화 · 願力華 선정바라밀을 실천하여 항상 하심으로 자신을 가다듬고 보현보살의 거룩한 행원(行願)을 배우고 닦아라.

원륜 · 願輪 바라밀행을 닦아 언제나 자기의 서원대로 윤전할 수 있는 복혜를 구족하여 자리이타의 보살행을 실천하라.

원만 · 圓滿 바라밀행을 닦아 원만무애한 부처님의 가르침을 체득하고 대승보살도를 실천하라.

원만심 · 圓滿心 안주정려(安住靜慮)의 선정바라밀을 행하여 원만무애한 지혜를 체득하고 중생을 이롭게 하라.

원만행 · 圓滿行 보시바라밀을 행하여 원만무애한 지혜를 체득하고 중생을 이롭게 하라.

원명 · 圓明 바라밀행을 닦아 둥글고 밝은 마음의 작용을 투철히 닦고 깨달으라.

원명 · 元明 밝은 지혜바라밀을 닦아 본각의 자성과 청정한 마음을 갖추어 자리이타의 보살행을 실천하라.

원명각 · 圓明覺 법공(法空)의 지혜바라밀에 의지하여 정진함으로써 관세음보살의 둥글고 밝은 이근원통(耳根圓通)을 성취하고 일체중생에게 관음과 같은 자비와 공덕을 행하라.

원명덕 · 圓明德 내원해인(耐怨害忍)의 인욕바라밀에 의지하여 정진함으로써 관세음보살의 둥글고 밝은 이근원통(耳根圓通)을 성취하고 일체중생에게 관음과 같은 자비와 공덕을 행하라.

원명도 · 圓明道 섭율의계(攝律儀戒)의 지계바라밀에 의지하여 정진함으로써 관세음보살의 둥글고 밝은 이근원통(耳根圓通)을 성취하고 일체중생에게 관음과 같은 자비와 공덕을 행하라.

원명득 · 圓明得 수습력(修習力)의 원력바라밀에 의지하여 정진함으로써 관세음보살의 둥글고 밝은 이근원통(耳根圓通)을 성취하고 일체중생에게 관음과 같은 자비와 공덕을 행하라.

원명문 · 圓明門 섭선정진(攝善精進)의 정진바라밀에 의지하여 정진함으로써 관세음보살의 둥글고 밝은 이근원통(耳根圓通)을 성취하고 일체중생에게 관음과 같은 자비와 공덕을 행하라.

원명법 · 圓明法 변화력(變化力)의 원력바라밀에 의지하여 정진함으로써 관세음보살의 둥글고 밝은 이근원통(耳根圓通)을 성취하고 일체중생에게 관음과 같은 자비와 공덕을 행하라.

원명성 · 圓明性 안수고인(安受苦忍)의 인욕바라밀에 의지하여 정진함으로써 관세음보살의 둥글고 밝은 이근원통(耳根圓通)을 성취하고 일체중생에게 관음과 같은 자비와 공덕을 행하라.

원명수 · 圓明修 피갑정진(被甲精進)의 정진바라밀에 의지하여 정진함으로써 관세음보살의 둥글고 밝은 이근원통(耳根圓通)을 성취하고 일체중생에게 관음과 같은 자비와 공덕을 행하라.

원명신 · 圓明信 섭중생계(攝衆生戒)의 지계바라밀에 의지하여 정진함으로써 관세음보살의 둥글고 밝은 이근원통(耳根圓通)을 성취하고 일체중생에게 관음과 같은 자비와 공덕을 행하라.

원명심 · 圓明心 안주정려(安住靜慮)의 선정바라밀에 의지하여 정진함으로써 관세음보살의 둥글고 밝은 이근원통(耳根圓通)을 성취하고 일체중생에게 관음과 같은 자비와 공덕을 행하라.

원명인 · 圓明仁 내원해인(耐怨害忍)의 인욕바라밀에 의지하여 정진함으로써 관세음보살의 둥글고 밝은 이근원통(耳根圓通)을 성취하고 일체중생에게 관음과 같은 자비와 공덕을 행하라.

원명정 · 圓明淨 이락정진(利樂精進)의 정진바라밀에 의지하여 정진함으로써 관세음보살의 둥글고 밝은 이근원통(耳根圓通)을 성취하고 일체중생에게 관음과 같은 자비와 공덕을 행하라.

원명주 · 圓明珠 불사불수(不捨不受)의 방편바라밀에 의지하여 정진함으로써 관세음보살의 둥글고 밝은 이근원통(耳根圓通)을 성취하고 일체중생에게 관음과 같은 자비와 공덕을 행하라.

원명지 · 圓明智 무상의 지혜바라밀에 의지하여 정진함으로써 관세음보살의 둥글고 밝은 이근원통(耳根圓通)을 성취하고 일체중생에게 관음과 같은 자비와 공덕을 행하라.

원명행 · 圓明行 보시바라밀에 의지하여 정진함으로써 관세음보살의 둥글고 밝은 이근원통(耳根圓通)을 성취하고 일체중생에게 관음과 같은 자비와 공덕을 행하라.

원명화 · 圓明華 선정바라밀에 의

지하여 정진함으로써 관세음보살의 둥글고 밝은 이근원통(耳根圓通)을 성취하고 일체중생에게 관음과 같은 자비와 공덕을 행하라.

원묘 · 元妙 바라밀행을 닦아 본래 불가사의한 열반각체를 체험하고 희유한 보살행을 실천하라.

원묘 · 原妙 바라밀행을 닦아 자신의 근원에 자리 잡고 있는 오묘한 실상의 이치를 깨치고 자리이타의 보살행을 실천하라.

원묘성 · 原妙性 안수고인(安受苦忍)의 인욕바라밀을 실천하여 근원적이고 오묘한 불성을 깨치고 자비공덕을 행하라.

원묘정 · 原妙淨 이락정진(利樂精進)의 정진바라밀을 실천하여 근원적이고 오묘한 불성을 깨치고 자비공덕을 행하라.

원묘진 · 原妙眞 끊임없는 정진바라밀을 실천하여 근원적이고 오묘한 불성을 깨치고 자비공덕을 행하라.

원묘행 · 原妙行 보시바라밀을 실천하여 근원적이고 오묘한 불성을 깨치고 자비공덕을 행하라.

원묘향 · 原妙香 지계바라밀을 실

천하여 근원적이고 오묘한 불성을 깨치고 자비공덕을 행하라.

원문행 · 圓門行 보시바라밀에 의지하고 정진하여 관세음보살의 둥글고 밝은 이근원통(耳根圓通)을 성취하고 일체중생에게 자비공덕의 방편문을 행하라.

원범 · 圓範 바라밀행을 닦아 원만하고 모범이 되는 대승보살로서 많은 사람을 교화하라.

원법 · 圓法 바라밀에 의지하고 정진하여 이근원통(耳根圓通)의 지혜를 성취하고 일체중생을 위한 대승보살도를 실천하라.

원법행 · 原法行 바라밀에 의지하여 이근원통(耳根圓通)의 지혜를 성취하고 일체중생에게 관음과 같은 자비와 공덕의 방편문을 실천하라.

원복 · 圓復 바라밀에 의지하고 정진하여 이근원통(耳根圓通)의 지혜를 성취하고 많은 사람이 자신의 본래 모습으로 돌아갈 수 있도록 인도하라.

원복 · 元復 바라밀행을 닦아 본래 불가사의한 열반각체를 체험하고 많은 사람이 본래 모습으로 돌아갈 수 있도록 인도하라.

원불 · 圓佛 바라밀행을 닦고 일념으로 정진하여 법신 비로자나불을 친견하고 십계원융(十界圓融)의 보살행을 실천하라.

원사 · 遠師 바라밀행을 닦아 수나라 혜원 법사와 같은 마음으로 염불 백련결사에 앞장서라.

원상 · 圓相 바라밀행을 닦아 중생에게 원래부터 갖추어져 있는 깨달음의 모습을 관찰하고 원만상을 갖추어 자리이타의 보살행을 실천하라.

원상덕 · 圓相德 내원해인(耐怨害忍)의 인욕바라밀을 실천하여 원래부터 갖추어져 있는 깨달음을 체득하고 자비공덕의 방편문을 행하라.

원상도 · 圓相道 섭율의계(攝律儀戒)의 지계바라밀을 실천하여 원래부터 갖추어져 있는 깨달음의 모습을 체득하고 자비공덕의 방편문을 행하라.

원상수 · 圓相修 피갑정진(被甲精進)의 정진바라밀을 실천하여 원래부터 갖추어져 있는 깨달음의 모습을 체득하고 자비공덕의 방편문을 행하라.

원상심 · 圓相心 안주정려(安住靜慮)의 선정바라밀을 실천하여 원래부터 갖추어져 있는 깨달음의 모습

을 체득하고 자비공덕의 방편문을
행하라.

원상행 · 圓相行 보시바라밀을 실
천하여 원래부터 갖추어져 있는 깨
달음의 모습을 체득하고 자비공덕
의 방편문을 행하라.

원상화 · 圓相華 선정바라밀을 실
천하여 원래부터 갖추어져 있는 깨
달음의 모습을 체득하고 자비공덕
의 방편문을 행하라.

원선 · 願船 바라밀행을 닦아 생사
대해에 빠진 중생을 피안으로 제도
하는 본원의 배를 띄울 수 있도록
보살행을 실천하라.

원선각 · 願船覺 법공(法空)의 지
혜바라밀을 실천하며 원력을 세워
생사대해에 빠진 중생을 피안으로
제도하라.

원선덕 · 願船德 내원해인(耐怨害
忍)의 인욕바라밀을 실천하며 원
력을 세워 생사대해에 빠진 중생을
피안으로 제도하라.

원선도 · 願船道 섭율의계(攝律儀
戒)의 지계바라밀을 실천하며 원
력을 세워 생사대해에 빠진 중생을
피안으로 제도하라.

원선명 · 願船明 수용법락(受用法

樂)의 지혜바라밀을 실천하며 원
력을 세워 생사대해에 빠진 중생을
피안으로 제도하라.

원선수 · 願船修 피갑정진(被甲精
進)의 정진바라밀을 실천하며 원
력을 세워 생사대해에 빠진 중생을
피안으로 제도하라.

원선심 · 願船心 안주정려(安住靜
慮)의 선정바라밀을 실천하며 원
력을 세워 생사대해에 빠진 중생을
피안으로 제도하라.

원선주 · 願船珠 불사불수(不捨不
受)의 방편바라밀을 실천하며 원
력을 세워 생사대해에 빠진 중생을
피안으로 제도하라.

원선지 · 願船智 무상의 지혜바라밀
을 실천하며 원력을 세워 생사대해
에 빠진 중생을 피안으로 제도하라.

원선행 · 願船行 보시바라밀을 실
천하며 원력을 세워 생사대해에 빠
진 중생을 피안으로 제도하라.

원선향 · 願船香 지계바라밀을 실
천하며 원력을 세워 생사대해에 빠
진 중생을 피안으로 제도하라.

원선화 · 願船華 선정바라밀을 실
천하며 원력을 세워 생사대해에 빠
진 중생을 피안으로 제도하라.

원성 · 圓成 바라밀을 실천하여 불도의 공덕을 원만히 성취하라.

원성각 · 圓成覺 법공(法空)의 지혜바라밀을 행하여 불도의 공덕을 원만히 성취하라.

원성덕 · 圓成德 내원해인(耐怨害忍)의 인욕바라밀을 행하여 불도의 공덕을 원만히 성취하라.

원성도 · 圓成道 섭율의계(攝律儀戒)의 지계바라밀을 행하여 불도의 공덕을 원만히 성취하라.

원성득 · 圓成得 수습력(修習力)의 원력바라밀을 행하여 불도의 공덕을 원만히 성취하라.

원성력 · 圓成力 사택력(思擇力)의 원력바라밀을 행하여 불도의 공덕을 원만히 성취하라.

원성문 · 圓成門 섭선정진(攝善精進)의 정진바라밀을 행하여 불도의 공덕을 원만히 성취하라.

원성법 · 圓成法 변화력(變化力)의 원력바라밀을 행하여 불도의 공덕을 원만히 성취하라.

원성수 · 圓成修 피갑정진(被甲精進)의 정진바라밀을 행하여 불도의 공덕을 원만히 성취하라.

원성심 · 圓成心 안주정려(安住靜慮)의 선정바라밀을 행하여 불도의 공덕을 원만히 성취하라.

원성월 · 圓成月 진취향과(進趣向果)의 방편바라밀을 행하여 불도의 공덕을 원만히 성취하라.

원성인 · 圓成仁 내원해인(耐怨害忍)의 인욕바라밀을 행하여 불도의 공덕을 원만히 성취하라.

원성주 · 圓成珠 불사불수(不捨不受)의 방편바라밀을 행하여 불도의 공덕을 원만히 성취하라.

원성지 · 圓成智 무상의 지혜바라밀을 행하여 불도의 공덕을 원만히 성취하라.

원성행 · 圓成行 보시바라밀을 행하여 불도의 공덕을 원만히 성취하라.

원성향 · 圓成香 지계바라밀을 행하여 불도의 공덕을 원만히 성취하라.

원성화 · 圓成華 선정바라밀을 행하여 불도의 공덕을 원만히 성취하라.

원소 · 圓昭 바라밀행을 닦아 원만하고 밝게 빛나는 지혜를 체득하고 자리이타의 보살행을 실천하는 데 주저하지 마라.

원소 · 元紹 바라밀을 실천하여 불법(佛法)의 근원을 깨치고 정법의 맥이 끊어지지 않게 하라.

원소덕 · 元紹德 내원해인(耐怨害忍)의 인욕바라밀을 실천하여 불법(佛法)의 근원을 깨치고 정법의 맥이 끊어지지 않게 하라.

원소력 · 元紹力 사택력(思擇力)의 원력바라밀을 실천하여 불법(佛法)의 근원을 깨치고 정법의 맥이 끊어지지 않게 하라.

원소명 · 元紹明 수용법락(受用法樂)의 지혜바라밀을 실천하여 불법(佛法)의 근원을 깨치고 정법의 맥이 끊어지지 않게 하라.

원소문 · 元紹門 섭선정진(攝善精進)의 정진바라밀을 실천하여 불법(佛法)의 근원을 깨치고 정법의 맥이 끊어지지 않게 하라.

원소성 · 元紹性 안수고인(安受苦忍)의 인욕바라밀을 실천하여 불법(佛法)의 근원을 깨치고 정법의 맥이 끊어지지 않게 하라.

원소심 · 元紹心 안주정려(安住靜慮)의 선정바라밀을 실천하여 불법(佛法)의 근원을 깨치고 정법의 맥이 끊어지지 않게 하라.

원소월 · 元紹月 진취향과(進趣向果)의 방편바라밀을 실천하여 불법(佛法)의 근원을 깨치고 정법의 맥이 끊어지지 않게 하라.

원소인 · 元紹仁 내원해인(耐怨害忍)의 인욕바라밀을 실천하여 불법(佛法)의 근원을 깨치고 정법의 맥이 끊어지지 않게 하라.

원소지 · 元紹智 무상의 지혜바라밀을 실천하여 불법(佛法)의 근원을 깨치고 정법의 맥이 끊어지지 않게 하라.

원소행 · 元紹行 보시바라밀을 실천하여 불법(佛法)의 근원을 깨치고 정법의 맥이 끊어지지 않게 하라.

원소향 · 元紹香 지계바라밀을 실천하여 불법(佛法)의 근원을 깨치고 정법의 맥이 끊어지지 않게 하라.

원소화 · 元紹華 선정바라밀을 실천하여 불법(佛法)의 근원을 깨치고 정법의 맥이 끊어지지 않게 하라.

원송 · 圓松 사철 푸르고 수형이 자유로워 많은 사람들에게 사랑을 받는 소나무처럼 보살행을 실천하여 많은 사람을 이롭게 하라.

원숭 · 圓崇 바라밀행을 닦아 원융한 교법과 일불승을 체득하여 삼보를 숭상하고 중생 제도에 앞장서라.

원승 · 圓乘 바라밀행을 닦아 원융한 교법과 일불승을 체득하여 중생을 제도하고 불과를 얻어라.

원승도 · 圓乘道 섭율의계(攝律儀戒)의 지계바라밀을 행하여 원융한 교법과 일불승을 체득해서 중생을 제도하고 불과를 얻어라.

원승주 · 圓乘珠 불사불수(不捨不受)의 방편바라밀을 행하여 원융한 교법과 일불승을 체득해서 중생을 제도하고 불과를 얻어라.

원승화 · 圓乘華 깊은 선정바라밀을 행하여 원융한 교법과 일불승을 체득해서 중생을 제도하고 불과를 얻어라.

원식 · 願食 바라밀행을 닦아 원력의 의미를 체득하고 이를 바탕으로 자신의 몸을 유지하여 흔들림 없는 마음으로 자리이타의 보살행을 실천하라.

원신 · 圓信 바라밀행을 닦아 원만무애하고 올바른 믿음을 성취하라.

원신덕 · 圓信德 내원해인(耐怨害忍)의 인욕바라밀을 행하여 원만무애하고 올바른 믿음을 성취하라.

원신문 · 圓信門 섭선정진(攝善精進)의 정진바라밀을 행하여 원만무애하고 올바른 믿음을 성취하라.

원신주 · 圓信珠 불사불수(不捨不受)의 방편바라밀을 행하여 원만무애하고 올바른 믿음을 성취하라.

원신행 · 圓信行 보시바라밀을 행하여 원만무애하고 올바른 믿음을 성취하라.

원신향 · 圓信香 지계바라밀을 행하여 원만무애하고 올바른 믿음을 성취하라.

원신화 · 圓信華 선정바라밀을 행하여 원만무애하고 올바른 믿음을 성취하라.

원심 · 圓心 바라밀행을 닦아 완전하고 원만한 열반을 구하는 마음을 갖추어 자리이타의 보살행을 실천하라.

원심 · 元心 바라밀행을 닦아 절대 원만의 일심이 삼라만상의 근원이 되는 근원의 마음자리를 체득하라.

원심각 · 圓心覺 법공(法空)의 지혜바라밀을 행하여 완전하고 원만한 열반을 구하는 마음을 성취하고, 널리 중생을 위해 진리를 전파하라.

원심덕 · 圓心德 내원해인(耐怨害忍)의 인욕바라밀을 행하여 완전하고 원만한 열반을 구하는 마음을 성취하고, 널리 중생을 위해 진리를 전파하라.

원심문 · 圓心門 섭선정진(攝善精進)의 정진바라밀을 행하여 완전하고 원만한 열반을 구하는 마음을 성취하고, 널리 중생을 위해 진리를 전파하라.

원심정 · 圓心淨 이락정진(利樂精進)의 정진바라밀을 행하여 완전하고 원만한 열반을 구하는 마음을 성취하고, 널리 중생을 위해 진리를 전파하라.

원심행 · 願心行 보시바라밀을 행하여 완전하고 원만한 열반을 구하는 마음을 성취하고, 널리 중생을 위해 진리를 전파하라.

원심화 · 圓心華 선정바라밀을 행하여 완전하고 원만한 열반을 구하는 마음을 성취하고, 널리 중생을 위해 진리를 전파하라.

원안 · 元安 바라밀행을 닦아 으뜸가는 불자가 되어 언제 어디서나 평안하고 흔들림 없는 마음을 갖추어 보살행을 실천하라.

원안 · 圓安 바라밀행을 닦아 둥근 바위처럼 모남 없이 중생을 안락하게 하라.

원암 · 圓岩 바라밀행을 닦아 둥근 바위처럼 모남 없이 세상을 이롭게 하라.

원암 · 圓庵 바라밀행을 닦아 조계산에 출가하여 계율을 엄하게 지키며 후학을 가르치고, 지리산 연곡 토굴에서 수행한 원암의 가르침을 실천하라.

원애 · 元靄 바라밀을 실천하여 많은 사람이 두려움에서 벗어나 화목할 수 있도록 노력하라.

원애성 · 元靄成 무외시의 보시바라밀을 실천하여 많은 사람이 두려움에서 벗어나 화목할 수 있도록 노력하라.

원애심 · 元靄心 선정바라밀을 실천하여 많은 사람이 두려움에서 벗어나 화목할 수 있도록 노력하라.

원애향 · 元靄香 지계바라밀을 실천하여 많은 사람이 두려움에서 벗어나 화목할 수 있도록 노력하라.

원연 · 垣緣 바라밀행을 닦아 불법의 울타리에서 안주하며 많은 사람이 법연을 맺을 수 있도록 중생 교화에 힘써라.

원오 · 圓悟 바라밀행을 성취하여 원만무애한 깨달음을 얻어라.

원오각 · 圓悟覺 법공(法空)의 지혜바라밀을 성취하여 원만무애한 깨달음을 얻어라.

원오성 · 圓悟性 안수고인(安受苦忍)의 인욕바라밀을 성취하여 원만무애한 깨달음을 얻어라.

원오수 · 圓悟修 피갑정진(被甲精進)의 정진바라밀을 성취하여 원만무애한 깨달음을 얻어라.

원오심 · 圓悟心 안주정려(安住靜慮)의 선정바라밀을 성취하여 원만무애한 깨달음을 얻어라.

원오행 · 圓悟行 보시바라밀을 성취하여 원만무애한 깨달음을 얻어라.

원오향 · 圓悟香 지계바라밀을 성취하여 원만무애한 깨달음을 얻어라.

원오화 · 圓悟華 선정바라밀을 성취하여 원만무애한 깨달음을 얻어라.

원우 · 元宇 바라밀을 실천하여 자신의 마음이 근본도량임을 체득하고 자비공덕을 행하라.

원우각 · 元宇覺 법공(法空)의 지혜바라밀을 실천하여 자신의 마음

이 근본도량임을 체득하고 자비공덕을 행하라.

원우성 · 元宇性 안수고인(安受苦忍)의 인욕바라밀을 실천하여 자신의 마음이 근본도량임을 체득하고 자비공덕을 행하라.

원우심 · 元宇心 안주정려(安住靜慮)의 선정바라밀을 실천하여 자신의 마음이 근본도량임을 체득하고 자비공덕을 행하라.

원우정 · 元宇淨 이락정진(利樂精進)의 정진바라밀을 실천하여 자신의 마음이 근본도량임을 체득하고 자비공덕을 행하라.

원우행 · 元宇行 보시바라밀을 실천하여 자신의 마음이 근본도량임을 체득하고 자비공덕을 행하라.

원욱 · 元旭 모든 사물이 탄생하는 토대가 되는 아침햇살과 같이 많은 사람들에게 불법을 전하여 자비공덕을 행하라.

원융 · 圓融 걸리고 편벽됨이 없이 가득하고 만족하며, 완전히 일체가 되어서 서로 융합하므로 방해됨이 없는 것을 말함.

원융행 · 圓融行 바라밀을 실천하여 걸리고 편벽됨이 없이 가득하고

만족하며, 완전히 일체가 되어서 서로 융합하므로 방해됨이 없는 마음을 갖추어라.

원음 · 圓흡 바라밀행을 닦아 둥글고 원만무애한 음성으로 중생에게 부처님의 가르침을 잘 설하여라.

원응 · 圓應 바라밀행을 닦아 원만하고 순응하는 자세로 부처님의 가르침을 받아 지니고 자리이타의 보살행을 실천하라.

원일 · 圓一 바라밀행을 닦아 둥글고 원만한 부처님의 가르침을 체득하고 중생과 일심동체가 되어라.

원장 · 圓藏 바라밀행을 닦아 원만하고 복덕과 지혜를 갖춘 보살의 보물창고가 되어 중생에게 이익과 안락, 행복을 전하라.

원정 · 圓靜 바라밀행을 닦아 원만하고 고요한 깨우침을 얻어 불법을 널리 전하는 보살행을 실천하라.

원정 · 圓頂 바라밀행을 닦아 원만하고 으뜸가는 지혜를 얻어 세상에 널리 전하는 보살행을 실천하라.

원정 · 元淨 바라밀을 실천하여 청정한 마음으로 정진해서 으뜸가는 진리를 깨쳐라.

원정각 · 元淨覺 법공(法空)의 지혜바라밀을 실천하여 청정한 마음으로 정진해 으뜸가는 진리를 깨쳐라.

원정도 · 元淨道 섭율의계(攝律儀戒)의 지계바라밀을 실천하여 청정한 마음으로 정진해 으뜸가는 진리를 깨쳐라.

원정문 · 元淨門 섭선정진(攝善精進)의 정진바라밀을 실천하여 청정한 마음으로 으뜸가는 진리를 깨쳐라.

원정심 · 元淨心 안주정려(安住靜慮)의 선정바라밀을 실천하여 청정한 마음으로 으뜸가는 진리를 깨쳐라.

원정인 · 元淨仁 내원해인(耐怨害忍)의 인욕바라밀을 실천하여 청정한 마음으로 으뜸가는 진리를 깨쳐라.

원정주 · 元淨珠 불사불수(不捨不受)의 방편바라밀을 실천하여 청정한 마음으로 으뜸가는 진리를 깨쳐라.

원정행 · 元淨行 보시바라밀을 실천하여 청정한 마음으로 으뜸가는 진리를 깨쳐라.

원정화 · 元淨華 선정바라밀을 실천하여 청정한 마음으로 으뜸가는 진리를 깨쳐라.

원조 · 圓照 바라밀행을 닦아 원만

무애한 마음으로 진리를 비추어볼 수 있는 지혜를 체득하라.

원조 · 元照 바라밀행을 닦아 자신의 근원을 명경지수처럼 비추어 볼 수 있는 지혜를 갖추고 항상 검소한 행동으로 하심하며 자리이타의 보살행을 실천하라.

원조 · 原肇 바라밀행을 닦으며 부처님으로부터 말미암은 정법에 의지하고 자리이타의 보살행을 실천하라.

원종 · 圓宗 바라밀행을 닦아 원만무애한 부처님의 종지를 체득하고 많은 사람을 위해 자비공덕을 행하라.

원종 · 元宗 바라밀행을 닦아 본래 그 자리에 있는 자신의 진면목을 체득하고 보살행을 실천하라.

원지 · 原志 바라밀행을 닦아 초발심의 의지를 잊지 말고 많은 사람의 이익과 안락, 행복을 위해 노력하라.

원지 · 園至 바라밀 실천으로 지극한 깨달음의 동산에 이르러 자비공덕을 행하라.

원지심 · 園至心 안주정려(安住靜慮)의 선정바라밀행으로 지극한 깨달음의 동산에 이르러 자비공덕을 행하라.

원지인 · 園至仁 내원해인(耐怨害忍)의 인욕바라밀행으로 지극한 깨달음의 동산에 이르러 자비공덕을 행하라.

원지행 · 園至行 보시바라밀행으로 지극한 깨달음의 동산에 이르러 자비공덕을 행하라.

원지향 · 園至香 지계바라밀행으로 지극한 깨달음의 동산에 이르러 자비공덕을 행하라.

원지화 · 園至華 깊은 선정바라밀행으로 지극한 깨달음의 동산에 이르러 자비공덕을 행하라.

원진 · 元禎 바라밀행을 닦아 불법의 근본 이치를 깨치고 한량없는 복덕을 갖추어 자리이타의 보살행을 실천하라.

원진 · 元眞 바라밀행을 닦아 불법의 근본 이치를 깨치고 참된 자신의 모습을 관조하며 흔들림 없는 마음으로 정진하라.

원징 · 圓澄 바라밀을 행하여 언제나 원만무애하고 맑고 담백한 징연(澄然)의 마음을 갖추어라.

원철 · 圓徹 바라밀행을 닦아 원만

하고 꿰뚫어 볼 수 있는 지혜를 체득하여 청정한 자신의 진면목을 체득하라.

원청 · 源淸 바라밀을 실천하여 항상 근원이 청정한 자신의 진면목을 체득하라.

원청화 · 源淸華 선정바라밀을 실천하여 항상 근원이 청정한 자신의 진면목을 체득하라.

원측 · 圓測 신라의 고승으로 입당하여 측전무후로부터 생불(生佛)로 칭송을 받은 스님. 바라밀행을 닦아 원측 스님과 같은 원력으로 보살행을 실천하라.

원침 · 園琛 바라밀행을 닦아 총명한 성품을 갖추어 수천만의 말이라도 한번 들으면 잊지 아니할 수 있는 문지(聞知)를 체득해서 중생 교화에 앞장서라.

원타 · 圓陀 바라밀행을 닦아 원만한 지혜를 체득하여 번뇌의 비탈에서 고생하는 중생을 제도하는 데 최선을 다하라.

원택 · 圓澤 바라밀행을 닦아 둥근 호수에 비추어진 달과 같이 어디든지 밝게 비출 수 있는 지혜를 체득하고, 이타행을 실천하라.

원통 · 圓通 바라밀행을 닦아 관세음보살의 이근원통(耳根圓通)을 성취하여 일체중생에게 관음과 같은 자비를 베풀어라.

원표 · 元表 바라밀 수행으로 자신의 본모습을 되돌아보고, 밝게 드러나는 지혜 광명으로 자리이타의 보살행을 실천하라.

원학 · 圓學 바라밀 수행으로 원만한 마음으로 계정혜 삼학을 체득하고 자리이타의 대승보살도를 행하라.

원해 · 願海 바라밀행을 닦아 원대한 부처님의 중생 구제의 원력을 실천할 수 있도록 복덕과 지혜를 갖추어라.

원해 · 圓海 바라밀을 실천하여 광대 원만한 부처님의 공덕을 체득하고 그 가피로 일체중생에게 지혜 광명을 전하라.

원해광 · 圓海光 구공(俱空)의 지혜 바라밀을 실천하여 광대 원만한 부처님의 공덕을 체득하고 그 가피로 일체중생에게 지혜 광명을 전하라.

원해명 · 圓海明 수용법락(受用法樂)의 지혜바라밀을 실천하여 광대 원만한 부처님의 공덕을 체득하고 그 가피로 일체중생에게 지혜 광명을 전하라.

원해문 · 圓海門 섭선정진(攝善精進)의 정진바라밀을 실천하여 광대 원만한 부처님의 공덕을 체득하고 그 가피로 일체중생에게 지혜 광명을 전하라.

원해성 · 圓海性 안수고인(安受苦忍)의 인욕바라밀을 실천하여 광대 원만한 부처님의 공덕을 체득하고 그 가피로 일체중생에게 지혜 광명을 전하라.

원해심 · 圓海心 안주정려(安住靜慮)의 선정바라밀을 실천하여 광대 원만한 부처님의 공덕을 체득하고 그 가피로 일체중생에게 지혜 광명을 전하라.

원해정 · 圓海淨 이락정진(利樂精進)의 정진바라밀을 실천하여 광대 원만한 부처님의 공덕을 체득하고 그 가피로 일체중생에게 지혜 광명을 전하라.

원해지 · 圓海智 무상의 지혜바라밀을 실천하여 광대 원만한 부처님의 공덕을 체득하고 그 가피로 일체중생에게 지혜 광명을 전하라.

원해향 · 圓海香 지계바라밀을 실천하여 광대 원만한 부처님의 공덕을 체득하고 그 가피로 일체중생에게 지혜 광명을 전하라.

원행 · 遠行 먼 길을 가는 사람은 준비가 철저하듯이 성불에 이르는 길을 인도하는 바라밀을 최선을 다하여 철저하게 실천하라.

원행 · 圓行 바라밀행으로 어떠한 장애도 없는 원만한 불도를 체득하여 두루 행하라.

원행 · 願行 바라밀행의 원력을 세워 자리이타의 대승보살도를 실천하라.

원행각 · 圓行覺 법공(法空)의 지혜바라밀을 실천하여 본래 어떠한 차별도 없이 일체중생에게 평등한 부처님의 가르침을 깨닫고 원융(圓融)한 마음으로 자비공덕을 행하라.

원행덕 · 圓行德 내원해인(耐怨害忍)의 인욕바라밀을 실천하여 본래 어떠한 차별도 없이 일체중생에게 평등한 부처님의 가르침을 깨닫고 원융(圓融)한 마음으로 자비공덕을 행하라.

원행도 · 圓行道 섭율의계(攝律儀戒)의 지계바라밀을 실천하여 본래 어떠한 차별도 없이 일체중생에게 평등한 부처님의 가르침을 깨닫고 원융(圓融)한 마음으로 자비공덕을 행하라.

원행력 · 圓行力 사택력(思擇力)의

원력바라밀을 실천하여 본래 어떠한 차별도 없이 일체중생에게 평등한 부처님의 가르침을 깨닫고 원융(圓融)한 마음으로 자비공덕을 행하라.

원행문 · 圓行門 섭선정진(攝善精進)의 정진바라밀을 실천하여 본래 어떠한 차별도 없이 일체중생에게 평등한 부처님의 가르침을 깨닫고 원융(圓融)한 마음으로 자비공덕을 행하라.

원행법 · 圓行法 변화력(變化力)의 원력바라밀을 실천하여 본래 어떠한 차별도 없이 일체중생에게 평등한 부처님의 가르침을 깨닫고 원융(圓融)한 마음으로 자비공덕을 행하라.

원행선 · 圓行禪 선정바라밀을 실천하여 본래 어떠한 차별도 없이 일체중생에게 평등한 부처님의 가르침을 깨닫고 원융(圓融)한 마음으로 자비공덕을 행하라.

원행성 · 圓行性 안수고인(安受苦忍)의 인욕바라밀을 실천하여 본래 어떠한 차별도 없이 일체중생에게 평등한 부처님의 가르침을 깨닫고 원융(圓融)한 마음으로 자비공덕을 행하라.

원행수 · 圓行修 피갑정진(被甲精

進)의 정진바라밀을 실천하여 본래 어떠한 차별도 없이 일체중생에게 평등한 부처님의 가르침을 깨닫고 원융(圓融)한 마음으로 자비공덕을 행하라.

원행신 · 圓行信 섭중생계(攝衆生戒)의 지계바라밀을 실천하여 본래 어떠한 차별도 없이 일체중생에게 평등한 부처님의 가르침을 깨닫고 원융(圓融)한 마음으로 자비공덕을 행하라.

원행심 · 圓行心 안주정려(安住靜慮)의 선정바라밀을 실천하여 본래 어떠한 차별도 없이 일체중생에게 평등한 부처님의 가르침을 깨닫고 원융(圓融)한 마음으로 자비공덕을 행하라.

원행인 · 圓行仁 내원해인(耐怨害忍)의 인욕바라밀을 실천하여 본래 어떠한 차별도 없이 일체중생에게 평등한 부처님의 가르침을 깨닫고 원융(圓融)한 마음으로 자비공덕을 행하라.

원행지 · 遠行地 바라밀을 실천하여 상(相)이 없는 행을 닦아 마음의 작용이 세간을 뛰어넘은 자리인 방편구족지(方便具足地)를 갖추고 자리이타의 보살행을 실천하라.

원행지 · 圓行智 지혜바라밀을 실

천하여 본래 어떠한 차별도 없이 일체중생에게 평등한 부처님의 가르침을 깨닫고 원융(圓融)한 마음으로 자비공덕을 행하라.

원행화 · 圓行華 본래 어떠한 차별도 없이 일체중생에게 평등한 가르침을 편 부처님의 뜻을 깨닫고 원융(圓融)한 마음으로 모난 마음이나 욕심으로 인한 독기 없이 불도를 수행하라.

원허 · 圓墟 바라밀행을 닦아 어떤 황폐한 구릉이든 원만하게 만들 수 있는 복덕과 지혜를 갖추어라.

원현 · 元賢 바라밀행을 닦아 근본이 어질고 흔들림 없는 마음으로 자리이타의 보살행을 실천하라.

원현 · 圓顯 바라밀행을 닦아 원만무애한 지혜를 갖추어 중생의 마음 속에서 불성이 현현하게 드러날 수 있도록 보살행을 실천하라.

원혜 · 圓慧 바라밀행을 닦아 원만무애한 지혜를 갖추어 자리이타의 보살행을 실천하라.

원혜 · 元慧 바라밀행을 닦아 으뜸가는 부처님의 지혜를 갖추어 중생 제도에 앞장서라.

원호 · 元浩 바라밀행을 닦아 광대

하게 흐르는 감로수로 많은 사람을 이익과 안락, 행복의 길로 이끌어 주기 위해 노력하라.

원홍 · 元弘 바라밀행을 닦아 근본지를 체득하고 넓은 도량을 갖추어 많은 사람을 섭수하고 중생 제도에 앞장서라.

원화 · 圓華 바라밀을 실천하여 법화의 지혜를 체득하고 자비공덕으로 중생을 이롭게 하라.

원화성 · 圓華性 안수고인(安受苦忍)의 인욕바라밀을 실천하여 법화의 지혜를 체득하고 자비공덕으로 중생을 이롭게 하라.

원화심 · 圓華心 안주정려(安住靜慮)의 선정바라밀을 실천하여 법화의 지혜를 체득하고 자비공덕으로 중생을 이롭게 하라.

원화정 · 圓華淨 이락정진(利樂精進)의 정진바라밀을 실천하여 법화의 지혜를 체득하고 자비공덕으로 중생을 이롭게 하라.

원화지 · 圓華智 무상의 지혜바라밀을 실천하여 법화의 지혜를 체득하고 자비공덕으로 중생을 이롭게 하라.

원화행 · 圓華行 보시바라밀을 실

천하여 법화의 지혜를 체득하고 자
비공덕으로 중생을 이롭게 하라.

원환 · 圓皖 바라밀행을 닦아 원만
하고 환한 밝은 지혜를 체득하여
중생 제도에 앞장서라.

원효 · 元曉 바라밀행을 닦아 불법
(佛法)의 근본 이치를 깨달은 원효
스님처럼 무애보살행을 실천하라.

원휘 · 圓輝 바라밀행을 닦아 원만
무애한 지혜의 횃불을 높이 들어
자리이타의 보살행에 앞장서라.

원휘 · 圓暉 바라밀을 실천하며 원
만한 지혜광명을 체득하여 사바세
계를 밝게 비추어라.

원휘성 · 圓暉性 안수고인(安受苦
忍)의 인욕바라밀을 실천하며 원만
한 지혜광명을 체득하여 사바세계
를 밝게 비추어라.

원휘수 · 圓輝修 피갑정진(被甲精
進)의 정진바라밀을 실천하며 원만
한 지혜광명을 체득하여 사바세계
를 밝게 비추어라.

원휘심 · 圓輝心 안주정려(安住靜
慮)의 선정바라밀을 실천하며 원만
한 지혜광명을 체득하여 사바세계
를 밝게 비추어라.

원휘정 · 圓輝淨 이락정진(利樂精
進)의 정진바라밀을 실천하며 원만
한 지혜광명을 체득하여 사바세계
를 밝게 비추어라.

원휘지 · 圓輝智 이타행의 지혜바
라밀을 실천하며 원만한 지혜광명
을 체득하여 사바세계를 밝게 비추
어라.

월강 · 月江 바라밀행을 닦아 강물
에 비친 달과 같은 천강의 공덕을
지어 자리이타의 보살행을 실천하
라.

월공 · 月空 바라밀을 행하여 허공
에 뜬 달과 같이 무상의 진리를 체
득하고 모든 아집과 법집의 질곡에
서 벗어나라.

월광 · 月光 바라밀을 행하여 어두
운 밤에도 밝은 빛으로 만물을 비추
는 달처럼 깨달음의 빛을 발하라.

월광각 · 月光覺 법공(法空)의 지
혜바라밀을 실천하여 어두운 밤을
밝히는 둥근달이 만물을 평등하게
비추듯이 번뇌무명을 밝히는 깨달
음의 빛을 두루 비추어라.

월광덕 · 月光德 내원해인(耐怨害
忍)의 인욕바라밀을 실천하여 어두
운 밤을 밝히는 둥근달이 만물을 평
등하게 비추듯이 번뇌무명을 밝히

는 깨달음의 빛을 두루 비추어라.

월광도 · 月光道 섭율의계(攝律儀戒)의 지계바라밀을 실천하여 어두운 밤을 밝히는 둥근달이 만물을 평등하게 비추듯이 지혜의 빛을 두루 비추어라.

월광명 · 月光明 수용법락(受用法樂)의 지혜바라밀을 실천하여 어두운 밤을 밝히는 둥근달이 만물을 평등하게 비추듯이 번뇌무명(煩惱無明)을 밝히는 지혜의 빛을 두루 비추어라.

월광문 · 月光門 섭선정진(攝善精進)의 정진바라밀을 실천하여 어두운 밤을 밝히는 둥근달이 만물을 평등하게 비추듯이 번뇌무명을 밝히는 깨달음의 빛을 두루 비추어라.

월광법 · 月光法 변화력(變化力)의 원력바라밀을 실천하여 어두운 밤을 밝히는 둥근달이 만물을 평등하게 비추듯이 번뇌무명을 밝히는 깨달음의 빛을 두루 비추어라.

월광수 · 月光修 피갑정진(被甲精進)의 정진바라밀을 실천하여 어두운 밤을 밝히는 둥근달이 만물을 평등하게 비추듯이 번뇌무명을 밝히는 깨달음의 빛을 두루 비추어라.

월광신 · 月光信 섭중생계(攝衆生

戒)의 지계바라밀을 실천하여 어두운 밤을 밝히는 둥근달이 만물을 평등하게 비추듯이 번뇌무명을 밝히는 깨달음과 지혜의 빛을 두루 비추어라.

월광심 · 月光心 안주정려(安住靜慮)의 선정바라밀을 실천하여 어두운 밤을 밝히는 둥근달이 만물을 평등하게 비추듯이 번뇌무명을 밝히는 지혜의 빛을 두루 비추어라.

월광인 · 月光仁 내원해인(耐怨害忍)의 인욕바라밀을 실천하여 어두운 밤을 밝히는 둥근달이 만물을 평등하게 비추듯이 번뇌무명을 밝히는 깨달음의 빛을 두루 비추어라.

월광주 · 月光珠 불사불수(不捨不受)의 방편바라밀을 실천하여 어두운 밤을 밝히는 둥근달이 만물을 평등하게 비추듯이 번뇌무명을 밝히는 깨달음의 빛을 두루 비추어라.

월광지 · 月光智 이타행의 지혜바라밀을 실천하여 어두운 밤을 밝히는 둥근달이 만물을 평등하게 비추듯이 번뇌무명을 밝히는 깨달음의 빛을 두루 비추어라.

월광행 · 月光行 보시바라밀을 실천하여 어두운 밤을 밝히는 둥근달이 만물을 평등하게 비추듯이 번뇌무명을 밝히는 깨달음의 빛을 두루 비추어라.

월광화 · 月光華 선정바라밀을 실천하여 어두운 밤을 밝히는 둥근달이 만물을 평등하게 비추듯이 번뇌무명을 밝히는 지혜의 빛을 두루 비추어라.

월담 · 月潭 바라밀을 행하여 물이 가득 찬 연못에 비치는 달처럼 원융하고 밝은 마음을 지녀라.

월담도 · 月潭道 섭율의계(攝律儀戒)의 지계바라밀을 행하여 물이 가득 찬 연못에 비치는 달처럼 원융하고 밝은 마음을 지녀라.

월담문 · 月潭門 섭선정진(攝善精進)의 정진바라밀을 행하여 물이 가득 찬 연못에 비치는 달처럼 원융하고 밝은 마음을 지녀라.

월담성 · 月潭性 안수고인(安受苦忍)의 인욕바라밀을 행하여 물이 가득 찬 연못에 비치는 달처럼 원융하고 밝은 마음을 지녀라.

월담수 · 月潭修 피갑정진(被甲精進)의 정진바라밀을 행하여 물이 가득 찬 연못에 비치는 달처럼 원융하고 밝은 마음을 지녀라.

월담인 · 月潭仁 내원해인(耐怨害忍)의 인욕바라밀을 행하여 물이 가득 찬 연못에 비치는 달처럼 원융하고 밝은 마음을 지녀라.

월담주 · 月潭珠 불사불수(不捨不受)의 방편바라밀을 행하여 물이 가득 찬 연못에 비치는 달처럼 원융하고 밝은 마음을 지녀라.

월담지 · 月潭智 이타행의 지혜바라밀을 행하여 물이 가득 찬 연못에 비치는 달처럼 원융하고 밝은 마음을 지녀라.

월담행 · 月潭行 보시바라밀을 행하여 물이 가득 찬 연못에 비치는 달처럼 원융하고 밝은 마음을 지녀라.

월담화 · 月潭華 선정바라밀을 행하여 물이 가득 찬 연못에 비치는 달처럼 원융하고 밝은 마음을 지녀라.

월도 · 月道 바라밀행을 닦아 세월의 이치 속에서 불법(佛法)의 중요성을 체득하고 널리 많은 사람을 이롭게 하라.

월도 · 越度 바라밀행으로 마음속 거친 물결을 잠재우고 피안의 언덕에 도달하라.

월륜 · 月輪 바라밀행을 닦아 달과 같은 부처님의 복덕행을 갖추어 많은 사람의 이익과 안락, 행복을 위해 실천하라.

월륜행 · 月輪行 보시바라밀행으로 부처님의 복덕행을 체득하고 많은 사람의 이익과 안락, 행복을 위해 실천하라.

월륜화 · 月輪華 선정바라밀행으로 부처님의 복덕행을 체득하고 많은 사람의 이익과 안락, 행복을 위해 실천하라.

월면 · 月面 바라밀행을 닦아 달과 같은 공덕으로 중생 제도에 앞장서라.

월명 · 月溟 달도 차면 기울듯이 현재의 행복에 안주하지 말고 죽음에 이를 때까지 자리이타의 대승보살도를 행하라.

월명 · 月明 바라밀을 실천하여 어두운 밤을 밝히는 달처럼 빛나는 지혜를 갈고 닦아라.

월명각 · 月明覺 법공(法空)의 지혜바라밀을 실천하여 어두운 밤을 밝히는 달처럼 빛나는 지혜와 공덕을 갈고 닦아라.

월명덕 · 月明德 내원해인(耐怨害忍)의 인욕바라밀을 실천하여 어두운 밤을 밝히는 달처럼 빛나는 지혜와 공덕을 갈고 닦아라.

월명도 · 月明道 섭율의계(攝律儀戒)의 지계바라밀을 실천하여 어두운 밤을 밝히는 달처럼 빛나는 지혜와 공덕을 갈고 닦아라.

월명득 · 月明得 수습력(修習力)의 원력바라밀을 실천하여 어두운 밤을 밝히는 달처럼 빛나는 지혜와 공덕을 갈고 닦아라.

월명문 · 月明門 섭선정진(攝善精進)의 정진바라밀을 실천하여 어두운 밤을 밝히는 둥근달이 만물을 평등하게 비추듯이 번뇌무명을 밝히는 깨달음의 빛을 두루 비추어라.

월명성 · 月明性 안수고인(安受苦忍)의 인욕바라밀을 실천하여 어두운 밤을 밝히는 달처럼 빛나는 지혜와 공덕을 갈고 닦아라.

월명수 · 月明修 피갑정진(被甲精進)의 정진바라밀을 실천하여 어두운 밤을 밝히는 둥근달이 만물을 평등하게 비추듯이 번뇌무명을 밝히는 깨달음의 빛을 두루 비추어라.

월명심 · 月明心 안주정려(安住靜慮)의 선정바라밀을 실천하여 어두운 밤을 밝히는 둥근달이 만물을 평등하게 비추듯이 번뇌무명을 밝히는 깨달음의 빛을 두루 비추어라.

월명인 · 月明仁 내원해인(耐怨害忍)의 인욕바라밀을 실천하여 어두운 밤을 밝히는 지혜와 공덕을 갈고 닦아라.

월명인 · 月明印 성숙유정(成熟有情)의 지혜바라밀을 실천하여 어두운 밤을 밝히는 달처럼 빛나는 지혜와 공덕을 갈고 닦아라.

월명정 · 月明淨 이락정진(利樂精進)의 정진바라밀을 실천하여 어두운 밤을 밝히는 둥근달이 만물을 평등하게 비추듯이 번뇌무명을 밝히는 깨달음의 빛을 두루 비추어라.

월명주 · 月明珠 불사불수(不捨不受)의 방편바라밀을 실천하여 어두운 밤을 밝히는 둥근달이 만물을 평등하게 비추듯이 번뇌무명을 밝히는 깨달음의 빛을 두루 비추어라.

월명지 · 月明智 무상의 지혜바라밀을 실천하여 어두운 밤을 밝히는 둥근달이 만물을 평등하게 비추듯이 번뇌무명을 밝히는 깨달음의 빛을 두루 비추어라.

월명하 · 月明河 섭선법계(攝善法戒)의 지계바라밀을 실천하여 어두운 밤을 밝히는 둥근달이 만물을 평등하게 비추듯이 번뇌무명을 밝히는 깨달음의 빛을 두루 비추어라.

월명행 · 月明行 보시바라밀을 실천하여 어두운 밤을 밝히는 둥근달이 만물을 평등하게 비추듯이 번뇌무명을 밝히는 깨달음의 빛을 두루 비추어라.

월명화 · 月明華 선정바라밀을 실천하여 어두운 밤을 밝히는 둥근달이 만물을 평등하게 비추듯이 번뇌무명을 밝히는 깨달음의 빛을 두루 비추어라.

월봉 · 月峰 높은 산봉우리에 떠서 어두운 밤의 산천에 빛을 발하는 달처럼 고고한 수행으로 중생의 의지처가 되어라.

월봉화 · 月峰華 인발정려(引發靜慮)의 선정바라밀을 행하여 높은 산봉우리에 떠서 어두운 밤의 산천에 빛을 발하는 달처럼 고고한 수행으로 중생의 의지처가 되어라.

월서 · 月敍 바라밀행을 닦아 달과 같은 복덕을 널리 베풀어 요익중생의 보살행을 실천하라.

월성 · 月星 바라밀행을 닦아 달과 별처럼 변치 않는 공덕을 지어 널리 베풀어라.

월암 · 月岩 바라밀행을 닦아 달의 암석과 같은 묵묵부답의 중생이 진리의 횃불을 들고 동참하게 하라.

월우 · 月佑 천강에 비친 달과 같은 공덕을 지어 많은 사람을 도와

줄 수 있는 보살행을 실천하라.

월운 · 月雲 달을 가린 구름이 때가 되면 소멸되듯이 현실의 행복에 안주하지 말고 복덕과 지혜를 갖추어 대승보살도를 실천하라.

월인 · 月印 어두운 밤을 밝히는 둥근달이 만물을 평등하게 비추듯이 지혜의 빛을 두루 비추어라.

월인각 · 月印覺 법공(法空)의 지혜바라밀을 실천하여 어두운 밤을 밝히는 둥근달이 만물을 평등하게 비추듯이 지혜의 빛을 두루 비추어라.

월인덕 · 月印德 내원해인(耐怨害忍)의 인욕바라밀을 실천하여 어두운 밤을 밝히는 둥근달이 만물을 평등하게 비추듯이 지혜의 빛을 두루 비추어라.

월인도 · 月印道 섭율의계(攝律儀戒)의 지계바라밀을 실천하여 어두운 밤을 밝히는 둥근달이 만물을 평등하게 비추듯이 지혜의 빛을 두루 비추어라.

월인명 · 月印明 이타행의 지혜바라밀을 실천하여 어두운 밤을 밝히는 둥근달이 만물을 평등하게 비추듯이 지혜의 빛을 두루 비추어라.

월인문 · 月印門 섭선정진(攝善精

進)의 정진바라밀을 실천하여 어두운 밤을 밝히는 둥근달이 만물을 평등하게 비추듯이 지혜의 빛을 두루 비추어라.

월인성 · 月印性 안수고인(安受苦忍)의 인욕바라밀을 실천하여 어두운 밤을 밝히는 둥근달이 만물을 평등하게 비추듯이 지혜의 빛을 두루 비추어라.

월인수 · 月印修 피갑정진(被甲精進)의 정진바라밀을 실천하여 어두운 밤을 밝히는 둥근달이 만물을 평등하게 비추듯이 지혜의 빛을 두루 비추어라.

월인심 · 月印心 안주정려(安住靜慮)의 선정바라밀을 실천하여 어두운 밤을 밝히는 둥근달이 만물을 평등하게 비추듯이 지혜의 빛을 두루 비추어라.

월인주 · 月印珠 불사불수(不捨不受)의 방편바라밀을 실천하여 어두운 밤을 밝히는 둥근달이 만물을 평등하게 비추듯이 지혜의 빛을 두루 비추어라.

월인지 · 月印智 이타행의 지혜바라밀을 실천하여 어두운 밤을 밝히는 둥근달이 만물을 평등하게 비추듯이 지혜의 빛을 두루 비추어라.

월인행 · 月印行 보시바라밀을 실천하여 어두운 밤을 밝히는 둥근달이 만물을 평등하게 비추듯이 지혜의 빛을 두루 비추어라.

월인화 · 月印華 선정바라밀을 실천하여 어두운 밤을 밝히는 둥근달이 만물을 평등하게 비추듯이 지혜의 빛을 두루 비추어라.

월정 · 月精 모든 병과 독기를 없애 주는 월정마니(月精摩尼)처럼 중생의 병과 탐욕의 독기를 씻어 주는 보살도를 닦아라.

월정 · 月淨 바라밀을 행하며 청정한 마음으로 어두운 밤을 밝히는 둥근달과 같은 평등지를 실천하라.

월정각 · 月精覺 법공(法空)의 지혜바라밀을 실천하여 모든 병과 독기를 없애 주는 월정마니(月精摩尼)처럼 중생의 병과 탐욕의 독기를 씻어 주는 보살도를 닦아라.

월정덕 · 月精德 내원해인(耐怨害忍)의 인욕바라밀을 실천하여 모든 병과 독기를 없애 주는 월정마니(月精摩尼)처럼 중생의 병과 탐욕의 독기를 씻어 주는 보살도를 닦아라.

월정도 · 月精道 섭율의계(攝律儀戒)의 지계바라밀을 실천하여 모든

병과 독기를 없애 주는 월정마니(月精摩尼)처럼 중생의 병과 탐욕의 독기를 씻어 주는 보살도를 닦아라.

월정문 · 月精門 섭선정진(攝善精進)의 정진바라밀을 실천하여 모든 병과 독기를 없애 주는 월정마니(月精摩尼)처럼 중생의 병과 탐욕의 독기를 씻어 주는 보살도를 닦아라.

월정문 · 月淨門 섭선정진(攝善精進)의 정진바라밀을 실천하여 어두운 밤을 밝히는 둥근달이 만물을 평등하게 비추듯이 번뇌무명을 밝히는 깨달음의 빛을 두루 비추어라.

월정법 · 月精法 변화력(變化力)의 원력바라밀을 실천하여 어두운 밤을 밝히는 둥근달이 만물을 평등하게 비추듯이 번뇌무명을 밝히는 깨달음의 빛을 두루 비추어라.

월정심 · 月精心 안주정려(安住靜慮)의 선정바라밀을 실천하여 어두운 밤을 밝히는 둥근달이 만물을 평등하게 비추듯이 번뇌무명을 밝히는 깨달음의 빛을 두루 비추어라.

월정심 · 月淨心 안주정려(安住靜慮)의 선정바라밀을 행하여 어두운 밤을 밝히는 둥근달이 만물을 평등하게 비추듯이 번뇌무명을 밝히는 깨

달음의 청정한 빛을 두루 비추어라.

월정인 · 月淨仁 내원해인(耐怨害忍)의 인욕바라밀을 행하여 어두운 밤을 밝히는 둥근달이 만물을 평등하게 비추듯이 번뇌무명을 밝히는 깨달음의 청정한 빛을 두루 비추어라.

월정행 · 月精行 보시바라밀을 실천하여 어두운 밤을 밝히는 둥근달이 만물을 평등하게 비추듯이 번뇌무명을 밝히는 깨달음의 빛을 두루 비추어라.

월정화 · 月精華 선정바라밀을 실천하여 어두운 밤을 밝히는 둥근달이 만물을 평등하게 비추듯이 번뇌무명을 밝히는 깨달음의 빛을 두루 비추어라.

월주 · 月珠 바라밀을 실천하여 보름달과 같은 여의주를 지니고 밝은 지혜를 성취하여 중생을 널리 이롭게 하라.

월지 · 月知 바라밀을 실천하여 보름달과 같은 지혜와 공덕을 갖추어라.

월천 · 月泉 바라밀을 실천하여 마르지 않는 샘물처럼 공덕을 짓고 보름달과 같은 밝은 지혜를 성취하라.

월초 · 月初 바라밀행을 닦아 보름달과 같은 밝은 지혜를 갖추고 초심으로 돌아가 자리이타의 보살행을 실천하라.

월탄 · 月誕 바라밀행을 닦아 광음과 같이 빠른 세월에 방종하지 말고 진실한 삶을 영위하며 천강에 비친 달과 같은 공덕으로 자리이타의 보살행을 실천하라.

월탑 · 月塔 경포호에 비친 달빛이 마치 탑과 같다 하여 월탑이라 부름. 바라밀행을 닦아 달그림자라는 현상에 집착하지 않고 본질을 깨우쳐 보살행을 실천하라.

월파 · 月波 달이 물에 비쳐 황금물결을 만들어 내는 현상을 보며 무상과 무아의 가르침을 체득하고 자리이타의 대승보살도를 실천하라.

월하 · 月荷 바라밀행을 닦아 맑은 물에 비친 자신의 모습을 보고 스스로의 허물을 책망하여 존경할 만한 보살행자가 되어라.

월호 · 月瑚 바라밀행을 닦아 천강에 비친 달과 같이 공덕을 짓고 세상에서 존경할 만한 호련(瑚璉)과 같은 보살행자가 되어라.

월화 · 月華 구한말 해인사의 고승으로 진하의 강회에서 경학을 정밀히 연구, 유수한 강사가 됨. 바라밀을 실천하여 달빛과 같은 공덕으로 많은 사람을 이롭게 하라.

월화성 · 月華性 안수고인(安受苦
忍)의 인욕바라밀을 실천하여 달빛
과 같은 공덕으로 많은 사람을 이
롭게 하라.

월화심 · 月華心 안주정려(安住靜
慮)의 선정바라밀을 실천하여 달빛
과 같은 공덕으로 많은 사람을 이
롭게 하라.

월화정 · 月華淨 이락정진(利樂精
進)의 정진바라밀을 실천하여 달빛
과 같은 공덕으로 많은 사람을 이
롭게 하라.

월화행 · 月華行 보시바라밀을 실
천하여 달빛과 같은 공덕으로 많은
사람을 이롭게 하라.

위거 · 韋據 바라밀행을 닦아 중생
이 에워싸고 의지할 만한 보살행자
가 되어 대승보살도를 실천하라.

위광 · 威光 바라밀행을 닦아 사람
들이 외경할 만한 공덕을 지어 자
신의 모습을 감추고 중생의 장애를
제거해서 진심으로 믿을만한 보살
행자가 되어라.

위덕 · 威德 『원각경』에 나오는 위
덕자재보살의 명호. 바라밀행을 닦
아 보살의 위의를 갖추고 한량없는

덕행으로 중생 제도의 원력을 실천
하라.

위덕문 · 威德門 섭선정진(攝善精
進)의 정진바라밀을 실천하여 위의
를 갖춘 덕행으로 중생을 제도하라.

위요 · 威曜 바라밀행을 닦아 위엄
이 있고 신령한 광명을 갖추어 자
리이타의 보살행을 실천하라.

위행 · 威行 바라밀행을 닦아 죽을
각오로 사는 정신을 가르쳐 바르게
되면 위엄을 행할 수 있는 보살행
을 실천하라.

유각 · 惟愨 바라밀을 실천하여 즐
겁고 성실하게 수행하여 깨달음을
성취하라.

유각성 · 惟愨性 안수고인(安受苦
忍)의 인욕바라밀을 실천하여 즐겁
고 성실하게 수행해서 깨달음을 성
취하라.

유각수 · 惟愨修 피갑정진(被甲精
進)의 정진바라밀을 실천하여 즐겁
고 성실하게 수행해서 깨달음을 성
취하라.

유각정 · 惟愨淨 이락정진(利樂精
進)의 정진바라밀을 실천하여 즐겁
고 성실하게 수행해서 깨달음을 성
취하라.

유각행 · 惟慤行 보시바라밀을 실천하여 즐겁고 성실하게 수행해서 깨달음을 성취하라.

유경 · 惟勁 바라밀행을 닦아 보살의 환희심과 굳센 원력으로 흔들림 없는 자세로 많은 사람의 이익과 안락과 행복을 위해 노력하라.

유관 · 唯觀 바라밀행을 닦아 모든 현상은 오직 허깨비 같이 일시적으로 나타났다 사라지는 것임을 꿰뚫어 보는 지혜를 갖추어라.

유근 · 惟謹 바라밀을 실천하며 부지런히 사유하고 숙고하여 성불의 지혜를 갖추어라.

유덕 · 悠德 바라밀행을 닦아 항상 공덕 짓기를 좋아하고 많은 사람을 행복하게 해 줄 수 있는 방법을 찾아 보살행을 실천하라.

유명 · 有明 바라밀행으로 밝은 지혜를 지니고 자리이타의 보살행을 실천하라.

유상 · 惟尙 바라밀행을 닦아 사유와 숙고를 갖추어 불법을 숭상하고 앞장서서 보살행을 실천하라.

유심 · 唯心 바라밀을 행하여 오직 마음뿐이라는 유식의 가르침을 체득하라.

유연 · 柔軟 바라밀행을 닦아 유연자재한 지혜를 갖추어 자리이타의 보살행을 실천하라.

유일 · 有一 바라밀행을 닦아 오직 일승의 법에 의지하여 자리이타의 보살행에 앞장서라.

유정 · 惟政 바라밀행을 닦아 사유와 숙고의 지혜를 갖추고 널리 세상을 주유하며 자리이타의 보살행을 실천하라.

유정 · 惟淨 바라밀의 실천으로 항상 바르게 사유하고, 청정한 마음을 얻어 유심정토를 실천하라.

유정각 · 惟淨覺 법공(法空)의 지혜바라밀행으로 항상 바르게 사유하고, 청정한 마음을 얻어 유심정토를 실천하라.

유정덕 · 惟淨德 내원해인(耐怨害忍)의 인욕바라밀행으로 항상 바르게 사유하고, 청정한 마음을 얻어 유심정토를 실천하라.

유정도 · 惟淨道 섭율의계(攝律儀戒)의 지계바라밀행으로 항상 바르게 사유하고, 청정한 마음을 얻어 유심정토를 실천하라.

유정득 · 惟淨得 수습력(修習力)의 원력바라밀의 실천으로 항상 바르

게 사유하고, 청정한 마음을 얻어
유심정토를 실천하라.

유정문 · 惟淨門 섭선정진(攝善精
進)의 정진바라밀행으로 항상 바르
게 사유하고, 청정한 마음을 얻어
유심정토를 실천하라.

유정법 · 惟淨法 변화력(變化力)의
원력바라밀행으로 항상 바르게 사
유하고, 청정한 마음을 얻어 유심
정토를 실천하라.

유정수 · 惟淨修 피갑정진(被甲精
進)의 정진바라밀행으로 항상 바르
게 사유하고, 청정한 마음을 얻어
유심정토를 실천하라.

유정심 · 惟淨心 안주정려(安住靜
慮)의 선정바라밀행으로 항상 바르
게 사유하고, 청정한 마음을 얻어
유심정토를 실천하라.

유정인 · 惟淨仁 내원해인(耐怨害
忍)의 인욕바라밀행으로 항상 바르
게 사유하고, 청정한 마음을 얻어
유심정토를 실천하라.

유정주 · 惟淨珠 불사불수(不捨不
受)의 방편바라밀행으로 항상 바르
게 사유하고, 청정한 마음을 얻어
유심정토를 실천하라.

유정지 · 惟淨智 무상의 지혜바라

밀행으로 항상 바르게 사유하고,
청정한 마음을 얻어 유심정토를 실
천하라.

유정행 · 惟淨行 보시바라밀행으로
항상 바르게 사유하고, 청정한 마음
을 얻어 유심정토를 실천하라.

유정향 · 惟淨香 지계바라밀행으로
항상 바르게 사유하고, 청정한 마음
을 얻어 유심정토를 실천하라.

유정화 · 惟淨華 선정바라밀행으로
항상 바르게 사유하고, 청정한 마음
을 얻어 유심정토를 실천하라.

유찬 · 幽燦 겉으로 드러나지 않아
도 안으로 그윽하게 빛나라. 항상
교만하지 말고 하심하는 마음으로
바라밀을 실천하라.

유현 · 幽玄 바라밀을 실천하여 그
윽하고 깊은 진리를 체득하고 보살
행을 실천하라.

유현심 · 幽玄心 안주정려(安住靜
慮)의 선정바라밀을 실천하여 그윽
하고 깊은 진리를 체득하고 보살행
을 실천하라.

유현행 · 幽玄行 보시바라밀을 실
천하여 그윽하고 깊은 진리를 체득
하고 보살행을 실천하라.

유현향 · 幽玄香 지계바라밀을 실천하여 그윽하고 깊은 진리를 체득하고 보살행을 실천하라.

유현화 · 幽玄華 선정바라밀을 실천하여 그윽하고 깊은 진리를 체득하고 보살행을 실천하라.

유형 · 有炯 바라밀행을 닦아 언제 어디에 있어도 밝게 빛날 수 있는 지혜를 갖추고 자리이타의 보살행을 실천하라.

윤감 · 允堪 바라밀행을 닦아 언제 어디서나 진실로 뛰어난 보살행자가 되어라.

윤문 · 允文 바라밀행을 닦아 진실한 마음으로 부처님의 가르침을 실천할 수 있는 보살행자가 되어라.

윤성 · 輪性 바라밀행을 닦아 윤회하는 성품의 근원을 깨우쳐 윤회의 괴로움에서 벗어날 수 있는 복덕과 지혜를 갖추어라.

윤우 · 倫佑 인욕바라밀을 체득하여 많은 사람을 도와라.

윤우성 · 倫佑性 안수고인(安受苦忍)의 인욕바라밀을 체득하여 많은 사람을 도와라.

윤우심 · 倫佑心 안주정려(安住靜慮)의 선정바라밀을 체득하여 많은 사람을 도와라.

윤우행 · 倫佑行 보시바라밀을 체득하여 많은 사람을 도와라.

은광 · 殷光 바라밀행을 닦아 복덕이 넘치고 지혜가 수승한 보살행자가 되어 자리이타의 대승보살도를 실천하라.

은미 · 隱微 바라밀행을 닦아 하심하는 마음으로 지혜는 숨기고, 교만한 마음을 버려서 친근한 방편으로 중생을 제도하라.

은봉 · 隱峰 바라밀행을 닦아 마조, 석두 두 화상 사이를 두 번 왕래하고 뒤에 다시 마조의 문중에 와서 말 한마디에 깨달은 은봉 스님의 지혜를 체득하라.

은암 · 隱巖 숨겨진 바위처럼 드러나지는 않지만 흔들림 없이 상을 일으키지 말고 복덕과 지혜를 구족하며 중생을 제도하라.

은적 · 隱寂 바라밀행을 닦아 드러나지 않는 적막함, 완전한 열반을 체득하고 은일자적(隱逸自適))한 마음으로 자리이타의 보살행을 실천하라.

은초 · 隱草 숨어서 초목처럼 살지

만 항상 바라밀행을 닦아 복덕과 지혜를 구족하여 이타행을 실천하라.

응각 · 應覺 바라밀행을 닦아 응공의 지위에 오를 수 있는 부처님의 가르침을 깨우쳐 보살행자로서의 삶을 실천하라.

응공 · 應空 바라밀을 행하여 마음의 공성(空性)을 깨달아 중생의 바람에 응하지만 어떠한 대가도 바라지 않는 지혜를 체득하라.

응담 · 應潭 바라밀을 행하여 중생의 번뇌와 열기(熱氣)를 씻어 내는 맑은 연못이 되어 중생의 바람에 응하라.

응법 · 應法 바라밀을 행하여 항상 불법에 대한 자신의 안목과 수행을 깊이 닦아서 불법을 구하는 중생의 바람에 응하라.

응신 · 應信 감(感)은 중생이 불심(佛心)을 깨닫고, 응(應)은 부처님이 원융(圓融)한 지혜로써 중생과 일체가 되는 것. 청정한 수행을 통하여 부처님과 여러 큰 보살님의 감응(感應)을 입어라.

응지 · 應智 바라밀행을 닦아 불자가 지녀야 할 네 가지의 영원한 마음가짐을 지녀서 일체중생의 바람에 응하라.

응화 · 應和 바라밀을 행하여 일체의 반목과 대립을 넘어서 하심(下心)을 닦음으로써 화합하고 중생의 바람에 널리 응하라.

의공 · 義空 바라밀행을 닦아 공의 이치를 올바로 체득하고 자리이타의 보살행을 실천하라.

의공 · 義工 자원봉사자를 말함. 바라밀을 행하여 의로운 자원봉사자로 활동하여 많은 사람을 이롭게 하라.

의공행 · 義工行 보시바라밀을 행하여 의로운 자원봉사자로 활동하여 많은 사람을 이롭게 하라.

의공화 · 義工華 깊은 선정바라밀을 닦으면서 동시에 의로운 자원봉사자로 활동하여 많은 사람을 이롭게 하라.

의금 · 義金 바라밀을 성취하여 의롭고, 훌륭한 보살행을 실천하라.

의금성 · 義金性 안수고인(安受苦忍)의 인욕바라밀을 성취하여 의롭고, 훌륭한 보살행을 실천하라.

의념 · 意念 바라밀행을 닦아 신구의 삼업을 청정하게 하고 항상 자신을 돌이켜 생각하며 올바르게 생활하는지 참구하라.

의상 · 義湘 바라밀을 체득하여 의상 대사와 같은 복덕과 지혜로 널리 세상을 이롭게 하라.

의상화 · 義湘華 깊은 선정바라밀을 체득하여 의상 대사와 같은 복덕과 지혜로 널리 세상을 이롭게 하라.

의생 · 意生 선정바라밀을 체득하여 마음에서 피운 꽃과 같이 언제나 화장세계를 장엄할 수 있는 원력을 가지고 보살행을 실천하라.

의선 · 意善 바라밀행을 닦아 올바른 생각으로 선행을 실천하고 덕을 쌓아 남을 이롭게 하라.

의선 · 義旋 바라밀행을 닦아 의로운 마음으로 중생계로 선회하여 자리이타의 보살행을 베풀어라.

의선 · 義宣 바라밀을 체득하여 옳고 바른 일을 위하여 베풀어라.

의선도 · 義宣道 방편바라밀을 체득하여 옳고 바른 일을 위하여 베풀어라.

의선문 · 義宣門 정진바라밀을 체득하여 옳고 바른 일을 위하여 베풀어라.

의선심 · 義宣心 안주정려(安住靜慮)의 선정바라밀을 체득하여 옳고 바른 일을 위하여 베풀어라.

의선지 · 義宣智 지혜바라밀을 체득하여 옳고 바른 일을 위하여 베풀어라.

의선행 · 義宣行 보시바라밀을 체득하여 옳고 바른 일을 위하여 베풀어라.

의선화 · 義宣華 인발정려(引發靜慮)의 선정바라밀을 체득하여 옳고 바른 일을 위하여 베풀어라.

의성 · 意成 바라밀행을 닦아 생각으로 모든 것을 성취하고 선업을 지어 자리이타의 보살행을 실천하라.

의성 · 義誠 바라밀을 체득하여 옳고 바른 일, 정의 구현을 위해 정성을 다하라.

의성화 · 義誠華 선정바라밀을 체득하여 옳고 바른 일, 정의 구현을 위해 정성을 다하라.

의순 · 意恂 바라밀을 체득하여 부처님의 진실한 뜻을 삶 속에서 실천하라.

의순행 · 意恂行 보시바라밀을 체득하여 부처님의 진실한 뜻을 삶 속에서 실천하라.

의승 · 意勝 바라밀행을 닦아 신구의 삼업을 청정하게 하고 올바른 뜻을 일으켜 수승한 보살행자가 되어라.

의안 · 義安 바라밀행을 닦아 많은 사람이 의롭고 안락한 삶을 영위할 수 있도록 보살행을 실천하라.

의안 · 儀晏 바라밀을 체득하여 들고 남에 거동이 편안하고 청정한 마음으로 보살행을 실천하라.

의안성 · 儀晏性 안수고인(安受苦忍)의 인욕바라밀을 체득하여 들고 남에 거동이 편안하고 청정한 마음으로 보살행을 실천하라.

의안행 · 儀晏行 보시바라밀을 체득하여 들고 남에 거동이 편안하고 청정한 마음으로 보살행을 실천하라.

의안화 · 儀晏華 선정바라밀을 체득하여 들고 남에 거동이 편안하고 청정한 마음으로 보살행을 실천하라.

의연 · 意然 바라밀행을 닦아 생각이 연연하여 집착함을 버리고 자유자재한 보살행자가 되어라.

의연 · 儀宴 바라밀행을 닦아 보살행을 실천하며 문화와 풍습을 잘 이해하여 중생 교화의 장을 열어라.

의연 · 義淵 바라밀행을 닦아 불자로서의 율의(律儀)를 잘 지키고 견문이 넓은 지혜를 갖추어 불교 중흥에 앞장서라.

의적 · 義寂 바라밀을 행하여 정의롭고 열반을 성취한 보살행을 실천하라.

의적행 · 義寂行 재시바라밀을 행하여 정의롭고 열반을 성취한 보살행을 실천하라.

의정 · 義淨 바라밀을 실천하여 정의롭고 청정한 삶을 영위하면서 보살이 해야 할 바를 실천하라.

의정각 · 義淨覺 법공(法空)의 지혜바라밀을 실천하여 정의롭고 청정한 삶을 영위하면서 보살이 해야 할 바를 실천하라.

의정덕 · 義淨德 내원해인(耐怨害忍)의 인욕바라밀을 실천하여 정의롭고 청정한 삶을 영위하면서 보살이 해야 할 바를 실천하라.

의정도 · 義淨道 교회유무(巧會有無)의 방편바라밀을 실천하여 정의롭고 청정한 삶을 영위하면서 보살이 해야 할 바를 실천하라.

의정문 · 義淨門 섭선정진(攝善精進)의 정진바라밀을 실천하여 정의롭고 청정한 삶을 영위하면서 보살이 해야 할 바를 실천하라.

의정법 · 義淨法 변화력(變化力)의 원력바라밀을 실천하여 정의롭고 청정한 삶을 영위하면서 보살이 해야 할 바를 실천하라.

의정성 · 義淨性 안수고인(安受苦忍)의 인욕바라밀을 실천하여 정의롭고 청정한 삶을 영위하면서 보살이 해야 할 바를 실천하라.

의정수 · 義淨修 피갑정진(被甲精進)의 정진바라밀을 실천하여 정의롭고 청정한 삶을 영위하면서 보살이 해야 할 바를 실천하라.

의정인 · 義淨仁 내원해인(耐怨害忍)의 인욕바라밀을 실천하여 정의롭고 청정한 삶을 영위하면서 보살이 해야 할 바를 실천하라.

의정행 · 義淨行 보시바라밀을 실천하여 정의롭고 청정한 삶을 영위하면서 보살이 해야 할 바를 실천하라.

의정향 · 義淨香 지계바라밀을 실천하여 정의롭고 청정한 삶을 영위하면서 보살이 해야 할 바를 실천하라.

의정화 · 義淨華 선정바라밀을 실천하여 정의롭고 청정한 삶을 영위하면서 보살이 해야 할 바를 실천하라.

의조 · 義操 바라밀을 체득하여 정의로운 마음을 내어서 고난에 직면한 중생의 손을 잡아 주어라.

의조성 · 義操性 안수고인(安受苦忍)의 인욕바라밀을 체득하여 정의로운 마음을 내어서 고난에 직면한 중생의 손을 잡아 주어라.

의진 · 意進 바라밀행을 닦아 소극적인 자세를 버리고 적극적인 의지로 매일 정진하는 보살행자가 되어라.

의진 · 義眞 바라밀행을 체득하여 정의롭고 진실한 마음으로 널리 중생을 제도하라.

의진덕 · 義眞德 내원해인(耐怨害忍)의 인욕바라밀을 체득하여 정의롭고 진실한 마음으로 널리 중생을 제도하라.

의진명 · 義眞明 수용법락(受用法樂)의 지혜바라밀을 체득하여 정의롭고 진실한 마음으로 널리 중생을 제도하라.

의진문 · 義眞門 섭선정진(攝善精進)의 정진바라밀을 체득하여 정의롭고 진실한 마음으로 널리 중생을 제도하라.

의진성 · 義眞性 안수고인(安受苦忍)의 인욕바라밀을 체득하여 정의롭고 진실한 마음으로 널리 중생을 제도하라.

의진주 · 義眞珠 불사불수(不捨不受)의 방편바라밀을 체득하여 정의롭고 진실한 마음으로 널리 중생을 제도하라.

의진향 · 義眞香 섭선법계(攝善法戒)의 지계바라밀을 체득하여 정의롭고 진실한 마음으로 널리 중생을 제도하라.

의진화 · 義眞華 깊은 선정바라밀을 체득하여 정의롭고 진실한 마음으로 널리 중생을 제도하라.

의포 · 義襃 바라밀행을 닦아 넓고 큰 옷자락으로 세상을 감싸듯 자비심을 갖추어 어렵고 힘든 사람들을 포용하는 보살행에 앞장서라.

의한 · 意閑 바라밀을 체득하여 의식의 장애가 되는 모든 걸림돌을 타파하라.

의한성 · 意閑性 안수고인(安受苦忍)의 인욕바라밀을 체득하여 의식의 장애가 되는 모든 걸림돌을 타파하라.

의행 · 意行 바라밀행을 닦아 신구의 삼업을 청정하게 하고 한 생각한 생각에 집중하여 찰나도 놓치지 않고 정진하라.

의현 · 義玄 바라밀행을 닦아 정의롭고 세간에 두루 미치는 보살행을 실천하여 널리 공덕을 지어라.

의화 · 義和 바라밀을 실천하여 정의로우면서 화합할 수 있는 방편으로 널리 공덕을 지어라.

의화성 · 義和性 안수고인(安受苦忍)의 인욕바라밀을 실천하여 정의로우면서 화합할 수 있는 방편으로 널리 공덕을 지어라.

의화심 · 義和心 안주정려(安住靜慮)의 선정바라밀을 실천하여 정의로우면서 화합할 수 있는 방편으로 널리 공덕을 지어라.

의화정 · 義和淨 이락정진(利樂精進)의 정진바라밀을 실천하여 정의로우면서 화합할 수 있는 방편으로 널리 공덕을 지어라.

의회 · 義懷 바라밀을 체득하여 정의로운 마음으로 중생을 감싸 안을 수 있도록 널리 공덕을 행하라.

의회심 · 義懷心 안주정려(安住靜慮)의 선정바라밀을 체득하여 정의로운 마음으로 중생을 감싸 안을 수 있도록 널리 공덕을 행하라.

이검 · 利劍 바라밀행을 닦아 문수보살의 지혜에 의지하여 중생을 살리는 활인검의 지혜를 체득하고 널리 제도하라.

이도 · 以道 바라밀행을 닦아 정도로 나아가서 부처님의 가르침을 체득하고 자리이타의 보살행을 실천하라.

이문 · 理門 진리의 깨달음에 의해 불법에 드는 것을 이입(理入)이라고 함. 바라밀행을 닦아 진리의 깨달음을 얻어 어떠한 장애도 없이 불도의 문에 들어라.

이법 · 以法 바라밀행을 닦아 정법에 의지하여 중생 제도의 보살도를 실천하라.

이언 · 利言 바라밀행을 닦아 항상 타인에게 이익이 되는 말로 자리이타의 보살행을 실천하라.

이엄 · 利嚴 바라밀행을 닦아 항상 중생의 이익과 안락과 행복을 위해 보살행을 실천하라.

이적 · 以寂 바라밀행을 닦아 열반적정(涅槃寂靜)을 체득하고 자리이타의 보살행을 실천하라.

이정 · 理貞 바라밀행을 닦아 이치에 수순하여 걸림이 없고 한량없는 중생을 이익과 안락과 행복의 길로 이끌어 주어라.

이청 · 以淸 바라밀행을 닦아 온 세상이 태평할 수 있도록 자리이타의 보살행을 실천하라.

이향 · 以香 바라밀을 실천하여 온 세상을 해탈지견(解脫知見)의 향기로 충만하게 하라.

인강 · 印剛 법의 도장을 찍듯이 흔들림 없고 강직한 마음으로 바라밀을 실천하고 많은 사람에게 부처님의 가르침을 전하라.

인경 · 印鏡 삼법인의 이치를 거울에 비추어 보듯 체득하여 복혜구족(福慧具足)하고, 자리이타의 보살행을 실천하라.

인경 · 仁鏡 바라밀행을 체득하여 부처님의 가르침과 계율을 항상 깊이 새겨서 만상을 있는 그대로 비추는 거울처럼 어질고 밝은 덕성으로 일체중생을 이롭게 하라.

인경덕 · 仁鏡德 내원해인(耐怨害忍)의 인욕바라밀을 체득하여 부처님의 가르침과 계율을 항상 깊이 새겨서 만상을 있는 그대로 비추는 거울처럼 어질고 밝은 덕성으로 일체중생을 이롭게 하라.

인경도 · 仁鏡道 섭율의계(攝律儀戒)의 지계바라밀을 체득하여 부처님의 가르침과 계율을 항상 깊이 새겨서 만상을 있는 그대로 비추는 거울처럼 어질고 밝은 덕성으로 일체중생을 이롭게 하라.

인경문 · 仁鏡門 섭선정진(攝善精進)의 정진바라밀을 체득하여 부처님의 가르침과 계율을 항상 깊이 새겨서 만상을 있는 그대로 비추는 거울처럼 어질고 밝은 덕성으로 일체중생을 이롭게 하라.

인경법 · 仁鏡法 변화력(變化力)의 원력바라밀을 체득하여 부처님의 가르침과 계율을 항상 깊이 새겨서 만상을 있는 그대로 비추는 거울처럼 어질고 밝은 덕성으로 일체중생을 이롭게 하라.

인경수 · 仁鏡修 피갑정진(被甲精進)의 정진바라밀을 체득하여 부처님의 가르침과 계율을 항상 깊이 새겨서 만상을 있는 그대로 비추는 거울처럼 어질고 밝은 덕성으로 일체중생을 이롭게 하라.

인경심 · 仁鏡心 안주정려(安住靜慮)의 선정바라밀을 체득하여 부처님의 가르침과 계율을 항상 깊이 새겨서 만상을 있는 그대로 비추는

거울처럼 어질고 밝은 덕성으로 일체중생을 이롭게 하라.

인경월 · 仁鏡月 진취향과(進趣向果)의 방편바라밀을 체득하여 부처님의 가르침과 계율을 항상 깊이 새겨서 만상을 있는 그대로 비추는 거울처럼 어질고 밝은 덕성으로 일체중생을 이롭게 하라.

인경주 · 仁鏡珠 불사불수(不捨不受)의 방편바라밀을 체득하여 부처님의 가르침과 계율을 항상 깊이 새겨서 만상을 있는 그대로 비추는 거울처럼 어질고 밝은 덕성으로 일체중생을 이롭게 하라.

인경지 · 仁鏡智 무상의 지혜바라밀을 체득하여 부처님의 가르침과 계율을 항상 깊이 새겨서 만상을 있는 그대로 비추는 거울처럼 어질고 밝은 덕성으로 일체중생을 이롭게 하라.

인경행 · 仁鏡行 보시바라밀을 체득하여 부처님의 가르침과 계율을 항상 깊이 새겨서 만상을 있는 그대로 비추는 거울처럼 어질고 밝은 덕성으로 일체중생을 이롭게 하라.

인경화 · 仁鏡華 선정바라밀을 체득하여 부처님의 가르침과 계율을 항상 깊이 새겨서 만상을 있는 그대로 비추는 거울처럼 어질고 밝은 덕성

으로 일체중생을 이롭게 하라.

인곡 · 印谷 삼법인의 지혜를 체득하여 곡식을 기르듯 복덕을 갖추어 자리이타의 보살행을 실천하라.

인공 · 印空 삼라만상이 모두 허공에 찍은 도장과 같다는 무상의 이치를 체득하고 항상 삶의 좌우명으로 삼아 정진하라.

인덕 · 仁德 바라밀을 체득하여 자신만을 위한 명성과 이익을 추구하지 말고 부처님의 가르침과 계율을 항상 깊이 새겨서 어질고 밝은 덕성으로 일체중생을 이롭게 하라.

인덕성 · 仁德性 안수고인(安受苦忍)의 인욕바라밀을 체득하여 자신만을 위한 명성과 이익을 추구하지 말고 부처님의 가르침과 계율을 항상 깊이 새겨서 어질고 밝은 덕성으로 일체중생을 이롭게 하라.

인덕수 · 仁德修 피갑정진(被甲精進)의 정진바라밀을 체득하여 자신만을 위한 명성과 이익을 추구하지 말고 부처님의 가르침과 계율을 항상 깊이 새겨서 어질고 밝은 덕성으로 일체중생을 이롭게 하라.

인덕심 · 仁德心 안주정려(安住靜慮)의 선정바라밀을 체득하여 자신만을 위한 명성과 이익을 추구하지

말고 부처님의 가르침과 계율을 항상 깊이 새겨서 어질고 밝은 덕성으로 일체중생을 이롭게 하라.

인덕주 · 仁德珠 불사불수(不捨不受)의 방편바라밀을 체득하여 자신만을 위한 명성과 이익을 추구하지 말고 부처님의 가르침과 계율을 항상 깊이 새겨서 어질고 밝은 덕성으로 일체중생을 이롭게 하라.

인덕지 · 仁德智 무상의 지혜바라밀을 체득하여 자신만을 위한 명성과 이익을 추구하지 말고 부처님의 가르침과 계율을 항상 깊이 새겨서 어질고 밝은 덕성으로 일체중생을 이롭게 하라.

인덕행 · 仁德行 보시바라밀을 체득하여 자신만을 위한 명성과 이익을 추구하지 말고 부처님의 가르침과 계율을 항상 깊이 새겨서 어질고 밝은 덕성으로 일체중생을 이롭게 하라.

인덕향 · 仁德香 지계바라밀을 체득하여 자신만을 위한 명성과 이익을 추구하지 말고 부처님의 가르침과 계율을 항상 깊이 새겨서 어질고 밝은 덕성으로 일체중생을 이롭게 하라.

인덕화 · 仁德華 선정바라밀을 체득하여 자신만을 위한 명성과 이익

을 추구하지 말고 부처님의 가르침과 계율을 항상 깊이 새겨서 어질고 밝은 덕성으로 일체중생을 이롭게 하라.

인명 · 因明 바라밀을 실천하여 모든 현상의 원인을 파악하고 삶에 응용할 수 있는 지혜를 갖추어라.

인명 · 仁明 바라밀을 실천하여 자신만을 위한 명성과 이익을 추구하지 말고 부처님의 가르침을 마음에 새겨서 어질고 밝은 자비심으로 일체중생을 이롭게 하라.

인명각 · 仁明覺 법공(法空)의 지혜바라밀을 실천하여 자신만을 위한 명성과 이익을 추구하지 말고 부처님의 가르침을 마음에 새겨서 어질고 밝은 자비심으로 일체중생을 이롭게 하라.

인명덕 · 仁明德 내원해인(耐怨害忍)의 인욕바라밀을 실천하여 자신만을 위한 명성과 이익을 추구하지 말고 부처님의 가르침을 마음에 새겨서 어질고 밝은 자비심으로 일체중생을 이롭게 하라.

인명도 · 仁明道 교회유무(巧會有無) 방편바라밀을 실천하여 자신만을 위한 명성과 이익을 추구하지 말고 부처님의 가르침을 마음에 새겨서 어질고 밝은 자비심으로 일체중생을 이롭게 하라.

인명문 · 仁明門 섭선정진(攝善精進)의 정진바라밀을 실천하여 자신만을 위한 명성과 이익을 추구하지 말고 부처님의 가르침을 마음에 새겨서 어질고 밝은 자비심으로 일체중생을 이롭게 하라.

인명수 · 仁明修 피갑정진(被甲精進)의 정진바라밀을 실천하여 자신만을 위한 명성과 이익을 추구하지 말고 부처님의 가르침을 마음에 새겨서 어질고 밝은 자비심으로 일체중생을 이롭게 하라.

인명심 · 仁明心 안주정려(安住靜慮)의 선정바라밀을 실천하여 자신만을 위한 명성과 이익을 추구하지 말고 부처님의 가르침을 마음에 새겨서 어질고 밝은 자비심으로 일체중생을 이롭게 하라.

인명주 · 仁明珠 불사불수(不捨不受)의 방편바라밀을 실천하여 자신만을 위한 명성과 이익을 추구하지 말고 부처님의 가르침을 마음에 새겨서 어질고 밝은 자비심으로 일체중생을 이롭게 하라.

인명지 · 仁明智 무상의 지혜바라밀을 실천하여 자신만을 위한 명성과 이익을 추구하지 말고 부처님의 가르침을 마음에 새겨서 어질고 밝

• 아행

은 자비심으로 일체중생을 이롭게
하라.

인명화 · 仁明華 선정바라밀을 실천
하여 자신만을 위한 명성과 이익을
추구하지 말고 부처님의 가르침을
마음에 새겨서 어질고 밝은 자비심
으로 일체중생을 이롭게 하라.

인묵 · 仁黙 바라밀을 실천하여 어
진 마음을 갖추고 항상 침묵 속에
서 지혜를 발현하라.

인법 · 印法 바라밀을 실천하여 삼
법인의 진리를 체득하고 자리이타
의 보살행을 실천하라.

인보 · 印寶 바라밀을 체득하여 삼
보의 가르침을 법의 도장과 같이
마음에 새겨 두고 자비심으로 일체
중생을 이롭게 하라.

인보행 · 印寶行 보시바라밀을 체
득하여 삼보의 가르침을 법의 도장
과 같이 마음에 새겨 두고 자비심
으로 일체중생을 이롭게 하라.

인보향 · 印寶香 지계바라밀을 체
득하여 삼보의 가르침을 법의 도장
과 같이 마음에 새겨 두고 자비심
으로 일체중생을 이롭게 하라.

인보화 · 印寶華 선정바라밀을 체
득하여 삼보의 가르침을 법의 도장

과 같이 마음에 새겨 두고 자비심
으로 일체중생을 이롭게 하라.

인봉 · 仁峯 바라밀을 체득하여 수
미산봉과 같은 높은 지혜를 체득하
고 자애로운 마음으로 중생을 제도
하라.

인산 · 仁山 바라밀을 실천하여 산
과 같이 흔들림 없는 어진 마음으
로 중생을 이롭게 하라.

인선 · 忍善 바라밀을 실천하여 인
욕하며 한량없는 자비심을 일으켜
착한 선을 행하라.

인선행 · 忍善行 보시바라밀을 실
천하여 인욕하며 한량없는 자비심
을 일으켜 선(善)을 행하라.

인선향 · 忍善香 지계바라밀을 실
천하여 인욕하며 한량없는 자비심
을 일으켜 착한 선(善)을 행하라.

인선화 · 忍善華 선정바라밀을 실
천하여 인욕하며 한량없는 자비심
을 일으켜 착한 선(善)을 행하라.

인성 · 印性 바라밀행으로 부처님
의 가르침을 도장과 같이 마음에
새겨두고 실천하여 널리 선지식에
대한 존경심을 잃지 마라.

인성각 · 印性覺 법공(法空)의 지

혜바라밀행으로 부처님의 가르침을 도장과 같이 마음에 새겨 두고 실천하여 널리 선지식에 대한 존경심을 잃지 마라.

인성덕 · 印性德 내원해인(耐怨害忍)의 인욕바라밀행으로 부처님의 가르침을 도장과 같이 마음에 새겨 두고 실천하여 널리 선지식에 대한 존경심을 잃지 마라.

인성도 · 印性道 섭율의계(攝律儀戒)의 지계바라밀행으로 부처님의 가르침을 도장과 같이 마음에 새겨 두고 실천하여 널리 선지식에 대한 존경심을 잃지 마라.

인성문 · 印性門 섭선정진(攝善精進)의 정진바라밀행으로 부처님의 가르침을 도장과 같이 마음에 새겨 두고 실천하여 널리 선지식에 대한 존경심을 잃지 마라.

인성수 · 印性修 피갑정진(被甲精進)의 정진바라밀행으로 부처님의 가르침을 도장과 같이 마음에 새겨 두고 실천하여 널리 선지식에 대한 존경심을 잃지 마라.

인성심 · 印性心 안주정려(安住靜慮)의 선정바라밀행으로 부처님의 가르침을 도장과 같이 마음에 새겨 두고 실천하여 널리 선지식에 대한 존경심을 잃지 마라.

인성주 · 印性珠 불사불수(不捨不受)의 방편바라밀행으로 부처님의 가르침을 도장과 같이 마음에 새겨 두고 실천하여 널리 선지식에 대한 존경심을 잃지 마라.

인성지 · 印性智 무상의 지혜바라밀행으로 부처님의 가르침을 도장과 같이 마음에 새겨 두고 실천하여 널리 선지식에 대한 존경심을 잃지 마라.

인성행 · 印性行 보시바라밀행으로 부처님의 가르침을 도장과 같이 마음에 새겨 두고 실천하여 널리 선지식에 대한 존경심을 잃지 마라.

인성향 · 印性香 지계바라밀행으로 부처님의 가르침을 도장과 같이 마음에 새겨 두고 실천하여 널리 선지식에 대한 존경심을 잃지 마라.

인성화 · 印性華 선정바라밀행으로 부처님의 가르침을 도장과 같이 마음에 새겨 두고 실천하여 널리 선지식에 대한 존경심을 잃지 마라.

인수 · 印綬 생각과 이해심이 깊고, 지혜가 뛰어나며 항상 나보다 남을 먼저 생각하는 이타행의 보살도를 실천하라.

인수 · 忍受 바라밀행을 닦아 고통을 참고 인내하는 것을 배워 걸림

없는 마음으로 자리이타의 보살행
도를 실천하라.

인수 · 印授 바라밀을 실천하고 선
문에서 수행자가 수행력을 스승으
로부터 인정받아 법을 전수받는 것
처럼 보살의 정신을 계승하라.

인수 · 仁修 바라밀행을 닦아 자신
만을 위한 명성과 이익을 추구하지
말고 부처님의 가르침과 계율을 항
상 깊이 새겨서 일체중생을 이롭게
하는 어진 자비심을 닦고 펴라.

인암 · 忍岩 바라밀을 실천하여 어
떤 모진 풍파에도 흔들림이 없는
바위처럼 인욕바라밀을 성취하라.

인오 · 仁悟 바라밀행을 닦아 어진
마음으로 수행에 정진하여 확철대
오(廓撤大悟)의 지혜를 체득하고
중생을 제도하라.

인왕 · 仁王 바라밀을 실천하여 어
진 마음으로 자신의 마음을 잘 다
스려 삼독심에서 벗어나라.

인용 · 仁勇 바라밀행을 닦아 어질
고 용기 있는 불자가 되어라.

인우 · 仁雨 자신만을 위한 명성과
이익을 추구하지 말고 부처님의 가
르침과 계율을 항상 깊이 새겨서
어질고 밝은 덕성으로 일체중생을

이롭게 하는 자비의 비를 내려라.

인우성 · 仁雨性 안수고인(安受苦
忍)의 인욕바라밀을 행하여 부처님
의 가르침과 계율을 항상 깊이 새
겨서 어질고 밝은 덕성으로 일체중
생을 이롭게 하는 자비의 비를 내
려라.

인우주 · 仁雨珠 방편바라밀을 행
하여 부처님의 가르침과 계율을 항
상 깊이 새겨서 어질고 밝은 덕성
으로 일체중생을 이롭게 하는 자비
의 비를 내려라.

인우행 · 仁雨行 보시바라밀을 행
하여 부처님의 가르침과 계율을 항
상 깊이 새겨서 어질고 밝은 덕성
으로 일체중생을 이롭게 하는 자비
의 비를 내려라.

인우향 · 仁雨香 지계바라밀을 행
하여 부처님의 가르침과 계율을 항
상 깊이 새겨서 어질고 밝은 덕성
으로 일체중생을 이롭게 하는 자비
의 비를 내려라.

인우화 · 仁雨華 선정바라밀을 행
하여 부처님의 가르침과 계율을 항
상 깊이 새겨서 어질고 밝은 덕성
으로 일체중생을 이롭게 하는 자비
의 비를 내려라.

인운 · 仁雲 자신만을 위한 명성과

이익을 추구하지 말고 부처님의 가르침과 계율을 항상 깊이 새겨서 자비의 비를 내리는 구름과 같이 일체중생을 이롭게 하라.

인월 · 麟月 바라밀행을 닦아 은은하게 빛나는 달과 같이 드러내지 않는 복덕과 지혜로 중생을 제도하라.

인월 · 仁月 구름을 벗어난 달이 아무런 장애 없이 만물을 비추듯이 공(空)의 이치를 체득하여 어떠한 의혹이나 아무런 대가도 바라지 않는 어진 마음으로 자비를 실천하라.

인월 · 印月 바라밀행을 닦아 어두운 밤을 밝히는 둥근달이 만물을 평등하게 비추듯이 부처님의 지혜광명을 두루 비추어라.

인월각 · 印月覺 법공(法空)의 지혜바라밀을 행하여 어두운 밤을 밝히는 둥근달이 만물을 평등하게 비추듯이 부처님의 지혜광명을 두루 비추어라.

인월덕 · 印月德 내원해인(耐怨害忍)의 인욕바라밀을 행하여 어두운 밤을 밝히는 둥근달이 만물을 평등하게 비추듯이 부처님의 지혜광명을 두루 비추어라.

인월도 · 印月道 섭율의계(攝律儀戒)의 지계바라밀을 행하여 어두운

밤을 밝히는 둥근달이 만물을 평등하게 비추듯이 부처님의 지혜광명을 두루 비추어라.

인월명 · 印月明 수용법락(受用法樂)의 지혜바라밀을 행하여 어두운 밤을 밝히는 둥근달이 만물을 평등하게 비추듯이 부처님의 지혜광명을 두루 비추어라.

인월문 · 印月門 섭선정진(攝善精進)의 정진바라밀을 행하여 어두운 밤을 밝히는 둥근달이 만물을 평등하게 비추듯이 부처님의 지혜광명을 두루 비추어라.

인월성 · 印月性 안수고인(安受苦忍)의 인욕바라밀을 행하여 어두운 밤을 밝히는 둥근달이 만물을 평등하게 비추듯이 부처님의 지혜광명을 두루 비추어라.

인월수 · 印月修 피갑정진(被甲精進)의 정진바라밀을 행하여 어두운 밤을 밝히는 둥근달이 만물을 평등하게 비추듯이 부처님의 지혜광명을 두루 비추어라.

인월심 · 印月心 안주정려(安住靜慮)의 선정바라밀을 행하여 어두운 밤을 밝히는 둥근달이 만물을 평등하게 비추듯이 부처님의 지혜광명을 두루 비추어라.

인월주 · 印月珠 불사불수(不捨不受)의 방편바라밀을 행하여 어두운 밤을 밝히는 둥근달이 만물을 평등하게 비추듯이 부처님의 지혜광명을 두루 비추어라.

인월지 · 印月智 무상의 지혜바라밀을 행하여 어두운 밤을 밝히는 둥근달이 만물을 평등하게 비추듯이 부처님의 지혜광명을 두루 비추어라.

인월행 · 印月行 보시바라밀을 행하여 어두운 밤을 밝히는 둥근달이 만물을 평등하게 비추듯이 부처님의 지혜광명을 두루 비추어라.

인월화 · 印月華 선정바라밀을 행하여 어두운 밤을 밝히는 둥근달이 만물을 평등하게 비추듯이 부처님의 지혜광명을 두루 비추어라.

인유 · 因諭 연기법의 이치를 깨치고 바라밀을 실천하여 중생을 이익과 안락의 세계로 인도하라.

인정 · 仁淨 자신만을 위한 명성과 이익을 추구하지 말고 부처님의 가르침과 계율을 항상 깊이 새겨서 어질고 청정한 마음으로 일체중생을 이롭게 하라.

인정각 · 仁淨覺 법공(法空)의 지혜바라밀을 실천하여 자신만을 위한 명성과 이익을 추구하지 말고 부처님의 가르침과 계율을 항상 깊이 새겨서 어질고 청정한 마음으로 일체중생을 이롭게 하라.

인정덕 · 仁淨德 내원해인(耐怨害忍)의 인욕바라밀을 실천하여 자신만을 위한 명성과 이익을 추구하지 말고 부처님의 가르침과 계율을 항상 깊이 새겨서 어질고 청정한 마음으로 일체중생을 이롭게 하라.

인정도 · 仁淨道 섭율의계(攝律儀戒)의 지계바라밀을 실천하여 자신만을 위한 명성과 이익을 추구하지 말고 부처님의 가르침과 계율을 항상 깊이 새겨서 어질고 청정한 마음으로 일체중생을 이롭게 하라.

인정문 · 仁淨門 섭선정진(攝善精進)의 정진바라밀을 실천하여 자신만을 위한 명성과 이익을 추구하지 말고 부처님의 가르침과 계율을 항상 깊이 새겨서 어질고 청정한 마음으로 일체중생을 이롭게 하라.

인정수 · 仁淨修 피갑정진(被甲精進)의 정진바라밀을 실천하여 자신만을 위한 명성과 이익을 추구하지 말고 부처님의 가르침과 계율을 항상 깊이 새겨서 어질고 청정한 마음으로 일체중생을 이롭게 하라.

인정심 · 仁淨心 안주정려(安住靜

慮)의 선정바라밀을 실천하여 자신만을 위한 명성과 이익을 추구하지 말고 부처님의 가르침과 계율을 항상 깊이 새겨서 어질고 청정한 마음으로 일체중생을 이롭게 하라.

인정월 · 仁淨月 진취향과(進趣向果)의 방편바라밀을 실천하여 자신만을 위한 명성과 이익을 추구하지 말고 부처님의 가르침과 계율을 항상 깊이 새겨서 어질고 청정한 마음으로 일체중생을 이롭게 하라.

인정주 · 仁淨珠 불사불수(不捨不受)의 방편바라밀을 실천하여 자신만을 위한 명성과 이익을 추구하지 말고 부처님의 가르침과 계율을 항상 깊이 새겨서 어질고 청정한 마음으로 일체중생을 이롭게 하라.

인정지 · 仁淨智 무상의 지혜바라밀을 실천하여 자신만을 위한 명성과 이익을 추구하지 말고 부처님의 가르침과 계율을 항상 깊이 새겨서 어질고 청정한 마음으로 일체중생을 이롭게 하라.

인정행 · 仁淨行 보시바라밀을 실천하여 자신만을 위한 명성과 이익을 추구하지 말고 부처님의 가르침과 계율을 항상 깊이 새겨서 어질고 청정한 마음으로 일체중생을 이롭게 하라.

인정향 · 仁淨香 지계바라밀을 실천하여 자신만을 위한 명성과 이익을 추구하지 말고 부처님의 가르침과 계율을 항상 깊이 새겨서 어질고 청정한 마음으로 일체중생을 이롭게 하라.

인정화 · 仁淨華 선정바라밀을 실천하여 자신만을 위한 명성과 이익을 추구하지 말고 부처님의 가르침과 계율을 항상 깊이 새겨서 어질고 청정한 마음으로 일체중생을 이롭게 하라.

인조 · 仁照 바라밀을 체득하여 인자하고 자비로운 마음으로 널리 세상을 비추어 이롭게 하라.

인조성 · 仁照性 안수고인(安受苦忍)의 인욕바라밀을 체득하여 어질고 자비로운 마음으로 널리 세상을 비추어 이롭게 하라.

인조화 · 仁照華 깊은 선정바라밀을 체득하여 어질고 자비로운 마음으로 널리 세상을 비추어 이롭게 하라.

인지 · 忍地 바라밀행을 닦아 무생법인(無生法忍)을 깨달은 지위를 갖추고 자리이타의 보살행을 실천하라.

인지 · 印持 바라밀행으로 심인을

체득하여 스스로 믿고 잘 지니고 있으면서 잊지 말고 아낌없이 많은 사람에게 베풀어라.

인지 · 因地 바라밀행을 닦아 성불하려고 수행하는 지위를 인위(因位) 또는 인지(因地)라고 함. 쉼 없이 성불을 위해 정진하라.

인천 · 仁泉 자신만을 위한 명성과 이익을 추구하지 말고 부처님의 가르침과 계율을 항상 깊이 새겨서 자비로운 마음을 가져 어질고 밝은 덕성으로 일체중생의 갈증을 다스리는 감로의 샘이 되어라.

인천각 · 仁泉覺 법공(法空)의 지혜바라밀을 체득하여 자신만을 위한 명성과 이익을 추구하지 말고 부처님의 가르침과 계율을 항상 깊이 새겨서 자비로운 마음을 가져 어질고 밝은 덕성으로 일체중생의 갈증을 다스리는 감로의 샘이 되어라.

인천덕 · 仁泉德 내원해인(耐怨害忍)의 인욕바라밀을 체득하여 자신만을 위한 명성과 이익을 추구하지 말고 부처님의 가르침과 계율을 항상 깊이 새겨서 자비로운 마음을 가져 어질고 밝은 덕성으로 일체중생의 갈증을 다스리는 감로의 샘이 되어라.

인천문 · 仁泉門 섭선정진(攝善精進)의 정진바라밀을 체득하여 자신만을 위한 명성과 이익을 추구하지 말고 부처님의 가르침과 계율을 항상 깊이 새겨서 자비로운 마음을 가져 어질고 밝은 덕성으로 일체중생의 갈증을 다스리는 감로의 샘이 되어라.

인천성 · 仁泉性 안수고인(安受苦忍)의 인욕바라밀을 체득하여 자신만을 위한 명성과 이익을 추구하지 말고 부처님의 가르침과 계율을 항상 깊이 새겨서 자비로운 마음을 가져 어질고 밝은 덕성으로 일체중생의 갈증을 다스리는 감로의 샘이 되어라.

인천수 · 仁泉修 피갑정진(被甲精進)의 정진바라밀을 체득하여 자신만을 위한 명성과 이익을 추구하지 말고 부처님의 가르침과 계율을 항상 깊이 새겨서 자비로운 마음을 가져 어질고 밝은 덕성으로 일체중생의 갈증을 다스리는 감로의 샘이 되어라.

인천심 · 仁泉心 안주정려(安住靜慮)의 선정바라밀을 체득하여 자신만을 위한 명성과 이익을 추구하지 말고 부처님의 가르침과 계율을 항상 깊이 새겨서 자비로운 마음을 가져 어질고 밝은 덕성으로 일체중생의 갈증을 다스리는 감로의 샘이 되어라.

인천향 · 仁泉香 지계바라밀을 체
득하여 자신만을 위한 명성과 이익
을 추구하지 말고 부처님의 가르침
과 계율을 항상 깊이 새겨서 자비
로운 마음을 가져 어질고 밝은 덕
성으로 일체중생의 갈증을 다스리
는 감로의 샘이 되어라.

인천화 · 仁泉華 선정바라밀을 체
득하여 자신만을 위한 명성과 이익
을 추구하지 말고 부처님의 가르침
과 계율을 항상 깊이 새겨서 자비
로운 마음을 가져 어질고 밝은 덕
성으로 일체중생의 갈증을 다스리
는 감로의 샘이 되어라.

인해 · 仁海 바라밀행을 닦아 바다
처럼 어질고 자비로운 마음을 체득
하고 실천하라.

인행 · 因行 바라밀행을 닦아 성불
하기 위한 수행에 앞장서라.

인행덕 · 因行德 내원해인(耐怨害
忍)의 인욕바라밀을 행하여 성불하
기 위한 수행에 게으름 없이 정진
하라.

인행도 · 因行道 섭율의계(攝律儀
戒)의 지계바라밀을 행하여 성불하
기 위한 수행에 정진하라.

인행문 · 因行門 섭선정진(攝善精
進)의 정진바라밀을 행하여 성불하

기 위한 수행에 정진하라.

인행심 · 因行心 안주정려(安住靜
慮)의 선정바라밀을 행하여 성불하
기 위한 수행에 정진하라.

인행지 · 因行智 무상지(無上智)의
지혜바라밀을 행하여 성불하기 위
한 수행에 정진하라.

인행화 · 因行華 선정바라밀을 행하
여 성불하기 위한 수행에 정진하라.

인향 · 仁香 바라밀을 체득하여 자신
만을 위한 명성과 이익을 추구하지
말고 일체중생을 이끄는 덕성을 닦
아서 오분향법(五分香法)을 행하라.

인향각 · 仁香覺 법공(法空)의 지
혜바라밀을 체득하여 자신만을 위
한 명성과 이익을 추구하지 말고
일체중생을 이끄는 덕성을 닦아서
오분향법(五分香法)을 행하라.

인향덕 · 仁香德 내원해인(耐怨害
忍)의 인욕바라밀을 체득하여 자신
만을 위한 명성과 이익을 추구하지
말고 일체중생을 이끄는 덕성을 닦
아서 오분향법(五分香法)을 행하라.

인향도 · 仁香道 섭율의계(攝律儀
戒)의 지계바라밀을 체득하여 자신
만을 위한 명성과 이익을 추구하지
말고 일체중생을 이끄는 덕성을 닦

아서 오분향법(五分香法)을 행하라.

인향문 · 仁香門 섭선정진(攝善精進) 바라밀을 체득하여 자신만을 위한 명성과 이익을 추구하지 말고 일체중생을 이끄는 덕성을 닦아서 오분향법(五分香法)을 행하라.

인향성 · 仁香性 안수고인(安受苦忍)의 인욕바라밀을 체득하여 자신만을 위한 명성과 이익을 추구하지 말고 일체중생을 이끄는 덕성을 닦아서 오분향법(五分香法)을 행하라.

인향수 · 仁香修 피갑정진(被甲精進)의 정진바라밀을 체득하여 자신만을 위한 명성과 이익을 추구하지 말고 일체중생을 이끄는 덕성을 닦아서 오분향법(五分香法)을 행하라.

인향심 · 仁香心 안주정려(安住靜慮)의 선정바라밀을 체득하여 자신만을 위한 명성과 이익을 추구하지 말고 일체중생을 이끄는 덕성을 닦아서 오분향법(五分香法)을 행하라.

인향주 · 仁香珠 불사불수(不捨不受)의 방편바라밀을 체득하여 자신만을 위한 명성과 이익을 추구하지 말고 일체중생을 이끄는 덕성을 닦아서 오분향법(五分香法)을 행하라.

인향지 · 仁香智 무상의 지혜바라밀을 체득하여 자신만을 위한 명성

과 이익을 추구하지 말고 일체중생을 이끄는 덕성을 닦아서 오분향법(五分香法)을 행하라.

인향화 · 仁香華 선정바라밀을 체득하여 자신만을 위한 명성과 이익을 추구하지 말고 일체중생을 이끄는 덕성을 닦아서 오분향법(五分香法)을 행하라.

인혜 · 因惠 바라밀행으로 인과법의 지혜를 체득하고 삼보와 중생의 은혜에 보답하라.

인혜성 · 因惠性 안수고인(安受苦忍)의 인욕바라밀행으로 인과법의 지혜를 체득하고 삼보와 중생의 은혜에 보답하라.

인혜월 · 因惠月 진취향과(進趣向果) 방편바라밀행으로 인과법의 지혜를 체득하고 삼보와 중생의 은혜에 보답하라.

인혜주 · 因惠珠 불사불수(不捨不受)의 방편바라밀행으로 인과법의 지혜를 체득하고 삼보와 중생의 은혜에 보답하라.

인호 · 仁護 바라밀을 체득하여 자신만을 위한 명리에 집착하지 말고 무시이래의 악업으로 말미암은 고통의 과보로 불법의 바른길을 찾지 못하는 중생을 지키고 자비심으로

보살펴라.

인호각 · 仁護覺 법공(法空)의 지혜바라밀을 체득하여 자신만을 위한 명리에 집착하지 말고 무시이래의 악업으로 말미암은 고통의 과보로 불법의 바른길을 찾지 못하는 중생을 지키고 자비심으로 보살펴라.

인호덕 · 仁護德 내원해인(耐怨害忍)의 인욕바라밀을 체득하여 자신만을 위한 명리에 집착하지 말고 무시이래의 악업으로 말미암은 고통의 과보로 불법의 바른길을 찾지 못하는 중생을 지키고 자비심으로 보살펴라.

인호력 · 仁護力 사택력(思擇力)의 원력바라밀을 체득하여 자신만을 위한 명리에 집착하지 말고 무시이래의 악업으로 말미암은 고통의 과보로 불법의 바른길을 찾지 못하는 중생을 지키고 자비심으로 보살펴라.

인호성 · 仁護性 안수고인(安受苦忍)의 인욕바라밀을 체득하여 자신만을 위한 명리에 집착하지 말고 무시이래의 악업으로 말미암은 고통의 과보로 불법의 바른길을 찾지 못하는 중생을 지키고 어진 자비심으로 보살펴라.

인호심 · 仁護心 안주정려(安住靜慮)의 선정바라밀을 체득하여 자신만을 위한 명리에 집착하지 말고 무시이래의 악업으로 말미암은 고통의 과보로 불법의 바른길을 찾지 못하는 중생을 지키고 자비심으로 보살펴라.

인호지 · 仁護智 섭중생계(攝衆生戒)의 지계바라밀을 체득하여 자신만을 위한 명리에 집착하지 말고 무시이래의 악업으로 말미암은 고통의 과보로 불법의 바른길을 찾지 못하는 중생을 지키고 자비심으로 보살펴라.

인호행 · 仁護行 보시바라밀을 체득하여 자신만을 위한 명리에 집착하지 말고 무시이래의 악업으로 말미암은 고통의 과보로 불법의 바른길을 찾지 못하는 중생을 지키고 자비심으로 보살펴라.

인호향 · 仁護香 지계바라밀을 체득하여 자신만을 위한 명리에 집착하지 말고 무시이래의 악업으로 말미암은 고통의 과보로 불법의 바른길을 찾지 못하는 중생을 지키고 자비심으로 보살펴라.

인화 · 人華 바라밀을 실천하여 선지식으로 장엄된 화장세계, 불국토를 성취하라.

인화수 · 仁和修 피갑정진(被甲精

進)의 정진바라밀을 체득하여 자신만을 위한 명리에 집착하지 말고 무시이래의 악업으로 말미암은 고통의 과보로 불법의 바른길을 찾지 못하는 중생을 지키고 자비심으로 보살펴라.

인환 · 印幻 삼법인의 이치를 체득하여 세간의 모든 현상이 모두 환영과 같음을 깨치는 지혜를 성취하라.

일각 · 一覺 바라밀행을 닦아 한 번의 큰 깨달음으로 불도를 성취하라.

일각 · 日覺 바라밀을 실천하여 만상을 있는 그대로 비추는 부처님의 지혜 광명을 매일매일 깨치고 자각하여 광명여래의 공덕을 성취하라.

일각성 · 一覺性 안수고인(安受苦忍)의 인욕바라밀에 집중하여 한 번의 큰 깨달음으로 불도를 성취하라.

일강 · 一岡 바라밀을 실천하여 누구나 의지할 수 있는 작은 언덕과 같이 세상을 이롭게 하라.

일경 · 一境 바라밀을 실천하여 마음속에 있는 하나의 경계를 타파하고 동체대비심으로 세상을 이롭게 하라.

일경 · 日鏡 바라밀행에 집중하여 천년 동안의 어둠도 햇살이 한 번 비치면 그대로 사라지듯, 만상을 있는 그대로 비추는 밝은 거울처럼 빛나는 부처님의 지혜광명을 체득하라.

일경 · 日敬 천년 동안의 어둠도 햇살이 한 번 비치면 사라지듯이 일체중생의 번뇌무명을 밝히는 부처님의 가르침을 공경히 받들어라.

일경각 · 日鏡覺 법공(法空)의 지혜바라밀행에 집중하여 천년 동안의 어둠도 햇살이 한 번 비치면 그대로 사라지듯, 만상을 있는 그대로 비추는 밝은 거울처럼 빛나는 부처님의 지혜광명을 체득하라.

일경덕 · 日鏡德 내원해인(耐怨害忍)의 인욕바라밀행에 집중하여 천년 동안의 어둠도 햇살이 한 번 비치면 그대로 사라지듯, 만상을 있는 그대로 비추는 밝은 거울처럼 빛나는 부처님의 지혜광명을 체득하라.

일경도 · 日鏡道 섭율의계(攝律儀戒)의 지계바라밀행에 집중하여 천년 동안의 어둠도 햇살이 한 번 비치면 그대로 사라지듯, 만상을 있는 그대로 비추는 밝은 거울처럼 빛나는 부처님의 지혜광명을 체득하라.

일경득 · 日鏡得 수습력(修習力)의

원력바라밀행에 집중하여 천년 동안의 어둠도 햇살이 한 번 비치면 그대로 사라지듯, 만상을 있는 그대로 비추는 밝은 거울처럼 빛나는 부처님의 지혜광명을 체득하라.

일경문 · 日鏡門 섭선정진(攝善精進)의 정진바라밀행에 집중하여 천년 동안의 어둠도 햇살이 한 번 비치면 그대로 사라지듯, 만상을 있는 그대로 비추는 밝은 거울처럼 빛나는 부처님의 지혜광명을 체득하라.

일경법 · 日鏡法 변화력(變化力)의 원력바라밀행에 집중하여 천년 동안의 어둠도 햇살이 한 번 비치면 그대로 사라지듯, 만상을 있는 그대로 비추는 밝은 거울처럼 빛나는 부처님의 지혜광명을 체득하라.

일경성 · 日鏡性 안수고인(安受苦忍)의 인욕바라밀행에 집중하여 천년 동안의 어둠도 햇살이 한 번 비치면 그대로 사라지듯, 만상을 있는 그대로 비추는 밝은 거울처럼 빛나는 부처님의 지혜광명을 체득하라.

일경수 · 日鏡修 피갑정진(被甲精進)의 정진바라밀행에 집중하여 천년 동안의 어둠도 햇살이 한 번 비치면 그대로 사라지듯, 만상을 있는 그대로 비추는 밝은 거울처럼

빛나는 부처님의 지혜광명을 체득하라.

일경심 · 日鏡心 안주정려(安住靜慮)의 선정바라밀행에 집중하여 천년 동안의 어둠도 햇살이 한 번 비치면 그대로 사라지듯, 만상을 있는 그대로 비추는 밝은 거울처럼 빛나는 부처님의 지혜광명을 체득하라.

일경인 · 日鏡仁 내원해인(耐怨害忍)의 인욕바라밀행에 집중하여 천년 동안의 어둠에도 햇살이 한 번 비치면 그대로 사라지듯, 만상을 있는 그대로 비추는 밝은 거울처럼 빛나는 부처님의 지혜광명을 체득하라.

일경주 · 日鏡珠 불사불수(不捨不受)의 방편바라밀행에 집중하여 천년 동안의 어둠도 햇살이 한 번 비치면 그대로 사라지듯, 만상을 있는 그대로 비추는 밝은 거울처럼 빛나는 부처님의 지혜광명을 체득하라.

일경지 · 日鏡智 무상의 지혜바라밀행에 집중하여 천년 동안의 어둠도 햇살이 한 번 비치면 그대로 사라지듯, 만상을 있는 그대로 비추는 밝은 거울처럼 빛나는 부처님의 지혜광명을 체득하라.

일경행 · 日鏡行 보시바라밀행에 집중하여 천년 동안의 어둠도 햇살이 한 번 비치면 그대로 사라지듯, 만상을 있는 그대로 비추는 밝은 거울처럼 빛나는 부처님의 지혜광명을 체득하라.

일경향 · 日鏡香 지계바라밀행에 집중하여 천년 동안의 어둠도 햇살이 한 번 비치면 그대로 사라지듯, 만상을 있는 그대로 비추는 밝은 거울처럼 빛나는 부처님의 지혜광명을 체득하라.

일경화 · 日鏡華 선정바라밀행에 집중하여 천년 동안의 어둠도 햇살이 한 번 비치면 그대로 사라지듯, 만상을 있는 그대로 비추는 밝은 거울처럼 빛나는 부처님의 지혜광명을 체득하라.

일공 · 一空 바라밀행을 닦아 아무 것도 없이 텅 빈 무위의 진리를 체득하라.

일관 · 一貫 초지일관하여 바라밀을 행하고 복덕과 지혜를 구족하라.

일광 · 日光 바라밀을 실천하여 일광보살과 같이 천년의 어둠도 한 번 햇살이 비치면 모두 사라지듯이 참회행을 닦아 무시이래의 습기를 녹이고 지혜광명을 널리 비추어라.

일광덕 · 日光德 내원해인(耐怨害忍)의 인욕바라밀을 실천하여 일광보살과 같이 천년의 어둠도 한 번 햇살이 비치면 모두 사라지듯이 참회행을 닦아 무시이래의 습기를 녹이고 지혜광명을 널리 비추어라.

일광도 · 日光道 섭율의계(攝律儀戒)의 지계바라밀을 실천하여 일광보살과 같이 천년의 어둠도 한 번 햇살이 비치면 모두 사라지듯이 참회행을 닦아 무시이래의 습기를 녹이고 지혜광명을 널리 비추어라.

일광력 · 日光力 사택력(思擇力)의 원력바라밀을 실천하여 일광보살과 같이 천년의 어둠도 한 번 햇살이 비치면 모두 사라지듯이 참회행을 닦아 무시이래의 습기를 녹이고 지혜광명을 널리 비추어라.

일광명 · 日光明 수용법락(受用法樂)의 지혜바라밀을 실천하여 일광보살과 같이 천년의 어둠도 한 번 햇살이 비치면 모두 사라지듯이 참회행을 닦아 무시이래의 습기를 녹이고 지혜광명을 널리 비추어라.

일광문 · 日光門 섭선정진(攝善精進)의 정진바라밀을 실천하여 일광보살과 같이 천년의 어둠도 한 번 햇살이 비치면 모두 사라지듯이 참회행을 닦아 무시이래의 습기를 녹이고 지혜광명을 널리 비추어라.

일광법 · 日光法 변화력(變化力)의 원력바라밀을 실천하여 일광보살과 같이 천년의 어둠도 한 번 햇살이 비치면 모두 사라지듯이 참회행을 닦아 무시이래의 습기를 녹이고 지혜광명을 널리 비추어라.

일광성 · 日光性 안수고인(安受苦忍)의 인욕바라밀을 실천하여 일광보살과 같이 천년의 어둠도 한 번 햇살이 비치면 모두 사라지듯이 참회행을 닦아 무시이래의 습기를 녹이고 지혜광명을 널리 비추어라.

일광수 · 日光修 피갑정진(被甲精進)의 정진바라밀을 실천하여 일광보살과 같이 천년의 어둠도 한 번 햇살이 비치면 모두 사라지듯이 참회행을 닦아 무시이래의 습기를 녹이고 지혜광명을 널리 비추어라.

일광심 · 日光心 안주정려(安住靜慮)의 선정바라밀을 실천하여 일광보살과 같이 천년의 어둠도 한 번 햇살이 비치면 모두 사라지듯이 참회행을 닦아 무시이래의 습기를 녹이고 지혜광명을 널리 비추어라.

일광월 · 日光月 진취향과(進趣向果)의 방편바라밀을 실천하여 일광보살과 같이 천년의 어둠도 한 번 햇살이 비치면 모두 사라지듯이 참회행을 닦아 무시이래의 습기를 녹이고 지혜광명을 널리 비추어라.

일광인 · 日光仁 내원해인(耐怨害忍)의 인욕바라밀을 실천하여 일광보살과 같이 천년의 어둠도 한 번 햇살이 비치면 모두 사라지듯이 참회행을 닦아 무시이래의 습기를 녹이고 지혜광명을 널리 비추어라.

일광주 · 日光珠 불사불수(不捨不受)의 방편바라밀을 실천하여 일광보살과 같이 천년의 어둠도 한 번 햇살이 비치면 모두 사라지듯이 참회행을 닦아 무시이래의 습기를 녹이고 지혜광명을 널리 비추어라.

일광지 · 日光智 무상의 지혜바라밀을 실천하여 일광보살과 같이 천년의 어둠도 한 번 햇살이 비치면 모두 사라지듯이 참회행을 닦아 무시이래의 습기를 녹이고 지혜광명을 널리 비추어라.

일광행 · 日光行 보시바라밀을 실천하여 일광보살과 같이 천년의 어둠도 한 번 햇살이 비치면 모두 사라지듯이 참회행을 닦아 무시이래의 습기를 녹이고 지혜광명을 널리 비추어라.

일광화 · 日光華 선정바라밀을 실천하여 일광보살과 같이 천년의 어둠도 한 번 햇살이 비치면 모두 사라지듯이 참회행을 닦아 무시이래의 습기를 녹이고 지혜광명을 널리 비추어라.

일념 · 一念 바라밀을 실천하며 한 생각에 집중하여 자신의 진면목을 찾고 자리이타의 보살행을 실천하라.

일다 · 逸多 일다는 미륵보살을 의미하는 아일다의 약칭. 바라밀을 실천하여 포대화상과 같은 자애로운 보살행을 실천하라.

일덕 · 日德 바라밀행에 집중하여 소소한 공덕에 자만하지 말고 어둠을 밝히는 태양의 큰 공덕과 같은 부처님의 지혜와 공덕을 따라 배워라.

일도 · 一途 바라밀행을 닦아 곧은 마음, 굳건한 마음, 불퇴전의 신심으로 자리이타의 보살행을 실천하라.

일도 · 一道 바라밀행에 집중하여 부처님이 체득한 진리를 자신의 살림살이로 만들어서 중생을 제도하라.

일련화 · 一蓮華 선정바라밀을 체득하여 한 송이 연꽃처럼 어디에서나 예토를 정화시키고 불국토를 성취하라.

일로 · 一路 바라밀행을 닦아 곧장 똑바로 가는 길, 곧 열반의 한길에 도달하라.

일면 · 日面 바라밀행을 닦고 "일면불월면불(日面佛月面佛)"의 화두를 깨우쳐 자리이타의 보살행을 실천하라.

일명 · 一明 바라밀행을 닦으며, 일장구의 신묘장구대다라니를 독송하여 복덕과 지혜를 구족하라.

일묵 · 一黙 바라밀행을 닦으며, 불이법문을 설한 유마힐의 침묵의 설법에 담긴 이치를 체득하라.

일법 · 日法 바라밀을 실천하여 천년의 번뇌무명을 한순간에 타파하는 밝은 지혜광명과 같이 청정자성을 닦아서 방편의 지혜를 체득하고 실천하라.

일법 · 一法 바라밀을 실천하여 중생을 얽어매어 마구 부려대는 번뇌와 망집의 속박에서 벗어난 해탈의 법을 전일(全一)하게 닦아라.

일법각 · 日法覺 법공(法空)의 지혜바라밀을 실천하여 천년의 번뇌무명을 한순간에 타파하는 밝은 지혜광명과 같이 청정자성을 닦아서 방편의 지혜를 체득하고 실천하라.

일법도 · 日法道 섭율의계(攝律儀戒)의 지계바라밀을 실천하여 천년의 번뇌무명을 한순간에 타파하는 지혜광명과 같이 청정자성을 닦아서 방편의 지혜를 체득하고 실천하라.

일법득 · 日法得 수습력(修習力)의

원력바라밀을 실천하여 천년의 번뇌무명을 한순간에 타파하는 지혜광명과 같이 청정자성을 닦아서 방편의 지혜를 체득하고 실천하라.

일법력 · 日法力 사택력(思擇力)의 원력바라밀을 실천하여 천년의 번뇌무명을 한순간에 타파하는 지혜광명과 같이 청정자성을 닦아서 방편의 지혜를 체득하고 실천하라.

일법문 · 日法門 섭선정진(攝善精進)의 정진바라밀을 실천하여 천년의 번뇌무명을 한순간에 타파하는 지혜광명과 같이 청정자성을 닦아서 방편의 지혜를 체득하고 실천하라.

일법성 · 日法成 무외시의 보시바라밀을 실천하여 천년의 번뇌무명을 한순간에 타파하는 지혜광명과 같이 청정자성을 닦아서 방편의 지혜를 체득하고 실천하라.

일법성 · 日法性 안수고인(安受苦忍)의 인욕바라밀을 실천하여 천년의 번뇌무명을 한순간에 타파하는 지혜광명과 같이 청정자성을 닦아서 방편의 지혜를 체득하고 실천하라.

일법수 · 日法修 피갑정진(被甲精進)의 정진바라밀을 실천하여 천년의 번뇌무명을 한순간에 타파하는 지혜광명과 같이 청정자성을 닦아서 방편의 지혜를 체득하고 실천하라.

일법신 · 日法信 섭중생계(攝衆生戒)의 지계바라밀을 실천하여 천년의 번뇌무명을 한순간에 타파하는 지혜광명과 같이 청정자성을 닦아서 방편의 지혜를 체득하고 실천하라.

일법심 · 一法心 안주정려(安住靜慮)의 선정바라밀을 행하여 중생을 얽어매어 마구 부려대는 번뇌와 망집의 속박에서 벗어난 해탈의 법을 전일(全一)하게 닦아라.

일법심 · 日法心 안주정려(安住靜慮)의 선정바라밀을 실천하여 천년의 번뇌무명을 한순간에 타파하는 지혜광명과 같이 청정자성을 닦아서 방편의 지혜를 체득하고 실천하라.

일법안 · 日法眼 법공혜(法空慧)의 지혜바라밀을 실천하여 천년의 번뇌무명을 한순간에 타파하는 지혜광명과 같이 청정자성을 닦아서 방편의 지혜를 체득하고 실천하라.

일법원 · 日法圓 체찰법인(諦察法忍)의 인욕바라밀을 실천하여 천년의 번뇌무명을 한순간에 타파하는 지혜광명과 같이 청정자성을 닦아서 방편의 지혜를 체득하고 실천하라.

일법행 · 一法行 보시바라밀을 행하여 중생을 얽어매어 마구 부려대는 번뇌와 망집의 속박에서 벗어난 해탈의 법을 전일(全一)하게 닦아라.

일법행 · 日法行 보시바라밀을 실천하여 천년의 번뇌무명을 한순간에 타파하는 지혜광명과 같이 청정자성을 닦아서 방편의 지혜를 체득하고 실천하라.

일법향 · 一法香 지계바라밀을 행하여 중생을 얽어매어 마구 부려대는 번뇌와 망집의 속박에서 벗어난 해탈의 법을 전일(全一)하게 닦아라.

일법화 · 一法華 선정바라밀을 행하여 중생을 얽어매어 마구 부려대는 번뇌와 망집의 속박에서 벗어난 해탈의 법을 전일(全一)하게 닦아라.

일법화 · 日法華 선정바라밀을 실천하여 천년의 번뇌무명을 한순간에 타파하는 밝은 지혜광명과 같이 청정자성을 닦아서 방편의 지혜를 체득하고 실천하라.

일보 · 一寶 바라밀을 실천하여 스스로 가지고 있으나 찾지 못한 하나의 보배를 찾아 세상을 이롭게 하라.

일산 · 一山 절은 산중에 있는 경우가 많아 흔히 일사(一寺) 혹은 일산(一山)이라고 한다. 바라밀행을 닦아 중생을 섭수하는 사찰의 역할처럼 자리이타의 보살행을 실천하라.

일상 · 日常 바라밀행을 닦아 모든 법의 평등진여(平等眞如)한 모습을 증득하고 원만무애한 구경(究竟)의 지혜를 깨달아 중생을 제도하라.

일상 · 一相 바라밀을 실천하여 모든 법의 평등진여(平等眞如)한 모습을 증득하고 원만무애한 구경(究竟)의 지혜를 깨달아 중생을 제도하라.

일상덕 · 一相德 내원해인(耐怨害忍)의 인욕바라밀을 실천하여 모든 법의 평등진여(平等眞如)한 모습을 증득하고 원만무애한 구경(究竟)의 지혜를 깨달아 중생을 제도하라.

일상문 · 一相門 섭선정진(攝善精進)의 정진바라밀을 실천하여 모든 법의 평등진여(平等眞如)한 모습을 증득하고 원만무애한 구경(究竟)의 지혜를 깨달아 중생을 제도하라.

일상심 · 日常心 안주정려(安住靜慮)의 선정바라밀을 실천하여 모든 법의 평등진여(平等眞如)한 모습을 증득하고 원만무애한 구경(究竟)의 지혜를 깨달아 중생을 제도하라.

일상월 · 一相月 진취향과(進趣向果)의 방편바라밀을 실천하여 모든 법의 평등진여(平等眞如)한 모습을 증득하고 원만무애한 구경(究竟)의 지혜를 깨달아 중생을 제도하라.

일상지 · 一相智 무상의 지혜바라밀을 실천하여 모든 법의 평등진여(平等眞如)한 모습을 증득하고 원만무애한 구경(究竟)의 지혜를 깨달아 중생을 제도하라.

일상행 · 一相行 보시바라밀을 실천하여 모든 법의 평등진여(平等眞如)한 모습을 증득하고 원만무애한 구경(究竟)의 지혜를 깨달아 중생을 제도하라.

일상화 · 一相華 선정바라밀을 실천하여 모든 법의 평등진여(平等眞如)한 모습을 증득하고 원만무애한 구경(究竟)의 지혜를 깨달아 중생을 제도하라.

일선 · 一善 바라밀을 실천하여 한 번의 선행으로 억겁을 지킬 수 있는 지혜를 성취하고 중생을 제도하라.

일선 · 日禪 바라밀을 실천하여 나날이 면밀하고 청정한 수행으로 선(禪)에 정진하고 마음의 깨달음을 체득하라.

일선각 · 日禪覺 법공(法空)의 지혜바라밀을 실천하여 나날이 면밀하고 청정한 수행으로 선(禪)에 정진하고 마음의 깨달음을 체득하라.

일선덕 · 日禪德 내원해인(耐怨害忍)의 인욕바라밀을 실천하여 나날이 면밀하고 청정한 수행으로 선(禪)에 정진하고 마음의 깨달음을 체득하라.

일선도 · 日禪道 섭율의계(攝律儀戒)의 지계바라밀을 실천하여 나날이 면밀하고 청정한 수행으로 선(禪)에 정진하고 마음의 깨달음을 체득하라.

일선명 · 日禪明 수용법락(受用法樂)의 지혜바라밀을 실천하여 나날이 면밀하고 청정한 수행으로 선(禪)에 정진하고 마음의 깨달음을 체득하라.

일선문 · 日禪門 섭선정진(攝善精進)의 정진바라밀을 실천하여 나날이 면밀하고 청정한 수행으로 선(禪)에 정진하고 마음의 깨달음을 체득하라.

일선법 · 日禪法 변화의 원력바라밀을 실천하여 나날이 면밀하고 청정한 수행으로 선(禪)에 정진하고 마음의 깨달음을 체득하라.

일선심 · 日禪心 안주정려(安住靜慮)의 선정바라밀을 실천하여 나날이 면밀하고 청정한 수행으로 선(禪)에 정진하고 마음의 깨달음을 체득하라.

일선월 · 日禪月 진취향과(進趣向果)의 방편바라밀을 실천하여 나날이 면밀하고 청정한 수행으로 선(禪)에 정진하고 마음의 깨달음을 체득하라.

일선주 · 日禪珠 불사불수(不捨不受)의 방편바라밀을 실천하여 나날이 면밀하고 청정한 수행으로 선(禪)에 정진하고 마음의 깨달음을 체득하라.

일선지 · 日禪智 무상의 지혜바라밀을 실천하여 나날이 면밀하고 청정한 수행으로 선(禪)에 정진하고 마음의 깨달음을 체득하라.

일선행 · 日禪行 보시바라밀을 실천하여 나날이 면밀하고 청정한 수행으로 선(禪)에 정진하고 마음의 깨달음을 체득하라.

일선향 · 日禪香 지계바라밀을 실천하여 나날이 면밀하고 청정한 수행으로 선(禪)에 정진하고 마음의 깨달음을 체득하라.

일선화 · 日禪華 선정바라밀을 실천하여 나날이 면밀하고 청정한 수행으로 선(禪)에 정진하고 마음의 깨달음을 체득하라.

일성 · 一城 바라밀을 실천하여 성을 수호하듯 감관을 수호해서 삼독심에서 벗어나라.

일성 · 一性 바라밀을 실천하여 삼라만상이 모두 하나의 성품을 갖고 있음을 체득하라.

일성 · 日聖 천년 동안의 어둠도 한 번 햇살이 비치면 사라지듯이 성스러운 부처님의 지혜광명으로 일체중생의 번뇌무명(煩惱無明)을 밝혀라.

일수 · 日守 바라밀행을 닦아 삶을 헛되이 살지 말고 불도를 닦아 보살행에 헌신하라.

일수향 · 日守香 지계바라밀을 실천하여 삶을 헛되이 살지 말고 불도를 닦아 보살행에 헌신하라.

일수화 · 日守華 선정바라밀을 실천하여 삶을 헛되이 살지 말고 불도를 닦아 보살행에 헌신하라.

일승 · 一乘 바라밀을 체득하여 일불승의 지혜를 갖추고 한량없는 중생을 제도하라.

일신행 · 日新行 보시바라밀을 체득하여 매일매일 새롭고 기쁜 삶을 영위하라.

일실 · 一實 바라밀을 실천하여 하나의 관점으로 모든 것을 여실하게 꿰뚫어 볼 수 있는 지혜를 성취하라.

일심 · 日心 바라밀을 실천하여 천년 동안의 어둠도 한 번 햇빛이 비치면 사라지듯이 태양과 같은 밝은 마음으로 불도를 닦아라.

일심 · 一心 바라밀행을 닦아 우주의 근본원리로서 만유의 실체인 절대 무이의 심성인 진여자성심(眞如自性心)을 체득하라.

일심각 · 日心覺 법공(法空)의 지혜바라밀을 실천하여 천년 동안의 어둠도 한 번 햇빛이 비치면 사라지듯이 태양과 같은 밝은 마음으로 불도를 닦아라.

일심광 · 日心光 구공(俱空)의 지혜바라밀을 실천하여 천년 동안의 어둠도 한 번 햇빛이 비치면 사라지듯이 태양과 같은 밝은 마음으로 불도를 닦아라.

일심덕 · 日心德 내원해인(耐怨害忍)의 인욕바라밀을 실천하여 천년 동안의 어둠도 한 번 햇빛이 비치면 사라지듯이 태양과 같은 밝은 마음으로 불도를 닦아라.

일심도 · 日心道 섭율의계(攝律儀戒)의 지계바라밀을 실천하여 천년 동안의 어둠도 한 번 햇빛이 비치면 사라지듯이 태양과 같은 밝은 마음으로 불도를 닦아라.

일심력 · 日心力 사택력(思擇力)의 원력바라밀을 실천하여 천년 동안의 어둠도 한 번 햇빛이 비치면 사라지듯이 태양과 같은 밝은 마음으로 불도를 닦아라.

일심명 · 日心明 수용법락(受用法樂)의 지혜바라밀을 실천하여 천년 동안의 어둠도 한 번 햇빛이 비치면 사라지듯이 태양과 같은 밝은 마음으로 불도를 닦아라.

일심문 · 日心門 섭선정진(攝善精進)의 정진바라밀을 실천하여 천년 동안의 어둠도 한 번 햇빛이 비치면 사라지듯이 태양과 같은 밝은 마음으로 불도를 닦아라.

일심법 · 日心法 변화의 원력바라밀을 실천하여 천년 동안의 어둠도 한 번 햇빛이 비치면 사라지듯이 태양과 같은 밝은 마음으로 불도를 닦아라.

일심성 · 日心性 안수고인(安受苦忍)의 인욕바라밀을 실천하여 천년 동안의 어둠도 한 번 햇빛이 비치면 사라지듯이 태양과 같은 밝은 마음으로 불도를 닦아라.

일심수 · 日心修 피갑정진(被甲精進)의 정진바라밀을 실천하여 천년 동안의 어둠도 한 번 햇빛이 비치면 사라지듯이 태양과 같은 밝은 마음으로 불도를 닦아라.

일심안 · 日心眼 법공(法空)의 지혜바라밀을 실천하여 천년 동안의 어둠도 한 번 햇빛이 비치면 사라지듯이 태양과 같은 밝은 마음으로 불도를 닦아라.

일심월 · 日心月 진취향과(進趣向果)의 방편바라밀을 실천하여 천년 동안의 어둠도 한 번 햇빛이 비치면 사라지듯이 태양과 같은 밝은 마음으로 불도를 닦아라.

일심인 · 日心仁 내원해인(耐怨害忍)의 인욕바라밀을 실천하여 천년 동안의 어둠도 한 번 햇빛이 비치면 사라지듯이 태양과 같은 밝은 마음으로 불도를 닦아라.

일심주 · 日心珠 불사불수(不捨不受)의 방편바라밀을 실천하여 천년 동안의 어둠도 한 번 햇빛이 비치면 사라지듯이 태양과 같은 밝은 마음으로 불도를 닦아라.

일심지 · 日心智 무상의 지혜바라밀을 실천하여 천년 동안의 어둠도 한 번 햇빛이 비치면 사라지듯이 태양과 같은 밝은 마음으로 불도를 닦아라.

일심행 · 日心行 보시바라밀을 실천하여 천년 동안의 어둠도 한 번 햇빛이 비치면 사라지듯이 태양과 같은 밝은 마음으로 불도를 닦아라.

일심행 · 一心行 보시바라밀행에 집중하여 우주의 근본원리이며 만유의 실체인 절대무이의 심성인 진여자성심을 체득하라.

일심향 · 日心香 지계바라밀을 실천하여 천년 동안의 어둠도 한 번 햇빛이 비치면 사라지듯이 태양과 같은 밝은 마음으로 불도를 닦아라.

일심향 · 一心香 지계바라밀행에 집중하여 우주의 근본원리이며 만유의 실체인 절대무이의 심성인 진여자성심(眞如自性心)을 체득하라.

일심화 · 一心華 선정바라밀행에 집중하여 우주의 근본원리이며 만유의 실체인 절대무이의 심성인 진여자성심(眞如自性心)을 체득하라.

일여 · 一如 바라밀행을 닦아 절대불이(不二)와 진여의 실상의 이치, 그리고 사물이 한결같다고 하는 도리를 체득하라.

일여문 · 一如門 섭선정진(攝善精進)의 정진바라밀에 집중하여 진여불이의 여여한 부처님의 가르침을 체득하고 이웃의 이익과 행복, 안락을 위해 나누어라.

일여성 · 一如性 안수고인(安受苦忍)의 인욕바라밀에 집중하여 진여불이의 여여한 부처님의 가르침을 체득하고 이웃의 이익과 행복, 안락을 위해 나누어라.

일여심 · 一如心 안주정려(安住靜慮)의 선정바라밀에 집중하여 진여불이의 여여한 부처님의 가르침을 체득하고 이웃의 이익과 행복, 안락을 위해 나누어라.

일여정 · 一如淨 이락정진(利樂精進)의 정진바라밀에 집중하여 진여불이의 여여한 부처님의 가르침을 체득하고 이웃의 이익과 행복, 안락을 위해 나누어라.

일여행 · 一如行 보시바라밀에 집중하여 진여불이의 여여한 부처님의 가르침을 체득하고 이웃의 이익과 행복, 안락을 위해 나누어라.

일여향 · 一如香 섭선법계(攝善法戒)의 지계바라밀에 집중하여 진여불이의 여여한 부처님의 가르침을 체득하고 이웃의 이익과 행복, 안락을 위해 나누어라.

일연 · 一蓮 바라밀행을 닦아 하나의 연꽃이 뻗어 나가 예토를 정화하듯이 덕혜를 구족하여 세간을 이롭게 하라.

일연 · 一然 바라밀행을 닦아 있는 그대로 분명한 일행삼매(一行三昧)의 지혜를 체득하여 자리이타의 보살행을 실천하라.

일연 · 逸然 바라밀행을 닦아 모든 번뇌망상이 저절로 사라지는 일행삼매(一行三昧)의 지혜를 체득하고 보살행을 실천하라.

일엽 · 一葉 바라밀행을 닦아 한 잎의 연꽃을 타고 물 위를 떠다니는 관세음보살의 공덕을 성취하고 자리이타의 보살행을 실천하라.

일옥 · 一玉 바라밀행을 닦아 어둠 속에서도 빛을 내는 보석과 같은 공덕을 성취하라.

일우 · 一隅 바라밀을 실천하여 불법(佛法)의 가르침의 큰 부분을 체득하고 원만무애(圓滿無碍)한 지혜로 많은 사람을 이롭게 하라.

일원 · 一元 바라밀을 실천하여 하나의 근원이나 실체를 깨쳐라.

일원 · 一圓 선문(禪門)에서 깨달음의 경지를 상징하는 원상(圓相)을 말함. 바라밀에 집중하여 원만무애한 일원상의 이치를 체득하고 실천하라.

일원성 · 一圓性 안수고인(安受苦忍)의 인욕바라밀에 집중하여 원만무애(圓滿無碍)한 일원상의 이치를 체득하고 실천하라.

일원심 · 一圓心 안주정려(安住靜慮)의 선정바라밀에 집중하여 원만무애(圓滿無碍)한 일원상의 이치를 체득하고 실천하라.

일원주 · 一圓珠 불사불수(不捨不受)의 방편바라밀에 집중하여 원만무애(圓滿無碍)한 일원상의 이치를 체득하고 실천하라.

일원행 · 一圓行 보시바라밀에 집중하여 원만무애(圓滿無碍)한 일원상의 이치를 체득하고 실천하라.

일월심 · 日月心 바라밀행을 닦아 태양과 같은 부처님의 광명, 달과 같은 부처님의 공덕을 마음에 새겨 자리이타의 보살행을 실천하라.

일재 · 一齋 바라밀행을 닦아 동체대비의 일심으로 중생을 제도할 수 있는 공덕을 성취하고 자리이타의 보살행을 실천하라.

일정 · 一淨 바라밀행을 닦아 아무리 어려운 난관을 겪어도 매사에 부처님의 가르침을 생각하고 임하여 청정한 행을 전일(全一)하게 닦아서 부처님의 가피를 입어라.

일조 · 日照 부처님의 지혜광명이 태양과 같이 온 세상을 밝게 비추듯이 바라밀행으로 지혜를 성취하고 공덕을 구족하라.

일주 · 一柱 바라밀을 실천하여 세상을 떠받칠 수 있는 동량이 되어라.

일주 · 一株 바라밀을 체득하여 불국토에 뿌리를 내려 한량없는 중생을 제도하라.

일즉 · 一卽 바라밀을 실천하여 하나가 곧 전체이고 전체가 하나라는 이치를 체득하라.

일증 · 一增 바라밀을 체득하여 나날이 복혜를 증장하고 자리이타의 보살행을 실천하라.

일지 · 一持 바라밀을 실천하여 부처님의 명호나 경문을 잘 수지하는 공덕을 성취하라.

일지명 · 一持明 수용법락(受用法樂)의 지혜바라밀에 집중하여 체득하고 부처님의 명호나 경문의 가르침을 잘 수지해 그 뜻대로 실천하라.

일지문 · 一持門 섭선정진(攝善精進)의 정진바라밀에 집중하여 체득하고 부처님의 명호나 경문의 가르침을 잘 수지해 그 뜻대로 실천하라.

일지성 · 一持性 안수고인(安受苦忍)의 인욕바라밀에 집중하여 체득하고 부처님의 명호나 경문의 가르침을 잘 수지해 그 뜻대로 실천하라.

일지심 · 一持心 안주정려(安住靜慮)의 선정바라밀에 집중하여 체득하고 부처님의 명호나 경문의 가르침을 잘 수지해 그 뜻대로 실천하라.

일지행 · 一持行 보시바라밀에 집중하여 체득하고 부처님의 명호나 경문의 가르침을 잘 수지해 그 뜻대로 실천하라.

일지향 · 一持香 지계바라밀에 집중하여 체득하고 부처님의 명호나 경문의 가르침을 잘 수지해 그 뜻대로 실천하라.

일지화 · 一持華 선정바라밀에 집중하여 체득하고 부처님의 명호나 경문의 가르침을 잘 수지해 그 뜻대로 실천하라.

일진 · 一塵 바라밀을 실천하여 온 우주가 하나의 먼지에 불과한 화엄사상의 이치를 체득하고 널리 펴라.

일진 · 日眞 바라밀행을 닦아 매일매일 진실한 부처님의 진리광명에 의지하여 허망하지 않은 삶을 영위하며 널리 세상을 이롭게 하라.

일진 · 一眞 바라밀을 실천하여 절대의 진리를 체득하고 진실한 마음으로 자리이타의 보살행을 실천하라.

일진각 · 日眞覺 매일매일 진실한 부처님의 진리광명에 의지하여 허망하지 않은 삶을 영위하며 법공(法空)의 지혜바라밀행을 갖추어 널리 세상을 이롭게 하라.

일진덕 · 日眞德 매일매일 진실한 부처님의 진리광명에 의지하여 허망하지 않은 삶을 영위하며 내원해인(耐怨害忍)의 인욕바라밀을 갖추어 널리 세상을 이롭게 하라.

일진도 · 日眞道 매일매일 진실한 부처님의 진리광명에 의지하여 허망하지 않은 삶을 영위하며 섭율의계(攝律儀戒)의 지계바라밀을 갖추어 널리 세상을 이롭게 하라.

일진명 · 日眞明 매일매일 진실한 부처님의 진리광명에 의지하여 허망하지 않은 삶을 영위하며 수용법락(受用法樂)의 지혜바라밀을 갖추어 널리 세상을 이롭게 하라.

일진문 · 日眞門 매일매일 진실한 부처님의 진리광명에 의지하여 허망하지 않은 삶을 영위하며 섭선정진(攝善精進)의 정진바라밀을 갖추어 널리 세상을 이롭게 하라.

일진법 · 日眞法 매일매일 진실한 부처님의 진리광명에 의지하여 허망하지 않은 삶을 영위하며 변화의 원력바라밀을 갖추어 널리 세상을 이롭게 하라.

일진성 · 日眞性 매일매일 진실한 부처님의 진리광명에 의지하여 허망하지 않은 삶을 영위하며 안수고인(安受苦忍)의 인욕바라밀을 갖추어 널리 세상을 이롭게 하라.

일진수 · 日眞修 매일매일 진실한 부처님의 진리광명에 의지하여 허망하지 않은 삶을 영위하며 피갑정진(被甲精進)의 정진바라밀을 갖추어 널리 세상을 이롭게 하라.

일진심 · 日眞心 매일매일 진실한 부처님의 진리광명에 의지하여 허망하지 않은 삶을 영위하며 안주정려(安住靜慮)의 선정바라밀을 갖추어 널리 세상을 이롭게 하라.

일진주 · 日眞珠 매일매일 진실한 부처님의 진리광명에 의지하여 허망하지 않은 삶을 영위하며 불사불수(不捨不受)의 방편바라밀을 갖추어 널리 세상을 이롭게 하라.

일진행 · 日眞行 매일매일 진실한 부처님의 진리광명에 의지하여 허망하지 않은 삶을 영위하며 보시바라밀을 갖추어 널리 세상을 이롭게 하라.

일진향 · 日眞香 매일매일 진실한 부처님의 진리광명에 의지하여 허망하지 않은 삶을 영위하며 지계바라밀을 갖추어 널리 세상을 이롭게 하라.

일진화 · 日眞華 매일매일 진실한 부처님의 진리광명에 의지하여 허망하지 않은 삶을 영위하며 선정바라밀을 갖추어 널리 세상을 이롭게 하라.

일타 · 日陀 바라밀행을 닦아 파도가 심하면 달이 나타나기 어렵고, 방이 그윽하면 등불이 더욱 빛나듯이 간절한 마음으로 정진하여 감로장(甘露漿)이 기울지 않게 하라.

일하 · 日河 바라밀행을 닦아 한낮의 태양빛이 장강의 물을 마르게 하듯 태양과 같은 지혜로 중생의 괴로움을 소멸시켜라.

일행 · 一行 바라밀을 실천하여 지혜를 체득하고 동시에 오로지 염불수행을 통해 현세 극락정토를 구현하고 무량 중생이 왕생극락하도록 이끌어라.

일행각 · 一行覺 법공(法空)의 지혜바라밀을 실천하여 지혜를 체득하고 동시에 오로지 염불 수행을 통해 현세 극락정토를 구현하고 무량 중생이 왕생극락하도록 이끌어라.

일행덕 · 一行德 내원해인(耐怨害忍)의 인욕바라밀을 실천하여 지혜를 체득하고 동시에 오로지 염불 수행을 통해 현세 극락정토를 구현하여 무량 중생이 왕생극락하도록 이끌어라.

일행도 · 一行道 섭율의계(攝律儀戒)의 지계바라밀을 실천하여 지혜를 체득하고 동시에 오로지 염불수행을 통해 현세 극락정토를 구현하여 무량 중생이 왕생극락하도록 이끌어라.

일행문 · 一行門 섭선정진(攝善精進)의 정진바라밀을 실천하여 지혜를 체득하고 동시에 오로지 염불수행을 통해 현세 극락정토를 구현하여 무량 중생이 왕생극락하도록 이끌어라.

일행법 · 一行法 변화의 원력바라밀을 실천하여 지혜를 체득하고 동시에 오로지 염불 수행을 통해 현세 극락정토를 구현하여 무량 중생이 왕생극락하도록 이끌어라.

일행성 · 一行性 안수고인(安受苦忍)의 인욕바라밀을 실천하여 지혜를 체득하고 동시에 오로지 염불수행을 통해 현세 극락정토를 구현

하여 무량중생이 왕생극락하도록 이끌어라.

일행수 · 一行修 피갑정진(被甲精進)의 정진바라밀을 실천하여 지혜를 체득하고 동시에 오로지 염불수행을 통해 현세 극락정토를 구현하여 무량 중생이 왕생극락하도록 이끌어라.

일행심 · 一行心 안주정려(安住靜慮)의 선정바라밀을 실천하여 지혜를 체득하고 동시에 오로지 염불수행을 통해 현세 극락정토를 구현하여 무량 중생이 왕생극락하도록 이끌어라.

일행지 · 一行智 무상의 지혜바라밀을 실천하여 지혜를 체득하고 동시에 오로지 염불 수행을 통해 현세 극락정토를 구현하여 무량 중생이 왕생극락하도록 이끌어라.

일행화 · 一行華 선정바라밀을 실천하여 지혜를 체득하고 동시에 오로지 염불 수행을 통해 현세 극락정토를 구현하여 무량 중생이 왕생극락하도록 이끌어라.

일향 · 一向 바라밀행을 닦아 일향전념(一向專念), 일향전수(一向專修)로 오직 부처님만 생각하며 수행하라.

일향 · 一香 바라밀행을 닦아 한 줄기 좋은 향이 나쁜 기운을 없애듯이 삼보를 공양하는 한 줄기 향이 되어 세간의 오염과 독기(毒氣)를 청정하게 하라.

일향각 · 一向覺 일향전념(一向專念), 일향전수(一向專修)의 마음으로 법공(法空)의 지혜바라밀을 실천하여 공덕을 성취하라.

일향공 · 一向空 일향전념(一向專念), 일향전수(一向專修)의 마음으로 지혜바라밀을 실천하여 공의 이치를 체득하라.

일향도 · 一香道 섭율의계(攝律儀戒)의 지계바라밀을 실천하여 한 줄기 좋은 향이 나쁜 기운을 없애듯이 삼보를 공양하는 한 줄기 향이 되어 세간의 오염과 독기를 청정하게 하라.

일향문 · 一香門 섭선정진(攝善精進)의 정진바라밀을 실천하여 한 줄기 좋은 향이 나쁜 기운을 없애듯이 삼보를 공양하는 한 줄기 향이 되어 세간의 오염과 독기를 청정하게 하라.

일향선 · 一向善 일향전념(一向專念), 일향전수(一向專修)의 마음으로 법공(法空)의 지혜바라밀을 실천하여 선근공덕을 성취하라.

일향성 · 一香性 안수고인(安受苦忍)의 인욕바라밀을 실천하여 한 줄기 좋은 향이 나쁜 기운을 없애듯이 삼보를 공양하는 한 줄기 향이 되어 세간의 오염과 독기를 청정하게 하라.

일향수 · 一香修 피갑정진(被甲精進)의 정진바라밀을 실천하여 한 줄기 좋은 향이 나쁜 기운을 없애듯이 삼보를 공양하는 한 줄기 향이 되어 세간의 오염과 독기를 청정하게 하라.

일향심 · 一香心 안주정려(安住靜慮)의 선정바라밀을 실천하여 자각(自覺)하여 본래 갖추고 있는 부처님의 성품을 스스로 깨달으라.

일향주 · 一香珠 불사불수(不捨不受)의 방편바라밀을 실천하여 한 줄기 좋은 향이 나쁜 기운을 없애듯이 삼보를 공양하는 한 줄기 향이 되어 세간의 오염과 독기를 청정하게 하라.

일향지 · 一香智 무상의 지혜바라밀을 실천하여 한 줄기 좋은 향이 나쁜 기운을 없애듯이 삼보를 공양하는 한 줄기 향이 되어 세간의 오염과 독기를 청정하게 하라.

일향화 · 一香華 선정바라밀을 실천하여 한 줄기 좋은 향이 나쁜 기

운을 없애듯이 삼보를 공양하는 한
줄기 향이 되어 세간의 오염과 독
기를 청정하게 하라.

일허 · 一虛 바라밀행을 닦아 일허
일실(一虛一實), 즉 숨었다 나타났
다 하여 본체를 잡기 어려운 진리
를 체득하라.

일현 · 一玄 바라밀에 집중하여 본
래무일물이라고 하는 일편(一偏)의
이치를 체득하라.

일현심 · 一玄心 안주정려(安住靜
慮)의 선정바라밀에 집중하여 '본
래무일물'의 이치를 체득하라.

일화 · 一花 바라밀행을 닦아 일
화일향(一花一香), 즉 부처님 앞에
하나의 꽃이나, 하나의 향을 바치
는 마음으로 보살행을 실천하라.

일화 · 日華 바라밀행을 닦아 매일
같이 법화의 진리를 체득하여 자리
이타의 보살행을 실천하라.

자
행

자각 · 自覺 '스스로 깨닫고 남도 깨닫게 하여 깨달음과 실천을 원만히 성취하라.'에서 유래. 바라밀행으로 모두 본래 갖추고 있는 부처님의 성품을 스스로 깨달아라.

자각성 · 自覺性 안수고인(安受苦忍)의 인욕바라밀에 집중하여 모두 본래 갖추고 있는 부처님의 성품을 스스로 깨달아라.

자각행 · 自覺行 보시바라밀에 집중하여 모두 본래 갖추고 있는 부처님의 성품을 스스로 깨달아라.

자감 · 自鑑 바라밀행을 닦아 스스로 살피고 성찰하여 정법을 깨쳐라.

자경 · 自警 바라밀행을 닦아 교만한 마음이나 행동을 스스로 경계하고 조심하라.

자경덕 · 自警德 내원해인(耐怨害忍)의 인욕바라밀을 실천하여 교만한 마음이나 행동을 스스로 경계하고 덕행을 갖추어라.

자경수 · 自警修 피갑정진(被甲精進)의 정진바라밀을 실천하여 교만한 마음이나 행동을 스스로 경계하고 정진하라.

자경심 · 自警心 안주정려(安住靜慮)의 선정바라밀을 실천하여 교만한 마음이나 행동을 스스로 경계하고 깨치려는 마음을 갖추어라.

자경지 · 自警智 무상의 지혜바라밀을 실천하여 스스로 교만한 마음이나 행동을 하고 있는지 살필 수 있는 지혜를 갖추어라.

자경화 · 自警華 선정바라밀을 실천하여 스스로 교만한 마음이나 행동을 하고 있는지 살필 수 있는 방편력을 갖추어라.

자곡 · 慈谷 바라밀을 실천하여 자애로운 마음으로 한량없는 중생을 이롭게 하라.

자관 · 慈觀 바라밀을 실천하여 항상 자애로운 마음으로 자신을 꿰뚫어 보아 지혜를 성취하고 보살행을 실천하라.

자관 · 自觀 바라밀행을 닦아 스스로를 꿰뚫어 보는 지혜를 체득하고 자리이타의 보살행을 실천하라.

자관수 · 自觀修 피갑정진(被甲精進)의 정진바라밀에 집중하는 수행을 통해 자기 자신을 관찰하라.

자관행 · 自觀行 보시바라밀을 실천하며 자기 자신을 관하는 수행에 집중하라.

자광 · 慈光 바라밀행을 닦아 분노를 극복하고 자비를 베풀어 일체중생에게 해탈의 빛을 비추는 자비광명의 보살행을 실천하라.

자광명 · 慈光明 수용법락(受用法樂)의 지혜바라밀을 체득하여 자애로운 광명으로 일체중생에게 해탈의 빛을 비추어라.

자광주 · 慈光珠 불사불수(不捨不受)의 방편바라밀을 체득하여 자애로운 광명의 여의주를 갖추어라.

자광행 · 慈光行 보시바라밀을 체득하여 자애로운 광명으로 일체중생에게 해탈의 빛을 비추어라.

자광화 · 慈光華 선정바라밀을 체득하여 자애로운 광명으로 일체중생이 해탈할 수 있는 화장세계를 만들어라.

자등명 · 自燈明 이타행의 지혜바라밀을 실천하여 스스로를 밝히는 지혜를 체득하라.

자례 · 慈隷 바라밀행을 닦아 항상 자애로운 마음으로 이웃을 살펴 동체대비의 보살행을 실천하라.

자륜 · 慈輪 바라밀행을 닦아 자애로운 어버이와 같은 법륜이 되어라.

자림 · 慈林 바라밀행을 닦아 어버이와 같은 자비심으로 중생을 제도하라.

자림화 · 慈林華 선정바라밀을 체

득하여 어버이와 같은 자비심으로 이타행을 실천하라.

자명 · 慈明 바라밀행을 닦아 자비와 지혜를 갖추어 불도에 더욱 정진하라. 석상산(石霜山)의 자명 선사의 화두로 자명논방(慈明論捧), 자명분수(慈明盆水), 자명속할(慈明速喝) 등이 있음.

자명덕 · 慈明德 내원해인(耐怨害忍)의 인욕바라밀을 실천하여 자애롭고 지혜로운 덕을 갖추어라.

자명도 · 慈明道 섭율의계(攝律儀戒)의 지계바라밀을 실천하여 자애롭고 지혜롭게 도를 실천하라.

자명심 · 慈明心 안주정려(安住靜慮)의 선정바라밀을 실천하여 자애롭고 지혜로운 마음으로 선정을 닦고 중생을 제도하라.

자명월 · 慈明月 진취향과(進趣向果)의 방편바라밀을 실천하여 자애롭고 지혜로운 덕행을 갖추어라.

자명주 · 慈明珠 불사불수(不捨不受)의 방편바라밀을 실천하여 자애롭고 지혜롭게 사용할 수 있는 여의주를 갖추어라.

자명지 · 慈明智 무상의 지혜바라밀을 실천하여 자애와 지혜로움으로 중생을 이롭게 하라.

자명행 · 慈明行 보시바라밀을 체득하여 자애로움과 지혜로움으로 부처님의 가르침을 실천하라.

자명화 · 慈明華 깊은 선정바라밀을 체득하여 자애롭고 지혜롭게 화장세계를 장엄하라.

자비 · 慈悲 중생에게 즐거움을 주는 것을 자, 고를 없애 주는 것을 비라 하고, 반대로 고를 없애주는 것을 자, 낙을 베풀어 주는 것을 비라 함. 바라밀을 닦아 자비를 실천하는 보살도를 실천하라.

자비각 · 慈悲覺 법공(法空)의 지혜바라밀을 실천하여 인연 있는 중생이나 인연 없는 중생 모두 고통받는 것을 가엾이 여기는 보살도를 닦아라.

자비광 · 慈悲光 구공(俱空)의 지혜바라밀을 실천하여 인연 있는 중생이나 인연 없는 중생 모두 고통받는 것을 가엾이 여기는 보살도를 닦아라.

자비덕 · 慈悲德 내원해인(耐怨害忍)의 인욕바라밀을 행하여 인연 있는 중생이나 인연 없는 중생 모두 고통받는 것을 가엾이 여기는 보살도를 닦아라.

자비도·慈悲道 섭율의계(攝律儀戒)의 지계바라밀을 실천하여 인연 있는 중생이나 인연 없는 중생 모두 고통받는 것을 가엾이 여기는 자비심을 생명의 법칙으로 삼고 실천하는 보살도를 닦아라.

자비문·慈悲門 섭선정진(攝善精進)의 정진바라밀을 실천하여 인연 있는 중생이나 인연 없는 중생 모두 고통받는 것을 가엾이 여기고 자비심을 실천하는 보살도를 닦아라.

자비법·慈悲法 변화력(變化力)의 원력바라밀을 실천하여 인연 있는 중생이나 인연 없는 중생 모두 고통받는 것을 가엾이 여기고 자비심을 생명의 법칙으로 삼는 보살도를 닦아라.

자비성·慈悲成 무외시의 보시바라밀을 실천하여 인연 있는 중생이나 인연 없는 중생 모두 고통받는 것을 가엾이 여기고 자비심을 생명의 법칙으로 삼는 보살도를 닦아라.

자비성·慈悲性 안수고인(安受苦忍)의 인욕바라밀을 실천하여 인연 있는 중생이나 인연 없는 중생 모두 고통받는 것을 가엾이 여기고 자비심을 생명의 법칙으로 삼는 보살도를 닦아라.

자비수·慈悲修 피갑정진(被甲精進)의 정진바라밀을 실천하여 인연 있는 중생이나 인연 없는 중생 모두 고통받는 것을 가엾이 여기고 자비심을 생명의 법칙으로 삼는 보살도를 닦아라.

자비신·慈悲信 섭중생계(攝衆生戒)의 지계바라밀을 실천하여 인연 있는 중생이나 인연 없는 중생 모두 고통받는 것을 가엾이 여기고 자비심을 생명의 법칙으로 삼는 보살도를 닦아라.

자비안·慈悲眼 법공(法空)의 지혜바라밀을 실천하여 인연 있는 중생이나 인연 없는 중생 모두 고통받는 것을 가엾이 여기고 자비심을 생명의 법칙으로 삼는 보살도를 닦아라.

자비원·慈悲圓 체찰법인(諦察法忍)의 인욕바라밀을 실천하여 인연 있는 중생이나 인연 없는 중생 모두 고통받는 것을 가엾이 여기고 자비심을 생명의 법칙으로 삼는 보살도를 닦아라.

자비월·慈悲月 진취향과(進趣向果)의 방편바라밀을 실천하여 인연 있는 중생이나 인연 없는 중생 모두 고통받는 것을 가엾이 여기고 자비심을 생명의 법칙으로 삼는 보살도를 닦아라.

자비정 · 慈悲淨 이락정진(利樂精進)의 정진바라밀을 실천하여 인연 있는 중생이나 인연 없는 중생 모두 고통받는 것을 가없이 여기고 자비심을 생명의 법칙으로 삼는 보살도를 닦아라.

자비행 · 慈悲行 보시바라밀을 실천하여 인연 있는 중생이나 인연 없는 중생 모두 고통받는 것을 가없이 여기고 자비심을 생명의 법칙으로 삼는 보살도를 닦아라.

자비향 · 慈悲香 지계바라밀을 실천하여 인연 있는 중생이나 인연 없는 중생 모두 고통받는 것을 가없이 여기고 자비심을 생명의 법칙으로 삼는 보살도를 닦아라.

자비화 · 慈悲華 선정바라밀을 실천하여 인연 있는 중생이나 인연 없는 중생 모두 고통받는 것을 가없이 여기고 자비심을 생명의 법칙으로 삼는 보살도를 닦아라.

자선 · 慈禪 바라밀행을 닦아 자애로운 마음과 흔들림 없는 선정력을 체득하라.

자성 · 自性 바라밀행을 닦아 제법 자체의 불변불개의 존재성을 깨치고 보살행을 실천하라.

자성각 · 自性覺 법공(法空)의 지혜바라밀을 실천하여 객진번뇌(客塵煩惱)를 털어내고 청정자성을 닦고 깨달아라.

자성견 · 自性見 법공(法空)의 지혜바라밀을 실천하여 객진번뇌(客塵煩惱)를 털어내고 청정자성을 닦고 깨달아라.

자성광 · 自性光 구공(俱空)의 지혜바라밀을 실천하여 객진번뇌(客塵煩惱)를 털어내고 청정자성을 닦고 깨달아라.

자성덕 · 自性德 내원해인(耐怨害忍)의 인욕바라밀을 실천하여 객진번뇌(客塵煩惱)를 털어내고 청정자성을 닦고 깨달아라.

자성도 · 自性道 섭율의계(攝律儀戒)의 지계바라밀을 실천하여 객진번뇌(客塵煩惱)를 털어내고 청정자성을 닦고 깨달아라.

자성명 · 自性明 수용법락(受用法樂)의 지혜바라밀을 실천하여 객진번뇌(客塵煩惱)를 털어내고 청정자성을 닦고 깨달아라.

자성수 · 自性修 피갑정진(被甲精進)의 정진바라밀을 실천하여 객진번뇌(客塵煩惱)를 털어내고 청정자성을 닦고 깨달아라.

자성심 · 自性心 안주정려(安住靜慮)의 선정바라밀을 실천하여 객진번뇌(客塵煩惱)를 털어내고 청정자성을 닦고 깨달아라.

자성지 · 自性智 무상의 지혜바라밀을 실천하여 객진번뇌(客塵煩惱)를 털어내고 청정자성을 닦고 깨달아라.

자성행 · 慈聖行 보시바라밀을 실천하여 어머니와 같은 자애로움을 베풀고, 성스러운 지혜를 체득하라.

자성행 · 自性行 재시바라밀을 실천하여 객진번뇌(客塵煩惱)를 털어내고 닦고 깨달아라.

자성화 · 自性華 선정바라밀을 체득하여 자신의 깊은 숙업과 번뇌를 깊이 성찰하고 일체중생의 자성청정심이 바로 부처님의 마음이라는 것을 깨달아라.

자수 · 子秀 바라밀을 실천하여 부처님의 법을 배우며 뛰어난 복덕과 지혜를 갖추어라.

자수성 · 子秀性 안수고인(安受苦忍)의 인욕바라밀을 실천하여 부처님의 법을 배우며 뛰어난 복덕과 지혜를 갖추어라.

자수정 · 子秀淨 이락정진(利樂精進)의 정진바라밀을 실천하여 부처님의 법을 배우며 뛰어난 복덕과 지혜를 갖추어라.

자수향 · 子秀香 지계바라밀을 실천하여 부처님의 법을 배우며 뛰어난 복덕과 지혜를 갖추어라.

자승 · 自乘 바라밀행을 닦아 자신을 항상 청정하게 하고 대승보살의 이념을 실천하라.

자신 · 自新 바라밀행을 닦아 스스로를 항상 새롭고 청정한 마음으로 쇄신하라.

자신정 · 自新淨 이락정진(利樂精進)의 정진바라밀을 행하여 매일 청정한 마음으로 쇄신하라.

자신행 · 自新行 보시바라밀을 행하여 매일 청정한 마음으로 쇄신하라.

자심 · 慈心 바라밀행을 닦아 부처님의 자무량심에 의지하여 어머니와 같은 자애로운 마음으로 많은 사람을 섭수하여 이롭게 하라.

자심명 · 慈心明 수용법락(受用法樂)의 지혜바라밀 실천으로 부처님의 자무량심에 의지하여 어머니와 같은 자애로운 마음으로 많은 사람을 섭수하여 이롭게 하라.

자심성·慈心性 안수고인(安受苦
忍)의 인욕바라밀 실천으로 부처님
의 자무량심에 의지하여 어머니와
같은 자애로운 마음으로 많은 사람
을 섭수하여 이롭게 하라.

자심행·慈心行 보시바라밀 실천
으로 부처님의 자무량심에 의지하
여 어머니와 같은 자애로운 마음으
로 많은 사람을 섭수하여 이롭게
하라.

자심향·慈心香 지계바라밀 실천
으로 부처님의 자무량심에 의지하
여 어머니와 같은 자애로운 마음으
로 많은 사람을 섭수하여 이롭게
하라.

자안·自安 바라밀의 실천으로 외
부의 조건에 의지하여 마음의 평화
를 구하는 것이 아니라 스스로 갈고
닦아서 마음의 평화를 깨달아라.

자안·慈眼 바라밀의 실천으로 제
불보살이 대자대비의 심안으로 중
생을 바라보는 것과 같은 자애로운
안목을 갖추어라.

자안륜·自安輪 진취향과(進趣向
果)의 방편바라밀을 실천으로 외부
의 조건에 의지하여 마음의 평화를
구하는 것이 아니라 스스로 갈고
닦아서 마음의 평화를 깨달아라.

자안림·自安林 변사정려(辨事靜
慮)의 선정바라밀을 실천으로 외부
의 조건에 의지하여 마음의 평화를
구하는 것이 아니라 스스로 갈고
닦아서 마음의 평화를 깨달아라.

자안명·慈眼明 무상의 지혜바라밀
을 실천하여 제불보살이 대자대비
의 심안으로 중생을 바라보는 것과
같은 자애로운 안목을 갖추어라.

자안명·自安明 수용법락(受用法
樂)의 지혜바라밀을 실천하여 외부
의 조건에 의지하여 마음의 평화를
구하는 것이 아니라 스스로 갈고
닦아서 마음의 평화를 깨달아라.

자안문·慈眼門 섭선정진(攝善精
進)의 정진바라밀을 실천하여 제
불보살이 대자대비의 심안으로 중
생을 바라보는 것과 같은 자애로운
안목을 갖추어라.

자안성·自安聖 성숙유정(成熟有
情)의 지혜바라밀을 실천하여 외부
의 조건에 의지하여 마음의 평화를
구하는 것이 아니라 스스로 갈고
닦아서 마음의 평화를 깨달아라.

자안성·慈眼性 안수고인(安受苦
忍)의 인욕바라밀을 실천하여 제
불보살이 대자대비의 심안으로 중
생을 바라보는 것과 같은 자애로운
안목을 갖추어라.

자안수 · 自安修 피갑정진(被甲精進)의 정진바라밀을 실천하여 외부의 조건에 의지하여 마음의 평화를 구하는 것이 아니라 스스로 갈고 닦아서 마음의 평화를 깨달아라.

자안심 · 自安心 안주정려(安住靜慮)의 선정바라밀을 실천하여 외부의 조건에 의지하여 마음의 평화를 구하는 것이 아니라 스스로 갈고 닦아서 마음의 평화를 깨달아라.

자안심 · 慈眼心 안주정려(安住靜慮)의 선정바라밀을 실천하여 제불보살이 대자대비의 심안으로 중생을 바라보는 것과 같은 자애로운 안목을 갖추어라.

자안월 · 自安月 진취향과(進趣向果)의 방편바라밀을 실천하여 외부의 조건에 의지하여 마음의 평화를 구하는 것이 아니라 스스로 갈고 닦아서 마음의 평화를 깨달아라.

자안천 · 自安天 외화원(外化願)의 원력바라밀을 실천하여 외부의 조건에 의지하여 마음의 평화를 구하는 것이 아니라 스스로 갈고 닦아서 마음의 평화를 깨달아라.

자안행 · 自安行 보시바라밀의 실천으로 외부의 조건에 의지하여 마음의 평화를 구하는 것이 아니라 스스로 갈고 닦아서 마음의 평화를 깨달아라.

자안향 · 自安香 지계바라밀의 실천으로 외부의 조건에 의지하여 마음의 평화를 구하는 것이 아니라 스스로 갈고 닦아서 마음의 평화를 깨달아라.

자안화 · 自安華 선정바라밀의 실천으로 외부의 조건에 의지하여 마음의 평화를 구하는 것이 아니라 스스로 갈고 닦아서 마음의 평화를 깨달아라.

자영 · 慈永 바라밀행을 닦아 자애로운 마음으로 영원히 중생 곁에서 자리이타의 보살행을 실천하라.

자오 · 慈悟 바라밀행으로 어머니와 같은 자애로움과 총명한 깨달음을 성취하여 널리 많은 사람을 이롭게 하라.

자오광 · 慈悟光 구공(俱空)의 지혜바라밀행으로 어머니와 같은 자애로움과 총명한 깨달음을 성취하여 널리 많은 사람을 이롭게 하라.

자오성 · 慈悟性 안수고인(安受苦忍)의 인욕바라밀행으로 어머니와 같은 자애로움과 총명한 깨달음을 성취하여 널리 많은 사람을 이롭게 하라.

자오심 · 慈悟心 안주정려(安住靜慮)의 선정바라밀행으로 어머니와 같은 자애로움과 총명한 깨달음을 성취하여 널리 많은 사람을 이롭게 하라.

자오행 · 慈悟行 보시바라밀행으로 어머니와 같은 자애로움과 총명한 깨달음을 성취하여 널리 많은 사람을 이롭게 하라.

자온 · 自溫 바라밀행을 닦아 스스로 순수하고 원만한 성품을 성취하고 자리이타의 보살행을 실천하라.

자용 · 慈用 바라밀행을 닦아 부처님의 가르침을 체득하고 자비롭게 베푸는 공덕을 지어 자리이타의 대승보살도를 실천하라.

자용 · 自用 바라밀행을 닦아 복덕과 지혜를 체득하면 자용(自用)하고 자전(自轉)함에 허물이 없고 자리이타의 보살도를 행하는데 걸림이 없다.

자우 · 子瑀 바라밀행을 닦아 계율을 엄격하게 지키고, 항상 정성을 다해 예참(禮懺)을 실천한 중국의 고승 자우 스님의 덕을 이어받아라.

자운 · 紫雲 부처님이 타고 오시는 구름을 상징적으로 표현함. 바라밀행을 닦아 자운과 같은 부처님의 가르침을 체득하고 중생 제도를 위하여 촌각도 게을리 하지 말고 노력하라.

자운 · 慈雲 자비의 마음을 넓은 하늘을 덮는 구름에 비유한 것. 바라밀행으로 구름이 비를 내려서 만물을 키우듯이 자비의 구름이 되어 온 중생에게 자비를 행하라.

자운덕 · 慈雲德 내원해인(耐怨害忍)의 인욕바라밀행으로 구름이 비를 내려서 만물을 키우듯이 자비의 구름이 되어 온 중생에게 자비를 행하라.

자운문 · 慈雲門 섭선정진(攝善精進)의 정진바라밀행으로 구름이 비를 내려서 만물을 키우듯이 자비의 구름이 되어 온 중생에게 자비를 행하라.

자운성 · 慈雲性 안수고인(安受苦忍)의 인욕바라밀행으로 구름이 비를 내려서 만물을 키우듯이 자비의 구름이 되어 온 중생에게 자비를 행하라.

자운심 · 慈雲心 안주정려(安住靜慮)의 선정바라밀행으로 구름이 비를 내려서 만물을 키우듯이 자비의 구름이 되어 온 중생에게 자비를 행하라.

자운행 · 慈雲行 재시의 보시바라밀행으로 구름이 비를 내려서 만물을 키우듯이 자비의 구름이 되어 온 중생에게 자비를 행하라.

자운향 · 慈雲香 섭선법계(攝善法戒)의 지계바라밀행으로 구름이 비를 내려서 만물을 키우듯이 자비의 구름이 되어 온 중생에게 자비를 행하라.

자운화 · 慈雲華 인발정려(引發靜慮)의 선정바라밀행으로 구름이 비를 내려서 만물을 키우듯이 자비의 구름이 되어 온 중생에게 자비를 행하라.

자원 · 慈圓 바라밀을 행하여 자애롭고 원만무애하며 진실한 삶을 영위하라.

자원덕 · 慈圓德 내원해인(耐怨害忍)의 인욕바라밀을 행하여 자애롭고 원만무애하며 진실한 삶을 영위하라.

자원성 · 慈圓性 안수고인(安受苦忍)의 인욕바라밀을 행하여 자애롭고 원만무애하며 진실한 삶을 영위하라.

자원심 · 慈圓心 안주정려(安住靜慮) 선정바라밀을 행하여 자애롭고 원만무애하며 진실한 삶을 영위하라.

자원행 · 慈圓行 보시바라밀을 행하여 자애롭고 원만무애하며 진실한 삶을 영위하라.

자원향 · 慈圓香 지계바라밀을 행하여 자애롭고 원만무애하며 진실한 삶을 영위하라.

자원화 · 慈圓華 선정바라밀을 행하여 자애롭고 원만무애하며 진실한 삶을 영위하라.

자월 · 慈月 바라밀행을 닦아 자애롭고 천강에 비친 달과 같은 공덕을 지어 자리이타의 대승보살도를 실천하라.

자은 · 慈恩 바라밀행을 닦아 자비로써 중생에게 은덕을 베풀어라.

자은심 · 慈恩心 안주정려(安住靜慮)의 선정바라밀을 실천하여 자비로써 중생에게 은덕을 베풀어라.

자은행 · 慈恩行 보시바라밀을 실천하여 자비로써 중생에게 은덕을 베풀어라.

자은향 · 慈恩香 섭선법계(攝善法戒)의 지계바라밀을 실천하여 자비로써 중생에게 은덕을 베풀어라.

자은화 · 慈恩華 인발정려(引發靜慮)의 선정바라밀을 실천하여 자비로써 중생에게 은덕을 베풀어라.

자인 · 慈忍 바라밀행에 집중하여 자비와 인욕을 함께 실천하라.

자인 · 慈仁 바라밀행에 집중하여 자애롭고 어진 마음으로 자신을 다스리고 중생을 이롭게 하라.

자인경 · 慈忍鏡 이락타원(利樂他願)의 원력바라밀행에 집중하여 자비와 인욕을 함께 실천하라.

자인광 · 慈忍光 구공(俱空)의 지혜바라밀행에 집중하여 자비와 인욕을 함께 실천하라.

자인덕 · 慈忍德 내원해인(耐怨害忍)의 인욕바라밀행에 집중하여 자비와 인욕을 함께 실천하라.

자인림 · 慈忍林 변사정려(辨事靜慮)의 선정바라밀행에 집중하여 자비와 인욕을 함께 실천하라.

자인명 · 慈忍明 수용법락(受用法樂)의 지혜바라밀행에 집중하여 자비와 인욕을 함께 실천하라.

자인명 · 慈仁明 수용법락(受用法樂)의 지혜 바라밀행에 집중하여 자애롭고 어진 마음으로 자신을 다스리고 중생을 이롭게 하라.

자인문 · 慈仁門 섭선정진(攝善精進)의 정진바라밀행에 집중하여 자애롭고 어진 마음으로 자신을 다스리고 중생을 이롭게 하라.

자인성 · 慈忍聖 성숙유정(成熟有情)의 지혜바라밀행에 집중하여 자비와 인욕을 함께 실천하라.

자인성 · 慈仁性 안수고인(安受苦忍)의 인욕바라밀행에 집중하여 자애롭고 어진 마음으로 자신을 다스리고 중생을 이롭게 하라.

자인수 · 慈忍修 피갑정진(被甲精進)의 정진바라밀행에 집중하여 자비와 인욕을 함께 실천하라.

자인심 · 慈忍心 안주정려(安住靜慮)의 선정바라밀행에 집중하여 자비와 인욕을 함께 실천하라.

자인원 · 慈忍願 체찰법인(諦察法忍)의 인욕바라밀행에 집중하여 자비와 인욕을 함께 실천하라.

자인해 · 慈忍海 외화원(外化願)의 원력바라밀행에 집중하여 자비와 인욕을 함께 실천하라.

자인행 · 慈仁行 보시바라밀행에 집중하여 자애롭고 어진 마음으로 자신을 다스리고 중생을 이롭게 하라.

자인행 · 慈忍行 재시바라밀행에 집중하여 자비와 인욕을 함께 실천하라.

자인향 · 慈忍香 섭선법계(攝善法戒)의 지계바라밀행에 집중하여 자비와 인욕을 함께 실천하라.

자인혜 · 慈忍慧 법시의 보시바라밀행에 집중하여 자비와 인욕을 함께 실천하라.

자인화 · 慈仁華 선정바라밀행에 집중하여 자애롭고 어진 마음으로 자신을 다스리고 중생을 이롭게 하라.

자인화 · 慈忍華 인발정려(引發靜慮)의 선정바라밀행에 집중하여 자비와 인욕을 함께 실천하라.

자장 · 慈藏 바라밀행을 닦아 자애로운 부처님의 원력을 갖추고 자리이타의 보살행을 실천하라.

자재 · 自在 바라밀의 실천으로 관자재보살과 같이 자유자재한 능력을 갖추고 중생을 제도하라.

자재문 · 自在門 섭선정진(攝善精進)의 정진바라밀행으로 관자재보살과 같이 자유자재한 능력을 갖추고 중생을 제도하라.

자재성 · 自在性 안수고인(安受苦忍)의 인욕바라밀행으로 관자재보살과 같이 자유자재한 능력을 갖추고 중생을 제도하라.

자재심 · 自在心 안주정려(安住靜慮)의 선정바라밀행으로 관자재보살과 같이 자유자재한 능력을 갖추고 중생을 제도하라.

자재월 · 自在月 진취향과(進趣向果)의 방편바라밀행으로 관자재보살과 같이 자유자재한 능력을 갖추고 중생을 제도하라.

자재행 · 自在行 재시바라밀행으로 관자재보살과 같이 자유자재한 능력을 갖추고 중생을 제도하라.

자재향 · 自在香 섭선법계(攝善法戒)의 지계바라밀행으로 관자재보살과 같이 자유자재한 능력을 갖추고 중생을 제도하라.

자재향 · 自在香 지계바라밀행으로 관자재보살과 같이 자유자재한 능력을 갖추고 중생을 제도하라.

자재혜 · 自在慧 아공(我空)의 지혜바라밀행으로 관자재보살과 같이 자유자재한 능력을 갖추어 중생을 제도하라.

자정 · 慈靜 바라밀행을 닦아 자애롭고 고요하고 청정한 선정력을 갖추고 중생 제도에 앞장서라.

자정·慈定 바라밀행을 닦아 모든 중생에 대하여 자비의 생각에 머물도록 하는 선정을 체득하라.

자정·慈正 바라밀을 체득하여 완전하고 올바른 궁극의 자비를 행하라.

자정각·慈正覺 법공(法空)의 지혜바라밀을 체득하여 완전하고 올바른 궁극의 자비를 행하라.

자정덕·慈正德 내원해인(耐怨害忍)의 인욕바라밀을 체득하여 완전하고 올바른 궁극의 자비를 행하라.

자정명·慈正明 수용법락(受用法樂)의 지혜바라밀을 체득하여 완전하고 올바른 궁극의 자비를 행하라.

자정문·慈正門 섭선정진(攝善精進)의 정진바라밀을 체득하여 완전하고 올바른 궁극의 자비를 행하라.

자정심·慈正心 안주정려(安住靜慮)의 선정바라밀을 체득하여 완전하고 올바른 궁극의 자비를 행하라.

자정월·慈正月 진취향과(進趣向果)의 방편바라밀을 체득하여 완전하고 올바른 궁극의 자비를 행하라.

자정주·慈正珠 불사불수(不捨不受)의 방편바라밀을 체득하여 완전하고 올바른 궁극의 자비를 행하라.

자정행·慈正行 보시바라밀을 체득하여 완전하고 올바른 궁극의 자비를 행하라.

자정화·慈正華 선정바라밀을 체득하여 완전하고 올바른 궁극의 자비를 행하라.

자초·自超 바라밀행을 닦아 스스로의 지혜로 세간을 초월하여 자리이타의 보살행에 앞장서라.

자총·子聰 바라밀행을 닦아 원나라 때의 자총 스님처럼 천하사를 논함이 손바닥 보듯 관찰할 수 있는 복덕과 지혜를 구족하라.

자행·慈行 바라밀에 집중하여 복덕과 지혜를 체득하고 자애로운 마음으로 보살행을 실천하라.

자행덕·慈行德 내원해인(耐怨害忍)의 인욕바라밀행에 집중하여 복덕과 지혜를 체득하고 자애로운 마음으로 보살행을 실천하라.

자행문·慈行門 섭선정진(攝善精進)의 정진바라밀행에 집중하여 복덕과 지혜를 체득하고 자애로운 마음으로 보살행을 실천하라.

자행성 · 慈行性 안수고인(安受苦忍)의 인욕바라밀행에 집중하여 복덕과 지혜를 체득하고 자애로운 마음으로 보살행을 실천하라.

자행심 · 慈行心 안주정려(安住靜慮)의 선정바라밀행에 집중하여 복덕과 지혜를 체득하고 자애로운 마음으로 보살행을 실천하라.

자행화 · 慈行華 선정바라밀행에 집중하여 복덕과 지혜를 체득하고 자애로운 마음으로 보살행을 실천하라.

자향 · 慈香 자애로운 마음으로 덕의 향기를 베풀어 많은 사람을 이익과 안락, 행복으로 이끌어라.

자향화 · 慈香華 선정바라밀을 체득하여 자애로운 마음으로 덕의 향기를 베풀어 많은 사람을 이익과 안락, 행복으로 이끌어라.

자현 · 自賢 바라밀의 실천으로 스스로 현명하게 복덕과 지혜를 갖추고 자리이타의 보살행을 실천하라.

자현 · 慈賢 바라밀행을 닦아 자애롭고 덕행이 뛰어난 보살행을 실천하라.

자현덕 · 慈賢德 내원해인(耐怨害忍)의 인욕바라밀을 체득하여 자애롭고 덕행이 뛰어난 보살행을 실천하라.

자현도 · 慈賢道 섭율의계(攝律儀戒)의 지계바라밀을 체득하여 자애롭고 덕행이 뛰어난 보살행을 실천하라.

자현명 · 慈賢明 수용법락(受用法樂)의 지혜바라밀을 체득하여 자애롭고 덕행이 뛰어난 보살행을 실천하라.

자현문 · 慈賢門 섭선정진(攝善精進)의 정진바라밀을 체득하여 자애롭고 덕행이 뛰어난 보살행을 실천하라.

자현성 · 慈賢性 안수고인(安受苦忍)의 인욕바라밀을 체득하여 자애롭고 덕행이 뛰어난 보살행을 실천하라.

자현심 · 慈賢心 안주정려(安住靜慮)의 선정바라밀을 체득하여 자애롭고 덕행이 뛰어난 보살행을 실천하라.

자현행 · 慈賢行 보시바라밀을 체득하여 자애롭고 덕행이 뛰어난 보살행을 실천하라.

자현화 · 慈賢華 선정바라밀을 체득하여 자애롭고 덕행이 뛰어난 보살행을 실천하라.

자혜 · 慈惠 바라밀을 체득하고 자애로운 마음으로 많은 사람에게 은혜를 베풀어라.

자혜광 · 慈惠光 구공(俱空)의 지혜바라밀을 체득하고 자애로운 마음으로 많은 사람에게 은혜를 베풀어라.

자혜덕 · 慈惠德 내원해인(耐怨害忍)의 인욕바라밀을 체득하고 자애로운 마음으로 많은 사람에게 은혜를 베풀어라.

자혜명 · 慈惠明 수용법락(受用法樂)의 지혜바라밀을 체득하고 자애로운 마음으로 많은 사람에게 은혜를 베풀어라.

자혜문 · 慈惠門 섭선정진(攝善精進)의 정진바라밀을 체득하고 자애로운 마음으로 많은 사람에게 은혜를 베풀어라.

자혜성 · 慈惠性 안수고인(安受苦忍)의 인욕바라밀을 체득하고 자애로운 마음으로 많은 사람에게 은혜를 베풀어라.

자혜심 · 慈惠心 안주정려(安住靜慮)의 선정바라밀을 체득하고 자애로운 마음으로 많은 사람에게 은혜

를 베풀어라.

자혜정 · 慈惠淨 이락정진(利樂精進)의 정진바라밀을 체득하고 자애로운 마음으로 많은 사람에게 은혜를 베풀어라.

자혜주 · 慈惠珠 불사불수(不捨不受)의 방편바라밀을 체득하고 자애로운 마음으로 많은 사람에게 은혜를 베풀어라.

자혜행 · 慈惠行 재시바라밀을 체득하고 자애로운 마음으로 많은 사람에게 은혜를 베풀어라.

자혜화 · 慈惠華 선정바라밀을 체득하고 자애로운 마음으로 많은 사람에게 은혜를 베풀어라.

자화 · 慈華 바라밀행을 닦아 항상 자애롭게 빛나는 꽃과 같이 많은 사람을 행복하게 해 주기 위해 노력하라.

자회 · 慈誨 바라밀행을 닦아 자애가 넘치고 친절한 보살의 가르침을 행하라.

자회성 · 慈誨性 안수고인(安受苦忍)의 인욕바라밀을 체득하여 자애가 넘치고 친절한 보살의 가르침을 행하라.

자회심 · 慈誨心 안주정려(安住靜慮)의 선정바라밀을 체득하여 자애가 넘치고 친절한 보살의 가르침을 행하라.

자회향 · 慈誨香 섭선법계(攝善法戒) 바라밀을 체득하여 자애가 넘치고 친절한 보살의 가르침을 행하라.

장엄화 · 莊嚴華 인발정려(引發靜慮)의 선정바라밀을 행하여 불국토를 장엄하고 한량없는 중생을 이롭게 하라.

재원 · 在圓 바라밀행을 닦아 항상 원만한 자리에 머물며 세상의 주인이 되어 자리이타의 대승보살도를 실천하라.

재하 · 在河 물이 있는 곳에 사람이 살듯이 바라밀행을 닦아 많은 사람들이 의지할 수 있는 대승보살과 같은 인재가 되어라.

적공 · 積功 어떤 일을 성취하기 위해서는 많은 공덕이 필요하듯 바라밀행을 닦아 항상 정진하여 산과 같은 공덕을 쌓아라.

적광 · 寂光 바라밀을 행하여 번뇌 무명이 끊어진 고요한 경지에서 지혜의 빛을 발하라.

적멸 · 寂滅 바라밀을 행하여 탐진치 삼독심으로 인한 업과 번뇌의 불꽃이 소멸된 열반의 경지를 체득하고 반야(般若) · 해탈(解脫)의 진리를 실천하라.

적멸도 · 寂滅道 섭율의계(攝律儀戒)의 지계바라밀을 행하여 탐진치 삼독심으로 인한 업과 번뇌의 불꽃이 소멸된 열반의 경지를 체득하고 반야(般若) · 해탈(解脫)의 진리를 실천하라.

적멸력 · 寂滅力 사택력(思擇力)의 원력바라밀을 행하여 탐진치 삼독심으로 인한 업과 번뇌의 불꽃이 소멸된 열반의 경지를 체득하고 반야(般若) · 해탈(解脫)의 진리를 실천하라.

적멸문 · 寂滅門 섭선정진(攝善精進)의 정진바라밀을 행하여 탐진치 삼독심으로 인한 업과 번뇌의 불꽃이 소멸된 열반의 경지를 체득하고 반야(般若) · 해탈(解脫)의 진리를 실천하라.

적멸수 · 寂滅修 피갑정진(被甲精進)의 정진바라밀을 행하여 탐진치 삼독심으로 인한 업과 번뇌의 불꽃이 소멸된 열반의 경지를 체득하고 반야(般若) · 해탈(解脫)의 진리를 실천하라.

적멸인 · 寂滅仁 내원해인(耐怨害

忍)의 인욕바라밀을 행하여 탐진치 삼독심으로 인한 업과 번뇌의 불꽃이 소멸된 열반의 경지를 체득하고 반야(般若)·해탈(解脫)의 진리를 실천하라.

적멸행·寂滅行 보시바라밀을 행하여 탐진치 삼독심으로 인한 업과 번뇌의 불꽃이 소멸된 열반의 경지를 체득하고 반야(般若)·해탈(解脫)의 진리를 실천하라.

적멸화·寂滅華 선정바라밀을 행하여 탐진치 삼독심으로 인한 업과 번뇌의 불꽃이 소멸된 열반의 경지를 체득하고 반야(般若)·해탈(解脫)의 진리를 실천하라.

적명·寂明 바라밀을 실천하여 산란과 망상을 떠나 반야의 고요한 경지를 체득하라.

적묵·寂默 선정바라밀을 실천하여 고요히 깊은 생각에 잠기어 침묵 속에 번뇌가 없는 선정을 체득하라.

적상·寂常 바라밀을 행하여 번뇌와 생멸의 조건에서 벗어난 열반적정을 체득하라.

적선화·積善華 선정바라밀을 실천하며 공덕행으로 선근공덕을 축적하라.

적연·寂然 선정바라밀을 실천하여 천지가 온통 적적한 열반의 경지를 체득하라.

적연행·寂然行 보시바라밀을 실천하여 공덕을 쌓고, 천지가 온통 적적한 열반적정의 경지를 체득하라.

적연성·寂然性 안수고인(安受苦忍)의 인욕바라밀을 실천하여 공덕을 쌓고, 천지가 온통 적적한 열반적정의 경지를 체득하라.

적연심·寂然心 안주정려(安住靜慮)의 선정바라밀을 실천하여 공덕을 쌓고, 천지가 온통 적적한 열반적정의 경지를 체득하라.

적연화·寂然華 인발정려(引發靜慮)의 선정바라밀을 실천하여 공덕을 쌓고, 천지가 온통 적적한 열반적정의 경지를 체득하라.

적연주·寂然珠 불사불수(不捨不受)의 방편바라밀을 실천하여 공덕을 쌓고, 천지가 온통 적적한 열반적정의 경지를 체득하라.

적연명·寂然明 수용법락(受用法樂)의 지혜바라밀을 실천하여 공덕을 쌓고, 천지가 온통 적적한 열반적정의 경지를 체득하라.

적우·寂友 바라밀을 실천하며 열

반을 벗으로 삼아 수행하라.

적인 · 寂忍 체찰법인(諦察法忍)의 바라밀을 실천하여 열반적정의 선정을 체득하라.

적인도 · 寂忍道 섭율의계(攝律儀戒)의 지계바라밀을 실천하여 열반적정의 선정을 체득하라.

적인문 · 寂忍門 섭선정진(攝善精進)의 정진바라밀을 실천하여 열반적정의 선정을 체득하라.

적인성 · 寂忍性 안수고인(安受苦忍)의 인욕바라밀을 실천하여 열반적정의 선정을 체득하라.

적인주 · 寂忍珠 불사불수(不捨不受)의 방편바라밀을 실천하여 열반적정의 선정을 체득하라.

적인화 · 寂忍華 인발정려(引發靜慮)의 선정바라밀을 실천하여 열반적정의 선정을 체득하라.

전명 · 全明 바라밀행으로 무명의 어둠을 밝히는 반야를 온전히 닦아라.

전법 · 轉法 바라밀행으로 진리의 수레바퀴인 법륜(法輪)을 널리 굴려 중생 교화에 진력하고 많은 사람을 이롭게 하라.

전법도 · 轉法道 섭율의계(攝律儀戒)의 지계바라밀행으로 진리의 수레바퀴인 법륜(法輪)을 널리 굴려 중생 교화에 진력하고 많은 사람을 이롭게 하라.

전법력 · 轉法力 사택력(思擇力)의 원력바라밀행으로 진리의 수레바퀴인 법륜(法輪)을 널리 굴려 중생 교화에 진력하고 많은 사람을 이롭게 하라.

전법문 · 轉法門 섭선정진(攝善精進)의 정진바라밀행으로 진리의 수레바퀴인 법륜(法輪)을 널리 굴려 중생 교화에 진력하고 많은 사람을 이롭게 하라.

전법성 · 轉法成 무외시의 보시바라밀행으로 진리의 수레바퀴인 법륜(法輪)을 널리 굴려 중생 교화에 진력하고 많은 사람을 이롭게 하라.

전법성 · 轉法性 안수고인(安受苦忍)의 인욕바라밀행으로 진리의 수레바퀴인 법륜(法輪)을 널리 굴려 중생 교화에 진력하고 많은 사람을 이롭게 하라.

전법수 · 轉法修 피갑정진(被甲精進)의 정진바라밀행으로 진리의 수레바퀴인 법륜(法輪)을 널리 굴려 중생 교화에 진력하고 많은 사람을 이롭게 하라.

전법심 · 轉法心 안주정려(安住靜慮)의 선정바라밀행으로 진리의 수레바퀴인 법륜(法輪)을 널리 굴려 중생 교화에 진력하고 많은 사람을 이롭게 하라.

전법안 · 轉法眼 법공(法空)의 지혜바라밀행으로 진리의 수레바퀴인 법륜(法輪)을 널리 굴려 중생 교화에 진력하고 많은 사람을 이롭게 하라.

전법행 · 轉法行 보시바라밀행으로 진리의 수레바퀴인 법륜(法輪)을 널리 굴려 중생 교화에 진력하고 많은 사람을 이롭게 하라.

전법화 · 轉法華 선정바라밀행으로 진리의 수레바퀴인 법륜(法輪)을 널리 굴려 중생 교화에 진력하고 많은 사람을 이롭게 하라.

전향 · 全香 번뇌와 망집의 어둠을 몰아내고 마음 가득히 불법의 향기를 채워라.

전향덕 · 全香德 내원해인(耐怨害忍)의 인욕바라밀을 행하여 번뇌와 망집의 어둠을 몰아내고 마음 가득히 불법의 향기를 채워라.

전향심 · 全香心 안주정려(安住靜慮)의 선정바라밀을 행하여 번뇌와 망집의 어둠을 몰아내고 마음 가득

히 불법의 향기를 채워라.

전화 · 全和 바라밀을 실천하여 일체중생이 서로 반목하고 미워하는 마음을 그치게 하고 화합시키는 일을 위해 진력하라.

전화성 · 全和性 안수고인(安受苦忍)의 인욕바라밀을 실천하여 일체중생이 서로 반목하고 미워하는 마음을 그치게 하고 화합시키는 일을 위해 진력하라.

전화심 · 全和心 안주정려(安住靜慮)의 선정바라밀을 실천하여 일체중생이 서로 반목하고 미워하는 마음을 그치게 하고 화합시키는 일을 위해 진력하라.

전화행 · 全和行 보시바라밀을 실천하여 일체중생이 서로 반목하고 미워하는 마음을 그치게 하고 화합시키는 일을 위해 진력하라.

정각 · 靜覺 바라밀행을 닦아 마음을 고요하게 안정시키고 집중하여 정법의 이치를 깨쳐라.

정각 · 正覺 바라밀을 행하여 탐착심을 버리고 거울처럼 청정하고 평등한 마음으로 정진하고 실천하여 바르고 평등한 깨달음을 얻는 선근을 심어라.

정각 · 淨覺 바라밀행을 닦아 청정한 지혜를 깨쳐 자리이타의 보살행을 실천하라.

정각경 · 正覺鏡 이락타원(利樂他願)의 원력바라밀을 행하여 탐착심을 버리고 거울처럼 청정하고 평등한 마음으로 정진하고 실천하여 바르고 평등한 깨달음을 얻는 선근을 심어라.

정각도 · 正覺道 교회유무(巧會有無)의 방편바라밀을 행하여 탐착심을 버리고 거울처럼 청정하고 평등한 마음으로 정진하고 실천하여 바르고 평등한 깨달음을 얻는 선근을 심어라.

정각문 · 正覺門 섭선정진(攝善精進)의 정진바라밀을 행하여 탐착심을 버리고 거울처럼 청정하고 평등한 마음으로 정진하고 실천하여 바르고 평등한 깨달음을 얻는 선근을 심어라.

정각성 · 正覺成 무외시의 보시바라밀을 행하여 탐착심을 버리고 거울처럼 청정하고 평등한 마음으로 정진하고 실천하여 바르고 평등한 깨달음을 얻는 선근을 심어라.

정각심 · 正覺心 안주정려(安住靜慮)의 선정바라밀을 행하여 탐착심을 버리고 거울처럼 청정하고 평등

한 마음으로 정진하고 실천하여 바르고 평등한 깨달음을 얻는 선근을 심어라.

정각안 · 正覺眼 법공(法空)의 지혜바라밀을 행하여 탐착심을 버리고 거울처럼 청정하고 평등한 마음으로 정진하고 실천하여 바르고 평등한 깨달음을 얻는 선근을 심어라.

정각원 · 正覺圓 보리원의 원력바라밀을 행하여 탐착심을 버리고 거울처럼 청정하고 평등한 마음으로 정진하고 실천하여 바르고 평등한 깨달음을 얻는 선근을 심어라.

정각지 · 正覺智 무상의 지혜바라밀을 행하여 탐착심을 버리고 거울처럼 청정하고 평등한 마음으로 정진하고 실천하여 바르고 평등한 깨달음을 얻는 선근을 심어라.

정각행 · 正覺行 보시바라밀을 행하여 탐착심을 버리고 거울처럼 청정하고 평등한 마음으로 정진하고 실천하여 바르고 평등한 깨달음을 얻는 선근을 심어라.

정각화 · 正覺華 선정바라밀을 행하여 탐착심을 버리고 거울처럼 청정하고 평등한 마음으로 정진하고 실천하여 바르고 평등한 깨달음을 얻는 선근을 심어라.

정검 · 淨檢 바라밀행을 닦아 청정하고 스스로를 단속할 줄 아는 보살로서 중생 교화에 앞장서라.

정경 · 正鏡 바라밀행을 닦아 파사현정의 자세로 정도를 체득하고 중생이 자신을 비추어 볼 수 있는 거울과 같은 존재가 되어라.

정경 · 淨經 바라밀행을 닦아 모든 중생을 깨끗하게 하며, 고통과 슬픔을 건너고 없애 참다운 법을 얻게 하는 대승보살이 되어라.

정계 · 淨啓 바라밀행을 닦아 청정하고 걸림 없는 지혜를 체득하고 자리이타의 가르침으로 중생을 인도하라.

정고 · 貞固 바라밀행을 닦아 정도를 지켜 마음이 곧고 굳은 대승보살로서 자리이타의 보살행을 실천하라.

정관 · 正觀 선정바라밀행을 닦아 번뇌 망집으로 인한 모든 산란을 떨치고 제법실상을 바르게 관(觀)하는 선정을 닦아라.

정관 · 靜觀 안주정려(安住靜慮)의 선정바라밀행을 닦아 일체의 현상을 꿰뚫어 볼 수 있는 지혜로 자리이타의 보살행을 실천하라.

정관 · 淨觀 바라밀을 바탕으로 청정한 관법을 체득하고 심정토를 완성하라.

정관수 · 淨觀修 정진바라밀을 바탕으로 청정한 관법을 체득하고 심정토를 완성하라.

정관행 · 淨觀行 보시바라밀을 바탕으로 청정한 관법을 체득하고 심정토를 완성하라.

정광 · 錠光 바라밀행을 닦아 제화갈라 보살이 연등 부처님으로 성불하였듯이 불성을 깨쳐 자리이타의 보살행을 실천하라.

정광 · 定光 바라밀행을 닦아 연등 부처님이 제불보살에게 수기를 주어 성불에 이르게 하듯이 한량없는 중생을 교화하라.

정광 · 頂光 바라밀행을 닦아 석가모니 부처님의 후광에 힘입어 금생에 성불할 수 있도록 정진하고 보살행을 실천하라.

정광덕 · 定光德 내원해인(耐怨害忍)의 인욕바라밀을 실천하고 정법에 의지하여 안으로는 선정을 갖추고 밖으로는 지혜광명으로 많은 사람을 이롭게 하라.

정광명 · 定光明 수용법락(受用法

樂)의 지혜바라밀을 실천하고 정법에 의지하여 안으로는 선정을 갖추고 밖으로는 지혜광명으로 많은 사람을 이롭게 하라.

정광수 · 定光修 피갑정진(被甲精進)의 정진바라밀을 실천하고 정법에 의지하여 안으로는 선정을 갖추고 밖으로는 지혜광명으로 많은 사람을 이롭게 하라.

정광심 · 定光心 안주정려(安住靜慮)의 선정바라밀을 실천하고 정법에 의지하여 안으로는 선정을 갖추고 밖으로는 지혜광명으로 많은 사람을 이롭게 하라.

정광월 · 定光月 진취향과(進趣向果)의 방편바라밀을 실천하고 정법에 의지하여 안으로는 선정을 갖추고 밖으로는 지혜광명으로 많은 사람을 이롭게 하라.

정광인 · 定光仁 내원해인(耐怨害忍)의 인욕바라밀을 실천하고 정법에 의지하여 안으로는 선정을 갖추고 밖으로는 지혜광명으로 많은 사람을 이롭게 하라.

정광주 · 定光珠 불사불수(不捨不受)의 방편바라밀을 실천하고 정법에 의지하여 안으로는 선정을 갖추고 밖으로는 지혜광명으로 많은 사람을 이롭게 하라.

정광지 · 定光智 무상의 지혜바라밀을 실천하고 정법에 의지하여 안으로는 선정을 갖추고 밖으로는 지혜광명으로 많은 사람을 이롭게 하라.

정광행 · 定光行 보시바라밀을 실천하고 정법에 의지하여 안으로는 선정을 갖추고 밖으로는 지혜광명으로 많은 사람을 이롭게 하라.

정광화 · 定光華 선정바라밀을 실천하고 정법에 의지하여 안으로는 선정을 갖추고 밖으로는 지혜광명으로 많은 사람을 이롭게 하라.

정념 · 正念 바라밀을 실천하며 산란하지 않은 일념으로 염불하여 심정토를 체득하라.

정념주 · 正念珠 불사불수(不捨不受)의 방편바라밀을 실천하며 산란하지 않은 일념으로 염불하여 심정토를 체득하라.

정념지 · 正念智 무상지(無上智)의 지혜바라밀을 실천하며 산란하지 않은 일념으로 염불하여 심정토를 체득하라.

정념행 · 正念行 보시바라밀을 실천하며 산란하지 않은 일념으로 염불하여 심정토를 체득하라.

정념화 · 正念華 선정바라밀을 실

천하며 산란하지 않은 일념으로 염불하여 심정토를 체득하라.

정단 · 淨端 바라밀을 실천하여 항상 청정하고 바른 모습으로 대승보살의 이념을 실천하라.

정단 · 靜端 바라밀을 실천하며 고요한 마음으로 선정에 집중하고, 바른 지혜를 체득하라.

정단수 · 淨端修 피갑정진(被甲精進)의 정진바라밀을 실천하며 고요한 마음으로 선정에 집중하고, 바른 지혜를 체득하라.

정단주 · 淨端珠 불사불수(不捨不受)의 방편바라밀을 실천하며 고요한 마음으로 선정에 집중하고, 바른 지혜를 체득하라.

정단화 · 淨端華 선정바라밀을 실천하며 고요한 마음으로 선정에 집중하고, 바른 지혜를 체득하라.

정담 · 淨潭 바라밀행을 닦아 맑은 물이 가득 찬 연못처럼 항상 고요하고 평화로운 마음을 지녀라.

정덕 · 淨德 바라밀행을 닦아 항상 안으로는 청정하고 밖으로는 베푸는 보살도를 실천하여 많은 사람을 이롭게 하라.

정덕 · 正德 바라밀행을 닦아 안으로는 항상 정직하고 밖으로는 언제나 베풀어 복덕을 구족하라.

정덕성 · 正德性 안수고인(安受苦忍)의 인욕바라밀을 실천하여 안으로는 항상 정직하고 밖으로는 언제나 베풀어 복덕을 구족하라.

정덕심 · 正德心 안주정려(安住靜慮)의 선정바라밀을 실천하여 안으로는 항상 정직하고 밖으로는 언제나 베풀어 복덕을 구족하라.

정덕행 · 正德行 보시바라밀을 실천하여 안으로는 항상 정직하고 밖으로는 언제나 베풀어 복덕을 구족하라.

정덕화 · 正德華 인발정려(引發靜慮)의 선정바라밀을 실천하여 안으로는 항상 정직하고 밖으로는 언제나 베풀어 복덕을 구족하라.

정도 · 淨道 바라밀행을 닦아 항상 청정한 부처님의 길에서 자리이타의 대승보살도를 실천하라.

정도 · 正道 바라밀을 실천하여 바른 마음가짐으로 정도를 닦아라.

정도성 · 正道性 안수고인(安受苦忍)의 인욕바라밀을 쉼 없이 실천하여 항상 바른 마음가짐으로 정도를 닦아라.

정도행 · 正道行 보시바라밀을 실천하여 항상 바른 마음가짐으로 정도를 닦아라.

정도화 · 正道華 선정바라밀을 실천하여 항상 바른 마음가짐으로 정도를 닦아라.

정려 · 定侶 바라밀행을 닦아 선정 수행에 집중하는 눈푸른 납자의 모습을 갖추어라.

정려 · 淨侶 바라밀행을 닦아 청정하고 결백(潔白)한 수행자의 모습을 갖추어라.

정려 · 靜慮 항상 조용하고 고요하게 생각하는 선정바라밀을 닦아 부처님의 가르침을 온전하게 체득하라.

정림 · 靜琳 바라밀행을 닦아 아름다운 옥과 같은 깨끗하고 여여한 마음으로 고요한 선정을 체득하라.

정림수 · 靜琳修 피갑정진(被甲精進)의 정진바라밀을 실천하여 아름다운 옥과 같은 깨끗하고 여여한 마음으로 고요한 선정을 체득하라.

정만 · 淨滿 진리 자체인 법신이 형태를 취하여 나타난 노사나불의 이칭. 청정하고 원만한 모습을 말함. 바라밀을 실천하여 법신이 형태를 취하여 나타난 청정하고 원만한 모습을 갖추어라.

정만심 · 淨滿心 안주정려(安住靜慮)의 선정바라밀을 실천하여 법신이 형태를 취하여 나타난 청정하고 원만한 모습을 갖추어라.

정만행 · 淨滿行 보시바라밀을 실천하여 법신이 형태를 취하여 나타난 청정하고 원만한 모습을 갖추어라.

정매 · 靖邁 바라밀 실천으로 편안한 마음으로 선정을 체득하고 번뇌망상을 멀리 여의어라.

정매향 · 靖邁香 지계바라밀 실천으로 편안한 마음으로 선정을 체득하고 번뇌망상을 멀리 여의어라.

정매화 · 靖邁華 선정바라밀 실천으로 편안한 마음으로 선정을 체득하고 번뇌 망상을 멀리 여의어라.

정면 · 正勉 바라밀행으로 진리를 체득할 수 있도록 올바르게 힘써 노력하라.

정면도 · 正勉道 섭율의계(攝律儀

戒)의 지계바라밀행으로 진리를 체득할 수 있도록 올바르게 힘써 노력하라.

정면행 · 正勉行 보시바라밀행으로 진리를 체득할 수 있도록 올바르게 힘써 노력하라.

정명 · 定命 굳은 발심(發心)으로 바라밀을 행하여 해탈의 이법(理法)을 성취하는 선정을 닦는 것을 목숨처럼 여겨라.

정명 · 正明 지혜바라밀의 실천으로 올바르게 노력하여 진리를 체득하라.

정명 · 淨命 지혜바라밀을 실천하여 깨끗한 마음으로 청정한 생활을 영위하라.

정명도 · 淨命道 섭율의계(攝律儀戒)의 지계바라밀을 실천하여 깨끗한 마음으로 청정한 생활을 영위하라.

정명수 · 淨命修 피갑정진(被甲精進)의 정진바라밀을 실천하여 깨끗한 마음으로 청정한 생활을 영위하라.

정명심 · 淨命心 안주정려(安住靜慮)의 선정바라밀을 실천하여 깨끗한 마음으로 청정한 생활을 영위하라.

정명주 · 淨命珠 불사불수(不捨不受)

의 방편바라밀을 실천하여 깨끗한 마음으로 청정한 생활을 영위하라.

정명지 · 淨命智 무상의 지혜바라밀을 실천하여 깨끗한 마음으로 청정한 생활을 영위하라.

정명화 · 正明華 선정바라밀 실천으로 올바르게 노력하여 진리를 체득하라.

정목 · 正牧 바라밀행을 닦아 항상 바르게 수행하여 중생 제도에 전력하는 대승보살이 되어라.

정묘 · 淨妙 바라밀행을 닦아 청정하고 오묘한 선정을 체득하고 자리이타의 대승보살도를 행하라.

정묵 · 定默 수행은 정묵을 통해 알게 되고 깨침으로 밝아지며, 무심(無心)으로 얻게 되지만 유심(有心)으로 분별에 빠지면 잃게 됨. 바라밀행을 닦아 선정(禪定)을 통한 완전한 침묵(沈默)을 체득하라.

정묵륜 · 定默輪 방편바라밀을 실천하며 선정을 통한 침묵 속에서 현상의 이치를 바로 알고 깨침으로 밝혀 분별에서 벗어난 무위의 지혜를 체득하라.

정묵심 · 定默心 안주정려(安住靜慮)의 선정바라밀을 실천하며 선정을 통한 침묵 속에서 현상의 이치를 바로 알고 깨침으로 밝혀 분별에서 벗어난 무위의 지혜를 체득하라.

정묵월 · 定默月 진취향과(進趣向果)의 방편바라밀을 실천하며 선정을 통한 침묵 속에서 현상의 이치를 바로 알고 깨침으로 밝혀 분별에서 벗어난 무위의 지혜를 체득하라.

정묵인 · 定默仁 내원해인(耐怨害忍)의 인욕바라밀을 실천하며 선정을 통한 침묵 속에서 현상의 이치를 바로 알고 깨침으로 밝혀 분별에서 벗어난 무위의 지혜를 체득하라.

정묵일 · 定默日 아공(我空)의 지혜바라밀을 실천하며 선정을 통한 침묵 속에서 현상의 이치를 바로 알고 깨침으로 밝혀 분별에서 벗어난 무위의 지혜를 체득하라.

정묵지 · 定默智 무상의 지혜바라밀을 실천하며 선정을 통한 침묵 속에서 현상의 이치를 바로 알고 깨침으로 밝혀 분별에서 벗어난 무위의 지혜를 체득하라.

정묵행 · 定默行 보시바라밀을 실천하며 선정을 통한 침묵 속에서 현상의 이치를 바로 알고 깨침으로 밝혀 분별에서 벗어난 무위의 지혜를 체득하라.

정묵향 · 定默香 섭선법계(攝善法戒)의 지계바라밀을 실천하며 선정을 통한 침묵 속에서 현상의 이치를 바로 알고 깨침으로 밝혀 분별에서 벗어난 무위의 지혜를 체득하라.

정범 · 靜梵 고요하고 청정한 마음으로 바라밀행을 닦고 대승보살로서 실천하는 데 앞장서서 많은 사람을 이롭게 하라.

정법 · 正法 바라밀로 수행하여 불교의 바른 가르침을 항상 잊지 말고 닦아라.

정법 · 淨法 바라밀을 실천하여 법을 더럽히는 죄의 때, 즉 허물이 없는 청정함을 성취하라.

정법도 · 正法道 지계바라밀로 수행하여 불교의 바른 가르침을 항상 잊지 말고 닦아라.

정법문 · 正法門 섭선정진(攝善精進)의 정진바라밀로 수행하여 불교의 바른 가르침을 항상 잊지 말고 닦아라.

정법문 · 淨法門 섭선정진(攝善精進)의 정진바라밀을 실천하여 법을 더럽히는 죄의 때, 즉 허물이 없는 청정함을 성취하라.

정법성 · 淨法性 안수고인(安受苦

忍)의 인욕바라밀을 실천하여 법을 더럽히는 죄의 때, 즉 허물이 없는 청정함을 성취하라.

정법수 · 正法修 피갑정진(被甲精進)의 정진바라밀로 수행하여 불교의 바른 가르침을 항상 잊지 말고 닦아라.

정법심 · 正法心 안주정려(安住靜慮)의 선정바라밀로 수행하여 불교의 바른 가르침을 항상 잊지 말고 닦아라.

정법심 · 淨法心 안주정려(安住靜慮)의 선정바라밀을 실천하여 법을 더럽히는 죄의 때, 즉 허물이 없는 청정함을 성취하라.

정법안 · 正法眼 법공(法空)의 지혜바라밀로 수행하여 불교의 바른 가르침을 항상 잊지 말고 닦아라.

정법인 · 正法印 성숙유정(成熟有情)의 지혜바라밀로 수행하여 불교의 바른 가르침을 항상 잊지 말고 닦아라.

정법지 · 正法智 무상의 지혜바라밀로 수행하여 불교의 바른 가르침을 항상 잊지 말고 닦아라.

정법행 · 正法行 보시바라밀로 수행하여 불교의 바른 가르침을 항상

잊지 말고 닦아라.

정법행 · 淨法行 보시바라밀을 실천하여 법을 더럽히는 죄의 때, 즉 허물이 없는 청정함을 성취하라.

정법화 · 正法華 선정바라밀로 수행하여 불교의 바른 가르침을 항상 잊지 말고 닦아라.

정변 · 淨辯 바라밀행을 닦아 청정한 변지를 얻어 많은 사람들에게 진리의 가르침을 전하는 보살행을 실천하라.

정빈 · 定賓 바라밀행을 닦아 총명하고 기억력이 매우 좋아 총지를 갖추어 자리이타의 보살행을 실천하라.

정석 · 定石 바라밀행으로 수행의 기초를 닦고 성불의 토대를 갖추어라.

정선 · 頂禪 바라밀행을 닦아 최고의 경지인 초월삼매를 체득하고 자리이타의 보살행을 실천하라.

정성 · 定性 바라밀행을 일심으로 닦아 일체중생이 본래 갖추고 있는 청정한 자성을 계발하라.

정소 · 貞素 바라밀행을 닦아 곧고 순수한 마음으로 자리이타의 보살행을 실천하라.

정소월 · 貞素月 곧고 순수한 마음으로 방편바라밀을 실천하라.

정소행 · 貞素行 곧고 순수한 마음으로 보시바라밀을 실천하라.

정소향 · 貞素香 곧고 순수한 마음으로 지계바라밀을 실천하라.

정소화 · 貞素華 곧고 순수한 마음으로 선정바라밀을 실천하라.

정수 · 淨秀 바라밀에 집중하여 청정하고 수승한 마음으로 정법을 체득하라.

정수 · 正受 바라밀행을 닦아 마치 거울이 무심하게 만물의 모습을 받아들여 비추는 것과 같은 지혜를 성취하라.

정수 · 精修 바라밀을 실천하며 자세하게 학문을 닦고 심신을 조용히 하여 수양에 집중하라.

정수 · 正秀 바라밀행을 닦아 바르고 수승한 마음으로 정법을 체득하라.

정수 · 正修 바라밀행을 닦아 일체의 번뇌와 망집을 버리고 불도를 바르게 닦는 팔정도(八正道)를 실천하라.

정수광 · 淨秀光 구공(俱空)의 지

혜바라밀을 실천하며 자세하게 학문을 닦고 심신을 조용히 하여 수양에 집중하라.

정수덕 · 淨秀德 내원해인(耐怨害忍)의 인욕바라밀을 실천하며 자세하게 학문을 닦고 심신을 조용히 하여 수양에 집중하라.

정수성 · 淨秀性 안수고인(安受苦忍)의 인욕바라밀을 실천하며 자세하게 학문을 닦고 심신을 조용히 하여 수양에 집중하라.

정수심 · 淨秀心 안주정려(安住靜慮)의 선정바라밀을 실천하며 자세하게 학문을 닦고 심신을 조용히 하여 수양에 집중하라.

정수월 · 淨秀月 진취향과(進趣向果)의 방편바라밀을 실천하며 자세하게 학문을 닦고 심신을 조용히 하여 수양에 집중하라.

정수행 · 淨秀行 보시바라밀을 실천하며 자세하게 학문을 닦고 심신을 조용히 하여 수양에 집중하라.

정수향 · 淨秀香 지계바라밀을 실천하며 자세하게 학문을 닦고 심신을 조용히 하여 수양에 집중하라.

정수화 · 淨秀華 선정바라밀을 실천하며 자세하게 학문을 닦고 심신을 조용히 하여 수양에 집중하라.

정신향 · 正信香 지계바라밀을 실천하며 정법을 믿고 의지하여 복덕과 지혜를 구족하라.

정심 · 定心 바라밀을 실천하여 사견(邪見)과 아상(我相)에 집착하지 말고 바른 마음으로 불도를 닦으며 매사에 떳떳하고 당당하게 임하라.

정심 · 停心 바라밀을 실천하며 마음의 허물을 정지시키는 다섯 종류의 관법을 체득하라.

정심 · 淨心 바라밀을 실천하여 청정한 본래 마음인 자성청정심을 체득하라.

정심 · 正心 바라밀행으로 마음을 가다듬고 정법에 의지하는 확고한 신심(信心)을 갖추어라.

정심수 · 定心修 피갑정진(被甲精進)의 정진바라밀을 실천하여 사견(邪見)과 아상(我相)에 집착하지 말고 바른 마음으로 불도를 닦으며 매사에 떳떳하고 당당한 마음으로 임하라.

정심행 · 淨心行 보시바라밀을 실천하여 청정한 본래 마음인 자성청정심을 체득하라.

정심행 · 正心行 보시바라밀행으로 마음을 가다듬고 정법에 의지하는 확고한 신심(信心)을 갖추어라.

정심향 · 正心香 지계바라밀행으로 마음을 가다듬고 정법에 의지하는 확고한 신심(信心)을 갖추어라.

정심화 · 定心華 선정바라밀을 실천하여 자성청정심을 체득하라.

정심화 · 正心華 선정바라밀행으로 마음을 가다듬고 정법에 의지하는 확고한 신심(信心)을 갖추어라.

정안 · 正眼 바라밀을 실천하여 사물을 그대로 꿰뚫어 보는 지혜의 눈을 얻어라.

정안 · 淨眼 바라밀을 실천하여 사물을 그대로 꿰뚫어 보는 청정하고 지혜로운 안목을 갖추어라.

정안명 · 淨眼明 무상의 지혜바라밀을 실천하여 사물을 그대로 꿰뚫어 보는 청정하고 지혜로운 안목을 갖추어라.

정안심 · 正眼心 안주정려(安住靜慮)의 선정바라밀을 실천하여 사물을 그대로 꿰뚫어 보는 지혜의 눈을 얻어라.

정안심 · 淨眼心 안주정려(安住靜

慮)의 선정 바라밀을 실천하여 사물을 그대로 꿰뚫어 보는 청정하고 지혜로운 안목을 갖추어라.

정안행 · 淨眼行 보시바라밀을 실천하여 사물을 그대로 꿰뚫어 보는 청정하고 지혜로운 안목을 갖추어라.

정안향 · 淨眼香 지계바라밀을 실천하여 사물을 그대로 꿰뚫어 보는 청정하고 지혜로운 안목을 갖추어라.

정안화 · 淨眼華 선정바라밀을 실천하여 사물을 그대로 꿰뚫어 보는 청정하고 지혜로운 안목을 갖추어라.

정암 · 亭岩 큰 바위가 마을을 굽어보듯이 세월이 지나도 흔들리지 않고 바라밀행을 닦는 대승보살도로서 자리이타의 보살행을 실천하라.

정암 · 晶岩 바라밀행을 닦아 수정과 같이 청정한 지혜를 성취하고 흔들림 없는 선정력을 갖추어 자리이타의 보살행을 실천하라.

정암 · 正嵓 바라밀행을 닦아 가파른 절벽 위에서도 조금의 두려움이나 흔들림이 없는 바위처럼 세상을 굽어보며 자리이타의 보살행을 실천하라.

정애 · 靜藹 바라밀을 행하고 고요히 앉아 정진하며, 쉬지 말고 부지런히 지혜를 체득하라.

정애성 · 靜藹性 안수고인(安受苦忍)의 인욕바라밀을 행하고 고요히 앉아 정진하며, 쉬지 말고 부지런히 지혜를 체득하라.

정애심 · 靜藹心 안주정려(安住靜慮)의 선정바라밀을 행하고 고요히 앉아 정진하며, 쉬지 말고 부지런히 지혜를 체득하라.

정애향 · 靜藹香 섭선법계(攝善法戒)의 지계바라밀을 행하고 고요히 앉아 정진하며, 쉬지 말고 부지런히 지혜를 체득하라.

정여행 · 正如行 보시바라밀을 행하며 바르고 여여한 마음을 체득하라.

정영 · 淨影 바라밀행을 닦아 청정하고 걸림이 없는 마음으로 보살행을 실천하라.

정오 · 正悟 바라밀행으로 바르게 깨쳐라.

정완 · 靜琬 바라밀행을 닦아 선정력을 갖추고 흔들림 없는 마음으로 세상을 품을 수 있는 큰 그릇이 되어 보살행을 실천하라.

정요 · 淨曜 바라밀을 행하여 청정한 마음으로 정진하고 지혜를 빛나

게 하라.

정우 · 正友 바라밀행을 닦아 정법에 의지하여 항상 많은 사람에게 좋은 벗, 좋은 도반이 되어라.

정원 · 正原 바라밀행을 닦아 멈추어야 할 때 멈추고, 가야 할 때 가는 수행자와 같은 모습으로 세상을 이롭게 하라.

정원 · 淨願 바라밀행을 닦아 청정한 원력을 세워 자리이타를 실천하는 대승보살이 되어라.

정원 · 淨源 바라밀에 집중하여 불도에 정진해서 일체중생의 본원인 자성청정심(自性淸淨心)을 체득하라.

정원 · 情願 진정 간절히 바라는 마음으로 바라밀을 실천하라.

정월 · 淨月 어두운 밤하늘을 비추는 달빛과 같이 청정한 마음을 깨달아 공덕을 지어라.

정인 · 定因 바라밀에 집중하여 선정을 성립시키는 원인을 체득하라.

정인 · 正印 바라밀을 실천하여 바른 표식인 불심인(佛心印)을 체득하라.

정인 · 定印 해탈의 도를 이루는

선정을 닦아 부처님과 조사들의 심인(心印)을 이루어라.

정전 · 正傳 바라밀행을 닦아 바른 전통을 계승하는 대승보살이 되어 부처님의 법을 후세에 전하고 많은 사람을 이롭게 하라.

정정 · 淨挺 바라밀행을 닦아 청정한 마음으로 중생을 걸림 없이 살펴 섭수할 수 있는 큰 그릇이 되어 보살행을 실천하라.

정종 · 淨宗 바라밀행으로 청정한 수행을 으뜸으로 삼아서 불도를 체득하라.

정주 · 淨柱 바라밀행을 닦아 청정한 지혜를 갖춘 중생의 의지처가 되어라.

정주 · 丁珠 바라밀행을 닦아 불도의 진리를 체득하고 보배구슬이 구르는 소리처럼 법문을 잘 설하라.

정주화 · 淨珠華 번뇌와 망집을 떠나서 불교도의 수행 덕목인 팔정도(八正道)를 닦아서 바른 지혜를 체득하라.

정준 · 貞峻 바라밀행을 닦아 마음이 곧고 뛰어난 인재가 되어 대승보살도를 행하라.

정지 · 正智 번뇌와 망집을 떠나 불교도의 수행 덕목인 팔정도를 닦아서 바른 지혜를 체득하라.

정지 · 正持 바라밀행을 닦아 부처님의 가르침을 바르게 수지하고 자리이타의 보살행을 실천하라.

정지행 · 正智行 보시바라밀행을 닦아서 번뇌와 망집을 여의며 바른 지혜를 체득하고 행하라.

정지향 · 正智香 지계바라밀행을 닦아서 번뇌와 망집을 여의며 바른 지혜를 체득하고 행하라.

정지화 · 正智華 선정바라밀행을 닦아서 번뇌와 망집을 여의며 바른 지혜를 체득하고 행하라.

정진 · 精進 바라밀행을 닦아 선(善)한 목표를 향해 게으름과 물러섬 없이 노력하라.

정진각 · 精進覺 법공(法空)의 지혜바라밀을 실천하며 선(善)한 목표를 향해 게으름과 물러섬 없이 노력하라.

정진도 · 精進道 섭율의계(攝律儀戒)의 지계바라밀을 실천하며 선(善)한 목표를 향해 게으름과 물러섬 없이 노력하라.

정진력 · 精進力 사택력(思擇力)의 원력바라밀을 실천하며 선(善)한 목표를 향해 게으름과 물러섬 없이 노력하라.

정진문 · 精進門 섭선정진(攝善精進)의 정진바라밀을 실천하며 선(善)한 목표를 향해 게으름과 물러섬 없이 노력하라.

정진법 · 精進法 변화력(變化力)의 원력바라밀을 실천하며 선(善)한 목표를 향해 게으름과 물러섬 없이 노력하라.

정진심 · 精進心 안주정려(安住靜慮)의 선정바라밀을 실천하며 선(善)한 목표를 향해 게으름과 물러섬 없이 노력하라.

정진행 · 精進行 보시바라밀을 실천하며 선(善)한 목표를 향해 게으름과 물러섬 없이 노력하라.

정진화 · 精進華 선정바라밀을 실천하며 선(善)한 목표를 향해 게으름과 물러섬 없이 노력하라.

정찬 · 淨璨 바라밀행을 닦아 청정한 지혜와 세간을 빛나게 하는 공덕으로 자리이타의 보살행을 실천하라.

정철 · 鼎徹 바라밀행을 닦아 천

명을 먹일 수 있는 음식이 들어가는 큰 솥이 되고, 누구와도 소통할 수 있는 대보살이 되어라.

정토 · 淨土 바라밀을 행하여 일체의 오염과 악업이 사라진 아미타 부처님의 극락정토처럼 청정한 국토를 만들어라.

정토심 · 淨土心 안주정려(安住靜慮)의 선정바라밀을 행하여 일체의 오염과 악업이 사라진 아미타 부처님의 극락정토처럼 청정한 국토를 만들어라.

정토행 · 淨土行 보시바라밀을 행하여 일체의 오염과 악업이 사라진 아미타 부처님의 극락정토처럼 청정한 국토를 만들어라.

정토화 · 淨土華 선정바라밀을 행하여 일체의 오염과 악업이 사라진 아미타 부처님의 극락정토처럼 청정한 국토를 만들어라.

정해 · 正解 바라밀을 실천하고 올바르게 이해하여 정견을 갖추어라.

정해각 · 正解覺 법공(法空)의 지혜바라밀을 실천하고 올바르게 이해하여 정견을 갖추어라.

정해덕 · 正解德 내원해인(耐怨害忍)의 인욕바라밀을 실천하고 올바

르게 이해하여 정견을 갖추어라.

정해문 · 正解門 섭선정진(攝善精進)의 정진바라밀을 실천하고 올바르게 이해하여 정견을 갖추어라.

정해성 · 正解性 안수고인(安受苦忍)의 인욕바라밀을 실천하고 올바르게 이해하여 정견을 갖추어라.

정해지 · 正解智 무상의 지혜바라밀을 실천하고 올바르게 이해하여 정견을 갖추어라.

정행 · 淨行 바라밀을 실천하며 청정한 수행으로 지혜를 체득하라.

정행 · 正行 바라밀을 행하며 항상 마음과 몸을 가다듬어 일체의 번뇌와 망집을 버리고 불도를 바르게 닦는 팔정도를 실천하라.

정행 · 精行 한결같고 정성된 마음으로 바라밀을 행하라.

정행덕 · 正行德 내원해인(耐怨害忍)의 인욕바라밀을 행하며 항상 마음과 몸을 가다듬어 일체의 번뇌와 망집을 버리고 불도를 바르게 닦는 팔정도를 실천하라.

정행도 · 正行道 섭율의계(攝律儀戒)의 지계바라밀을 행하며 항상 마음과 몸을 가다듬어 일체의 번뇌

와 망집을 버리고 불도를 바르게 닦는 팔정도를 실천하라.

정행성 · 正行性 안수고인(安受苦忍)의 인욕바라밀을 행하며 항상 마음과 몸을 가다듬어 일체의 번뇌와 망집을 버리고 불도를 바르게 닦는 팔정도를 실천하라.

정행수 · 正行修 피갑정진(被甲精進)의 정진바라밀을 행하며 항상 마음과 몸을 가다듬어 일체의 번뇌와 망집을 버리고 불도를 바르게 닦는 팔정도를 실천하라.

정행심 · 正行心 안주정려(安住靜慮)의 선정바라밀을 행하며 항상 마음과 몸을 가다듬어 일체의 번뇌와 망집을 버리고 불도를 바르게 닦는 팔정도를 실천하라.

정행지 · 正行智 무상의 지혜바라밀을 행하며 항상 마음과 몸을 가다듬어 일체의 번뇌와 망집을 버리고 불도를 바르게 닦는 팔정도를 실천하라.

정현 · 淨賢 바라밀행을 닦아 청정하고 어진 대승보살이 되어 스스로도 이롭고 남도 이롭게 하는 일에 앞장서라.

정현 · 鼎賢 바라밀행을 닦아 깊은 산에 들어가 한 벌 옷만 입고 모든 인연을 쉬어버린 고승과 같이 자리이타의 보살행을 실천하라.

정현 · 靜玄 바라밀을 행하며 분별이 사라진 고요한 마음과 현묘한 지혜로 중생을 제도하라.

정현 · 定玄 바라밀행을 닦아 흔들림 없는 선정력과 세간을 아우르는 그윽한 지혜력으로 자리이타의 보살행을 실천하라.

정현각 · 靜玄覺 법공(法空)의 지혜바라밀을 행하며 분별이 사라진 고요한 마음과 현묘한 지혜로 중생을 제도하라.

정현덕 · 靜玄德 내원해인(耐怨害忍)의 인욕바라밀을 행하며 분별이 사라진 고요한 마음과 현묘한 지혜로 중생을 제도하라.

정현도 · 靜玄道 섭율의계(攝律儀戒)의 지계바라밀을 행하며 분별이 사라진 고요한 마음과 현묘한 지혜로 중생을 제도하라.

정현문 · 靜玄門 섭선정진(攝善精進)의 정진바라밀을 행하며 분별이 사라진 고요한 마음과 현묘한 지혜로 중생을 제도하라.

정현성 · 靜玄性 안수고인(安受苦忍)의 인욕바라밀을 행하며 분별이 사라진 고요한 마음과 현묘한 지혜로 중생을 제도하라.

정현수 · 靜玄修 피갑정진(被甲精進)의 정진바라밀을 행하며 분별이 사라진 고요한 마음과 현묘한 지혜로 중생을 제도하라.

정현심 · 靜玄心 안주정려(安住靜慮)의 선정바라밀을 행하며 분별이 사라진 고요한 마음과 현묘한 지혜로 중생을 제도하라.

정현지 · 靜玄智 무상지(無上智)의 지혜바라밀을 행하며 분별이 사라진 고요한 마음과 현묘한 지혜로 중생을 제도하라.

정현행 · 靜玄行 보시바라밀을 행하며 분별이 사라진 고요한 마음과 현묘한 지혜로 중생을 제도하라.

정현화 · 靜玄華 인발정려(引發靜慮)의 선정바라밀을 행하며 분별이 사라진 고요한 마음과 현묘한 지혜로 중생을 제도하라.

정혜 · 靜慧 바라밀을 실천하여 고요하고 안정된 지혜, 곧 공혜(空慧)를 체득하라.

정혜 · 淨慧 바라밀을 실천하여 깨끗하고 맑은 지혜를 체득하라.

정혜 · 定慧 바라밀을 실천하여 일체의 번뇌와 망집(妄執)을 버리고 불도에 정진하여 선정(禪定)과 지혜를 걸림 없이 체득하라.

정혜성 · 定慧性 안수고인(安受苦忍)의 인욕바라밀을 실천하여 일체의 번뇌와 망집(妄執)을 버리고 불도에 정진하여 선정(禪定)과 지혜를 걸림 없이 체득하라.

정혜심 · 定慧心 안주정려(安住靜慮)의 선정바라밀을 실천하여 일체의 번뇌와 망집(妄執)을 버리고 불도에 정진하여 선정(禪定)과 지혜를 걸림 없이 체득하라.

정혜월 · 定慧月 진취향과(進趣向果)의 방편바라밀을 실천하여 일체의 번뇌와 망집(妄執)을 버리고 불도에 정진하여 선정(禪定)과 지혜를 걸림 없이 체득하라.

정호 · 鼎鎬 바라밀행을 닦아 천 명을 먹일 수 있는 음식이 들어가는 솥이 되고, 견고한 정진력으로 자리이타의 보살행을 실천하라.

정화 · 靖和 바라밀행을 닦아 편안하고 고요한 선정력을 갖추어 중생의 부름에 화답하는 보살행을 실천하라.

정화 · 正化 바라밀을 실천하여 바

른 도로 중생을 교화하라.

정화 · 淨化 바라밀을 행하여 몸과 마음을 깨끗하게 하고 복덕과 지혜를 갖추어라.

정화 · 精華 선정바라밀을 행하여 깨끗하고 순수한 마음으로 진리의 꽃을 피워라.

정화 · 井華 이른 새벽의 우물물을 정화수라 하며 불전이나 정성을 드릴 때 올림. 이른 새벽 정화수를 올리는 정성으로 마음을 다하여 바라밀을 닦고 실천하라.

정화 · 定和 청정한 선정을 닦아서 체득한 법력으로 대립과 반목을 넘어선 대화합을 실천하라.

정화성 · 定和性 안수고인(安受苦忍)의 인욕바라밀을 실천하며 청정한 선정을 닦아서 체득한 법력으로 대립과 반목을 넘어선 대화합을 실천하라.

정화심 · 定和心 안주정려(安住靜慮)의 선정바라밀을 실천하며 청정한 선정을 닦아서 체득한 법력으로 대립과 반목을 넘어선 대화합을 실천하라.

정화행 · 定和行 보시바라밀을 실천하며 청정한 선정을 닦아서 체득

한 법력으로 대립과 반목을 넘어선 대화합을 실천하라.

제성 · 際醒 바라밀을 행하여 잠깐 사이, 찰나에 미몽에서 깨어나 지혜를 체득하라.

제안 · 弟安 바라밀행을 닦아 편안하고 흔들림 없는 선정력으로 많은 후학을 교화하라.

제오 · 濟悟 바라밀을 행하여 번뇌망상의 거센 물결을 건너서 밝은 지혜를 깨쳐라.

제오명 · 濟悟明 수용법락(受用法樂)의 지혜바라밀을 행하여 번뇌망상의 거센 물결을 건너서 밝은 지혜를 깨쳐라.

제월 · 霽月 바라밀을 행하여 번뇌망상으로 가득 찬 구름이 개어 밝은 달이 드러나듯이 불법(佛法)의 진리를 체득하라.

제월심 · 霽月心 안주정려(安住靜慮)의 선정바라밀을 행하여 번뇌망상으로 가득 찬 구름이 개어 밝은 달이 드러나듯이 불법(佛法)의 진리를 체득하라.

제한 · 齊翰 바라밀을 실천하여 마음을 가지런히 하고 빠르게 날아 불국토에 안착하라.

제한성 · 齊翰性 안수고인(安受苦忍)의 인욕바라밀을 실천하여 마음을 가지런히 하고 빠르게 날아 불국토에 안착하라.

조과 · 鳥窠 바라밀행을 닦아 새가 보금자리를 틀듯이 편안한 선정력을 갖추어 자리이타의 보살행을 실천하라.

조명 · 照明 천년 동안의 어둠도 햇살이 한 번 비치면 사라지는 것처럼 부처님의 지혜광명을 닦아서 번뇌무명(煩惱無明)의 어둠을 밝혀라.

조선 · 助善 바라밀행을 닦아 스스로 선행을 실천하고 남도 선행을 하도록 이끌어 주는 대승보살이 되어라.

조선 · 照禪 바라밀행을 닦아 항상 면밀하고 청정한 수행으로 선(禪)에 정진하여 마음의 깨달음을 체득하라.

조성 · 照性 바라밀행을 닦아 지혜를 성취하여 중생의 어두운 번뇌무명을 불성(佛性)의 지혜광명으로써 비추어 사라지게 하라.

조원 · 祖元 바라밀행을 닦아 한 문파의 지도자가 될 수 있는 복덕과 지혜를 성취하라.

조주 · 祖住 바라밀행을 닦아 성격이 깊고 침착하여 세속의 변화에 탐착을 내지 않는 보살행을 실천하라.

조주 · 趙州 바라밀행을 닦아 세간의 남섬부주를 뛰어넘는 지혜공덕을 성취하고 자리이타의 보살행을 실천하라.

족암 · 足庵 바라밀행을 닦아 산기슭에 있는 작은 암자처럼 세간에 초연하면서도 나그네의 안식처가 될 수 있는 보살행을 실천하라.

종각 · 宗珏 바라밀행을 닦아 "사거리에서 이마에 손을 얹고 먼 곳을 바라보지 말라."라는 화두를 깨우쳐 보살행을 실천하라.

종감 · 宗鑑 바라밀행을 닦아 '참다운 마음의 안정'을 체득하고, 먼지나 티끌처럼 밖에서 오는 번뇌를 막아 공(空)의 이치를 체득하라.

종겸 · 從謙 바라밀행을 닦아 겸손히 법의 길을 따르라.

종밀 · 宗密 바라밀행을 닦아 매우 엄밀하고 정확한 지혜를 성취하여 세간을 꿰뚫어 보고 중생을 제도하라.

종서 · 宗書 바라밀행을 닦아 부처님의 종지를 체득하고 글로써 많은 사람을 이롭게 하라.

종성·種性 바라밀행을 닦아 성문, 연각, 보살 등의 삼승이 각각의 깨달음을 체득하는 종자가 되는 본래적 소성(素性)을 깨쳐 자리이타행을 실천하라.

종신·宗信 바라밀행을 닦아 으뜸가는 신심으로 자리이타의 보살행을 실천하라.

종심·從諗 바라밀행을 닦아 끽다거(喫茶去), '차나 한잔 하게'라는 조주 대사의 화두를 체득하는 대지혜를 성취하라.

종심·宗心 바라밀행을 닦으며, 동시에 명민하고 꾸준한 근기(根機)를 가다듬어 선종(禪宗)의 수행에 정진하라.

종연·宗淵 바라밀행을 닦아 심연처럼 흔들림이 없는 종지를 체득하고 자리이타의 보살행을 실천하라.

종연·宗衍 바라밀행을 닦아 진리에 수순하는 종지를 체득하고 자리이타의 보살행을 실천하라.

종원·宗元 바라밀행을 닦아 으뜸가는 지혜의 종지를 체득하고 자리이타의 보살행을 실천하라.

종인·宗印 바라밀행을 닦아 해인삼매의 종지를 체득하고 자리이타

의 보살행을 실천하라.

종은·從隱 바라밀행을 닦아 은일자적(隱逸自適)할 수 있는 공덕과 부처님의 종지를 체득하고 자리이타의 보살행을 실천하라.

종의·從義 바라밀행을 닦아 세상 사람들이 모두 추종할 수 있는 종지를 체득하고 자리이타의 보살행을 실천하라.

종전·從展 바라밀행을 닦아 무한히 펼칠 수 있는 부처님의 종지를 체득하고 자리이타의 보살행을 실천하라.

종정·宗淨 바라밀행을 닦아 세간에서 으뜸가고 청정한 부처님의 종지를 체득하고 자리이타의 보살행을 실천하라.

종하·宗河 바라밀행을 닦아 대승보살의 공덕을 지어 한 문중의 일가를 이루는 선지식이 되어라.

종현·宗顯 바라밀행을 닦아 세상에서 으뜸가는 부처님의 가르침이 널리 펼쳐질 수 있도록 자리이타의 보살행을 실천하라.

종효·宗曉 바라밀행을 닦아 새벽을 알리는 태양이 떠오르듯 으뜸가는 부처님의 종지를 체득하고 자리

이타의 보살행을 실천하라.

중관 · 中觀 바라밀행을 닦아 중체(中諦)의 진리를 관하는 지혜를 체득하여 자리이타의 보살행을 실천하라.

중관 · 重關 바라밀행을 닦아 깨달음으로 가는 길의 난관을 극복하고 자리이타의 보살행을 실천하라.

중담 · 中湛 바라밀행을 닦아 항상 중도를 지키는 자세로 학식을 갖추어 세상을 이롭게 하라.

중도 · 中道 바라밀행을 닦아 유(有)와 공(空) 어느 쪽에도 치우치지 않은 바른 지혜를 체득하고 자리이타의 보살행을 실천하라.

중범 · 中梵 바라밀행을 닦아 항상 중도를 지키고 청정한 마음으로 대승보살도를 실천하라.

중산 · 中山 바라밀행을 닦아 흔들림 없는 산과 같이 항상 중도를 지켜 대승보살도를 실천하라.

중수 · 仲殊 바라밀행을 닦아 공교한 지혜를 체득하고 빼어난 공덕으로 자리이타의 보살행을 실천하라.

중현 · 衆賢 바라밀행을 닦아 많은 사람의 스승이 될 수 있는 어질고 지혜로운 보살행자가 되어라.

중현 · 重顯 선종의 일파인 운문종 승려의 법호. 바라밀행을 닦아 설두 중현(雪竇 重顯) 선사와 같은 높은 경지에 이르러라.

지강 · 智江 바라밀행을 닦아 거친 물결을 건널 수 있는 지혜로움을 성취하고 자리이타의 보살행을 실천하라.

지개 · 智愷 바라밀행으로 지혜를 체득하고 환희심으로 실천하라.

지견 · 智見 바라밀을 행하여 언어와 문자의 지식에 자만하지 말고 불도의 깊은 가르침을 더욱 배우고 사색하여 제법의 도리를 체득한 지혜의 힘으로써 일체중생에게 진리를 밝혀 주는 선지식이 되어라.

지견성 · 智見性 안수고인(安受苦忍)의 인욕바라밀을 행하여 언어와 문자의 지식에 자만하지 말고 불도의 깊은 가르침을 더욱 배우고 사색하여 제법의 도리를 체득한 지혜의 힘으로써 일체중생에게 진리를 밝혀주는 선지식이 되어라.

지견심 · 智見心 안주정려(安住靜慮)의 선정바라밀을 행하여 언어와 문자의 지식에 자만하지 말고 불도의 깊은 가르침을 더욱 배우고 사색하여 제법의 도리를 체득한 지녀의 힘으로써 일체중생에게 진리를 밝혀주는 선지식이 되어라.

지견행 · 智見行 보시바라밀을 행하여 언어와 문자의 지식에 자만하지 말고 불도의 깊은 가르침을 더욱 배우고 사색하여 제법의 도리를 체득한 지혜의 힘으로써 일체중생에게 진리를 밝혀주는 선지식이 되어라.

지견향 · 智見香 지계바라밀을 행하여 언어와 문자의 지식에 자만하지 말고 불도의 깊은 가르침을 더욱 배우고 사색하여 제법의 도리를 체득한 지혜의 힘으로써 일체중생에게 진리를 밝혀주는 선지식이 되어라.

지견화 · 智見華 선정바라밀을 행하여 언어와 문자의 지식에 자만하지 말고 불도의 깊은 가르침을 더욱 배우고 사색하여 제법의 도리를 체득한 지혜의 힘으로써 일체중생에게 진리를 밝혀주는 선지식이 되어라.

지겸 · 至謙 바라밀행을 닦아 지극한 마음으로 열반을 성취하고 선정과 정견을 겸수하여 자리이타의 보살행을 실천하라.

지경 · 持經 바라밀행을 닦으며 경전을 믿고 몸소 지녀 항상 독송하라.

지경 · 智鏡 바라밀행을 닦아 만상을 있는 그대로 비추며 영원히 그 빛을 잃지 않는 지혜의 거울로 모든 중생이 본래 갖추고 있는 불성(佛性)의 묘용(妙用)을 비추어 보라.

지경 · 志警 바라밀행을 닦아 아뇩다라삼먁삼보리에 도달하겠다는 큰 뜻을 세우고 수행하며 항상 자신을 경계하는 보살의 삶을 실천하라.

지공 · 智空 바라밀행을 닦아 공의 이치를 체득하고 세간에 집착하는 마음을 놓아버리며 대승보살도를 실천하여 많은 사람을 이롭게 하라.

지공 · 指空 바라밀행을 닦아 공의 이치를 체득하고 자리이타의 보살행을 실천하라.

지관 · 志寬 바라밀행을 닦아 초지일관의 선정력을 갖추어 자리이타의 보살행을 실천하라.

지관 · 止觀 바라밀행을 닦으며 모든 번뇌를 그치고, 자신의 천진심을 관찰하는 지혜를 체득하여 자리이타의 보살행을 실천하라.

지관 · 智寬 바라밀행을 닦아 슬기롭고 너그러운 마음을 가져 대승보살의 가르침을 실천하라.

지광 · 智光 바라밀을 행하여 부처님의 가르침을 체득하고 지혜광명으로 많은 사람의 이익과 안락을 위해 노력하라.

지광덕 · 智光德 내원해인(耐怨害忍)의 인욕바라밀을 행하여 부처님의 가르침을 체득하고 지혜광명으로 많은 사람의 이익과 안락을 위해 노력하라.

지광명 · 智光明 무상의 지혜바라밀을 행하여 부처님의 가르침을 체득하고 지혜광명으로 많은 사람의 이익과 안락을 위해 노력하라.

지광문 · 智光門 섭선정진(攝善精進)의 정진바라밀을 행하여 부처님의 가르침을 체득하고 지혜광명으로 많은 사람의 이익과 안락을 위해 노력하라.

지광성 · 智光性 안수고인(安受苦忍)의 인욕바라밀을 행하여 부처님의 가르침을 체득하고 지혜광명으로 많은 사람의 이익과 안락을 위해 노력하라.

지광월 · 智光月 진취향과(進趣向果)의 방편바라밀을 행하여 부처님의 가르침을 체득하고 지혜광명으로 많은 사람의 이익과 안락을 위해 노력하라.

지광행 · 智光行 보시바라밀을 행하여 부처님의 가르침을 체득하고 지혜광명으로 많은 사람의 이익과 안락을 위해 노력하라.

지광화 · 智光華 선정바라밀을 행하여 부처님의 가르침을 체득하고 지혜광명으로 자리이타의 보살행을 실천하라.

지덕 · 至德 바라밀을 행하여 최상의 지극한 공덕을 성취하라.

지덕 · 智德 바라밀행으로 번뇌의 그물에서 벗어나는 지혜를 닦아서 일체중생에게 자비덕성으로 헌신하라.

지덕성 · 智德性 안수고인(安受苦忍)의 인욕바라밀을 행하여 최상의 지극한 공덕을 성취하라.

지덕행 · 智德行 보시바라밀을 행하여 최상의 지극한 공덕을 성취하라.

지덕향 · 智德香 지계바라밀을 행하여 최상의 지극한 공덕을 성취하라.

지덕화 · 智德華 선정바라밀을 행하여 최상의 지극한 공덕을 성취하라.

지덕화 · 智德和 체찰법인(諦察法忍) 바라밀을 행하여 최상의 지극한 공덕을 성취하라.

지만 · 智滿 바라밀행을 닦아 지혜로 충만한 자리이타의 보살행을 실천하라.

지명 · 智命 바라밀행을 닦아 중생을 이익과 안락, 행복으로 이끌 수 있는 지혜를 성취하고 자리이타의 바라밀을 실천하라.

지범 · 智梵 바라밀행을 닦아 지혜를 성취하고 범행(梵行)으로 자리이타의 보살행을 실천하라.

지봉 · 智鳳 바라밀행을 닦아 불지(佛智)를 체득하고 세상을 덮을 수 있는 봉황과 같은 공덕을 성취하여 자리이타의 보살행을 실천하라.

지봉 · 志逢 바라밀행을 닦아 지혜와 복덕을 구족하고 자리이타의 보살행을 실천하고자 하는 뜻을 세우고 많은 사람을 제접하라.

지봉 · 智峰 바라밀행을 닦아 불지(佛智)를 체득하고 어떤 세파에도 흔들림 없이 그 자리를 지키는 봉우리처럼 세간의 의지처가 되어라.

지산 · 志山 바라밀행을 닦아 흔들림 없는 지조를 갖추어 많은 사람이 의지할 수 있는 산과 같은 도반이 되어라.

지산 · 智山 바라밀행으로 수미산

과 같은 지혜를 체득하라.

지상 · 持相 바라밀을 행하며 쉼 없이 계율을 수지하고 섭중생계(攝衆生戒)를 실천하라.

지상 · 智尙 바라밀을 실천하여 지혜를 체득하고 숭상하라.

지선 · 之善 바라밀행을 닦아 지극한 선을 행하여 복덕과 지혜를 구족한 공덕을 지어라.

지선 · 智詵 바라밀을 실천하여 지혜를 체득하고 구름처럼 모여든 중생에게 부처님의 법을 전하라.

지선덕 · 智詵德 내원해인(耐怨害忍) 바라밀을 실천하여 지혜를 체득하고 구름처럼 모여든 중생에게 부처님의 법을 전하라.

지선명 · 智詵明 수용법락지(受用法樂智) 바라밀을 실천하여 지혜를 체득하고 구름처럼 모여든 중생에게 부처님의 법을 전하라.

지선행 · 智詵行 보시바라밀을 실천하여 지혜를 체득하고 구름처럼 모여든 중생에게 부처님의 법을 전하라.

지선향 · 智詵香 지계바라밀을 실천하여 지혜를 체득하고 구름처럼 모여든 중생에게 부처님의 법을 전하라.

지선화 · 智詵華 선정바라밀을 실천하여 지혜를 체득하고 구름처럼 모여든 중생에게 부처님의 법을 전하라.

지수 · 止水 선정바라밀을 실천하여 마음이 고요하고 움직이지 않는 청정수와 같은 공덕을 성취하라.

지수 · 智首 바라밀행을 닦아 세상에서 으뜸가는 지혜를 성취하고 자리이타의 보살행을 실천하라.

지승 · 智昇 바라밀행을 닦아 경율론 삼장에 통달하고 계율을 숭상하는 보살행자가 되어라.

지승덕 · 智昇德 내원해인(耐怨害忍) 바라밀을 실천하여 궁극의 지혜를 체득하고 한량없는 중생을 이롭게 하라.

지승행 · 持僧行 보시바라밀을 실천하여 궁극의 지혜를 체득하고 한량없는 중생을 이롭게 하라.

지승화 · 智昇華 선정바라밀을 실천하여 궁극의 지혜를 체득하고 한량없는 중생을 이롭게 하라.

지심 · 至心 재능과 명리에 자만함이 없이 자신을 일체중생보다 낮추는 보살의 하심행(下心行)을 닦아서 지극한 마음으로 삼보(三寶)와 일체중생에게 헌신하라.

지심 · 智心 바라밀행을 닦아 지혜를 성취하고 흔들림 없는 선정력을 갖추어 하심하며 중생을 제도하는 보살행자가 되어라.

지심행 · 至心行 보시바라밀을 행하여 재능과 명리에 자만함이 없이 보살의 하심행을 닦아서 지극한 마음으로 삼보(三寶)와 일체중생에게 헌신하라.

지심향 · 至心香 지계바라밀을 행하여 재능과 명리에 자만함이 없이 보살의 하심행을 닦아서 지극한 마음으로 삼보(三寶)와 일체중생에게 헌신하라.

지심화 · 至心華 선정바라밀을 행하여 재능과 명리에 자만함이 없이 보살의 하심행을 닦아서 지극한 마음으로 삼보(三寶)와 일체중생에게 헌신하라.

지안 · 志安 바라밀행을 닦아 번뇌와 산란을 다스려서 해탈의 법을 설하는 불도에 뜻을 두고 정진하여 안락법문(安樂法門)을 체득하라.

지안 · 智眼 바라밀행을 닦아 지혜

로 능히 사물을 볼 수 있는 안목을 체득하라.

지안문 · 志安門 섭선정진(攝善精進)의 정진바라밀을 행하여 번뇌와 산란을 다스려서 해탈의 법을 설하는 불도에 뜻을 두고 정진하여 안락법문(安樂法門)을 체득하라.

지안성 · 志安性 안수고인(安受苦忍)의 인욕바라밀을 행하여 번뇌와 산란을 다스려서 해탈의 법을 설하는 불도에 뜻을 두고 정진하여 안락법문(安樂法門)을 체득하라.

지안심 · 志安心 안주정려(安住靜慮)의 선정바라밀을 행하여 번뇌와 산란을 다스려서 해탈의 법을 설하는 불도에 뜻을 두고 정진하여 안락법문(安樂法門)을 체득하라.

지안행 · 志安行 보시바라밀을 행하여 번뇌와 산란을 다스려서 해탈의 법을 설하는 불도에 뜻을 두고 정진하여 안락법문(安樂法門)을 체득하라.

지암 · 智巖 바라밀행을 닦아 가파른 언덕에 솟아 있는 바위처럼 삼독심과 두려움, 불안한 마음을 버리고 중생 교화의 지혜를 체득하라.

지엄 · 智嚴 바라밀행을 닦아 불지(佛智)를 체득하여 지혜와 복덕을 갖추고 자신에게는 엄격하고 타인에게는 자비로운 마음으로 보살행을 실천하라.

지엄 · 智儼 바라밀행을 닦아 불지(佛智)를 체득하여 지혜와 복덕을 갖춰서 의젓하고 공손한 자세로 보살행을 실천하라.

지연 · 志淵 바라밀행을 닦아 깊은 연못과 같이 사사로운 감정을 버리고 항상 여여한 마음으로 바른 뜻을 세워 실천하라.

지연 · 智緣 바라밀을 행하여 지혜를 체득하고 소중한 법연을 많은 사람과 나누어라.

지연각 · 智緣覺 법공(法空)의 지혜바라밀을 행하여 지혜를 체득하고 소중한 법연을 많은 사람과 나누어라.

지연덕 · 智緣德 내원해인(耐怨害忍)의 인욕바라밀을 행하여 지혜를 체득하고 소중한 법연을 많은 사람과 나누어라.

지연성 · 智緣性 안수고인(安受苦忍)의 인욕바라밀을 행하여 지혜를 체득하고 소중한 법연을 많은 사람과 나누어라.

지연심 · 智緣心 안주정려(安住靜

慮)의 선정바라밀을 행하여 지혜를 체득하고 소중한 법연을 많은 사람과 나누어라.

지연행 · 智緣行 보시바라밀을 행하여 지혜를 체득하고 소중한 법연을 많은 사람과 나누어라.

지용 · 智用 바라밀을 행하여 지혜를 체득하고 중생의 이익과 안락, 행복을 위해 활용하라.

지우 · 智愚 바라밀을 실천하여 어리석은 마음을 깨치고 지혜를 체득하라.

지우덕 · 智愚德 내원해인(耐怨害忍)의 인욕바라밀을 실천하여 어리석은 마음을 깨치고 지혜를 체득하라.

지우성 · 智愚性 안수고인(安受苦忍)의 인욕바라밀을 실천하여 어리석은 마음을 깨치고 지혜를 체득하라.

지우심 · 智愚心 안주정려(安住靜慮)의 선정바라밀을 실천하여 어리석은 마음을 깨치고 지혜를 체득하라.

지우행 · 智愚行 재시바라밀을 실천하여 어리석은 마음을 깨치고 지혜를 체득하라.

지운 · 至韻 가장 뛰어난 음성. 부처님이 설법하는 소리를 의미함.

바라밀을 실천하며 지극한 음성으로 부처님의 법을 널리 전하라.

지운성 · 至韻性 안수고인(安受苦忍)의 인욕바라밀을 실천하며 지극한 음성으로 부처님의 법을 널리 전하라.

지운심 · 至韻心 안주정려(安住靜慮)의 선정바라밀을 실천하며 지극한 음성으로 부처님의 법을 널리 전하라.

지운화 · 至韻華 인발정려(引發靜慮)의 선정바라밀을 실천하며 지극한 음성으로 부처님의 법을 널리 전하라.

지원 · 志元 바라밀행을 닦아 복덕과 지혜를 갖추어 중생 교화의 원력과 뜻을 세워 보살행을 실천하라.

지원 · 志遠 바라밀행을 닦아 복덕과 지혜를 갖추어 먼 미래를 내다보고 원력을 갖춘 지도자가 육성될 수 있도록 뜻을 세워 보살행을 실천하라.

지원 · 至願 바라밀을 실천하며 지극한 원력으로 부처님의 법을 널리 전하라.

지원 · 志願 바라밀을 행하며 뜻과 원력을 세워 실천하라.

지원 · 志圓 바라밀행을 닦아 원만 무애한 뜻을 세워 자리이타의 보살행을 실천하라.

지원 · 智圓 바라밀행을 닦아 원만 무애한 지혜를 갖추어 자리이타의 보살행을 실천하라.

지원 · 智源 바라밀행을 닦아 지혜의 근원을 깨우쳐 자리이타의 보살행을 실천하라.

지월 · 智越 바라밀을 실천하여 지혜를 체득하고 삼독심의 거센 물결을 건너 마음의 이익과 안락을 성취하라.

지월광 · 智越光 구공(俱空)의 지혜바라밀을 실천하여 지혜를 체득하고 삼독심의 거센 물결을 건너 마음의 이익과 안락을 성취하라.

지월도 · 智越道 교회유무(巧會有無)의 방편바라밀을 실천하여 지혜를 체득하고 삼독심의 거센 물결을 건너 마음의 이익과 안락을 성취하라.

지월문 · 智越門 섭선정진(攝善精進)의 바라밀을 실천하여 지혜를 체득하고 삼독심의 거센 물결을 건너 마음의 이익과 안락을 성취하라.

지월성 · 智越性 안수고인(安受苦忍)의 인욕바라밀을 실천하여 지혜를 체득하고 삼독심의 거센 물결을 건너 마음의 이익과 안락을 성취하라.

지월심 · 智月心 바라밀을 실천하여 지혜를 체득하고 천강에 비친 달과 같이 부처님의 공덕을 많은 사람의 이익과 안락, 행복을 위해 나누어라.

지월심 · 智越心 안주정려(安住靜慮)의 선정바라밀을 실천하여 지혜를 체득하고 삼독심의 거센 물결을 건너 마음의 이익과 안락을 성취하라.

지월향 · 智越香 섭선법계(攝善法戒)의 지계바라밀을 실천하여 지혜를 체득하고 삼독심의 거센 물결을 건너 마음의 이익과 안락을 성취하라.

지융 · 智融 바라밀행을 닦아 복덕과 지혜를 갖추어 자리이타의 보살행을 실천하며 중생과 화합하라.

지의 · 智義 바라밀행을 닦아 거센 물결을 건널 수 있는 지혜를 체득하고 걸림 없는 마음으로 자리이타의 보살행을 실천하라.

지의 · 智顗 바라밀행을 닦아 천의무봉한 지혜를 갖추어 자신에게는 근엄하지만 중생을 편안하고 즐겁게 살 수 있도록 이끌어 주는 보살행을 실천하라.

• 자행

지인 · 之印 바라밀행을 닦아 해인 삼매의 선정력을 갖추고 부처님의 지혜에 의지하여 자리이타의 보살행을 실천하라.

지인 · 智仁 바라밀을 실천하여 자신만을 위한 명성과 이익을 추구하지 말고 부처님의 가르침을 항상 깊이 새겨서 중생의 근기에 맞는 방편으로 널리 회향하라.

지인 · 至仁 바라밀을 실천하여 자신만을 위한 명성과 이익을 추구하지 말고 부처님의 가르침을 항상 깊이 새겨서 중생의 근기에 맞는 방편으로 널리 회향하라.

지인성 · 智仁性 안수고인(安受苦忍)의 인욕바라밀을 실천하여 자신만을 위한 명성과 이익을 추구하지 말고 부처님의 가르침을 항상 깊이 새겨서 중생의 근기에 맞는 방편으로 널리 회향하라.

지인행 · 智仁行 재시의 보시바라밀을 실천하여 자신만을 위한 명성과 이익을 추구하지 말고 부처님의 가르침을 항상 깊이 새겨서 중생의 근기에 맞는 방편으로 널리 회향하라.

지인향 · 智仁香 섭선법계(攝善法戒)의 지계바라밀을 실천하여 자신만을 위한 명성과 이익을 추구하지 말고 부처님의 가르침을 항상 깊이 새겨서 중생의 근기에 맞는 방편으로 널리 회향하라.

지인화 · 智仁華 인발정려(引發靜慮)의 선정바라밀을 실천하여 자신만을 위한 명성과 이익을 추구하지 말고 부처님의 가르침을 항상 깊이 새겨서 중생의 근기에 맞는 방편으로 널리 회향하라.

지일 · 智一 바라밀을 실천하여 지혜를 체득하고 일심으로 부처님을 의지하라.

지일심 · 智一心 안주정려(安住靜慮)의 선정바라밀을 실천하여 지혜를 체득하고 일심으로 부처님을 의지하라.

지장 · 智藏 바라밀행으로 지혜의 창고를 열어 한량없는 중생이 고통과 괴로움에서 벗어날 수 있도록 이타행을 실천하라.

지장심 · 智藏心 안주정려(安住靜慮)의 선정바라밀행으로 지혜의 창고를 열어 한량없는 중생이 고통과 괴로움에서 벗어날 수 있도록 이타행을 실천하라.

지장행 · 地藏行 보시바라밀행으로 지혜의 창고를 열어 한량없는 중생이 고통과 괴로움에서 벗어날 수 있도록 이타행을 실천하라.

지장화 · 智藏華 인발정려(引發靜慮)의 선정바라밀행으로 지혜의 창고를 열어 한량없는 중생이 고통과 괴로움에서 벗어날 수 있도록 이타행을 실천하라.

지적 · 智積 바라밀행을 닦아 지혜를 체득하고 공덕을 쌓아 자리이타의 대승보살도를 실천하라.

지정 · 智正 바라밀행을 닦아 지혜롭고 정의로운 가르침으로 자리이타의 대승보살도를 실천하라.

지정 · 至靜 바라밀행으로 선정의 힘을 지극하여 고요해진 마음을 체득하라.

지정 · 智淨 번뇌와 망집의 오염을 씻어내고 해탈의 길로 이끄는 청정한 지혜의 묘용을 체득하라.

지정 · 持正 정법의 바른 도리를 받아 지니고 잊지 않도록 마음에 새겨두어라.

지정심 · 智淨心 바라밀행으로 선정의 힘이 지극하여 고요해진 마음을 체득하라.

지정행 · 智淨行 보시바라밀행으로 선정의 힘이 지극하여 고요해진 마음을 체득하라.

지정향 · 智淨香 섭선법계(攝善法戒)의 바라밀행으로 선정의 힘이 지극하여 고요해진 마음을 체득하라.

지정화 · 智淨華 인발정려(引發靜慮)의 바라밀행으로 선정의 힘이 지극하여 고요해진 마음을 체득하라.

지종 · 智宗 바라밀행을 닦아 부처님의 종지에 의지하여 지혜를 갖추고 자리이타의 보살행을 실천하라.

지천 · 智泉 바라밀행을 닦아 지혜의 원천을 깨쳐 자리이타의 보살행을 실천하라.

지촌 · 芝邨 바라밀을 실천하여 꾸밈이 없는 마음으로 부처님의 지혜광명을 비추어 마을 사람들에게 상서로운 감동을 주어라.

지통 · 智通 바라밀행을 닦아 걸림없는 수승한 지혜를 성취하여 자리이타의 보살행으로 많은 사람과 소통하라.

지평 · 智平 바라밀행을 닦아 걸림없는 지혜를 성취하여 어리석은 사람이 빠지지 않도록 구덩이를 평평하게 고르듯 보살행을 실천하라.

지한 · 脂閑 바라밀행을 닦아 자리이타의 보살행자가 배출될 수 있도록 기름진 땅을 개간하여 갖가지 장애물을 제거하고 교육에 힘써라.

지해 · 智海 바라밀을 실천하여 지혜의 바다에 안주하며 어둠 속에서 방황하는 중생을 제도하라.

지해성 · 智海性 안수고인(安受苦忍)의 인욕바라밀을 실천하여 지혜의 바다에 안주하며 어둠 속에서 방황하는 중생을 제도하라.

지해심 · 智海心 안주정려(安住靜慮)의 선정바라밀을 실천하여 지혜의 바다에 안주하며 어둠 속에서 방황하는 중생을 제도하라.

지해정 · 智海淨 이락정진(利樂精進)의 정진바라밀을 실천하여 지혜의 바다에 안주하며 어둠 속에서 방황하는 중생을 제도하라.

지해행 · 智海行 재시의 보시바라밀을 실천하여 지혜의 바다에 안주하며 어둠 속에서 방황하는 중생을 제도하라.

지해향 · 智海香 섭선법계(攝善法戒)의 지계바라밀을 실천하여 지혜의 바다에 안주하며 어둠 속에서 방황하는 중생을 제도하라.

지행 · 至行 바라밀행에 의지하여 더없는 선행, 지극히 착한 행실을 하라.

지행 · 知行 바라밀행에 집중하여 아는 것을 반드시 올바르게 실천하는 지행합일(知行合一)을 체득하라.

지행 · 智行 지혜와 수행을 겸비한 바라밀을 실천하라.

지현 · 智賢 바라밀행을 닦아 지혜롭고 어진 불자가 되어라.

지혜 · 智惠 바라밀을 실천하여 맑고 밝게 만물을 비추는 지혜의 거울처럼 정혜를 함께 갖추어라.

지혜경 · 智慧鏡 이락타원(利樂他願)의 원력바라밀을 실천하여 맑고 밝게 만물을 비추는 지혜의 거울을 항상 지녀라.

지혜광 · 智慧光 구공(俱空)의 지혜바라밀행으로 일체중생의 무명을 능히 깨뜨릴 수 있는 부처님의 지혜 광명을 체득하라.

지혜등 · 智慧燈 무상의 지혜바라밀행으로 어둠을 밝혀 주는 등불처럼 일체중생의 무명을 능히 깨뜨릴 수 있는 부처님의 지혜 광명을 체득하라.

지혜력 · 智慧力 사택력(思擇力)의 원력바라밀행으로 일체중생의 무명을 능히 깨뜨릴 수 있는 부처님의 지혜 광명을 체득하라.

지혜문 · 智慧門 섭선정진(攝善精進)의 정진바라밀행으로 일체중생의 무명을 능히 깨뜨릴 수 있는 부처님의 지혜 광명을 체득하라.

지혜성 · 智慧性 안수고인(安受苦忍)의 인욕바라밀행으로 일체중생의 무명을 능히 깨뜨릴 수 있는 부처님의 지혜 광명을 체득하라.

지혜수 · 智慧水 불사불수(不捨不受)의 방편바라밀행으로 일체중생의 무명을 능히 깨뜨릴 수 있는 부처님의 지혜 광명을 체득하라.

지혜심 · 智慧心 안주정려(安住靜慮)의 선정바라밀행으로 일체중생의 무명을 능히 깨뜨릴 수 있는 부처님의 지혜 광명을 체득하라.

지혜안 · 智慧眼 법공(法空)의 지혜바라밀행으로 일체중생의 무명을 능히 깨뜨릴 수 있는 부처님의 지혜 광명을 체득하라.

지혜운 · 智慧雲 지혜의 비를 내리는 구름과 같이 바라밀행으로 일체중생의 무명을 능히 깨뜨릴 수 있는 부처님의 지혜광명을 체득하라.

지혜월 · 智慧月 진취향과(進趣向果)의 방편바라밀행으로 일체중생의 무명을 능히 깨뜨릴 수 있는 부처님의 지혜 광명을 체득하라.

지혜일 · 智慧日 아공(我空)의 지혜바라밀행으로 일체중생의 무명을 능히 깨뜨릴 수 있는 부처님의 지혜 광명을 체득하라.

지혜정 · 智慧淨 이락정진(利樂精進)의 정진바라밀행으로 일체중생의 무명을 능히 깨뜨릴 수 있는 부처님의 지혜 광명을 체득하라.

지혜행 · 智慧行 보시바라밀행으로 일체중생의 무명을 능히 깨뜨릴 수 있는 부처님의 지혜 광명을 체득하라.

지혜향 · 智慧香 섭선법계(攝善法戒)의 지계바라밀행으로 일체중생의 무명을 능히 깨뜨릴 수 있는 부처님의 지혜 광명을 체득하라.

지혜화 · 智慧華 인발정려(引發靜慮)의 선정바라밀행으로 일체중생의 무명을 능히 깨뜨릴 수 있는 부처님의 지혜 광명을 체득하라.

지홍 · 志鴻 바라밀행을 닦아 중생 구제의 큰 뜻을 품어 실천하며, 복덕과 지혜가 나날이 번성하게 하라.

지홍 · 智弘 바라밀행을 닦아 불지(佛智)를 체득하고 보살행을 실천하여 널리 중생을 이롭게 하라.

지환 · 知幻 바라밀행을 닦아서 현

상계의 모든 모습이 모두 허깨비인 줄 깨치고 집착 없는 마음으로 보살행을 실천하라.

지효 · 知曉 바라밀행을 닦아 깊이 알고 깨달음을 체득하여 새벽을 알리는 여명처럼 사바세계에서 지혜광명을 펼쳐 보살행을 실천하라.

지효심 · 知曉心 인발정려(引發靜慮) 바라밀을 실천하여 깊이 알고 지혜를 깨쳐 새벽을 밝히는 여명과 같이 사바세계에 지혜의 빛을 비추어라.

진각 · 眞覺 바라밀을 행하여 탐욕과 자만심에서 비롯되는 모든 허위를 버리고 오직 진실한 부처님의 가르침을 닦아서 깨닫고 실천하라.

진각명 · 眞覺明 수용법락(受用法樂)의 지혜바라밀을 행하여 탐욕과 자만심에서 비롯되는 모든 허위를 버리고 오직 진실한 부처님의 가르침을 닦아서 깨닫고 실천하라.

진각문 · 眞覺門 섭선정진(攝善精進)의 선정바라밀을 행하여 탐욕과 자만심에서 비롯되는 모든 허위를 버리고 오직 진실한 부처님의 가르침을 닦아서 깨닫고 실천하라.

진각성 · 眞覺性 안수고인(安受苦忍)의 인욕바라밀을 행하여 탐욕과

자만심에서 비롯되는 모든 허위를 버리고 오직 진실한 부처님의 가르침을 닦아서 깨닫고 실천하라.

진각심 · 眞覺心 안주정려(安住靜慮)의 선정바라밀을 행하여 탐욕과 자만심에서 비롯되는 모든 허위를 버리고 오직 진실한 부처님의 가르침을 닦아서 깨닫고 실천하라.

진각행 · 眞覺行 보시바라밀을 행하여 탐욕과 자만심에서 비롯되는 모든 허위를 버리고 오직 진실한 부처님의 가르침을 닦아서 깨닫고 실천하라.

진각화 · 眞覺華 인발정려(引發靜慮)의 선정바라밀을 행하여 탐욕과 자만심에서 비롯되는 모든 허위를 버리고 오직 진실한 부처님의 가르침을 깨닫고 실천하라.

진경 · 眞鏡 선지식을 찾아 바라밀행을 체득하고 참된 진리를 비출 수 있는 거울과 같은 지혜를 체득하라.

진경수 · 眞鏡修 피갑정진(被甲精進)의 정진바라밀행으로 참된 진리를 비출 수 있는 거울과 같은 지혜를 체득하라.

진경화 · 眞鏡華 인발정려(引發靜慮)의 선정바라밀행으로 참된 진리

를 비출 수 있는 거울과 같은 지혜를 체득하라.

진공 · 眞空 바라밀행으로 일체의 번뇌 분별이 사라져 청정한 공을 체득하고 반야를 성취하라.

진공덕 · 眞空德 내원해인(耐怨害忍)의 인욕바라밀행으로 일체의 번뇌 분별이 사라져 청정한 공(空)을 체득하고 반야를 성취하라.

진공심 · 眞空心 안주정려(安住靜慮)의 선정바라밀행으로 일체의 번뇌 분별이 사라져 청정한 공(空)의 이치를 체득하고 반야를 성취하라.

진공안 · 眞空眼 법공(法空)의 지혜바라밀행으로 일체의 번뇌 분별이 사라져 마음의 청정한 공을 체득하고 반야를 성취하라.

진공해 · 眞空海 외화원(外化願)의 원력바라밀행으로 일체의 번뇌 분별이 사라져 청정한 공을 체득하고 반야를 성취하라.

진공행 · 眞空行 보시바라밀행으로 일체의 번뇌 분별이 사라져 청정한 공을 체득하고 반야를 성취하라.

진공화 · 眞空華 인발정려(引發靜慮)의 선정바라밀행으로 일체의 번뇌 분별이 사라져 청정한 공을 체득하고 반야를 성취하라.

진관 · 眞觀 바라밀행으로 여실하게 진리를 관할 수 있는 무아관을 체득하라.

진관성 · 眞觀性 안수고인(安受苦忍)의 인욕바라밀행으로 여실하게 진리를 관할 수 있는 무아관을 체득하라.

진관행 · 眞觀行 보시바라밀행으로 여실하게 진리를 관할 수 있는 무아관을 체득하라.

진광 · 眞光 바라밀을 실천하여 체득한 진리의 빛으로 천년의 어둠에 휩싸여 있는 중생의 마음을 밝혀라.

진덕 · 眞德 바라밀행으로 명성이나 외형, 이익에 집착함이 없이 참된 보살의 공덕을 닦아라.

진덕명 · 眞德明 수용법락(受用法樂)의 지혜바라밀행으로 명성이나 외형, 이익에 집착함이 없이 참된 보살의 공덕을 닦아라.

진덕문 · 眞德門 섭선정진(攝善精進)의 정진바라밀행으로 명성이나 외형, 이익에 집착함이 없이 참된 보살의 공덕을 닦아라.

진덕성 · 眞德性 안수고인(安受苦

忍)의 인욕바라밀행으로 명성이나 외형, 이익에 집착함이 없이 참된 보살의 공덕을 닦아라.

진덕수 · 眞德修 피갑정진(被甲精進)의 정진바라밀행으로 명성이나 외형, 이익에 집착함이 없이 참된 보살의 공덕을 닦아라.

진덕심 · 眞德心 안주정려(安住靜慮)의 선정바라밀행으로 명성이나 외형, 이익에 집착함이 없이 참된 보살의 공덕을 닦아라.

진덕행 · 眞德行 보시바라밀행으로 명성이나 외형, 이익에 집착함이 없이 참된 보살의 공덕을 닦아라.

진덕향 · 眞德香 섭선법계(攝善法戒)의 지계바라밀행으로 명성이나 외형, 이익에 집착함이 없이 참된 보살의 공덕을 닦아라.

진덕화 · 眞德華 인발정려(引發靜慮)의 선정바라밀행으로 명성이나 외형, 이익에 집착함이 없이 참된 보살의 공덕을 닦아라.

진묵 · 震默 바라밀행을 닦아 신통력을 체득하고 벼락 소리에도 놀라지 않는 선정력을 갖추어 자리이타의 보살행을 실천하라.

진법 · 眞法 바라밀행으로 참된 부처님의 법을 체득하고 중생의 이익과 안락, 행복을 위해 노력하라.

진법행 · 眞法行 보시바라밀행으로 참된 부처님의 법을 체득하고 중생의 이익과 안락, 행복을 위해 노력하라.

진불 · 眞佛 바라밀행을 닦아 부처님처럼 참다운 지혜를 체득하고 많은 공덕을 쌓아라.

진선 · 眞善 바라밀을 실천하여 참되고 중생에게 이익이 되는 복덕과 지혜를 행하라.

진선덕 · 眞善德 내원해인(耐怨害忍)의 인욕바라밀을 실천하여 참되고 중생에게 이익이 되는 복덕과 지혜를 행하라.

진선행 · 眞善行 보시바라밀을 실천하여 참되고 중생에게 이익이 되는 복덕과 지혜를 행하라.

진선향 · 眞善香 지계바라밀을 실천하여 참되고 중생에게 이익이 되는 복덕과 지혜를 행하라.

진선화 · 眞善華 선정바라밀을 실천하여 참되고 중생에게 이익이 되는 복덕과 지혜를 행하라.

진성 · 眞性 바라밀행으로 일체중

생이 본래 갖추고 있는 부처님의
성품을 깨달아 체득하라.

진성도 · 眞性道 섭율의계(攝律儀
戒)의 지계바라밀행으로 일체중생
이 본래 갖추고 있는 부처님의 성
품을 깨달아 체득하라.

진성문 · 眞性門 섭선정진(攝善精
進)의 정진바라밀행으로 일체중생
이 본래 갖추고 있는 부처님의 성
품을 깨달아 체득하라.

진성수 · 眞性修 피갑정진(被甲精
進)의 정진바라밀행으로 일체중생
이 본래 갖추고 있는 부처님의 성
품을 깨달아 체득하라.

진성심 · 眞性心 안주정려(安住靜
慮)의 선정바라밀행으로 일체중생
이 본래 갖추고 있는 부처님의 성
품을 깨달아 체득하라.

진성월 · 眞性月 진취향과(進趣向
果)의 방편바라밀행으로 일체중생
이 본래 갖추고 있는 부처님의 성
품을 깨달아 체득하라.

진성인 · 眞性仁 내원해인(耐怨害
忍)의 인욕바라밀행으로 일체중생
이 본래 갖추고 있는 부처님의 성
품을 깨달아 체득하라.

진성주 · 眞性珠 불사불수(不捨不

受)의 방편바라밀행으로 일체중생
이 본래 갖추고 있는 부처님의 성
품을 깨달아 체득하라.

진성행 · 眞性行 보시바라밀행으로
일체중생이 본래 갖추고 있는 부처
님의 성품을 깨달아 체득하라.

진성향 · 眞性香 섭선법계(攝善法
戒)의 지계바라밀행으로 일체중생
이 본래 갖추고 있는 부처님의 성
품을 깨달아 체득하라.

진성화 · 眞性華 인발정려(引發靜
慮)의 선정바라밀행으로 일체중생
이 본래 갖추고 있는 부처님의 성
품을 깨달아 체득하라.

진승 · 眞乘 바라밀행을 닦아 진실
하고 수승한 보살행자가 되어 널리
중생을 이롭게 하라.

진실주 · 眞實珠 불사불수(不捨不
受)의 방편바라밀을 실천하여 항상
자신의 망집과 산란을 가다듬고 불
도의 깊은 진수를 체득하여 탐욕과
번뇌로 말미암은 허위를 이겨 내라.

진실행 · 眞實行 보시바라밀을 실
천하여 항상 자신의 망집과 산란을
가다듬고 불도의 깊은 진수를 체득
하여 탐욕과 번뇌로 말미암은 허위
를 이겨 내라.

진실향 · 眞實香 지계바라밀을 실천하여 항상 자신의 망집과 산란을 가다듬고 불도의 깊은 진수를 체득하여 탐욕과 번뇌로 말미암은 허위를 이겨 내라.

진실화 · 眞實華 선정바라밀을 실천하여 항상 자신의 망집과 산란을 가다듬고 불도의 깊은 진수를 체득하여 탐욕과 번뇌로 말미암은 허위를 이겨 내라.

진여 · 眞如 바라밀을 실천하여 부처님께서 설하신 참되고 한결같은 진리의 말씀에 귀의하고 깊은 도리를 체득하여 널리 펴라.

진여림 · 眞如林 변사정려(辨事靜慮)의 선정바라밀을 실천하여 부처님께서 설하신 참되고 한결같은 진리의 말씀에 귀의하고 깊은 도리를 체득하여 널리 펴라.

진여문 · 眞如門 섭선정진(攝善精進)의 정진바라밀을 실천하여 부처님께서 설하신 참되고 한결같은 진리의 말씀에 귀의하고 깊은 도리를 체득하여 널리 펴라.

진여성 · 眞如聲 바라밀을 실천하여 진여의 가르침을 체득하고 부처님께서 설하신 참되고 한결같은 진리의 말씀을 널리 펴라.

진여성 · 眞如聖 성숙유정(成熟有情)의 지혜바라밀을 실천하여 부처님께서 설하신 참되고 한결같은 진리의 말씀에 귀의하고 깊은 도리를 체득하여 널리 펴라.

진여성 · 眞如性 안수고인(安受苦忍)의 인욕바라밀을 실천하여 부처님께서 설하신 참되고 한결같은 진리의 말씀에 귀의하고 깊은 도리를 체득하여 널리 펴라.

진여심 · 眞如心 안주정려(安住靜慮)의 선정바라밀을 실천하여 부처님께서 설하신 참되고 한결같은 진리의 말씀에 귀의하고 깊은 도리를 체득하여 널리 펴라.

진여정 · 眞如淨 이락정진(利樂精進)의 정진바라밀을 실천하여 부처님께서 설하신 참되고 한결같은 진리의 말씀에 귀의하고 깊은 도리를 체득하여 널리 펴라.

진여주 · 眞如珠 불사불수(不捨不受)의 방편바라밀을 실천하여 부처님께서 설하신 참되고 한결같은 진리의 말씀에 귀의하고 깊은 도리를 체득하여 널리 펴라.

진여행 · 眞如行 보시바라밀을 실천하여 부처님께서 설하신 참되고 한결같은 진리의 말씀에 귀의하고 깊은 도리를 체득하여 널리 펴라.

진여향 · 眞如香 지계바라밀을 실천하여 부처님께서 설하신 참되고 한결같은 진리의 말씀에 귀의하고 깊은 도리를 체득하여 널리 펴라.

진여화 · 眞如華 인발정려(引發靜慮)의 선정바라밀을 실천하여 부처님께서 설하신 참되고 한결같은 진리의 말씀에 귀의하고 깊은 도리를 체득하여 널리 펴라.

진연 · 眞衍 바라밀을 실천하여 참된 진리를 순행하는 지혜를 체득하고 널리 행하라.

진연 · 眞然 바라밀행을 닦아 진실한 본래면목을 깨치고 자리이타의 보살행을 널리 행하라.

진연각 · 眞衍覺 법공(法空)의 지혜바라밀을 실천하여 참된 진리를 순행하는 지혜를 체득하고 널리 행하라.

진연덕 · 眞衍德 내원해인(耐怨害忍)의 인욕바라밀을 실천하여 참된 진리를 순행하는 지혜를 체득하고 널리 행하라.

진연도 · 眞衍道 섭율의계(攝律儀戒)의 지계바라밀을 실천하여 참된 진리를 순행하는 지혜를 체득하고 널리 행하라.

진연문 · 眞衍門 섭선정진(攝善精進)의 정진바라밀을 실천하여 참된 진리를 순행하는 지혜를 체득하고 널리 행하라.

진연성 · 眞衍性 안수고인(安受苦忍)의 인욕바라밀을 실천하여 참된 진리를 순행하는 지혜를 체득하고 널리 행하라.

진연수 · 眞衍修 피갑정진(被甲精進)의 정진바라밀을 실천하여 참된 진리를 순행하는 지혜를 체득하고 널리 행하라.

진연심 · 眞衍心 안주정려(安住靜慮)의 선정바라밀을 실천하여 참된 진리를 순행하는 지혜를 체득하고 널리 행하라.

진오 · 쯤쯤 바라밀행을 닦아 항상 자신을 절제하고 여여한 마음으로 보살행을 실천하라.

진오 · 眞悟 바라밀을 실천하여 참된 진리를 깨우쳐서 자신의 진면목을 여여하게 볼 수 있는 지혜를 갖추어라.

진일 · 眞一 진일지기(眞一之氣), 혹은 진기(眞氣)를 말함. 바라밀을 실천하여 진실한 지혜의 뿌리를 굳건히 하라.

진일문 · 眞一門 섭선정진(攝善精進)의 정진바라밀을 실천하여 진실한 지혜의 뿌리를 굳건히 하라.

진일성 · 眞一性 안수고인(安受苦忍)의 인욕바라밀을 실천하여 진실한 지혜의 뿌리를 굳건히 하라.

진일심 · 眞一心 안주정려(安住靜慮)의 선정바라밀을 실천하여 진실한 지혜의 뿌리를 굳건히 하라.

진일행 · 眞一行 보시바라밀을 실천하여 진실한 지혜의 뿌리를 굳건히 하라.

진일화 · 眞一華 인발정려(引發靜慮)의 선정바라밀을 실천하여 진실한 지혜의 뿌리를 굳건히 하라.

진정 · 眞淨 바라밀행을 닦아 진실하고 청정한 보살행자가 되어 자리이타행을 실천하라.

진제 · 眞際 바라밀행으로 진실하여 거짓이나 틀림이 없고 평등하며 차별이 없는 이치를 체득하라.

진제 · 眞讚 바라밀행을 닦아 모든 번뇌가 다하여 소멸된 지혜를 체득하고 널리 보살행을 실천하라.

진종 · 震鍾 바라밀행을 닦아 벼락소리에 울리는 쇠북을 칠 수 있는

지혜를 체득하고 널리 자리이타의 보살행을 실천하라.

진청 · 眞淸 바라밀행을 닦아 진실하고 청정한 지혜를 성취하며 자리이타의 보살행을 실천하라.

진토 · 眞土 염불 수행으로 참되고 영원한 부처님 나라, 즉 정토(淨土)에서 태어나기를 항상 원하라.

진평 · 進平 바라밀행을 닦고 항상 정진하여 평등의 지혜를 체득하라.

진표 · 眞表 바라밀행을 닦아 중생계에서 누구나 우러러 볼 만한 진정한 표상이 되어라.

진하 · 震河 바라밀행을 닦아 벼락소리에도 놀람이 없는 지혜를 성취하고 흐르는 강처럼 자리이타행을 실천하라.

진해 · 珍海 바라밀행을 닦아 보배로운 바다와 같이 모든 중생을 섭수할 수 있는 사섭법을 체득하고 보살행을 실천하라.

진해 · 眞解 바라밀을 행하여 진실한 반야를 체득하고 해탈의 도를 성취하라.

진해각 · 眞解覺 법공(法空)의 지혜바라밀을 행하여 진실한 반야를

체득하고 해탈의 도를 성취하라.

진해덕 · 眞解德 내원해인(耐怨害
忍)의 인욕바라밀을 행하여 진실한
반야를 체득하고 해탈의 도를 성취
하라.

진해득 · 眞解得 수습력(修習力)의
원력바라밀을 행하여 진실한 반야
를 체득하고 해탈의 도를 성취하라.

진해력 · 眞解力 사택력(思擇力)
의 원력바라밀을 행하여 진실한
반야를 체득하고 해탈의 도를 성
취하라.

진해명 · 眞解明 수용법락(受用法
樂)의 지혜바라밀을 행하여 진실한
반야를 체득하고 해탈의 도를 성취
하라.

진해문 · 眞解門 섭선정진(攝善精
進)의 정진바라밀을 행하여 진실한
반야를 체득하고 해탈의 도를 성취
하라.

진해성 · 眞解性 안수고인(安受苦
忍)의 인욕바라밀을 행하여 진실한
반야를 체득하고 해탈의 도를 성취
하라.

진해수 · 眞解修 피갑정진(被甲精
進)의 정진바라밀을 행하여 진실한
반야를 체득하고 해탈의 도를 성취

하라.

진해심 · 眞解心 안주정려(安住靜
慮)의 선정바라밀을 행하여 진실한
반야를 체득하고 해탈의 도를 성취
하라.

진해월 · 眞解月 진취향과(進趣向
果)의 방편바라밀을 행하여 진실한
반야를 체득하고 해탈의 도를 성취
하라.

진해인 · 眞解仁 내원해인(耐怨害
忍)의 인욕바라밀을 행하여 진실한
반야를 체득하고 해탈의 도를 성취
하라.

진해주 · 眞解珠 불사불수(不捨不
受)의 방편바라밀을 행하여 진실한
반야를 체득하고 해탈의 도를 성취
하라.

진해행 · 眞解行 보시바라밀을 행
하여 진실한 반야를 체득하고 해탈
의 도를 성취하라.

진해향 · 眞解香 지계바라밀을 행
하여 진실한 반야를 체득하고 해탈
의 도를 성취하라.

진해화 · 眞解華 인발정려(引發靜
慮)의 선정바라밀을 행하여 진실한
반야를 체득하고 해탈의 도를 성취
하라.

진향 · 塵鄕 바라밀행으로 생사윤회의 바다를 건너 정법안장(正法眼藏)을 체득하라.

진향심 · 塵鄕心 안주정려(安住靜慮)의 선정바라밀행으로 생사윤회의 바다를 건너 정법안장(正法眼藏)을 체득하라.

진향주 · 塵鄕珠 불사불수(不捨不受)의 방편바라밀행으로 생사윤회의 바다를 건너 정법안장(正法眼藏)을 체득하라.

진향화 · 塵鄕華 인발정려(引發靜慮)의 선정선정바라밀행으로 생사윤회의 바다를 건너 정법안장(正法眼藏)을 체득하라.

진혜 · 眞慧 바라밀을 행하여 참된 지혜를 체득하고 널리 중생을 이롭게 하라.

진혜각 · 眞慧覺 법공(法空)의 지혜바라밀을 행하여 참된 지혜를 체득하고 널리 중생을 이롭게 하라.

진혜덕 · 眞慧德 내원해인(耐怨害忍)의 인욕바라밀을 행하여 참된 지혜를 체득하고 널리 중생을 이롭게 하라.

진혜도 · 眞慧道 섭율의계(攝律儀戒)의 지계바라밀을 행하여 참된

지혜를 체득하고 널리 중생을 이롭게 하라.

진혜력 · 眞慧力 사택력(思擇力)의 원력바라밀을 행하여 참된 지혜를 체득하고 널리 중생을 이롭게 하라.

진혜명 · 眞慧明 수용법락(受用法樂)의 지혜바라밀을 행하여 참된 지혜를 체득하고 널리 중생을 이롭게 하라.

진혜문 · 眞慧門 섭선정진(攝善精進)의 정진바라밀을 행하여 참된 지혜를 체득하고 널리 중생을 이롭게 하라.

진혜법 · 眞慧法 변화력(變化力)의 원력바라밀을 행하여 참된 지혜를 체득하고 널리 중생을 이롭게 하라.

진혜성 · 眞慧性 안수고인(安受苦忍)의 인욕바라밀을 행하여 참된 지혜를 체득하고 널리 중생을 이롭게 하라.

진혜수 · 眞慧修 피갑정진(被甲精進)의 정진바라밀을 행하여 참된 지혜를 체득하고 널리 중생을 이롭게 하라.

진혜심 · 眞慧心 안주정려(安住靜慮)의 선정바라밀을 행하여 참된 지혜를 체득하고 널리 중생을 이롭

게 하라.

진혜월 · 眞慧月 진취향과(進趣向
果)의 방편바라밀을 행하여 참된
지혜를 체득하고 널리 중생을 이롭
게 하라.

진혜인 · 眞慧仁 내원해인(耐怨害
忍)의 인욕바라밀을 행하여 참된
지혜를 체득하고 널리 중생을 이롭
게 하라.

진혜주 · 眞慧珠 불사불수(不捨不
受)의 방편바라밀을 행하여 참된
지혜를 체득하고 널리 중생을 이롭
게 하라.

진혜행 · 眞慧行 보시바라밀을 행
하여 참된 지혜를 체득하고 널리
중생을 이롭게 하라.

진혜향 · 眞慧香 지계바라밀을 행
하여 참된 지혜를 체득하고 널리
중생을 이롭게 하라.

진혜화 · 眞慧華 선정바라밀을 행
하여 참된 지혜를 체득하고 널리
중생을 이롭게 하라.

진화 · 眞化 바라밀행에 집중하여
진실한 교화를 행하라.

진화광 · 眞化光 구공(俱空)의 지
혜바라밀행에 집중하여 진실한 교
화를 행하라.

진화문 · 眞化門 섭선정진(攝善精
進)의 정진바라밀행에 집중하여 진
실한 교화를 행하라.

진화성 · 眞化性 안수고인(安受苦
忍)의 인욕바라밀행에 집중하여 진
실한 교화를 행하라.

진화심 · 眞化心 안주정려(安住靜
慮)의 선정바라밀행에 집중하여 진
실한 교화를 행하라.

진화정 · 眞化淨 이락정진(利樂精
進)의 정진바라밀행에 집중하여 진
실한 교화를 행하라.

진화향 · 眞化香 지계바라밀행에
집중하여 진실한 교화를 행하라.

진효 · 盡曉 바라밀을 행하여 모든
것을 남김없이 밝게 알 수 있는 지
혜를 체득하라.

징관 · 澄觀 중국 화엄의 대가인
청량의 법호. 바라밀행을 닦아 맑
고 청정한 마음으로 모든 현상을
관찰할 수 있는 지혜를 체득하라.

09.

차
행

찬녕 · 贊寧 바라밀행을 닦아 중생을 잘 이끌어 평안하게 하라.

찬연 · 粲淵 바라밀행을 닦아 깨끗한 연못과 같은 마음으로 중생을 제도하라.

찬원 · 贊元 바라밀행을 닦아 많은 사람을 부처님의 근본 가르침으로 인도하라.

찬유 · 璨幽 바라밀행을 닦아 빛나는 지혜와 그윽한 복덕을 갖추어 자리이타의 보살행을 실천하라.

찬제 · 羼提 찬제선인(羼提仙人)을 지칭. 바라밀행을 닦아 부처님께서 그 옛날 보살의 인욕행을 성취한 바와 같이 보살행을 실천하라.

창담 · 昌潭 바라밀행을 닦아 풍파가 고요히 잠들어 번뇌의 물결이 사라진 마음의 지혜를 널리 펴라.

창덕 · 昌德 바라밀행을 닦아 불법의 공덕을 널리 펴기 위해 신심과 지혜를 갖추어라.

창명 · 昌明 바라밀행을 닦아 번뇌 무명의 어둠을 밝히는 지혜를 널리 펴라.

창법 · 昌法 바라밀을 실천하고 불법의 진리를 닦아서 널리 전하고 융성케 하라.

창성 · 昌性 바라밀행으로 일체중생이 본래 구족하고 있는 불성(佛性)을 잘 가꾸어라.

창신 · 昌信 바라밀을 실천하여 선하고 아름다운 믿음을 일으켜라.

창원 · 昌圓 바라밀을 실천하여 궁극적인 대승(大乘)의 원교(圓敎), 즉 화엄경의 가르침을 널리 펴라.

창화 · 昌和 바라밀행을 닦아 진실한 마음으로 중생과 화합하여 불도의 진리를 펴라.

채음 · 蔡愔 바라밀행을 닦아 모든 티끌과 번뇌를 여의어서 화평하고 그윽한 음성으로 설법교화에 힘써라.

처겸 · 處謙 바라밀행을 닦아 손가락을 태워 불전에 공양하여 묘오(妙悟)를 얻은 수행자의 마음으로 정진하라.

처능 · 處能 바라밀행을 닦아 처처에서 능히 스스로 자리이타의 보살행을 실천할 수 있는 원력을 갖추어라.

처묵 · 處默 바라밀행을 닦으며 처처에서 침묵하고 정진하라.

처엄 · 處嚴 바라밀행을 닦으며 처처에서 자신에게는 엄격하고 타인에게는 자비심을 베풀어 보살행을 실천하라.

천강 · 千江 천 개의 강에 뜬 달이 평등하면서도 차이가 있듯이 바라밀행을 닦아 다양한 중생계의 인간을 교화하라.

천강월 · 千江月 진취향과(進趣向果)의 방편바라밀을 행하여 천강에 비친 달과 같이 부처님의 복덕행을 실천하라.

천강화 · 千江華 인발정려(引發靜慮)의 선정바라밀을 실천하여 천강에 비친 삼라만상이 모두 화장세계임을 체득하라.

천수 · 千手 바라밀을 행하여 체득하고 천 개의 손과 같이 많은 복덕행을 실천하라.

천수성 · 千手成 무외시의 보시바라밀을 행하며 일체중생의 끝없는 바람을 들어 주시기 위해 천 개의 손과 천 개의 눈을 가진 관세음보살을 항상 잊지 않고 염하여 관세음보살의 대자대비를 따라 배우고 실천하라.

천수심 · 千手心 안주정려(安住靜慮)의 선정바라밀을 행하여 일체중생의 끝없는 바람을 들어 주시기 위해 천 개의 손과 천 개의 눈을 가진 관세음보살을 항상 잊지 않고 염하여 대자대비를 따라 배우고 실천하라.

천연 · 天然 바라밀에 집중하여 있는 그대로의 성품을 체득하라.

천연성 · 天然性 안수고인(安受苦忍)의 인욕바라밀에 집중하여 있는 그대로의 성품을 체득하라.

천연심 · 天然心 안주정려(安住靜慮)의 선정바라밀에 집중하여 있는 그대로의 마음을 꿰뚫어 보라.

천영 · 天英 바라밀행을 닦아 복덕과 지혜를 구족하고 조계의 정통을 이어받을 수 있는 선지식이 되어라.

천유 · 天遊 바라밀행을 닦아 천상에서 노닐 수 있는 선정력을 갖추고 자리이타의 보살행을 실천하라.

천책 · 天頙 바라밀행을 닦아 바른 정법을 체득하고 자리이타의 보살행을 실천하라.

철강 · 徹綱 바라밀행을 닦아 모든 현상을 꿰뚫어 보고 통괄할 수 있는 지혜를 성취하여 자리이타의 보살행을 실천하라.

철암 · 哲嵓 바라밀을 실천하여 어떤 풍상에도 흔들리지 않는 슬기로운 바위와 같은 인재가 되어라.

철오 · 徹悟 바라밀을 실천하여 슬기롭게 깨달아라.

철유 · 喆有 바라밀을 실천하여 복덕과 지혜를 구족한 밝은 존재가 되어라.

철한 · 鐵漢 바라밀행을 닦아 의지가 굳은 불자로서 불도 수행에 정진하고 보살행을 실천하라.

청각 · 淸覺 북송 시대 말기 낙양에서 법을 떨치던 스님의 법명. 백운종(白雲宗) 또는 채식을 주장해 백운채(白雲菜)라고도 불린 종파의 개창자이기도 하다. 바라밀행을 닦아 청정한 깨달음으로 백운채의 일원으로서 자리이타의 보살행을 실천하라.

청곡 · 淸谷 바라밀행을 닦아 맑은 계곡과 같이 담담하게 수행하라.

청곡 · 靑谷 바라밀행을 닦아 푸른 계곡과 같이 고요하고 청정하게 수행하라.

청공 · 靑空 바라밀행을 닦아 푸른 하늘과 같이 청정한 마음으로 자리이타의 보살행을 실천하라.

청광 · 淸光 바라밀행을 닦아 어린 아이와 같은 천진한 미소로 세상을 밝히는 보살행자가 되어라.

청담 · 淸潭 바라밀행을 닦아 번뇌와 산란의 물결이 사라진 푸르고 고요한 연못처럼 청정한 실성을 깨달아라.

청담문 · 淸潭門 섭선정진(攝善精進)의 정진바라밀을 행하여 번뇌와 산란의 물결이 사라진 푸르고 고요한 연못처럼 청정한 실성을 깨달아라.

청담성 · 淸潭性 안수고인(安受苦忍)의 인욕바라밀을 행하여 번뇌와 산란의 물결이 사라진 푸르고 고요한 연못처럼 청정한 실성을 깨달아라.

청담수 · 淸潭修 피갑정진(被甲精進)의 정진바라밀을 행하여 번뇌와 산란의 물결이 사라진 푸르고 고요한 연못처럼 청정한 실성을 깨달아라.

청담월 · 淸潭月 진취향과(進趣向果)의 방편바라밀을 행하여 번뇌와 산란의 물결이 사라진 푸르고 고요한 연못처럼 청정한 실성을 깨달아라.

청담인 · 淸潭仁 내원해인(耐怨害忍)의 인욕바라밀을 행하여 번뇌와 산란의 물결이 사라진 푸르고 고요한 연못처럼 청정한 실성을 깨달아라.

청담주 · 淸潭珠 불사불수(不捨不受)의 방편바라밀을 행하여 번뇌와 산란의 물결이 사라진 푸르고 고요한 연못처럼 청정한 실성을 깨달아라.

청담행 · 淸潭行 재시바라밀을 행하여 번뇌와 산란의 물결이 사라진 푸르고 고요한 연못처럼 청정한 실성을 깨달아라.

청담화 · 淸潭華 인발정려(引發靜慮)의 선정바라밀을 행하여 번뇌와 산란의 물결이 사라진 푸르고 고요한 연못처럼 청정한 실성을 깨달아라.

청덕행 · 淸德行 보시바라밀을 행하여 청정한 덕행을 쌓고 중생을 이롭게 하라.

청도 · 淸道 바라밀행을 닦아 번뇌와 산란을 여의고 청정본연의 불도를 닦아라.

청도각 · 淸道覺 법공(法空)의 지혜바라밀을 실천하여 번뇌와 산란을 여의고 청정본연의 불도를 닦아라.

청도문 · 淸道門 섭선정진(攝善精進)의 정진바라밀을 실천하여 번뇌와 산란을 여의고 청정본연의 불도를 닦아라.

청도성 · 淸道性 안수고인(安受苦忍)의 인욕바라밀을 실천하여 번뇌와 산란을 여의고 청정본연의 불도를 닦아라.

청도수 · 淸道修 피갑정진(被甲精進)의 정진바라밀을 실천하여 번뇌와 산란을 여의고 청정본연의 불도를 닦아라.

청도심 · 淸道心 안주정려(安住靜慮)의 선정바라밀을 실천하여 번뇌와 산란을 여의고 청정본연의 불도를 닦아라.

청도월 · 淸道月 진취향과(進趣向果)의 방편바라밀을 실천하여 번뇌와 산란을 여의고 청정본연의 불도를 닦아라.

청도지 · 淸道智 무상의 지혜바라밀을 실천하여 번뇌와 산란을 여의고 청정본연의 불도를 닦아라.

청도행 · 淸道行 보시바라밀을 실천하여 번뇌와 산란을 여의고 청정본연의 불도를 닦아라.

청도향 · 淸道香 지계바라밀을 실천하여 번뇌와 산란을 여의고 청정본연의 불도를 닦아라.

청도화 · 淸道華 선정바라밀을 실천하여 번뇌와 산란을 여의고 청정본연의 불도를 닦아라.

청량 · 淸凉 바라밀행을 닦아 모든 번뇌의 열기가 가신 청정한 열반을 체득하고 행하라.

청량국 · 淸凉國 바라밀을 실천하여 모든 번뇌의 열기가 가신 청정

한 마음을 닦고 행하여 맑고 청정한 불국토를 이루어라.

청량덕 · 淸凉德 내원해인(耐怨害忍)의 인욕바라밀을 실천하여 모든 번뇌의 열기가 소멸된 청정한 마음을 닦고 행하여 불국토를 이루어라.

청량도 · 淸凉道 섭율의계(攝律儀戒)의 지계바라밀을 실천하여 모든 번뇌의 열기가 소멸된 청정한 마음을 닦고 행하여 불국토를 이루어라.

청량문 · 淸凉門 섭선정진(攝善精進)의 정진바라밀을 실천하여 모든 번뇌의 열기가 소멸된 청정한 열반을 체득하는 여러 가지 수행 방편을 닦고 행하라.

청량수 · 淸凉修 피갑정진(被甲精進)의 정진바라밀을 실천하여 모든 번뇌의 열기가 소멸된 청정한 마음을 닦고 행하여 불국토를 이루어라.

청량심 · 淸凉心 안주정려(安住靜慮)의 선정바라밀을 실천하여 모든 번뇌의 열기가 소멸된 청정한 마음을 닦고 행하여 불국토를 이루어라.

청량월 · 淸凉月 진취향과(進趣向果)의 방편바라밀을 실천하여 모든 번뇌의 열기가 소멸된 청정한 마음을 닦고 행하여 불국토를 이루어라.

청량정 · 淸凉淨 이락정진(利樂精進)의 정진바라밀을 실천하여 모든 번뇌의 열기가 소멸된 청정한 마음을 닦고 행하여 불국토를 이루어라.

청량지 · 淸凉地 섭중생계(攝衆生戒)의 지계바라밀을 실천하여 모든 번뇌의 열기가 소멸된 청정한 마음을 닦고 행하여 불국토를 이루어라.

청련 · 淸蓮 바라밀행을 닦아 푸른 연꽃처럼 청정한 마음으로 중생을 이롭게 하라.

청련 · 靑蓮 수련(睡蓮)이라고도 함. 바라밀행을 닦아 푸른 연꽃과 같이 아름다운 공덕을 지어 많은 사람을 행복하게 해 주어라.

청련향 · 靑蓮香 지계바라밀행으로 푸른 연꽃과 같이 아름다운 공덕을 지어 많은 사람을 행복하게 해 주어라.

청련화 · 靑蓮花 바라밀행으로 푸른 연꽃과 같이 아름다운 공덕을 지어 많은 사람을 행복하게 해 주어라.

청련화 · 靑蓮華 선정바라밀행으로 푸른 연꽃과 같이 아름다운 공덕을 지어 많은 사람을 행복하게 해 주어라.

청료 · 淸了 바라밀행을 닦아 맑은 품성, 밝은 지혜를 갖추어라.

청매 · 靑梅 바라밀행을 닦아 푸른 매화와 같이 생각만 하여도 생기가 돌게 하는 지혜로운 수행자가 되어라.

청명 · 淸明 바라밀행을 닦아 청정한 반야를 체득하여 심성을 밝게 가져라.

청명각 · 淸明覺 법공(法空)의 지혜바라밀을 실천하며 청정한 반야를 체득하여 심성을 밝게 가져라.

청명덕 · 淸明德 내원해인(耐怨害忍)의 인욕바라밀을 실천하며 청정한 반야를 체득하여 심성을 밝게 가져라.

청명심 · 淸明心 안주정려(安住靜慮)의 선정바라밀을 실천하며 청정한 반야를 체득하여 심성을 밝게 가져라.

청명월 · 淸明月 진취향과(進趣向果)의 방편바라밀을 실천하며 청정한 반야를 체득하여 심성을 밝게 가져라.

청명주 · 淸明珠 불사불수(不捨不受)의 방편바라밀을 실천하며 청정한 반야를 체득하여 심성을 밝게 가져라.

청명행 · 淸明行 보시바라밀을 실천하며 청정한 반야를 체득하여 심성을 밝게 가져라.

청명화 · 淸明華 선정바라밀을 실천하며 청정한 반야를 체득하여 심성을 밝게 가져라.

청봉 · 淸峰 바라밀행을 닦아 항상 청정한 서기가 서려 있는 봉우리처럼 자리이타의 보살행을 실천하라.

청서 · 淸瑞 바라밀행을 닦아 항상 맑고 상서로운 기운을 가진 보살행자로서 자리이타의 대승보살도를 실천하라.

청성 · 淸性 바라밀행을 닦아 청정한 성품을 갖추고 자리이타의 보살행을 실천하라.

청송 · 淸松 바라밀행을 닦아 겨울의 깊은 눈 속에서도 푸른 소나무와 같이 굳센 절개와 정신으로 불도를 닦아라.

청송 · 淸竦 바라밀을 실천하며 항상 맑은 마음으로 몸을 조신하게 하고 삼가는 행실로 이타행을 실천하라.

청송각 · 淸松覺 법공(法空)의 지혜바라밀을 실천하여 겨울의 깊은 눈 속에서도 푸른 소나무와 같이 굳센

절개와 정신으로 불도를 닦아라.

청송도 · 淸松道 교회유무(巧會有無)의 방편바라밀을 실천하여 겨울의 깊은 눈 속에서도 푸른 소나무와 같이 굳센 절개와 정신으로 불도를 닦아라.

청송문 · 淸松門 섭선정진(攝善精進)의 정진바라밀을 실천하여 겨울의 깊은 눈 속에서도 푸른 소나무와 같이 굳센 절개와 정신으로 불도를 닦아라.

청송심 · 淸松心 안주정려(安住靜慮)의 선정바라밀을 실천하여 겨울의 깊은 눈 속에서도 푸른 소나무와 같이 굳센 절개와 정신으로 불도를 닦아라.

청송주 · 淸松珠 불사불수(不捨不受)의 방편바라밀을 실천하여 겨울의 깊은 눈 속에서도 푸른 소나무와 같이 굳센 절개와 정신으로 불도를 닦아라.

청송화 · 淸松華 선정바라밀을 실천하여 겨울의 깊은 눈 속에서도 푸른 소나무와 같이 굳센 절개와 정신으로 불도를 닦아라.

청심 · 淸心 바라밀행을 닦아 모든 번뇌와 망집을 버리고 마음의 청정을 갖추어 자리이타의 보살행을 실

천하라.

청심안 · 淸心眼 법공(法空)의 지혜
바라밀을 실천하여 모든 번뇌와 망
집을 버리고 마음의 청정을 닦아라.

청심화 · 淸心和 인발정려(引發靜
慮)의 선정바라밀을 실천하여 모든
번뇌와 망집을 버리고 마음의 청정
을 닦아라.

청안 · 淸眼 바라밀을 실천하여 모
든 법의 실상을 여실히 관조하는
청정한 안목을 갖추어라.

청안 · 靑眼 바라밀행을 닦아 푸른
눈을 가진 납자와 같이 지속적으로
정진하여 불도를 성취하라.

청안덕 · 淸眼德 내원해인(耐怨害
忍)의 인욕바라밀을 실천하여 모든
법의 실상을 여실히 관조하는 청정
한 안목을 갖추어라.

청안도 · 淸眼道 섭율의계(攝律儀
戒)의 지계바라밀을 실천하여 모든
법의 실상을 여실히 관조하는 청정
한 안목을 갖추어라.

청안문 · 淸眼門 섭선정진(攝善精
進)의 정진바라밀을 실천하여 모든
법의 실상을 여실히 관조하는 청정
한 안목을 갖추어라.

청안법 · 淸眼法 변화력(變化力)의
원력바라밀을 실천하여 모든 법의
실상을 여실히 관조하는 청정한 안
목을 갖추어라.

청안성 · 淸眼性 안수고인(安受苦
忍)의 인욕바라밀을 실천하여 모든
법의 실상을 여실히 관조하는 청정
한 안목을 갖추어라.

청안수 · 淸眼修 피갑정진(被甲精
進)의 정진바라밀을 실천하여 모든
법의 실상을 여실히 관조하는 청정
한 안목을 갖추어라.

청안심 · 淸眼心 안주정려(安住靜
慮)의 선정바라밀을 실천하여 모든
법의 실상을 여실히 관조하는 청정
한 안목을 갖추어라.

청안주 · 淸眼珠 불사불수(不捨不
受)의 방편바라밀을 실천하여 모든
법의 실상을 여실히 관조하는 청정
한 안목을 갖추어라.

청안지 · 淸眼智 무상의 지혜바라
밀을 실천하여 모든 법의 실상을
여실히 관조하는 청정한 안목을 갖
추어라.

청안행 · 淸眼行 재시의 보시바라
밀을 실천하여 모든 법의 실상을
여실히 관조하는 청정한 안목을 갖
추어라.

청용 · 淸聳 바라밀행을 닦아 맑은 마음이 용솟음치는 선정력을 갖추고 자리이타의 보살행을 실천하라.

청운 · 靑雲 푸르고 높은 청산의 봉우리에 떠 있는 구름처럼 높고 푸른 기상과 훌륭한 재능을 닦아 번뇌와 탐욕으로 말미암은 중생의 꿈을 일깨워라.

청운심 · 淸雲心 안주정려(安住靜慮)의 정진바라밀을 실천하여 푸르고 높은 청산의 봉우리에 걸려 있는 구름처럼 높고 푸른 기상과 훌륭한 재능을 닦아 번뇌와 탐욕으로 말미암은 중생의 꿈을 일깨워라.

청원 · 靑原 바라밀행을 닦아 눈 푸른 납자로서 자리이타의 대승보살도의 근원이 되어라.

청원 · 淸圓 바라밀행을 닦아 청정하고 원만한 불성을 깨닫고 불도의 가르침을 널리 펴라.

청원덕 · 淸圓德 내원해인(耐怨害忍)의 인욕바라밀을 실천하여 청정하고 원만한 불성을 깨닫고 불도의 가르침을 널리 펴라.

청원도 · 淸圓道 섭율의계(攝律儀戒)의 지계바라밀을 실천하여 청정하고 원만한 불성을 깨닫고 불도의 가르침을 널리 펴라.

청원문 · 淸圓門 섭선정진(攝善精進)의 정진바라밀을 실천하여 청정하고 원만한 불성을 깨닫고 불도의 가르침을 널리 펴라.

청원성 · 淸圓性 안수고인(安受苦忍)의 인욕바라밀을 실천하여 청정하고 원만한 불성을 깨닫고 불도의 가르침을 널리 펴라.

청원심 · 淸圓心 안주정려(安住靜慮)의 선정바라밀을 실천하여 청정하고 원만한 불성을 깨닫고 불도의 가르침을 널리 펴라.

청원주 · 淸圓珠 불사불수(不捨不受)의 방편바라밀을 실천하여 청정하고 원만한 불성을 깨닫고 불도의 가르침을 널리 펴라.

청원지 · 淸圓智 무상의 지혜바라밀을 실천하여 청정하고 원만한 불성을 깨닫고 불도의 가르침을 널리 펴라.

청원행 · 淸圓行 보시바라밀을 실천하여 청정하고 원만한 불성을 깨닫고 불도의 가르침을 널리 펴라.

청원화 · 淸圓華 선정바라밀을 실천하여 청정하고 원만한 불성을 깨닫고 불도의 가르침을 널리 펴라.

청인 · 淸印 바라밀행을 닦아 번뇌

와 망집을 떠나서 청정한 심인(心印)을 체득하라.

청인각 · 淸印覺 법공(法空)의 지혜바라밀을 실천하여 번뇌와 망집을 떠나서 청정한 심인(心印)을 체득하라.

청인덕 · 淸印德 수습력(修習力)의 원력바라밀을 실천하여 번뇌와 망집을 떠나서 청정한 심인(心印)을 체득하라.

청인도 · 淸印道 섭율의계(攝律儀戒)의 지계바라밀을 실천하여 번뇌와 망집을 떠나서 청정한 심인(心印)을 체득하라.

청인문 · 淸印門 섭선정진(攝善精進)의 정진바라밀을 실천하여 번뇌와 망집을 떠나서 청정한 심인(心印)을 체득하라.

청인성 · 淸印性 안수고인(安受苦忍)의 인욕바라밀을 실천하여 번뇌와 망집을 떠나서 청정한 심인(心印)을 체득하라.

청인수 · 淸印修 피갑정진(被甲精進)의 정진바라밀을 실천하여 번뇌와 망집을 떠나서 청정한 심인(心印)을 체득하라.

청인심 · 淸印心 안주정려(安住靜慮)의 선정바라밀을 실천하여 번뇌와 망집을 떠나서 청정한 심인(心印)을 체득하라.

청인주 · 淸印珠 불사불수(不捨不受)의 방편바라밀을 실천하여 번뇌와 망집을 떠나서 청정한 심인(心印)을 체득하라.

청인지 · 淸印智 무상지(無上智)의 지혜바라밀을 실천하여 번뇌와 망집을 떠나서 청정한 심인(心印)을 체득하라.

청인행 · 淸印行 보시바라밀을 실천하여 번뇌와 망집을 떠나서 청정한 심인(心印)을 체득하라.

청인향 · 淸印香 지계바라밀을 실천하여 번뇌와 망집을 떠나서 청정한 심인(心印)을 체득하라.

청인화 · 淸印華 선정바라밀을 실천하여 번뇌와 망집을 떠나서 청정한 심인(心印)을 체득하라.

청정 · 淸淨 바라밀행으로 번뇌와 망집으로 인한 모든 분별을 떨치고 청정 불성에 도달할 수 있도록 정진하라.

청정각 · 淸淨覺 항상 청정한 마음으로 법공(法空)의 지혜바라밀을 행하여 번뇌의 진흙 속에서도 더럽혀짐이 없이 아름답게 피는 연꽃처럼 세속에 오염되지 말고 부처님의 가르침을 실천하라.

청정광 · 淸淨光 부처님에게 있는 12광명의 하나. 항상 청정한 마음으로 구공(俱空)의 지혜바라밀을 행하여 번뇌의 진흙 속에서도 더럽혀짐이 없이 아름답게 피는 연꽃처럼 세속에 오염되지 말고 부처님의 가르침을 실천하라.

청정도 · 淸淨道 항상 청정한 마음으로 섭율의계(攝律儀戒)의 지계바라밀을 행하여 번뇌의 진흙 속에서도 더럽혀짐이 없이 아름답게 피는 연꽃처럼 세속에 오염되지 말고 부처님의 가르침을 실천하라.

청정득 · 淸淨得 항상 청정한 마음으로 수습력(修習力)의 원력바라밀을 갖추어 번뇌의 진흙 속에서도 더럽혀짐이 없이 아름답게 피는 연꽃처럼 세속에 오염되지 말고 부처님의 가르침을 실천하라.

청정락 · 淸淨樂 항상 청정한 마음으로 바라밀을 행하여 번뇌의 진흙 속에서도 더럽혀짐이 없이 아름답게 피는 연꽃처럼 세속에 오염되지 말고 부처님의 가르침을 실천하라.

청정력 · 淸淨力 항상 청정한 마음으로 사택력(思擇力)의 원력바라

밀을 행하여 번뇌의 진흙 속에서도 더럽혀짐이 없이 아름답게 피는 연꽃처럼 세속에 오염되지 않고 부처님의 가르침을 실천하라.

청정문 · 淸淨門 항상 청정한 마음으로 섭선정진(攝善精進)의 정진바라밀을 행하여 번뇌의 진흙 속에서도 더럽혀짐이 없이 아름답게 피는 연꽃처럼 세속에 오염되지 말고 부처님의 가르침을 실천하라.

청정법 · 淸淨法 항상 청정한 마음으로 변화력(變化力)의 원력바라밀을 행하여 번뇌의 진흙 속에서도 더럽혀짐이 없이 아름답게 피는 연꽃처럼 세속에 오염되지 말고 부처님의 가르침을 실천하라.

청정선 · 淸淨禪 항상 청정한 마음으로 선정바라밀을 행하여 번뇌의 진흙 속에서도 더럽혀짐이 없이 아름답게 피는 연꽃처럼 세속에 오염되지 말고 부처님의 가르침을 실천하라.

청정수 · 淸淨修 항상 청정한 마음으로 피갑정진(被甲精進)의 정진바라밀을 행하여 번뇌의 진흙 속에서도 더럽혀짐이 없이 아름답게 피는 연꽃처럼 세속에 오염되지 말고 부처님의 가르침을 실천하라.

청정신 · 淸淨身 바라밀을 실천하

여 청정무애한 성불을 이루고, 한량없는 중생을 제도하라.

청정심 · 淸淨心 항상 청정한 마음으로 안주정려(安住靜慮)의 선정바라밀을 행하여 번뇌의 진흙 속에서도 더럽혀짐이 없이 아름답게 피는 연꽃처럼 세속에 오염되지 말고 부처님의 가르침을 실천하라.

청정안 · 淸淨眼 항상 청정한 마음으로 법공혜(法空慧)의 지혜바라밀을 행하여 번뇌의 진흙 속에서도 더럽혀짐이 없이 아름답게 피는 연꽃처럼 세속에 오염되지 말고 부처님의 가르침을 실천하라.

청정여 · 淸淨如 항상 청정한 마음으로 진여의 바라밀을 행하여 번뇌의 진흙 속에서도 더럽혀짐이 없이 아름답게 피는 연꽃처럼 세속에 오염되지 말고 부처님의 가르침을 실천하라.

청정원 · 淸淨園 항상 청정한 마음으로 바라밀을 행하여 번뇌의 진흙 속에서도 더럽혀짐이 없이 아름답게 피는 연꽃처럼 세속에 오염되지 말고 부처님의 가르침을 실천하라.

청정월 · 淸淨月 항상 청정한 마음으로 진취향과(進趣向果)의 방편바라밀을 행하여 번뇌의 진흙 속에서도 더럽혀짐이 없이 아름답게 피

는 연꽃처럼 세속에 오염되지 말고 부처님의 가르침을 실천하라.

청정인 · 淸淨人 항상 청정한 마음으로 바라밀을 실천하여 성불의 도를 체득하고 중생을 제도하라.

청정주 · 淸淨珠 항상 청정한 마음으로 불사불수(不捨不受)의 방편바라밀을 행하여 번뇌의 진흙 속에서도 더럽혀짐이 없이 아름답게 피는 연꽃처럼 세속에 오염되지 말고 부처님의 가르침을 실천하라.

청정지 · 淸淨智 항상 청정한 마음으로 무상의 지혜바라밀을 행하여 번뇌의 진흙 속에서도 더럽혀짐이 없이 아름답게 피는 연꽃처럼 세속에 오염되지 말고 부처님의 가르침을 실천하라.

청정행 · 淸淨行 항상 청정한 마음으로 보시바라밀을 행하여 번뇌의 진흙 속에서도 더럽혀짐이 없이 아름답게 피는 연꽃처럼 세속에 오염되지 말고 부처님의 가르침을 실천하라.

청정향 · 淸淨香 항상 청정한 마음으로 섭선법계(攝善法戒)의 지계바라밀을 행하여 번뇌의 진흙 속에서도 더럽혀짐이 없이 아름답게 피는 연꽃처럼 세속에 오염되지 말고 부처님의 가르침을 실천하라.

청정혜 · 淸淨慧 항상 청정한 지혜로 많은 사람을 이익과 안락, 행복의 길로 인도하는 보살행을 실천하라.

청정화 · 淸淨華 항상 청정한 마음으로 선정바라밀을 행하여 번뇌의 진흙 속에서도 더럽혀짐이 없이 아름답게 피는 연꽃처럼 세속에 오염되지 말고 부처님의 가르침을 실천하라.

청정훈 · 淸淨勳 항상 청정한 마음으로 바라밀을 실천하여 번뇌의 진흙 속에서도 더럽혀짐이 없이 아름답게 피는 연꽃처럼 세속에 오염되지 말고 아미타 부처님의 원력을 실천하라.

청진 · 淸眞 바라밀을 행하여 번뇌와 망집을 떨치고 청정한 진여를 체득하여 불도에 정진하라.

청진각 · 淸眞覺 법공(法空)의 지혜바라밀을 행하여 번뇌와 망집을 떨치고 청정한 진여 불성을 체득하여 불도에 정진하라.

청진덕 · 淸眞德 내원해인(耐怨害忍)의 인욕바라밀을 행하여 번뇌와 망집을 떨치고 청정한 진여 불성을 체득하여 불도에 정진하라.

청진문 · 淸眞門 섭선정진(攝善精進)의 정진바라밀을 행하여 번뇌와

망집을 떨치고 청정한 진여 불성을 체득하여 불도에 정진하라.

청진성 · 淸眞性 안수고인(安受苦忍)의 인욕바라밀을 행하여 번뇌와 망집을 떨치고 청정한 진여 불성을 체득하여 불도에 정진하라.

청진수 · 淸眞修 피갑정진(被甲精進)의 정진바라밀을 행하여 번뇌와 망집을 떨치고 청정한 진여 불성을 체득하여 불도에 정진하라.

청진월 · 淸眞月 진취향과(進趣向果)의 방편바라밀을 행하여 번뇌와 망집을 떨치고 청정한 진여 불성을 체득하여 불도에 정진하라.

청진주 · 淸眞珠 불사불수(不捨不受)의 방편바라밀을 행하여 번뇌와 망집을 떨치고 청정한 진여 불성을 체득하여 불도에 정진하라.

청진행 · 淸眞行 재시의 보시바라밀을 행하여 번뇌와 망집을 떨치고 청정한 진여 불성을 체득하여 불도에 정진하라.

청진향 · 淸眞香 섭선법계(攝善法戒)의 지계바라밀을 행하여 번뇌와 망집을 떨치고 청정한 진여 불성을 체득하여 불도에 정진하라.

청진화 · 淸眞華 인발정려(引發靜

慮)의 선정바라밀을 행하여 번뇌와 망집을 떨치고 청정한 진여 불성을 체득하여 불도에 정진하라.

청청각 · 靑淸覺 바라밀행으로 청정한 원각에 들어 심오한 진리를 체득하고, 이타행의 원력을 세워 많은 사람을 이롭게 하라.

청청심 · 靑淸心 안주정려(安住靜慮)의 선정바라밀을 행하여 번뇌와 망집을 떨치고 청정한 진여 불성을 체득하여 불도에 정진하라.

청청월 · 靑淸月 진취향과(進趣向果)의 방편바라밀을 행하여 번뇌와 망집을 떨치고 청정한 진여 불성을 체득하여 불도에 정진하라.

청청해 · 靑淸海 바라밀행으로 청정한 깨달음의 바다에 들어 원각묘심(圓覺妙心)을 성취하라.

청풍 · 淸風 청풍명월(淸風明月)의 준말. 만고(萬古)의 진리를 상징함. 바라밀행으로 불법을 깨달아 중생의 번뇌를 가시게 하는 시원하고 맑은 바람을 일으켜라.

청학 · 淸學 바라밀행을 닦아 사념과 탐욕이 없는 마음으로 항상 배우고 익혀 불도를 이어라.

청해 · 淸海 사념과 탐욕이 없는 마음으로 바라밀을 실천하여 바다와 같은 지혜로 한량없는 중생을 제도하라.

청해성 · 淸海性 사념과 탐욕이 없는 마음으로 안수고인(安受苦忍)의 인욕바라밀을 실천하여 바다와 같은 지혜로 한량없는 중생을 제도하라.

청해심 · 淸海心 사념과 탐욕이 없는 마음으로 안주정려(安住靜慮)의 선정바라밀을 실천하여 바다와 같은 지혜로 한량없는 중생을 제도하라.

청해향 · 淸海香 사념과 탐욕이 없는 마음으로 섭선법계(攝善法戒)의 지계바라밀을 실천하여 바다와 같은 지혜로 한량없는 중생을 제도하라.

청향림 · 淸香林 사념과 탐욕이 없는 마음으로 변사정려(辨事靜慮)의 선정바라밀을 실천하여 바다와 같은 지혜로 한량없는 중생을 제도하라.

청허 · 淸虛 바라밀행을 닦아 청정하고 욕심이 없는 수행자의 모습을 갖추어라.

청호 · 晴湖 바라밀행을 닦아 마음에 번뇌 망상이 조금도 남아 있지 않은 불자의 자세로 중생 제도에 앞장서라.

청호성 · 晴湖性 안수고인(安受苦

찐)의 인욕바라밀을 실천하여 마음에 번뇌 망상이 조금도 남아 있지 않은 불자의 자세로 중생 제도에 앞장서라.

청호수 · 晴湖修 피갑정진(被甲精進)의 정진바라밀을 실천하여 마음에 번뇌 망상이 조금도 남아 있지 않은 불자의 자세로 중생 제도에 앞장서라.

청호심 · 晴湖心 안주정려(安住靜慮)의 선정바라밀을 실천하여 마음에 번뇌 망상이 조금도 남아 있지 않은 불자의 자세로 중생 제도에 앞장서라.

청화 · 淸和 바라밀행을 닦아 항상 화창한 날씨와 같은 마음으로 많은 사람을 이롭게 하라.

초금 · 楚金 쇠를 벼려서 가지런한 모양을 갖추듯이 바라밀행을 닦아 자신의 성품을 단련시켜 번뇌 망상에 끄달리지 않는 불자가 되어라.

초금성 · 楚金性 쇠를 벼려서 가지런한 모양을 갖추듯이 안수고인(安受苦忍)의 인욕바라밀로 자신의 성품을 단련시켜 번뇌 망상에 끄달리지 않는 불자가 되어라.

초당 · 草堂 바라밀을 실천하여 마음에 번잡함이 없이 있는 그대로의 삶을 여여하게 영위하라.

초락 · 超樂 바라밀을 실천하여 쾌락에서 벗어나 초연하고 여여한 모습으로 세상 사람들에게 이익과 안락을 베풀어라.

초성 · 超盛 바라밀을 실천하여 세상을 초월한 무위의 지혜를 체득하라.

초안 · 楚安 바라밀을 실천하여 몸과 마음을 가지런히 하고 현세의 이익과 내세의 안락을 취하라.

초안성 · 楚安性 안수고인(安受苦忍)의 인욕바라밀을 실천하여 몸과 마음을 가지런히 하고 현세의 이익과 내세의 안락을 취하라.

초안심 · 楚安心 안주정려(安住靜慮)의 선정바라밀을 실천하여 몸과 마음을 가지런히 하고 현세의 이익과 내세의 안락을 취하라.

초안행 · 楚安行 보시바라밀을 실천하여 몸과 마음을 가지런히 하고 현세의 이익과 내세의 안락을 취하라.

초연 · 超然 바라밀을 실천하여 소리에 놀라지 않는 사자처럼, 그물에 걸리지 않는 바람처럼, 진흙에 더럽혀지지 않는 연꽃처럼, 무소의 뿔처럼 혼자서 가라.

초연도 · 超然道 섭율의계(攝律儀戒)의 지계바라밀을 실천하여 소리에 놀라지 않는 사자처럼, 그물에 걸리지 않는 바람처럼, 진흙에 더럽혀지지 않는 연꽃처럼, 무소의 뿔처럼 혼자서 가라.

초연명 · 超然明 무상의 지혜바라밀을 실천하여 소리에 놀라지 않는 사자처럼, 그물에 걸리지 않는 바람처럼, 진흙에 더럽혀지지 않는 연꽃처럼, 무소의 뿔처럼 혼자서 가라.

초연성 · 超然性 안수고인(安受苦忍)의 인욕바라밀을 실천하여 소리에 놀라지 않는 사자처럼, 그물에 걸리지 않는 바람처럼, 진흙에 더럽혀지지 않는 연꽃처럼, 무소의 뿔처럼 혼자서 가라.

초연수 · 超然修 피갑정진(被甲精進)의 정진바라밀을 실천하여 소리에 놀라지 않는 사자처럼, 그물에 걸리지 않는 바람처럼, 진흙에 더럽혀지지 않는 연꽃처럼, 무소의 뿔처럼 혼자서 가라.

초연심 · 超然心 안주정려(安住靜慮)의 선정바라밀을 실천하여 소리에 놀라지 않는 사자처럼, 그물에 걸리지 않는 바람처럼, 진흙에 더럽혀지지 않는 연꽃처럼, 무소의 뿔처럼 혼자서 가라.

초연행 · 超然行 보시바라밀을 실천하여 소리에 놀라지 않는 사자처럼, 그물에 걸리지 않는 바람처럼, 진흙에 더럽혀지지 않는 연꽃처럼, 무소의 뿔처럼 혼자서 가라.

초연향 · 超然香 지계바라밀을 실천하여 소리에 놀라지 않는 사자처럼, 그물에 걸리지 않는 바람처럼, 진흙에 더럽혀지지 않는 연꽃처럼, 무소의 뿔처럼 혼자서 가라.

초연화 · 超然華 선정바라밀을 실천하여 소리에 놀라지 않는 사자처럼, 그물에 걸리지 않는 바람처럼, 진흙에 더럽혀지지 않는 연꽃처럼, 무소의 뿔처럼 혼자서 가라.

초영 · 超永 바라밀행을 닦아 세간을 초월하여 길이길이 복덕과 지혜를 구족하고 멀리 덕향을 펼쳐라.

초원 · 楚圓 바라밀행을 닦아 세간의 속박을 뛰어넘어 해탈의 경지를 체득하고 원융무애의 삶을 영위하라.

초원 · 超源 바라밀행을 닦아 세간의 속박을 뛰어넘고 초연하여 자신의 근본으로 돌아가 스스로의 진면목을 파악하고 남을 이롭게 하라.

초원심 · 超源心 선정바라밀을 실천하여 세간의 속박을 뛰어넘고 초연하여 자신의 근본으로 돌아가 스

• 차행

스로의 진면목을 파악하고 남을 이롭게 하라.

초원향 · 超源香 지계바라밀을 실천하여 세간의 속박을 뛰어넘고 초연하여 자신의 근본으로 돌아가 스스로의 진면목을 파악하고 남을 이롭게 하라.

초원화 · 超源華 인발정려(引發靜慮)의 선정바라밀을 실천하여 세간의 속박을 뛰어넘고 초연하여 자신의 근본으로 돌아가 스스로의 진면목을 파악하고 남을 이롭게 하라.

초월 · 初月 바라밀을 행하여 진리를 체득하고 초승달과 같이 민중에게 희망을 주는 보살행을 실천하라.

초은 · 礎恩 진리의 토대가 되는 가르침을 주신 부처님의 은혜에 감사하며 바라밀을 행하여 한량없는 중생을 이롭게 하라.

초준 · 楚俊 바라밀행에 집중하여 가시나무와 같은 험난한 괴로움을 극복하고 뛰어난 인재가 되어라.

초지 · 超智 바라밀행을 닦아 세간을 초월하는 지혜를 갖추어 자리이타의 대승보살도를 실천하라.

초혜 · 超慧 바라밀행으로 뛰어난 지혜를 체득하여 한량없는 중생을

이롭게 하라.

초혜덕 · 超慧德 인욕바라밀행으로 뛰어난 지혜를 체득하여 한량없는 중생을 이롭게 하라.

초혜성 · 超慧性 선정바라밀행으로 뛰어난 지혜를 체득하여 한량없는 중생을 이롭게 하라.

초혜향 · 超慧香 지계바라밀행으로 뛰어난 지혜를 체득하여 한량없는 중생을 이롭게 하라.

총지 · 總持 바라밀행을 닦아 다라니와 같이 모든 공덕을 다 갖추어 무량 법문을 잊지 않고 설법 자재하여라.

최일 · 最一 바라밀행을 닦아 부처님께서 체득하신 아눅다라삼먁삼보리에 도달할 수 있도록 대승보살도를 실천하라.

추경 · 秋鏡 바라밀행으로 마음을 가을의 푸른 하늘처럼 맑게 닦고 여여한 모습으로 중생의 거울이 되어라.

추경덕 · 秋鏡德 내원해인(耐怨害忍)의 인욕바라밀행으로 마음을 가을의 푸른 하늘처럼 맑게 닦고 여여한 모습으로 중생의 거울이 되어라.

추경도 · 秋鏡道 섭율의계(攝律儀戒)의 지계바라밀행으로 마음을 가을의 푸른 하늘처럼 맑게 닦고 여여한 모습으로 중생의 거울이 되어라.

추경문 · 秋鏡門 섭선정진(攝善精進)의 정진바라밀행으로 마음을 가을의 푸른 하늘처럼 맑게 닦고 여여한 모습으로 중생의 거울이 되어라.

추경수 · 秋鏡修 피갑정진(被甲精進)의 정진바라밀행으로 마음을 가을의 푸른 하늘처럼 맑게 닦고 여여한 모습으로 중생의 거울이 되어라.

추경심 · 秋鏡心 안주정려(安住靜慮)의 선정바라밀행으로 마음을 가을의 푸른 하늘처럼 맑게 닦고 여여한 모습으로 중생의 거울이 되어라.

추경지 · 秋鏡智 무상의 지혜바라밀행으로 마음을 가을의 푸른 하늘처럼 맑게 닦고 여여한 모습으로 중생의 거울이 되어라.

추경행 · 秋鏡行 보시바라밀행으로 마음을 가을의 푸른 하늘처럼 맑게 닦고 여여한 모습으로 중생의 거울이 되어라.

추경화 · 秋鏡華 선정바라밀행으로 마음을 가을의 푸른 하늘처럼 맑게 닦고 여여한 모습으로 중생의 거울이 되어라.

추계 · 秋溪 바라밀행으로 마음속 번뇌 망상을 모두 비워 내고 지혜를 체득하여 중생을 널리 이롭게 하라.

추계심 · 秋溪心 안주정려(安住靜慮)의 선정바라밀행으로 마음속 번뇌 망상을 모두 비워 내고 지혜를 체득하여 중생을 널리 이롭게 하라.

추계월 · 秋溪月 진취향과(進趣向果)의 방편바라밀행으로 마음속 번뇌 망상을 모두 비워 내고 지혜를 체득하여 중생을 널리 이롭게 하라.

추계향 · 秋溪香 섭선법계(攝善法戒)의 지계바라밀행으로 마음속 번뇌 망상을 모두 비워 내고 지혜를 체득하여 중생을 널리 이롭게 하라.

추공 · 秋空 바라밀행으로 가을 하늘처럼 높고 청명한 마음을 가져 만물의 결실을 가져올 수 있는 구공(俱空)의 지혜를 갖추어라.

추광 · 秋光 바라밀행을 닦아 번뇌 망집을 버려서 맑고 투명한 가을 햇살처럼 고요하고 밝은 심성을 닦아라.

추담 · 秋潭 바라밀행으로 가을의 맑고 푸른 연못처럼 청정한 마음의 깨달음을 갈고 닦아라.

추붕 · 秋鵬 바라밀행을 닦아 크기가 수천 리에 달하고, 한 번 날갯짓으로 수만 리를 날아가는 붕새처럼 중생을 이롭게 하라.

추운 · 秋雲 바라밀행을 닦아 만물이 결실을 맺는 가을 하늘에 떠있는 구름처럼 어디에도 집착함이 없이 자재한 마음으로 불도를 체득하라.

추월 · 秋月 바라밀행을 닦아 맑고 푸른 가을 밤하늘에 뜬 달처럼 어디에도 걸림이 없는 마음의 깨달음을 체득하라.

추월향 · 秋月香 지계바라밀을 실천하여 맑고 푸른 가을 밤하늘에 뜬 달처럼 어디에도 걸림이 없는 마음의 깨달음을 체득하라.

추월화 · 秋月華 선정바라밀을 실천하여 맑고 푸른 가을 밤하늘에 뜬 달처럼 어디에도 걸림이 없는 마음의 깨달음을 체득하라.

추정 · 秋淨 바라밀행을 닦아 가을의 맑은 하늘과 물처럼 산란과 번뇌를 쉰 청정한 마음으로 매사에 임하라.

추파 · 秋波 바라밀행을 닦아 가을철의 잔잔하고 맑은 물처럼 곱고 맑은 심성을 가져라.

춘성 · 春性 바라밀을 실천하여 봄과 같이 따스하고 온유한 성품으로 사섭법을 행하여 중생을 이롭게 하라.

충담 · 忠潭 바라밀행을 닦아 맑은 물이 가득 찬 연못처럼 넉넉하고 큰마음으로 일체중생과 국가에 대한 충효를 다하라.

충담 · 忠湛 바라밀을 실천하여 진실한 마음으로 담박한 삶을 영위하라.

충명 · 忠明 바라밀행을 닦아 일체의 불의(不義)와 죄업을 떨치는 불도에 정진하여 지혜광명으로 삼보(三寶)와 부모, 스승, 국가에 충효(忠孝)를 다하라.

충언 · 沖彦 바라밀을 실천하여 무위의 마음을 체득하고 깊고 공허한 선비와 같은 삶을 영위하라.

충윤 · 充潤 바라밀행으로 수행하여 자양청규(滋養淸竅)와 같은 마음으로 스스로를 충만하게 하고 중생의 삶에 활력소가 되어라.

충인 · 忠仁 바라밀으로 일체의 불의(不義)와 대립을 초월한 불도의 정신을 깊이 닦아서 일체중생에게 충효를 다하는 어진 불자가 되어라.

충일 · 充溢 바라밀행을 닦아 신심과 원력이 마음에 가득 차 넘칠 수 있는 대승보살도가 되어라.

충지·沖止 바라밀행을 닦고 실천하여 공과 같이 비어 있는 마음으로 모든 번뇌 망상을 쉬어 흔들림이 없게 하라.

충해·忠海 바라밀행을 닦아 일체의 불의(不義)와 죄업을 떨치는 불도에 정진하여 바다와 같이 드넓은 지혜공덕으로 삼보와 부모, 스승, 국가에 충효를 다하라.

취공·聚空 바라밀을 실천하여 오온이 공하다는 존재의 원리를 체득하고 널리 지혜를 펼쳐라.

취봉·鷲峯 영축산(靈鷲山) 봉우리를 말함. 영축산은 부처님께서 『법화경』을 설한 성지임. 바라밀을 실천하여 영축산에서 설하신 부처님의 가르침을 체득하고 널리 법을 펴 중생을 이롭게 하라.

취암·翠巖 바라밀을 실천하여 물총새가 앉아 있는 해안가 바위처럼 고고한 모습을 갖추면서도 많은 생명의 의지처가 되어라.

취여·醉如 바라밀행을 닦아 중생과 부처가 둘이 아닌 경지를 체득하고 자리이타의 보살행을 실천하라.

취운·翠雲 바라밀을 실천하여 물총새가 앉아 있는 해안가 바위를 덮고 있는 구름과 같이 걸림 없이 살면서 많은 생명에게 단비가 되어라.

치익·致益 바라밀을 실천하여 궁극의 이치를 체득하고 많은 사람을 이롭게 하라.

카
행
·
타
행
·
파
행

[카행]

쾌연 · 快然 바라밀행을 닦아 오로지 상쾌한 큰 도만 있을 뿐, 사방으로 뻗쳐 있는 대로에서 마음대로 오고가며 머무름에 걸림이 없어라.

[타행]

탄문 · 坦文 바라밀행으로 모든 번뇌 망상을 쉬어 걸림이 없고, 뛰어난 문체를 지니어 많은 사람에게 부처님의 법을 전하라.

탄연 · 坦然 바라밀행으로 모든 번뇌 망상을 쉬어 걸림이 없고, 자연 속에서 유유자적하라.

탄정 · 彈靜 바라밀의 열매를 수확하여 고요한 마음으로 선정에 힘써라.

태고 · 太古 선정바라밀을 힘써 정진하여 저 영원한 옛적부터 전해오는 불생불멸, 불구부정한 마음의 도리를 깨달아라.

태능 · 太能 소소한 재능에 만족하지 말고 불도의 가르침을 바탕으로 심신을 갈고 닦아서 측량할 수 없는 지혜와 능력을 얻어 일체중생을 인도하라.

태도 · 太道 세간의 명성과 이익에서 벗어나서 크나큰 불도의 진리를 거울삼아 일체중생으로 하여금 반목과 대립을 초월한 화합의 큰 길로 인도하라.

태선 · 太善 선을 행하되 작은 선행에 자만하지 말고 불도의 진수에 통달하는 일이야 말로 가장 큰 선을 행하는 것임을 깨달아라.

태성 · 太聖 성인(聖人) 중의 큰 성인이시며 생사윤회를 정복한 진리의 왕이신 부처님의 성스러운 가르침을 받들고 행하라.

태안 · 太安 번뇌와 불안에 괴로워하는 이웃들을 안정케 하는 여러가지 방편으로 큰 무외시(無畏施)를 행하라.

태연 · 泰然 바라밀행을 닦아 항상태산과 같은 흔들림이 없는 마음으로 일상에 머물러 중생의 큰 의지처가 되어라.

태육 · 太毓 바라밀행을 닦아 무한히 크고 한량없는 부처님의 가르침을 배워 지혜를 길러서 널리 세상을 이롭게 하라.

태율 · 兌律 바라밀행을 닦아 서방의 큰 별이 되어 자리이타의 대승보살도를 실천하라.

태호 · 太浩 바라밀행을 닦아 태산같이 크고, 바다 같이 넓은 마음으로 자리이타의 대승보살도를 행하라.

태화 · 泰和 바라밀행을 닦아 태연자약하고 누구와도 화합하는 대승보살이 되어 많은 사람의 의지처가 되어라.

택민 · 澤民 바라밀행을 닦아 많은 사람이 의지할 수 있는 청정한 샘과 같이 자리이타의 보살행을 실천하라.

통인 · 通忍 인욕바라밀을 행하여 진리와 소통하는 불자가 되어라.

통현 · 通玄 바라밀행을 닦아 세상의 현묘한 이치를 통달하여 자리이타의 대승보살도를 행하라.

통현 · 通賢 지혜바라밀을 행하여 사회와 소통하는 어진 불교 지도자가 되어라.

통효 · 通曉 바라밀을 행하여 누구와도 소통할 수 있는 지혜를 체득하고, 새벽의 여명처럼 중생의 무지를 타파하라.

[파행]

평담 · 平潭 평(平)은 넓고 큰 모양을 뜻함. 또 선가(禪家)에서는 마음을 연못에 비유. 선정바라밀을 실천하여 넓고 잔잔한 연못과 같이 고요하고 맑은 마음을 지녀라.

평도 · 平道 섭율의계(攝律儀戒) 바라밀을 실천하여 어떠한 차별도 없는 절대적인 평등의 진리를 체득하라.

평림 · 平林 텅 비어 평등하고 항상한 본래의 마음을 수지하고 지혜의 숲을 이루어라.

표운 · 表云 보시바라밀행을 닦아 언제나 일을 할 땐 먼저 나서고, 걸인이 오면 손수 쌀을 내어 주고, 비가 새면 기와를 손질하고, 헐벗은 이에게 옷과 밥을 주는 보살행을 실천하라.

표훈 · 表訓 바라밀행을 닦아 중생의 표상이 되어 불국토로 인도하는 보살행자가 되어라.

풍간 · 豊干 바라밀을 실천하여 복덕이 풍성하고, 온갖 허물을 막을 수 있는 지혜를 갖추어 많은 사람을 이롭게 하라.

풍계 · 楓溪 바라밀을 실천하여 단풍나무 물든 가을 계곡처럼 텅 빈 충만을 체득하라.

풍담 · 風潭 바라밀을 행하여 거센 바람에도 흔들리지 않는 깊은 연못처럼 여여한 삶을 영위하라.

필재 · 必才 바라밀행을 닦아 어디서든 반드시 필요한 인재가 되어라.

11.

하
행

학린 · 學璘 바라밀행을 닦고, 계
정혜 삼학을 깊이 체득하여 어디서
든 그 빛이 소멸되지 않는 옥과 같
은 인재가 되어라.

학림 · 鶴林 부처님께서 열반에 드
신 곳을 의미. 바라밀을 실천하여
부처님의 완전한 열반의 진실한 뜻
을 체득하고, 부처님의 가르침을
널리 펴라.

학명 · 鶴鳴 바라밀행을 닦아 고고
한 자태를 가진 학과 같은 삶을 실
천하여 중생에게 널리 명성을 드날
릴 수 있는 불교 지도자가 되어라.

학산 · 鶴山 바라밀을 행하여 고고
한 자태의 학이 사는 산처럼 여여
한 삶을 영위하라.

학선 · 鸑仙 바라밀행을 닦아 물이
맑고 빛나는 것과 같은 신선처럼
무위의 삶을 통달한 여법한 불교
지도자가 되어라.

학성 · 鶴聖 바라밀을 실천하여 학
처럼 고고한 성인(聖人)의 길을 따
라 배워라.

학열 · 學悅 바라밀행을 닦아 스스
로 찾아서 배우는 기쁨을 누리고
더불어 이웃에게도 진리를 깨우쳐
주어 환희심을 갖게 하라.

학온 · 學蘊 바라밀행을 닦고 계정
혜 삼학을 배워 오취온의 이치를 깨
치고 부처님의 가르침을 널리 펴라.

학운 · 鶴雲 학과 구름은 고고함의
상징. 바라밀을 실천하여 학과 구

름처럼 맑고 고고하게 살아가라.

학일 · 學一 바라밀을 실천하고 일불승의 원리를 체득하라.

학해 · 學海 바라밀행을 닦고, 계정혜 삼학을 배워 바다와 같이 넓고 깊은 해탈지견을 성취하라.

한각 · 閑覺 바라밀을 실천하여 마음의 산란을 쉬고 고요히 선정(禪定)을 체득하여 밝은 지혜를 깨쳐라.

한담 · 閑潭 바라밀을 실천하여 풍파가 사라진 고요한 연못처럼 번뇌무명의 물결을 고요히 다스려라.

한당 · 閑堂 바라밀을 실천하여 법당과 선당(禪堂)처럼 고요하고 평화로운 마음가짐을 지녀라.

한명 · 閑明 바라밀을 실천하여 산란한 번뇌를 쉬고 고요히 선정(禪定)과 지혜를 닦아라.

한산 · 寒山 바라밀행을 닦아 몸은 비록 차가운 세간에 머물지만 마음은 동체대비심을 갖추어 보살행을 실천하라.

한성 · 翰醒 바라밀행을 닦아 빠르게 허공을 가르는 새처럼 몰록 진리를 깨우쳐 한량없는 중생을 제도하라.

한암 · 閑庵 번뇌 망상이 없는 한가하고 여여한 마음자리에서 바라밀을 실천하라.

한암 · 漢巖 바라밀행을 닦아 은하수와 같이 많은 별 속에서도 우뚝 솟은 바위처럼 주석하며 종지종풍(宗旨宗風)을 선양하고 정신적 지도자가 되어라.

한원 · 閑圓 바라밀을 실천하여 산란과 혼침(昏沈)을 이기고 고요히 선정을 닦아서 원만한 지혜를 성취하라.

한원성 · 閑圓性 안수고인(安受苦忍)의 인욕바라밀을 실천하여 산란과 혼침(昏沈)을 이기고 고요히 선정을 닦아서 원만한 지혜를 성취하라.

한원심 · 閑圓心 안주정려(安住靜慮)의 선정바라밀을 실천하여 산란과 혼침(昏沈)을 이기고 고요히 선정을 닦아서 원만한 지혜를 성취하라.

한원주 · 閑圓珠 불사불수(不捨不受)의 방편바라밀을 실천하여 산란과 혼침(昏沈)을 이기고 고요히 선정을 닦아서 원만한 지혜를 성취하라.

한원지 · 閑圓智 무상의 지혜바라밀을 실천하여 산란과 혼침(昏沈)을 이기고 고요히 선정을 닦아서 원만한 지혜를 성취하라.

한원행 · 閑圓行 보시바라밀을 실천하여 산란과 혼침(昏沈)을 이기고 고요히 선정을 닦아서 원만한 지혜를 성취하라.

한정 · 閑淨 바라밀행을 닦아 산란과 망집을 버리고 고요히 청정한 심성을 닦아라.

한창 · 閑昌 바라밀행을 닦아 망집(妄執)을 버리고 불도의 고요한 지혜를 널리 펴라.

함걸 · 咸傑 바라밀행을 닦아 다함없는 지혜를 체득하여 세상을 구제하는 뛰어난 지도자가 되어라.

함월 · 涵月 바라밀행을 닦아 천강에 비친 달을 품듯이 복덕을 갖추어 한량없는 중생을 이롭게 하라.

함윤 · 咸潤 바라밀행을 닦아 부처님의 지혜 광명이 두루 비추어 모든 중생이 다함없는 복덕에 젖어들 수 있도록 정진하라.

함허 · 涵虛 바라밀행에 집중하여 부처님의 가르침을 받아들이고 욕심 없는 마음으로 실천하라.

항경 · 恒景 언제나 변치 않는 마음으로 바라밀을 행하여 어두운 중생의 마음을 환하게 밝혀라.

항안 · 恒安 바라밀행을 닦아 언제나 변치 않는 마음으로 정법에 안주하여 정진하라.

항월 · 恒月 바라밀행을 닦아 언제나 변치 않는 마음으로 천강에 비친 달과 같이 한량없는 공덕을 지어라.

항정 · 恒政 바라밀행을 닦아 언제나 변치 않는 마음으로 정진하여 부정을 바로잡고 중생의 이익과 안락을 위해 노력하라.

항정 · 恒定 바라밀행으로 정진하여 항상 선정삼매를 체득하라.

항초 · 恒超 바라밀행을 닦아 언제나 변치 않는 마음으로 정진하여 모든 어려움을 뛰어넘어라.

항통 · 恒通 바라밀행을 닦아 언제나 변치 않는 마음으로 정진하여 많은 사람과 소통하고 그들의 괴로움을 소멸시켜 주어라.

해각 · 海覺 바라밀행을 닦아 바다와 같은 넓고 깊은 깨달음을 체득하여 자리이타의 대승보살도를 행하는 데 걸림이 없어라.

해공 · 海空 바라밀행을 닦아 어디에도 막힘이 없는 바다와 하늘처럼 드넓은 지혜를 체득하라.

해공성 · 海空性 안수고인(安受苦忍)의 인욕바라밀을 실천하여 어디에도 막힘이 없는 바다와 하늘처럼 드넓은 지혜를 체득하라.

해공수 · 海空修 피갑정진(被甲精進)의 정진바라밀을 실천하여 어디에도 막힘이 없는 바다와 하늘처럼 드넓은 지혜를 체득하라.

해공심 · 海空心 안주정려(安住靜慮)의 선정바라밀을 실천하여 어디에도 막힘이 없는 바다와 하늘처럼 드넓은 지혜를 체득하라.

해공지 · 海空智 무상의 지혜바라밀을 실천하여 어디에도 막힘이 없는 바다와 하늘처럼 드넓은 지혜를 체득하라.

해공화 · 海空華 인발정려(引發靜慮)의 선정바라밀을 실천하여 어디에도 막힘이 없는 바다와 하늘처럼 드넓은 지혜를 체득하라.

해관 · 海觀 선정바라밀을 실천하여 거친 폭풍우가 사라진 바다와 같이 광대하고 고요한 불성(佛性)을 관하라.

해광 · 海光 바라밀행을 닦아 망망대해를 비추는 지혜의 등불과 같이 육도의 바다에서 허우적대는 중생에게 등대와 같은 의지처가 되어라.

해남 · 海南 많은 고승대덕을 배출한 대흥사가 있어서 불법과도 인연이 깊은 해남처럼 법연을 맺고 신실(信實)한 마음으로 불법을 닦아라.

해담 · 海潭 바라밀행을 닦아 모든 공덕과 진리가 모이는 불법의 바다와 연못처럼 보리심을 발하여 불도에 정진하라.

해담 · 海曇 바라밀을 실천하여 바다와 같이 광대한 부처님의 가르침을 체득하고, 중생 교화에 진력하라.

해담성 · 海曇性 안수고인(安受苦忍)의 인욕바라밀을 실천하여 바다와 같이 광대한 부처님의 가르침을 체득하고, 중생 교화에 진력하라.

해담수 · 海曇修 피갑정진(被甲精進)의 정진바라밀을 실천하여 바다와 같이 광대한 부처님의 가르침을 체득하고, 중생 교화에 진력하라.

해담심 · 海曇心 안주정려(安住靜慮)의 선정바라밀을 실천하여 바다와 같이 광대한 부처님의 가르침을 체득하고, 중생 교화에 진력하라.

해담인 · 海曇仁 내원해인(耐怨害忍)의 인욕바라밀을 실천하여 바다와 같이 광대한 부처님의 가르침을 체득하고, 중생 교화에 진력하라.

해담주 · 海曇珠 불사불수(不捨不受)의 방편바라밀을 실천하여 바다와 같이 광대한 부처님의 가르침을 체득하고, 중생 교화에 진력하라.

해담행 · 海曇行 보시바라밀을 실천하여 바다와 같이 광대한 부처님의 가르침을 체득하고, 중생 교화에 진력하라.

해담향 · 海曇香 지계바라밀을 실천하여 바다와 같이 광대한 부처님의 가르침을 체득하고, 중생 교화에 진력하라.

해담화 · 海曇華 선정바라밀을 실천하여 바다와 같이 광대한 부처님의 가르침을 체득하고, 중생 교화에 진력하라.

해덕 · 海德 바라밀을 행하여 뭇 강물을 받아들이지만 늘거나 줄지 않는 바다처럼 큰 공덕을 닦아라.

해덕성 · 海德性 안수고인(安受苦忍)의 인욕바라밀을 행하여 뭇 강물을 받아들이지만 늘거나 줄지 않는 바다처럼 큰 공덕을 닦아라.

해덕수 · 海德修 피갑정진(被甲精進)의 정진바라밀을 행하여 뭇 강물을 받아들이지만 늘거나 줄지 않는 바다처럼 큰 공덕을 닦아라.

해덕심 · 海德心 안주정려(安住靜慮)의 선정바라밀을 행하여 뭇 강물을 받아들이지만 늘거나 줄지 않는 바다처럼 큰 공덕을 닦아라.

해덕월 · 海德月 진취향과(進趣向果)의 방편바라밀을 행하여 뭇 강물을 받아들이지만 늘거나 줄지 않는 바다처럼 큰 공덕을 닦아라.

해덕주 · 海德珠 불사불수(不捨不受)의 방편바라밀을 행하여 뭇 강물을 받아들이지만 늘거나 줄지 않는 바다처럼 큰 공덕을 닦아라.

해덕행 · 海德行 보시바라밀을 행하여 뭇 강물을 받아들이지만 늘거나 줄지 않는 바다처럼 큰 공덕을 닦아라.

해덕향 · 海德香 섭선법계(攝善法戒)의 지계바라밀을 행하여 뭇 강물을 받아들이지만 늘거나 줄지 않는 바다처럼 큰 공덕을 닦아라.

해덕화 · 海德華 인발정려(引發靜慮)의 선정바라밀을 행하여 뭇 강물을 받아들이지만 늘거나 줄지 않는 바다처럼 큰 공덕을 닦아라.

해동 · 海東 바라밀행을 닦아 동쪽 바다 위로 떠오르는 태양과 같이 한량없는 지혜가 모든 중생의 가슴 속에서 빛나게 하라.

해량 · 海量 바라밀행을 닦아 바다와 같은 큰 도량을 갖추어 많은 사람이 의지처로 생각할 수 있는 큰 지도자가 되어라.

해륜 · 海輪 바라밀행을 닦아 한량없는 중생심의 바다에서 법륜을 굴려 부처님의 지혜에 의지하고 삶 속에서 실천하라.

해린 · 海麟 바라밀행을 닦아 바다 위에 빛나는 태양과 같은 지혜로 삼라만상을 고루 비추어 중생을 이롭게 하라.

해명 · 海明 바라밀을 실천하여 바다와 같이 드넓은 지혜를 밝히고 깨달아라.

해명각 · 海明覺 법공혜(法空慧)의 지혜바라밀을 실천하여 바다와 같이 드넓은 지혜를 밝히고 깨달아라.

해명덕 · 海明德 내원해인(耐怨害忍)의 인욕바라밀을 실천하여 바다와 같이 드넓은 지혜를 밝히고 깨달아라.

해명도 · 海明道 섭율의계(攝律儀戒)의 지계바라밀을 실천하여 바다와 같이 드넓은 지혜를 밝히고 깨달아라.

해명득 · 海明得 수습력(修習力)의

원력바라밀을 실천하여 바다와 같이 드넓은 지혜를 밝히고 깨달아라.

해명문 · 海明門 섭선정진(攝善精進)의 정진바라밀을 실천하여 바다와 같이 드넓은 지혜를 밝히고 깨달아라.

해명성 · 海明性 안수고인(安受苦忍)의 인욕바라밀을 실천하여 바다와 같이 드넓은 지혜를 밝히고 깨달아라.

해명수 · 海明修 피갑정진(被甲精進)의 정진바라밀을 실천하여 바다와 같이 드넓은 지혜를 밝히고 깨달아라.

해명심 · 海明心 안주정려(安住靜慮)의 선정바라밀을 실천하여 바다와 같이 드넓은 지혜를 밝히고 깨달아라.

해명주 · 海明珠 불사불수(不捨不受)의 방편바라밀을 실천하여 바다와 같이 드넓은 지혜를 밝히고 깨달아라.

해명지 · 海明智 무상지(無上智)의 지혜바라밀을 실천하여 바다와 같이 드넓은 지혜를 밝히고 깨달아라.

해명행 · 海明行 보시바라밀을 실천하여 바다와 같이 드넓은 지혜를 밝히고 깨달아라.

해명화 · 海明華 인발정려(引發靜
慮)의 깊은 선정바라밀을 실천하여
바다와 같이 드넓은 지혜를 밝히고
깨달아라.

해문 · 海門 이승과 저승, 차안과
피안을 넘나드는 관문. 바라밀행을
닦아 차안을 넘어 피안으로 들어가
는 지혜를 체득하고 많은 사람을
이롭게 하라.

해보 · 海寶 바라밀행을 닦아 바다
의 보물과 같은 대승보살이 되어
많은 사람에게 안심입명의 이익을
주어라.

해봉 · 海峰 바라밀행을 닦아 깊고
웅장한 바다와 높은 산봉우리의 기상
을 배워서 넓고 큰마음으로 불도를
닦으며 여여하게 세상사에 임하라.

해산 · 海山 바라밀행으로 깊고 웅
장한 바다와 높은 산의 기상을 배
워서 넓고 큰마음으로 불도를 닦으
며 여여하게 세상사에 임하라.

해산각 · 海山覺 법공혜(法空慧)의
지혜바라밀행으로 깊고 웅장한 바
다와 높은 산의 기상을 배워서 넓
고 큰마음으로 불도를 닦으며 여여
하게 세상사에 임하라.

해산덕 · 海山德 내원해인(耐怨害
忍)의 인욕바라밀행으로 깊고 웅장
한 바다와 높은 산의 기상을 배워
서 넓고 큰마음으로 불도를 닦으며
여여하게 세상사에 임하라.

해산도 · 海山道 섭율의계(攝律儀
戒)의 지계바라밀행으로 깊고 웅장
한 바다와 높은 산의 기상을 배워
서 넓고 큰마음으로 불도를 닦으며
여여하게 세상사에 임하라.

해산문 · 海山門 섭선정진(攝善精
進)의 정진바라밀행으로 깊고 웅장
한 바다와 높은 산의 기상을 배워
서 넓고 큰마음으로 불도를 닦으며
여여하게 세상사에 임하라.

해산성 · 海山性 안수고인(安受苦
忍)의 인욕바라밀행으로 깊고 웅장
한 바다와 높은 산의 기상을 배워
서 넓고 큰마음으로 불도를 닦으며
여여하게 세상사에 임하라.

해산수 · 海山修 피갑정진(被甲精
進)의 정진바라밀행으로 깊고 웅장
한 바다와 높은 산의 기상을 배워
서 넓고 큰마음으로 불도를 닦으며
여여하게 세상사에 임하라.

해산인 · 海山仁 내원해인(耐怨害
忍)의 인욕바라밀행으로 깊고 웅장
한 바다와 높은 산의 기상을 배워
서 넓고 큰마음으로 불도를 닦으며

여여하게 세상사에 임하라.

해산주 · 海山珠 불사불수(不捨不受)의 방편바라밀행으로 깊고 웅장한 바다와 높은 산의 기상을 배워서 넓고 큰마음으로 불도를 닦으며 여여하게 세상사에 임하라.

해산지 · 海山智 무상지(無上智)의 지혜바라밀행으로 깊고 웅장한 바다와 높은 산의 기상을 배워서 넓고 큰마음으로 불도를 닦으며 여여하게 세상사에 임하라.

해산행 · 海山行 보시바라밀행으로 깊고 웅장한 바다와 높은 산의 기상을 배워서 넓고 큰마음으로 불도를 닦으며 여여하게 세상사에 임하라.

해산향 · 海山香 섭선법계(攝善法戒)의 지계바라밀행으로 깊고 웅장한 바다와 높은 산의 기상을 배워서 넓고 큰마음으로 불도를 닦으며 여여하게 세상사에 임하라.

해산화 · 海山華 인발정려(引發靜慮)의 선정바라밀행으로 깊고 웅장한 바다와 높은 산의 기상을 배워서 넓고 큰마음으로 불도를 닦으며 여여하게 세상사에 임하라.

해선 · 海宣 바라밀행을 닦아 모든 강물을 받아들여 뭇 생명을 키우는 바다처럼 불도의 모든 진리를 닦고 펴라.

해안 · 海眼 바라밀행을 닦아 거친 파도가 사라진 고요한 바다와 같은 안목으로 지혜를 증득하여 중생을 이롭게 하라.

해안 · 海安 바라밀행을 닦아 거친 파도가 사라진 고요한 바다처럼 심신의 안정을 누려라.

해안각 · 海眼覺 거친 파도가 사라진 고요한 바다와 같은 안목으로 법공(法空)의 지혜바라밀을 실천하고 지혜를 증득하여 중생을 이롭게 하라.

해안명 · 海眼明 거친 파도가 사라진 고요한 바다와 같은 안목으로 수용법락(受用法樂)의 지혜바라밀을 실천하고 지혜를 증득하여 중생을 이롭게 하라.

해안성 · 海眼性 거친 파도가 사라진 고요한 바다와 같은 안목으로 안수고인(安受苦忍)의 인욕바라밀을 실천하고 지혜를 증득하여 중생을 이롭게 하라.

해안심 · 海眼心 거친 파도가 사라진 고요한 바다와 같은 안목으로 안주정려(安住靜慮)의 선정바라밀을 실천하고 지혜를 증득하여 중생을 이롭게 하라.

해안정 · 海眼淨 거친 파도가 사라진 고요한 바다와 같은 안목으로 이락정진(利樂精進)의 정진바라밀을 실천하고 지혜를 증득하여 중생을 이롭게 하라.

해안지 · 海眼智 거친 파도가 사라진 고요한 바다와 같은 안목으로 무상지(無上智)의 지혜바라밀을 실천하고 지혜를 증득하여 중생을 이롭게 하라.

해안행 · 海眼行 거친 파도가 사라진 고요한 바다와 같은 안목으로 보시바라밀을 실천하고 지혜를 증득하여 중생을 이롭게 하라.

해운 · 海運 항상 변하면서도 그 위용을 잃지 않는 바다와 같은 바라밀행으로 윤회의 궤도에서 벗어나 지혜로운 삶을 영위하라.

해운 · 海雲 바라밀을 행하여 항상 변화하면서도 그 위용을 잃지 않는 바다의 구름처럼 탐욕과 티 없이 세상을 살아가라.

해운각 · 海雲覺 법공혜(法空慧)의 지혜바라밀을 행하여 항상 변화하면서도 그 위용을 잃지 않는 바다의 구름처럼 탐욕과 티 없이 세상을 살아가라.

해운덕 · 海雲德 내원해인(耐怨害忍)의 인욕바라밀을 행하여 항상 변화하면서도 그 위용을 잃지 않는 바다의 구름처럼 탐욕과 티 없이 세상을 살아가라.

해운도 · 海雲道 섭율의계(攝律儀戒)의 지계바라밀을 행하여 항상 변화하면서도 그 위용을 잃지 않는 바다의 구름처럼 탐욕과 티 없이 세상을 살아가라.

해운명 · 海雲明 수용법락(受用法樂)의 지혜바라밀을 행하여 항상 변화하면서도 그 위용을 잃지 않는 바다의 구름처럼 탐욕과 티 없이 세상을 살아가라.

해운법 · 海雲法 변화력(變化力)의 원력바라밀을 행하여 항상 변화하면서도 그 위용을 잃지 않는 바다의 구름처럼 탐욕과 티 없이 세상을 살아가라.

해운성 · 海雲性 안수고인(安受苦忍)의 인욕바라밀을 행하여 항상 변화하면서도 그 위용을 잃지 않는 바다의 구름처럼 탐욕과 티 없이 세상을 살아가라.

해운수 · 海雲修 피갑정진(被甲精進)의 정진바라밀을 행하여 항상 변화하면서도 그 위용을 잃지 않는 바다의 구름처럼 탐욕과 티 없이 세상을 살아가라.

해운심 · 海雲心 안주정려(安住靜慮)의 선정바라밀을 행하여 항상 변화하면서도 그 위용을 잃지 않는 바다의 구름처럼 탐욕과 티 없이 세상을 살아가라.

해운주 · 海雲珠 불사불수(不捨不受)의 방편바라밀을 행하여 항상 변화하면서도 그 위용을 잃지 않는 바다의 구름처럼 탐욕과 티 없이 세상을 살아가라.

해운지 · 海雲智 무상지(無上智)의 지혜바라밀을 행하여 항상 변화하면서도 그 위용을 잃지 않는 바다의 구름처럼 탐욕과 티 없이 세상을 살아가라.

해운행 · 海雲行 보시바라밀을 행하여 항상 변화하면서도 그 위용을 잃지 않는 바다의 구름처럼 탐욕과 티 없이 세상을 살아가라.

해운향 · 海雲香 지계바라밀을 행하여 항상 변화하면서도 그 위용을 잃지 않는 바다의 구름처럼 탐욕과 티 없이 세상을 살아가라.

해운화 · 海雲華 선정바라밀을 행하여 항상 변화하면서도 그 위용을 잃지 않는 바다의 구름처럼 탐욕과 티 없이 세상을 살아가라.

해원 · 海源 바라밀행을 닦아 해인 삼매의 법통을 잇고 삼장에 능통한 보살행자가 되어라.

해원 · 海圓 바라밀을 행하여 풍랑이 사라진 바다와 같이 일체중생이 갖추고 있는 불성의 체(體)를 두루 펼쳐서 보살행을 실천하라.

해원각 · 海圓覺 법공혜(法空慧)의 지혜바라밀을 행하여 풍랑이 사라진 바다와 같이 일체중생이 갖추고 있는 불성의 체(體)를 두루 펼쳐서 보살행을 실천하라.

해원덕 · 海圓德 내원해인(耐怨害忍)의 인욕바라밀을 행하여 풍랑이 사라진 바다와 같이 일체중생이 갖추고 있는 불성의 체(體)를 두루 펼쳐서 보살행을 실천하라.

해원도 · 海圓道 섭율의계(攝律儀戒)의 지계바라밀을 행하여 풍랑이 사라진 바다와 같이 일체중생이 갖추고 있는 불성의 체(體)를 두루 펼쳐서 보살행을 실천하라.

해원명 · 海圓明 수용법락(受用法樂)의 지혜바라밀을 행하여 풍랑이 사라진 바다와 같이 일체중생이 갖추고 있는 불성의 체(體)를 두루 펼쳐서 보살행을 실천하라.

해원문 · 海圓門 섭선정진(攝善精

進)의 정진바라밀을 행하여 풍랑이 사라진 바다와 같이 일체중생이 갖추고 있는 불성의 체(體)를 두루 펼쳐서 보살행을 실천하라.

해원성 · 海圓性 안수고인(安受苦忍)의 인욕바라밀을 행하여 풍랑이 사라진 바다와 같이 일체중생이 갖추고 있는 불성의 체(體)를 두루 펼쳐서 보살행을 실천하라.

해원심 · 海圓心 안주정려(安住靜慮)의 선정바라밀을 행하여 풍랑이 사라진 바다와 같이 일체중생이 갖추고 있는 불성의 체(體)를 두루 펼쳐서 보살행을 실천하라.

해원인 · 海圓仁 내원해인(耐怨害忍)의 인욕바라밀을 행하여 풍랑이 사라진 바다와 같이 일체중생이 갖추고 있는 불성의 체(體)를 두루 펼쳐서 보살행을 실천하라.

해원주 · 海圓珠 불사불수(不捨不受)의 방편바라밀을 행하여 풍랑이 사라진 바다와 같이 일체중생이 갖추고 있는 불성의 체(體)를 두루 펼쳐서 보살행을 실천하라.

해원지 · 海圓智 무상지(無上智)의 지혜바라밀을 행하여 풍랑이 사라진 바다와 같이 일체중생이 갖추고 있는 불성의 체(體)를 두루 펼쳐서 보살행을 실천하라.

해원행 · 海圓行 보시바라밀을 행하여 풍랑이 사라진 바다와 같이 일체중생이 갖추고 있는 불성의 체(體)를 두루 펼쳐서 보살행을 실천하라.

해원향 · 海圓香 지계바라밀을 행하여 풍랑이 사라진 바다와 같이 일체중생이 갖추고 있는 불성의 체(體)를 두루 펼쳐서 보살행을 실천하라.

해원화 · 海圓華 선정바라밀을 행하여 풍랑이 사라진 바다와 같이 일체중생이 갖추고 있는 불성의 체(體)를 두루 펼쳐서 보살행을 실천하라.

해월 · 海月 바라밀행을 닦아 드넓은 바다를 비추는 달처럼 큰 지혜로써 세상을 비춰라.

해월성 · 海月性 안수고인(安受苦忍)의 인욕바라밀을 행하여 드넓은 바다를 비추는 달처럼 큰 지혜로써 세상을 비춰라.

해월심 · 海月心 안주정려(安住靜慮)의 선정바라밀을 행하여 드넓은 바다를 비추는 달처럼 큰 지혜로써 세상을 비춰라.

해월주 · 海月珠 불사불수(不捨不受)의 방편바라밀을 행하여 드넓은

바다를 비추는 달처럼 큰 지혜로써
세상을 비춰라.

해월지 · 海月智 지혜바라밀을 행
하여 드넓은 바다를 비추는 달처럼
큰 지혜로써 세상을 비춰라.

해월화 · 海月華 선정바라밀을 행
하여 드넓은 바다를 비추는 달처럼
큰 지혜로써 세상을 비춰라.

해음 · 海흡 바라밀행을 닦아 해조
음과 같은 보살행으로 중생의 안심
입명처(安心立命處)가 되어라.

해인 · 海印 바라밀을 행하여 부처
님의 지혜로 우주의 모든 만물을
깨달을 수 있는 복덕을 성취하고,
나아가 마치 바다가 만상(萬象)을
비추듯 법을 관조(觀照)하여 부처
님의 지혜를 성취하라.

해인심 · 海印心 안주정려(安住靜
慮)의 선정바라밀을 행하여 부처님
의 지혜로 우주의 모든 만물을 깨
달을 수 있는 복덕을 성취하고, 나
아가 마치 바다가 만상을 비추듯
법을 관조하여 부처님의 지혜를 성
취하라.

해일 · 海日 바라밀행을 닦아 아침
바다에 떠오른 해처럼 기운차고 장
엄하게 불도를 닦고 널리 펴라.

해장 · 海藏 바라밀행을 닦아 바다
에 간직되어 있는 부처님의 지혜광
명이 온 누리에 비추게 하라.

해정 · 海淨 바라밀을 실천하여 번
뇌와 산란의 폭풍우가 사라진 바다
처럼 청정한 심성을 깨쳐라.

해정각 · 海淨覺 법공혜(法空慧)의
지혜바라밀을 실천하여 번뇌와 산
란의 폭풍우가 사라진 바다처럼 청
정한 심성을 깨쳐라.

해정덕 · 海淨德 내원해인(耐怨害
忍)의 인욕바라밀을 실천하여 번뇌
와 산란의 폭풍우가 사라진 바다처
럼 청정한 심성을 깨쳐라.

해정명 · 海淨明 수용법락(受用法
樂)의 지혜바라밀을 실천하여 번뇌
와 산란의 폭풍우가 사라진 바다처
럼 청정한 심성을 깨쳐라.

해정문 · 海淨門 섭선정진(攝善精
進)의 정진바라밀을 실천하여 번뇌
와 산란의 폭풍우가 사라진 바다처
럼 청정한 심성을 깨쳐라.

해정법 · 海淨法 변화력(變化力)의
원력바라밀을 실천하여 번뇌와 산
란의 폭풍우가 사라진 바다처럼 청
정한 심성을 깨쳐라.

해정성 · 海淨性 안수고인(安受苦

忍)의 인욕바라밀을 실천하여 번뇌와 산란의 폭풍우가 사라진 바다처럼 청정한 심성을 깨쳐라.

해정수 · 海淨修 피갑정진(被甲精進)의 정진바라밀을 실천하여 번뇌와 산란의 폭풍우가 사라진 바다처럼 청정한 심성을 깨쳐라.

해정심 · 海淨心 안주정려(安住靜慮)의 선정바라밀을 실천하여 번뇌와 산란의 폭풍우가 사라진 바다처럼 청정한 심성을 깨쳐라.

해정월 · 海淨月 진취향과(進趣向果)의 방편바라밀을 실천하여 번뇌와 산란의 폭풍우가 사라진 바다처럼 청정한 심성을 깨쳐라.

해정인 · 海淨仁 내원해인(耐怨害忍)의 인욕바라밀을 실천하여 번뇌와 산란의 폭풍우가 사라진 바다처럼 청정한 심성을 깨쳐라.

해정주 · 海淨珠 불사불수(不捨不受)의 방편바라밀을 실천하여 번뇌와 산란의 폭풍우가 사라진 바다처럼 청정한 심성을 깨쳐라.

해정행 · 海淨行 보시바라밀을 실천하여 번뇌와 산란의 폭풍우가 사라진 바다처럼 청정한 심성을 깨쳐라.

해정향 · 海淨香 지계바라밀을 실천

하여 번뇌와 산란의 폭풍우가 사라진 바다처럼 청정한 심성을 깨쳐라.

해정화 · 海淨華 선정바라밀을 실천하여 번뇌와 산란의 폭풍우가 사라진 바다처럼 청정한 심성을 깨쳐라.

해조 · 海嘲 바라밀행을 닦아 우주와 대자연의 소리를 체득하여 자리이타의 보살행을 실천할 수 있는 범음으로 중생을 이롭게 하라.

해조 · 海照 바라밀행을 닦아 바다와 같이 넓고 크게 관조할 수 있는 지혜를 체득하고 대승보살도를 실천하라.

해주 · 解珠 바라밀을 행하여 바다 밑의 진주처럼 얻기 어려운 진리를 깨쳐 마음속에 여의주를 가지고 한량없는 공덕을 지어라.

해진 · 海眞 바라밀을 행하여 해인삼매 진리를 증득하라.

해진각 · 海眞覺 법공혜(法空慧)의 지혜바라밀을 행하여 해인삼매 진리를 증득하라.

해진덕 · 海眞德 내원해인(耐怨害忍)의 인욕바라밀을 행하여 해인삼매 진리를 증득하라.

해진도 · 海眞道 섭율의계(攝律儀

戒)의 지계바라밀을 행하여 해인삼매 진리를 증득하라.

해진성 · 海眞性 안수고인(安受苦忍)의 인욕바라밀을 행하여 해인삼매 진리를 증득하라.

해진수 · 海眞修 피갑정진(被甲精進)의 정진바라밀을 행하여 해인삼매 진리를 증득하라.

해진행 · 海眞行 보시바라밀을 행하여 해인삼매 진리를 증득하라.

해진향 · 海眞香 지계바라밀을 행하여 해인삼매 진리를 증득하라.

해진화 · 海眞華 선정바라밀을 행하여 해인삼매 진리를 증득하라.

해탈심 · 解脫心 바라밀행을 닦아 자신의 깊은 숙업과 번뇌의 무게를 깊이 성찰하여 오직 부처님의 바른 가르침에 귀의하고 다시는 업의 사슬에 묶이지 않는 청정한 마음을 닦아라.

해탈행 · 解脫行 보시바라밀을 행하며 자신의 깊은 숙업과 번뇌의 무게를 깊이 성찰하여 오직 부처님의 바른 가르침에 귀의하고 다시는 업의 사슬에 묶이지 않는 청정한 마음을 닦아라.

해탈향 · 解脫香 지계바라밀을 행하며, 자신의 깊은 숙업과 번뇌의 무게를 깊이 성찰하여 오직 부처님의 바른 가르침에 귀의하고 다시는 업의 사슬에 묶이지 않는 청정한 마음을 닦아라.

해혜 · 海慧 바라밀을 행하여 바다와 같은 한량없이 넓고 깊은 지혜를 체득하고 실천하라.

해혜성 · 海慧性 안수고인(安受苦忍)의 인욕바라밀을 행하여 바다와 같은 한량없이 넓고 깊은 지혜를 체득하고 실천하라.

행각 · 行覺 아공(我空), 법공(法空), 구공(俱空)의 지혜를 체득하고 지혜바라밀을 행하여 업의 사슬에 묶이지 않는 청정한 공덕을 쌓아라.

행경 · 行鏡 바라밀행을 닦아 만상을 있는 그대로 비추며 영원히 그 빛을 잃지 않는 마음 거울의 진리를 깨달아 불성의 묘용(妙用)을 체득하고 행하라.

행기 · 幸期 바라밀행을 닦아 중생이 영원한 반야의 행복을 기약할 수 있게 복덕과 지혜를 갖추도록 이끌어 주어라.

행단 · 行端 바라밀을 체득하여 진

실을 행할 수 있는 불자가 되어라.

행담 · 行潭 바라밀행을 닦아 맑은 물이 가득 찬 연못처럼 원융(圓融)하고 청정한 불도의 가르침을 체득하고 실천하라.

행담성 · 行潭性 안수고인(安受苦忍)의 인욕바라밀을 행하여 맑은 물이 가득 찬 연못처럼 원융(圓融)하고 청정한 불도의 가르침을 체득하고 실천하라.

행담수 · 行潭修 피갑정진(被甲精進)의 정진바라밀을 행하여 맑은 물이 가득 찬 연못처럼 원융(圓融)하고 청정한 불도의 가르침을 체득하고 실천하라.

행담심 · 行潭心 안주정려(安住靜慮)의 깊은 선정바라밀을 행하여 맑은 물이 가득 찬 연못처럼 원융(圓融)하고 청정한 불도의 가르침을 체득하고 실천하라.

행담주 · 行潭珠 불사불수(不捨不受)의 방편바라밀을 행하여 맑은 물이 가득 찬 연못처럼 원융(圓融)하고 청정한 불도의 가르침을 체득하고 실천하라.

행담화 · 行潭華 인발정려(引發靜慮)의 깊은 선정바라밀을 행하여 맑은 물이 가득 찬 연못처럼 원융(圓融)하고 청정한 불도의 가르침을 체득하고 실천하라.

행덕 · 行德 바라밀행에 집중하여 중생을 이롭게 하는 공덕을 항상 실천하라.

행덕성 · 行德性 안수고인(安受苦忍)의 인욕바라밀행에 집중하여 중생을 이롭게 하는 공덕을 항상 실천하라.

행덕수 · 行德修 피갑정진(被甲精進) 바라밀행에 집중하여 중생을 이롭게 하는 공덕을 항상 실천하라.

행덕심 · 行德心 안주정려(安住靜慮)의 선정바라밀행에 집중하여 중생을 이롭게 하는 공덕을 항상 실천하라.

행덕향 · 行德香 섭선법계(攝善法戒)의 선근공덕을 짓는 지계바라밀행에 집중하여 중생을 이롭게 하는 공덕을 항상 실천하라.

행덕화 · 行德華 인발정려(引發靜慮)의 깊은 선정바라밀행에 집중하여 중생을 이롭게 하는 공덕을 항상 실천하라.

행도 · 行道 항상 바라밀을 행하며, 불교 수행의 근본 요체인 계정혜 삼학(三學)을 깊이 새겨서 불도를 실천하라.

행도 · 行韜 바라밀을 실천하여 번뇌망상을 소멸시키고 한량없이 베풀어 중생을 이롭게 하라.

행도명 · 行道明 항상 수용법락(受用法樂)의 지혜바라밀을 행하며, 불교 수행의 근본 요체인 계정혜 삼학(三學)을 깊이 새겨서 불도를 실천하라.

행도문 · 行道門 항상 섭선정진(攝善精進)의 정진바라밀을 행하며, 불교 수행의 근본 요체인 계정혜 삼학(三學)을 깊이 새겨서 불도를 실천하라.

행도성 · 行道性 항상 안수고인(安受苦忍)의 인욕바라밀을 행하며, 불교 수행의 근본 요체인 계정혜(戒定慧) 삼학(三學)을 깊이 새겨서 불도를 실천하라.

행도심 · 行道心 항상 안주정려(安住靜慮)의 선정바라밀을 행하며, 불교 수행의 근본 요체인 계정혜 삼학(三學)을 깊이 새겨서 불도를 실천하라.

행도향 · 行道香 항상 지계바라밀을 행하며, 불교 수행의 근본 요체인 계정혜 삼학(三學)을 깊이 새겨서 불도를 실천하라.

행도화 · 行道華 항상 인발정려(引發靜慮)의 깊은 선정바라밀을 행하며, 불교 수행의 근본 요체인 계정혜 삼학(三學)을 깊이 새겨서 불도를 실천하라.

행만 · 行滿 성불의 지혜를 체득하기 위해서 궂은일이나 어려운 일도 차별하지 말고 바라밀행을 닦아 모든 일을 부지런히 행하라.

행만성 · 行滿性 성불의 지혜를 체득하기 위해서 궂은일이나 어려운 일도 차별하지 말고 안수고인(安受苦忍)의 인욕바라밀을 부지런히 행하라.

행만수 · 行滿修 성불의 지혜를 체득하기 위해서 궂은일이나 어려운 일도 차별하지 말고 피갑정진(被甲精進)의 정진바라밀을 부지런히 행하라.

행만심 · 行滿心 성불의 지혜를 체득하기 위해서 궂은일이나 어려운 일도 차별하지 말고 선정바라밀을 부지런히 행하라.

행만월 · 行滿月 성불의 지혜를 체득하기 위해서 궂은일이나 어려운 일도 차별하지 말고 방편바라밀을 부지런히 행하라.

행명 · 行明 항상 바라밀을 행하여

복덕행과 밝은 지혜를 체득하라.

행명지 · 行明智 이타행의 무상지(無上智) 지혜바라밀을 체득하여 복덕행을 행하고 밝은 지혜를 실천하라.

행법 · 行法 바라밀행을 닦아 세간적인 것에 대한 집착을 쉬고 불법의 실천으로 마음을 돌려서 큰 보리심을 발하고 행하라.

행본 · 行本 바라밀행을 닦아 보리심의 근본을 닦고 자리이타의 보살행을 실천하라.

행비 · 行조 바라밀행을 닦아 학문과 변설이 능통하여 설법이 자재로운 보살행자가 되어라.

행사 · 行思 바라밀행을 닦아 항상 사유하고 숙고하며 자리이타를 실천할 수 있는 보살행자가 되어라.

행선 · 行禪 바라밀행을 닦아 항상 면밀하고 청정한 수행자의 자세를 지니고 선정바라밀로 정진하여 안으로는 혼란이 없고, 밖으로는 정견을 성취하라.

행선덕 · 行禪德 항상 면밀하고 청정한 수행자의 자세를 지니고 인욕바라밀로 정진하여 안으로는 혼란이 없고, 밖으로는 정견을 성취하라.

행선도 · 行禪道 항상 면밀하고 청정한 수행자의 자세를 지니고 지계바라밀로 정진하여 안으로는 혼란이 없고, 밖으로는 정견을 성취하라.

행선문 · 行禪門 항상 면밀하고 청정한 수행자의 자세를 지니고 정진바라밀로 정진하여 안으로는 혼란이 없고, 밖으로는 정견을 성취하라.

행선법 · 行禪法 항상 면밀하고 청정한 수행자의 자세를 지니고 원력바라밀로 정진하여 안으로는 혼란이 없고, 밖으로는 정견을 성취하라.

행선심 · 行禪心 항상 면밀하고 청정한 수행자의 자세를 지니고 안주정려(安住靜慮)의 선정바라밀로 정진하여 안으로는 혼란이 없고, 밖으로는 정견을 성취하라.

행선월 · 行禪月 항상 면밀하고 청정한 수행자의 자세를 지니고 진취향과(進趣向果)의 방편바라밀로 정진하여 안으로는 혼란이 없고, 밖으로는 정견을 성취하라.

행선주 · 行禪珠 항상 면밀하고 청정한 수행자의 자세를 지니고 불사불수(不捨不受)의 방편바라밀로 정진하여 안으로는 혼란이 없고, 밖으로는 정견을 성취하라.

행선화 · 行禪華 항상 면밀하고 청

정한 수행자의 자세를 지니고 인발정려(引發靜慮)의 선정바라밀로 정진하여 안으로는 혼란이 없고, 밖으로는 정견을 성취하라.

행성 · 行性 외부에서 깨달음을 구하지 말고 내면의 청정한 불성(佛性)을 깨닫고 닦아서 부처님의 가르침을 행하라.

행수 · 行秀 외부에서 깨달음을 구하지 말고 내면의 청정한 불성(佛性)을 깨닫고 닦아서 수승한 마음으로 부처님의 가르침을 행하라.

행수 · 行修 항상 바라밀을 실천며 마음을 닦아 한량없는 공덕을 짓기 위해 노력하라.

행수덕 · 行修德 항상 내원해인(耐怨害忍)의 인욕바라밀을 실천하며 마음을 닦아 한량없는 공덕을 짓기 위해 노력하라.

행수성 · 行修性 항상 안수고인(安受苦忍)의 인욕바라밀을 실천하며 마음을 닦아 한량없는 공덕을 짓기 위해 노력하라.

행수월 · 行修月 항상 진취향과(進趣向果)의 방편바라밀을 실천하며 마음을 닦아 한량없는 공덕을 짓기 위해 노력하라.

행수정 · 行修淨 항상 이락정진(利樂精進)의 정진바라밀을 실천하며 마음을 닦아 한량없는 공덕을 짓기 위해 노력하라.

행심 · 行心 번뇌와 망집의 사슬에서 벗어나 일체중생이 갖추고 있는 본원청정심(本願淸淨心)을 깨닫고 행하라.

행심주 · 行心珠 불사불수(不捨不受)의 방편바라밀을 실천하여 번뇌와 망집의 사슬에서 벗어나 일체중생이 갖추고 있는 본원청정심(本願淸淨心)을 깨닫고 행하라.

행심화 · 行心華 항상 깊은 선정바라밀을 실천하여 번뇌와 망집의 사슬에서 벗어나 일체중생이 갖추고 있는 본원청정심(本願淸淨心)을 깨닫고 행하라.

행안 · 行安 번뇌와 불안에 괴로워하는 이웃들을 안정케 하는 여러 가지 방편바라밀로 무외시(無畏施)를 행하라.

행안성 · 行安性 안수고인(安受苦忍)의 인욕바라밀을 체득하여 번뇌와 불안에 괴로워하는 이웃들을 안정케 하는 여러 가지 방편으로 무외시(無畏施)를 행하라.

행안수 · 行安修 피갑정진(被甲精

進)의 정진바라밀을 체득하여 번뇌
와 불안에 괴로워하는 이웃들을 안
정케 하는 여러 가지 방편으로 무
외시(無畏施)를 행하라.

행안심 · 行安心 안주정려(安住靜
慮)의 선정바라밀을 체득하여 번뇌
와 불안에 괴로워하는 이웃들을 안
정케 하는 여러 가지 방편으로 무
외시(無畏施)를 행하라.

행안주 · 行安珠 불사불수(不捨不
受)의 방편바라밀을 체득하여 번뇌
와 불안에 괴로워하는 이웃들을 안
정케 하는 여러 가지 방편으로 무
외시(無畏施)를 행하라.

행안지 · 行安智 무상지(無上智)의
지혜바라밀을 체득하여 번뇌와 불
안에 괴로워하는 이웃들을 안정케
하는 여러 가지 방편으로 무외시
(無畏施)를 행하라.

행안화 · 行安華 선정바라밀을 체득
하여 번뇌와 불안에 괴로워하는 이
웃들을 안정케 하는 여러 가지 방편
으로 무외시(無畏施)를 행하라.

행엄 · 行嚴 혹독한 수행력을 바탕
으로 바라밀을 실천하며, 한량없는
공덕을 짓기 위해 노력하라.

행월 · 行月 바라밀행을 닦아 구름
을 벗어난 달이 삼라만상을 두루

비추듯이 번뇌와 망집에서 벗어나
걸림 없는 해탈을 체득하라.

행월심 · 行月心 안주정려(安住靜
慮)의 선정바라밀을 행하여 구름을
벗어난 달이 삼라만상을 두루 비추
듯이 번뇌와 망집에서 벗어나 걸림
없는 해탈을 체득하라.

행월주 · 行月珠 불사불수(不捨不
受)의 방편바라밀을 행하여 구름을
벗어난 달이 삼라만상을 두루 비추
듯이 번뇌와 망집에서 벗어나 걸림
없는 해탈을 체득하라.

행월지 · 行月智 무상지(無上智)의
지혜바라밀을 행하여 구름을 벗어
난 달이 삼라만상을 두루 비추듯이
번뇌와 망집에서 벗어나 걸림 없는
해탈을 체득하라.

행은 · 行恩 세세생생 자신을 보살
피고 이끌어 온 부모님과 삼보의 은
혜에 보답하기를 항상 생각하며 보
리심을 발하고 바라밀을 닦아라.

행은심 · 行恩心 세세생생 자신을
보살피고 이끌어 온 부모님과 삼보
의 은혜에 보답하기를 항상 생각하
며 보리심을 발하고 안주정려(安住
靜慮)의 선정바라밀을 닦아라.

행은화 · 行恩華 세세생생 자신을
보살피고 이끌어 온 부모님과 삼보

의 은혜에 보답하기를 항상 생각하며 보리심을 발하고 인발정려(引發靜慮)의 선정바라밀을 닦아라.

행일 · 行日 바라밀행을 닦아 날마다 산란과 망집(妄執)을 초월하여 항상 청정하고 밝은 마음으로 일상의 일에 임하며 불도를 수행하라.

행일각 · 行日覺 날마다 산란과 망집(妄執)을 초월하여 항상 청정하고 밝은 마음으로 일상의 일에 임하며, 법공혜(法空慧)의 지혜바라밀을 실천하라.

행일도 · 行日道 날마다 산란과 망집(妄執)을 초월하여 항상 청정하고 밝은 마음으로 일상의 일에 임하며, 섭율의계(攝律儀戒)의 지계바라밀을 실천하라.

행일성 · 行日性 날마다 산란과 망집(妄執)을 초월하여 항상 청정하고 밝은 마음으로 일상의 일에 임하고, 안수고인(安受苦忍)의 인욕바라밀을 실천하라.

행일수 · 行日修 날마다 산란과 망집(妄執)을 초월하여 항상 청정하고 밝은 마음으로 일상의 일에 임하고, 피갑정진(被甲精進)의 정진바라밀을 실천하라.

행일심 · 行日心 날마다 산란과 망집(妄執)을 초월하여 항상 청정하고 밝은 마음으로 일상의 일에 임하고, 안주정려(安住靜慮)의 선정바라밀을 실천하라.

행일주 · 行日珠 날마다 산란과 망집(妄執)을 초월하여 항상 청정하고 밝은 마음으로 일상의 일에 임하고, 불사불수(不捨不受)의 방편바라밀을 실천하라.

행일지 · 行日智 날마다 산란과 망집(妄執)을 초월하여 항상 청정하고 밝은 마음으로 일상의 일에 임하고, 무상지(無上智)의 지혜바라밀을 실천하라.

행정 · 行定 바라밀행을 닦아 어떤 산란스럽고 번뇌의 그물에 덮인 곳에 처하더라도 항상 선정력을 갖추어 마음의 광명을 발하라.

행준 · 行遵 바라밀행을 닦아 항상 부처님의 가르침을 따라 배우며 자리이타의 보살행을 실천하라.

행진 · 行眞 처염상정(處染常淨)의 연꽃과 같은 자세로 정법의 진리에 의지하여 정진하고 항상 선지식을 찾아뵈어 가르침을 구하고 실천하라.

행호 · 行乎 계행을 엄정히 하고 바라밀을 행하여 묘법을 깨달아 체득해서 널리 실천하라.

행호성 · 行乎性 계행을 엄정히 하고 인욕바라밀을 행하여 묘법을 깨달아 체득해서 널리 실천하라.

향광 · 香光 자신만을 위한 명성과 이익에 집착하지 말고 부처님의 지혜광명을 깨달아 일체중생을 이롭게 하는 바라밀을 실천하라.

향광수 · 香光水 자신만을 위한 명성과 이익에 집착하지 말고 부처님의 지혜광명을 깨달아 일체중생을 이롭게 하는 불사불수(不捨不受)의 방편바라밀을 실천하라.

향광수 · 香光修 자신만을 위한 명성과 이익에 집착하지 말고 부처님의 지혜광명을 깨달아 일체중생을 이롭게 하는 피갑정진(被甲精進)의 정진바라밀을 실천하라.

향광심 · 香光心 자신만을 위한 명성과 이익에 집착하지 말고 부처님의 지혜광명을 깨달아 일체중생을 이롭게 하는 선정바라밀을 실천하라.

향당 · 香堂 자신만을 위한 명성과 이익에 집착하지 말고 언제 어디서나 부처님의 지혜광명을 설하는 법당(法堂)이 되어 덕향을 널리 행하라.

향당화 · 香堂華 깊은 선정바라밀을 체득하여 자신만을 위한 명성과 이익에 집착하지 말고 언제 어디서나 부처님의 지혜광명을 설하는 법당(法堂)이 되어 덕향을 널리 행하라.

향덕 · 香德 바라밀행을 닦아 항상 나눔의 향기, 지킴의 향기, 배움의 향기로 덕을 쌓고 사바세계를 덕향으로 장엄하라.

향덕문 · 香德門 항상 섭선정진(攝善精進)의 정진바라밀을 행하며, 나눔의 향기, 지킴의 향기, 배움의 향기로 덕을 쌓고 사바세계를 덕향으로 장엄하라.

향덕성 · 香德性 항상 안수고인(安受苦忍)의 인욕바라밀을 행하며, 나눔의 향기, 지킴의 향기, 배움의 향기로 덕을 쌓고 사바세계를 덕향으로 장엄하라.

향덕수 · 香德修 항상 피갑정진(被甲精進)의 정진바라밀을 행하며, 나눔의 향기, 지킴의 향기, 배움의 향기로 덕을 쌓고 사바세계를 덕향으로 장엄하라.

향덕심 · 香德心 항상 안주정려(安住靜慮)의 선정바라밀을 행하며, 나눔의 향기, 지킴의 향기, 배움의 향기로 덕을 쌓고 사바세계를 덕향으로 장엄하라.

향덕월 · 香德月 항상 진취향과(進趣向果)의 방편바라밀을 행하며,

나눔의 향기, 지킴의 향기, 배움의 향기로 덕을 쌓고 사바세계를 덕향으로 장엄하라.

향덕인 · 香德仁 항상 내원해인(耐怨害忍)의 인욕바라밀을 행하며, 나눔의 향기, 지킴의 향기, 배움의 향기로 덕을 쌓고 사바세계를 덕향으로 장엄하라.

향덕주 · 香德珠 항상 불사불수(不捨不受)의 방편바라밀을 행하며, 나눔의 향기, 지킴의 향기, 배움의 향기로 덕을 쌓고 사바세계를 덕향으로 장엄하라.

향덕지 · 香德智 항상 무상지(無上智)의 지혜바라밀을 행하며, 나눔의 향기, 지킴의 향기, 배움의 향기로 덕을 쌓고 사바세계를 덕향으로 장엄하라.

향덕행 · 香德行 항상 보시바라밀을 행하며, 나눔의 향기, 지킴의 향기, 배움의 향기로 덕을 쌓고 사바세계를 덕향으로 장엄하라.

향덕화 · 香德華 항상 깊은 선정바라밀을 행하며, 나눔의 향기, 지킴의 향기, 배움의 향기로 덕을 쌓고 사바세계를 덕향으로 장엄하라.

향도 · 香道 바라밀을 행하여 생사 번뇌의 오염을 떠나서 향기로운 불

도를 성취하라.

향란 · 享鸞 바라밀행을 닦아 마땅히 중생의 모든 무게를 견딜 수 있는 바라밀행자가 되어 자리이타의 대승보살도를 실천하라.

향림 · 香林 바라밀을 실천하여 일체중생이 지친 심신을 쉬어가는 향기 가득한 숲처럼 중생의 의지처가 되어라.

향림성 · 香林性 안수고인(安受苦忍)의 인욕바라밀을 실천하여 일체중생이 지친 심신을 쉬어가는 향기 가득한 숲처럼 중생의 의지처가 되어라.

향림수 · 香林修 피갑정진(被甲精進)의 정진바라밀을 실천하여 일체중생이 지친 심신을 쉬어가는 향기 가득한 숲처럼 중생의 의지처가 되어라.

향림행 · 香林行 보시바라밀을 실천하여 일체중생이 지친 심신을 쉬어가는 향기 가득한 숲처럼 중생의 의지처가 되어라.

향림화 · 香林華 깊은 선정바라밀을 실천하여 일체중생이 지친 심신을 쉬어가는 향기 가득한 숲처럼 중생의 의지처가 되어라.

향성 · 香城 바라밀행을 닦아 중생계를 향기로 장엄한 성과 같은 불국토를 만들어라.

향성 · 香聖 바라밀을 행하여 언제나 진리의 향기를 발하는 성스러운 부처님의 가르침을 체득하라.

향성도 · 香聖道 섭율의계(攝律儀戒)의 지계바라밀을 행하여 언제나 진리의 향기를 발하는 성스러운 부처님의 가르침을 체득하라.

향성문 · 香聖門 섭선정진(攝善精進)의 정진바라밀을 행하여 언제나 진리의 향기를 발하는 성스러운 부처님의 가르침을 체득하라.

향성심 · 香聖心 안주정려(安住靜慮)의 선정바라밀을 행하여 언제나 진리의 향기를 발하는 성스러운 부처님의 가르침을 체득하라.

향성지 · 香聖智 무상지(無上智)의 지혜바라밀을 행하여 언제나 진리의 향기를 발하는 성스러운 부처님의 가르침을 체득하라.

향성화 · 香聖華 선정바라밀을 행하여 언제나 진리의 향기를 발하는 성스러운 부처님의 가르침을 체득하라.

향수 · 香守 청정한 바라밀행으로 얻은 마음의 향기를 잘 간직하라.

향심 · 香心 바라밀행을 닦아 본래 물듦이 없는 청정한 자성을 밝혀서 번뇌와 망집(妄執)으로 인한 중생심을 정화하고 덕향을 베풀어라.

향심성 · 香心性 안수고인(安受苦忍)의 인욕바라밀을 실천하여 본래 물듦이 없는 청정한 자성을 밝혀서 번뇌와 망집으로 인한 중생심을 정화하고 덕향을 베풀어라.

향심수 · 香心修 피갑정진(被甲精進)의 정진바라밀을 실천하여 본래 물듦이 없는 청정한 자성을 밝혀서 번뇌와 망집으로 인한 중생심을 정화하고 덕향을 베풀어라.

향심지 · 香心智 무상지(無上智)의 지혜바라밀을 실천하여 본래 물듦이 없는 청정한 자성을 밝혀서 번뇌와 망집으로 인한 중생심을 정화하고 덕향을 베풀어라.

향심행 · 香心行 보시바라밀을 실천하여 본래 물듦이 없는 청정한 자성을 밝혀서 번뇌와 망집으로 인한 중생심을 정화하고 덕향을 베풀어라.

향심화 · 香心華 선정바라밀을 실천하여 본래 물듦이 없는 청정한 자성을 밝혀서 번뇌와 망집으로 인

한 중생심을 정화하고 덕향을 베풀
어라.

향엄 · 香嚴 바라밀행을 닦아 엄격
한 수행정진으로 얻어진 덕향을 널
리 베풀어라.

향운 · 香雲 바라밀행을 닦아 만물
을 키우는 비를 내리는 구름처럼
일체중생에게 불법의 향기가 깃든
덕향의 구름이 되어 사바세계를 장
엄하라.

향운각 · 香雲覺 법공혜(法空慧)의
지혜바라밀을 행하여 만물을 키우
는 비를 내리는 구름처럼 일체중생
에게 불법의 향기가 깃든 덕향의 구
름이 되어 사바세계를 장엄하라.

향운덕 · 香雲德 내원해인(耐怨害忍)
의 인욕바라밀을 행하여 만물을 키
우는 비를 내리는 구름처럼 일체중
생에게 불법의 향기가 깃든 덕향의
구름이 되어 사바세계를 장엄하라.

향운도 · 香雲道 섭율의계(攝律儀戒)
의 지계바라밀을 행하여 만물을 키
우는 비를 내리는 구름처럼 일체중
생에게 불법의 향기가 깃든 덕향의
구름이 되어 사바세계를 장엄하라.

향운문 · 香雲門 섭선정진(攝善精進)
의 정진바라밀을 행하여 만물을 키
우는 비를 내리는 구름처럼 일체중

생에게 불법의 향기가 깃든 덕향의
구름이 되어 사바세계를 장엄하라.

향운성 · 香雲性 안수고인(安受苦忍)
의 인욕바라밀을 행하여 만물을 키
우는 비를 내리는 구름처럼 일체중
생에게 불법의 향기가 깃든 덕향의
구름이 되어 사바세계를 장엄하라.

향운수 · 香雲修 피갑정진(被甲精進)
의 정진바라밀을 행하여 만물을 키
우는 비를 내리는 구름처럼 일체중
생에게 불법의 향기가 깃든 덕향의
구름이 되어 사바세계를 장엄하라.

향운심 · 香雲心 안주정려(安住靜慮)
의 선정바라밀을 행하여 만물을 키
우는 비를 내리는 구름처럼 일체중
생에게 불법의 향기가 깃든 덕향의
구름이 되어 사바세계를 장엄하라.

향운지 · 香雲智 무상지(無上智)의
지혜바라밀을 행하여 만물을 키우
는 비를 내리는 구름처럼 일체중생
에게 불법의 향기가 깃든 덕향의 구
름이 되어 사바세계를 장엄하라.

향운행 · 香雲行 보시바라밀을 행
하여 만물을 키우는 비를 내리는
구름처럼 일체중생에게 불법의 향
기가 깃든 덕향의 구름이 되어 사
바세계를 장엄하라.

향운화 · 香雲華 선정바라밀을 행

하여 만물을 키우는 비를 내리는 구름처럼 일체중생에게 불법의 향기가 깃든 덕향의 구름이 되어 사바세계를 장엄하라.

향원 · 香圓 바라밀행으로 모든 번뇌의 오염이 사라진 청정한 불성(佛性)을 원만히 성취하여 향기로운 세상을 만들기 위해 노력하라.

향원덕 · 香圓德 내원해인(耐怨害忍)의 인욕바라밀행으로 모든 번뇌의 오염이 사라진 청정한 불성(佛性)을 원만히 성취하여 향기로운 세상을 만들기 위해 노력하라.

향원도 · 香圓道 섭율의계(攝律儀戒)의 지계바라밀행으로 모든 번뇌의 오염이 사라진 청정한 불성(佛性)을 원만히 성취하여 향기로운 세상을 만들기 위해 노력하라.

향원문 · 香圓門 섭선정진(攝善精進)의 정진바라밀행으로 모든 번뇌의 오염이 사라진 청정한 불성(佛性)을 원만히 성취하여 향기로운 세상을 만들기 위해 노력하라.

향원법 · 香圓法 변화의 원력바라밀행으로 모든 번뇌의 오염이 사라진 청정한 불성(佛性)을 원만히 성취하여 향기로운 세상을 만들기 위해 노력하라.

향원성 · 香圓性 안수고인(安受苦忍)의 인욕바라밀행으로 모든 번뇌의 오염이 사라진 청정한 불성(佛性)을 원만히 성취하여 향기로운 세상을 만들기 위해 노력하라.

향원심 · 香圓心 안주정려(安住靜慮)의 선정바라밀행으로 모든 번뇌의 오염이 사라진 청정한 불성(佛性)을 원만히 성취하여 향기로운 세상을 만들기 위해 노력하라.

향원지 · 香圓智 무상지(無上智)의 지혜바라밀행으로 모든 번뇌의 오염이 사라진 청정한 불성(佛性)을 원만히 성취하여 향기로운 세상을 만들기 위해 노력하라.

향원행 · 香圓行 보시바라밀행으로 모든 번뇌의 오염이 사라진 청정한 불성(佛性)을 원만히 성취하여 향기로운 세상을 만들기 위해 노력하라.

향원화 · 香圓華 깊은 선정바라밀행으로 모든 번뇌의 오염이 사라진 청정한 불성(佛性)을 원만히 성취하여 향기로운 세상을 만들기 위해 노력하라.

향월 · 香月 바라밀을 실천하여 어두운 밤하늘을 비추는 달빛과 같이 청정한 덕향을 체득하고, 널리 베풀어라.

향월수 · 香月修 피갑정진(被甲精進)의 정진바라밀을 실천하여 어두운 밤하늘을 비추는 달빛과 같이 청정한 덕향을 체득하고, 널리 베풀어라.

향월심 · 香月心 안주정려(安住靜慮)의 선정바라밀을 실천하여 어두운 밤하늘을 비추는 달빛과 같이 청정한 덕향을 체득하고, 널리 베풀어라.

향월주 · 香月珠 불사불수(不捨不受)의 방편바라밀을 실천하여 어두운 밤하늘을 비추는 달빛과 같이 청정한 덕향을 체득하고, 널리 베풀어라.

향월지 · 香月智 무상지 지혜바라밀을 실천하여 어두운 밤하늘을 비추는 달빛과 같이 청정한 덕향을 체득하고, 널리 베풀어라.

향월화 · 香月華 선정바라밀을 실천하여 어두운 밤하늘을 비추는 달빛과 같이 청정한 덕향을 체득하고, 널리 베풀어라.

향육 · 香育 바라밀행을 닦아 나눔과 지킴과 배움으로 덕향을 기르고 증장시켜 널리 베풀고 사람들을 이롭게 하라.

향인 · 香印 바라밀행을 닦아 모든

번뇌 망집의 오염을 벗어나 향기로운 심인(心印), 즉 마음의 진리를 체득하라.

향적 · 香積 『유마경』「향적불품(香積佛品)」에서는 중향세계의 부처님 이름을 향적이라고 함. 지계바라밀을 실천하여 얻어진 덕향으로 세상을 감싸 한량없는 중생이 이익과 안락, 행복을 얻도록 하라.

향적 · 香寂 바라밀행을 닦아 항상 번뇌의 악취를 몰아내는 향처럼 열반적정의 진리를 체득하라.

향적문 · 香積門 바라밀을 실천하여 얻어진 덕향으로 세상을 감싸 한량없는 중생이 이익과 안락, 행복을 얻도록 하라.

향적문 · 香寂門 섭선정진(攝善精進)의 정진바라밀을 실천하여 항상 번뇌의 악취를 몰아내는 향처럼 불법의 고요한 진리를 관하라.

향적성 · 香積性 바라밀을 실천하여 얻어진 덕향으로 세상을 감싸 한량없는 중생이 이익과 안락, 행복을 얻도록 하라.

향적성 · 香寂性 안수고인(安受苦忍)의 인욕바라밀을 실천하여 항상 번뇌의 악취를 몰아내는 향처럼 불법의 고요한 진리를 관하라.

향적심 · 香積心 바라밀을 실천하여 얻어진 덕향으로 세상을 감싸 한량없는 중생이 이익과 안락, 행복을 얻도록 하라.

향적심 · 香寂心 안주정려(安住靜慮)의 선정바라밀을 실천하여 항상 번뇌의 악취를 몰아내는 향처럼 불법의 고요한 진리를 관하라.

향적인 · 香寂仁 내원해인(耐怨害忍)의 인욕바라밀을 실천하여 항상 번뇌의 악취를 몰아내는 향처럼 불법의 고요한 진리를 관하라.

향적인 · 香積仁 바라밀을 실천하여 얻어진 덕향으로 세상을 감싸 한량없는 중생이 이익과 안락, 행복을 얻도록 하라.

향적행 · 香積行 바라밀을 실천하여 얻어진 덕향으로 세상을 감싸 한량없는 중생이 이익과 안락, 행복을 얻도록 하라.

향적행 · 香寂行 보시바라밀을 실천하여 항상 번뇌의 악취를 몰아내는 향처럼 불법의 고요한 진리를 관하라.

향적화 · 香積華 바라밀을 실천하여 얻어진 덕향으로 세상을 감싸 한량없는 중생이 이익과 안락, 행복을 얻도록 하라.

향적화 · 香寂華 선정바라밀을 실천하여 항상 번뇌의 악취를 몰아내는 향처럼 불법의 고요한 진리를 관하라.

향전 · 香全 바라밀의 덕향을 증장시켜 본래 물듦이 없는 청정한 자성을 밝혀서 번뇌와 망집으로 인한 독기를 없애고 향기로운 마음을 온전히 닦아라.

향정 · 香正 바라밀의 덕향을 증장시켜 모든 번뇌의 오염이 사라진 청정한 불성을 원만히 성취하여 세상을 향기롭고 바르게 살아가라.

향조 · 香照 바라밀의 덕향을 증장시켜 번뇌와 탐욕으로 말미암은 독기를 다스려 향기로운 마음을 닦고 널리 비춰라.

향진 · 香眞 바라밀의 덕향을 증장시켜 탐욕으로 인한 독기(毒氣)를 버리고 진리의 향기를 가꿔라.

향천 · 香泉 바라밀행으로 향기로운 물이 솟아오르는 샘처럼 중생에게 불법의 감로수를 전하는 사람이 되어라.

향천덕 · 香泉德 내원해인(耐怨害忍)의 인욕바라밀행으로 향기로운 물이 솟아오르는 샘처럼 중생에게 불법의 감로수를 전하는 사람이 되어라.

향천성 · 香泉性 안수고인(安受苦忍)의 인욕바라밀행으로 향기로운 물이 솟아오르는 샘처럼 중생에게 불법의 감로수를 전하는 사람이 되어라.

향천수 · 香泉修 피갑정진(被甲精進)의 정진바라밀행으로 향기로운 물이 솟아오르는 샘처럼 중생들에게 불법의 감로수를 전하는 사람이 되어라.

향천지 · 香泉智 무상지(無上智)의 지혜바라밀행으로 향기로운 물이 솟아오르는 샘처럼 중생에게 불법의 감로수를 전하는 사람이 되어라.

향천화 · 香泉華 깊은 선정바라밀행으로 향기로운 물이 솟아오르는 샘처럼 중생에게 불법의 감로수를 전하는 사람이 되어라.

향해 · 香海 바라밀행으로 향수로 가득 찬 바다, 즉 향수해와 같은 한량없는 불도의 공덕을 닦아라.

향해덕 · 香海德 내원해인(耐怨害忍)의 인욕바라밀행으로 향수로 가득 찬 바다, 즉 향수해와 같은 한량없는 불도의 공덕을 닦아라.

향해문 · 香海門 섭선정진(攝善精進)의 정진바라밀행으로 향수로 가득 찬 바다, 즉 향수해와 같은 한량없는 불도의 공덕을 닦아라.

향해성 · 香海性 안수고인(安受苦忍)의 인욕바라밀행으로 향수로 가득 찬 바다, 즉 향수해와 같은 한량없는 불도의 공덕을 닦아라.

향해수 · 香海修 피갑정진(被甲精進)의 정진바라밀행으로 향수로 가득 찬 바다, 즉 향수해와 같은 한량없는 불도의 공덕을 닦아라.

향해주 · 香海珠 불사불수(不捨不受)의 방편바라밀행으로 향수로 가득 찬 바다, 즉 향수해와 같은 한량없는 불도의 공덕을 닦아라.

향해지 · 香海智 무상지(無上智)의 지혜바라밀행으로 향수로 가득 찬 바다, 즉 향수해와 같은 한량없는 불도의 공덕을 닦아라.

향화 · 香華 바라밀을 실천하며 향과 꽃으로 삼보전을 장엄하고, 향기로운 마음으로 불도에 정진하라.

향화 · 香和 바라밀을 실천하여 탐욕으로 말미암은 독기를 모두 버리고 향기로운 마음으로 화합하라.

향화덕 · 香華德 내원해인(耐怨害忍)의 인욕바라밀을 실천하며 향과 꽃으로 삼보전을 장엄하고, 향기로운 마음으로 불도에 정진하라.

향화성 · 香華性 안수고인(安受苦忍)의 인욕바라밀을 실천하며 향과 꽃으로 삼보전을 장엄하고, 향기로운 마음으로 불도에 정진하라.

향화수 · 香華修 피갑정진(被甲精進)의 정진바라밀을 실천하며 향과 꽃으로 삼보전을 장엄하고, 향기로운 마음으로 불도에 정진하라.

향화심 · 香華心 안주정려(安住靜慮)의 선정바라밀을 실천하며 향과 꽃으로 삼보전을 장엄하고, 향기로운 마음으로 불도에 정진하라.

향화주 · 香華珠 불사불수(不捨不受)의 방편바라밀을 실천하며 향과 꽃으로 삼보전을 장엄하고, 향기로운 마음으로 불도에 정진하라.

향화지 · 香華智 무상지(無上智)의 지혜바라밀을 실천하며 향과 꽃으로 삼보전을 장엄하고, 향기로운 마음으로 불도에 정진하라.

허관 · 虛寬 바라밀을 실천하여 허공과 같은 이치를 꿰뚫어 보고 너그러운 마음으로 세간을 보살펴라.

허백 · 虛白 바라밀을 행하여 허공과 같이 모든 번뇌 망상을 없애고 정법의 이치를 깨쳐라.

허암 · 虛庵 바라밀행을 닦아 무상한 사바세계에서 홀연히 지혜를 체득하고 보살행을 실천하다 허허롭게 사라질 줄 아는 보살행자가 되어라.

허월 · 許越 바라밀행을 닦아 중생의 기대를 넘어서는 대승보살이 되어 중생을 이롭게 하라.

허응 · 虛應 지혜바라밀행을 닦아 공의 이치를 깨치고 중생의 요구에 응하는 자리이타의 보살행을 실천하라.

허인 · 虛刃 바라밀을 실천하여 공을 깨닫는 지혜를 갖추어라.

허정 · 虛靜 바라밀을 실천하여 공허하고 고요한 선정을 체득하라.

허주 · 虛舟 바라밀을 행하여 공의 이치를 체득하고 집착 없는 마음으로 덕을 베풀어라.

허주향 · 虛舟香 섭선법계(攝善法戒)의 지계바라밀을 행하여 공의 이치를 체득하고 집착 없는 마음으로 덕을 베풀어라.

현각 · 玄恪 바라밀행으로 그윽한 하늘의 이치를 깨치고 항상 자신을 삼가고 조심하며 스스로를 돌아보라.

현각 · 玄覺 바라밀행으로 그윽한 하늘의 이치를 깨쳐 광대무변한 지혜를 갖추고 중생을 깨달음의 길로 인도하라.

현각성 · 玄覺性 안수고인(安受苦忍)의 인욕바라밀행으로 그윽한 하늘의 이치를 깨쳐 항상 자신을 삼가고 조심하며 스스로를 돌아보라.

현각주 · 玄覺珠 불사불수(不捨不受)의 방편바라밀행으로 그윽한 하늘의 이치를 깨쳐 항상 자신을 삼가고 조심하며 스스로를 돌아보라.

현각지 · 玄覺智 이타의 무상지(無上智) 지혜바라밀행으로 그윽한 하늘의 이치를 깨치고 항상 자신을 삼가고 조심하며 스스로를 돌아보라.

현견 · 玄堅 바라밀행을 닦아 피갑정진 · 被甲精進의 자세로 현묘하면서 견고한 진리를 체득하고 자리이타의 대승보살도를 행하라.

현경 · 玄景 지혜바라밀을 실천하여 어두운 하늘을 밝게 비추는 별빛처럼 중생의 어두운 마음에 지혜의 광명을 비추어라.

현경 · 現鏡 바라밀행으로 마음을 갈고 닦아 만상을 있는 그대로 비추는 맑은 거울과 같은 지혜를 나타내어라.

현경각 · 玄景覺 법공혜(法空慧)의 지혜바라밀을 실천하여 어두운 하늘을 밝게 비추는 별빛처럼 중생의 어두운 마음에 지혜의 광명을 비추어라.

현경덕 · 玄景德 내원해인(耐怨害忍)의 인욕바라밀을 실천하여 어두운 하늘을 밝게 비추는 별빛처럼 중생의 어두운 마음에 지혜의 광명을 비추어라.

현경도 · 玄景道 섭율의계(攝律儀戒)의 지계바라밀을 실천하여 어두운 하늘을 밝게 비추는 별빛처럼 중생의 어두운 마음에 지혜의 광명을 비추어라.

현경문 · 玄景門 섭선정진(攝善精進)의 정진바라밀을 실천하여 어두운 하늘을 밝게 비추는 별빛처럼 중생의 어두운 마음에 지혜의 광명을 비추어라.

현경수 · 玄景修 피갑정진(被甲精進)의 정진바라밀을 실천하여 어두운 하늘을 밝게 비추는 별빛처럼 중생의 어두운 마음에 지혜의 광명을 비추어라.

현경심 · 玄景心 안주정려(安住靜

慮)의 선정바라밀을 실천하여 어두운 하늘을 밝게 비추는 별빛처럼 중생의 어두운 마음에 지혜의 광명을 비추어라.

현경월 · 玄景月 진취향과(進趣向果)의 방편바라밀을 실천하여 어두운 하늘을 밝게 비추는 별빛처럼 중생의 어두운 마음에 지혜의 광명을 비추어라.

현경인 · 玄景仁 내원해인(耐怨害忍)의 인욕바라밀을 실천하여 어두운 하늘을 밝게 비추는 별빛처럼 중생의 어두운 마음에 지혜의 광명을 비추어라.

현경주 · 玄景珠 불사불수(不捨不受)의 방편바라밀을 실천하여 어두운 하늘을 밝게 비추는 별빛처럼 중생의 어두운 마음에 지혜의 광명을 비추어라.

현경지 · 玄景智 무상지(無上智)의 지혜바라밀을 실천하여 어두운 하늘을 밝게 비추는 별빛처럼 중생의 어두운 마음에 지혜의 광명을 비추어라.

현경화 · 玄景華 인발정려(引發靜慮)의 선정바라밀을 실천하여 어두운 하늘을 밝게 비추는 별빛처럼 중생의 어두운 마음에 지혜의 광명이 비치게 하라.

현고 · 玄高 바라밀행을 닦아 언제나 현묘하고 고고한 수행자의 자세를 갖추고 자리이타의 보살행을 실천하라.

현관 · 賢寬 바라밀을 실천하여 어질고 너그러운 마음으로 널리 중생을 제도하고 이롭게 하라.

현관행 · 賢觀行 바라밀을 실천하여 어질고 너그러운 마음으로 중생의 삶을 꿰뚫어 보고 고통에서 벗어날 수 있도록 법시를 베풀어라.

현광 · 現光 바라밀행을 닦아 지금 여기 부처님께서 내리시는 광명의 가피를 입고 자리이타의 보살도를 행하라.

현광 · 玄光 바라밀을 실천하여 총명하고 속진을 여읜 깨끗한 행을 체득하고, 널리 베풀어라.

현담 · 現潭 항상 바라밀을 실천하여 정진하고 번뇌와 탐욕의 갈증에 시달리는 중생에게 갈증과 때를 씻는 시원한 연못처럼 공덕을 베풀어라.

현덕 · 現德 바라밀행을 닦아 지금, 여기서 중생을 제도할 수 있는 큰 덕을 베풀어 자리이타의 보살도를 실천하라.

현덕 · 玄德 바라밀행에 집중하여

중생을 이롭게 하는 자비심으로 언제나 덕행을 쌓아라.

현덕문 · 賢德門 섭선정진(攝善精進)의 정진바라밀행에 집중하여 중생을 이롭게 하는 자비심으로 언제나 덕행을 쌓아라.

현덕성 · 現德性 안수고인(安受苦忍)의 인욕바라밀행에 집중하여 중생을 이롭게 하는 자비심으로 언제나 덕행을 쌓아라.

현덕수 · 現德修 피갑정진(被甲精進)의 정진바라밀행에 집중하여 중생을 이롭게 하는 자비심으로 언제나 덕행을 쌓아라.

현덕심 · 現德心 안주정려(安住靜慮)의 선정바라밀행에 집중하여 중생을 이롭게 하는 자비심으로 언제나 덕행을 쌓아라.

현덕월 · 現德月 진취향과(進趣向果)의 방편바라밀행에 집중하여 중생을 이롭게 하는 자비심으로 언제나 덕행을 쌓아라.

현덕행 · 現德行 보시바라밀행에 집중하여 중생을 이롭게 하는 자비심으로 언제나 덕행을 쌓아라.

현덕향 · 現德香 지계바라밀행에 집중하여 중생을 이롭게 하는 자비심으로 언제나 덕행을 쌓아라.

현덕화 · 現德華 선정바라밀행에 집중하여 중생을 이롭게 하는 자비심으로 언제나 덕행을 쌓아라.

현도 · 玄導 바라밀행을 닦아 현묘한 지혜로 중생을 이끌어 주는 보살행자가 되어라.

현린 · 玄麟 바라밀행을 닦아 현묘하고 깊은 깨침을 증득하고 빛나는 모습으로 자리이타의 보살행을 실천하라.

현문 · 玄門 바라밀의 실천을 바탕으로 부처님의 가르침을 잘 공부하여 현묘한 이치를 체득하고 진리의 문을 열어라.

현문 · 顯文 바라밀행을 닦아 학문을 연구하고 잘 드러내어 많은 사람을 이롭게 하라.

현문 · 賢文 현문은 지혜의 문장이라는 의미. 바라밀을 실천하여 지혜로운 가르침을 체득하고 널리 중생을 이롭게 하라.

현문성 · 玄門性 인욕바라밀의 실천을 바탕으로 부처님의 가르침을 잘 공부하고 현묘한 이치를 체득하여 진리의 문을 열어라.

현문수 · 玄門修 정진바라밀의 실천을 바탕으로 부처님의 가르침을 잘 공부하고 현묘한 이치를 체득하여 진리의 문을 열어라.

현문심 · 玄門心 선정바라밀의 실천을 바탕으로 부처님의 가르침을 잘 공부하고 현묘한 이치를 체득하여 진리의 문을 열어라.

현문주 · 玄門珠 방편바라밀의 실천을 바탕으로 부처님의 가르침을 잘 공부하고 현묘한 이치를 체득하여 진리의 문을 열어라.

현문지 · 玄門智 지혜바라밀의 실천을 바탕으로 부처님의 가르침을 잘 공부하고 현묘한 이치를 체득하여 진리의 문을 열어라.

현문행 · 玄門行 보시바라밀의 실천을 바탕으로 부처님의 가르침을 잘 공부하고 현묘한 이치를 체득하여 진리의 문을 열어라.

현문화 · 玄門華 선정바라밀의 실천을 바탕으로 부처님의 가르침을 잘 공부하고 현묘한 이치를 체득하여 진리의 문을 열어라.

현범 · 玄範 바라밀행을 닦아 오묘한 불법의 이치를 체득하여 중생의 본보기가 되어라.

현봉 · 玄峰 바라밀의 실천으로 불법의 이치를 체득하여 현묘하고 수승한 봉우리와 같은 뛰어난 인재가 되어라.

현사 · 玄沙 바라밀행을 닦아 현묘한 불법의 진리를 체득하고 항하의 모래와 같이 많은 중생의 제도에 앞장서라.

현산 · 玄山 바라밀행을 닦아 현묘한 지혜를 체득하고 중생이 의지할 수 있는 산과 같은 보살행자가 되어라.

현선 · 玄禪 바라밀행을 닦아 현묘하고 수승한 마음공부를 체득하여 대승보살의 이념을 실천하라.

현선 · 賢善 바라밀행을 닦아 어질고 지혜로운 마음으로 선근공덕을 갖추고 자리이타행을 실천하라.

현선수 · 賢善首 바라밀행을 닦아 어질고 지혜로운 마음으로 으뜸가는 복덕인 자리이타행을 실천하라.

현선행 · 賢善行 보시바라밀행을 닦아 어질고 지혜로운 마음으로 으뜸가는 복덕인 자리이타행을 실천하라.

현선혜 · 賢善慧 법시바라밀행을 닦아 어질고 지혜로운 마음으로 으

뜸가는 복덕인 자리이타행을 실천
하라.

현선향 · 賢善香 지계바라밀행을
닦아 어질고 지혜로운 마음으로 으
뜸가는 복덕인 자리이타행을 실천
하라.

현선덕 · 賢善德 인욕바라밀행을
닦아 어질고 지혜로운 마음으로 으
뜸가는 복덕인 자리이타행을 실천
하라.

현선지 · 賢善地 섭중생계(攝衆生
戒)의 지계바라밀행을 닦아 어질고
지혜로운 마음으로 으뜸가는 복덕
인 자리이타행을 실천하라.

현선화 · 賢善華 인발정려(引發靜
慮)의 선정바라밀행을 닦아 어질고
지혜로운 마음으로 으뜸가는 복덕
인 자리이타행을 실천하라.

현선심 · 賢善心 안주정려(安住靜
慮)의 선정바라밀행을 닦아 어질고
지혜로운 마음으로 으뜸가는 복덕
인 자리이타행을 실천하라.

현선월 · 賢善月 진취향과(進趣向
果)의 방편바라밀행을 닦아 어질고
지혜로운 마음으로 으뜸가는 복덕
인 자리이타행을 실천하라.

현선수 · 賢善水 불사불수(不捨不

受)의 방편바라밀행을 닦아 어질고
지혜로운 마음으로 으뜸가는 복덕
인 자리이타행을 실천하라.

현선해 · 賢善海 바라밀행을 닦아
어질고 지혜로운 마음으로 으뜸가
는 복덕인 자리이타행을 실천하라.

현선심 · 現善心 바라밀을 잘 실천
하여 보살의 마음을 갖추고 중생을
이롭게 하라.

현성행 · 現性行 보시바라밀을 실
천하여 자신의 본성을 잘 드러내고
청정한 상태가 되도록 쉼 없이 정
진하라.

현소 · 玄素 바라밀을 실천하여 번
뇌 망상을 여의고 어둠 속의 한줄
기 빛처럼 세상을 밝혀라.

현소행 · 玄素行 보시바라밀을 실
천하여 번뇌 망상을 여의고 어둠의
한줄기 빛처럼 세상을 밝혀라.

현소화 · 玄素華 선정바라밀을 실
천하여 번뇌 망상을 여의고 어둠의
한줄기 빛처럼 세상을 밝혀라.

현수 · 賢秀 바라밀을 실천하여 어
질고 빼어난 인재가 되어라.

현수 · 現修 바라밀행을 닦아 언제
어디서나 항상 현재에 철저히 집중

해 불도를 닦고 펴라.

현수 · 賢首 현수는 비구를 높여 부르는 말. 바라밀을 실천하여 대덕 스님과 같이 어진 지혜와 공덕을 지어라.

현수각 · 現修覺 법공혜(法空慧)의 지혜바라밀을 행하여 언제 어디서나 항상 현재에 철저히 집중해 불도를 닦고 펴라.

현수덕 · 現修德 내원해인(耐怨害忍)의 인욕바라밀을 행하여 언제 어디서나 항상 현재에 철저히 집중해 불도를 닦고 펴라.

현수성 · 現修性 안수고인(安受苦忍)의 인욕바라밀을 행하여 언제 어디서나 항상 현재에 철저히 집중해 불도를 닦고 펴라.

현수심 · 現修心 안주정려(安住靜慮)의 선정바라밀을 행하여 언제 어디서나 항상 현재에 철저히 집중해 불도를 닦고 펴라.

현수월 · 現修月 진취향과(進趣向果)의 방편바라밀을 행하여 언제 어디서나 항상 현재에 철저히 집중해 불도를 닦고 펴라.

현수인 · 現修仁 내원해인(耐怨害忍)의 인욕바라밀을 행하여 언제

어디서나 항상 현재에 투철하여 불도를 닦고 펴라.

현수행 · 現修行 재시의 보시바라밀을 행하여 언제 어디서나 항상 현재에 철저히 집중해 불도를 닦고 펴라.

현수향 · 現修香 섭선법계(攝善法戒)의 지계바라밀을 행하여 항상 현재에 철저히 집중해 불도를 닦고 펴라.

현수화 · 現修華 인발정려(引發靜慮)의 선정바라밀을 행하여 항상 현재에 철저히 집중해 불도를 닦고 펴라.

현숭 · 顯嵩 바라밀행을 닦아 부처님의 높은 가르침을 체득하고 세상에 널리 알려 중생을 이롭게 하라.

현심 · 現心 바라밀행으로 눈앞에 나타나는 모든 것은 바로 현재심(現在心)이 발현한 것임을 투철히 깨달아 번뇌와 망집에 사로잡히는 일이 없도록 하라.

현심덕 · 現心德 내원해인(耐怨害忍)의 인욕바라밀행으로 눈앞에 나타나는 모든 것은 바로 현재심(現在心)이 발현한 것임을 투철히 깨달아 번뇌와 망집에 사로잡히는 일이 없도록 하라.

현심도 · 現心道 섭율의계(攝律儀 戒)의 지계바라밀행으로 눈앞에 나타나는 모든 것은 바로 현재심(現在心)이 발현한 것임을 투철히 깨달아 번뇌와 망집에 사로잡히는 일이 없도록 하라.

현심성 · 現心性 안수고인(安受苦 忍)의 인욕바라밀행으로 눈앞에 나타나는 모든 것은 바로 현재심(現在心)이 발현한 것임을 투철히 깨달아 번뇌와 망집에 사로잡히는 일이 없도록 하라.

현심수 · 現心修 피갑정진(被甲精 進)의 정진바라밀행으로 눈앞에 나타나는 모든 것은 바로 현재심(現在心)이 발현한 것임을 투철히 깨달아 번뇌와 망집에 사로잡히는 일이 없도록 하라.

현심주 · 現心珠 불사불수(不捨不 受)의 방편바라밀행으로 눈앞에 나타나는 모든 것은 바로 현재심(現在心)이 발현한 것임을 투철히 깨달아 번뇌와 망집에 사로잡히는 일이 없도록 하라.

현심행 · 現心行 보시바라밀행으로 눈앞에 나타나는 모든 것은 바로 현재심(現在心)이 발현한 것임을 투철히 깨달아 번뇌와 망집에 사로잡히는 일이 없도록 하라.

현심화 · 現心華 선정바라밀행으로 눈앞에 나타나는 모든 것은 바로 현재심(現在心)이 발현한 것임을 투철히 깨달아 번뇌와 망집에 사로잡히는 일이 없도록 하라.

현안 · 玄晏 바라밀을 실천하여 그윽하고 맑은 하늘처럼 청정하고 안정된 마음을 갖추어 널리 세상을 이롭게 하라.

현안성 · 玄晏性 인욕바라밀을 실천하여 그윽하고 맑은 하늘처럼 청정하고 안정된 마음을 갖추어 널리 세상을 이롭게 하라.

현안수 · 玄晏修 정진바라밀을 실천하여 그윽하고 맑은 하늘처럼 청정하고 안정된 마음을 갖추어 널리 세상을 이롭게 하라.

현안심 · 玄晏心 선정바라밀을 실천하여 그윽하고 맑은 하늘처럼 청정하고 안정된 마음을 갖추어 널리 세상을 이롭게 하라.

현안주 · 玄晏珠 방편바라밀을 실천하여 그윽하고 맑은 하늘처럼 청정하고 안정된 마음을 갖추어 널리 세상을 이롭게 하라.

현암 · 賢岩 바라밀행을 닦아 어질고 덕행이 뛰어난 인재가 되어라.

현오· 玄悟 바라밀행을 닦아 현묘한 부처님의 가르침을 깨우쳐 체득하고 자리이타의 대승보살도를 행하라.

현완· 玄琬 바라밀행으로 현묘하고 아름다운 옥과 같이 뛰어난 인재가 되어 많은 사람을 이롭게 하라.

현욱· 玄昱 바라밀행으로 복덕과 지혜를 갖추어 현묘하게 빛나는 뛰어난 인재가 되어 자리이타의 원력을 성취하라.

현월· 現月 바라밀행으로 어두운 밤에도 달이 뜨면 길을 갈 수 있듯이 깨달음의 빛을 원융하게 발(發)하라.

현월성· 現月性 지혜바라밀행으로 어두운 밤에도 달이 뜨면 길을 갈 수 있듯이 깨달음의 빛을 원융하게 발(發)하라.

현월심· 現月心 선정바라밀행으로 어두운 밤에도 달이 뜨면 길을 갈 수 있듯이 깨달음의 빛을 원융하게 발(發)하라.

현유· 玄遊 바라밀행을 닦아 현묘한 지혜를 체득하고 사바세계에서 걸림 없이 노닐 수 있는 공덕을 행하라.

현유정· 玄遊淨 이락정진(利樂精進)의 정진바라밀행을 닦아 현묘한 지혜를 체득하고 사바세계에서 걸림 없이 노닐 수 있는 공덕을 행하라.

현응· 玄應 바라밀을 실천하여 응당 공양을 받을 수 있는 현묘한 지혜를 체득하라.

현응심· 玄應心 안주정려(安住靜慮)의 선정바라밀을 실천하여 응당 공양을 받을 수 있는 현묘한 지혜를 체득하라.

현일· 玄一 바라밀행을 닦아 정법에 능통한 현묘한 지혜를 체득하고 자리이타의 보살행을 실천하라.

현일· 玄逸 바라밀행으로 모든 번뇌 망상이 소멸될 수 있는 현묘한 지혜를 체득하고 널리 중생을 이롭게 하라.

현일지· 玄逸智 무상지(無上智)의 지혜바라밀행에 집중하여 모든 번뇌 망상이 소멸될 수 있는 현묘한 지혜를 체득하고 중생을 이롭게 하라.

현장· 玄裝 바라밀행을 닦아 각종 불전에 능통하고 무지한 중생을 불국토로 인도할 수 있도록 보살행을 실천하라.

현적· 玄寂 바라밀행을 닦아 수승

한 지혜로 적멸(寂滅)의 열반을 성취하라.

현적행 · 玄寂行 보시바라밀행을 닦아 수승한 지혜로 적멸(寂滅)의 열반을 성취하라.

현전지 · 現前地 반야바라밀을 행함으로써 크나큰 지혜가 눈앞에 나타나는 보살의 지위를 체득하라.

현정 · 賢淨 바라밀행으로 어질고 청정한 마음을 성취하고 널리 자리이타행을 실천하라.

현조 · 玄藻 바라밀행으로 현묘한 지혜를 닦아 중생의 번뇌망상을 소멸시킬 수 있도록 자리이타의 보살행을 실천하라.

현조 · 顯照 바라밀행을 닦아 분명하고 밝은 지혜를 체득하고 자리이타의 보살행을 실천하라.

현조 · 玄照 바라밀행을 닦아 현묘한 지혜로 중생의 어두움을 밝게 비추어 제도하라.

현조성 · 玄照性 안수고인(安受苦忍)의 인욕바라밀을 실천하여 현묘한 지혜로 중생의 어두움을 밝게 비추어 제도하라.

현조행 · 玄照行 보시바라밀을 실천하여 현묘한 지혜로 중생의 어두움을 밝게 비추어 제도하라.

현종 · 玄宗 바라밀행을 닦아 현묘하고 으뜸가는 복덕과 지혜를 성취하고 널리 세상을 이롭게 하라.

현종덕 · 玄宗德 내원해인(耐怨害忍)의 인욕바라밀행을 닦아 현묘하고 으뜸가는 복덕과 지혜를 성취하고 널리 세상을 이롭게 하라.

현종화 · 玄宗華 선정바라밀행을 닦아 현묘하고 으뜸가는 복덕과 지혜를 성취하고 널리 세상을 이롭게 하라.

현주행 · 玄珠行 보시바라밀을 실천하여 무엇이든 뜻한 바를 실천할 수 있는 현묘한 여의주를 마음에 갖추고 자리이타행의 공덕을 지어라.

현지화 · 玄智華 선정바라밀을 행하여 현묘한 지혜를 체득하고 널리 보살행을 실천하라.

현창 · 玄暢 바라밀을 실천하여 현묘한 지혜를 널리 펼쳐서 중생을 이롭게 하라.

현책 · 玄策 바라밀행을 현묘한 채찍으로 삼아 책려하여 실천하고, 널리 불법(佛法)을 선양할 묘책을 구하라.

현해 · 玄海 바라밀행으로 『화엄경』에서 설하는 진리의 바다에서 중생 구제의 원력을 실천하라.

현해각 · 玄海覺 법공혜(法空慧)의 지혜바라밀행을 닦아 『화엄경』에서 설하는 진리의 세계를 체득하라.

현해성 · 玄海性 안수고인(安受苦忍)의 인욕바라밀행으로 『화엄경』에서 설하는 진리의 세계를 체득하라.

현해심 · 玄海心 안주정려(安住靜慮)의 선정바라밀행으로 『화엄경』에서 설하는 진리의 세계를 체득하라.

현해정 · 玄海淨 이락정진(利樂精進)의 정진바라밀행으로 『화엄경』에서 설하는 진리의 세계를 체득하라.

현해향 · 玄海香 섭선법계(攝善法戒)의 지계바라밀행으로 『화엄경』에서 설하는 진리의 세계를 체득하라.

현회 · 玄會 바라밀행으로 정진하여 현묘한 지혜를 체득하고 대중을 모아 불법(佛法)을 홍포하라.

현회성 · 玄會性 안수고인(安受苦忍)의 인욕바라밀행으로 정진하여 현묘한 지혜를 체득하고 대중을 모아 불법(佛法)을 홍포하라.

현회심 · 玄會心 안주정려(安住靜慮)의 선정바라밀행으로 정진하여 현묘한 지혜를 체득하고 대중을 모아 불법(佛法)을 홍포하라.

현휘 · 玄暉 바라밀행으로 현묘(玄妙)한 지혜를 체득하여 세상의 빛으로 중생을 제도하라.

현휘성 · 玄暉性 인욕바라밀행으로 현묘(玄妙)한 지혜를 체득하여 세상의 빛으로 중생을 제도하라.

혜가 · 慧可 바라밀행을 닦아 올바른 지혜로 많은 사람을 이익과 안락, 행복의 길로 인도하라.

혜각 · 慧覺 바라밀행으로 지혜를 깨우쳐 자리이타의 보살행을 실천하라.

혜각성 · 慧覺性 안수고인(安受苦忍)의 인욕바라밀행으로 지혜를 깨쳐 자리이타의 보살행을 실천하라.

혜각심 · 慧覺心 안주정려(安住靜慮)의 선정바라밀에 집중하여 지혜를 깨쳐 자리이타의 보살행을 실천하라.

혜각지 · 慧覺智 무상지(無上智)의 지혜바라밀행으로 지혜를 깨쳐 자리이타의 보살행을 실천하라.

혜각행 · 慧覺行 보시바라밀행으

로 지혜를 깨쳐 자리이타의 보살행
을 실천하라.

혜각화 · 慧覺華 인발정려(引發靜
慮)의 선정바라밀행으로 지혜를 깨
쳐 자리이타의 보살행을 실천하라.

혜간 · 慧簡 바라밀행을 닦고 간경
수행에 집중하여 지혜를 체득하고
불전 번역에 힘써라.

혜강 · 慧剛 바라밀행을 닦아 총명
하고 강직한 보살행자로서 중생의
의지처가 되어라.

혜강 · 慧江 바라밀행에 힘써서 태
고 때부터 도도히 흐르는 큰 강물
과 같은 지혜의 물결을 이루어라.

혜강덕 · 慧江德 내원해인(耐怨害
忍)의 인욕바라밀행에 힘써서 태고
때부터 도도히 흐르는 큰 강물과
같은 지혜의 물결을 이루어라.

혜강도 · 慧江道 섭율의계(攝律儀
戒)의 지계바라밀행에 힘써서 태고
때부터 도도히 흐르는 큰 강물과
같은 지혜의 물결을 이루어라.

혜강명 · 慧江明 수용법락(受用法
樂)의 지혜바라밀행에 힘써서 태고
때부터 도도히 흐르는 큰 강물과
같은 지혜의 물결을 이루어라.

혜강문 · 慧江門 섭선정진(攝善精
進)의 정진바라밀행에 힘써서 태고
때부터 도도히 흐르는 큰 강물과
같은 지혜의 물결을 이루어라.

혜강법 · 慧江法 변화력(變化力)의
원력바라밀행에 힘써서 태고 때부
터 도도히 흐르는 큰 강물과 같은
지혜의 물결을 이루어라.

혜강성 · 慧江性 안수고인(安受苦
忍)의 인욕바라밀행에 힘써서 태고
때부터 도도히 흐르는 큰 강물과
같은 지혜의 물결을 이루어라.

혜강수 · 慧江修 피갑정진(被甲精
進)의 정진바라밀행에 힘써서 태고
때부터 도도히 흐르는 큰 강물과
같은 지혜의 물결을 이루어라.

혜강심 · 慧江心 안주정려(安住靜
慮)의 선정바라밀행에 힘써서 태고
때부터 도도히 흐르는 큰 강물과
같은 지혜의 물결을 이루어라.

혜강월 · 慧江月 진취향과(進趣向
果)의 방편바라밀행에 힘써서 태고
때부터 도도히 흐르는 큰 강물과
같은 지혜의 물결을 이루어라.

혜강인 · 慧江仁 내원해인(耐怨害
忍)의 인욕바라밀행에 힘써서 태고
때부터 도도히 흐르는 큰 강물과
같은 지혜의 물결을 이루어라.

혜강주·慧江珠 불사불수(不捨不受)의 방편바라밀행에 힘써서 태고 때부터 도도히 흐르는 큰 강물과 같은 지혜의 물결을 이루어라.

혜강지·慧江智 무상지(無上智)의 지혜바라밀행에 힘써서 태고 때부터 도도히 흐르는 큰 강물과 같은 지혜의 물결을 이루어라.

혜강행·慧江行 보시바라밀행에 힘써서 태고 때부터 도도히 흐르는 큰 강물과 같은 지혜의 물결을 이루어라.

혜강화·慧江華 인발정려(引發靜慮)의 선정바라밀행에 힘써서 태고 때부터 도도히 흐르는 큰 강물과 같은 지혜의 물결을 이루어라.

혜개·慧開 바라밀행에 집중하여 지혜의 문을 열어 부처님의 가르침을 깨쳐서 널리 많은 사람을 이롭게 하라.

혜개·慧愷 바라밀행으로 슬기로운 지혜를 증득하여 편안하고 즐거운 마음으로 중생 제도를 위해 노력하라.

혜거·惠居 바라밀행으로 지혜를 증득하고 정법의 자리에 앉아 중생을 제도하라.

혜견·慧堅 바라밀행으로 슬기로운 지혜를 체득하여 흔들림이 없는 굳건한 마음으로 정법을 호지하라.

혜경·慧鏡 바라밀행으로 만상을 있는 그대로 비추어 볼 수 있는 지혜의 거울을 통해 중생이 본래 갖추고 있는 불성(佛性)의 묘용(妙用)을 비추어 보라.

혜경각·慧鏡覺 법공혜(法空慧)의 지혜바라밀행으로 만상을 있는 그대로 비추어 볼 수 있는 지혜의 거울을 통해 중생이 본래 갖추고 있는 불성(佛性)의 묘용(妙用)을 비추어 보라.

혜경덕·慧鏡德 내원해인(耐怨害忍)의 인욕바라밀행으로 만상을 있는 그대로 비추어 볼 수 있는 지혜의 거울을 통해 중생이 본래 갖추고 있는 불성(佛性)의 묘용(妙用)을 비추어 보라.

혜경도·慧鏡道 섭율의계(攝律儀戒)의 지계바라밀행으로 만상을 있는 그대로 비추어 볼 수 있는 지혜의 거울을 통해 중생이 본래 갖추고 있는 불성(佛性)의 묘용(妙用)을 비추어 보라.

혜경득·慧鏡得 수습력(修習力)의 원력바라밀행으로 만상을 있는 그대로 비추어 볼 수 있는 지혜의 거울을 통해 중생이 본래 갖추고 있는 불성(佛性)의 묘용(妙用)을 비추어 보라.

혜경명 · 慧鏡明 수용법락(受用法樂)의 지혜바라밀행으로 만상을 있는 그대로 비추어 볼 수 있는 지혜의 거울을 통해 중생이 본래 갖추고 있는 불성(佛性)의 묘용(妙用)을 비추어 보라.

혜경문 · 慧鏡門 섭선정진(攝善精進)의 정진바라밀행으로 만상을 있는 그대로 비추어 볼 수 있는 지혜의 거울을 통해 중생이 본래 갖추고 있는 불성(佛性)의 묘용(妙用)을 비추어 보라.

혜경성 · 慧鏡性 안수고인(安受苦忍)의 인욕바라밀행으로 만상을 있는 그대로 비추어 볼 수 있는 지혜의 거울을 통해 중생이 본래 갖추고 있는 불성(佛性)의 묘용(妙用)을 비추어 보라.

혜경수 · 慧鏡修 피갑정진(被甲精進)의 정진바라밀행으로 만상을 있는 그대로 비추어 볼 수 있는 지혜의 거울을 통해 중생이 본래 갖추고 있는 불성(佛性)의 묘용(妙用)을 비추어 보라.

혜경심 · 慧鏡心 안주정려(安住靜慮)의 선정바라밀행으로 만상을 있

는 그대로 비추어 볼 수 있는 지혜의 거울을 통해 중생이 본래 갖추고 있는 불성(佛性)의 묘용(妙用)을 비추어 보라.

혜경인 · 慧鏡仁 내원해인(耐怨害忍)의 인욕바라밀행으로 만상을 있는 그대로 비추어 볼 수 있는 지혜의 거울을 통해 중생이 본래 갖추고 있는 불성(佛性)의 묘용(妙用)을 비추어 보라.

혜경주 · 慧鏡珠 불사불수(不捨不受)의 방편바라밀행으로 만상을 있는 그대로 비추어 볼 수 있는 지혜의 거울을 통해 중생이 본래 갖추고 있는 불성(佛性)의 묘용(妙用)을 비추어 보라.

혜경지 · 慧鏡智 무상지(無上智)의 지혜바라밀행으로 만상을 있는 그대로 비추어 볼 수 있는 지혜의 거울을 통해 중생이 본래 갖추고 있는 불성(佛性)의 묘용(妙用)을 비추어 보라.

혜경행 · 慧鏡行 보시바라밀행으로 만상을 있는 그대로 비추어 볼 수 있는 지혜의 거울을 통해 중생이 본래 갖추고 있는 불성(佛性)의 묘용(妙用)을 비추어 보라.

혜경향 · 慧鏡香 지계바라밀행으로 만상을 있는 그대로 비추어 볼

수 있는 지혜의 거울을 통해 중생이 본래 갖추고 있는 불성(佛性)의 묘용(妙用)을 비추어 보라.

혜경화 · 慧鏡華 인발정려(引發靜慮)의 선정바라밀행으로 만상을 있는 그대로 비추어 볼 수 있는 지혜의 거울을 통해 중생이 본래 갖추고 있는 불성(佛性)의 묘용(妙用)을 비추어 보라.

혜고 · 慧㗊 바라밀행으로 슬기로운 지혜를 체득하고 광명으로 중생의 어두운 마음을 비추어라.

혜공 · 惠空 바라밀행으로 정진하여 공의 지혜를 깨치고 많은 사람에게 은혜를 베풀어 이롭게 하라.

혜공 · 慧空 바라밀행으로 정진하여 모든 산란과 번뇌를 극복하고 공의 지혜를 깨쳐 한량없는 공덕을 지어라.

혜공명 · 惠空明 수용법락(受用法樂)의 지혜바라밀행으로 정진하여 공의 지혜를 깨치고 많은 사람에게 은혜를 베풀어 중생을 이롭게 하라.

혜공문 · 惠空門 섭선정진(攝善精進)의 정진바라밀행으로 정진하여 공의 지혜를 깨치고 많은 사람에게 은혜를 베풀어 중생을 이롭게 하라.

혜공성 · 惠空性 안수고인(安受苦忍)의 인욕바라밀행으로 정진하여 공의 지혜를 깨치고 많은 사람에게 은혜를 베풀어 중생을 이롭게 하라.

혜공수 · 惠空修 피갑정진(被甲精進)의 정진바라밀행으로 정진하여 공의 지혜를 깨치고 많은 사람에게 은혜를 베풀어 중생을 이롭게 하라.

혜공심 · 惠空心 안주정려(安住靜慮)의 선정바라밀행으로 정진하여 공의 지혜를 깨치고 많은 사람에게 은혜를 베풀어 중생을 이롭게 하라.

혜공월 · 惠空月 진취향과(進趣向果)의 방편바라밀행으로 정진하여 공의 지혜를 깨치고 많은 사람에게 은혜를 베풀어 중생을 이롭게 하라.

혜공지 · 惠空智 무상지(無上智)의 지혜바라밀행으로 정진하여 공의 지혜를 깨치고 많은 사람에게 은혜를 베풀어 중생을 이롭게 하라.

혜공향 · 惠空香 섭선법계(攝善法戒)의 지계바라밀행으로 정진하여 공의 지혜를 깨치고 많은 사람에게 은혜를 베풀어 중생을 이롭게 하라.

혜공화 · 惠空華 인발정려(引發靜慮)의 선정바라밀행으로 정진하여 공의 지혜를 깨치고 많은 사람에게 은혜를 베풀어 중생을 이롭게 하라.

혜과 · 慧果 바라밀행으로 슬기로운 지혜를 깨치고 성불의 과실을 많은 사람과 나누어라.

혜관 · 慧觀 바라밀행에 전념하여 사물과 마음의 도리를 반야로써 관(觀)하여 꿰뚫어 보아라.

혜관 · 慧寬 바라밀행으로 슬기로운 지혜를 깨치고 너그러운 마음을 갖추어 중생심을 섭수하라.

혜관 · 慧灌 바라밀행에 집중하여 불법(佛法)의 진리를 깨치고, 어리석은 중생심에 지혜의 감로수가 흘러들어가게 하라.

혜광 · 慧曠 바라밀행을 닦아 광야를 환하게 비출 수 있는 지혜를 체득하고 자리이타의 보살행을 실천하라.

혜광 · 慧光 바라밀행으로 선정을 갈고 닦아 번뇌의 어둠을 밝히는 지혜광명을 체득하라.

혜광덕 · 慧光德 내원해인(耐怨害忍)의 인욕바라밀행으로 선정을 갈고 닦아 번뇌의 어둠을 밝히는 지혜광명을 체득하라.

혜광도 · 慧光道 섭율의계(攝律儀戒)의 지계바라밀행으로 선정을 갈고 닦아 번뇌의 어두움을 밝히는

지혜광명을 체득하라.

혜광명 · 慧光明 수용법락지(受用法樂智)의 지혜바라밀행으로 선정을 갈고 닦아 번뇌의 어둠을 밝히는 지혜광명을 체득하라.

혜광문 · 慧光門 섭선정진(攝善精進)의 정진바라밀행으로 선정을 갈고 닦아 번뇌의 어둠을 밝히는 지혜광명을 체득하라.

혜광법 · 慧光法 변화력(變化力)의 원력바라밀행으로 선정을 갈고 닦아 번뇌의 어둠을 밝히는 지혜광명을 체득하라.

혜광성 · 慧光性 안수고인(安受苦忍)의 인욕바라밀행으로 선정을 갈고 닦아 번뇌의 어둠을 밝히는 지혜광명을 체득하라.

혜광수 · 慧光修 피갑정진(被甲精進)의 정진바라밀행으로 선정을 갈고 닦아 번뇌의 어둠을 밝히는 지혜광명을 체득하라.

혜광심 · 慧光心 안주정려(安住靜慮)의 선정바라밀행으로 선정을 갈고 닦아 번뇌의 어둠을 밝히는 지혜광명을 체득하라.

혜광월 · 慧光月 진취향과(進趣向果)의 방편바라밀행으로 선정을 갈

고 닦아 번뇌의 어둠을 밝히는 지혜광명을 체득하라.

혜광인 · 慧光仁 내원해인(耐怨害忍)의 인욕바라밀행으로 선정을 갈고 닦아 번뇌의 어둠을 밝히는 지혜광명을 체득하라.

혜광주 · 慧光珠 불사불수(不捨不受)의 방편바라밀행으로 선정을 갈고 닦아 번뇌의 어둠을 밝히는 지혜광명을 체득하라.

혜광지 · 慧光智 무상지(無上智)의 지혜바라밀행으로 선정을 갈고 닦아 번뇌의 어둠을 밝히는 지혜광명을 체득하라.

혜광행 · 慧光行 보시바라밀행으로 선정을 갈고 닦아 번뇌의 어둠을 밝히는 지혜광명을 체득하라.

혜광화 · 慧光華 인발정려(引發靜慮)의 선정바라밀행으로 선정을 갈고 닦아 번뇌의 어둠을 밝히는 지혜광명을 체득하라.

혜균 · 慧均 바라밀행을 닦아 불생불멸의 지혜를 체득하여 거센 물결을 잠재우고, 번뇌 망상으로 상처 난 마음을 평평하게 고른 뒤 자리이타의 보살행을 실천하라.

혜근 · 慧根 바라밀행을 닦아 지혜의 근기를 수승하게 하여 자리이타의 보살행을 실천하라.

혜근 · 惠勤 부지런히 바라밀행을 닦고 실천하여 스스로도 이롭고 많은 사람이 행복해질 수 있는 부처님 법을 설하라.

혜기 · 慧機 바라밀행을 닦아 복덕과 지혜를 갖추어 다양한 근기의 중생을 제도할 수 있는 방편력을 실천하라.

혜남 · 慧南 바라밀행을 닦아 남쪽에서 황룡이 일어난 지혜를 깨치고 자리이타의 보살행을 실천하라.

혜능 · 惠能 바라밀을 실천하며, 보시를 실천하고 계율을 엄하게 지키며 명산을 찾아다니면서 수행하라.

혜담 · 慧曇 바라밀행으로 불법(佛法)의 지혜를 깨치고 자리이타행을 실천하라.

혜담성 · 慧曇性 안수고인(安受苦忍)의 인욕바라밀행으로 불법(佛法)의 지혜를 깨치고 자리이타행을 실천하라.

혜담수 · 慧曇修 피갑정진(被甲精進)의 바라밀행으로 불법(佛法)의 지혜를 깨치고 자리이타행을 실천하라.

혜담심 · 慧曇心 안주정려(安住靜慮)의 선정바라밀행으로 불법(佛法)의 지혜를 깨치고 자리이타행을 실천하라.

혜담지 · 慧曇智 무상지(無上智)의 지혜바라밀행으로 불법(佛法)의 지혜를 깨치고 자리이타행을 실천하라.

혜담화 · 慧曇華 인발정려(引發靜慮)의 선정바라밀행으로 불법(佛法)의 지혜를 깨치고 자리이타행을 실천하라.

혜덕 · 慧德 바라밀행으로 불도의 진수를 체득하여 항상 명민하고 지혜로운 심성으로 공덕을 쌓고 행하라.

혜덕문 · 慧德門 섭선정진(攝善精進)의 바라밀행으로 불도의 진수를 체득하여 항상 명민하고 지혜로운 심성으로 공덕을 쌓고 행하라.

혜덕성 · 慧德性 안수고인(安受苦忍)의 인욕바라밀행으로 불도의 진수를 체득하여 항상 명민하고 지혜로운 심성으로 공덕을 쌓고 행하라.

혜덕수 · 慧德修 피갑정진(被甲精進)의 정진바라밀을 닦아 불도의 진수를 체득하여 항상 명민하고 지혜로운 심성으로 공덕을 쌓고 행하라.

혜덕심 · 慧德心 안주정려(安住靜慮)의 선정바라밀행으로 불도의 진수를 체득하여 항상 명민하고 지혜로운 심성으로 공덕을 쌓고 행하라.

혜덕월 · 慧德月 진취향과(進趣向果)의 방편바라밀행으로 불도의 진수를 체득하여 항상 명민하고 지혜로운 심성으로 공덕을 쌓고 행하라.

혜덕인 · 慧德仁 내원해인(耐怨害忍)의 인욕바라밀행으로 불도의 진수를 체득하여 항상 명민하고 지혜로운 심성으로 공덕을 쌓고 행하라.

혜덕주 · 慧德珠 불사불수(不捨不受)의 방편바라밀행으로 불도의 진수를 체득하여 항상 명민하고 지혜로운 심성으로 공덕을 쌓고 행하라.

혜덕지 · 慧德智 무상지(無上智)의 지혜바라밀행으로 불도의 진수를 체득하여 항상 명민하고 지혜로운 심성으로 공덕을 쌓고 행하라.

혜덕행 · 慧德行 보시바라밀행으로 불도의 진수를 체득하여 항상 명민하고 지혜로운 심성으로 공덕을 쌓고 행하라.

혜덕향 · 慧德香 섭선법계(攝善法戒)의 지계바라밀행으로 불도의 진수를 체득하여 항상 명민하고 지혜로운 심성으로 공덕을 쌓고 행하라.

혜덕화 · 慧德華 인발정려(引發靜慮)의 선정바라밀행으로 불도의 진수를 체득하여 항상 명민하고 지혜로운 심성으로 공덕을 쌓고 행하라.

혜등 · 慧燈 바라밀행으로 번뇌와 망집의 어둠을 밝히는 지혜와 자비의 등불을 얻어 세간을 밝혀라.

혜등명 · 慧燈明 수용법락지(受用法樂智)의 지혜바라밀행으로 번뇌와 망집의 어둠을 밝히는 지혜와 자비의 등불를 얻어 세간을 밝혀라.

혜등문 · 慧燈門 섭선정진(攝善精進)의 정진바라밀행으로 번뇌와 망집의 어둠을 밝히는 지혜와 자비의 등불을 얻어 세간을 밝혀라.

혜등성 · 慧燈性 안수고인(安受苦忍)의 인욕바라밀행으로 번뇌와 망집의 어둠을 밝히는 지혜와 자비의 등불을 얻어 세간을 밝혀라.

혜등심 · 慧燈心 안주정려(安住靜慮)의 선정바라밀행으로 번뇌와 망집의 어둠을 밝히는 지혜와 자비의 등불을 얻어 세간을 밝혀라.

혜등지 · 慧燈智 섭중생계(攝眾生戒)의 지계바라밀행으로 번뇌와 망집의 어둠을 밝히는 지혜와 자비의 등불을 얻어 세간을 밝혀라.

혜등화 · 慧燈華 인발정려(引發靜慮)의 선정바라밀행으로 번뇌와 망집의 어둠을 밝히는 지혜와 자비의 등불을 얻어 세간을 밝혀라.

혜랑 · 慧朗 바라밀을 실천하여 번뇌와 망집을 밝히는 지혜를 체득한 슬기로운 사람이 되어라.

혜력 · 慧力 바라밀을 실천하여 번뇌와 망집을 끊는 반야지의 굳센 법력을 체득해서 잘 사용하라.

혜력각 · 慧力覺 법공혜(法空慧)의 지혜바라밀을 실천하여 항상 부처님의 가르침을 깊이 믿고, 현상에 미혹됨이 없는 청정한 지혜의 힘을 성취하여 번뇌 망집을 모두 극복하라.

혜력명 · 慧力明 수용법락지(受用法樂智)의 지혜바라밀을 실천하여 항상 부처님의 가르침을 깊이 믿고, 현상에 미혹됨이 없는 청정한 지혜의 힘을 성취하여 번뇌 망집을 모두 극복하라.

혜력수 · 慧力修 피갑정진(被甲精進)의 정진바라밀을 실천하여 항상 부처님의 가르침을 깊이 믿고, 현상에 미혹됨이 없는 청정한 지혜의 힘을 성취하여 번뇌 망집을 모두 극복하라.

혜력신 · 慧力信 섭중생계(攝眾生

戒)의 지계바라밀을 실천하여 항상 부처님의 가르침을 깊이 믿고, 현상에 미혹됨이 없는 청정한 지혜의 힘을 성취하여 번뇌 망집을 모두 극복하라.

혜력심 · 慧力心 안주정려(安住靜慮)의 선정바라밀을 실천하여 항상 부처님의 가르침을 깊이 믿고, 현상에 미혹됨이 없는 청정한 지혜의 힘을 성취하여 번뇌 망집을 모두 극복하라.

혜력행 · 慧力行 재시바라밀을 실천하여 항상 부처님의 가르침을 깊이 믿고, 현상에 미혹됨이 없는 청정한 지혜의 힘을 성취하여 번뇌 망집을 모두 극복하라.

혜력화 · 慧力華 인발정려(引發靜慮)의 선정바라밀을 실천하여 항상 부처님의 가르침을 깊이 믿고, 현상에 미혹됨이 없는 청정한 지혜의 힘을 성취하여 번뇌 망집을 모두 극복하라.

혜련심 · 慧蓮心 안주정려(安住靜慮)의 선정바라밀을 실천하여 항상 부처님의 가르침을 깊이 믿고, 현상에 미혹됨이 없는 청정한 지혜의 힘을 성취하여 번뇌 망집을 모두 극복하라.

혜륜 · 惠輪 바라밀을 실천하여 은혜로운 법륜을 굴려서 중생을 제도하고 삼보의 은혜에 보답하라.

혜륜화 · 慧輪華 인발정려(引發靜慮)의 선정바라밀을 실천하며 은혜로운 법륜을 굴려 중생을 제도하고 삼보의 은혜에 보답하라.

혜륭 · 惠隆 바라밀의 실천으로 삼보의 은혜에 보답하고 불법을 융성하게 하라.

혜릉 · 慧棱 바라밀행을 닦아 눈 푸른 납자의 지혜를 갖추어 자리이타의 보살도 실천을 위해 만행에 나서라.

혜린 · 惠隣 바라밀의 실천으로 삼보의 은혜에 보답하고, 이웃을 도와자리이타의 대승보살도를 실천하라.

혜림 · 慧林 바라밀행을 닦아 지혜의 숲을 이루어 자리이타의 대승보살도를 실천하라.

혜만 · 慧滿 바라밀을 실천하여 지혜로 충만한 삶을 영위하라.

혜명 · 慧命 바라밀행으로 불도의 진수를 체득하여 부처님께서 밝히신 지혜의 생명을 끊어짐 없이 이어라.

혜명 · 慧明 바라밀행으로 지혜광명을 체득하고 청정한 지혜의 안목으로 중생을 이롭게 하라.

혜명각 · 慧明覺 법공혜(法空慧)의 지혜바라밀행으로 항상 부처님의 가르침을 체득하여 일체의 현상에 미혹되거나 탐착하지 않는 청정한 지혜의 안목을 성취하라.

혜명덕 · 慧明德 내원해인(耐怨害忍)의 인욕바라밀행으로 항상 부처님의 가르침을 체득하여 일체의 현상에 미혹되거나 탐착하지 않는 청정한 지혜의 안목을 성취하라.

혜명도 · 慧明道 섭율의계(攝律儀戒)의 지계바라밀행으로 항상 부처님의 가르침을 체득하여 일체의 현상에 미혹되거나 탐착하지 않는 청정한 지혜의 안목을 성취하라.

혜명등 · 慧明燈 무상지(無上智)의 지혜바라밀행으로 항상 부처님의 가르침을 체득하여 일체의 현상에 미혹되거나 탐착하지 않는 청정한 지혜의 안목을 성취하라.

혜명력 · 慧明力 사택력(思擇力)의 원력바라밀행으로 항상 부처님의 가르침을 체득하여 일체의 현상에 미혹되거나 탐착하지 않는 청정한 지혜의 안목을 성취하라.

혜명문 · 慧明門 섭선정진(攝善精進)의 정진바라밀행으로 항상 부처님의 가르침을 체득하여 일체의 현상에 미혹되거나 탐착하지 않는 청정한 지혜의 안목을 성취하라.

혜명법 · 慧明法 변화력(變化力)의 원력바라밀행으로 항상 부처님의 가르침을 체득하여 일체의 현상에 미혹되거나 탐착하지 않는 청정한 지혜의 안목을 성취하라.

혜명성 · 慧明性 안수고인(安受苦忍)의 인욕바라밀 수행으로 항상 부처님의 가르침을 체득하여 일체의 현상에 미혹되거나 탐착하지 않는 청정한 지혜의 안목을 성취하라.

혜명수 · 慧明修 피갑정진(被甲精進)의 정진바라밀행으로 항상 부처님의 가르침을 체득하여 일체의 현상에 미혹되거나 탐착하지 않는 청정한 지혜의 안목을 성취하라.

혜명심 · 慧明心 안주정려(安住靜慮)의 선정바라밀행으로 항상 부처님의 가르침을 체득하여 일체의 현상에 미혹되거나 탐착하지 않는 청정한 지혜의 안목을 성취하라.

혜명인 · 慧明仁 내원해인(耐怨害忍)의 인욕바라밀행으로 항상 부처님의 가르침을 체득하여 일체의 현상에 미혹되거나 탐착하지 않는 청정한 지혜의 안목을 성취하라.

혜명주 · 慧明珠 불사불수(不捨不受)의 방편바라밀행으로 항상 부처님의 가르침을 체득하여 일체의 현상에 미혹되거나 탐착하지 않는 청정한 지혜의 안목을 성취하라.

혜명지 · 惠明智 무상지(無上智)의 지혜바라밀행으로 항상 부처님의 가르침을 체득하여 일체의 현상에 미혹되거나 탐착하지 않는 청정한 지혜의 안목을 성취하라.

혜명행 · 慧明行 보시바라밀행으로 항상 부처님의 가르침을 체득하여 일체의 현상에 미혹되거나 탐착하지 않는 청정한 지혜의 안목을 성취하라.

혜명화 · 慧明華 인발정려(引發靜慮)의 선정바라밀행으로 항상 부처님의 가르침을 체득하여 일체의 현상에 미혹되거나 탐착하지 않는 청정한 지혜의 안목을 성취하라.

혜문 · 慧文 바라밀행으로 불도의 진수를 깨달아 지혜로써 학문을 닦아라.

혜문 · 慧門 바라밀행으로 지혜의 문을 열고 한량없는 중생을 제도하라.

혜문각 · 慧文覺 법공혜(法空慧)의

지혜바라밀행으로 불도의 진수를 깨달아 지혜로써 학문을 닦아라.

혜문덕 · 慧文德 내원해인(耐怨害忍)의 인욕바라밀행으로 불도의 진수를 깨달아 지혜로써 학문을 닦아라.

혜문도 · 慧文道 섭율의계(攝律儀戒)의 지계바라밀행으로 불도의 진수를 깨달아 지혜로써 학문을 닦아라.

혜문성 · 慧文性 안수고인(安受苦忍)의 인욕바라밀행으로 불도의 진수를 깨달아 지혜로써 학문을 닦아라.

혜문수 · 慧文修 피갑정진(被甲精進)의 정진바라밀 수행으로 불도의 진수를 깨달아 지혜로서 학문을 닦아라.

혜문심 · 慧文心 안주정려(安住靜慮)의 선정바라밀행으로 불도의 진수를 깨달아 지혜로써 학문을 닦아라.

혜문주 · 慧文珠 불사불수(不捨不受)의 방편바라밀행으로 불도의 진수를 깨달아 지혜로써 학문을 닦아라.

혜문지 · 慧文智 무상지(無上智)의 지혜바라밀행으로 불도의 진수를 깨달아 지혜로써 학문을 닦아라.

혜문행 · 慧文行 보시바라밀행으로 불도의 진수를 깨달아 지혜로써 학문을 닦아라.

혜문향 · 慧文香 지계바라밀행으로 불도의 진수를 깨달아 지혜로써 학문을 닦아라.

혜문화 · 慧文華 선정바라밀행으로 불도의 진수를 깨달아 지혜로써 학문을 닦아라.

혜미 · 惠彌 바라밀행을 닦아 아미타불의 원력에 의지하여 수미산과 같은 복덕을 갖추고 자리이타의 보살행을 실천하라.

혜민 · 慧敏 바라밀행으로 슬기롭게 진리를 깨치고 나태하지 않고 민첩하게 많은 사람을 구제하여 복덕과 지혜를 구족하라.

혜민 · 惠旻 바라밀행으로 정진하여 자애로운 마음과 불쌍히 여기는 마음으로 중생을 구제하라.

혜민성 · 惠旻性 안수고인(安受苦忍)의 인욕바라밀행으로 정진하여 자애로운 마음과 불쌍히 여기는 마음으로 중생을 구제하라.

혜민심 · 惠旻心 안주정려(安住靜慮)의 선정바라밀행으로 정진하여 자애로운 마음과 불쌍히 여기는 마음으로 중생을 구제하라.

혜민주 · 惠旻珠 불사불수(不捨不受)의 방편바라밀행으로 정진하여 자애로운 마음과 불쌍히 여기는 마음으로 중생을 구제하라.

혜민지 · 惠旻智 무상지(無上智)의 지혜바라밀행으로 정진하여 자애로운 마음과 불쌍히 여기는 마음으로 중생을 구제하라.

혜민향 · 惠旻香 섭선법계(攝善法戒)의 지계바라밀행으로 정진하여 자애로운 마음과 불쌍히 여기는 마음으로 중생을 구제하라.

혜민화 · 惠旻華 인발정려(引發靜慮)의 선정바라밀행으로 정진하여 자애로운 마음과 불쌍히 여기는 마음으로 중생을 구제하라.

혜사 · 慧思 바라밀을 실천하며, 『법화경』을 공부하고 일심으로 연구, 정진하여 법화 삼매를 체득하라.

혜사성 · 慧思性 안수고인(安受苦忍)의 인욕바라밀을 실천하며, 『법화경』을 공부하고 일심으로 연구, 정진하여 법화 삼매를 체득하라.

혜사심 · 慧思心 안주정려(安住靜慮)의 선정바라밀을 실천하며, 『법화경』을 공부하고 일심으로 연구, 정진하여 법화 삼매를 체득하라.

혜사향 · 慧思香 지계바라밀을 실천하며, 『법화경』을 공부하고 일심으로 연구, 정진하여 법화 삼매를 체득하라.

혜산 · 慧山 바라밀행으로 수미산과 같은 지혜를 체득하고 많은 사람의 의지처가 되어, 어떤 장애에도 흔들림이 없는 산과 같은 친구가 되어라.

혜상 · 惠祥 자애롭고 상서로운 마음으로 바라밀행에 전념하고 복덕과 지혜를 구족하라.

혜상화 · 惠祥華 자애롭고 상서로운 마음으로 선정바라밀행에 전념하고 복덕과 지혜를 구족하라.

혜생 · 慧生 지혜의 마음을 일으켜 바라밀행에 전념하며 백면서생과 같이 명예나 권력에 탐착하지 말고 복혜(福慧) 구족한 삶에 만족하라.

혜선 · 慧善 바라밀행으로 지혜를 증득하고 선행을 베풀어라.

혜선 · 慧禪 선정바라밀행에 전념하여 안으로는 끄달려 혼란함이 없고, 밖으로는 정견을 갖추어 많은 사람을 이롭게 하라.

혜섭 · 慧涉 바라밀행에 전념하여 슬기로운 지혜로 거친 물결을 건너

정법안장(正法眼藏)을 이룩하라.

혜성 · 慧成 바라밀행으로 지혜를 완성하고 대승보살도를 실천하라.

혜성각 · 慧成覺 법공혜(法空慧)의 지혜바라밀행에 집중하여 지혜를 완성하고 자리이타의 보살행을 실천하라.

혜성덕 · 慧成德 내원해인(耐怨害忍)의 인욕바라밀행에 집중하여 지혜를 완성하라.

혜성도 · 慧成道 섭율의계(攝律儀戒)의 지계바라밀행에 집중하여 지혜를 완성하라.

혜성문 · 慧成門 섭선정진(攝善精進)의 정진바라밀행에 집중하여 지혜를 완성하라.

혜성법 · 慧成法 변화력(變化力)의 원력바라밀행에 집중하여 지혜를 완성하라.

혜성심 · 慧成心 안주정려(安住靜慮)의 선정바라밀행에 집중하여 지혜를 완성하라.

혜성월 · 慧成月 진취향과(進趣向果)의 방편바라밀행에 집중하여 지혜를 완성하라.

혜성인 · 慧成仁 어진 마음으로 인욕바라밀행에 집중하여 지혜를 완성하라.

혜성주 · 慧成珠 불사불수(不捨不受)의 방편바라밀행에 집중하여 지혜를 완성하라.

혜성지 · 慧成智 이타행의 지혜바라밀행에 집중하여 지혜를 완성하라.

혜성행 · 慧成行 보시바라밀행에 집중하여 지혜를 완성하라.

혜성향 · 慧成香 섭선법계(攝善法戒)의 지계바라밀행에 집중하여 지혜를 완성하라.

혜성화 · 慧成華 선정으로 마음을 잘 다스리고 바라밀행에 집중하여 지혜를 완성하라.

혜소 · 慧沼 바라밀행으로 항상 지혜가 솟아오르는 마음의 샘을 갖추어서 구름처럼 모여드는 사람들에게 부처님의 지혜를 전하라.

혜소각 · 慧沼覺 법공혜(法空慧)의 지혜바라밀행으로 항상 지혜가 솟아오르는 마음의 샘을 갖추어서 구름처럼 모여드는 사람들에게 부처님의 지혜를 전하라.

혜소덕 · 慧沼德 내원해인(耐怨害

忍)의 인욕바라밀행으로 항상 지혜가 솟아오르는 마음의 샘을 갖추어서 구름처럼 모여드는 사람들에게 부처님의 지혜를 전하라.

혜소성 · 慧沼性 안수고인(安受苦忍)의 인욕바라밀행으로 항상 지혜가 솟아오르는 마음의 샘을 갖추어서 구름처럼 모여드는 사람들에게 부처님의 지혜를 전하라.

혜소심 · 慧沼心 안주정려(安住靜慮)의 선정바라밀행으로 항상 지혜가 솟아오르는 마음의 샘을 갖추어서 구름처럼 모여드는 사람들에게 부처님의 지혜를 전하라.

혜소월 · 慧沼月 진취향과(進趣向果)의 방편바라밀행으로 항상 지혜가 솟아오르는 마음의 샘을 갖추어서 구름처럼 모여드는 사람들에게 부처님의 지혜를 전하라.

혜소행 · 慧沼行 보시바라밀행으로 항상 지혜가 솟아오르는 마음의 샘을 갖추어서 구름처럼 모여드는 사람들에게 부처님의 지혜를 전하라.

혜소향 · 慧沼香 지계바라밀행으로 항상 지혜가 솟아오르는 마음의 샘을 갖추어서 구름처럼 모여드는 사람들에게 부처님의 지혜를 전하라.

혜소화 · 慧沼華 깊은 선정바라밀

행으로 항상 지혜가 솟아오르는 마음의 샘을 갖추어서 구름처럼 모여드는 사람들에게 부처님의 지혜를 전하라.

혜송 · 慧松 바라밀행을 닦아 중생이 의지할 수 있는 지혜로운 소나무가 되어 불국정토를 항상 지켜보아라.

혜수 · 慧首 바라밀행을 닦아 으뜸가는 지혜를 체득하여 자리이타의 대승보살도를 실천하라.

혜숙 · 惠宿 바라밀행을 닦아 모든 사람이 편안하게 머무를 수 있는 의지처가 되어 자리이타의 대승보살도를 실천하라.

혜순 · 慧詢 바라밀행으로 모든 의문에 답할 수 있는 지혜를 체득하고 한량없는 중생을 제도하라.

혜승 · 慧乘 바라밀행으로 수승한 지혜를 체득하고 여법하게 실천하라.

혜심 · 慧心 바라밀행으로 지혜로운 마음을 증득하고 자리이타의 보살행을 실천하라.

혜심덕 · 慧心德 내원해인(耐怨害忍)의 인욕바라밀행으로 지혜로운 마음을 증득하고 자리이타의 보살행을 실천하라.

혜심성 · 慧心性 안수고인(安受苦忍)의 인욕바라밀행으로 지혜로운 마음을 증득하고 자리이타의 보살행을 실천하라.

혜심수 · 慧心修 피갑정진(被甲精進)의 정진바라밀행으로 지혜로운 마음을 증득하고 자리이타의 보살행을 실천하라.

혜심지 · 慧心智 무상지(無上智)의 지혜바라밀행으로 지혜로운 마음을 증득하고 자리이타의 보살행을 실천하라.

혜심행 · 慧心行 보시바라밀행으로 지혜로운 마음을 증득하고 자리이타의 보살행을 실천하라.

혜심화 · 慧心華 선정바라밀행으로 지혜로운 마음을 증득하고 자리이타의 보살행을 실천하라.

혜안 · 慧眼 바라밀행을 닦아 제법의 실상을 여실히 관하는 지혜로운 안목을 체득하라.

혜안 · 慧安 항상 부처님의 가르침을 따라 수행하여 일체의 현상에 미혹됨이 없는 청정한 마음으로 사선정에 안주하라.

혜안각 · 慧眼覺 법공혜(法空慧)의 지혜바라밀행에 집중하여 제법의 실상을 여실히 관하는 지혜로운 안목을 체득하라.

혜안덕 · 慧安德 항상 부처님의 가르침을 따라 인욕바라밀을 수행하여 일체의 현상에 미혹됨이 없는 청정한 마음으로 사선정에 안주하라.

혜안덕 · 慧眼德 내원해인(耐怨害忍)의 인욕바라밀행에 집중하여 제법의 실상을 여실히 관하는 지혜로운 안목을 체득하라.

혜안도 · 慧安道 항상 부처님의 가르침을 따라 지계바라밀을 수행하여 일체의 현상에 미혹됨이 없는 청정한 마음으로 사선정에 안주하라.

혜안득 · 慧眼得 수습력(修習力)의 원력바라밀행에 집중하여 제법의 실상을 여실히 관하는 지혜로운 안목을 체득하라.

혜안등 · 慧眼燈 무상지(無上智)의 지혜바라밀행에 집중하여 제법의 실상을 여실히 관하는 지혜로운 안목을 체득하라.

혜안명 · 慧安明 항상 부처님의 가르침을 따라 지혜바라밀을 수행하여 일체의 현상에 미혹됨이 없는 청정한 마음으로 사선정에 안주하라.

혜안문 · 慧安門 항상 부처님의 가

르침을 따라 섭선정진(攝善精進)의 정진바라밀을 수행하여 일체의 현상에 미혹됨이 없는 청정한 마음으로 사선정에 안주하라.

혜안문 · 慧眼門 섭선정진(攝善精進)의 정진바라밀행에 집중하여 제법의 실상을 여실히 관하는 지혜로운 안목을 체득하라.

혜안성 · 慧安性 항상 부처님의 가르침을 따라 안수고인(安受苦忍)의 인욕바라밀을 수행하여 일체의 현상에 미혹됨이 없는 청정한 마음으로 사선정에 안주하라.

혜안성 · 慧眼成 무외시의 보시바라밀행에 집중하여 제법의 실상을 여실히 관하는 지혜로운 안목을 체득하라.

혜안성 · 慧眼性 안수고인(安受苦忍)의 인욕바라밀행에 집중하여 제법의 실상을 여실히 관하는 지혜로운 안목을 체득하라.

혜안수 · 慧安修 항상 부처님의 가르침을 따라 피갑정진(被甲精進)의 정진바라밀을 수행하여 일체의 현상에 미혹됨이 없는 청정한 마음으로 사선정에 안주하라.

혜안심 · 慧安心 항상 부처님의 가르침을 따라 안주정려(安住靜慮)의 선정바라밀을 수행하여 일체의 현상에 미혹됨이 없는 청정한 마음으로 사선정에 안주하라.

혜안심 · 慧眼心 안주정려(安住靜慮)의 선정바라밀행에 집중하여 제법의 실상을 여실히 관하는 지혜로운 안목을 체득하라.

혜안정 · 慧眼淨 이락정진(利樂精進)의 정진바라밀행에 집중하여 제법의 실상을 여실히 관하는 지혜로운 안목을 체득하라.

혜안주 · 慧安珠 항상 부처님의 가르침을 따라 불사불수(不捨不受)의 방편바라밀을 수행하여 일체의 현상에 미혹됨이 없는 청정한 마음으로 사선정에 안주하라.

혜안지 · 慧安智 항상 부처님의 가르침을 따라 무상지(無上智)의 지혜바라밀을 수행하여 일체의 현상에 미혹됨이 없는 청정한 마음으로 사선정에 안주하라.

혜안행 · 慧安行 항상 부처님의 가르침을 따라 보시바라밀을 닦아서 일체의 현상에 미혹됨이 없는 청정한 마음으로 사선정에 안주하라.

혜안화 · 慧安華 항상 부처님의 가르침을 따라 인발정려(引發靜慮)의 선정바라밀을 수행하여 일체의 현

상에 미혹됨이 없는 청정한 마음으로 사선정에 안주하라.

혜안화 · 慧眼華 깊은 선정바라밀행에 집중하여 제법의 실상을 여실히 관하는 지혜로운 안목을 체득하라.

혜언 · 慧彦 바라밀행으로 슬기로운 지혜를 체득하고, 선비와 같은 마음으로 계정혜 삼학에 집중하라.

혜엄 · 慧嚴 바라밀행으로 남에게는 지혜롭게 베풀고, 자신에게는 엄격하게 정진하라.

혜업 · 慧業 바라밀행을 닦아 지혜의 업종자를 일깨워 자리이타의 대승보살도를 실천하라.

혜연 · 慧蓮 바라밀행으로 지혜를 체득하고, 연꽃과 같은 공덕으로 널리 세상을 이롭게 하라.

혜연 · 慧然 바라밀행을 닦아 지혜의 불꽃을 일으켜 자리이타의 보살행을 실천하라.

혜연덕 · 慧然德 내원해인(耐怨害忍)의 인욕바라밀로 정진하여 지혜의 불꽃을 일으켜서 자리이타의 보살행을 실천하라.

혜연도 · 慧然道 교회유무(巧會有無)의 방편바라밀로 정진하여 지혜

의 불꽃을 일으켜서 자리이타의 보
살행을 실천하라.

혜연성 · 慧然性 안수고인(安受苦
忍)의 인욕바라밀로 정진하여 지혜
의 불꽃을 일으켜서 자리이타의 보
살행을 실천하라.

혜연심 · 慧然心 안주정려(安住靜
慮)의 선정바라밀로 정진하여 지혜
의 불꽃을 일으켜서 자리이타의 보
살행을 실천하라.

혜연지 · 慧然智 무상지(無上智)의
지혜바라밀로 정진하여 지혜의 불
꽃을 일으켜서 자리이타의 보살행
을 실천하라.

혜연해 · 慧蓮海 외화원(外化願)의
원력바라밀로 정진하여 지혜의 불
꽃을 일으켜서 자리이타의 보살행
을 실천하라.

혜연행 · 慧然行 보시바라밀로 정
진하여 지혜의 불꽃을 일으켜서 자
리이타의 보살행을 실천하라.

혜연향 · 慧然香 지계바라밀로 정
진하여 지혜의 불꽃을 일으켜서 자
리이타의 보살행을 실천하라.

혜연화 · 慧然華 선정바라밀로 정
진하여 지혜의 불꽃을 일으켜서 자
리이타의 보살행을 실천하라.

혜영 · 惠英 재주와 덕행이 있는
승려를 선발하여 바라밀행으로 정
진시키고, 지혜롭게 소임을 맡아
원만무애하게 처리하라.

혜영 · 慧永 지혜바라밀로 정진하
여 덧없는 세간의 망집에 집착하거
나 깨달음을 외부에서 구하지 말고
청정한 불성(佛性)을 깨닫고 닦아
서 부처님의 가르침을 행하라.

혜영 · 慧影 지혜바라밀로 정진하
여 무위진인(無位眞人)의 모습을
체득하고 보살행을 실천하라.

혜영 · 慧寧 지혜바라밀로 정진하
여 흔들림이 없는 편안한 마음으로
보살행을 실천하라.

혜오 · 惠悟 바라밀행으로 삼보의
은혜와 가피에 의지하여 진리를 깨
쳐라.

혜오 · 慧悟 지혜바라밀로 정진하
여 청정한 불성(佛性)을 깨닫고 닦
아서 부처님의 가르침을 행하라.

혜옹 · 慧顒 지혜바라밀로 정진하여
불성을 깨닫고 삼보를 공경하라.

혜용 · 慧勇 바라밀로 정진하여 슬기
롭고 물러남이 없는 용기를 갖추어
서 자리이타의 보살행을 실천하라.

혜운 · 慧雲 만물을 윤택하게 자라게 하는 비를 내리는 구름처럼 바라밀행으로 불도의 진수를 체득하여 중생을 이롭게 하라.

혜운 · 惠雲 바라밀로 정진하여 자비로운 구름처럼 중생을 이롭게 하라.

혜운각 · 慧雲覺 법공혜(法空慧)의 지혜바라밀행으로 만물을 윤택하게 자라게 하는 비를 내리는 구름처럼 불도의 진수를 체득하여 중생을 이롭게 하라.

혜운덕 · 慧雲德 만물을 윤택하게 자라게 하는 비를 내리는 구름처럼 내원해인(耐怨害忍)의 인욕바라밀행으로 불도의 진수를 체득하여 중생을 이롭게 하라.

혜운도 · 慧雲道 만물을 윤택하게 자라게 하는 비를 내리는 구름처럼 섭율의계(攝律儀戒)의 지계바라밀행으로 불도의 진수를 체득하여 중생을 이롭게 하라.

혜운명 · 慧雲明 만물을 윤택하게 자라게 하는 비를 내리는 구름처럼 수용법락지(受用法樂智)의 지혜바라밀행으로 불도의 진수를 체득하여 중생을 이롭게 하라.

혜운법 · 慧雲法 만물을 윤택하게 자라게 하는 비를 내리는 구름처럼

변화력(變化力)의 원력바라밀행으로 불도의 진수를 체득하여 중생을 이롭게 하라.

혜운성 · 慧雲性 만물을 윤택하게 자라게 하는 비를 내리는 구름처럼 안수고인(安受苦忍)의 인욕바라밀행으로 불도의 진수를 체득하여 중생을 이롭게 하라.

혜운수 · 慧雲修 만물을 윤택하게 자라게 하는 비를 내리는 구름처럼 피갑정진(被甲精進)의 정진바라밀행으로 불도의 진수를 체득하여 중생을 이롭게 하라.

혜운심 · 慧雲心 만물을 윤택하게 자라게 하는 비를 내리는 구름처럼 안주정려(安住靜慮)의 선정바라밀행으로 불도의 진수를 체득하여 중생을 이롭게 하라.

혜운지 · 慧雲智 만물을 윤택하게 자라게 하는 비를 내리는 구름처럼 무상지(無上智)의 지혜바라밀행으로 불도의 진수를 체득하여 중생을 이롭게 하라.

혜운향 · 慧雲香 만물을 윤택하게 자라게 하는 비를 내리는 구름처럼 지계바라밀행으로 불도의 진수를 체득하여 중생을 이롭게 하라.

혜운화 · 慧雲華 만물을 윤택하게

자라게 하는 비를 내리는 구름처럼 선정바라밀행으로 불도의 진수를 체득하여 중생을 이롭게 하라.

혜원 · 慧遠 바라밀행을 닦아 사리에 통달하여 사 · 정과 득 · 실을 판단해서 좋은 것을 취하고 나쁜 것을 버리는 지혜를 체득하고 진리에서 멀어진 중생을 교화하라.

혜원 · 慧元 바라밀행으로 지혜의 근본을 깨쳐 자리이타의 보살행을 실천하라.

혜원 · 慧苑 바라밀행으로 지혜의 동산에 올라 자리이타의 보살행을 실천하라.

혜월 · 彗月 바라밀행으로 구름을 벗어난 달이 삼라만상을 밝게 비추듯이 번뇌무명에서 벗어난 반야를 체득하여 걸림 없는 방편으로 불도를 실천하라.

혜월명 · 慧月明 구름을 벗어난 달이 삼라만상을 밝게 비추듯이 수용법락(受用法樂)의 지혜바라밀행으로 번뇌무명에서 벗어난 반야를 체득하여 걸림 없는 방편으로 불도를 실천하라.

혜월문 · 慧月門 구름을 벗어난 달이 삼라만상을 밝게 비추듯이 섭선정진(攝善精進)의 정진바라밀행으

로 번뇌무명에서 벗어난 반야를 체득하여 걸림 없는 방편으로 불도를 실천하라.

혜월성 · 慧月性 구름을 벗어난 달이 삼라만상을 밝게 비추듯이 안수고인(安受苦忍)의 인욕바라밀행으로 번뇌무명에서 벗어난 반야를 체득하여 걸림 없는 방편으로 불도를 실천하라.

혜월수 · 慧月修 구름을 벗어난 달이 삼라만상을 밝게 비추듯이 피갑정진(被甲精進)의 정진바라밀행으로 번뇌무명에서 벗어난 반야를 체득하여 걸림 없는 방편으로 불도를 실천하라.

혜월심 · 彗月心 구름을 벗어난 달이 삼라만상을 밝게 비추듯이 안주정려(安住靜慮)의 선정바라밀행으로 번뇌무명에서 벗어난 반야를 체득하여 걸림 없는 방편으로 불도를 실천하라.

혜월주 · 慧月珠 구름을 벗어난 달이 삼라만상을 밝게 비추듯이 불사불수(不捨不受)의 방편바라밀행으로 번뇌무명에서 벗어난 반야를 체득하여 걸림 없는 방편으로 불도를 실천하라.

혜월지 · 慧月智 구름을 벗어난 달이 삼라만상을 밝게 비추듯이 무상

지(無上智)의 지혜바라밀행으로 번뇌무명에서 벗어난 반야를 체득하여 걸림 없는 방편으로 불도를 실천하라.

혜월행 · 慧月行 구름을 벗어난 달이 삼라만상을 밝게 비추듯이 보시바라밀행으로 번뇌무명에서 벗어난 반야를 체득하여 걸림 없는 방편으로 불도를 실천하라.

혜월향 · 慧月香 구름을 벗어난 달이 삼라만상을 밝게 비추듯이 지계바라밀행으로 번뇌무명에서 벗어난 반야를 체득하여 걸림 없는 방편으로 불도를 실천하라.

혜월화 · 慧月華 구름을 벗어난 달이 삼라만상을 밝게 비추듯이 선정바라밀행으로 번뇌무명에서 벗어난 반야를 체득하여 걸림 없는 방편으로 불도를 실천하라.

혜인 · 慧仁 자신만을 위한 명성과 이익에 집착하지 말고 바라밀행에 집중하여 부처님의 가르침과 계율을 항상 깊이 새기고 널리 자리이타를 실천하라.

혜인명 · 慧仁明 자신만을 위한 명성과 이익에 집착하지 말고 수용법락(受用法樂)의 지혜바라밀행에 집중하여 부처님의 가르침과 계율을 항상 깊이 새기고 널리 자리이타를

실천하라.

혜인문 · 慧仁門 자신만을 위한 명성과 이익에 집착하지 말고 섭선정진(攝善精進)의 정진바라밀행에 집중하여 부처님의 가르침과 계율을 항상 깊이 새기고 널리 자리이타를 실천하라.

혜인성 · 慧仁性 자신만을 위한 명성과 이익에 집착하지 말고 안수고인(安受苦忍)의 인욕바라밀행에 집중하여 부처님의 가르침과 계율을 항상 깊이 새기고 널리 자리이타를 실천하라.

혜인수 · 慧仁修 자신만을 위한 명성과 이익에 집착하지 말고 피갑정진(被甲精進)의 정진바라밀행에 집중하여 부처님의 가르침과 계율을 항상 깊이 새기고 널리 자리이타를 실천하라.

혜인심 · 慧仁心 자신만을 위한 명성과 이익에 집착하지 말고 안주정려(安住靜慮)의 선정바라밀행에 집중하여 부처님의 가르침과 계율을 항상 깊이 새기고 널리 자리이타를 실천하라.

혜인주 · 慧仁珠 자신만을 위한 명성과 이익에 집착하지 말고 불사불수(不捨不受)의 방편바라밀행에 집중하여 부처님의 가르침과 계율을

항상 깊이 새기고 널리 자리이타를 실천하라.

혜인지 · 慧仁智 자신만을 위한 명성과 이익에 집착하지 말고 무상지(無上智)의 지혜바라밀행에 집중하여 부처님의 가르침과 계율을 항상 깊이 새기고 널리 자리이타를 실천하라.

혜인행 · 慧仁行 자신만을 위한 명성과 이익에 집착하지 말고 보시바라밀행에 집중하여 부처님의 가르침과 계율을 항상 깊이 새기고 널리 자리이타를 실천하라.

혜인향 · 慧仁香 자신만을 위한 명성과 이익에 집착하지 말고 지계바라밀행에 집중하여 부처님의 가르침과 계율을 항상 깊이 새기고 널리 자리이타를 실천하라.

혜인화 · 慧仁華 자신만을 위한 명성과 이익에 집착하지 말고 선정바라밀행에 집중하여 부처님의 가르침과 계율을 항상 깊이 새기고 널리 자리이타를 실천하라.

혜일 · 慧日 바라밀행에 전념하여 천년 동안의 어둠이 한 번 햇살에 사라지듯이 일체중생의 무명을 밝히는 부처님의 지혜광명을 체득하여 세상을 널리 밝혀라.

혜일문 · 慧日門 섭선정진(攝善精進)의 정진바라밀행에 전념하여 천년 동안의 어둠이 한 번 햇살에 사라지듯이 일체중생의 무명을 밝히는 부처님의 지혜광명을 체득하여 세상을 널리 밝혀라.

혜일신 · 慧日信 섭중생계(攝衆生戒)의 지계바라밀행에 전념하여 천년 동안의 어둠이 한 번 햇살에 사라지듯이 일체중생의 무명을 밝히는 부처님의 지혜광명을 체득하여 세상을 널리 밝혀라.

혜일심 · 慧日心 안주정려(安住靜慮)의 선정바라밀행에 전념하여 천년 동안의 어둠이 한 번 햇살에 사라지듯이 일체중생의 무명을 밝히는 부처님의 지혜광명을 체득하여 세상을 널리 밝혀라.

혜자 · 惠慈 바라밀을 행하여 지혜를 체득하고, 은혜와 자비심으로 자리이타의 보살행을 실천하라.

혜장 · 慧藏 바라밀행에 집중하여 경율론 삼장 중에서 논장의 이치를 체득하고 불법을 홍포하라.

혜장 · 惠藏 바라밀 수행으로 경율론 삼장에 통달하여 어둠 속에서 방황하는 중생에게 진리의 횃불을 밝혀 길을 인도하라.

혜재 · 慧才 바라밀행을 닦아 지혜와 재능을 갖추어 중생 구제의 원력을 생활 속에서 실천하라.

혜적 · 慧寂 바라밀행으로 지혜와 선정을 체득하고 흔들림이 없는 해탈지견으로 중생을 제도하라.

혜정 · 慧定 바라밀행을 닦아 지혜와 선정을 갖추어 자리이타의 대승보살도를 실천하라.

혜정 · 慧淨 바라밀행에 집중하여 번뇌와 망집의 오염을 씻어내고 해탈의 길로 이끄는 청정한 지혜의 묘용을 체득하라.

혜정 · 慧淨 바라밀행으로 번뇌와 망집의 오염을 씻어내고 해탈의 길로 이끄는 청정한 지혜의 묘용(妙用)을 체득하라.

혜정 · 慧靜 바라밀행으로 지혜를 체득하고 고요한 마음에 안주하라.

혜조 · 慧照 천년 동안의 어둠도 한 번 햇살이 비치면 사라지듯이 바라밀행으로 부처님의 지혜광명을 닦아 오랜 번뇌 무명의 어둠을 밝혀라.

혜조성 · 慧照性 천년 동안의 어둠도 한 번 햇살이 비치면 사라지듯이 안수고인(安受苦忍)의 인욕바라밀행으로 부처님의 지혜광명을 닦아 오랜 번뇌 무명의 어둠을 밝혀라.

혜조심 · 慧照心 천년 동안의 어둠도 한 번 햇살이 비치면 사라지듯이 안주정려(安住靜慮)의 선정바라밀행으로 부처님의 지혜광명을 닦아 오랜 번뇌 무명의 어둠을 밝혀라.

혜조월 · 慧照月 천년 동안의 어둠도 한 번 햇살이 비치면 사라지듯이 진취향과(進趣向果)의 방편바라밀행으로 부처님의 지혜광명을 닦아 오랜 번뇌 무명의 어둠을 밝혀라.

혜조인 · 慧照仁 천년 동안의 어둠도 한 번 햇살이 비치면 사라지듯이 내원해인(耐怨害忍)의 인욕바라밀행으로 부처님의 지혜광명을 닦아 오랜 번뇌무명의 어둠을 밝혀라.

혜조행 · 慧照行 천년 동안의 어둠도 한 번 햇살이 비치면 사라지듯이 재시바라밀행으로 부처님의 지혜광명을 닦아 오랜 번뇌 무명의 어둠을 밝혀라.

혜조향 · 慧照香 천년 동안의 어둠도 한 번 햇살이 비치면 사라지듯이 지계바라밀행으로 부처님의 지혜광명을 닦아 오랜 번뇌 무명의 어둠을 밝혀라.

혜주 · 慧舟 바라밀행으로 지혜로

운 반야용선이 되어 한량없는 중생을 불국토로 인도하라.

혜주명 · 慧舟明 수용법락(受用法樂)의 지혜바라밀행으로 반야용선이 되어 한량없는 중생을 불국토로 인도하라.

혜주문 · 慧舟門 섭선정진(攝善精進)의 정진바라밀행으로 반야용선이 되어 한량없는 중생을 불국토로 인도하라.

혜주성 · 慧舟性 안수고인(安受苦忍)의 인욕바라밀행으로 반야용선이 되어 한량없는 중생을 불국토로 인도하라.

혜주심 · 慧舟心 안주정려(安住靜慮)의 선정바라밀행으로 반야용선이 되어 한량없는 중생을 불국토로 인도하라.

혜주월 · 慧舟月 진취향과(進趣向果)의 방편바라밀행으로 반야용선이 되어 한량없는 중생을 불국토로 인도하라.

혜주행 · 慧舟行 재시바라밀행으로 반야용선이 되어 한량없는 중생을 불국토로 인도하라.

혜주향 · 慧舟香 섭선법계(攝善法戒)의 지계바라밀행으로 반야용선

이 되어 한량없는 중생을 불국토로 인도하라.

혜주화 · 慧舟華 선정바라밀행으로 반야용선이 되어 한량없는 중생을 불국토로 인도하라.

혜진 · 惠璡 바라밀행을 닦아 지혜의 여의주를 갖추어서 부처님의 가르침과 계율을 잊지 않고 체득하고 자리이타의 대승보살도를 실천하라.

혜진 · 慧進 바라밀행을 닦아 무상의 지혜를 체득하고 세상으로 나아가 자리이타의 대승보살도를 실천하라.

혜진 · 慧眞 바라밀행으로 항상 부처님의 가르침과 계율을 잊지 않고 행하여 번뇌와 망집의 그물에서 벗어나 자신을 바로 세우는 선정을 닦아라.

혜진덕 · 慧眞德 내원해인(耐怨害忍)의 인욕바라밀행으로 항상 부처님의 가르침과 계율을 잊지 않고 행하여 번뇌와 망집의 그물에서 벗어나 자신을 바로 세우는 선정을 닦아라.

혜진도 · 慧眞道 섭율의계(攝律儀戒)의 지계바라밀행으로 항상 부처님의 가르침과 계율을 잊지 않고 행하여 번뇌와 망집의 그물에서 벗

어나 자신을 바로 세우는 선정을
닦아라.

혜진명 · 慧眞明 수용법락(受用法
樂)의 지혜바라밀행으로 항상 부
처님의 가르침과 계율을 잊지 않고
행하여 번뇌와 망집의 그물에서 벗
어나 자신을 바로 세우는 선정을
닦아라.

혜진문 · 慧眞門 섭선정진(攝善精
進)의 정진바라밀행으로 항상 부
처님의 가르침과 계율을 잊지 않고
행하여 번뇌와 망집의 그물에서 벗
어나 자신을 바로 세우는 선정을
닦아라.

혜진성 · 慧眞性 안수고인(安受苦
忍)의 인욕바라밀행으로 항상 부
처님의 가르침과 계율을 잊지 않고
행하여 번뇌와 망집의 그물에서 벗
어나 자신을 바로 세우는 선정을
닦아라.

혜진수 · 慧眞修 피갑정진(被甲精
進)의 정진바라밀행으로 항상 부
처님의 가르침과 계율을 잊지 않고
행하여 번뇌와 망집의 그물에서 벗
어나 자신을 바로 세우는 선정을
닦아라.

혜진심 · 慧眞心 안주정려(安住靜
慮)의 선정바라밀행으로 항상 부
처님의 가르침과 계율을 잊지 않고

행하여 번뇌와 망집의 그물에서 벗
어나 자신을 바로 세우는 선정을
닦아라.

혜진주 · 慧眞珠 불사불수(不捨不
受)의 방편바라밀행으로 항상 부
처님의 가르침과 계율을 잊지 않고
행하여 번뇌와 망집의 그물에서 벗
어나 자신을 바로 세우는 선정을
닦아라.

혜진행 · 慧眞行 보시바라밀행으
로 항상 부처님의 가르침과 계율을
잊지 않고 행하여 번뇌와 망집의
그물에서 벗어나 자신을 바로 세우
는 선정을 닦아라.

혜진향 · 慧眞香 지계바라밀행으
로 항상 부처님의 가르침과 계율을
잊지 않고 행하여 번뇌와 망집의
그물에서 벗어나 자신을 바로 세우
는 선정을 닦아라.

혜진화 · 慧眞華 선정바라밀행으
로 항상 부처님의 가르침과 계율을
잊지 않고 행하여 번뇌와 망집의
그물에서 벗어나 자신을 바로 세우
는 선정을 닦아라.

혜찬 · 慧燦 바라밀행을 닦아 슬기롭
고 찬란하게 빛나는 지혜를 체득하
고 자리이타의 보살행을 실천하라.

혜찬 · 慧瓚 바라밀행으로 지혜의

그릇을 가득 채워 중생계로 흘러넘치게 하여 대승보살도를 실천하라.

혜참·慧卧 바라밀행을 닦아 한량없는 중생에게 부처님의 지혜광명의 햇살이 비출 수 있도록 대승보살도를 실천하라.

혜천·慧天 바라밀을 실천하여 슬기롭고 밝은 지혜를 체득하여 천안통(天眼通)으로 중생을 이롭게 하라.

혜철·慧哲 바라밀을 실천하여 슬기롭고 밝은 지혜를 체득하고 자리이타행을 실천하라.

혜철·惠哲 바라밀행을 닦아 명철한 지혜를 체득하여 자리이타의 보살행을 실천하라.

혜청·慧淸 위급한 상황에서 살길을 찾듯 정법을 구하고 바라밀을 실천하라.

혜초·慧超 바라밀행으로 세간을 초월하는 지혜를 체득하고 자리이타의 보살행을 실천하라.

혜총·慧聰 바라밀행에 전념하여 슬기로운 지혜와 총명함으로 한량없는 중생을 제도하려는 원력을 세우고 실천하라.

혜충·慧忠 바라밀을 실천하여 일체중생의 본원인 불성을 깨닫고 지혜광명을 닦아서 삼보와 부모, 가족, 친지, 국가에 충효를 다하라.

혜탄·慧誕 바라밀행으로 지혜를 체득하고 많은 사람들이 지혜로운 삶으로 거듭나게 하라.

혜통·慧通 바라밀행으로 진리를 체득하고 지혜롭게 소통할 수 있는 방편력으로 중생을 이롭게 하라.

혜포·慧布 바라밀행으로 복덕과 지혜를 구족하고 널리 중생 교화에 앞장서서 보살행을 실천하라.

혜포·慧褒 바라밀행을 닦아 넓고 큰 옷자락에 한량없는 중생을 담을 수 있는 지혜를 갖추어 자리이타의 대승보살도를 실천하라.

혜필·慧弼 바라밀행을 닦아 경전에 해박해지고 뛰어난 수행력을 갖추어 자리이타의 대승보살도를 실천하라.

혜해·慧海 바라밀행을 닦아 바다와 같이 마르지 않는 지혜를 체득하여 자리이타의 대승보살도를 실천하라.

혜해·慧解 바라밀행을 닦아 지혜로서 부처님의 가르침을 체득하고 방편력으로 중생을 이롭게 하라.

혜행 · 慧行 바라밀행을 닦아 지혜를 성취하고 삶 속에서 실천하는 데 주저하지 마라.

혜향 · 慧香 바라밀행을 닦아 지혜로운 향기로 세상을 장엄하고, 중생 제도에 앞장서라.

혜현 · 惠顯 바라밀행을 닦아 『법화경』과 삼론에 통달하고 대중에게 정법의 지혜를 설하라.

혜형 · 慧亨 바라밀행을 닦아 만사형통의 지혜를 체득하여 자리이타의 대승보살도를 실천하라.

혜홍 · 慧洪 바라밀행을 닦아 지혜를 증득하여 '어리석은 사람에게 한 꿈 이야기[癡人說夢]'에서 벗어나 진실한 마음으로 자리이타의 보살행을 실천하라.

혜화 · 慧火 바라밀행으로 지혜의 불꽃을 일으켜 세상을 밝고 청정하게 정화하라.

혜훈 · 惠訓 바라밀행을 닦아 부처님의 가르침을 체득하고 자비로운 가르침으로 중생을 제도하는 데 힘써라.

혜휘 · 慧暉 바라밀행을 닦아 어둠 속에 파묻혀 진리의 길을 가지 못하는 사람들에게 지혜광명으로 길을 열어 주고 자리이타의 보살행을 실천하라.

혜희 · 慧喜 바라밀행을 닦아 왼손에 마니보주를 들고, 오른손에 삼고구(三股鉤)를 잡았으며 천의와 주영(珠瓔)으로 그 몸을 장엄한 혜희 보살과 같이 지혜롭고 기쁜 마음으로 중생을 제도하라.

호견 · 好堅 땅속에서 백 년을 묵었다가 가지와 잎이 나온다는 전설의 나무인 호견수와 같이 불퇴전의 공덕력으로 자리이타의 보살행을 실천하라.

호계 · 虎溪 바라밀행을 닦아 혜원대사가 호계라는 시내를 건너지 않고 출입을 단속하며 수행에 전념한 이유를 알고 염불선으로 많은 사람을 이롭게 하라.

호광 · 毫光 부처님의 미간에 있는 백호광명의 가피력으로 복덕과 지혜를 증득하고 자리이타의 원력을 실천하라.

호념 · 護念 바라밀행을 닦아 부처님의 호념과 부촉하심에 힘입어 경전에 의지하고 널리 정법 교화에 앞장서라.

호단 · 皓端 바라밀행으로 청정하고 바른 마음을 갖추어 정법을 호지하고 보살행을 실천하라.

호당 · 護堂 바라밀행으로 불법이 머무는 집, 즉 불성을 잘 수호하라.

호덕 · 護德 바라밀행에 집중하여 무시이래의 악업으로 말미암은 고통의 과보로 불법의 바른 길을 찾지 못하는 중생을 자비로 지키고 이끌어라.

호명 · 護明 바라밀행에 집중하여 반야의 가르침을 닦고 수호하라.

호법심 · 護法心 안주정려(安住靜慮)의 선정바라밀행에 집중하여 반야의 가르침을 닦고 수호하며, 위없는 부처님의 가르침을 널리 펴라.

호성 · 護聖 바라밀행으로 지혜를 체득하고 성스러운 부처님의 가르침을 잘 수호하라.

호암 · 虎巖 바라밀행으로 호랑이 목에 걸린 비녀를 꺼내 주듯 공덕을 지어 중생 교화에 앞장서라.

호연 · 浩然 바라밀행으로 호연지기를 길러 자리이타의 보살행 실천에 앞장서라.

호원 · 湖源 바라밀행으로 마르지 않는 지혜의 근원을 체득하고 감로수로 자리이타의 원력을 실천하라.

호월 · 護月 바라밀행으로 복덕과 지혜를 구족하여 불법(佛法)을 옹호하고 그 공덕력으로 자리이타의 보살행을 실천하라.

호월심 · 護月心 선정바라밀을 닦아 복덕과 지혜를 구족하여 불법(佛法)을 옹호하고 그 공덕력으로 자리이타의 보살행을 실천하라.

호은 · 護恩 바라밀행으로 복덕과 지혜를 구족하여 삼보를 옹호하고 은혜에 보답하라.

호의 · 縞衣 바라밀행을 닦아 청정한 몸과 마음을 갖추어 전법 교화에 흐트러짐 없이 매진하라.

호정 · 護淨 바라밀행에 집중하여 원래 물듦이 없는 자성청정심(自性淸淨心)을 잘 수호하여 잃어버림이 없도록 하라.

호조 · 好照 바라밀행을 닦아 청정 자성을 체득하여 수호하고 널리 교화하여 많은 사람을 이롭게 하라.

혼원 · 混元 부처님의 가르침에 의지하여 바라밀행을 닦아 천지 만물이 생멸하는 이치를 체득하고 불법(佛法)을 널리 펴라.

홍각 · 弘覺 바라밀행에 집중하여 게으름 없이 정진해서 불법의 진리를 깨닫고 널리 펴라.

홍경 · 弘慶 바라밀행을 닦아 불법을 요달하고 널리 전법 교화에 앞장서서 세상을 기쁘게 하라.

홍기 · 洪基 바라밀행에 집중하여 선리를 탐구하고 깊은 뜻을 통달하여 널리 많은 사람을 제접하라.

홍능 · 弘能 바라밀행을 닦아 복덕과 지혜를 구족하고 능히 많은 사람에게 부처님의 가르침을 전하라.

홍담 · 弘曇 담(曇)은 부처님의 가르침을 상징하는 표현. 바라밀행을 닦아 복덕과 지혜를 구족하여 불법(佛法)을 널리 펴서 중생을 교화하는 데 앞장서라.

홍담 · 弘潭 바라밀행에 집중하여 모든 번뇌와 산란이 사라진 고요한 연못처럼 평화로운 선정(禪定)의 경지를 체득하여 불법을 널리 펴라.

홍도 · 洪道 바라밀행을 닦아 거센 물결을 잠재우고 불도를 체득하여 자리이타의 보살행을 실천하라.

홍련 · 洪蓮 거센 물결에도 쓸려가지 않는 연처럼 바라밀행에 집중하여 복덕과 지혜를 구족하고 많은 사람의 이익과 안락을 위해 헌신하라.

홍련성 · 洪蓮性 거센 물결에도 쓸려가지 않는 연처럼 인욕바라밀행에 집중하여 복덕과 지혜를 구족하고 많은 사람의 이익과 안락을 위해 헌신하라.

홍련수 · 洪蓮修 거센 물결에도 쓸려가지 않는 연처럼 정진바라밀행에 집중하여 복덕과 지혜를 구족하고 많은 사람의 이익과 안락을 위해 헌신하라.

홍련심 · 洪蓮心 거센 물결에도 쓸려가지 않는 연처럼 선정바라밀행에 집중하여 복덕과 지혜를 구족하고 많은 사람의 이익과 안락을 위해 헌신하라.

홍련지 · 洪蓮智 거센 물결에도 쓸려가지 않는 연처럼 지혜바라밀행에 집중하여 복덕과 지혜를 구족하고 많은 사람의 이익과 안락을 위해 헌신하라.

홍련화 · 洪蓮華 거센 물결에도 쓸려가지 않는 연처럼 깊은 선정바라밀행에 집중하여 복덕과 지혜를 구족하고 많은 사람의 이익과 안락을 위해 헌신하라.

홍례 · 弘禮 지계바라밀행을 닦아 널리 중생을 이롭게 하라.

홍범 · 弘梵 바라밀행으로 널리 청

정한 범행을 실천하라.

홍법성 · 弘法性 안수고인(安受苦忍)의 인욕바라밀행으로 복덕과 지혜를 구족하고, 불법(佛法)의 진리를 널리 펴라.

홍법심 · 弘法心 안주정려(安住靜慮)의 선정바라밀행으로 복덕과 지혜를 구족하고, 불법(佛法)의 진리를 널리 펴라.

홍법인 · 弘法仁 내원해인(耐怨害忍)의 인욕바라밀행으로 복덕과 지혜를 구족하고, 불법(佛法)의 진리를 널리 펴라.

홍법주 · 弘法珠 불사불수(不捨不受)의 방편바라밀행으로 복덕과 지혜를 구족하고, 불법(佛法)의 진리를 널리 펴라.

홍법지 · 弘法智 무상지(無上智)의 지혜바라밀행으로 복덕과 지혜를 구족하고, 불법(佛法)의 진리를 널리 펴라.

홍법행 · 弘法行 재시의 보시바라밀행으로 복덕과 지혜를 구족하고, 불법(佛法)의 진리를 널리 펴라.

홍법향 · 弘法香 지계바라밀행으로 복덕과 지혜를 구족하고, 불법(佛法)의 진리를 널리 펴라.

홍법화 · 弘法華 선정바라밀행으로 복덕과 지혜를 구족하고, 불법(佛法)의 진리를 널리 펴라.

홍변 · 弘辯 바라밀행으로 변재를 갖추어 부처님의 가르침을 홍포하라.

홍사 · 泓師 바라밀행을 닦아 정경지수와 같은 맑은 마음으로 세간의 스승이 되어라.

홍서 · 洪恕 바라밀행을 닦아 큰 지혜를 체득하고 넓은 아량으로 용서하며 많은 사람을 섭수하라.

홍서 · 弘誓 바라밀행으로 넓고 큰 서원을 세워 스스로 깨닫고, 또 다른 사람을 널리 제도하라.

홍선 · 弘宣 바라밀행으로 복덕과 지혜를 구족하고, 불교를 강설하여 홍포하라.

홍신 · 弘信 바라밀행에 집중하여 불법승 삼보에 대한 확고한 신심을 가지고 널리 지혜의 등불을 밝혀라.

홍심 · 弘心 바라밀행으로 모든 사람의 마음은 일체중생의 본원이라는 이치를 깨치고 불심을 널리 펴라.

홍심 · 弘深 바라밀행으로 심히 깊

고 넓은 불법(佛法)의 이치를 깨치고 자리이타의 대승보살도를 실천하여 중생을 이롭게 하라.

홍심덕·弘深德 내원해인(耐怨害忍)의 인욕바라밀행으로 심히 깊고 넓은 불법의 이치를 깨쳐 자리이타행으로 중생을 이롭게 하라.

홍심도·弘深道 섭율의계(攝律儀戒)의 지계바라밀행으로 깊고 넓은 불법의 이치를 깨쳐 자리이타행으로 중생을 이롭게 하라.

홍심명·弘深明 수용법락(受用法樂)의 지혜바라밀행으로 깊고 넓은 불법의 이치를 깨쳐 자리이타행으로 중생을 이롭게 하라.

홍심수·弘深修 피갑정진(被甲精進)의 정진바라밀행으로 깊고 넓은 불법의 이치를 깨쳐 자리이타행으로 중생을 이롭게 하라.

홍심주·弘深珠 불사불수(不捨不受)의 방편바라밀행으로 깊고 넓은 불법의 이치를 깨쳐 자리이타행으로 중생을 이롭게 하라.

홍심지·弘深智 무상지(無上智)의 지혜바라밀행으로 깊고 넓은 불법의 이치를 깨쳐 자리이타행으로 중생을 이롭게 하라.

홍심행·弘深行 보시바라밀행으로 깊고 넓은 불법의 이치를 깨쳐 자리이타행으로 중생을 이롭게 하라.

홍심화·弘深華 선정바라밀행으로 깊고 넓은 불법의 이치를 깨쳐 자리이타행으로 중생을 이롭게 하라.

홍여·洪如 바라밀행을 닦아 여여한 마음으로 선정과 지혜를 갖추어 널리 자리이타의 보살행을 실천하라.

홍영·洪英 바라밀행을 닦아 한량없이 넓고 큰 부처님의 가르침을 체득하고 뛰어난 재주를 익혀 자리이타의 대승보살도를 실천하라.

홍온·洪蘊 바라밀행을 닦아 오온이 공함을 깨쳐 존재의 의미를 알고 자리이타의 대승보살도를 실천하라.

홍운·洪蕓 바라밀행을 닦아 마음속의 거친 번뇌를 모두 평평하게 만들고 불법의 이치를 깨쳐 널리 이롭게 하라.

홍운·弘雲 만물을 윤택하게 가꾸는 비를 내리는 구름처럼 바라밀행에 집중하여 일체중생에게 불법의 공덕을 비처럼 베풀어라.

홍원·弘圓 바라밀행에 의지하여 중생을 위한 일체의 보살행을 널리 실천하고 불도를 원만히 성취하라.

홍원 · 弘願 아미타 부처님의 본원력에 의지하여 바라밀행으로 광대한 서원을 세워 모든 중생을 널리 제도하겠다는 원력을 실천하라.

홍원덕 · 弘圓德 내원해인(耐怨害忍)의 인욕바라밀행에 의지하여 중생을 위한 일체의 보살행을 널리 실천하고 불도를 원만히 성취하라.

홍원도 · 弘圓道 섭율의계(攝律儀戒)의 지계바라밀행에 의지하여 중생을 위한 일체의 보살행을 널리 실천하고 불도를 원만히 성취하라.

홍원문 · 弘圓門 섭선정진(攝善精進)의 정진바라밀행에 의지하여 중생을 위한 일체의 보살행을 널리 실천하고 불도를 원만히 성취하라.

홍원성 · 弘圓性 안수고인(安受苦忍)의 인욕바라밀행에 의지하여 중생을 위한 일체의 보살행을 널리 실천하고 불도를 원만히 성취하라.

홍원심 · 弘圓心 안주정려(安住靜慮)의 선정바라밀행에 의지하여 중생을 위한 일체의 보살행을 널리 실천하고 불도를 원만히 성취하라.

홍원주 · 弘圓珠 불사불수(不捨不受)의 방편바라밀행에 의지하여 중생을 위한 일체의 보살행을 널리 실천하고 불도를 원만히 성취하라.

홍원지 · 弘圓智 무상지(無上智)의 지혜바라밀행에 의지하여 중생을 위한 일체의 보살행을 널리 실천하고 불도를 원만히 성취하라.

홍원행 · 弘圓行 보시바라밀행에 의지하여 중생을 위한 일체의 보살행을 널리 실천하고 불도를 원만히 성취하라.

홍원화 · 弘圓華 깊은 선정바라밀행에 의지하여 중생을 위한 일체의 보살행을 널리 실천하고 불도를 원만히 성취하라.

홍유 · 泓宥 바라밀행으로 깊은 선정을 체험하고 부처님을 보좌하는 보살이 되어 자리이타를 실천하라.

홍은 · 洪恩 바라밀행으로 큰 불은의 가피력을 입어 거센 물결에 휩쓸리지 않고 한량없는 중생을 제도하라.

홍은덕 · 洪恩德 내원해인(耐怨害忍)의 인욕바라밀행으로 큰 불은의 가피력을 입어 거센 물결에 휩쓸리지 않고 한량없는 중생을 제도하라.

홍은성 · 洪恩性 안수고인(安受苦忍)의 인욕바라밀행으로 큰 불은의 가피력을 입어 거센 물결에 휩쓸리지 않고 한량없는 중생을 제도하라.

홍은심 · 洪恩心 안주정려(安住靜慮)의 선정바라밀행으로 큰 불은의 가피력을 입어 거센 물결에 휩쓸리지 않고 한량없는 중생을 제도하라.

홍은화 · 洪恩華 인발정려(引發靜慮)의 선정바라밀행으로 큰 불은의 가피력을 입어 거센 물결에 휩쓸리지 않고 한량없는 중생을 제도하라.

홍인 · 弘仁 바라밀행에 집중하여 탐욕과 망집으로 인한 독기를 버리고 덕성을 널리 펴라.

홍인 · 弘忍 인욕바라밀을 성취하여 널리 보살행을 실천해서 많은 사람을 이롭게 하라.

홍인 · 洪諲 바라밀을 실천하여 복덕과 지혜를 구족하고 부처님을 외호하고 공경하라.

홍일 · 弘日 바라밀행으로 모든 어둠을 이기는 태양의 빛과 같은 불법의 지혜를 널리 펴라.

홍일심 · 弘日心 안주정려(安住靜慮)의 선정바라밀행으로 모든 어둠을 이기는 태양의 빛과 같은 불법의 지혜를 널리 펴라.

홍일지 · 弘日智 지혜바라밀행으로 모든 어둠을 이기는 태양의 빛과 같은 불법의 지혜를 널리 펴라.

홍일화 · 弘日華 인발정려(引發靜慮)의 선정바라밀행으로 모든 어둠을 이기는 태양의 빛과 같은 불법의 지혜를 널리 펴라.

홍제 · 弘濟 바라밀행으로 널리 중생을 구제할 수 있는 인재가 되어라.

홍조 · 弘照 바라밀행으로 번뇌의 어둠을 밝히는 부처님의 가르침을 널리 전하라.

홍준 · 洪遵 바라밀행을 닦아 마음속의 거센 물결을 건너 번뇌 망상을 여의고 많은 제자를 거느리며 정법 교화에 앞장서라.

홍진 · 弘眞 바라밀행을 닦아 복덕과 지혜를 구족하고 진리를 체득하여 널리 중생을 교화하라.

홍찬 · 弘贊 바라밀행으로 복덕과 지혜를 구족하고, 널리 많은 사람을 도와 불국토에 머물도록 하라.

홍철 · 弘徹 바라밀행으로 넓고 깊은 진리를 꿰뚫어 불법의 진리가 널리 펼쳐지도록 전법교화에 힘써라.

홍충 · 弘充 바라밀행을 닦아 널리

중생을 이롭게 하고 부처님의 가르침이 충만한 불국토를 만들기 위해 매진하라.

홍화 · 弘化 바라밀행을 닦아 널리 중생을 교화하여 이롭게 하라.

화경 · 化境 바라밀행으로 시방의 모든 국토가 부처님께서 교화할 만한 경계임을 깨쳐 널리 중생을 교화하고 불국토를 성취하라.

화경덕 · 化境德 인욕바라밀행으로 시방의 모든 국토가 부처님께서 교화할 만한 경계임을 깨쳐 널리 중생을 교화하고 불국토를 성취하라.

화경심 · 化境心 선정바라밀행으로 시방의 모든 국토가 부처님께서 교화할 만한 경계임을 깨쳐 널리 중생을 교화하고 불국토를 성취하라.

화광 · 和光 바라밀행으로 일체중생과 함께하는 자비심으로 자신의 빛을 부드럽게 줄이고 티끌세상과 어울린다는 화광동진(和光同塵)의 이치를 체득하라.

화광덕 · 和光德 내원해인(耐怨害忍)의 인욕바라밀행으로 일체중생과 함께하는 자비심으로 자신의 빛을 부드럽게 줄이고 티끌세상과 어울린다는 화광동진(和光同塵)의 이치를 체득하라.

화광도 · 和光道 섭율의계(攝律儀戒)의 지계바라밀행으로 일체중생과 함께하는 자비심을 갖추어 자신의 빛을 부드럽게 줄이고 티끌세상과 어울린다는 화광동진(和光同塵)의 이치를 체득하라.

화광문 · 和光門 섭선정진(攝善精進)의 정진바라밀행으로 일체중생과 함께하는 자비심을 갖추어 자신의 빛을 부드럽게 줄이고 티끌세상과 어울린다는 화광동진(和光同塵)의 이치를 체득하라.

화광성 · 和光性 안수고인(安受苦忍)의 인욕바라밀행으로 일체중생과 함께하는 자비심을 갖추어 자신의 빛을 부드럽게 줄이고 티끌세상과 어울린다는 화광동진(和光同塵)의 이치를 체득하라.

화광수 · 和光修 피갑정진(被甲精進)의 정진바라밀행으로 일체중생과 함께하는 자비심을 갖추어 자신의 빛을 부드럽게 줄이고 티끌세상과 어울린다는 화광동진(和光同塵)의 이치를 체득하라.

화광심 · 和光心 안주정려(安住靜慮)의 선정바라밀행으로 일체중생과 함께하는 자비심을 갖추어 자신의 빛을 부드럽게 줄이고 티끌세상과 어울린다는 화광동진(和光同塵)의 이치를 체득하라.

화광주 · 和光珠 불사불수(不捨不受)의 방편바라밀행으로 일체중생과 함께하는 자비심을 갖추어 자신의 빛을 부드럽게 줄이고 티끌세상과 어울린다는 화광동진(和光同塵)의 이치를 체득하라.

화광지 · 和光智 무상지(無上智)의 지혜바라밀행으로 일체중생과 함께하는 자비심을 갖추어 자신의 빛을 부드럽게 줄이고 티끌세상과 어울린다는 화광동진(和光同塵)의 이치를 체득하라.

화광행 · 和光行 보시바라밀행으로 일체중생과 함께하는 자비심을 갖추어 화광동진(和光同塵)의 이치를 체득하라.

화담 · 話潭 바라밀행을 닦아 부처님의 가르침을 체득하고 갖가지 이야기로 불법(佛法)을 전하기 위해 노력하라.

화담 · 華潭 바라밀행으로 연못에 함초롬하게 핀 연꽃처럼 세속의 번뇌무명에 오염되지 말고 불도에 정진하라.

화명 · 和鳴 바라밀행을 닦아 화합하고 정진하여 사해의 중생이 찬탄하는 명성을 얻어 자리이타의 보살행을 실천하라.

화산 · 華山 바라밀행에 집중하여 화장세계의 중심인 수미산처럼 우뚝 솟은 정신적 지도자가 되어 많은 사람의 의지처가 되어라.

화선 · 和宣 바라밀을 실천하여 세상의 모든 반목과 대립을 해소하고 화합하는 불도의 가르침을 널리 펴라.

화심 · 和心 바라밀로 정진하여 하심으로 일체중생과 더불어 화합하라.

화심덕 · 和心德 내원해인(耐怨害忍)의 인욕바라밀로 정진하여 하심으로 일체중생과 더불어 화합하라.

화심문 · 和心門 섭선정진(攝善精進)의 정진바라밀을 닦고 하심으로 일체중생과 더불어 화합하라.

화심성 · 和心性 안수고인(安受苦忍)의 인욕바라밀로 정진하여 하심으로 일체중생과 더불어 화합하라.

화심주 · 和心珠 불사불수(不捨不受)의 방편바라밀로 정진하여 하심으로 일체중생과 더불어 화합하라.

화심행 · 和心行 보시바라밀로 정진하여 하심으로 일체중생과 더불어 화합하라.

화심향 · 和心香 지계바라밀로 정진하여 하심으로 일체중생과 더불어 화합하라.

화안 · 和安 바라밀을 실천하여 일체의 반목과 대립을 화합시키는 보살이 되어 중생이 평안을 누리게 하라.

화월 · 華月 바라밀행을 닦아 온 세계를 화엄으로 장엄하는 지혜와 천강에 비친 달과 같은 공덕을 구족하여 중생을 이롭게 하라.

화찬 · 和讚 바라밀을 실천하여 복혜 구족하고 널리 부처님의 공덕을 찬탄하여 많은 사람이 유심정토를 가꾸도록 이끌어라.

화향 · 華香 바라밀행을 닦아 화엄의 향기로 장엄된 불국토가 이 세상에서 구현될 수 있도록 자리이타의 보살도를 실천하라.

환봉 · 煥峯 바라밀행을 닦아 지혜를 불꽃처럼 일으켜 많은 사람들의 의지처가 될 수 있는 지도자가 되어 보살도를 실천하라.

환월 · 幻月 바라밀행을 닦아 잠시 나타나는 달무리와 같이 인생이 무상함을 깨치고 항상 자리이타의 보살행으로 많은 사람을 이롭게 하라.

환일 · 幻日 바라밀행을 닦아 잠시 나타나는 해무리와 같이 인생이 무상함을 깨치고 항상 자리이타의 보살행으로 많은 사람을 이롭게 하라.

환적 · 幻寂 바라밀행을 닦아 허깨비와 같은 삶에 연연하지 말고 적멸의 지혜를 체득하여 자리이타의 대승보살도를 행하라.

환진 · 喚眞 바라밀행으로 자신의 진면목을 불러 낼 수 있는 깨달음을 성취하고, 자리이타행을 실천하는 선지식이 되어라.

환희 · 歡喜 바라밀행을 닦아 욕계의 모든 번뇌를 여의고 진리를 깨달아 큰 환희심을 얻는 보살의 자리에 오르라.

환희성 · 歡喜性 인욕바라밀행으로 정진하여 욕계의 모든 번뇌를 여의고 진리를 깨달아 큰 환희심을 얻는 보살지에 오르라.

환희심 · 歡喜心 선정바라밀행으로 정진하여 욕계의 모든 번뇌를 여의고 진리를 깨달아 큰 환희심을 얻는 보살지에 오르라.

환희지 · 歡喜地 바라밀행으로 정진하여 욕계의 모든 번뇌를 여의고 진리를 깨달아 큰 환희심을 얻는 보살의 자리에 오르라.

황연 · 黃蓮 바라밀행을 닦아 매일

매일 적적한 시간 아래 머리 숙이고 자유로운 눈썹에는 고독이 슬며시 스쳐가듯 끊어지지 않는 침묵의 시간을 보내는 보살행을 실천하라.

황편 · 黃遍 바라밀행을 닦고, 황색을 관찰하는 사마타 수행으로 적멸의 지혜를 체득하여 자리이타의 보살행을 실천하라.

회감 · 懷感 항상 부처님의 은혜에 감사하는 마음을 품고, 바라밀을 실천하여 자리이타의 공덕을 지어라.

회경 · 懷鏡 바라밀을 실천하며 자신을 비추어볼 수 있는 거울을 마음에 품고 항상 자신을 돌아보면서 정진하라.

회곤 · 懷暉 바라밀행을 닦아 언제나 자신을 돌아볼 수 있는 마음을 품어 스스로를 교계하고 대중 속에서 우뚝 솟을 수 있는 지혜의 눈을 갖추어라.

회광 · 晦光 바라밀행을 닦아 어두운 그믐밤을 밝혀 새벽을 오게 하는 광명과 같이 한량없는 중생의 마음 속에 지혜광명이 빛나게 하라.

회련 · 懷璉 바라밀을 실천하여 자리이타행의 원력을 마음에 품고, 널리 성불의 종자를 심어 많은 사람의 마음에서 싹트게 하라.

회명 · 晦明 바라밀행으로 천년의 어둠을 몰아내는 지혜광명과 같은 부처님의 가르침을 체득하고 널리 많은 사람들에게 전하여 자리이타행을 실천하라.

회문 · 懷問 바라밀행으로 마음에 품은 의문을 스스로 해결하여 체득하고, 부처님의 법을 홍포하라.

회산 · 晦山 그믐밤의 어둠에도 아랑곳하지 않고 여여하게 그 자리를 지키고 있는 큰 산처럼 어떤 번뇌 망상에도 끄달림이 없는 모습으로 널리 세상 사람들의 의지처가 되어라.

회소 · 懷素 당나라 때 동탑에 거주한 회소 율사와 같이 지계바라밀을 실천하여 한 점 부끄러움이 없는 수행자의 원력을 가슴에 품고 널리 세상을 이롭게 하라.

회신 · 懷信 바라밀행으로 정진하여 널리 세상을 품고, 중생이 믿고 의지할 수 있는 지도자가 되어 자리이타의 공덕을 회향하라.

회암 · 晦庵 그믐밤의 어둠에도 아랑곳하지 않고 여여하게 그 자리를 지키고 있는 암자처럼 어떤 번뇌 망상에도 끄달림이 없는 수행자의 모습으로 널리 세상을 이롭게 하라.

회양 · 懷讓 바라밀을 실천하며 겸

손하고 사양할 줄 아는 마음을 갖추고 자신의 공덕을 아낌없이 나누어라.

회양덕 · 懷讓德 인욕바라밀을 실천하며 겸손하고 사양할 줄 아는 마음을 갖추고 자신의 공덕을 아낌없이 나누어라.

회운 · 懷惲 바라밀행으로 용맹 정진하여 지혜를 체득하고 널리 세상을 이롭게 할 수 있는 계획을 세워 실천하라.

회운심 · 懷惲心 선정바라밀행으로 용맹 정진하여 지혜를 체득하고 널리 세상을 이롭게 할 수 있는 계획을 세워 실천하라.

회은 · 悔隱 바라밀행에 집중하며 전생부터 지은 모든 업장을 참회하고 은인자중(隱忍自重)하며 자리이타를 행하라.

회정 · 懷淨 바라밀행으로 정진하여 온 세상을 품어도 물들지 않는 청정함으로 공덕을 지어 중생을 이롭게 하라.

회정행 · 懷淨行 보시바라밀행으로 정진하여 온 세상을 품어도 물들지 않는 청정함으로 공덕을 지어 중생을 이롭게 하라.

회해 · 懷海 바라밀행으로 온 바다를 품을 수 있는 넓은 도량을 갖추어 널리 인재를 키우고 불법을 선양하라.

효가 · 孝家 바라밀행으로 일체중생을 부모처럼 섬기는 마음을 닦아 많은 사람들을 효순심으로 인도하라.

효경 · 孝鏡 바라밀을 실천하여 일체중생을 부모와 같이 받들고 섬기는 효순심을 갈고 닦아서 거울처럼 맑고 투명한 지혜를 체득하라.

효경덕 · 孝鏡德 인욕바라밀을 실천하여 일체중생을 부모와 같이 받들고 섬기는 효순심을 갈고 닦아서 거울처럼 맑고 투명한 지혜를 체득하라.

효경문 · 孝鏡門 정진바라밀을 실천하여 일체중생을 부모와 같이 받들고 섬기는 효순심을 갈고 닦아서 거울처럼 맑고 투명한 지혜를 체득하라.

효경수 · 孝鏡修 선정바라밀을 실천하여 일체중생을 부모와 같이 받들고 섬기는 효순심을 갈고 닦아서 거울처럼 맑고 투명한 지혜를 체득하라.

효경심 · 孝鏡心 안주정려(安住靜慮)의 선정바라밀을 실천하여 일체중생을 부모와 같이 받들고 섬기는 효순심을 갈고 닦아서 거울처럼 맑고 투명한 지혜를 체득하라.

효경행 · 孝鏡行 보시바라밀을 실천하여 일체중생을 부모와 같이 받들고 섬기는 효순심을 갈고 닦아서 거울처럼 맑고 투명한 지혜를 체득하라.

효경화 · 孝鏡華 인발정려(引發靜慮)의 선정바라밀을 실천하여 일체중생을 부모와 같이 받들고 섬기는 효순심을 갈고 닦아서 거울처럼 맑고 투명한 지혜를 체득하라.

효곡 · 曉谷 바라밀행을 닦아 여명을 받아들이는 대지와 같이 청정한 마음을 갖추어 중생의 의지처가 되어라.

효광 · 曉光 바라밀행으로 새벽 동이 트면서 어둠을 걷어 내는 광명과 같이 부처님의 가르침을 체득하여 한량없는 중생에게 희망의 빛이 되어라.

효덕 · 孝德 바라밀행에 집중하여 일체중생을 부모와 같이 받들고 섬기는 효순심을 갈고 닦아서 공덕을 베풀어라.

효덕성 · 孝德性 안수고인(安受苦忍)의 인욕바라밀행에 집중하여 일

체중생을 부모와 같이 받들고 섬기는 효순심을 갈고 닦아서 공덕을 베풀어라.

효덕심 · 孝德心 안주정려(安住靜慮)의 선정바라밀행에 집중하여 일체중생을 부모와 같이 받들고 섬기는 효순심을 갈고 닦아서 공덕을 베풀어라.

효덕행 · 孝德行 보시바라밀행에 집중하여 일체중생을 부모와 같이 받들고 섬기는 효순심을 갈고 닦아서 공덕을 베풀어라.

효덕향 · 孝德香 지계바라밀행에 집중하여 일체중생을 부모와 같이 받들고 섬기는 효순심을 갈고 닦아서 공덕을 베풀어라.

효덕화 · 孝德華 인발정려(引發靜慮)의 선정바라밀행에 집중하여 일체중생을 부모와 같이 받들고 섬기는 효순심을 갈고 닦아서 공덕을 베풀어라.

효림 · 曉林 바라밀행으로 새벽에 동이 트면서 어둠을 걷어 내듯이 부처님의 가르침을 깨우쳐 모든 번뇌 망상이 사라진 지혜의 숲을 가꾸어라.

효봉 · 曉峰 바라밀행에 집중하여 새벽별이 어둠을 걷어내듯이 밝은

지혜를 체득하여 수미산 봉우리와 같이 세상에 우뚝 솟은 지도자가 되어라.

효성 · 曉星 바라밀행을 닦아 새벽별이 어둠을 걷어내고 밝은 아침을 가져오듯이 자리이타의 보살행을 실천하여 중생의 이정표가 되어라.

효신 · 孝信 바라밀을 실천하여 일체중생을 부모와 같이 받들고 섬길 수 있는 효순심과 불퇴전의 신심을 갖추어라.

효심 · 孝心 바라밀행으로 정진하여 일체중생을 부모와 같이 받들고 친근히 섬기는 효순심을 갖춰라.

효심행 · 孝心行 보시바라밀행으로 정진하여 일체중생을 부모와 같이 받들고 친근히 섬기는 효순심을 갖춰라.

효영 · 曉營 바라밀행에 집중하여 새벽별처럼 빛나는 지혜를 체득하고 세상을 경영하여 널리 이롭게 하라.

효영각 · 曉營覺 법공혜(法空慧)의 지혜바라밀행에 집중하여 새벽별처럼 빛나는 지혜를 체득하고 세상을 경영하여 널리 이롭게 하라.

효영덕 · 曉營德 내원해인(耐怨害

忍)의 인욕바라밀행에 집중하여 새벽별처럼 빛나는 지혜를 체득하고 세상을 경영하여 널리 이롭게 하라.

효영성 · 曉營性 안수고인(安受苦忍)의 인욕바라밀행에 집중하여 새벽별처럼 빛나는 지혜를 체득하고 세상을 경영하여 널리 이롭게 하라.

효영심 · 曉營心 안주정려(安住靜慮)의 선정바라밀행에 집중하여 새벽별처럼 빛나는 지혜를 체득하고 세상을 경영하여 널리 이롭게 하라.

효영주 · 曉營珠 방편바라밀행에 집중하여 새벽별처럼 빛나는 지혜를 체득하고 세상을 경영하여 널리 이롭게 하라.

효영화 · 曉營華 선정바라밀행에 집중하여 새벽별처럼 빛나는 지혜를 체득하고 세상을 경영하여 널리 이롭게 하라.

효원 · 曉圓 바라밀행에 집중하여 새벽별처럼 빛나는 지혜를 체득하고 원만 무애한 공덕을 갖추어 자리이타를 실천하라.

효정 · 孝楨 바라밀행으로 집안에서는 효행을 실천하고, 나라에는 기둥으로 쓰일 수 있는 인재가 되어라.

효정화 · 孝楨華 선정바라밀행으로 집안에서는 효행을 실천하고, 나라에는 기둥으로 쓰일 수 있는 인재가 되어라.

휴복 · 休復 바라밀행으로 번뇌 망상을 쉬고 자신의 진면목을 되돌아볼 수 있는 지혜를 체득하라.

휴정 · 休靜 바라밀행에 집중하여 마음을 쉬고 고요한 심신을 닦아 진리를 체득하라.

휴정화 · 休靜華 선정바라밀행에 집중하여 마음을 쉬고 고요한 심신을 닦아 진리를 체득하라.

흥덕 · 興德 바라밀행에 집중하여 일체중생을 이롭게 하는 공덕을 베풀어 불법과 세간을 모두 흥하게 하라.

흥덕성 · 興德性 안수고인(安受苦忍)의 인욕바라밀행에 집중하여 일체중생을 이롭게 하고, 불법과 세간을 모두 흥하게 하라.

흥도 · 興道 바라밀행으로 일체의 반목과 대립을 넘어서 화합하고 꾸준한 정진력으로 불도를 흥하게 하라.

흥도행 · 興道行 보시바라밀을 실천하여 일체의 반목과 대립을 넘어서 화합하고 꾸준한 정진력으로 불

도를 흥하게 하라.

흥륜 · 興輪 바라밀을 닦아 불법승 삼보의 가르침을 체득하고 자리이타의 대승보살도를 실천하여 불법을 흥하게 하라.

흥법 · 興法 바라밀행으로 불법승 삼보의 가르침을 널리 펴고 실천하여 불법을 크게 일으켜라.

흥법화 · 興法華 선정바라밀행에 집중하여 불법승 삼보의 가르침을 널리 펴고 실천하여 불법을 크게 일으켜라.

흥성 · 興聖 바라밀행으로 일체중생에게 지혜와 자비의 길을 열어 보이신 부처님의 성스러운 가르침을 받들고 닦아 흥하게 하라.

흥수 · 興水 바라밀행으로 정진하여 모든 사람의 번뇌의 갈증을 씻어내는 감로수(甘露水)가 샘솟게 하라.

흥완 · 興莞 바라밀행으로 진리를 체득하여 기쁘게 웃을 수 있는 보살의 자리에 올라 자리이타행을 실천하라.

흥인 · 興仁 아상과 망집을 버리고 자(慈) · 비(悲) · 희(喜) · 사(捨) 사무량심을 닦아서 일체중생에게 어

진 보살이 되어라.

흥인덕 · 興仁德 내원해인(耐怨害忍)의 인욕바라밀행으로 아상과 망집을 버리고 자(慈) · 비(悲) · 희(喜) · 사(捨) 사무량심을 닦아서 일체중생에게 어진 보살이 되어라.

흥인성 · 興仁性 안수고인(安受苦忍)의 인욕바라밀행으로 아상과 망집을 버리고 자(慈) · 비(悲) · 희(喜) · 사(捨) 사무량심을 닦아서 일체중생에게 어진 보살이 되어라.

흥일 · 興日 해가 떠서 밤의 어둠을 밝히고 모든 생명을 비추듯이 일체중생의 번뇌와 망집의 어둠을 밝히는 불일(佛日)을 널리 비추어 흥하게 하라.

흥일심 · 興日心 선정바라밀에 힘써 해가 떠서 밤의 어둠을 밝히고 모든 생명을 비추듯이 일체중생의 번뇌와 망집의 어둠을 밝히는 불일(佛日)을 널리 비추어 흥하게 하라.

흥주 · 興儔 바라밀행으로 좋은 벗, 좋은 도반을 만나 복덕과 지혜를 증장하고, 불법(佛法)을 중흥시켜라.

흥철 · 興徹 바라밀행으로 세간에서 부처님 법을 중흥시킬 수 있도록 진리를 꿰뚫어 지혜를 성취하라.

흥화 · 興化 바라밀행으로 정진하여 불법을 중흥시키고, 중생을 교화하라.

희각 · 希覺 바라밀행으로 불법을 체득하여 한량없는 중생이 부처님의 법을 체득할 수 있다는 희망을 갖도록 이끌어 주어라.

희견 · 喜見 약왕보살의 전신으로 『법화경』을 공양하고 또한 몸을 태워 공양한 보살을 상징. 『법화경』의 가르침을 체득하여 누구든지 기쁜 마음으로 친견하기를 바라는 지도자가 되어 자리이타에 힘쓰라.

희견성 · 喜見城 『법화경』의 가르침을 체득하여 누구든지 기쁜 마음으로 친견하기를 바라는 지도자가 되어 자리이타에 힘써서 수미산정 도리천 중앙에 있는 궁성의 주인이 되어라.

희견행 · 喜見行 보시바라밀에 의지하고 『법화경』의 가르침을 체득하여 누구든지 기쁜 마음으로 친견하기를 바라는 지도자가 되어 자리이타에 힘쓰라.

희견화 · 喜見華 선정바라밀에 의지하고 『법화경』의 가르침을 체득하여 누구든지 기쁜 마음으로 친견하기를 바라는 지도자가 되어 자리이타에 힘쓰라.

희랑 · 希朗 바라밀행으로 희망을 갖고 언제나 밝고 긍정적인 마음으로 자리이타에 힘쓰라.

희백 · 希白 바라밀을 실천하여 세상에서는 찾아볼 수 없을 정도의 청정하고 순수한 마음을 갖추어 중생을 이롭게 하라.

희변 · 希辨 바라밀을 실천하여 중생에게 희망을 줄 수 있는 변재(辯才)를 갖추어 널리 공덕을 베풀어라.

희안 · 晞顔 바라밀행으로 아상을 소멸시켜 분별이 사라진 얼굴을 갖추어라.

희안 · 希安 바라밀행을 닦아 한량없는 중생이 희망을 갖고 부처님 세계에 안주할 수 있도록 공덕을 베풀어라.

희안성 · 晞顔性 인욕바라밀행으로 아상을 소멸시켜 분별이 사라진 얼굴을 갖추어라.

희안수 · 晞顔修 피갑정진(被甲精進)의 정진바라밀행으로 아상을 소멸시켜 분별이 사라진 얼굴을 갖추어라.

희안정 · 晞顔淨 이락정진(利樂精進)의 정진바라밀행으로 아상을 소멸시켜 분별이 사라진 얼굴을 갖추어라.

어라.

희언 · 熙彦 바라밀행에 집중하여 의심을 타파하고, 거친 밥과 해진 옷을 분별하지 말고 끊임없이 정진하라.

희엄 · 喜嚴 바라밀을 실천하여 다른 사람에게는 기쁨을 주고, 자신에게는 엄격한 불자가 되어라.

희운 · 希運 바라밀을 행하여 복덕과 지혜를 증장하고 많은 사람에게 희망과 행운을 나누어 주어라.

희운덕 · 希運德 내원해인(耐怨害忍)의 인욕바라밀을 행하여 복덕과 지혜를 증장하고 많은 사람에게 희망과 행운을 나누어 주어라.

희운도 · 希運道 섭율의계(攝律儀戒)의 지계바라밀을 행하여 복덕과 지혜를 증장하고 많은 사람에게 희망과 행운을 나누어 주어라.

희운성 · 希運性 안수고인(安受苦忍)의 인욕바라밀을 행하여 복덕과 지혜를 증장하고 많은 사람에게 희망과 행운을 나누어 주어라.

희운심 · 希運心 안주정려(安住靜慮)의 선정바라밀을 행하여 복덕과 지혜를 증장하고 많은 사람에게 희망과 행운을 나누어 주어라.

희운정 · 希運淨 이락정진(利樂精進) 바라밀을 행하여 복덕과 지혜를 증장하고 많은 사람에게 희망과 행운을 나누어 주어라.

희운지 · 希運智 섭중생계(攝衆生戒) 바라밀을 행하여 복덕과 지혜를 증장하고 많은 사람에게 희망과 행운을 나누어 주어라.

희운행 · 希運行 재시의 보시바라밀을 행하여 복덕과 지혜를 증장하고 많은 사람에게 희망과 행운을 나누어 주어라.

희운향 · 希運香 섭선법계(攝善法戒)의 지계바라밀을 행하여 복덕과 지혜를 증장하고 많은 사람에게 희망과 행운을 나누어 주어라.

희적 · 希迪 바라밀을 실천하여 많은 사람이 희망으로 나아가도록 한량없는 공덕을 베풀어라.

희천 · 希遷 바라밀행으로 중생이 부처님의 세계로 나아갈 희망을 갖고 그 길로 옮겨갈 수 있도록 지혜로 이끌어 주어라.

법명 해설 사전

초판 1쇄 펴냄 2015년 10월 27일
초판 3쇄 펴냄 2025년 4월 15일

엮은이 대한불교조계종 포교원
발행인 원명
펴낸곳 (주)조계종출판사

출판등록 제2007-000078호 등록일자 2007년 4월 27일
주소 서울시 종로구 삼봉로 81 두산위브파빌리온 1308호
전화 02-720-6107 팩스 02-733-6708
구입문의 불교전문서점 향전(www.jbbook.co.kr) | 02-2031-2070

ⓒ 대한불교조계종포교원, 2015
ISBN 979-11-5580-063-8 (91220)